Richard Wagner und Russland

Eckart Kröplin

Richard Wagner und
Russland

METZLER
BÄRENREITER

Eckart Kröplin
Dresden, Deutschland

ISBN 978-3-662-70403-5   ISBN 978-3-662-70404-2 (eBook)
https://doi.org/10.1007/978-3-662-70404-2

Die Deutsche Nationalbibliothek verzeichnet diese Publikation in der Deutschen Nationalbibliografie;
detaillierte bibliografische Daten sind im Internet über https://portal.dnb.de abrufbar.

Gemeinschaftsausgabe der Verlage J.B. Metzler, Berlin, und Bärenreiter-Verlag, Kassel ISBN Bärenreiter-
Verlag: 978-3-7618-2669-0

Einbandabbildung: Wagner kommt als Lohengrin mit dem Schwan nach Petersburg. Karikatur in der
Petersburger Satirezeitschrift „Iskra" 1868. In: Ernst Kreowski/Eduard Fuchs: Richard Wagner in der
Karikatur. Berlin 1907

Planung/Lektorat: Oliver Schuetze
J.B. Metzler ist ein Imprint der eingetragenen Gesellschaft Springer-Verlag GmbH, DE und ist ein Teil
von Springer Nature.
Die Anschrift der Gesellschaft ist: Heidelberger Platz 3, 14197 Berlin, Germany

Vorwort

Wagner und Russland? War da was? Auf diese verdutzte Frage stieß ich häufig. Und wenn ich mit aussagekräftigen Fakten zu antworten suchte, kam als Reaktion sogar einmal die schroffe Abweisung: „Das ist mir zu viel Russland!" Dahinter steckte unausgesprochen doch eine historisch tief verwurzelte Aversion. Russland galt und gilt in der deutschen Kulturwelt als ein exotisch, gar unheimlich anmutendes Phänomen, und zu tief sitzen doch auch jahrhundertealte Erinnerungen an einschneidende politische Konfrontationen – allein im letzten Jahrhundert zwei verheerende Weltkriege – zwischen Deutschland und dem als fern, gar asiatisch anmutenden Riesenreich im Osten, Konfrontationen, die auch durch ein über siebzig Jahre währendes feindliches Gegenüberstehen von zwei politischen Weltsystemen und heute wieder durch ganz aktuelle politische Ereignisse nur noch verstärkt werden.

Angesichts dieser fortdauernden Fremdheit mag die Beschreibung einer speziellen kunstgeschichtlichen Thematik, nämlich die der wechselvollen Beziehung Richard Wagners zu Russland und Russlands zu Richard Wagner, durchaus erhellend wirken, spiegeln sich darin doch exemplarisch Gründe für strikte Ablehnung auf der einen und faszinierte Annäherung auf der anderen Seite wider. Es ist ein ungemein bezeichnender Tatbestand, dass das historisch so ambivalente Beziehungsfeld zwischen Russland und Deutschland sich folgerichtig auch niederschlug in dem widerspruchsvollen Verhältnis von Kunst und Politik in der russischen Kulturgeschichte.

In der deutschsprachigen Wagnerliteratur galt dieses Thema allerdings bis heute als peripher, als nicht eigentlich darstellenswert. Es erschien seit eineinhalb Jahrhunderten immer nur ganz am Rande aller hiesigen Wagnerpublizistik und war zumeist auch mehr oder minder deutlich von kulturpolitischen Vorbehalten belastet. Gerade dieser Umstand ermunterte mich, die vorliegende Arbeit in Angriff zu nehmen, um mit vielen, bislang kaum beachteten oder gar unbekannten Fakten und in gebotener Objektivität das spannungsvolle Thema aus deutscher Sicht zu behandeln. Nur zwei größere wissenschaftliche Darstellungen haben sich in jüngerer Vergangenheit überhaupt dem Thema gewidmet: die russische Publikation „Richard Wagner i russkaja kultura" („Richard Wagner und die russische Kultur") von Abram Gosenpud (1990) und die englische Publikation „Wagner and Russia" von Rosamund Bartlett (1995). Dort sind, vornehmlich auf der Grundlage russischer Quellen, viele Aspekte behandelt, die zur Erhellung der Thematik wichtig sind.

In meiner Arbeit habe ich versucht, den Handlungsrahmen der Arbeiten von Gosenpud und Bartlett in mehrfacher Hinsicht erweiternd, in chronologischer Abfolge

Wagners Rolle in der russischen Kulturgeschichte zu beschreiben, zunächst auch
aus der persönlichen Sicht des Komponisten und dann in der Wirkung seines Werkes im russischen und sowjetischen Musikleben. Gerade das gegenseitige Reflektie-
ren der Thematik bei russischen und deutschen Künstlern und Kunstpublizisten
stand dabei im Mittelpunkt. Und es galt, eine Vielzahl von teilweise sehr zerstreut
und oft auch sehr versteckt liegenden Quellen heranzuziehen.

Der historische und musikgeschichtliche Radius meiner Betrachtung reicht von
den Befreiungskriegen gegen Napoleon 1812/1813 unter der Dominanz der russischen Militärmacht, über antizaristische Bewegungen in Russland selbst, zu denen
Wagner zum Teil ein sehr emotionales Verhältnis hatte, über die 48er Revolution
unter der Beteiligung Wagners gemeinsam mit dem russischen Revolutionär Michail
Bakunin, dann über Stationen Wagnerschen Wirkens in Russland (die Rigaer Kapellmeistertätigkeit und die große Konzertreise 1863 nach St. Petersburg und Moskau), weiter über die heftigen ästhetischen Auseinandersetzungen um Wagner in den
russischen Musiker- und Dichterkreisen, über die zunehmend dominante Rolle der
Wagnerschen Werke im Repertoire der Bühnen von St. Petersburg und Moskau und
auch der intensiven Wagnerrezeption durch die Kreise des russischen Symbolismus
um die Wende vom 19. zum 20. Jahrhundert bis hin zu Wagners Wirkung nach der
Oktoberrevolution in der Sowjetunion und zu seiner Rolle im postsowjetischen
Russland der Gegenwart. Es geht – am Beispiel Wagners – um widerspruchsvolle
historische Entwicklungen im deutsch-russischen und russisch-deutschen Kultur-
austausch, die in ihrer kunsthistorischen Spezifik ein ganz eigenwilliges nicht nur
künstlerisches, sondern eben auch politästhetisches Gepräge tragen. Wagner ist damit ein historisch einzigartiges Beispiel. Kein Musiker je zuvor verkörperte in so
herausragendem Maße eine Rolle als Spieler und Spielball, als Idol und Popanz
zugleich im historischen Spannungsfeld künstlerischer und gesellschaftlicher Beziehungen zwischen zwei großen Nationen und stand da häufig im Mittelpunkt auch
höchst unkünstlerischer Interessen politischer Machthaber – dem sächsischen König
Friedrich August I., dem bayerischen König Ludwig II. und den deutschen Kaisern
Wilhelm I. und Wilhelm II. sowie den russischen Zaren Alexander II., Alexander
III. und Nikolai II. bis hin zu den Sowjetführern Wladimir Lenin und Josef Stalin
und dem faschistischen „Führer" Adolf Hitler. Ein so unikales, aber auch so gefährliches und so nahes Beieinander, Miteinander und Gegeneinander von Kunst und
Politik am Beispiel Wagner und Russland schien mir einer eingehenderen Betrach-
tung wert zu sein.

Dresden   Eckart Kröplin
Januar 2025

Inhaltsverzeichnis

Kapitel 1
Der kleine „Kosak" auf dem Weg nach „Sibirien"

„Die Russen sind da!"

So oder ähnlich lauteten aufgeregte Pressestimmen im Frühjahr 1813, als im Zuge der Befreiungskriege gegen die Napoleonische Fremdherrschaft auch russische Truppen, in Allianz mit preußischen und österreichischen Militärverbänden, sächsischen Boden betraten. Im Zuge dieser existentiellen militärischen und politischen Vorgänge titelte beispielsweise das „Leipziger Tageblatt" am 5. April mit der Schlagzeile: *„Die Russen sind da!"*[1]

Napoleons Heere, geschlagen doch schon in Russland, waren auf dem Rückzug, leisteten aber in immer blutigeren Schlachten verzweifelten Widerstand. Eine beklemmende literarische Reaktion auf diese grausigen militärischen Vorgänge kann man beispielsweise in E. T. A. Hoffmanns „Vision auf dem Schlachtfelde von Dresden" lesen. Der Dichter und Musiker war 1813 als Kapellmeister in Leipzig und Dresden tätig und erlebte die kriegerischen Ereignisse als unmittelbarer Augenzeuge. Der Text der „Vision" entstand im selben Jahr nach einer blutigen Schlacht vor den Toren der sächsischen Hauptstadt. Bei Hoffmann hieß es da:

> *„Auf den dampfenden Ruinen des Feldschlößchens stand ich und sah hinab in die mit blutigen Leichen, mit Sterbenden bedeckte Ebene. Das dumpfe Röcheln des Todeskampfes, das Gewinsel des Schmerzes, das entsetzliche Geheul wütender Verzweiflung durchschnitt die Lüfte, und wie ein ferner Orkan brauste der Kanonendonner, die noch nicht gesättigte Rache furchtbar verkündend."*[2]

Napoleons Versuch, mit neugeordneten militärischen Verbänden den Vormarsch der Alliierten gen Westen zu verhindern, endete schließlich im Debakel der „Völkerschlacht" bei Leipzig vom 16. bis 19. Oktober 1813. Napoleons Niederlage war

---

[1] Vgl.: Erhard Hexelschneider, Kulturelle Begegnungen zwischen Sachsen und Russland 1790 – 1849, S. 91.

[2] Ernst Theodor Amadeus Hoffmann, Gesammelte Werke, Bd. 8, S. 546 f.

besiegelt. Die Alliierten drangen immer weiter nach Westen vor und erreichten endlich auch Paris. Die russische Armee, gemeinsam mit den Preußen und den Öster-
reichern, dominierte nun große Teile Europas.

Sachsens König Friedrich August I., dessen Truppen bis zum bitteren Ende an
Napoleons Seite gekämpft hatten, geriet in Gefangenschaft. Er war nach der
verlorenen Schlacht von Jena und Auerstedt gezwungenermaßen ein Bündnis mit
Napoleon eingegangen und hatte als Gegenleistung dafür aus der Hand des französischen Kaisers Ende 1806 die Königswürde für Sachsen erhalten. Das Land war,
wie schon einmal zu Zeiten Augusts des Starken, wieder Königreich. Jetzt aber
wurde König Friedrich August I. bis 1815 von den Alliierten Russland und Preußen
entmachtet und in Berlin interniert. Der Wiener Kongress übereignete dann mehr
als die Hälfte des sächsischen Territoriums dem preußischen Königreich, nachdem
die Wunschvorstellung von König Friedrich Wilhelm III., sich Sachsen gänzlich
einzuverleiben, auf dem Wiener Kongress gerade noch verhindert werden konnte.
Sachsen entging so nur ganz knapp seiner staatlichen Auflösung.

Man sah hier 1813 den Heerscharen aus dem Osten mit Bangen und doch auch
Hoffnung entgegen. Das Wort *„Die Russen kommen!"* sollte für die kommenden
zwei Jahrhunderte bis in die Gegenwart einen unheilverkündenden Beigeschmack
behalten. Und besonders waren es die Kosaken, eine Spezialformation der russischen Armee, die bei den Sachsen und allgemein bei den Deutschen Schrecken aus-
lösten und doch auch eine große Faszination ausübten (Abb. 1.1). Zahlreiche Darstellungen in Presse und Theater vermittelten von den Kosaken eine buntschillernde
Beschreibung als sehr fremdartig und eben asiatisch empfundenen Kämpfern. Literatur und Kunst reagierten sehr schnell darauf. So gelangte etwa ein Schauspiel mit
dem Titel „Pauliska, das Kosakenmädchen" auf die Bühne. Ein ukrainisches Lied
„Der Kosak und sein Mädchen" (auch „Schöne Minka") in der Bearbeitung der
deutschen Poeten Christoph August Tiedge und Theodor Körner wurde zu einem
ungemein populären Schlager.[3] Carl Maria von Weber komponierte 1815 (als op. 40)

Abb. 1.1   Die ersten Kosaken an der Löbtauer Brücke in Dresden 1813. Zeitgenössisches Aquarell

---

[3]Vgl.: Erhard Hexelschneider, a. a. O., S. 109 f., 207, 309 ff.

auf die Melodie der „Schönen Minka" neun Variationen unter dem Titel „Air Russe (Schöne Minka)"[4] Und auch pittoreske Bilder von Kosakenkämpfern machten vielerorts die Runde, so z. B. ein Aquarell „Die ersten Kosaken an der Löbtauer Brücke in Dresden".[5] Die Kosaken hatten sich als ungemein tatkräftige und erfolgreiche Soldaten erwiesen, denen dabei Grausamkeiten, namentlich auch gegenüber der Zivilbevölkerung, nicht fremd waren. Die Bezeichnung „Kosaken" war für die deutsche Bevölkerung im Zuge der Befreiungskriege ein exotisches Faszinosum, wurde aber auch zum Synonym für wilde ungebärdige Kriegsführung ohne Rücksicht auf Verluste und gnadenlos dem Feind gegenüber.

In diesem Zusammenhang sei hier als kleines Kuriosum ein Moment aus Richard Wagners frühester Biographie eingefügt. Um sein Geburtsdatum am 22. Mai 1813 und um seine Geburtsstadt Leipzig zentrierten sich eben gerade die großen Kriegsereignisse zwischen Napoleons Truppen und den Militärverbänden der Alliierten. Die Familie Wagner befand sich inmitten dieser blutigen Ereignisse. Leipzig litt stark unter den Kriegsereignissen und die Bevölkerung sah sich vielfältigen Repressionen ausgesetzt. Die Wagners flohen zeitweilig in das Dorf Stötteritz vor den Toren Leipzigs, und Mutter Wagner reiste mit den Kindern im Juli für zwei Wochen in das nun kriegsferne Teplitz, wo Familienfreund Ludwig Geyer Theater spielte. Am 23. November verstarb Wagners Vater Friedrich an dem in Leipzig infolge der Kriegsereignisse grassierendem Fleckfieber. Am 28. August 1814 heiratete Mutter Johanne Rosine den Schauspieler Ludwig Geyer und übersiedelte mit ihm nach Dresden. Davor gab es lebhaften Briefwechsel zwischen Mutter Wagner und Ludwig Geyer. So schrieb ihr dieser etwa am 14. Januar 1814, freundlich auch an deren Kinder denkend und nun insbesondere auf den jüngsten Familienspross, eben Richard, bezogen: *„Des Kosaken seine Wildheit kann nicht anders seyn als göttlich; fürs erste Fenster, das er einwirft, bekommt er eine silberne Medaille."*[6] Und wenige Wochen zuvor, am 22. Dezember, schrieb Geyer an Johanne Rosine von seinen Vorbereitungen und seiner Vorfreude auf das Weihnachtsfest: *„Thun Sie ein Gleiches zu Hause und brennen Sie dem Kosaken einen schönen Baum an; ich möchte den Buben gern ein wenig auf meinem Sopha herumkollern."*[7] Geyer war tatsächlich den Wagnerkindern und besonders dem kleinen Richard sehr zugetan. In „Mein Leben" erinnerte sich der Komponist Jahrzehnte später: *„Dieser ausgezeichnete Mann ... übernahm nun mit größester Sorgfalt und Liebe auch meine Erziehung. Er wünschte mich gänzlich als eigenen Sohn zu adoptieren, und legte mir daher, als ich in die erste Schule aufgenommen ward, seinen Namen bei ..."*[8] So spielte die Kosakenbegeisterung des Jahres 1813 bis in die Wagnerfamilie hinein. Der kleine Richard, noch kein Jahr alt, aber offenbar lebhaft und auch etwas ungebärdig, war für die Familie eben der *„Kosak"*.

---

[4] Vgl. ebd., S. 216.

[5] Vgl.: Erhard Hexelschneider, Sachsen unter russischem Generalgouvernement 1813/14, S. 141.

[6] Vgl.: Richard Wagner Briefe. Die Sammlung Burrell, S. 25.

[7] Ebd., S. 26.

[8] ML, S. 11.

Drei Beispiele mögen die Russen- und Kosakenbegeisterung des Jahres 1813 noch anschaulich machen. Der Maler Wilhelm von Kügelgen, geboren in St. Petersburg, der von sich selbst einmal meinte, er sei *„so etwas wie ein Russe"*, erlebte als Kind 1813 den Einzug der russischen Truppen in Dresden. Jahrzehnte später schrieb er in seinen „Jugenderinnerungen" darüber:

> *„Was irgend Beine hatte in der Neustadt, war nach dem Tore geeilt, und von allen Seiten drängten die Bürger mit freudigem Zuruf auf ihre Befreier ein. Diese Russen waren als Feinde der Franzosen teure Freunde und Gesinnungsgenossen; sie wurden wie Brüder empfangen, und enthusiastisches Jauchzen erfüllte den Platz. Der Branntwein strömte; jeder hatte ihn mitgebracht, und jeder wollte der erste sein, den langersehnten Barbaren den Hals damit zu füllen. Halb zog man sie, halb sanken sie im Freudentaumel aus den Sätteln. Man umarmte, man küßte sich …"*[9]

Und der Pädagoge und Literat Karl August Engelhardt veröffentlichte 1814 eine Aufsatzreihe, in der ein Beitrag die Überschrift „Die ersten Kosaken in Dresden" trug. Darin hieß es u. a.: *„Bisher kannte man die Kosaken nur aus Reisebeschreibungen, Bilderbogen und Tarok-Karten …, jetzt aber liessen sie in Dresdens Umgebungen sich sehen, sprengten bald einzeln, bald Truppweise, aus dem Friede-Walde hervor bis nahe den Thoren der Neustadt …"* Nachdem die Russen und mit ihnen eben die Kosaken dann endlich Dresden besetzt hatten, fand Engelhardt auch dafür enthusiastische Worte: *„Der Zudrang des Volks, die ersten Kosaken innerhalb der Ringmauern zu sehen, war ungeheuer und laut, ja überlaut der Jubel, womit sie begrüßt wurden. Diese patriarchalischen Krieger benahmen sich aber auch mit einer Zutraulichkeit und Würde, die ihnen Aller Herzen zuwandte …"* Aber auch Schwierigkeiten und Komplikationen mit den Kosaken verschwieg Engelhardt nicht: *„Daß der Kosak auch seine Schattenseite habe, wer mag's leugnen … Wer mag wol über Ausbrüche von Wildheit und Barbarey mit Völkern rechten, die der Civilisation erst entgegen gehen."*[10]

Schließlich sei noch einmal Ernst Theodor Amadeus Hoffmann zitiert, der übrigens im Sommer 1813 auch persönlichen Verkehr mit der Familie Wagner hatte und im Januar 1814 in Leipzig ein Stück mit dem Titel „Der Kosakenoffizier" auf die Bühne brachte. Auf der Reise nach Dresden und dann aus Dresden direkt hieß es im Frühjahr 1813 in Briefen u. a.:

> *„Schon Abends um 8 ½ Uhr kamen zwey Pulks Baschkiren und Kalmuken und die ganze Nacht hindurch hörte das Durchziehen von Kosaken nicht auf. – Das Gemurmel, die einzelnen Rufe in der fremden Sprache hatten was schauerliches – ängstliches"* … *„Die ganze Nacht hindurch erschallen Hurrah's und russische Volkslieder; es ist ein Leben und Regen ohne Gleichen – Russische und preußische Offiziere umarmen sich auf den Straßen und aus allen Tavernen hört man die Nahmen Alexander und Friedrich Wilhelm."*[11]

Das Interesse an Russland und seiner Kultur war somit in Deutschland gerade seit Napoleons Russland-Feldzug von 1812 rapide gestiegen. Zahlreiche Publika-

---

[9] Vgl.: Erhard Hexelschneider, Kulturelle Begegnungen zwischen Sachsen und Russland 1790–1849, S. 113.

[10] Ebd., S. 114 ff.

[11] Ebd., S. 213 f.

tionen verschiedener Couleur, die nun in rascher Folge erschienen, zeugen davon. Ein Beispiel sei wegen seiner qualitativen und quantitativen Gewichtigkeit besonders hervorgehoben: Christian Müllers Buch „St. Petersburg, ein Beitrag zur Geschichte unserer Zeit, in Briefen aus den Jahren 1810, 1811 und 1812".[12] Auf über 500 Seiten beschrieb Müller da, aus eigener Anschauung (er hielt sich von Ende 1810 bis zum Frühjahr 1812 in St. Petersburg auf), Leben, Gesellschaft und Politik in der russischen Hauptstadt. Gerade auch in Sachsen, dem Hauptziel der russischen Offensive gegen Napoleon, und Dresden, wo im Frühjahr 1813 die heftigsten und verlustreichsten Kämpfe stattfanden, reagierten Verlage und Presseorgane in zunehmendem Maße auf den Feldzug der Russen. Auch Lehrbücher der russischen Sprache erschienen.[13] Der Leipziger Verleger Karl Tauchnitz brachte 1815 erstmalig ein russisch-deutsches und deutsch-russisches Wörterbuch heraus, das bis zum Ende des Jahrhunderts viel genutzt wurde.[14] Erwähnt seien weiterhin die literarischen Salons von Ludwig Tieck und der aus dem Baltikum stammenden Freifrau Elisabeth von der Recke (eng befreundet mit dem schon erwähnten „Minka"-Nachdichter Tiedge) in den 20er-Jahren in Dresden, in denen des öfteren auch russische Gäste verkehrten, so beispielsweise der Dichter Wassili Shukowski, der Vater des späteren Wagnerfreundes Paul von Joukowsky.

Eine Dresdner Pressestimme, die „Abend-Zeitung" von Hofrat Gottfried Theodor Winkler (Pseudonym: Theodor Hell), der auch lange als Theatersekretär wirkte, sei weiterhin erwähnt. Sie brachte seit 1817 immer wieder auch Nachrichten über das politische und kulturelle Geschehen in den Metropolen des Zarenreiches.[15] Und seit 1813 nahm der Leipziger Verlag F. A. Brockhaus, mit dem später Richard Wagner über seine Schwestern Luise und Ottilie verwandtschaftlich relativ eng verbunden war, Russland gewidmete Literatur in sein Programm auf, beginnend mit Darstellungen über die Befreiungskriege und die diesbezüglichen militärischen Aktivitäten der russischen Armee, fortgesetzt auch mit kritischen Beiträgen zur Niederschlagung des polnischen Aufstandes von 1830/31 bis hin zu einer umfassenden Darstellung „Rußland und Deutschland" von Eduard Kolbe (1847).[16] Ein weiterer Schwager Wagners, Eduard Avenarius, der Mann von Wagners jüngster Schwester Cäcilie, war übrigens zeitweilig Teilhaber des Brockhaus-Verlages, gründete dann 1850 in Leipzig einen eigenen Musikverlag und 1862 auch eine Filiale in Moskau, mit der er den deutsch-russischen Literaturaustausch befördern wollte.

So waren Richard Wagners Geburtsjahr 1813 und besonders auch seine Geburtsstadt Leipzig geprägt von einem gewaltsamen Zusammenprall Deutschlands mit Russland, einem Zusammenprall der noch Jahrzehnte nachwirkte und letztlich bis

---

[12] Christian Müller, St. Petersburg, ein Beitrag zur Geschichte unserer Zeit, in Briefen aus den Jahren 1810, 1811 und 1812.

[13] Vgl.: Erhard Hexelschneider, Kulturelle Begegnungen zwischen Sachsen und Russland 1790–1840, S. 93 f., 108 und 109.

[14] Ebd., S. 151.

[15] Ebd., S. 332 ff.

[16] Ebd., S. 458 ff.

in heutige Zeiten zu spüren ist. Leipzig wurde im Herbst des Jahres nach der
„Völkerschlacht" von russischen Truppen besetzt. Auf Anweisung von Zar Alexander I. agierte hier dann der seit Jahren in russischen Diensten stehende, aus Österreich stammende Obrist Victor von Prendel als Stadtkommandant. Er sorgte in der
Folgezeit für Recht und Ordnung in der vom Krieg stark mitgenommenen Stadt.
Noch heute erinnert ganz in der Nähe des Völkerschlachtdenkmals die Kommandant-
Prendel-Allee an sein umsichtiges Wirken in der sächsischen Metropole. Militärischen Ruhm auf dem Schlachtfeld hatte Prendel zuvor übrigens auch als Anführer
von Kosakenabteilungen errungen.

Sachsen wurde von 1813 bis 1815 interimistisch als Generalgouvernement von
den Russen und den Preußen verwaltet. An der Spitze stand der russische Fürst Nikolai Repnin-Wolkonski. Neben ihm wirkte, zuständig vor allem für militärische
Fragen, der sächsische Generalmajor Carl Adolf von Carlowitz. Ihnen gelang es,
aus Sachsen in kurzer Zeit wieder ein wirtschaftlich prosperierendes Land zu machen.[17] Angesichts früherer, immer wieder gescheiterter Reformversuche für Sachsens Staatswesen war das ein erstaunlicher Vorgang, den ein Insider, der Geheime
Finanzrat Hans Georg von Carlowitz, in einem Brief an seinen Bruder Carl Adolf
mit sehr klaren Worten charakterisierte: *„Es ist eine auffallende Erscheinung, daß
eine fremde provisorische Regierung mehr für ein Land tut, als die eigene seit Jahrhunderten je getan hat."*[18]

Und Fürst Repnin-Wolkonski förderte auch entscheidend die Wiederbelebung
des sächsischen Kultur- und Kunstwesens, so etwa mit der Reorganisierung des
Dresdner Hoftheaters und der Ausstellungen der Akademie der Künste. Ende 1814
übernahm dann Preußen die Verwaltung Sachsens als Generalgouvernement, bis
schließlich infolge komplizierter Verhandlungen beim Wiener Kongress im Sommer 1815 Friedrich August I. wieder die Regierung seines arg verkleinerten König-
reiches übernehmen durfte.

Was allerdings die großen Erwartungen der deutschen Bevölkerung, und namentlich auch der sächsischen, an eine freiheitlich liberale Neuorientierung des politischen und gesellschaftlichen Lebens nach dem siegreichen Befreiungskrieg gegen
die napoleonische Fremdherrschaft anbelangt, so war ernüchternd zu konstatieren,
dass vor allem auf Betreiben der beim Wiener Kongress begründeten „Heiligen Allianz" zwischen Russland, Preußen und Österreich als den jetzt mächtigsten europäischen Festlandsstaaten in den folgenden Jahrzehnten eine strikt konservative
Restaurationspolitik das Geschehen auch im deutschen Raum bestimmte.

Das russische Militär, das ja 1813 über Deutschland bis nach Paris gelangt war,
zog sich nach dem Kriegsende allmählich aus deutschen Gebieten in seine Heimat
zurück, doch die kurzzeitige Anwesenheit der Russen und ihre zu Recht für große
Teile der einheimischen Bevölkerung als fremdartig empfundene Faszination blieb
lange in der Erinnerung haften. Die zwanghafte Begegnung Deutschlands mit Russland während der Befreiungskriege gegen Napoleon löste letztlich nicht nur in

---

[17] Ebd., S. 140 ff.
[18] Zit. nach: Volker Schubert, Sachsen als Generalgouvernement der Russen und Preußen
(1813–1815), S. 85.

politischer Hinsicht, sondern auch in der Kultur und der Kunst einen beginnenden und im Laufe der Zeit immer intensiver werdenden Austausch aus. Russische Kultur zog in die deutsche und europäische Geisteswelt ein. Und im Gegenzug nahm auch das russische Kultur- und Kunstleben nun verstärkt Anregungen aus dem Westen an. Dabei war neben Frankreich Deutschland bevorzugter Orientierungspunkt. Gerade dieser Prozess war ja schon seit dem 18. Jahrhundert in Gang gekommen, als die Zarin Katharina II. (geborene Prinzessin Sophie Auguste Friederike aus dem deutschen Fürstenhaus Anhalt-Zerbst-Dornburg) deutsche Siedler und Künstler nach Russland einlud. Und dieser Einladung folgte man dank vielversprechender Erfolgsaussichten gern.

Im 19. Jahrhundert wurde es zu einer fast ununterbrochenen Tradition, dass russische Thronfolger bzw. Zaren Prinzessinnen aus deutschen Fürstenhäusern heirateten, die dann auch, mit unterschiedlichen Ansätzen und unterschiedlichem Nachdruck, ihre deutsche Herkunft in der neuen Heimat zur Geltung brachten. Fünf Zaren, von Paul I. bis Nikolai II., folgten dieser Heiratspolitik, war damit doch auch die Möglichkeit gegeben, Einfluss auf das politische Geschehen in Deutschland zu nehmen. Im Gegenzug wurde dann beispielsweise die Tochter von Zar Paul I. und Schwester des späteren Zaren Alexander I., Maria Pawlowna, mit dem Thronerben und nachmaligen Großherzog Carl Friedrich von Sachsen-Weimar-Eisenach vermählt und konnte hier über längere Zeit wohltuenden und förderlichen Einfluss auf das Weimarer Kulturleben nehmen. Ihr zuliebe wurde auf dem Weimarer Friedhof eine russische Kapelle erbaut, während in der Folge der Befreiungskriege beispielsweise in Leipzig und in Dresden gleichfalls russische Kirchen errichtet wurden.

Und unbedingt erwähnt werden muss in diesem Zusammenhang auch die Großfürstin Jelena Pawlowna (geborene Prinzessin Friederike Charlotte Marie von Württemberg), die mit dem jüngsten Bruder von Zar Alexander I., dem Großfürsten Michail Pawlowitsch, verheiratet war. Sie nahm in der Mitte des Jahrhunderts vielfältigen produktiven Einfluss auf das russische Kunst- und Musikleben, u. a. beispielsweise durch ihren Einsatz für die Aufhebung der Leibeigenschaft im Zarenreich sowie im charitativen Bereich, weiterhin durch ihre tatkräftige, auch finanzielle Unterstützung bei der Gründung des ersten russischen Konservatoriums und der „Russischen Musikgesellschaft" in Petersburg. Auch für Richard Wagners engagierte sie sich anlässlich von dessen Petersburger Konzerten im Jahre 1863. Darauf wird später zurückzukommen sein. Wegen ihrer liberaldemokratischen Haltung in politischen Fragen wurde sie in Petersburger Kreisen gar als „Princesse La Liberté" bezeichnet.

Eine weitere Folge der gewaltsamen russisch-deutschen Begegnung im Jahre 1813 war die häufige Zuflucht, wie sie viele russische Dichter, Musiker und Künstler neben Frankreich gerade auch in Deutschland suchten, eine Zuflucht vor allem vor dem zunehmend autoritären und antidemokratischen Kurs der Politik im Zarenreich, u. a. auch in der Folge des „Dekabristen"-Aufstands von 1825, dessen Führer etwa die Forderung nach einer demokratisch orientierten Konstitution des Zarenreiches erhoben hatten. Der Aufstand wurde zwar niedergeschlagen und viele seiner Führer zum Tode verurteilt bzw. nach Sibirien verbannt, aber die Kunde von diesem Aufstand erreichte auch schnell Westeuropa, und der Ausdruck *„Verbannt nach*

Sibirien" geriet sehr bald zu einem Synonym für politische Verfolgung und Bestrafung, einem Synonym, das in Europa, vor allem auch in Deutschland, bis in die Gegenwart nichts von seiner Brisanz verloren hat.

Zu den Künstlern und Intellektuellen, die sich teils aus politischen, teils auch einfach aus persönlichen bzw. gesundheitlichen Gründen zeitweilig oder über längere Zeit in Frankreich, England oder Deutschland aufhielten, gehörten so namhafte Literaten wie Wassili Shukowski, Nikolai Gogol, Michail Bakunin, Iwan Turgenjew, Wissarion Belinski, Alexander Herzen, Fjodor Dostojewski und Leo Tolstoi, weiterhin Musiker wie Michail Glinka, die Brüder Anton und Nikolai Rubinstein, Peter Tschaikowski und – gegen Ende des Jahrhunderts – Sergei Rachmaninow oder bildende Künstler wie Wassili Kandinsky, Marianne von Werefkin und Léon Bakst. Bevorzugte Aufenthaltsorte in Deutschland waren beispielsweise die Kurbäder Bad Homburg, Bad Soden, Wiesbaden und Baden-Baden sowie die sächsische Metropole Dresden.

So fand seit den 20er-Jahren des 19. Jahrhunderts ein zunehmender Austausch zwischen deutscher und russischer Literatur statt. Nachdem deutsche Dichtung und Musik in Russland längst Einzug gehalten hatten, gab es nun auch erste Anzeichen vom Bekanntwerden russischer Literatur (sehr viel später allerdings erst von Musik) in Deutschland. Werke von Puschkin beispielsweise erschienen in deutscher Übersetzung erstmals 1840, von Gogol 1844, von Herzen 1850, von Lermontow ab 1852, von Turgenjew ab 1854 oder von Tolstoi ab 1882. Ein immer intensiver werdender geistiger Austausch zweier bisher so unverbundener Kulturkreise nahm seinen Lauf.

Aufstand in Polen – Die Polen in Leipzig

Die Jahre 1830 und 1831 waren eine Zeit voller aufregender politischer Ereignisse. In Paris stürzte 1830 die Julirevolution das reaktionäre Bourbonen-Regime und ersetzte es durch eine konstitutionelle Monarchie unter dem „Bürgerkönig" Louis-Philippe. Wie ein Fanal wirkte dieses Ereignis in ganz Europa und war auch entscheidender Impuls für das zweite große politische Ereignis des Jahres, den polnischen Aufstand gegen die russische Fremdherrschaft, der erst 1832 endgültig von russischem Militär niedergeschlagen werden konnte. Dennoch – das restaurative System der Europa beherrschenden „Heiligen Allianz" hatte seine ersten Brüche erlebt.

Heinrich Heine war ein aufmerksamer, kritischer und wie immer auch ironischer Beobachter dieser Geschehnisse. Es ist Tatsache, dass er schon sehr früh mit ersten Übersetzungen (seit 1827) in Russland bekannt wurde und später gar zum beliebtesten deutschen Schriftsteller in der russischen Literaturwelt avancierte. Puschkin, Lermontow, Turgenjew, Dostojewski, Tschaikowski, die Komponisten des „Mächtigen Häufleins" u. a. verehrten ihn sehr. Und auch in der Sowjetunion galt er als ein dem revolutionären Fortschritt der Menschheit engstens verpflichteter deutscher Dichter. Der Heine-Kult in Russland, so kann man es wohl bezeichnen, erhob ihn gar zum „*Russkij Gejne*".[19] Heine selbst war, außer einmal bis nach Polen, niemals nach Russland gelangt. Sicher aber hat er Nachrichten über das dortige politische System außer den zugänglichen öffentlichen Pressequellen und Berichten, die seit den Befreiungskriegen in Europa üppig sprudelten, auch durch seinen Bruder Maximilian, der als Arzt in russischen Militärdiensten stand, erhalten.

Das Trauma der Napoleonischen Fremdherrschaft hat Heine sein Leben lang beschäftigt. Im „Buch der Lieder" (1827) gibt er ihm in dem Gedicht „Die Grenadiere" beredten Ausdruck. Da träumen zwei aus Russland heimkehrende französische Soldaten, geschlagen und todwund, während eines Zwischenaufenthalts in Deutschland, von einer glorreichen Wiederkehr ihres Kaisers Napoleon – ein Gedicht übrigens, das gleich zwei deutsche Komponisten wenige Jahre später, 1840, zur Vertonung anregte: Richard Wagner und Robert Schumann.

In den „Reisebildern" (Dritter Teil. Reise von München nach Genua, 1830), in der „Romantischen Schule" (1835), in der Streitschrift „Ludwig Börne" (1840) oder in der „Lutetia" (1840) unterhielt Heine dann seine Leserschaft mit zahlreichen Reflexionen über das politische Geschehen in Europa unter dem starken Einfluss der russischen Zarenherrschaft. Das Spektrum reichte von anfänglicher, wenn auch mit unüberhörbar ironischem Unterton, Bewunderung bis hin zu sarkastischer Ablehnung. Heines Ansichten spiegelten seismisch genau den Verfall des einst fortschrittlichen Rufes Russlands in Deutschland und Europa seit den Befreiungskriegen über die Jahre der immer restriktiver werden Restaurationszeit bis in die 40er-Jahre des Jahrhunderts, als Russland sich anschickte, mit Eroberungen im Osten und Südwesten sowie im Eroberungskampf gegen das Osmanische Reich, zu einer Weltmacht zu werden.

Zunächst, 1830, in den „Reisebildern", erschien ihm der russische Zar Nikolai I. noch als „*Gonfaloniere der Freiheit*", als „*Ritter von Europa*", und er sagte von sich selbst: „*Ich bin gut russisch*".[20] Dann aber, nach der Niederschlagung des polnischen Aufstandes, war auch für ihn das Zarenreich als vermeintlicher Hort des Fortschritts aller Illusion entkleidet. Schon 1831 schrieb er in einem Essay von ebendiesem Herrscher, „*der noch jüngst der Gonfaloniere der Liberalen war*", dass nunmehr „*das absolute Zarentum unverträglich mit den Ideen einer konstitutionellen Freiheit*" sei, und dass – jetzt im Gleichnis mit Grimms Märchen – „*der russische Wolf … die Garderobe der alten Großmutter angezogen hat*" …, um „*Euch armen Rotkäppchen der Freiheit*" den Garaus zu machen. Und ihm sei bei dem Gedanken daran gewesen, „*als spritzte das Blut von Warschau bis auf mein Papier*".[21]

In einem weiteren Essay aus dem Jahre 1831 dann wieder ein Stoßseufzer: „*Die Russen sind ein braves Volk, und ich will sie gern achten und lieben; aber seit dem Falle Warschaus, der letzten Schutzmauer, die uns von ihnen getrennt, sind sie unseren Herzen so nahe gerückt, daß mir Angst wird.*"[22] In grausamer Entartung erschien

---

[19] Vgl.: Russkij Gejne – Der russische Heine. Russlands Blick auf Heinrich Heine.

[20] Heinrich Heine, Sämtliche Schriften, Bd. 2, S. 379, 381.

[21] Ebd., S. 665 f.

[22] Heinrich Heine, Sämtliche Schriften, Bd. 3, S. 70.

dann (in „Ludwig Börne", 1840) das Bild ebenjenes Zaren als *„Kaiser Nikolas, der Menschenfresser"*, der *„alle Morgen drei kleine Polenkinder verspeise, ganz roh, mit Essig und Öl"*.[23] Und in „Lutetia", bezogen nun auf die russische Unterstützung des Befreiungskampfes der Griechen gegen die Türken, meinte Heine dann: *„Das Oberhaupt dieser griechischen Christen ... ist der allmächtige Zar von Rußland, ... der Kanonendonnergott"*, der gar eine *„russisch-griechisch-orthodoxe Weltherrschaft, ... eine russische Universalmonarchie"* anführen werde.[24]

Solcherart Russland-Betrachtungen dürften seinerzeit übrigens auch dem Heine-Leser Richard Wagner nicht entgangen sein. Der kleine *„Kosak"* war mittlerweile zum Gymnasiasten herangewachsen und besuchte in Leipzig die Thomasschule. Ein Jahr später ließ er sich als Student an der Leipziger Universität einschreiben. Und im September 1830 kam es nun auch in Leipzig und Dresden, schließlich landesweit zu Rebellionen gegen das undemokratische Herrschaftssystem in Sachsen. Die Regierung reagierte erstaunlich schnell. Der erste Kabinettsminister Detlef Graf von Einsiedel, enger Vertrauter von König Friedrich August I. und seinem Nachfolger König Anton I., verlor seinen Posten, der nun dem liberalen Bernhard August von Lindenau übertragen wurde. Prinz Friedrich August, Neffe von Friedrich August I. und Anton I., wurde als Mitregent des Letzteren eingesetzt. Und dem Land wurde eine neue, demokratischere Verfassung versprochen, die dann auch am 4. September 1831 in Kraft trat.

Der junge Richard nahm diese gesellschaftlichen Veränderungen mit größtem Interesse zur Kenntnis. Zudem war er in dieser Zeit von einer großen Beethoven-Begeisterung erfasst, fertigte eine Partitur von dessen 9. Sinfonie an und komponierte erste Orchesterwerke. In seiner „Autobiographischen Skizze" (1843) erinnerte er sich:

> *„Nun kam aber die Julirevolution; mit einem Schlage wurde ich Revolutionär und gelangte zu der Überzeugung, jeder halbwegs strebsame Mensch dürfe sich ausschließlich nur mit Politik beschäftigen. Mir war nur noch im Umgang mit politischen Litteraten wohl: ich begann auch eine Ouvertüre, die ein politisches Thema behandelte. So verließ ich die Schule und bezog die Universität."*[25]

Das geschah im Februar 1831. Und in seiner Autobiografie „Mein Leben", niedergeschrieben reichlich 20 Jahre nach der „Autobiographischen Skizze", hieß es ähnlich:

> *„Die Extra-Blätter der Leipziger Zeitung brachten die Nachricht der Pariser Juli-Revolution. Der König von Frankreich war vom Throne gestoßen ... Die geschichtliche Welt begann für mich von diesem Tage an: und natürlich nahm ich volle Partei für die Revolution, die sich mir nun unter der Form eines mutigen und siegreichen Volkskampfes, frei von allen den Flecken der schrecklichen Auswüchse der ersten französischen Revolution, darstellte. Da revolutionäre Erschütterungen bald ganz Europa in mehr oder minder starken*

---

[23] Heinrich Heine, Sämtliche Schriften, Bd. 4, S. 78.

[24] Heinrich Heine, Sämtliche Schriften, Bd. 5, S. 286.

[25] Richard Wagner, Autobiographische Skizze (1843), S. 98.

Schauern heimsuchten, und auch hier und da deutsche Länder von ihnen berührt wurden, blieb ich längere Zeit in fieberhafter Spannung …"[26]

Auch Sachsen war also bald von diesen revolutionären Bewegungen betroffen. Die erfolgreiche Rebellion für eine neue Verfassung wurde bereits erwähnt. Und Wagner erzählte in „Mein Leben" auch von späteren Studentenunruhen, an denen er selbst beteiligt war. Erregt von einem eigentlich missverständlichen Vorgang seien er und viele weitere Kommilitonen in Leipzig auf die Straße gegangen, um doch nur noch den schnellen Abschluss dieser Meuterei mitzuerleben. Aber es folgten dieser Aufregung Weiterungen durch *„die niederen Volksklassen, namentlich das Arbeiterproletariat"*, die *„zu ähnlichen Exzessen gegen mißliebige Fabrikherren und dergleichen"* führten. Und *„nun wurde die Sache ernster; das Eigentum war bedroht, der Kampf zwischen arm und reich stand grinsend vor den Häusern. Jetzt waren es die Studenten, welche, da Leipzig ohne alle bewaffnete Macht und die Polizei gänzlich desorganisiert war, zum Schutz gegen das niedere Volk herbeigerufen wurden."* Mehr oder weniger verwundert über sich selbst realisierten die Studenten in Leipzig die Verteidigung des Eigentums der bürgerlichen Klasse – namentlich auch des Verlags und der Druckmaschinen von Wagners Schwager Friedrich Brockhaus. Sie verkehrten das Ziel der Rebellion also eigentlich in ihr Gegenteil. Und so schrieb Wagner dazu auch: *„Ich befand mich all diesen Erscheinungen gegenüber wie vor den Wirkungen eines Erdbebens, welches die gewohnte Ordnung der Dinge und Gegenstände aufhebt … Ich fing nun an, leidenschaftlich Zeitungen zu lesen und Politik zu treiben."*[27]

Unerwartet für den jungen Studenten Wagner erreichte ein politisches Ereignis aus dem Osten Europas, der polnische Aufstand von 1830/32 gegen die russische Fremdherrschaft, auch Leipzig. Zar Nikolai I. hatte den Aufstand blutig niederschlagen lassen. Warschau, wo sich eine demokratisch gesinnte polnische Regierung gebildet und dem Land auch eine neue liberale Verfassung gegeben hatte, war gefallen. Zahlreiche polnische Kämpfer flohen 1832 gen Westen, nach Deutschland, nach Frankreich (Abb. 1.2). Auch in Dresden und Leipzig kamen viele polnische Flüchtlinge an. In Leipzig war übrigens Wagners Schwager Friedrich Brockhaus Vorsitzender des Polenkomitees, das sich die Betreuung der polnischen Flüchtlinge zur Aufgabe gesetzt hatte. Wagner erhielt so aus erster Hand Kunde von der reaktionären Gewaltherrschaft der Russen. Für viele Deutsche zerstob damit endgültig das nach 1813 doch so positive Russlandbild. Das einst als Befreier gefeierte Zarenreich entpuppte sich jetzt als Schreckensbild von Gewalt und Unterdrückung. Und so musste also der erste bewusste Eindruck vom großen russischen Reich für den jungen Wagner ein absolut negativer sein. In „Mein Leben" schrieb er noch viele Jahre später lebhaft über seine Erlebnisse in dieser Zeit:

„Der polnische Freiheitskampf gegen die russische Übermacht war es, welcher mich bald mit wachsender Begeisterung erfüllte. Die Erfolge, welche die Polen eine kurze Zeit lang im Monat Mai 1831 erstritten, setzten mich in Erstaunen und Ekstase: mir schien die Welt wie durch ein Wunder neu erschaffen … Immerhin blieb meine Teilnahme für den Ausgang des

---

[26] ML, S. 47.
[27] Ebd., S. 9 f.

Abb. 1.2   Ankunft der fliehenden Polen in Leipzig 1832. Zeitgenössische Darstellung

*polnischen Kampfes die Hauptsache: die Belagerung und Einnahme Warschaus erlebte ich
wie ein persönliches Unglück. Unbeschreiblich war nun meine Aufregung, als die ersten
Durchzüge der nach Frankreich auswandernden Überreste der polnischen Armee durch
Leipzig kamen, und unvergeßlich der Eindruck beim Anblick eines ersten Truppes dieser
Unglücklichen, welche im ‚Grünen Schild' auf der Fleischergasse einquartiert wurden. War
ich hier mit großer Niedergeschlagenheit erfüllt worden, so geriet ich dagegen bald in enthusiastische Bezauberung, als ich im Foyer des Leipziger Gewandhauses, in welchem man
diesen Abend die C-moll-Symphonie von Beethoven spielte, eine Gruppe heroischer Gestalten teilnehmend beobachten konnte, welche aus mehreren der vornehmsten Führer der
polnischen Erhebung bestand. Vorzüglich zog mich die ungemein kräftige Gestalt und überaus männliche Physiognomie eines Grafen Vincenz Tyskiewitsch an, der mit ruhiger vornehmer Haltung eine, mir bis dahin ganz unbekannte, Sicherheit und Gelassenheit verband … Es entzückte mich, grade diesen Mann bald im Hause meines Schwagers Friedrich
Brockhaus wiederzufinden und dort für längere Zeit als fast heimisch anzutreffen … Manche andre, bald durch geschmeidige Feinheit, bald durch melancholisch-kriegerische Haltung auf mich eindrucksvolle Glieder der Auswanderung zogen durch das gastliche Haus:
von dauerndem Eindruck blieb jedoch einzig der als Ideal eines wahrhaft männlichen Mannes von mir geliebte und verehrte Vincenz Tyskiewitsch.*"[28]

Da beschrieb Wagner ganz unbefangen ein frühes Beispiel seiner Begeisterungs-
fähigkeit für Männer, wie sie ihn im weiteren Leben so oft erfassen sollte. Er fühlte
sich geehrt, von Wincenty Tyszkiewicz [so die korrekte Schreibweise des Namens]
auch mehrfach in vertrauliche Gespräche gezogen worden zu sein. Und anlässlich
des 3. Mai, des polnischen Verfassungstages, feierte man noch einmal in größerer
Runde mit den polnischen Freunden, eine Feier, die endlich in ein großes Trink-
gelage ausuferte, aus dem Wagner am nächsten Morgen wie aus einem Albtraum er-

---

[28] Ebd., S. 66 ff.

wachte. In „Mein Leben" erinnerte er sich: *„Der Traum dieser Nacht bildete sich später zu einer Orchesterkomposition in Ouvertürenform, mit dem Titel ‚Polonia', aus."*[29]

Die eigentliche Entstehungs- und Aufführungsgeschichte dieses tatsächlich komponierten Werkes, in dem Wagner auch Melodien von polnischen Volksweisen anklingen ließ, lässt einige Unklarheiten offen. Entstanden ist die Ouvertüre wohl 1836 in Berlin, angeregt vielleicht auch durch Freund Heinrich Laube, der ihm übrigens schon in Leipzig einen Operntext über den polnischen Nationalhelden Tadeusz Kościuszko schreiben wollte – ein Plan, der sich allerdings beidseitig bald zerschlug.[30] Es ist möglich, dass Wagner die „Polonia"-Ouvertüre 1836 während seines Königsberg-Aufenthaltes auch aufgeführt hat. Ein Versuch, sie dann wenige Jahre später in Paris auf einer Wohltätigkeitsveranstaltung für polnische Flüchtlinge aufführen zu lassen, schlug offensichtlich fehl.[31]

Wohl auch auf die Polenbegeisterung ist die Entstehung von zwei Polonaisen zurückzuführen, die Wagner Ende 1831/Anfang 1832 komponierte. Sie erschienen 1832 beim Leipziger Musikverlag Breitkopf & Härtel im Druck. Und davon sei später gar wohl in St. Petersburg eine (nicht autorisierte) Bearbeitung von Adolph Henselt, der lange Zeit als gefeierter Pianist, Komponist und Pädagoge in Russland wirkte, erschienen.[32] Das wäre dann die erste Wagnerkomposition, die auf dem russischen Musikmarkt publiziert wurde, wobei aber wohl noch kein dortiger Musikkenner von dem völlig unbekannten jungen Autor irgendwie Kenntnis gehabt oder ihm Aufmerksamkeit geschenkt hätte.

In Königsberg hatte Wagner übrigens noch einen weiterführenden Kompositionsplan. Er wollte eine Ouvertüren-Trilogie realisieren und bei einem geplanten Musikfest in Königsberg aufführen. Zur „Polonia"-Ouvertüre sollte sich die Ouvertüre „Rule Britannia" (1837) und eine weitere unter dem Titel „Napoléon" gesellen – eine etwas wirre europäische Musikallianz gewissermaßen. Bei der Letzteren stieß Wagner aber, wie er leicht selbstironisch in „Mein Leben" schrieb, auf gewisse Schwierigkeiten:

> *„Namentlich die Wahl der Effektmittel hierzu beschäftigte mich im voraus, und ich erwog in mir das ästhetische Dilemma, ob ich den vernichtenden Schicksalsschlag, welcher den französischen Kaiser in Rußland traf, durch einen Tamtam-Schlag versinnlichen dürfe. Ich glaube, es war besonders mein Skrupel über die Zulässigkeit dieses Schlages, der mich von der Ausführung meines Planes für jetzt abhielt."*[33]

So blieb wenigstens in der musikalischen Fantasiewelt Napoleon die Vernichtung in Russland durch einen Tamtam-Schlag erspart. Insgesamt stellte diese geplante Ouvertüren-Trilogie also ein musikalisches Schlachtfeld der europäischen Großmächte dar: England, Frankreich und Russland, wenn auch das Zarenreich – nunmehr ein Beleg des sich negativ veränderten Russlandbildes in Europa – nur als

---

[29] Ebd., S. 69.

[30] ML, S. 79; vgl. dazu auch: Karol Musiol, Wagner und Polen, S. 27 f.

[31] Vgl. dazu auch: Karol Musiol, Wagner und Polen, S. 18 ff.

[32] Vgl.: John Deathridge/Martin Geck/Egon Voss, Wagner. Werk-Verzeichnis (WWV), S. 88.

[33] ML, S. 143 f.

Negativ-Pause im Gewand des polnischen Aufstandes erschien. Russland war für den heranreifenden Künstler Wagner, ganz im Gegensatz zur Generation seiner Väter, zu einem abschreckenden gesellschaftspolitischen Zerrbild geworden.

Im Herbst 1832 hatte der junge Student Wagner von Leipzig aus dann die willkommene Gelegenheit, sich mit dem verehrten Grafen Tyszkiewicz auf Reisen zu begeben. Dieser wollte nach Galizien zu seinen im österreichischen Herrschaftsgebiet liegenden Gütern reisen und nahm Wagner bis nach Brünn mit. Dort verabschiedete man sich freundschaftlich. (Reichlich zwanzig Jahre später, im Oktober 1853, traf Wagner übrigens in Paris auf einen Sohn Tyszkiewiczs, der sich ganz der Musik zugewandt hatte.[34])

Wagner fuhr nun allein weiter nach Wien, dem Wien des so bewunderten Beethoven, und dann weiter nach Prag. Es war eine erste größere musikalische Erkundungsreise für ihn und eben auch der Abschied von der Polen-Faszination der letzten Zeit.

Auf dem Weg nach „Sibirien" – Königsberg und Riga

Die folgenden Lebensjahre Wagners waren eine unruhvolle Zeit. Ohne offiziellen Studienabschluss stürzte er sich ins musikalische Berufsleben, komponierte erste Opern – „Die Hochzeit" (1832/33, unvollendet), „Die Feen" (1833/34) und „Das Liebesverbot" (1834/36). Und blutjung, mit noch nicht 20 Jahren, begann er eine Laufbahn als Kapellmeister, zunächst in Würzburg, Bad Lauchstädt und Magdeburg. Durch seinen Freund Heinrich Laube wurde er vertraut mit dem demokratischen Gedankengut des „Jungen Deutschland", das auch – symbolisiert etwa durch Laubes Roman „Das junge Europa" – nationale Grenzen überschreitende Universalpolitik propagierte. So schrieb er schon am 26./27. Oktober 1835 seinem Leipziger Freund Theodor Apel: *„Allein meine unerschütterliche Ansicht über den jetzigen Standpunkt der Kunst, übt auch auf meine bürgerlichen Ansichten noch die erregendste Gewalt aus. So mit meiner Musik, – nun und nimmermehr werde ich wieder unsrem Deutschthum huldigen ..."*[35]

Auch in zwei Aufsätzen legte Wagner 1834 seine radikal neuen ästhetischen Ansichten zur Oper dar: „Die deutsche Oper" (für Heinrich Laubes damals vielgelesene „Zeitung für die elegante Welt") und „Pasticcio" (für die eben von Robert Schumann gegründete „Neue Zeitschrift für Musik"). Es war eine Fundamentalkritik an der deutschen romantischen Oper. Da hieß es beispielsweise in „Pasticcio" ganz aufmüpfig:

> *„Warum ist in der letzten Zeit kein deutscher Opernkomponist durchgedrungen? – Weil keiner sich die Stimme des Volks zu verschaffen wußte, – das heißt, weil keiner das warme,*

---

[34] Ebd., S. 517.
[35] RWB, Bd. 1, S. 226 f.

wahre Leben packte, wie es ist ... Unsre modernen romantischen Fratzen sind aber dumme Leichengestalten. Werft sie weg – greift zur Leidenschaftlichkeit ... "[36]

In Leipzig und Berlin versuchte Wagner vergeblich, Aufführungen vom „Liebesverbot" zu erreichen bzw. sich selbst auch als Kapellmeister zu installieren. So folgte er schließlich seiner Braut Minna Planer, die als Schauspielerin an das Königsberger Theater engagiert worden war, in die ostpreußische Metropole. Unverhofft befand er sich jetzt ganz nahe der Grenze zu Russland. In einem Brief an Robert Schumann vom 3. Dezember 1836 meinte er denn auch sarkastisch und mit einem gehörigen Schuss von Selbstironie, dass er nun *„hierher nach Sibirien gebannt"* sei und *„hier in Preuß: Sibirien"* sich fernab von wichtigen Musik- und Kunstereignissen befinde. *„Preuß: Sibirien"* – ein bisschen Galgenhumor klang da wohl mit – war für ihn quasi der Vorhof zur Hölle, auch wenn es eher spaßhaft formuliert war. Sein eigentliches Zeil aber sei doch das unbestrittene Kulturzentrum Europas, nämlich Paris. Er habe auch, teilte er Schumann weiter mit, bereits an den berühmten Textdichter Eugène Scribe seinen neuen Operntext „Die hohe Braut" zur weiteren Bearbeitung geschickt.[37]

Eben zu dieser Zeit, am 28. November (julian. Kalender) 1836 erlebte übrigens Michail Glinkas Oper „Ein Leben für den Zaren" („Iwan Sussanin") in St. Petersburg seine Uraufführung – ein bedeutsames Zeugnis und Initialwerk der russischen Musik- und Operngeschichte. Wagner hat davon wohl kaum Kenntnis genommen. Erst Jahrzehnte später erwähnte er einmal Glinka, wie Cosima Wagner im Tagebuch vermerkte (5. Juli 1879): *„Abends wird von Glinka einiges vorgenommen (aus ,Ruslan und Ludmila'), und R.[ichard] bemerkt, wie nichts von den großen deutschen Meistern gelernt worden ist und die Fremden sich einzig an die französische Schablone anlehnen."* [38]

Scribe, an den Wagner sich also damals gewandt hatte, war ein ungeheuer produktiver Opernlibrettist, der mehrere Dutzend Texte für die bekanntesten französischen Komponisten der Zeit verfasst hatte, u. a. auch für Giacomo Meyerbeer. Und an diesen wandte sich Wagner, mit Verweis auf seinen vorherigen Brief an Scribe, dann mit einem ausführlichen Schreiben am 4. Februar 1837. Darin erging er sich in großem Lob gegenüber dem derzeit erfolgreichsten europäischen Opernkomponisten:

„Seitdem, u. besonders seit ich in das eigentliche Leben u. die Praxis trat, haben sich meine Ansichten über den gegenwärtigen Standpunkt der Musik u. zumal der dramatischen, bedeutend geändert, u. soll ich es leugnen, daß gerade Ihre Werke es waren, die mir diese neue Richtung anzeigten? Es wäre hier jedenfalls sehr am unpassenden Orte, mich in ungeschickten Lobeserhebungen Ihres Genius aus zu lassen, nur so viel, daß ich in Ihnen die Aufgabe des Deutschen vollkommen gelöst seh, der sich die Vorzüge der italienischen u. französischen Schule zum Meister [Muster?] machte, um die Schöpfungen seines Genie's universell zu machen. Dieß hat mich denn ungefähr auf meine jetzige Bahn gebracht." [39]

---

[36] RWS, Bd. 12, S. 10 f.

[37] RWB, Bd. 1, S. 318 f.

[38] CWT, Bd. II, S. 377.

[39] RWB, Bd. 1, S. 323 f.

Wenige Monate später, im Sommer 1837, erhielt Wagner sogar eine höfliche, aber völlig unverbindliche Antwort von Scribe. In einem (damals nicht veröffentlichten) Aufsatz „Über Meyerbeers ‚Hugenotten'" aus demselben Jahr führte Wagner seine Gedanken über eine *„Universalität"* der Tonsprache weiter aus. Er bedauerte darin die *„Nichtexistenz der Deutschen als Nation"*, welche es jedoch großen deutschen Musikern (er nannte explizit Händel, Gluck und Mozart) ermöglicht habe, *„sich in eine fremde Nationalität hineinzulügen"*. Und zu Meyerbeer hieß es dann: *„Meyerbeer schrieb Weltgeschichte, Geschichte der Herzen und Empfindungen, er zerschlug die Schranken der Nationalvorurteile, vernichtete die beengenden Grenzen der Sprachidiome, er schrieb Taten der Musik ..."* [40] Der Deutsche Meyerbeer verkörperte in seinen Opern für Wagner in vorbildlicher Weise seine neue ästhetische Orientierung, wie sie sich in den Begriffen Universalität und Kosmopolitismus äußerte.

Welch ein Zufall, welch eine überraschende geografische Wendung war es nun, dass Wagners Weg statt, wie erhofft, nach Westen, nach Paris, geradenwegs in den Osten, sozusagen direkt nach „Sibirien" führte. Eine Anstellung als Kapellmeister in Königsberg hatte sich nach kurzer Zeit wegen Bankrotts der dortigen Theaterdirektion als obsolet erwiesen. Wagner stand zudem vor den Scherben seiner erst jüngst in Königsberg geschlossenen Ehe mit Minna Planer. Sie war, nach heftigen familiären Streitigkeiten, mit einem anderen Mann geflohen. Wagner aber wollte sie nicht aufgeben. Er folgte ihren Spuren und fand sie schließlich bei ihren Eltern in Dresden. Doch sie wollte nicht mit ihm zurück nach Königsberg. Währenddessen hatte sich Wagner jedoch im Juni 1837 in Berlin mit dem Rigaer Theaterdirektor Karl von Holtei auf ein Engagement als Musikdirektor geeinigt. Und Ende Juli reiste er, ohne Minna, per Schiff von Travemünde in die livländische Hauptstadt (Abb. 1.3). Am 19. August (7. August julian. Kalender) 1837 betrat er in dem kleinen Hafen Bolderaa bei Riga russisches Territorium. Dazu erhielt er eine (archivalisch erhaltene) vom russischen Gouverneur der Provinz Livland unterzeichnete Aufenthaltserlaubnis.[41] In „Mein Leben" erinnerte Wagner sich Jahrzehnte später noch:

> *„Nach einer viertägigen Seefahrt langten wir endlich im Hafen von Bolderaa an, und ich empfand zunächst die eigentümlichen Schauer des Verkehrs mit russischen Behörden, gegen welche ich seit meiner Jugendsympathie für die Polen mit instinktivem Entsetzen erfüllt war. Mir war es, als ob die Hafenwachen mir meine Schwärmerei für Polen ansehen und sofort mich nach Sibirien schicken würden ..."* [42]

Nun war er also in Russland und eben – wie er apostrophierte – in *„Sibirien"*! Dieses Schreckenswort war ihm geläufig. Ja, „Sibirien" galt ihm als Synonym für das ihm so unbekannte Russland. Von russischer Geschichte, Kultur und Musik hatte er zu dieser Zeit noch kaum Kenntnis. Und das Zarenreich wurde in ganz Europa, spätestens seit der Niederschlagung des Dekabristenaufstandes und der

---

[40] RWS, Bd. 12, S. 22 f., 27.
[41] Vgl.: Ludmila Poljakowa, Wagner und Russland, S. 108.
[42] ML, S. 153.

Abb. 1.3 Der Hafen von Riga. Zeitgenössischer Stich

polnischen Revolution, als Inbegriff für politische Verfolgung, Verbannung, Unterdrückung, für antidemokratische Staatsverfassung angesehen. *„Sibirien"* bedeutete
auch unendliche Weite, Ferne, Kälte, Dunkelheit, asiatische Fremdheit! Führende
Dekabristen waren zum Tode bzw. zur Verbannung und Zwangsarbeit nach Sibirien
verurteilt worden. So die Dichter und Publizisten Alexander Herzen und Nikolai
Tschernyschewski. Auch der bekannte Anarchist und Revolutionär Michail Bakunin befand sich später jahrelang in sibirischer Verbannung. Ebenso ereilte dieses
Schicksal einen weiteren prominenten Dichter – Fjodor Dostojewski, der dann an
dieses schreckliche Erlebnis mit dem Roman „Aufzeichnungen aus einem Totenhaus" eindrucksvoll erinnerte. Anfang des 20. Jahrhunderts wurde diese Geschichte
von Leoš Janáček in seiner gleichnamigen Oper gestaltet. Die Bolschewiken Lenin
und Stalin waren weitere prominente Sibirien-Verbannte. Musikalisch ungeheuer
beängstigend, aber eindrucksvoll endete auch Dmitri Schostakowitschs Oper „Lady
Macbeth des Mzensker Landkreises" (1934) in Sibirien. Deutsche Kriegsgefangene
nach dem 2. Weltkrieg und zuvor schon unzählige politische Gefangene der Stalin-
zeit fanden hier ihren Tod. Alexander Solschenizyn setzte, auch aus eigener Er-
fahrung, dem Sibirien-Trauma der Russen in seinem Roman „Archipel Gulag" ein
einzigartiges literarisches Denkmal. Sibirien – ein Schreckenswort also, das bis in
die Gegenwart nichts von seiner Bedrohlichkeit verloren hat. Und so beschlich also
auch Wagner beim Betreten des Zarenreiches ein unheimliches Gefühl, ein Angst-
empfinden, das ihn übrigens noch Jahrzehnte später, 1863, bei seinem erneuten
Russlandbesuch wieder ereilte.

Und Wagner hatte dann im Laufe seines Rigaer Aufenthaltes auch ein bezeichnendes Erlebnis. Der Liebhaber des Dienstmädchens war in Abwesenheit der
Hausherren bei den Wagners eingebrochen und hatte diverse, allerdings nicht sehr
wertvolle Dinge gestohlen. Er wurde vom gut funktionierenden Polizeiapparat umgehend ausfindig gemacht und verhaftet. Die russische Polizei erklärte Wagner, der

sich mitleidig für den Täter einsetzen wollte, es „*müsse der Dieb ohne Gnade nach Sibirien*", da ihm auch schon andere Delikte zur Last gelegt worden seien. Und Wagner entsann sich noch Jahrzehnte später, als er gelegentlich von diesem Vorfall sprach, „*der damaligen Erschütterung durch die Kälte und Gleichgültigkeit, mit der hier über ein Menschenschicksal entschieden wurde.*"[43] Und Wagner erinnerte sich auch empört eines anderen Vorfalls. Cosima Wagner notierte in ihrem Tagebuch unter dem 24. März 1881: „*Abends erzählt er* [Wagner], *wie sein Schwager G*[eneral] *Meck seinen Kosaken habe prügeln und dann die Knute küssen lassen!*"[44] Es handelte sich um Carl Johann Gustav von Meck, Ehemann von Amalie Planer, der Schwester von Wagners Ehefrau Minna, und hoher Offizier in der russischen Armee, der übrigens ein entfernter Verwandter der aus dem Baltikum stammenden Familie der Tschaikowskifreundin Nadeshda von Meck war. (Wagner traf die gesamte Familie Meck mit inzwischen vier Kindern dann anlässlich seiner Konzertreise nach St. Petersburg im März 1863 wieder, wo er ihnen Karten für eines seiner Konzerte besorgt hatte.[45])

In Wagners Gepäck nach Riga befand sich der Textentwurf zu „Rienzi, der Letzte der Tribunen. Große tragische Oper in fünf Akten", einer Oper, die allerdings ausdrücklich für Paris konzipiert war. Vorlage war der gleichnamige Roman von Edward George Bulwer-Lytton, dessen Erstausgabe 1835 in englischer Originalsprache und 1836 dann in deutscher Übersetzung erschienen war und sich als ein literarischer Reißer erwies. Wagner hatte den Roman im Sommer 1837 kennengelernt und war so begeistert von ihm, dass alsbald ein Opernplan daraus wurde. Es war allerdings ein fast unmöglicher geistiger Spagat, der sich da für ihn aufspreizte, ein Spagat zwischen der Realität russischer Provinz, der er entgegenreiste, und dem Traum von Frankreich mit seiner Weltstadt Paris. Wagner musste diesen Spagat zwei lange Jahre meistern. Aber er war unbeirrbar. In einem Brief vom 12. November 1838 aus Riga an August Lewald (seit 1835 Herausgeber der angesehenen Zeitschrift „Europa. Chronik der gebildeten Welt") beschrieb er mit weit ausholender Geste und dabei auch etwas großspurig sein Projekt:

> „*Denn einer bedeutenden Bühne, wie der Berliner oder Pariser bedarf es nun durchaus, um die Oper dieser Art mit Anstand in die Welt zu schicken. An Stoff und stets unverdrossenen Willen soll es bei mir nicht fehlen, denn ich fühle es deutlich in mir, daß ich schon Gott weiß was Alles producirt hätte, wenn mir nun einmal die Thür geöffnet wäre. Der Himmel ist mein Zeuge, daß ich das nicht in Anmaßung gesagt haben will, aber so viel ist gewiß, wenn ich binnen fünfzehn Jahren nicht emancipirt bin, so werde ich so arrogant, Opern für Frankfurt an der Oder oder Tilsit zu schreiben.*"[46]

---

[43] Carl Friedrich Glasenapp, Das Leben Richard Wagners, Bd. 1, S. 315 f.

[44] CWT, Bd. II, S. 716.

[45] RWB, Bd. 15, S. 122; vgl. auch: A. Gosenpud, Richard Wagner i russkaja kultura, S. 13; vgl. auch: Martin Geck (Hrsg.), „… und über allem schwebt Richard". Minna Wagner und Cäcilie Avenarius. Zwei Schwägerinnen im Briefwechsel, S. 101.

[46] RWB, Bd. 1, S. 355 f.

Erstaunlicherweise dauerte es aber gar nicht fünfzehn Jahre, sondern nur fünf, bis Wagner der große Durchbruch mit dem „Rienzi" – wenn schon nicht in Berlin oder Paris, so doch aber an der großen Hofbühne von Dresden – gelang.

Noch aber war er erst in Riga, im russischen Bannkreis. Große Teile des Baltikums gehörten seit dem Nordischen Krieg zum Zarenreich, und eröffneten diesem damit den lang erstrebten direkten Zugang zu Deutschland und dem europäischen Westen. Riga, Hauptstadt des Gouvernements Livland, war in den 30er-Jahren des 19. Jahrhunderts eine blühende Handelsstadt von gut 60.000 Einwohnern und für Russland geografisch ein ungemein wichtiger wirtschaftlicher Mittler zum Westen. Seit den Zeiten schon des Deutschritter-Ordens und der Hanse stieg der Anteil deutschstämmiger und deutschsprachiger Bevölkerung auf fast 50%. Sie bildete mit Adel und Bürgertum besitzmäßig und bildungsmäßig die herrschende Schicht. Das Zarenregime hatte ihr, unter dem Primat russischer Souveränität und Oberhoheit, klugerweise ihre Eigenheit mit erheblicher politischer, wirtschaftlicher und kultureller Autonomie belassen. Und die deutschbaltische Herrschaftsschicht verhielt sich absolut loyal der russischen Oberhoheit gegenüber. Oftmals wurden auch deutschbaltische Adlige in St. Petersburg in hohe Staatsämter berufen, so etwa Mitglieder der livländisch-deutschen Familie von Nesselrode mit Karl Robert von Nesselrode gar als Staatskanzler unter den Zaren Alexander I. und Nikolai I. Eine 1815 gegründete „Kurländische Gesellschaft für Literatur und Kunst" propagierte in ihrem Programm explizit gar *„eine ausgleichende Annäherung und Vermittlung in dem geistigen Streben der Russen und Deutschen".* Und 1812, als die Napoleonische Invasion Russland in seinen Grundfesten bedrohte, hieß es beispielsweise in den „Rigaer Stadtblättern", man müsse *„stolz darauf werden, ein Bewohner dieser Provinzen zu sein und zu den deutschen Russen zu gehören … Wir sind ein großes, ein tapferes Volk."* Diese Ansicht *„basierte auf einer übernationalen Auffassung des russischen Reiches, dessen Herrscher als Völkerkaiser eines multinationalen Imperiums begriffen wurde".*[47]

Amtssprache in den baltischen Provinzen war neben dem Russischen deutsch. Und es galt, wie im ganzen Zarenreich, natürlich der julianische Kalender, der dem in Europa gültigen gregorianischen Kalender im 19. Jahrhundert um 12 Tage hinterherhinkte. Das bereitete Wagner anfangs einige Schwierigkeiten. (Für den Verlauf seines Rigaer Aufenthaltes werden im Weiteren grundsätzlich die originalen julianischen Daten angegeben.)

Wagner eröffnete die Rigaer Theatersaison am 1. September mit der einaktigen komischen Oper „Mary, Max und Michel" mit dem Text Karl von Holteis und der Musik Carl Blums. Er steuerte dazu noch eine frisch komponierte Einlagearie in G-Dur „Sanfte Wehmut will sich regen" für die Partie des Max bei. Wenige Wochen später, am 7. Oktober, kam dann Minna auf Wagners wiederholtes Drängen endlich doch nach Riga, in Begleitung ihrer Schwester Amalie, die von Wagner als Sängerin an das Theater engagiert worden war. Bis zum Frühjahr 1839 gehörte Amalie dem

---

[47] Zit. nach: Michael Garleff, Deutschbalten zwischen den Kulturen, S. 428, 432 f.; vgl. auch: Georg von Rauch, Die nationale Frage in den russischen Ostseeprovinzen im 19. Jahrhundert, S. 175.

Abb. 1.4   Das alte Rigaer Stadttheater. Zeitgenössische Fotografie

Sängerensemble an, verließ dann aber das Theater und heiratete den oben schon erwähnten, in russischen Militärdiensten stehenden Offizier Carl Johann Gustav von
Meck. Noch vor Minnas Ankunft hatte Wagner in der Innenstadt, unweit des Theaters (Abb. 1.4), eine Wohnung in der Schmiedestraße gemietet und dazu (um den
20. September 1837) einladend an Minna geschrieben:

> *„Du denkst wohl, ich hätte nicht schon längst daran gedacht, wie wir hier wohnen wollten?*
> *Sieh wie ich mir mein LOGIS miethete (auf ein Jahr), da habe ich gleich auf die beiden gro-*
> *ßen Stuben gesehen, auf die Küche, damit Du mir doch manchesmal Abends was machen*
> *kannst, eine Bratwurst oder ein bischen Eierkuchen, – oder Käsekeulchen, u. nun habe ich*
> *auch schon in unsrem Haus, gleich an unsrer Treppe eine Wohnung für Amalie gemiethet,*
> *da sind wir dann doch gleich zusammen, wenn wir mal recht schlampamben wollen. Aber*
> *über's Jahr da miethen wir uns gleich eine großes LOGIS, wo wir alle noch mehr zu-*
> *sammenhocken können ... Fahrt nur gleich vor meine Wohnung hier vor, auf der großen*
> *Schmiede-Straße, bei dem Weinhändler Zau [recte: Thau] (– aber daß Du nicht etwa*
> *glaubst, daß ich pichle!!!) ... "[48]*

Tatsächlich bezogen die Wagners dann im Frühjahr 1838 eine geräumigere Wohnung im ersten Stock des Hauses des russischen Kaufmanns Michael Iwan Bodrow
(so die Schreibweise in der Glasenapp-Biografie).[49] Das Haus lag in der St. Petersburger Vorstadt an der Ecke von der Mühlen- und Alexanderstraße (Abb. 1.5).
    Die Rigaer Theaterverhältnisse waren bescheiden, obwohl das Stadttheater
gerade erst restauriert und neu ausgestattet worden war. Und es gab eine archi-
tektonische Besonderheit des Theaters, die Wagner sehr gefiel. Der aus Riga stammende Violoncello-Virtuose Arved Poorten berichtete später einmal, wohl bei Gelegenheit von Wagners Konzertreise nach Russland 1863 (Poorten war Mitglied der

---

[48] RWB, Bd. 1, S. 337; vgl. auch: Carl Friedrich Glasenapp, Das Leben Richard Wagners, Bd.
1, S. 286.

[49] Carl Friedrich Glasenapp, Das Leben Richard Wagners, Bd. 1, S. 299.

Abb. 1.5 Wagners Wohnhaus in Riga. Zeitgenössische Fotografie

Petersburger Hofkapelle und hier mit dem Komponisten persönlich bekannt geworden), dass ihm Wagner, auf seine Frage, wie er denn in diesem „*Stall*", in dieser
„*Scheune*" – Poorten kannte das Haus aus eigener Anschauung – habe dirigieren
können, geantwortet habe:

> „*Drei Dinge seien ihm aus dieser ‚Scheune' als merkwürdig in Erinnerung geblieben: erst-
> lich das stark aufsteigende, nach Art eines Amphitheaters sich erhebende Parkett, zweitens
> die Dunkelheit des Zuschauerraumes und drittens das ziemlich tief liegende Orchester.
> ‚Wenn er je einmal dazu käme, sich ein Theater nach seinen Wünschen zu errichten, so
> werde er diese drei Dinge dabei in Betracht ziehen, das habe er sich schon damals
> gedacht'. Die Idee des Bayreuther Festspielhauses war für seinen zukünftigen Erbauer in
> diesen drei Elementen bereits im Keime enthalten.*"[50]

Wagners Umgang beschränkte sich in Riga auf einen kleinen Kreis persönlicher
Bekannter. Dazu gehörte neben Direktor Holtei und etlichen Mitgliedern des
Sängerensembles und des Orchesters in erster Linie der städtische Musikdirektor
und Domkapellmeister Heinrich Dorn, ein Jugendbekannter Wagners schon aus
Leipziger Zeiten, des weiteren der Schauspieler Wilhelm August Wohlbrück, ein
Schwager Heinrich Marschners und Librettist zu dessen Opern, der Musiker und
Kapellmeister Franz Löbmann sowie der Sänger und spätere Wiener Theaterdirektor
Johann Hoffmann (Wagner benannte ihn in „Mein Leben" irrtümlich als Joseph
Hoffmann).
    Das Rigaer Opernensemble, mit ausschließlich deutschen Künstlern übrigens,
war gerade so ausgerichtet, dass es das gängige Repertoire spielen konnte. Das Or-
chester bestand aus 22–24 Musikern (davon nur zwei 1. und zwei 2. Violinen), bei
Bedarf verstärkt durch Mitglieder des einheimischen Militär-Musikkorps. Das

---

[50] Ebd., S. 288 f.

ansehnliche Opernrepertoire, das Wagner zu dirigieren hatte, wies die bekannten Komponistennamen der Zeit auf. Bis zum Jahresende 1837 leitete Wagner Aufführungen von Boieldieus „Weißer Dame", Mozarts „Don Giovanni", Webers „Freischütz", Hérolds „Zampa", Bellinis „I Capuletti e i Montecchi" und „Norma" sowie Aubers „Stumme von Portici". Das alles, wie an kleineren Theatern damals durchaus üblich, mit besetzungsmäßig (vor allem bei den Streichern) eingezogenem Orchester. Im Jahr 1838 führte Wagner dann Mozarts „Figaro" und „Zauberflöte", Beethovens „Fidelio", Aubers „Fra Diavolo" und „Maurer und Schlosser", Méhuls „Joseph in Ägypten", Spohrs „Jessonda", Rossinis „Barbier von Sevilla" und „Otello", Adams „Postillon von Lonjumeau" und Cherubinis „Wasserträger" auf. 1839 folgten u. a. noch Meyerbeers „Robert der Teufel", Dorns „Schöffe von Paris" (als Uraufführung), Winters „Unterbrochenes Opferfest", Mozarts „Don Giovanni" und „Die Entführung aus dem Serail", Webers „Preziosa" (Schauspielmusik) und „Oberon" sowie Weigls „Die Schweizerfamilie". Ca. 170mal stand Wagner in seinen Rigaer Jahren am Dirigentenpult.

In einer Zeitungsanzeige vom 8. Dezember 1837 kündigte Wagner dem Rigaer Publikum eine Opern-Benefizvorstellung für den 11. Dezember an – Bellinis „Norma" (offenbar eine Erstaufführung für Riga) – und schrieb dazu:

> „‚Norma' ist von allen Schöpfungen Bellini's diejenige, welche neben der reichsten Melodienfülle die innerste Glut mit tiefer Wahrheit vereint, und selbst die entschiedensten Gegner neuitalienischer Musik haben dieser Komposition die Gerechtigkeit widerfahren lassen, daß sie, zum Herzen sprechend, ein inneres Streben zeige und der modernen Flachheit nicht huldige."[51]

Einen Tag zuvor hatte Wagner in der Rigaer Zeitung „Der Zuschauer" bereits eine längere lobende Darstellung über den italienischen Komponisten veröffentlicht: „Bellini. Ein Wort zu seiner Zeit", um das Publikum für den neuen italienischen Opernstil, wie er sich beispielhaft gerade bei Bellini zeige, zu interessieren. Da hieß es u. a.:

> „Gesang, Gesang und abermals Gesang, ihr Deutschen! Gesang ist nun einmal die Sprache, in der sich der Mensch musikalisch mitteilen soll ... Davon liefert Bellini einen Beweis in seiner ‚Norma', ohnstreitig seiner gelungensten Komposition; hier, wo sich selbst die Dichtung zur tragischen Höhe der alten Griechen aufschwingt, erhöht diese Form, die Bellini dabei entschieden auch veredelt, nur den feierlichen und grandiosen Charakter des Ganzen; alle die Leidenschaften, die sein Gesang so eigentümlich verklärt, erhalten dadurch einen majestätischen Grund und Boden, auf dem sie nicht vague umherflattern, sondern sich zu einem großen und klaren Gemälde gestalten, das unwillkürlich an Glucks und Spontinis Schöpfungen erinnert."[52]

Hier war übrigens argumentatorisch genau jene Stilrichtung angezeigt, der Wagner in seiner neuen Opernkomposition, dem „Rienzi", zustrebte: große Leidenschaftlichkeit, dramatischer Gesang und stilistische Orientierung an Gluck und Spontini. Dementsprechend agierte Wagner auch als Dirigent seines Rigaer Theaterorchesters und seines Sängerensembles – fordernd und anfeuernd. Heinrich Dorn,

---

[51] RWS, Bd. 16, S. 3.
[52] RWS, Bd. 12, S. 20 f.

der wohl auch bei Wagners Verpflichtung nach Riga mitgewirkt hatte, fällte später in seinen Memoiren ein sehr charakteristisches und zutreffendes Urteil über Wagner als Operndirigenten:

> *„Als Dirigent leistete Wagner schon in Riga sehr Beachtenswertes; er studierte höchst sauber ein – was ich bei meiner eigenen Oper ,Der Schöffe von Paris', die dort unter seiner Leitung gegeben wurde, am besten beurtheilen konnte – und wenn er am Pult stand, riß sein feuriges Temperament auch die ältesten Orchestermitglieder unbedingt fort. ,Immer frisch, immer munter, immer ein bischen frisch', das waren seine Lieblingsrufe, welche stets die rechte Wirkung machten."*[53]

Und Dorn schickte 1838 auch einen Bericht über Wagners Musikdirektorentätigkeit an Schumanns „Neue Zeitschrift für Musik", der am 24. Juli 1838 dort publiziert wurde. Es ging da um ein „Großes Vocal- und Instrumental-CONCERT", das Wagner am 19. März im Saal des altehrwürdigen Schwarzhäupterhauses veranstaltet hatte, und in dem u. a. Wagners Ouvertüren „Columbus" und „Rule Britannia" (letztere als Uraufführung) erklangen (Abb. 1.6). Mitwirkende bei weiteren Programmteilen waren übrigens auch Minna und ihre Schwester Amalie. In der Dornschen Rezension, die nicht unkritisch war (da wurde im Hinblick auf die „Columbus"-Ouvertüre etwa die Verwendung üblicher, abgenutzter *„Spectakel- und Reizmittel"* moniert und der Komponist auch als *„Hegelianer im Heine'schen Styl"* glossiert), hieß es u. a.:

> *„Hr. Capellmeister Richard Wagner … producirte zwei Ouverturen eigener Composition, eine über: ,Rule Britannia', die andere ,Columbus' genannt. Diese Tondichtungen, namentlich die zweite, bestanden aus sehr heterogenen Theilen. Die Conception und Durchführung konnte man nicht anders als Beethovenisch nennen …"*

Und rückblickend auf frühere gemeinsame Zeiten in Leipzig, meinte Dorn dann:

> *„Ich zweifle, daß es zu irgend welcher Zeit einen jungen Tonkünstler gegeben, der mit Beethoven's Werken vertrauter, als der damals 18jährige Wagner … Es war ein ,furor teutonicus' … Denn Wagner wandte sich zum Theater und während er jetzt mit den Armen in Allerweltspartituren herumfegte, mit den Füßen in Beethoven's Werken wurzelte, schlug das noch zu jugendliche Herz in ungestümer Wallung bald hier-, bald dorthin und der Kopf perpendikelte dazu zwischen den Doppelbeen Bach und Bellini. Aber man kann nicht Gott und dem Teufel zusammen dienen … Wird ein solcher obenein Capellmeister, so ist er zugleich der Ruin des Theaters …"*[54]

Am Schluss des „Großen Vocal- und Instrumental-CONCERTS" stand übrigens ein weiteres Wagnerwerk, nämlich seine, wenn man so will, einzige russische Originalkomposition: „Nicolay", eine „Volkshymne" für Solo, Chor und Orchester auf den Text des Rigaer Poeten Harald von Brackel, ein Stück, das Wagner schon am 21. November 1837 in Riga uraufgeführt hatte. Es war eine politisch willkommene Adresse der Rigaer an den russischen Zaren Nikolai I. anlässlich des Jahrestages von dessen Thronbesteigung. Wagner verstand die Komposition offenbar mehr als diplomatische Dienstleistung an die russische Oberherrschaft denn als

---

[53] Heinrich Dorn, Ergebnisse aus Erlebnissen, S. 163.
[54] Zit. aus: Herbert Barth/Dietrich Mack/Egon Voss, Richard Wagner. Leben und Werk in Bildern und Dokumenten, S. 292 f.

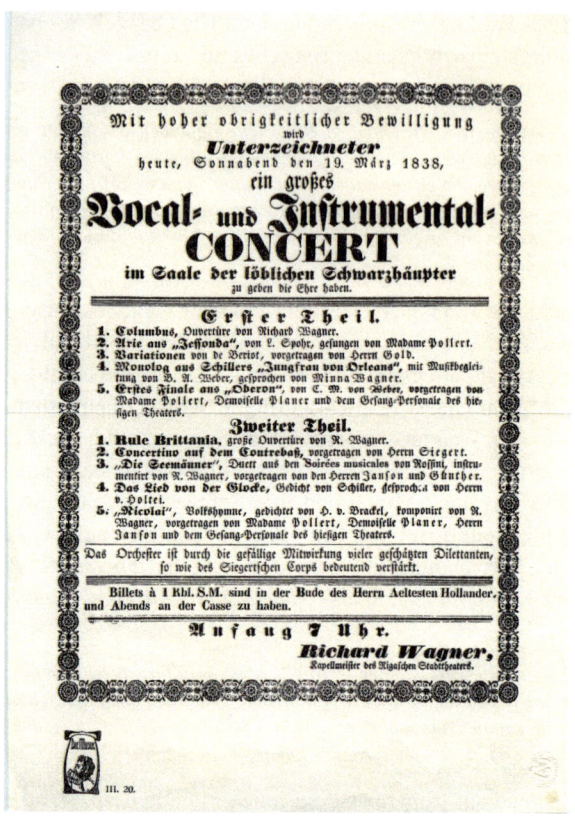

Abb. 1.6 Programmzettel „Großes Vocal= und Instrumental=CONCERT" am 19. März 1838 im Rigaer „Schwarzhäupterhaus"

ambitionierte Originalschöpfung. Die Ausführung im Gesanglichen wie im Orchestralen war musikalische Routine, die Melodie der Hymne diatonisch einfach und bescheiden, eben auf den Charakter eines Volksliedes eingestimmt. Ein drittes Mal führte Wagner die „Nicolay"-Hymne dann noch am 25. Juni 1839 während des Rigaer Gastspiels in Mitau auf, – zwei Tage vor seiner Flucht aus Russland. Diese Komposition auf Nikolai I., der einst den polnischen Aufstand, für den der junge Wagner so große Sympathien hegte, grausam niederschlagen ließ, war wohl seine einzige musikalische Begegnung mit Russland während seiner Rigaer Zeit. Im Übrigen hatte er in Riga doch sehr wenig Gelegenheit, russische Kultur, russische Musik kennenzulernen, deren wichtige Ereignisse, im kulturell deutsch dominierten Baltikum kaum reflektiert, eben fern in St. Petersburg und Moskau stattfanden.

In dem oben schon zitierten Brief vom 12. November 1838 an August Lewald erwähnte Wagner auch eine weitere kleine neue Komposition von sich, die am ehesten wohl der geografisch-ethnischen Eigenheit seines derzeitigen Aufenthaltsortes, also dem russisch beherrschten Baltikum, zuzuordnen ist. Es war das Lied der „Tannenbaum" (auf den deutschen Text von Georg Scheurlin). Wagner bat Lewald um ge-

legentliche Publikation in der Zeitschrift „Europa. Chronik der gebildeten Welt",
die dann auch im Herbst 1839 erfolgte. Dazu schrieb Wagner – mit leichter Selbstironie: *„So wenig ich nun auch gerade die Tannenbaum-Melancholie liebe, so kann
man sich ihrer in Liefland* [Livland] *doch manchmal nicht ganz erwehren; ich habe
das Gedicht in liefländischer Tonart* [Es-Moll] *componirt … Nur urtheilen Sie nach
dieser Composition ja nicht auf meine Art, Opern zu componiren, dies ist, glaube
ich behaupten zu können, Gott sei Lob weniger liefländisch."*[55] Dieses „liefländi-
sche" Lied, diese Gelegenheitskomposition, war Wagner aber immerhin doch soviel wert, dass er sie – nun in Reinschrift notiert – Cosima 1868 zu ihrem 31. Geburtstag schenkte.

Zu erwähnen sind weitere für Rigas Musikleben sehr belebende Aktivitäten
Wagners. So schlug er in einem Brief vom 11. September 1838 seinem Theater-
orchester vor, in der kommenden Saison sechs Orchesterkonzerte zu geben, und
zwar *„eigens als Unternehmung des Orchesters … u. zu dessen Vortheil"*, also als
auch Gewinn bringende Einrichtung im gesellschaftlichen Leben der Stadt. Das bedeutete für Riga ein Novum, wenn man dabei auch weiß, dass ähnliche öffentliche
Konzertunternehmungen ganz im Gegensatz zu Deutschland und Westeuropa hier
noch längst nicht allgemein durchgesetzt waren und sich etwa in den beiden russischen Metropolen St. Petersburg und Moskau vergleichbare Gründungen gerade
auch erst anbahnten. Dazu meinte Wagner:

> *„Demnach müßte den Kunstfreunden nicht nur Aussicht auf erhebende Musikalische Ge-
> nüsse, sondern dem übrigen Theile des Publikums auch eine Gelegenheit sich gegenseitig
> zu sehen u. zu unterhalten, wie dieß in der großen Pause zwischen dem ersten und zweiten
> Theile des Konzertes ungestört geschehen könnte, – geboten werden. So müßte unter an-
> dern einem Schweizer Bäcker das Büffet angewiesen werden, an welchem in der Pause dem
> Publikum Erfrischungen zu Gebote stehen; kurz, Alles müßte geschehen, was dem größten
> Theile des Publikums diese Conzerte zugleich zu angenehmen Unterhaltungs-Abenden ma-
> chen dürfte …"*[56]

Der Vorschlag wurde angenommen, und die Konzerte fanden dann am 15. November und 13. Dezember 1838, am 17. Januar, 21. Februar, 9. April und 7. Mai
1839 im Schwarzhäupterhaus statt. Zudem gab es noch zwei weitere „Große Vocal-
und Instrumental-Concerte" am 14. März und 2. April 1839. Wagner sicherte in seiner Programmauswahl auch einen hohen künstlerischen Anspruch. Neben zahlreichen kleineren Programmpunkten, die durchaus der Unterhaltung dienten, konnte
er ausgiebig seiner Beethoven-Verehrung frönen. Es erklangen in diesen Konzerten
dessen große „Leonoren"-Ouvertüre und die Sinfonien Nr. 3 bis 8 – ein umfang-
reicher Sinfonien-Zyklus also. Auch später bevorzugte Wagner übrigens bei seinen
Konzertdirigaten und Konzertreisen – etwa 1863 in St. Petersburg und Moskau –
immer wieder die Werke des Wiener Meisters, bis hin zum Höhepunkt dann der 9.
Sinfonie – so zu den „Palmsonntagskonzerten" 1846, 1847 und 1849 in Dresden
oder dann 1872 zur Grundsteinlegung des Bayreuther Festspielhauses. Zudem

---

[55] RWB, Bd. 1, S. 357; vgl. auch: Carl Friedrich Glasenapp, Das Leben Richard Wagners, Bd.
1, S. 315.
[56] RWB, Bd. 1, S. 346, 348 f.

gastierten mit weiteren Konzerten auch bekannte europäische Spitzenkünstler, etwa
Anfang Februar 1838 gleich an vier Abenden der norwegische Geiger Ole Bull,
dann im Januar 1839 der erst achtzehnjährige belgische Geiger Henri Vieuxtemps
oder Anfang Februar desselben Jahres der polnische Violinist Karol Lipiński, der
zuvor in St. Petersburg tätig war und nun als Konzertmeister an die Dresdner Hofkapelle ging. Und man war dann jeweils auch bei den Wagners zu Hause gesellig
beisammen. Die beiden letzteren Künstler traf Wagner noch einige Male in seinem
späteren Leben: Vieuxtemps in Paris und im Züricher Exil, Lipiński in Dresden.

Der Komponist Wagner war seit dem Sommer 1838 in seinen freien Rigaer Stunden fast ausschließlich mit der Komposition seiner neuen Oper „Rienzi, der Letzte
der Tribunen" beschäftigt. Er arbeitete fieberhaft daran, wollte er doch mit diesem
groß dimensionierten Werk Paris, die europäische Opernhauptstadt, erobern. Eine
launige Erinnerung an die Entstehung der „Rienzi"-Partitur überlieferte wiederum
Heinrich Dorn in seinen Lebenserinnerungen:

> *„Mit großem Interesse sah ich die ersten Entwürfe zu ‚Rienzi' entstehen, und hörte nach
> und nach die anwachsenden Szenen am Pianoforte. … Die anwesenden Männer … sangen
> was sie irgend aus dem Brouillon erwischen konnten – und vor dem Hause in der St. Peters-
> burger Vorstadt, blieben die Bartrussen entsetzt stehen, wenn sie spät Abends den Höllen-
> spektakel da oben vernahmen. Denn dass bei solchem Concert die Saiten des Flügels wie
> Spreu vor dem Winde auseinanderflogen, so dass der Componist zuletzt nur noch ein
> Dreschflegelähnliches Holzgerassel vernehmen liess, wozu die auf dem Resonanzboden
> ringsumherliegenden Metallschlangen ein anmuthendes Janitscharenmusikgeräusch exe-
> cutirten – was uns aber angesichts der Partitur gar nicht genirte – das alles verstand sich
> bei einem so handfesten Clavierspieler wie Wagner ganz von selbst."*[57]

Am 9. April 1839 beendete Wagner in Riga die Orchesterskizze des 2. Aktes vom
„Rienzi". Und jetzt hielt ihn hier nichts mehr, denn ihm war kurz zuvor die Kündi-
gung ausgesprochen worden. Der für alle überraschend zurückgetretene Intendant
Holtei hatte die Musikdirektorenstelle noch kurz zuvor, ohne Wagner davon zu in-
formieren, Heinrich Dorn versprochen. Der nun interimistisch als Theaterleiter wir-
kende Sänger Johann Hoffmann musste Wagner seine Entlassung zum Ende der
Saison mitteilen. Wagner war aber nicht eigentlich niedergeschlagen von seiner
Entlassung, erleichterte sie ihm doch seinen geplanten Weg nach Paris. Doch sah er
sich von Dorn getäuscht und nahm diesem das ein Leben lang übel.

Im Juni 1839 gastierte das Rigaer Ensemble, wie jedes Jahr, in Mitau. Wagner
dirigierte hier seine letzten Opernvorstellungen und am 25. Juni – eine letzte Reve-
renz auch an das Zarenreich – noch einmal die „Nicolay"-Hymne, reiste dann am
26. Juni kurz nach Riga, während Dorn für ihn in Mitau die noch ausstehenden
Opernaufführungen übernahm, um dann – mit Wissen Dorns und des Interims-
intendanten Hoffmann – heimlich die Flucht anzutreten. Eine Flucht war es sehr
wohl, denn offiziell hätte Wagner Riga kaum verlassen können. Dazu hätte er bei
der Polizeiverwaltung nachweisen müssen, dass er schuldenfrei sei, um einen amt-
lich bestätigten Reisepass zu erhalten. Schuldenfrei aber war er mitnichten. Wie
schon in Magdeburg und in Königsberg hinterließ er auch in Riga wiederum eine

---

[57] Heinrich Dorn, Aus meinem Leben. Musikalische Skizzen, S. 3 f.

Reihe von finanziellen Verpflichtungen, die er nicht einlösen konnte. Sein persönliches Guthaben betrug bei Antritt der Flucht gerade einmal 100 Dukaten. Das sollte für die Reise nach Paris und die Begründung einer dortigen Existenz ausreichen.

Am Abend des 27. Juni verließ Wagner mit Minna und Hund Robber Riga. Einen Tag später erreichten sie die Grenze, um diese in der Nacht zum 29. Juni (11. Juli gregorian. Kalenders) zu überschreiten. Der illegale Grenzübertritt war allerdings ein gefährliches Unterfangen. Als Fluchthelfer betätigte sich der Königsberger Kaufmann und Wagnerfreund Abraham Möller. Mit seiner Hilfe „*wurde Wagner sammt Gemahlin bei Nacht und Nebel auf polnischer Judenfuhre über die Grenze geschafft*", wie Dorn es in seinen Memoiren ausdrückte.[58] Wagner selbst schilderte später in „Mein Leben" dieses durchaus riskante Abenteuer in spannungsvoller Detailtreue:

> „*Am Abend des zweiten Tages gelangten wir so an die russisch-preußische Grenze; die Besorgnis Möllers wegen Ausführung unsrer heimlichen Überschreitung derselben ließ auch uns innewerden, daß es sich hierbei eigentlich um ein gefährliches Wagnis handelte; der vertraute Freund von jenseits begegnete uns der Abmachung gemäß mit einem kleinen Wagen, in welchem er Minna, mich und Robber, von der Hauptstraße ab auf Umwegen nach einem Punkt brachte, von dem aus er uns zu Fuß in ein Haus von höchst verdächtigem Aussehen geleitete, um uns dort, nachdem er uns einem Führer übergeben, wieder zu verlassen. Dort hatten wir bis nach Sonnenuntergang zu warten und gewannen Muße innezuwerden, daß wir uns in einer Pascherkneipe befanden, welche sich allmählich mit polnischen Juden vom allerschmutzigsten Aussehen bis zum Übermaß anfüllte. Endlich wurden wir aufgefordert, unsrem Führer zu folgen. Einige hundert Schritte weit zog sich am Abhange eines Hügels der Graben hin, welcher längs der ganzen russischen Grenze gezogen ist und beständig durch Wachtposten von Kosaken, in sehr kleinen Zwischenräumen verteilt, bewacht wird. Es galt, die wenigen Minuten zu benutzen, welche nach der Ablösung der Wachen die Wächter anderweitig beschäftigten. Sehr eilig hatten wir daher den Hügel hinabzulaufen, durch den Graben zu klettern und dann von neuem eilig uns weiter zu wenden, bis wir aus der Schußlinie gelangt waren; denn die Kosaken, sobald sie uns gewahrten, waren gebunden, uns selbst über den Graben hinweg ihre Kugeln nachzusenden. Ich hatte trotz der leidenschaftlichen Sorge für Minna dennoch zu meiner seltsamen Freude das intelligente Verhalten Robbers beobachtet, welcher, als ob er die Gefahr gewahrte, sich lautlos an uns geschmiegt hielt und meine Sorge, er werde uns bei dem gefahrvollen Übergange Not machen, gänzlich zerstreute. Endlich begegnete uns der vertraute Gehilfe wieder; er war so ergriffen, daß er uns heftig in seine Arme schloß und nun von neuem mit seinem Fuhrwerk uns in den Gasthof des preußischen Grenzortes geleitete, wo Freund Möller, vor Angst erkrankt, uns schluchzend und jubelnd aus dem Bett entgegensprang.*"[59]

Es war doch ein merkwürdiger Zufall, dass Wagner – ehemals vom Stiefvater liebevoll als kleiner „*Kosak*" bezeichnet – nun an einer schicksalhaften Wende seines Lebensweges es erneut mit Kosaken, diesmal jedoch in gefahrvoller Gegenüberstellung, zu tun hatte. Waren es damals, kurz nach seiner Geburt, jedoch Kosaken, die das Leipziger Straßenbild prägten und von der Bevölkerung mit Sympathie beobachtet wurden, so waren es jetzt Kosaken, die als Grenzbewacher unter Gebrauch der Schusswaffe sein illegales Verlassen des Zarenreiches hätten verhindern sollen. Auf diese, im Grunde doch kriminelle Weise nahm also Wagner seinen ersten

---

[58] Ebd., S. 5.
[59] ML, S. 169 f.

Abschied von Russland, das er zwei Jahre zuvor mit recht vagen Gefühlen im Hafen Bolderaa bei Riga betreten hatte.

Damit aber waren die Unannehmlichkeiten noch nicht beendet. Bei einem Unfall auf der Weiterreise nach dem kleinen ostpreußischen Hafen Pillau – als man Königsberg wegen erheblicher hier aufgelaufener Schulforderungen heimlich und unerkannt bereits durchquert hatte – stürzte am 14. Juli die Kutsche um, *„und Minna ward bei dem Falle durch eine innere Erschütterung so stark beschädigt, daß wir in einem Bauernhaus, wohin ich die gänzlich Gelähmte mit größter Mühe zu schleppen hatte, bei mürrischen und schmutzigen Leuten eine für die Verletzte höchst schmerzliche Nacht zu verbringen hatten."* [60] An diesem Punkt hakte später eine Erzählung von Minnas Tochter Natalie ein und erweiterte das Geschehen um einen sehr traurigen Vorgang:

> *„Bevor sie ihr Ziel erreicht, wurden sie noch des andern Abends von einem schlimmen Unfall betroffen, indem der des Weges unkundige Kutscher bei der tiefen Finsternis in einen sehr schlechten Bauernhof gerathen, in welchem er beim Umlenken des Wagens denselben umwarf: Wobei der alte Freund* [Möller war wohl gemeint] *verletzt, Wagner aus dem Wagen geschleudert in die Jauchegrube flog, Frau Minna aber so unglücklich unter den Wagen zu liegen kam, daß sie schwer beschädigt des höchsten Glückes einer jungen Frau, des begonnenen Mutterglückes verlustig wurde."* [61]

Weder Minna noch Richard Wagner haben eine solche Fehlgeburt jemals öffentlich erwähnt oder bestätigt. Aber Natalie, die ja die Flucht nicht selbst miterlebt hatte, konnte davon doch nur von den Beiden, am ehesten von ihrer Mutter selbst, erfahren haben. Auch deutete darauf doch die eben gerade zitierte Erinnerung Wagners hin, dass er bei der riskanten Unternehmung immer in *„leidenschaftlicher Sorge"* gerade für Minna gewesen und dass diese bei dem Unfall *„durch eine innere Erschütterung so stark beschädigt"* worden sei und *„eine für die Verletzte höchst schmerzliche Nacht"* verbracht habe.

Am 15. Juli gelangten die Wagners schließlich nach Pillau. Freund Möller hatte der Kosten wegen statt einer Landreise mit der Kutsche nach Paris eine weitaus billigere Seeüberfahrt mit dem kleinen Segelschiff „Thetis" zunächst nach London organisiert. Und das Schiff stach schließlich am 19. Juli in See. Wagner fuhr frohgemut seinem ersehnten großen Ziel – Paris – entgegen. Russland, sein *„Sibirien"*, lag, wie er glaubte, endgültig hinter ihm.

---

[60] Ebd., S. 170.
[61] Vgl.: Richard Wagner Briefe. Die Sammlung Burrell, S. 119 f.

Kapitel 2
Wagner, Bakunin und die Revolution von 1848/49

Von Riga über Paris nach Dresden

Die Weiterreise nach Paris war allerdings noch sehr viel beschwerlicher, als die Wagners wohl geglaubt hatten. Die Schiffsfahrt über die Ost- und Nordsee gestaltete sich – zumal in Wagners ausladender Beschreibung in „Mein Leben" – zu einem geradezu lebensgefährlichen Unternehmen. Die „Thetis" geriet in ein heftiges Sturmtief und konnte sich nur mühsam in eine norwegische Felsenbucht retten. Dieses beängstigende Seeabenteuer hat bekanntlich den musikalischen Charakter von Wagners „Fliegendem Holländer", den Wagner als Opernplan ja bereits seit Riga in sich trug, stark geprägt. Das Sausen des Sturmes, das Wogen des Meeres, die Gesänge der Matrosen verliehen der Partitur des Werkes einen ganz eigenartigen Charakter. Doch bis dahin war es noch ein weiter Weg.

Über London erreichten Wagner und Minna schließlich am 20. August 1839 bei Boulogne-sur-Mer französischen Boden. Und sogleich – welch glücklicher Zufall – begegnete Wagner dem dort sich gerade zur Erholung aufhaltenden hochverehrten Giacomo Meyerbeer. Er bedrängte mit der ihm eigenen Energie den damals unumstritten erfolgreichsten europäischen Opernkomponisten, an den er sich ja bereits zwei Jahre zuvor, allerdings ohne eine Rückantwort zu erhalten, brieflich aus Riga gewandt hatte, und stellte ihm sogleich die beiden fertigen ersten Akte des „Rienzi" vor. Der freundliche Meyerbeer schrieb daraufhin auch Empfehlungsbriefe an den Operndirektor Henri Duponchel und den berühmten Dirigenten François Antoine Habeneck in Paris, sodass Wagner doch recht hoffnungsvoll dann am 17. September endlich in der französischen Hauptstadt, seinem so heiß ersehnten Ziel, eintraf.

Aber was ihn hier tatsächlich erwartete, übertraf – in negativem Sinne – all seine Erwartungen. Keines seiner hochfliegenden Opernprojekte ließ sich realisieren. Verdienstmöglichkeiten boten sich, außer gelegentlichen Korrekturarbeiten und dem Anfertigen von Arrangements aus Opern erfolgreicher Komponisten für den Musikverlag von Maurice Schlesinger, kaum. Allerdings erhielt Wagner in seinen

E. Kröplin, *Richard Wagner und Russland*, https://doi.org/10.1007/978-3-662-70404-2_2

Pariser Jahren auch wichtige künstlerische, geistige und politische Impulse. So sei
ihm beispielsweise durch Habenecks Beethoven-Interpretationen die Musik des
Wiener Meisters in einzigartiger, ganz neuer Weise entgegengetreten. Er hörte
weiterhin bedeutende neue Werke von Hector Berlioz und lernte diesen avantgardistischen Komponisten auch persönlich kennen. Er wurde auch mit Heinrich
Heine bekannt, nach dessen literarischer Vorlage er jetzt, nach Abschluss der „Rienzi"-Partitur, den „Fliegenden Holländer" komponierte. Er erlebte im sozialen Alltag
der französischen Hauptstadt das Aufkommen der politischen Bewegungen des
Sozialismus und Kommunismus, wobei ihm besonders Pierre-Joseph Proudhons
Schrift „Was ist Eigentum?" imponierte. Und er lernte auch die desillusionierenden
Welt des Opernlebens hinter den Kulissen kennen – Opernkomponieren war in Paris
längst zum profanen Kapitalgeschäft ausgeartet.

Um das nur an einem Beispiel näher zu beleuchten, sei auf die Memoiren des ge-
schäftstüchtigen Pariser Operndirektors (1831–1835) Louis-Désiré Véron verwiesen, dem es in virtuoser Weise gelungen war, aus der Oper ein einträgliches finanzielles wie auch einflussreiches politisches Unternehmen zu machen. Sein erster
großer Erfolg war 1831 die Uraufführung von Meyerbeers „Robert le Diable", mit
dem das Genre der Grand Opéra glanzvoll inauguriert wurde. Und er verortete die
Oper – nach der Revolution von 1830 – auch folgerichtig im „Juste milieu", jenem
politischen Begriff, den die auf gesellschaftliche Dominanz bedachte Bourgeoisie
unter dem Bürgerkönig Louis Philippe für sich geprägt hatte: die Herrschaft der
Mitte sollte es sein, jegliche Ausuferung nach rechts oder links ausschließend, eben
für eine „*ruhig-zufriedene Gesellschaft*". In den Véronschen „Mémoires" hieß es da
entwaffnend offenherzig und unverblümt:

> *„Die Julirevolution bedeutet den Triumph der Bourgeoisie. Diese siegreiche Mittelklasse*
> *wird eifrig bemüht sein, zu herrschen und sich zu amüsieren. Die Oper wird ihr Versailles*
> *werden, sie wird sich in sie stürzen, um den Platz der großen Herren des emigrierten Hof-*
> *staates einzunehmen … Man gestatte mir, in einigen Worten darzulegen, wie politisch wert-*
> *voll eine brillante und geschickte Direktionsführung der Oper für eine neue Regierung sein*
> *könne. Es wäre wünschenswert, daß der Fremde durch vorzügliche Aufführungen musikali-*
> *scher Meisterwerke nach Paris gezogen werde und daß er die Logen von einer eleganten*
> *und ruhig-zufriedenen Gesellschaft besetzt finde. Der Erfolg und die Einnahmen der Oper*
> *sollten ein Zeugnis für die Stabilität der Regierung sein."*[1]

Da war Wagner mit seinen ungestümen Opernprojekten fehl am Platze, obwohl
„Rienzi" eigentlich in das Véronsche Erfolgsrezept sehr wohl einzupassen gewesen
wäre. Doch dazu mangelte es Wagner an einschlägigen und erfolgreichen Beziehungen, mangelte es schlicht an Geld.

Welch ein Glück dann für ihn, als er 1841 aus Dresden und aus Berlin die Nachrichten erhielt, man wolle dort den „Rienzi" bzw. den „Fliegenden Holländer" zur
Uraufführung bringen. Beide Werke hatte er in Paris fertigstellen können. Die Zusa-
gen aus Dresden und Berlin waren offensichtlich auch der Fürsprache Meyerbeers

---

[1] Louis Véron, Mémoires d'un bourgeois de Paris, Bd. 3, S. 171 f.; zit. nach: Georg Knepler, Musik-
geschicte des 19. Jahrhunderts, Bd. 1: Frankreich. England, S. 261 (dort zit. nach: William L. Crosten, French Grand Opera, an Art and a Business, S. 19 f.).

zu verdanken. Am 7. April 1842 reisten die Wagners dann aus Paris ab und kamen am 12. April glücklich in Dresden an. Im Sommer begannen am dortigen Hoftheater die Proben zu „Rienzi", an denen Wagner intensiven Anteil nahm. Am 20. Oktober erlebte die Oper ihre Uraufführung und hatte einen sensationellen Erfolg. Am 2. Januar 1842 folgte dann, da die Berliner „Holländer"-Unternehmung einen sehr langsamen Verlauf nahm und die Dresdner Theaterleitung sich nach dem überraschenden Sensationserfolg des „Rienzi" gleich eine weitere Attraktion sichern wollte, auch die Uraufführung des „Fliegenden Holländer" in Dresden, und Wagner erhielt daraufhin am 2. Februar des Jahres sogar eine Anstellung als Hofkapellmeister. Das war tatsächlich eine der angesehensten musikalischen Chefstellen in Deutschland. Nach langen und teilweise erbarmungswürdigen Wander- und Hungerjahren sah Wagner sich plötzlich, mit gerade erst 28 Jahren, bestens etabliert an einem der bedeutendsten deutschen Operntheater.

Es begannen arbeitsreiche und künstlerisch ertragreiche Jahre für ihn. Der „Tannhäuser" entstand und wurde am 19. Oktober 1845 uraufgeführt. Und in zunehmendem Maße beschäftigte Wagner sich auch mit sozialrevolutionärem Gedankengut. Im Frühjahr 1848, als die Pariser Revolution ganz Europa erschütterte, beendete er sein nächstes Opernprojekt „Lohengrin". Über diese Oper meinte er rückblickend 1851 denn auch ganz bezeichnend: *„Elsa, das Weib, ... hat mich zum vollständigen Revolutionär gemacht. Sie war der Geist des Volkes, nach dem ich auch als künstlerischer Mensch zu meiner Erlösung verlangte."*[2]

Zuvor schon hatte ein Bekannter Wagners, der Literat und Sozialist Alfred Meißner, folgende interessante Beobachtung über einen früheren Opernplan Wagners gemacht. Der hatte nämlich sein Libretto für eine Revolutionsoper „Die hohe Braut" seinem Prager Freund Johann Friedrich Kittl zur Verfügung gestellt. Von der sehr erfolgreichen Uraufführung dieses Werkes in Prag, nunmehr unter dem Titel „Bianca und Giuseppe, oder: Die Franzosen vor Nizza" (eine Geschichte aus der französischen Revolution von 1789; Premiere am 19. Februar 1848) erzählte Meißner später: *„Die ‚Franzosen vor Nizza' sollten für Prag eine Bedeutung erlangen wie die ‚Stumme von Portici' für Brüssel 1830. Der Marsch* [von Kittl anstelle der von Wagner vorgeschlagenen, aber aus Zensurgründen nicht möglichen Marseillaise als triumphaler Schluss der Oper komponiert] *sollte die Festmusik der Märzbewegung werden."*[3] Kittl gegenüber hatte Wagner auch die von ihm gemeinte Grundrichtung markiert, als er diesem am 4. Januar 1848 in einem Brief schrieb:

„Weißt Du, was der Schluß einer Oper ist? – Alles! ... Das einzige furchtbar Erhebende ist das Daherschreiten eines großen Weltgeschickes, hier personifizirt in der französischen Revolutions-Armee, welches in fürchterlicher Glorie über die zertrümmerten Verhältnisse ... dahinzieht. Diese Beziehung darf nach meiner Ansicht in nichts geschwächt werden, wenn der Schluß, wie ich mir es dachte, der erhebendste Moment des Ganzen sein soll; wird er so festgehalten, wie ich mir ihn dachte, so liegt die große Versöhnung im Erscheinen der Franzosen darin, daß wir hier mit offenen Augen ersichtlich eine neue Weltordnung

[2] RWS, Bd. 4, S. 302.

[3] Alfred Meißner, Ich traf auch Heine in Paris. Unter Künstlern und Revolutionären in den Metropolen Europas, S. 158.

eintreten sehen ... Verbietet die Zensur den Marseiller Marsch, so mußt Du einen ganz ähnlichen extemporiren."[4]

Wagner war – auch und insbesondere als Opernkomponist – auf eine große Revolution und eine *„ersichtlich neue Weltordnung"* eingestellt. Und nun war denn endlich auch dieses lang erwartete große Ereignis eingetreten, eben die am 23. Februar 1848 in Paris ausgebrochene bürgerliche Revolution, die sich sehr bald – so in Berlin, in Wien, in Baden und endlich auch in Sachsen – nach Deutschland, nach ganz Europa ausbreitete. Es war ein revolutionärer Feuersturm, der die Grundfesten jener von der „Heiligen Allianz" Rußland, Österreich und Preußen geschaffenen gesellschaftlichen Restauration nach 1815 in Europa erschütterte. Wagner, seit seiner Pariser Zeit u. a. durch Proudhon und Heine politisch hoch sensibilisiert, begrüßte den Ausbruch der Revolution begeistert. Beflügelt von revolutionärem Gedankengut verfasste er auch sogleich einen „Entwurf zur Organisation eines deutschen National-Theaters für das Königreich Sachsen" und reichte diesen am 15. Mai 1848 beim zuständigen Ministerium ein. Darin war tatsächlich eine radikale Umstrukturierung und Demokratisierung des noch in feudalaristokratischer Manier geleiteten Theaters vorgesehen. Im Verlauf der weiteren Ereignisse in Dresden verschwand dieser interessante Entwurf allerdings in den Schubläden der höfischen Bürokratie.

Den Freund und Kollegen Eduard Devrient drängte Wagner jedoch, dessen Schrift über eine Theaterreform zu veröffentlichen. Devrient reagierte zurückhaltend und schrieb am 12. Oktober 1848 in sein Tagebuch, bezugnehmend auf Wagners Plan, aus dem Nibelungenmythos eine Oper zu formen: *„Auch holt Wagner immer zu weit aus und knetet seine modernen Anschauungen hinein. Er klagt mich förmlich an, daß ich nicht auf seine Theaterrevolutionspläne eingegangen bin. Er meint, eine Schrift von mir hätte die Revolution längst vollendet."* Wenige Tage später, am 21. Oktober, hieß es dann in Devrients Tagebuch: *„Kapellmeister Wagner brachte mir einen Opernentwurf [„Siegfrieds Tod"], hatte wieder große sozialistische Rosinen im Kopf. Jetzt ist ihm ein einiges Deutschland nicht mehr genug, jetzt geht's aufs einige Europa, auf die einheitliche Menschheit los."*[5]

Umgehend trat Wagner in der Öffentlichkeit auch als politischer Radikaler hervor und löste etwa mit einer Rede vom 14. Juni 1848 im Dresdner „Vaterlandsverein" einen gesellschaftlichen Eklat aus. Der Titel der Rede – „Wie verhalten sich republikanische Bestrebungen dem Königthume gegenüber" – war allein schon eine Provokation, und Wagner schlug dann, ziemlich verwirrend, denn das war eine alle überraschende politische Volte, den sächsischen König einbeziehend, in seinen Ausführungen eine Verbürgerlichung der Monarchie, eine monarchische Republik, vor:

„Wir sind Republikaner, wir sind durch die Errungenschaften unsrer Zeit dicht daran, die Republik zu haben: aber Täuschung und Ärgernis aller Art heftet sich noch an diesen Namen, – sie seien gelöst mit einem Worte unsres Fürsten! Nicht wir wollen die Republik

_____
[4] RWB, Bd. 2, S. 586 f.
[5] Eduard Devrient, Aus seinen Tagebüchern, Bd. 1, S. 450 f.

ausrufen, nein! Dieser Fürst, der edelste, der würdigste König, er spreche es aus: Ich er-
kläre Sachsen zu einem Freistaate. "[6]

Das Echo auf diese Rede war verheerend. Wagner drohte gar die Entlassung aus seinem Hofkapellmeisteramt. Zur Beruhigung der Lage wurde er quasi in einen Zwangsurlaub geschickt, den er allerdings im Juli sogleich zu einer Reise nach Wien nutzte, um dort den Höhepunkt der österreichischen Revolution mitzuerleben. Der junge Eduard Hanslick, später als Kritiker ein entschiedener Wagnergegner, schrieb über dessen Wiener Umtriebe recht bezeichnend: *„Wagner war ganz Politik; er erwartete von dem Sieg der Revolution eine vollständige Wiedergeburt der Kunst, der Gesellschaft, der Religion, ein neues Theater, eine neue Musik!*"[7] Ein anderer Musikkollege, der bekannte Komponist Heinrich Marschner, berichtete wenig später bei Gelegenheit des von Wagner dirigierten Konzertes zum 300jährigen Jubiläum der Hofkapelle am 22. September 1848 ganz Ähnliches: *„Ich habe Wagner bei Gelegenheit des Dresdener Jubiläums politisieren hören, daß mir Hören und Sehen verging.*"[8] Und das in diesem Jubiläumskonzert von Wagner uraufgeführte Finale des 1. Aktes seiner neuen Oper „Lohengrin" wurde in der Presse gar als *„republikanischer Kanonendonner"* glossiert. Eine andere Zeitungsglosse hatte zuvor schon, offenbar in Bezug auf den „Lohengrin", mitgeteilt, Wagner komponiere *„an einer neuen Oper: ‚die zinnoberrothe Republik'*".[9] (Abb. 2.1)

Der Dresdner Öffentlichkeit präsentierte sich Wagner also unverhohlen als Republikaner und Sympathisant der Revolution. Im August 1848 verfasste er, nach ausgiebiger Lektüre altgermanischer und altnordischer Literatur, eine umfangreiche Studie „Die Wibelungen. Weltgeschichte aus der Sage". Sie handelte vom *„Urkönigtum"*, von der *„Sage von den Nibelungen"* mit *„Siegfried als Licht- oder Sonnengott"*, von der unheimlichen Macht des *„Nibelungenhortes"* als dem *„Inbegriffe aller irdischen Macht"* bis hin zum endlich erlösenden *„Aufgehen des Horts"* in den *„heiligen Gral"* und schließlich – hier wirkte gewiss Proudhon nach – vom verderblichen *„Wesen des Besitzes, des Eigentumes"*. Siegfried erschien Wagner als mythologische Lichtgestalt, die endlich *„den bösen nagenden Wurm der Menschheit"* überwinde.[10] Die Schrift war ein entscheidender gedanklicher Schritt auf die zukünftigen großen Kunstprojekte „Der Ring des Nibelungen" und „Parsifal" zu.

Der Elan der 48er Revolution beflügelte gewissermaßen Wagners künstlerische Phantasie, so wie es emphatisch auch in dem in diesen Wochen geschriebenen Aufsatz „Die Revolution" hieß: *„Die alte Welt, sie geht in Trümmer, eine neue wird aus ihr entstehen, denn die erhabene Göttin Revolution, sie kommt dahergebraust auf den Flügeln der Stürme …".*[11] Darauf folgte dann im Oktober 1848 schon die

---

[6] RWS, Bd. 12, S. 227.

[7] Eduard Hanslick, Aus meinem Leben, 1. Bd., S. 134.

[8] Zit. nach: Eckart Kröplin, Richard Wagner-Chronik, S. 146.

[9] Zit. nach: Helmut Kirchmeyer, Situationsgeschichte der Musikkritik und des musikalischen Pressewesens in Deutschland, IV. Teil, 3. Bd., Spalten 463 und 479.

[10] RWS, Bd. 2, S. 116, 119, 131, 151, 153 und Bd. 12, S. 229.

[11] RWS, Bd. 12, S. 245.

Abb. 2.1 Richard Wagner. Zeichnung von Ernst Benedikt Kietz um 1850

Niederschrift von „Der Nibelungenmythus. Als Entwurf zu einem Drama". – Das große „Ring"-Projekt, das Wagner fortan über fast drei Jahrzehnte beschäftigte, war eine Geburt der Revolution.

Zur selben Zeit lieferte Wagner aber auch anonym erscheinende und politisch hochbrisante Beiträge für die vom Freund und Kollegen August Röckel herausgegebenen radikal-republikanischen „Volksblätter", u. a. die Aufsätze „Was ist Communismus?", „Deutschland und seine Fürsten", „Der Mensch und die bestehende Gesellschaft" und „Die Revolution", deren Autorschaft – ob nun von Röckel oder Wagner verfasst – sich nicht mehr eindeutig beweisen lässt.[12] Allerdings neigt die Wagner-Biografik in den genannten Fällen eher Wagner zu.

Mit August Röckel war ein Mensch in Wagners Leben getreten, durch den er, nach seinen eigenen Erfahrungen in Paris und dann bei eifrigem Pressestudium (und auch angeregt durch Freund Hermann Franck) in den vierziger Jahren, unzweifelhaft nun mit den aktuellsten radikalen Ideen zu notwendigen gesellschaftlichen Veränderungen und Umbrüchen vertraut gemacht wurde, Ideen, wie sie zu jener

---

[12] Vgl. dazu: Eckart Kröplin, Richard Wagner und der Kommunismus. Studie zu einem verdrängten Thema, S. 61 ff.; vgl. auch: Jörg Heyne, Zur Autorschaft eines Wagner zuerkannten Aufsatzes, S. 96 ff.

Zeit von Leuten wie den frühen Sozialisten Moses Hess, Karl Grün, Arnold Ruge, Karl Marx, Wilhelm Weitling oder Theodor Oelckers publiziert wurden. In „Mein Leben" erinnerte sich Wagner an diese geistigen Anregungen, insbesondere an lange Gespräche mit Röckel auf ausgedehnten Spaziergängen. Da hieß es z. B.:

> „Mit dem wunderlich aufgeregten Menschen, dessen Kopf doch eigentlich immer klar und besonnen blieb, verlor ich mich bei diesen Gelegenheiten oft in die weitesten spekulativen Disputationen. Namentlich hatte er die Umgestaltung aller bürgerlichen Verhältnisse, wie sie uns nach der gewohnten Wahrnehmung vor Augen stehen, durch seine Folgerungen aus einer vollständigen Veränderung ihrer sozialen Grundlage bereits zu einer sehr zusammen-hängenden Darstellung davon ausgebildet. Auf die Proudhonschen und anderer Sozialisten Lehren von der Vernichtung der Macht des Kapitals durch die unmittelbar produktive Arbeit baute er eine ganz neue moralische Weltordnung auf, für welche er mich allmählich durch einige sehr anziehende Behauptungen darüber selbst insoweit gewann, daß ich nun wieder meinerseits darauf die Realisierung meines Kunstideals aufzubauen begann. "[13]

Eine damals in Dresden engagierte Sängerin, Marie Börner-Sandrini, berichtete später Ähnliches:

> „Wagner's politische Gesinnungen waren bekannt und wurden von Vielen gemißbilligt: ich glaube bestimmt, sein ganzes Sein war zu jener Zeit blos mit diesen, wohl jedenfalls seiner-seits gut gemeinten, republikanischen Ideen beschäftigt, wie oft sah ich ihn damals in früher Morgenstunde mit seinem Collegen und allerdings weit weniger glücklichen Gesinnungs-genossen Röckel in den einsamen Alleen des großen Geheges, heftig und leidenschaftlich gestikulirend und zeitweilig demonstrirend stehen bleibend, auf und abgehen. "[14]

Röckel war am 5. Oktober 1848 wegen seiner offenkundigen revolutionären Ge-sinnung bereits aus den Diensten eines Musikdirektors an der Dresdner Hofoper entlassen worden und gab mit großem Engagement die oben bereits erwähnten „Volksblätter" heraus. Er wurde sogar zu einigen Tagen Arrest verurteilt. Wagner vermisste ihn da sehr und erzählte in „Mein Leben" weiter:

> „Auf meinen nun gänzlich vereinsamten Spaziergängen arbeitete ich dagegen in meinem Kopfe, zu meiner großen Gemütserleichterung immer mehr die Vorstellungen von einem Zu-stande der menschlichen Gesellschaft aus, zu welchem die kühnsten Wünsche und Be-strebungen der damals im Aufbau ihrer Systeme so tätigen Sozialisten und Kommunisten mir eben nur die gemeine Unterlage boten, während eben diese Bestrebungen erst von da ab Sinn und Bedeutung für mich gewannen, wo ich sie am Ende der erzielten politischen Umwälzungen und Konstruktionen angelangt sah, um dort nun mit meiner der Kunst zu-gewandten Neubildung meinerseits zu beginnen. "[15]

---

[13] ML, S. 386 f.
[14] Marie Börner-Sandrini, Erinnerungen einer alten Dresdnerin, S. 117.
[15] ML, S. 389.

Michail Bakunin – „Prophet der sozialen Revolution"

Da war es nur folgerichtig, dass Wagner sich im Mai 1849, als die politischen
Wogen in Dresden – der sächsische König wollte einer neuen, demokratischen
Staatsverfassung nicht zustimmen – hochschlugen, sich begeistert dem auf-
flammenden Aufstand der Dresdner Bürger, der sehr rasch durch herbeieilende
Kämpfer aus ganz Sachsen ungemeine Verstärkung erhielt, anschloss. Und dabei
kam es zu einer ihn sehr beeindruckenden Begegnung. Russland, längst vergessen,
trat ihm jetzt mit der imponierenden Gestalt des anarchistischen Revolutionärs Michail Bakunin (Abb. 2.2) leibhaftig entgegen. Und es war eben das andere, ihm bislang völlig unbekannte Russland, das antizaristische revolutionär-demokratische
Russland, das sich ihm mit Bakunin offenbarte.

 Wer war nun dieser Bakunin? Am 18. Mai 1814 auf dem Gut Prjamuchino im
Westen Russlands als Sohn eines adligen Gutsbesitzers geboren, wuchs dieser gemeinsam mit weiteren zehn Geschwistern auf. Auf Wunsch des Vaters absolvierte er

Abb. 2.2 Michail Bakunin. Zeitgenössische anonyme Darstellung

zunächst eine militärischen Ausbildung, verließ aber schon 1831, auch angesichts
des rücksichtslos von zaristischen Truppen niedergeschlagenen polnischen Aufstandes, den Militärdienst, um in Moskau ein Studium der Philosophie aufzunehmen. Hier waren es vor allem Werke der deutschen Philosophen Kant, Fichte,
Schelling und Hegel, die er intensiv studierte. Und in den Moskauer Studenten-
kreisen lernte er 1839 auch zwei junge Männer kennen, mit denen er dann ein Leben
lang eng befreundet war: Wissarion Belinski, den später bekannten Literaturkritiker,
und Alexander Herzen, der sehr bald Russland verließ und als Schriftsteller wie als
bekennender Sozialist vor allem in Westeuropa lebte und hier übrigens auch – darauf soll später eingegangen werden – gelegentlich in Kontakt mit Richard Wagner
kam. Durch die beiden Freunde wurde Bakunin sehr bald in sozialkritisches bzw.
revolutionär-demokratisches Gedankengut eingeführt, für das sich gerade zu jener
Zeit in immer stärkerem Masse die russische Intelligenz interessierte und einsetzte.

1840 reiste Bakunin nach Berlin und lernte hier u. a. seinen Landsmann, den revolutionären Demokraten Iwan Turgenjew kennen, der seine Heimat bereits aus
politischen Gründen verlassen hatte und bis zu seinem Tode in Westeuropa lebte –
auch er eine bemerkenswerte Gestalt aus dem kleinen, aber publizistisch ungemein
wirkungsvollen Kreis der russischen künstlerischen und literarischen Diaspora, die
ihre Heimat hatte verlassen müssen. Turgenjew setzte übrigens später mit dem Titel-
helden seines Romans „Rudin" Bakunin ein erkennbares literarisches Denkmal.
Und auch er begegnete später Richard Wagner.

Weitere Bekanntschaften konnte Bakunin dann mit dem Dichter Ludwig Tieck
und dem Philosophen Ludwig Feuerbach und, 1841 in Dresden, mit dem Frühsozialisten Arnold Ruge, der damals geistig und politisch noch eng mit Karl Marx
verbunden war, machen. Für Ruges Journal „Deutsche Jahrbücher für Wissenschaft
und Kunst" entstand 1842 Bakunins (unter dem Pseudonym Jules Elysard) aufregender Aufsatz „Die Reaction in Deutschland. Ein Fragment von einem Franzosen". Und Ruge rückte auch einen thematisch ähnlich gestimmten Briefwechsel
zwischen sich, Marx und Bakunin aus dem Jahre 1843 in die 1844 gemeinsam mit
Marx herausgegebenen „Deutsch-Französischen Jahrbücher" ein. Der Schlusssatz
aus dem Bakunin-Aufsatz von 1842 entpuppte sich zudem als ein Leitmotiv seiner
anarcho-politischen Grundüberzeugungen. Er lautete: *„Die Lust der Zerstörung ist
zugleich eine schaffende Lust",*[16] – eine Maxime die in verblüffender Ähnlichkeit
nur wenige Jahre später auch von Wagner in seinem Aufsatz „Die Revolution" als
„Gruß der Revolution" an alle Menschen in großer rhetorischer Emphase aufgegriffen wurde: *„Ich bin das ewig verjüngende, das ewig schaffende Leben! ... Ich
will zerstören von Grund aus die Ordnung der Dinge. ... Zerstört sei alles, was euch
bedrückt und leiden macht, und aus den Trümmern dieser alten Welt erstehe eine
neue, voll nie geahnten Glückes."*[17]

In Dresden lernte Bakunin Anfang November 1842 weiterhin den Sozialisten
Georg Herwegh kennen, mit dem er wegen der Gefahr, ausgewiesen zu werden (die

---

[16] Zit. nach: Bernd Kramer, „Laßt uns die Schwerter ziehen, damit die Kette bricht ...". Michael
Bakunin, Richard Wagner und andere während der Dresdner Mai-Revolution 1849, S. 215.
[17] RWS, Bd. 12, S. 248 ff.

russische Geheimpolizei hatte ihn stets im Blick), bald in die freie Schweiz ging. Herwegh wohnte auch zeitweilig bei Bakunin in Dresden, in der Schlossgasse 17. Der Umgang Bakunins mit Ruge und Herwegh – sie alle waren erklärte Linke – erregte auch die Aufmerksamkeit der Geheimpolizei, und in einem Bericht hieß es da: *„Ruge hat sich ganz und gar seiner* [Herweghs] *bemächtigt und zwei junge Russen, namens Bakunin* [dieser war in Begleitung seines Bruders Pawel in Dresden], ... *die wütend Liberale spielen, verlassen ihn keinen Augenblick."*[18] In der Schweiz lernte Bakunin dann den Sozialisten Wilhelm Weitling kennen (der gerade an seinem Kommunismus-Buch „Das Evangelium des armen Sünders" arbeitete) und traf hier auch den jungen Musiker Adolf Reichel wieder, mit dem er bereits in Dresden enge Freundschaft geschlossen hatte.

Es folgten Jahre, in denen Bakunin unstet und immer auf der Suche nach revolutionären Brandherden durch halb Europa reiste. So zog er 1844 weiter nach Paris, hatte dort engen Kontakt mit Alexander Herzen und auch mit Karl Marx, mit dem er jedoch alsbald in politischen Streit geriet, da sein anarchischer Freiheitsbegriff nicht kompatibel mit dessen stringentem Kommunismus-Verständnis war. 1847 musste Bakunin auf Betreiben der russischen Regierung Frankreich wieder verlassen und zog vorübergehend nach Brüssel, um ein Jahr später, im Frühjahr 1848, nach Ausbruch der Revolution in Frankreich, wieder nach Paris zurückzukehren. Dann zog es ihn nach Frankfurt am Main, um in der dort inzwischen zusammengetretenen Nationalversammlung für seine revolutionären Ideen zu wirken. Ein Gleiches wollte er – nach kurzem Aufenthalt in Berlin – in geradezu hektischer Reisetätigkeit im selben Jahr in Polen erreichen, nahm wenig später an der Badischen Revolution Anteil, reiste dann weiter nach Prag zum Slawenkongress, beteiligte sich hier am (sehr schnell von österreichischem Militär niedergeschlagenen) Prager Aufstand und musste endlich nach Breslau fliehen. Von hier aus verfasste er aufrührerische Artikel an die slawischen Völker, aufrufend zum Widerstand gegen die zaristische Herrschaft. Diese Artikel erschienen übrigens mit Hilfe des Leipziger Verlegers Heinrich Brockhaus, dessen Familie schon seit dem 1832 niedergeschlagenen polnischen Aufstand eine deutliche Antipathie gegen das Zarenregime hegte, im Druck. Heinrich Brockhaus, mittlerweile zweifacher Schwager Richard Wagners (seine Brüder Friedrich und Hermann hatten Wagners Schwestern Luise und Ottilie geheiratet) wurde auch 1848 politisch aktiv als Mitglied des Frankfurter Vorparlaments.

Eine besonders nachhaltige publizistische Wirkung hatte dann Bakunins auch 1848 im Selbstverlag erschienener Aufsatz „Aufruf an die Slawen", geschrieben im anhaltischen Köthen, wo er zeitweilig untergetaucht war. In Österreich nun wegen der Beteiligung am Prager Aufstand polizeilich gesucht, wandte sich Bakunin Anfang 1849 unter dem falschem Namen Dr. Schwarz und möglichst unauffällig schließlich nach Dresden. Hier wohnte er u. a. bei dem ihm seit Oktober 1848 bekannten August Röckel und machte hier wahrscheinlich schon die Bekanntschaft

---

[18] Zit. nach: Erhard Hexelschneider, Michail Bakunin (1814–1876). Ein russischer Revolutionär im Dresdner Maiaufstand, S. 43.

Richard Wagners.[19] Unversehens sah er sich dann im Mai in den für ihn unerwartet
ausbrechenden Dresdner Aufstand verwickelt. Und er warf sich mit vollem Engagement sogleich in den Strudel der Ereignisse. Über seine führende Beteiligung am
Aufstand gibt es vielfältige zeitgenössische Berichte, die sein Wirken, je nach
parteipolitischer Ausrichtung, auch sehr unterschiedlich beschrieben. Einig aber
war man sich in der Betonung der außergewöhnlich starken Ausstrahlung seiner
Persönlichkeit. Und tatsächlich: Bakunin verfügte über eine scharfe Intelligenz,
über eine unbezwingliche Beredsamkeit, über eine schlagfertige geistige Überzeugungskraft, die ihn, so übereinstimmende Aussagen von vielen Freunden und Bekannten, jedes Gespräch, jeden politischen Disput dominieren ließen.

Bakunin schickte Röckel Anfang Mai 1849 nach Prag, um den dort erwarteten
erneuten Aufstand vorzubereiten. Und dieser sollte – Bakunin dachte in großen geo-
politischen Dimensionen – das Fanal zu einer osteuropäischen Ergebung der Tschechen, Polen und Ungarn gegen die russische bzw. österreichische Fremdherrschaft
auslösen. In den Akten des späteren Prozesses gegen Bakunin fand sich auch jener
Begleitbrief an seine Prager Parteigänger, den Bakunin Röckel zur Beglaubigung
mitgegeben hatte. Darin hieß es sehr nachdrücklich:

> *„Der Überbringer dieses Briefes, Röckel, Abgeordneter der soeben aufgelösten 2. Kammer*
> *ist einer der Hauptführer der demokratischen Partei in Sachsen; empfehle ihn Ihnen als*
> *einen meiner besten Freunde und als einen durchaus zuverlässigen und tüchtigen Mann …*
> *Es bleibt uns sehr wenig Zeit, um die Sache vorzubereiten. Wenn ein Aufstand nicht bald*
> *stattfindet, so werden die Russen kommen; denn die Reaktion in Europa handelt nach einem*
> *Plane; und die Stütze aller reaktionären Unternehmungen ist Rußland."*[20]

Dass Bakunin dann später in seiner „Beichte" Röckel ganz im Gegensatz zu dieser Aussage als *„einen unvorsichtigen, schwatzhaften und exzentrischen Menschen"*[21] bezeichnete, mag dem Umstand geschuldet gewesen sein, dass er in dieser
unter außerordentlichem Druck geschriebenen „Beichte" ehemalige Freunde und
Mitkämpfer eher entlasten wollte, auch indem er ihre Rolle herunterspielte.

Den Ausbruch des Dresdner Aufstandes erlebte Bakunin noch in völliger Zu-
rückgezogenheit, hatte er sich doch von einer hiesigen Erhebung keinerlei Erfolg
versprochen und war er noch viel zu sehr mit seinen Revolutionsplänen für Böhmen
und Polen beschäftigt. Jetzt aber, am 3. Mai, brach der Aufstand los. Es ging darum,
den König zu zwingen, die neue demokratische Reichsverfassung anzuerkennen,
und es ging darum, dem vom König schon herbeigerufenen preußischen Militär ent-
gegenzutreten. Jetzt kam auch Bakunin aus seinem Versteck hervor. Im St. Petersburger Gefängnis schrieb er in seiner vom Zaren erzwungenen „Beichte":

> *„Nachdem ich einmal blieb, erlaubten weder die Situation noch mein Charakter, daß ich als*
> *gleichgültiger und unbeteiligter Zuschauer der Ereignisse in Dresden geblieben wäre. Ich*
> *enthielt mich jedoch jeder Tätigkeit bis zum Tage der Wahl der ‚Provisorischen Regierung'*

---

[19] Vgl.: Erhard Hexelschneider, Kulturelle Begegnungen zwischen Sachsen und Russland
1790–1849, S. 541.

[20] Zit. nach: Michael Bakunin, Michael Bakunins Beichte aus der Peter-Pauls-Festung an Zar Nikolaus I., S. 98 f.

[21] Ebd., S. 75.

[4. Mai] ... *Nach der Bildung der ‚Provisorischen Regierung' erwachten wieder in mir die Hoffnungen auf den Erfolg der Revolution.* "[22]

In den Vernehmungen durch die sächsische Polizei nach seiner Verhaftung war Bakunin noch deutlicher geworden, indem er die Hauptstoßrichtung seiner Beteiligung am Dresdner Aufstand beschrieb – es war sein lebenslanger Kampf gegen das russische Zarentum und dessen Streben, ganz Europa unter seinen Einfluss zu bringen. In einer Vernehmung am 28. September 1849 sagte er dementsprechend aus:

> *„Ich habe mich an der sächsischen Erhebung hauptsächlich deshalb beteiligt und betätigt, weil ich in dem Aufstand eine Opposition gegen den preußischen Einfluss und diesbezüglich auch, da die russische Politik auf Preußen influiert, gegen den russischen Einfluß erblickte. Da nun mein Wirken hauptsächlich gegen Rußland gerichtet war, so erschien mir auch diese Revolution meiner Tendenz, den russischen Einfluß auf Deutschland zu brechen, ihn wenigstens zu schwächen, entsprechend, und daher sympathisierte ich mit dieser Revolution.* "[23]

Auch ein anderes Papier Bakunins, aufgehoben in den sächsischen Gerichtsakten, belegte die große politische Dimension, die dieser dem Verhältnis Russlands zu Deutschland und Europa beimaß. Bezieht man auch seinen „Aufruf an die Slawen" mit in die Betrachtung ein, so wird klar, dass es Bakunin, will man bei ihm von Panslawismus reden, nicht um eine nationalistische, gar rassistische Überhebung der slawischen Völker Osteuropas ging, sondern grundsätzlich um eine Einheit unterdrückter Völkerschaften im Kampf gegen den Hegemonieanspruch des reaktionären zaristischen Regimes, um den Kampf für die Freiheit gegen Russland, um den Einsatz für eine Liberalisierung und Demokratisierung im europäischen Maßstab:

> *„Die ganze Politik der russischen Regierung Europa gegenüber besteht darin, Rußland mit einer chinesischen Mauer zu umschließen, so daß kein einziger Ton aus diesem großen Reiche, sei es ein Ton des Schmerzes oder der Empörung, hinüberdringe. Lüge ist ihre innerste Seele; auf der Lüge beruht des großen Zaren ganze Macht, Lüge nach innen, Lüge nach außen – es ist ein großartiges, kunstreiches System der Lüge, so wie es in der Weltgeschichte noch nie existiert hat. Daß das russische Regierungssystem der furchtbarste Despotismus, ein schmachvolles Knutensystem ist, dies vor den Augen der Welt zu verdecken, wäre unmöglich; aber Europa soll glauben, daß das russische Volk ein so tief gesunkenes, dummes, ja ein so niederträchtiges Volk ist, daß es seine Regierung liebt und vergöttert, d. h. mit anderen Worten, daß die Knute der Ausdruck seines innersten Wesens ist. Europa soll glauben, daß das russische Volk so eigen beschaffen ist, daß es sich nur dann glücklich und gehoben fühlt, wenn es geprügelt, gepreßt und geschändet wird.* "[24]

Diese Einschätzung weist übrigens eine unwillkürliche und ungemein bestürzende Übereinstimmung mit ganz gegenwärtigen politischen Entwicklungen auf. Und von einer solchen antirussischen Grundtendenz in Bakunins Geisteshaltung wird auch Wagner in den offenbar zahlreichen Gesprächen, die er im Frühjahr 1849 mit Bakunin in Dresden führte, erfahren haben. Sie entsprach doch auch seiner eigenen Haltung dem russischen Machtanspruch gegenüber.

---

[22] Ebd., S. 85 f.

[23] Zit. nach ebd., S. 101.

[24] Zit. nach ebd., S. 102.

Bakunin mischte sich in den folgenden Tagen immer nachdrücklicher in die Führung des Aufstandes ein. Seine rücksichtslosen Forderungen bis hin zur Sprengung von Schloss und weiteren öffentlichen wie privaten Gebäuden konnte er allerdings nicht durchsetzen. Aber immer wieder drang er auf straffere Leitung und entschlosseneres Vorgehen. In den sächsischen Gerichtsakten fand sich auch ein eindeutiger, vom Mitglied der „Provisorischen Regierung" Samuel Erdmann Tzschirner unterzeichneter Beleg: *„Der Bürger Bakunin wird von der provisorischen Regierung ermächtigt, alle ihm nötig erscheinenden Kommandos, Angelegenheiten anzuordnen."*[25]

Die zeitgenössischen Berichte über Bakunins Tätigkeit in diesen Tagen sind vielfältig und auch recht widersprüchlich. Viele Publikationen reflektierten in der Folgezeit das Geschehen des Dresdner Aufstandes und besonders auch die Rolle Bakunins dabei.[26] Eine ganz eigene Tonart schlug in dieser Beziehung die polemische Abhandlung des konservativen Dresdner Musikkritikers und Publizisten Julius Schladebach – übrigens ein erbitterter Wagnergegner – an. Er überhob Bakunin dabei ins Dämonisch-Diabolische, als er schrieb:

> *„ … der bekannte russische Flüchtling Bakunin behandelte die Mitglieder der provisorischen Regierung mit so einer göttlichen Grobheit und Unverschämtheit, wie sie des von ihm geübten, wahrhaft schauerlichen Terrorismus würdig war … Soviel ist indeß sicher und mag um der Gerechtigkeit willen nicht verschwiegen werden, daß auch Tzschirner mehrfach dem Terrorismus Bakunin's, der nur mit Gewalt, Feuer und Schwerdt ohne alle Rücksicht operiren wollte und von dem der Plan zur Sprengung und Anzündung des Schlosses und anderer Häuser, wie die Erlaubniß zu den einzelnen vorgekommenen Erpressungen und zur späteren Plünderung besonders bezeichneter, mißliebiger Bewohner ausgegangen ist – daß auch Tzschirner mehrfach diesem Terrorismus des Fremden sich entgegengestemmt und die Stimme der Menschlichkeit, wenn auch erfolglos, hat sprechen lassen. Denn, wie wir schon angedeutet haben, während der letzten Kampftage herrschte nur noch dieser düster unheimliche Fremdling, den eine wahrhaft diabolische Zerstörungswuth zu treiben schien und der durch seine eiserne, blutige Consequenz über die minder stählern organisirten Naturen seiner Umgebung eine Gewalt errungen hatte, die ihn zu der schmählichsten Behandlung derselben wiederholt hinriß und der doch Niemand auf die Länge Widerstand zu leisten vermochte."*[27]

Wie in der Gestalt Bakunins der Slawismus auf westeuropäische Kultur prallte, charakterisierte in sehr eigener Weise noch ein anderer Zeitgenosse:

---

[25] Zit. nach ebd., S. 103.

[26] Vgl. u. a. zwei tendenziöse zeitgenössische Berichte: Carl Krause, Der Aufruhr in Dresden am 3., 4., 5., 6., 7., 8. und 9. Mai 1849; Julius Schladebach, Dresdens Barrikaden-Kampf. Thatsächliche Darstellung der Ereignisse vom 3. bis 9. Mai 1849; und weiterhin spätere, um mehr Sachlichkeit bemühte Darstellungen: Hugo Dinger, Richard Wagners geistige Entwickelung, S. 152 ff.; Stephan Born, Erinnerungen eines Achtundvierzigers, S. 201 ff., 172; Georg Hermann Müller, Richard Wagner in der Mai-Revolution 1849; Bernd Kramer, „Laßt uns die Schwerter ziehen, damit die Kette bricht …". Michael Bakunin, Richard Wagner und andere während der Dresdner Mai-Revolution 1949; Karin Jeschke/Gunda Ulbricht (Hrsg.), Mai – 1849. Tagungsband; Erhard Hexelschneider, Michail Bakunin in Sachsen, S. 51 ff.; Eckart Kröplin, Richard Wagner und der Kommunismus, S. 138.

[27] Zit. nach: Bernd Kramer, „Laßt uns die Schwerter ziehen, damit die Kette bricht …". Michael Bakunin, Richard Wagner und andere während der Dresdner Mai-Revolution 1849, S. 39.

„Bakunin wußte sich das Ansehen eines Propheten der sozialen Revolution zu geben und besaß in hohem Grade die Gabe, intelligente junge Leute in den Bannkreis seiner Ideen zu ziehen und sie darin festzuhalten. Von allen Vertretern des Sozialismus ist Bakunin der rücksichtsloseste gewesen. Er, der in seinem Äußeren den slawischen Typus so unverfälscht darstellte, kann trotz seines Internationalismus, mit dem er in der Öffentlichkeit prunkte, auch in geistiger Hinsicht nur als klassischer Vertreter des slawischen Wesens gelten. Dieses besondere Wesen, welches bei Einem in der Form des Panslawismus, bei dem Anderen als Nihilismus sich äußert, bei Michael Bakunin sich bald in panslawistischer, bald in nihilistisch-internationaler Beleuchtung widerspiegelte, gipfelte in der unbedingten Verneinung der abendländischen Kultur und Zivilisation. Michael Bakunin zeichnete sich vor anderen Vertretern des revolutionären Gedankens dadurch aus, daß er auf die Wildheit seines slawischen Naturells das abendländische Wissen, die Schärfe der logischen Deduktion und die unerbittliche Dialektik der epochemachenden Hegelschen Philosophie gepfropft hatte. " [28]

Eine ganz entsprechende Aburteilung konnte man damals auch in dem erzkonservativen Dresdner Anti-Revolutionsblatt „Die Fackel" lesen:

„Das eigentliche Haupt der Verschwörung aber war der Russe Bakunin, der bald nach der Ernennung der provisorischen Regierung mit dem schrecklichsten Terrorismus selbst die provisorische Regierung knechtete; von ihm gingen die fürchterlichsten Befehle aus. ... Brandfackeln, Pechkränze, Terpentinöl, Sprengpulver, kurz der ganze Apparat der Mordbrenner war bei der Hand. " [29]

So und ähnlich wurde sogleich nach der Niederschlagung des Dresdner Aufstandes und verstärkt noch in den Jahren und Jahrzehnten danach die Rolle Bakunins einseitig hochgespielt, ja ihm gar die Hauptverantwortung zugeschoben. Und das in unheilvoller Verbindung mit der Zeichnung eines slawischen Schreckgespenstes, eines überdimensionalen russischen Dämons, der eben das monarchisch bzw. demokratisch gesittete Europa in höchste Gefahr gebracht hätte. Da wurde ein verzerrtes Zeitbild vom unüberwindlichen Gegensatz Russland – Deutschland/ Europa inauguriert bzw. bestärkt, das bis in die Gegenwart Nachwirkungen zeigt: Russland als Bedrohung Europas.

Aber zurück nach Dresden. August Röckel berichtete später in seinen Erinnerungen recht anschaulich über Bakunins Dresdner Aktivitäten:

„Ich hatte Michael Bakunin vor einigen Monaten kennengelernt, wo er heimlich von Leipzig nach Dresden gekommen war und mehrere Tage bei mir verborgen blieb. Ein Mann von seltener Geisteskraft und Charakterstärke, verbunden mit einer imponierenden Persönlichkeit und hinreißenden Redebegabung, war es ihm überall leicht geworden, die Jugend zu enthusiasmieren und selbst reifere Männer anzuziehen, zumal sein Standpunkt, frei von nationaler Beschränktheit, der des edelsten, allumfassenden Humanismus war. "

Und dann brachte Röckel doch einen kritischen Einwand vor, der sehr wohl Bakunins Unvermögen in der effektiven Wirksamkeit bei der Organisation revolutionärer Vorgänge, ob nun hier in Dresden oder immer wieder auch anderswo, auswies. Bakunin sei ein Mann des Gedankens, nicht aber der erfolgreichen Tat. Da hieß es:

---

[28] Vgl. ebd., S. 44 f. (dort zit. nach: Karl Scheidt, Die Hintermänner der Sozialdemokratie. Von einem Eingeweihten, S. 27).

[29] Zeitung „Die Fackel", Dresden, 19. Mai 1849; zit. nach: Eckart Kröplin, Richard Wagner und der Kommunismus, S. 165.

*„Eben seine glühende Phantasie aber, im Verein mit dem unbewußten Ehrgeiz einer groß-
angelegten Natur, die sich zum Leiten und Gebieten berufen fühlte, bereiteten ihm oftmalige
Selbsttäuschungen über die tatsächlichen Verhältnisse. Sein nächstes Streben war eine Vereinigung der slawischen und deutschen Demokratie gegen das russische Zarentum, die damalige Hauptstütze des Absolutismus; und seine zahlreichen Verbindungen mit Gleich-
gesinnten in allen slawischen Provinzen Österreichs sowie in Polen und Rußland ließen ihm
dieses Ziel näher erscheinen, als es selbst heute noch ist.“*

Und so sei es auch mit seiner, Röckels, Entsendung durch Bakunin nach Prag
gewesen:

*„Statt jener mächtigen, weitverzweigten Verbindung, an deren Spitze sich Bakunin wähnte
und durch welche er die gewaltigsten Kräfte in Bewegung setzen zu können vermeinte, fand
ich kaum ein Dutzend ganz junger Leute, deren exaltierte Phantasie nicht einmal sie selbst
über ihre Ohnmacht täuschen konnte.“*[30]

Röckels Prager Reise war also eine vergebliche Mission. Er fand dort nichts als
Desorganisation vor. Und ein Brief Wagners vom 2. Mai rief ihn auch dringlich wieder nach Dresden zurück, die politische Lage und die Gefahr einer (zu frühen) revolutionären Explosion seien zu groß. Röckel kehrte eilends am 6. Mai zurück und
engagierte sich sofort energisch für den inzwischen ausgebrochenen Dresdner Aufstand, wurde aber bereits zwei Tage später von gegnerischen Kräften aufgegriffen
und verhaftet.

Ein Komponist und ein Anarchist auf den Barrikaden

Es war in den Märztagen 1849, dass Wagner Bakunin in der Röckelschen Wohnung
persönlich kennenlernte. Röckel wohnte damals in der Friedrichstraße 29, übrigens
schräg gegenüber der Wagnerschen Wohnung im Marcolinischen Palais in der
Friedrichstraße 20. In „Mein Leben" widmete Wagner später den Begegnungen mit
Bakunin, die sich über einen relativ kurzen Zeitraum von etwa zwei Monaten (bis
zum 9. Mai) hinzogen, eine ungewöhnlich ausführliche Beschreibung.[31] Der Russe
hatte großen Eindruck auf ihn gemacht. Es ist ziemlich auffällig, dass Wagner in
seiner Autobiografie, wie wenigen anderen Zeitgenossen und langjährigen Freunden und Weggefährten, gerade Bakunin, mit dem er nur wenige Wochen gemeinsame, wenn auch ungemein aufregende Erlebnisse teilen konnte, in einer auf vielen
Seiten so ausführliche Erinnerung angedeihen ließ. Durch ihn erfuhr doch in langen
Gesprächen und heißen Debatten sein weltpolitisches Verständnis eine bedeutsame
Erweiterung. Da hieß es u. a., dass ihm der Name Bakunins *„schon vor Jahren …
aus den Zeitungen unter außerordentlichen Umständen aufgestoßen"* sei und dass
er später auch durch Herwegh noch weitere Auskünfte über den politischen Werdegang des Russen erhalten habe. Und sogleich kam Wagner in seinen Bakunin-
Erinnerungen auch auf das von diesem so beharrlich thematisierte Grundanliegen

---

[30] August Röckel, Zu lebenslänglich begnadigt. Sachsens Erhebung und das Zuchthaus zu Waldheim (1865), S. 105 ff.
[31] Hier und im Folgenden zitiert aus: ML, S. 397 ff.

seines revolutionären Tuns zu sprechen – auf das Thema Russland bzw. die große politische Bedrohung, wie sie für die freiheitlichen Bestrebungen ganz Europas durch das Zarenreich sich darstellte. Das sei – da von einigem Belang für das Thema Wagner und Russland – im wörtlichen Zitat etwas ausführlicher belegt:

> *„Bakunin war nämlich wegen seiner Beteiligung an den Prager Ereignissen im Sommer 1848, als Teilnehmer an dem ihnen vorangehenden Slawenkongreß daselbst, von der öster-reichischen Regierung verfolgt und hatte sich nun hiergegen zu schützen, indem er zugleich nicht weit von Böhmen sich zu entfernen suchte. Das besondere Aufsehen, welches er auch in Prag erregt, war daher gekommen, daß er den Tschechen, welche besonders in Rußland ihre Stütze gegen die gefürchtete Germanisierung gesucht hatten, zurief, eben gegen diese Russen wie gegen jeden andern Volksstamm sich mit Feuer und Schwert zu verteidigen, so-bald sie unter der Führung eines Despotismus wie der des russischen Zaren sich befänden."*

Es folgte dann in Wagners Memoiren eine sehr scharf beobachtete Personal-charakteristik des russischen Revolutionärs:

> *„Als ich ihn nun selbst im dürftigen Schutze der Röckelschen Gastfreundschaft antraf, war ich zunächst durch die fremdartige, durchaus imposante Persönlichkeit dieses Mannes, der damals in der Blüte der dreißiger Jahre stand, wahrhaft überrascht. Alles war an ihm ko-lossal, mit einer auf primitive Frische deutenden Wucht. Ich habe nie den Eindruck von ihm empfangen, als ob er besonders viel auf meine Bekanntschaft gäbe, da ihm im Grunde auf geistig begabte Menschen nicht mehr viel anzukommen schien, wogegen er einzig rück-sichtslos tatkräftige Naturen verlangte; … überhaupt hatte er sich an das Sokratische Ele-ment der mündlichen Diskussion gewöhnt, und augenscheinlich war es ihm wohl, wenn er sich, auf dem harten Kanapee seines Gastfreundes ausgestreckt, mit recht viel verschieden-artigen Menschen über die Probleme der Revolution diskursiv vernehmen lassen konnte. Bei diesen Gelegenheiten blieb er stets siegreich; es war unmöglich, gegen seine bis über die äußersten Grenzen des Radikalismus nach jeder Seite hin mit größter Sicherheit aus-gedrückten Argumente sich zu behaupten. Er war so mitteilsam, am ersten Abend unserer Zusammenkunft mich über den Gang seiner Entwicklung zu unterrichten. …"*

Bakunin erzählte Wagner da von seiner abgebrochenen Militärlaufbahn, seinem Weg nach Berlin, seinen dortigen Philosophiestudien, vor allem Hegels:

> *„Nachdem er so die Philosophie nach seinen Aussprüchen in sich beiseite gebracht, war er nach der Schweiz gegangen, hatte dort den Kommunismus gepredigt und war über Frank-reich und Deutschland nun wieder an die Grenzen der slawischen Welt zurückgekehrt, von welcher er, ihrer mindesten Verdorbenheit durch die Zivilisation wegen, das Heil der Rege-neration der Menschheit erwartete. Seine Hoffnung in diesem Betreff gründete er in Wirk-lichkeit auf den im russischen Nationalcharakter am stärksten ausgeprägten Typ der Sla-wen. Als Grundzug desselben glaubte er naive Brüderlichkeit und den Instinkt des Tieres gegen den verfolgenden Menschen im natürlichen Hasse des russischen Bauers gegen den ihn quälenden Edelmann zu erkennen. Hierfür berief er sich auf die kindisch-dämonische Freude des russischen Volkes am Feuer, auf welche schon Rostopschin [recte: Fjodor Ros-toptschin; dieser hatte 1812 als Militärkommandant von Moskau den verheerenden Brand der Hauptstadt selbst initiiert und damit Napoleon zum Rückzug gezwungen] sein Strata-gem gegen Napoleon beim Brande von Moskau berechnet hatte. Er meinte, dem russischen Bauern, in welchem die natürliche Güte der bedrückten menschlichen Natur sich am kind-lichsten erhalten habe, sei nur beizubringen, daß die Verbrennung der Schlösser seiner Herren mit allem, was darin und daran, vollkommen gerecht und Gott wohlgefällig sei, um eine Bewegung über die Welt hervorzurufen, aus welcher mindestens doch eben die Zerstö-rung alles dessen hervorgehen müsse, was, aus dem tiefsten Grunde beleuchtet, selbst dem philosophischsten Denker des zivilisierten Europas als eigentlicher Quell des Elendes der*

*ganzen modernen Welt erkenntlich sein müßte. Diese zerstörende Kraft in Bewegung zu set-
zen, dünkte ihm das einzig würdige Ziel der Tätigkeit eines vernünftigen Menschen. ...
Diese Zerstörung aller Zivilisation war das seinem Enthusiasmus vorschwebende Ziel.*"

Und noch weiter berichtete Wagner von Bakunins zerstörerischen Vorstellungen:

*„Seine Tröstung bestand dann darin, daß er darauf deutete, wie Konstruktoren der neuen
Weltordnung sich ganz von selbst finden würden; daß wir dagegen nach nichts anderem zu
fragen hätten, als woher die Kraft der Zerstörung zu nehmen; ob denn einer von uns so
wahnsinnig sein könne zu glauben, daß er über das Ziel der Zerstörung hinaus noch bestehen können würde? Man solle sich nur die ganze europäische Welt, mit Petersburg, Paris
und London, in einen Schutthaufen verwandelt denken: ob den Brandstiftern über diese ungeheuren Trümmer hinweg noch eine Besinnung zuzutrauen sein könnte? Jeden, der sich
bereit zur Aufopferung erklärte, wußte er zu verwirren, wenn er ihn darauf verwies, daß
nicht die sogenannten Tyrannen das Furchtbare seien, sondern die behaglichen Philister,
unter denen er als Typus den protestantischen Pfarrer aufstellte, an dessen Menschwerdung
er nicht eher glauben wollte, als bis er selbst sein Pfarrhaus mit Weib und Kind den Flammen übergeben hätte.*"

Da tauchten sie also auch bei Wagner wieder auf, die Grundaxiome seiner
Revolutionsbegeisterung von 1848/1849 – Zerstörung der bestehenden Gesellschaft
durch den großen Brand der Weltrevolution. Es war offensichtlich Bakuninsches
Gedankengut. Und Wagner setzte diesem etwa im Brand von Walhall ein außer-
gewöhnliches musiktheatralisches Denkmal, so wie er aber auch später (und Frau
Cosima notierte das noch während des Deutsch-Französischen Krieges am 18. August 1870 im Tagebuch) – nun wieder im realpolitischen Sinn – im Brand von Paris
den notwendigen Beginn einer neuen Freiheitsordnung für Europa erblickte: *„R.[i-
chard] sagt, er hoffe, daß Paris, diese ‚Femme entretenue der Welt‘, verbrannt
würde, ... der Brand von Paris würde das Symbol der endlichen Befreiung der Welt
von dem Druck alles Schlechten.*"[32]

An dieser Stelle sei ein kleiner Exkurs über ein besonderes Thema eingeschoben.
Es geht um eine damals verbreitete sozialpolitische Polemik, die in engem Zusammenhang mit der 48er Revolution bzw. deren Misserfolg steht. Wenn beispielsweise
Wagner, wie eben zitiert, vom *„behaglichen Philister"* sprach, der eine Revolution
unmöglich mache, so griff er damit eine Redewendung, ein Axiom, auf, wie es damals weit verbreitet war. *„Die Deutschen sind schreckliche Philister"*, meinte beispielsweise Bakunin schon 1840 – er war gerade erst nach Deutschland gekommen –
gegenüber Freund Alexander Herzen in einem Brief vom 23. Oktober.[33] Ganz ähnlich äußerte er sich zwei Jahre später über die deutschen *„Philister"* in seinem
bereits erwähnten sozialkritischen Aufsatz „Die Reaction in Deutschland".[34] Und
auch sein Begleiter Arnold Ruge fand bei der Abreise aus Dresden verblüffend ähnliche Worte: *„Sind hier nicht die Philister bis zur Liebenswürdigkeit human?"*[35] Als

---

[32] CWT, Bd. I, S. 272.

[33] Michael Bakunin, Michael Bakunins sozialpolitischer Briefwechsel mit Alexander Iw. Herzen
und Ogarjow, S. 5.

[34] Veröffentlicht im Oktober 1842 unter dem Pseudonym Jules Elysard in Arnold Ruges „Deutschen Jahrbüchern für Wissenschaft und Kunst", Leipzig, 17.-21. Oktober 1842, S. 985–1002.

[35] Arnold Ruge, Zwei Jahre in Paris. Studien und Erinnerungen, Erster Theil, S. 2.

Bakunin dann im April 1848 erwartungsvoll in Frankfurt die Vorbereitungen zur Wahl der Nationalversammlung beobachtete, enttäuschte ihn die gemächliche Art *„dieser ruhigen Philister"*.[36] Und am 8. Dezember 1848, nach der Niederschlagung der meisten revolutionären Erhebungen in Deutschland, meinte er in einem Brief an Herwegh wieder, antwortend auf dessen Äußerung: *„Die erste Revolution in Deutschland wird für uns nichts Tröstliches haben, da sie der Sieg der bourgeoisen Niederträchtigkeit sein wird"*, ganz entsprechend: *„Wie groß die Niederträchtigkeit des deutschen Philisters ist, das habe ich erst jetzt im vollen Maße gesehen."*[37]

Und diese *„Niederträchtigkeit"* des bourgeoisen *„deutschen Philisters"* hatte dann auch wieder in den von Arnold Ruge und Karl Marx 1844 herausgegebenen „Deutsch-Französischen Jahrbüchern" eine bestimmende Rolle gespielt. Im darin eingangs abgedruckten Briefwechsel zwischen R. (Ruge), M. (Marx) und B. (Bakunin) schrieb Ruge schon im März 1843: *„Der deutsche Geist, soweit er zum Vorschein kommt, ist niederträchtig ..."*, worauf Marx im Mai antwortete: *„Es ist wahr, die alte Welt gehört dem Philister"*, und auch er Deutschland als *„die vollkommenste Philisterwelt"* bezeichnete. Ähnlich schrieb dann im selben Monat Bakunin auch an Ruge verächtlich über *„diese Philister"* in Deutschland.[38]

Pikanterweise griff Wagner sehr viel später die provokante Rugesche Formulierung in den „Deutsch-Französischen Jahrbüchern": *„Der deutsche Geist, soweit er zum Vorschein kommt, ist niederträchtig ..."* erneut und pointiert auf, und zwar 1872 gerade in seiner Rede zur Grundsteinlegung des Bayreuther Festspielhauses. (Es ist als wahrscheinlich anzusehen, dass Wagner die „Deutsch-Französischen Jahrbücher" kannte.) Er nutzte sie listig und auch leicht ironisiert, quasi als Schutzschild, um nicht selbst, gar in öffentlicher Rede, als Urheber eines solchen gesellschaftskritischen Gedankens dazustehen. Da hieß es: *„Ein zu offener Verzweiflung getriebener Patriot, der wunderliche Arnold Ruge, glaubte schließlich aussagen zu müssen, der Deutsche sei ‚niederträchtig'."*[39] Das Zitat war ihm also geläufig, hatte er es doch zuvor schon 1863 in Briefen an Mathilde Wesendonck und Mathilde Maier sowie 1870 gegenüber Hans Richter in polemischer Weise benutzt.[40] Und verwiesen sei auch auf den Umstand, dass Wagner bereits seit jungen Jahren im deutschen Philister einen geistigen Hauptfeind sah. So lästerte er beispielsweise 1842, zeitgleich zu den oben zitierten Äußerungen Bakunins und Ruges, in einem Brief aus Dresden an Freund Ernst Benedikt Kietz: *„Ach! Was ist das hier für ein verfluchtes Philisterland!"*[41] Und ganz krass hieß es noch einmal 1850 – nach der verlorenen 48er Revolution – in einem Brief an Liszt:

> *„In unsrer heutigen weltordnung herrscht ganz unbedingt der Philister, der gemeine, feige, schlaffe und dabei grausame Gewohnheitsmensch. Er ist die stütze des bestehenden ..., und*

---

[36] Zit. nach: Madeleine Grawitz, Bakunin. Ein Leben für die Freiheit, S. 124.

[37] Zit. nach: „Ich, Michail Bakunin, der von der Vorsehung Auserkorene ...". Philosophische Briefe, S. 143.

[38] Arnold Ruge/Karl Marx, Deutsch-Französische Jahrbücher, S. 99 ff., 109.

[39] RWS, Bd. 9, S. 334.

[40] RWB, Bd. 15, S. 233 f., 238; Bd. 22, S. 91.

[41] RWB, Bd. 2, S. 145.

erst schreck und noth aller art, die ihn außer sich bringen, können den philister zum men-
schen machen. Bis dahin, bis zu einer ganz neuen weltordnung, liebster freund, begnügen
wir uns mit uns selbst, mit denen, die gleich uns nur einen feind kennen, den philister ... "[42]

So war die „Niederträchtigkeit" des „deutschen Philisters" zu einem bekannten
Synonym in den Streitschriften der revolutionären Demokraten und frühen Sozialisten geworden, zu einem markanten Schlagwort im Kampf um Freiheit und Selbstbestimmung der Völker Europas, im Kampf um eine *„neue Weltordnung"*, wie
Wagner immer wieder betonte. Von Bakunin und Ruge als Schimpfwort in die öffentliche politische Diskussion überführt, griff Wagner es also viele Jahre später
gern wieder auf und düpierte mit dieser polemischen Attacke gerade auch in der
Kaiserzeit, als von bevorstehender Revolution keine Rede mehr sein konnte und als
Ruge selbst bereits zu einem politisch domestizierten Reichsbürger geworden war,
die Öffentlichkeit.

Doch zurück zu Wagner und Bakunin 1849 im Dresdner Aufstand. In der oben
zitierten Beschreibung Bakunins durch Wagner fällt auf, dass er sich wohl bewusst
war, dass dieser nicht besonders viel von seiner Bekanntschaft gehalten habe, da er
viel mehr *„rücksichtslos tatkräftige Naturen"* in seiner Umgebung bevorzugte. Und
diese aus Bakunins Sicht Negativcharakteristik traf unter den Umständen des Dresdner Aufstandes wohl zu. Nachweislich war Wagner zwar – flink wie ein Wiesel – an
allen möglichen Orten aktiv tätig, als Melder, Kurier, Beobachter und Material-
beschaffer (dabei auch Waffen und Sprengkörper), gelegentlich gar als Gewehr-
träger, war weiterhin gemeinsam mit Bakunin und Röckel beobachtend und
Truppenbewegungen dirigierend auch auf dem Turm der Kreuzkirche tätig. Leitend
am Dresdner Aufstand war er aber nicht beteiligt. Auch nachträglich erhobene Be-
schuldigungen, er sei am Brand des alten Dresdner Operntheaters am Zwinger
Schuld und habe auch das Dresdner Schloss in Brand stecken wollen, entbehrten
jeglicher Grundlage, und Wagner konnte sich später auch davon überzeugen, dass
seine Dresdner Kriminalakte keinerlei Hinweise darauf enthielt.[43] So mag denn
auch Bakunins abwertende Aussage über Wagner in seinen Vernehmungen nach seiner Verhaftung durchaus stimmig sein, zudem wohl auch gedacht, um Wagner nicht
zu sehr zu belasten. Es ist übrigens eines der wenigen Male, dass Bakunin sich nach
den Dresdner Ereignissen und bis an sein Lebensende an Wagner erinnerte: *„Wag-*
ner habe ich sofort als Phantast erkannt, und obwohl ich mit demselben viel und
auch über Politik gesprochen, doch nie mich mit demselben zu einem gemeinsamen
Handeln verbunden."[44]

Und aus dem Jahre 1876, wenige Tage vor dem Tod Bakunins und wenige Tage
vor der Eröffnung der ersten Bayreuther Festspiele, ist noch von dessen Musiker-
freund Adolf Reichel die Mitteilung überliefert, dass Bakunin *„sehr streng über*
den Charakter von Wagner und sogar über dessen Werk" gesprochen habe.[45] Das

---

[42] RWB, Bd. 3, S. 432; vgl. auch: Eckart Kröplin, Richard Wagner und der Kommunismus, S. 207 f.

[43] Vgl.: RWB, Bd. 15, S. 483 f.

[44] Zit. nach: Michael Bakunins Beichte aus der Peter-Pauls-Festung an Zar Nikolaus I., S. 102; vgl.
auch: Hugo Dinger, Richard Wagners geistige Entwickelung, S. 179.

[45] Zit. nach: Madeleine Grawitz, Bakunin. Ein Leben für die Freiheit, S. 506.

mag auch damit zusammenhängen, dass Bakunin wohl aus der Ferne einen ähnlichen Eindruck von Wagners scheinbarer idealer Einbindung in das neue deutsche Kaiserreich erhalten hatte, wie zur gleichen Zeit auch Karl Marx, der bissig
von dem *„Bayreuther Narrenfest des Staatsmusikanten Wagner"* bzw. dem
„neudeutsch-preußischen Reichsmusikanten" schrieb und meinte, *„daß es noch
wichtigere Dinge gibt als Richard Wagners Zukunftsmusik".*[46]

Doch noch einmal zurück nach Dresden im Jahre 1849. Es gab bis zum Ausbruch
des Dresdner Aufstandes offensichtlich häufige heimliche Treffen und Beratungen
von Sympathisanten einer revolutionären Erhebung im Hause einer Familie Nau-
mann, gelegen übrigens ganz in der Nähe von Wagners und Röckels Wohnung. Das
ist auch eindeutig in den Gerichtsakten zu den Vorgängen des Dresdner Aufstandes
belegt. Und da war von äußerst verdächtigen Aktivitäten die Rede. Die schon erwähnte antirevolutionäre Zeitung „Die Fackel" berichtete am 14. Juli, sich auf
Zeugenaussagen in den Gerichtsakten berufend:

> *„Sehr bemerkenswert sind ferner die Zusammenkünfte, welche etwa drei Wochen vor Aus-
> bruch des Kampfes in Friedrichstadt abgehalten wurden, und zwar in den letzten Zeiten
> täglich nachmittags von 3 oder 4 Uhr an bis zum Abend, oft bis in die Nacht hinein. Der Ort
> der Versammlung, die oben erwähnte Naumannsche Wohnung in dem königlichen Menage-
> riegarten, war mit besonderer Klugheit ausgesucht. Das Haus besteht bloß aus einem Par-
> terre, ist noch besonders umzäunt und wird von Niemandem weiter als von der Familie
> Naumann bewohnt, sodaß Verräterei durch Hausgenossen nicht zu fürchten war … Zu dem
> Hause aber ist von vier verschiedenen Seiten der Zugang möglich: von der Ostrastraße,
> vom Milchgarten, vom Kammergute und durch das Gehege. Die Verschworenen konnten
> daher von verschiedenen Seiten gleichzeitig sich versammeln, ohne durch ihre Anzahl auf-
> fällig zu werden. In der Regel hatten sich zu diesen Zusammenkünften dreißig bis vierzig
> Menschen eingefunden. Als regelmäßige Teilnehmer an den Zusammenkünften sind erkannt
> worden: die damaligen Redakteure der Dresdener Zeitung, Wittig und Lindemann, ferner
> Kapellmeister Richard Wagner und Musikdirektor Röckel, … endlich Bakunin und einige
> andere."*[47]

In Wagners ausführlicher Erzählung von den Dresdner Revolutionsereignissen
und der Rolle Bakunins dabei spielte – eher nebenbei – auch dessen Beziehung zur
Musik eine Rolle. So erinnerte er sich an die Generalprobe zur erneuten Aufführung
von Beethovens 9. Sinfonie am Palmsonntag, dem 1. April 1849, unter seiner
Leitung:

> *„Der Generalprobe hatte heimlich und vor der Polizei verborgen Michael Bakunin bei-
> gewohnt; er trat ohne Scheu nach der Beendigung derselben zu mir an das Orchester, um
> mir laut zuzurufen, daß, wenn alle Musik bei dem erwarteten großen Weltenbrande ver-
> lorengehen sollte, wir für die Erhaltung dieser Symphonie mit Gefahr unseres Lebens ein-
> zustehen uns verbinden wollten."*[48]

---

[46] Vgl.: Karl Marx/Friedrich Engels, Gesamtausgabe, Bd. 34, S. 23, 193, 245.

[47] Zit. nach: Hugo Dinger, Richard Wagners geistige Entwickelung, S. 168 f.; vgl. auch: Bernd Kramer, „Laßt uns die Schwerter ziehen, damit die Kette bricht …". Michael Bakunin, Richard Wagner und andere während der Dresdner Mai-Revolution 1849, S. 49 ff.

[48] ML, S. 397 f.

Weiterhin betonte Wagner auch, dass Bakunin trotz aller anarchistischen Radikalität ihm doch *„als wirklich liebenswürdiger, zartfühlender Mensch"* entgegengetreten sei, der allerdings von seinen neusten dramatischen Projekten, „Nibelungen" und „Jesus von Nazareth", nichts wissen wollte. Doch habe er zu Letzterem einen rabiaten Vorschlag gegeben. Er riet zur Komposition *„nur eines Textes an: der Tenor solle singen: ‚Köpfet ihn!', der Sopran: ‚Hängt ihn!' und der Basso continuo: ‚Feuer, Feuer!'"* Als Wagner bei anderer Gelegenheit Bakunin die ersten Szenen des „Fliegenden Holländer" vorgespielt habe, hätte dieser ausgerufen: *„‚Das ist ungeheuer schön!' und wollte immer mehr davon hören."* Bei alledem verwunderte Wagner sich darüber, wie *„in diesem merkwürdigen Menschen eine völlig kulturfeindliche Wildheit mit der Forderung des reinsten Ideals der Menschlichkeit sich berührte, so waren die Eindrücke meines Umgangs mit ihm schwankend zwischen unwillkürlichem Schrecken und unwiderstehlicher Angezogenheit"*. Und weiter schrieb Wagner:

> *„Ich holte ihn öfters zu meinen einsamen Wanderungen ab, auf denen er mir, da er hier seinen Verfolgern nicht zu begegnen fürchten durfte, schon der ihm nötigen Leibesbewegung wegen gern folgte. Meine Versuche, ihn bei den hierbei gepflogenen Besprechungen mit der Bedeutung meiner Kunsttendenzen eindringender bekannt zu machen, blieben, solange wir eben das Feld der bloßen Diskussion nicht verlassen konnten, ohne Erfolg. Alles dies schien ihm zu verfrüht ... Mußte ich mit meinen Hoffnungen für eine künftige künstlerische Gestaltung der menschlichen Gesellschaft ihm gänzlich unpraktisch in der Luft schwebend erscheinen, so lag es bald am Tage, daß seine Annahmen in betreff der unerläßlichen Zerstörung aller vorhandenen Kulturinstitutionen zum mindesten nicht weniger unbegründet waren."*[49]

Und auch in den Maitagen 1849 in Dresden (Abb. 2.3) beeindruckte Wagner eine weitere interessante Äußerung Bakunins, der im übrigens ja ein großer Musikliebhaber war. In seinen Aufzeichnungen zu einem geplanten Aufsatz unter dem Titel „Das Künstlertum der Zukunft" (Ende 1849) erinnerte sich Wagner: *„Bakunins Äußerung, daß er, auf dem Punkte des Ekels an unsrer Zivilisation angekommen, Lust empfunden habe, Musiker zu werden."*[50]

Der weitere Gang der Dresdner Ereignisse überstürzte sich. Wagner und Bakunin hatten sich bedingungslos in das aufständische Geschehen eingelassen, ja, so schrieb Wagner wohl zu Recht, der anfangs distanziert den Dresdner Revolutionsvorbereitungen gegenüberstehende Bakunin, sei nun *„entschlossen"* gewesen, *„seinen Hals daran zu wagen und nach nichts weiter zu fragen"*.[51] Was dann aber folgte, war heillose Flucht. Bakunin hatte, schon in der Voraussicht der Vergeblichkeit des Dresdner Aufstandes und der Übermacht der preußischen Truppen sowie auch, nachdem sein Vorschlag, *„alle Pulvervorräte in den unteren Räumen des Rathauses zusammenbringen zu lassen und dieses bei der Annäherung der Truppen in die Luft zu sprengen"*,[52] abgelehnt worden war, der provisorischen Regierung unter Otto

---

[49] Ebd., S. 400 ff.
[50] RWS, Bd. 12, S. 272
[51] ML, S. 411.
[52] Ebd., S. 418.

Abb. 2.3 Dresdner Maiaufstand 1849. Aufständische vor dem Rathaus auf dem Altmarkt. Zeitgenössische Darstellung

Leonhard Heubner geraten, sich geordnet in Richtung Freiberg zurückzuziehen. Wagner erlebte diesen Rückzug, gemeinsam mit Heubner und Bakunin mit. Nach einem Zwischenaufenthalt in Freiberg, trennten sich ihre Wege. Wagner fuhr mit einer regulären Postkutsche nach Chemnitz, um dort zunächst bei seinen Verwandten unterzutauchen. Heubner und Bakunin zogen gleichfalls weiter nach Chemnitz in der Absicht, dort das neue Hauptquartier der provisorischen Regierung aufschlagen zu können. Doch wurden sie hier durch den Verrat eines Chemnitzer Bürgers gefasst und in Gefangenschaft abgeführt.[53]

Die deutsche Revolution von 1848 und deren letztes großes Aufbäumen, der Dresdner Maiaufstand, waren beendet.

Nach der Revolution – Der „Krim-Krieg"

Wagner war seit dem 9. Mai auf der Flucht. Noch glaubte er, wie etliche seiner Briefe aus diesen Tagen nach Dresden aussagen, dass er demnächst ungeschoren nach Dresden zurückkehren könne – eine aberwitzige Illusion! Etwas ratlos geriet er zunächst nach Weimar, zu Freund Franz Liszt, wohin er ohnehin hatte reisen wollen, um die Wiederaufnahme seines „Tannhäuser" am dortigen Theater zu erleben.

Dabei kam es zu einem merkwürdigen Ereignis, das hier etwas ausführlicher beschrieben sein soll. Es war eine biografisch und politisch durchaus pikante Episode,

---

[53]Vgl. auch: Der sächsische König und der Dresdner Maiaufstand. Tagebücher und Aufzeichnungen aus der Revolutionszeit 1848/49, S. 32, 145.

die sich da am 15. Mai abspielte. Wagner, der vor wenigen Tagen noch mit Bakunin in Dresden auf den Barrikaden gestanden hatte, jenem Bakunin, der ihn in den Wochen zuvor mit seinem unbändigen Hass auf das reaktionäre russische Zarenreich indoktriniert hatte, traf jetzt völlig unerwartet persönlich auf eine hochgestellte Vertreterin der politischen Gegenseite. Er erhielt, als er am 15. Mai mit Freund Liszt in der Eisenbahn von Weimar nach Eisenach saß, nämlich von der im selben Zug reisenden Weimarer Großherzogin Maria Pawlowna, der älteren Schwester des Zaren Nikolai I. (zu dessen Namenstag Wagner ja bereits in Riga eine Festhymne komponiert hatte), eine freundliche Einladung zu einem abendlichen kleinen Empfang im Eisenacher Schloss. Maria Pawlowna wusste wohl schon um Wagners Beteiligung am Dresdner Aufstand, noch aber war die offizielle Fahndung nach Wagner nicht bis nach Weimar gelangt. Und Maria Pawlowna, eine geistig sehr rege und den Künsten sehr zugewandte Frau, wollte den Komponisten Wagner gar zu gerne persönlich kennenlernen. Am 18. Februar 1849, drei Monate zuvor, hatte als Festvorstellung zu ihrem Geburtstag die Premiere von Wagners „Tannhäuser" unter Franz Liszts Leitung stattgefunden. Es war nach der Dresdner Uraufführung von 1845 die erste Aufführung der Oper außerhalb Dresdens. Die musikalische Öffentlichkeit Weimars und weit darüber hinaus nahm erstaunt davon Kenntnis. Jetzt, für den 20. Mai, war die Wiederaufnahme des „Tannhäuser" geplant. Wagner konnte allerdings nur am 13. Mai zwei „Tannhäuser"-Proben miterleben. Er musste sich dann versteckt halten, da die sächsische Regierung am 16. Mai offiziell den Steckbrief gegen Wagner erließ, der dann am 19. Mai auch im „Dresdner Anzeiger und Tageblatt" veröffentlicht wurde.

Nebenbei sei im Zusammenhang mit dem „Tannhäuser" noch darauf verwiesen, dass es gerade dieses Werk (und namentlich seine Ouvertüre) war, das dann seit den 50er-Jahren auch in Russland den Namen Wagner allmählich bekannt machte. Am 8. April 1850 gab es anlässlich des Geburtstages von Prinzessin Sophie, der Tochter von Großherzog Carl Friedrich und Großherzogin Maria Pawlowna, eine weitere Festvorstellung des „Tannhäuser" in Weimar. Die Großherzogin selbst war offenbar sehr angetan von der Wagnerschen Musik. Die abendliche Begegnung dann mit dem Komponisten im Eisenacher Schloss, von der ansonsten nichts Näheres bekannt ist, verlief wohl sehr harmonisch und war inhaltlich wahrscheinlich vor allem der Wagnerschen Musik gewidmet. Das war aber schon bemerkenswert: der Bakuninfreund und Revolutionär Wagner, der sich erst sechs Tage zuvor unter dramatischen Umständen von dem Zarenfeind Bakunin verabschiedet hatte, traf nun die Schwester des russischen Zaren zu einem vertraulichen Beisammensein! – Wagners Russlandbild hat hier vielleicht wieder eine kleine Korrektur, eine neue Facette erfahren.

Zwei Jahre später gab es noch ein kleines Nachspiel zum Thema russische Zarenfamilie und Wagners „Tannhäuser" in Weimar. Im April 1852 besuchte Zar Nikolai I. seine Schwester Maria Pawlowna in Weimar. Dafür war im Theater eben gerade wieder eine „Tannhäuser"-Vorstellung angesetzt, die allerdings wegen Erkrankungen im künstlerischen Personal ersetzt werden musste durch ein Konzert mit Ausschnitten u. a. aus „Tannhäuser", „Lohengrin" und aus Berlioz' „Benvenuto Cellini". Wenige Wochen später, am 31. Mai, gab es dann in Weimar für die Frau von Nikolai I., Alexandra Fjodorowna (geborene Prinzessin Charlotte von Preußen, Tochter des Preußenkönigs Friedrich Wilhelm III.), doch noch eine „Tannhäuser"-Aufführung. Wagner schrieb dazu aus seinem Züricher Exil leicht ironisch an Liszt (29.5.1852): *„Uebermorgen habt Ihr Tannhäuser? Glück auf! Grüß mir die Herrin aller Reußen: hoffentlich schickt sie mir einen Orden, oder mindestens ein Reisegeld nach Italien, wohin ich gar zu gern einmal schwärmte."* Und er bat auch darum, ihm den *„Kaiserlich-russischen-Tannhäuser-Lohengrin-Cellini-Theaterzettel"* vom April nachzusenden. Zwei Tage später berichtete er in einem Brief an Theodor Uhlig (31.5.1852) in ähnlichem Tonfall: *„Liszt führt heute (am 31) den Tannhäuser vor der Kaiserin von Rußland auf! auch nicht übel! Orden hab' ich mir verbeten."*[54]

Doch zurück zum Mai 1849 in Weimar. Wagner musste nun, nach der Veröffentlichung seines Steckbriefes, schnellstens aus Deutschland fliehen. Nach einigen Tagen versteckten Aufenthaltes in dem Dörfchen Magdala und einem letzten Treffen mit Minna dort und noch einmal in Jena trat er am 23. Mai mit Hilfe von Freund Liszt und weiteren Bekannten, ausgestattet mit einem falschen Pass, die Flucht an und erreichte am 28. Mai glücklich die Schweiz, ein Land, in dem ihn keine Auslieferung nach Deutschland drohte.

Kurz skizziert sei hier auch noch der weitere Lebensweg von Bakunin. Während also Wagner der Verhaftung und der drohenden Todesstrafe entkommen konnte, wurde Bakunin, Heubner und Röckel auf der Festung Königstein bei Dresden der strenge Prozess gemacht. Das Gericht fällte 1850 über alle drei das Todesurteil, das bald jedoch in lebenslängliche Haft umgewandelt wurde. Nach endlicher Begnadigung kamen Heubner 1859 und Röckel 1862 wieder auf freien Fuß. Bakunins Todesurteil wurde ebenfalls nicht vollstreckt, da die sächsischen Behörden ihn 1850 an die Österreicher auslieferten. Auch hier wurde ihm wegen seiner Beteiligung an den Prager revolutionären Vorgängen des Jahres 1848 der Prozess gemacht und die Todesstrafe verhängt, die wiederum nicht ausgeführt wurde, da man ihn nach Russland auslieferte. Hier saß Bakunin dann sieben Jahre in der Petersburger Peter-Pauls-Festung in Haft, schrieb seine eigenartige „Beichte" an den Zaren und wurde schließlich zu lebenslanger Verbannung nach Irkutsk in Sibirien verschickt, von wo aus ihm schließlich 1861 die Flucht gelang. Über Japan und Amerika kehrte er nach Europa zurück und fand zunächst bei seinem Freund Alexander Herzen in London ein Unterkommen.

Sogleich stürzte er sich wieder in revolutionäre Aktivitäten, kam zeitweilig noch einmal freundschaftlich mit Marx in Kontakt, übersetzte das „Manifest der Kommunistischen Partei" ins Russische, wurde 1868 gar Mitglied der 1864 gegründeten „Internationalen Arbeiter-Assoziation". Deren Führung aber, namentlich Marx, bewirkten bald wegen gravierender ideologischer und revolutionstheoretischer Meinungsverschiedenheiten seinen Ausschluss. Seine Vorstellungen von einem kollektivistischen Anarchismus widersprachen der von der „Internationalen Arbeiter-Assoziation" vertretenen Idee einer Diktatur des Proletariats. Bakunin setzte sich 1863 auch publizistisch vehement für den polnischen Aufstand gegen die russische

---

[54] RWB, Bd. 4, S. 379 f., 387 f.

Fremdherrschaft ein, versuchte sich mit revolutionären Aktivitäten in Italien, beteiligte sich 1870 am proletarischen Lyoner Aufstand und veröffentlichte 1873 sein theoretisches Hauptwerk „Staatlichkeit und Anarchie". 1876, wenige Tage vor der Eröffnung der ersten Bayreuther Festspiele übrigens, verstarb er in Bern.

Sein Andenken aber blieb bei Wagner über Jahrzehnte hinweg bestehen und war unauslöschlich von dem Eindruck eines typischen Russen bzw. Revolutionärs russischer Prägung bestimmt. Hatte Wagner bis 1848 von Russland und seiner politischen wie kulturellen Eigenheit ja nur eine relativ oberflächliche Vorstellung gehabt, dominierte bis dahin die Erscheinung des Zarenreiches als reaktionäres System bei ihm, hatte er nun durch die Persönlichkeit Bakunins in den wenigen Tagen ihrer revolutionären Gemeinsamkeit im Mai 1849 ein anderes und vertieftes Verständnis für Russland erhalten. Er schaute jetzt mit anderen Augen in den europäischen Osten und verfolgte im Weiteren mit großer Aufmerksamkeit, was sich dort politisch und auch geistig-kulturell ereignete. Es war das Bild eines anderen Russlands, des Russlands eines großen Volkes, des Russlands einer sozialrevolutionären Intelligenz, eben das Bild eines antizaristischen Russlands.

Zunächst verfolgte Wagner mit großer Anteilnahme das weitere Schicksal des russischen Revolutionärs. Am 9. August 1849 schrieb er an Freund Theodor Uhlig in Dresden: *„Wissen Sie vielleicht etwas ordentliches von dem stand der untersuchungen? Heubners, Röckel's u. Bakunins schicksal kümmern mich sehr."* Am 8. Februar 1850 hieß es brieflich gegenüber demselben Adressaten: *„Nun beabsichtige ich aber – an meine 3 freunde auf dem Königstein zu schreiben, indem ich den brief dem commandanten der festung zur einsicht zusende: es liegt mir am herzen, ihnen einen energischen brudergruß zuzusenden."* Als Wagner dann von dem Todesurteil gegen die drei Revolutionäre erfuhr, schrieb er im März 1850 einen mitfühlenden Brief an Bakunin und Röckel, in dem es u. a. hieß:

> *„Jetzt erfahre ich, daß der König v. S.[achsen] das todeurtheil über Euch beide bestätigt hat nun möchte ich Euch eine freude machen, indem ich Euch meinen treuesten brudergruß bringe. ... Mein Michael, mein August! liebe, theure, unvergeßliche brüder! Ihr lebet fort! In weiteren und immer weiteren fluthenkreisen schwillt Euer Andenken zu einer beglückenden liebeserinnerung der zukünftigen menschheit an! So sterbet denn wohl, beneidet, bewundert und – geliebt!"*[55]

Der Brief wurde allerdings nie abgeschickt, da Wagner unmittelbar darauf erfahren hatte, daß die Todesurteile in lebenslängliche Zuchthausstrafe umgewandelt worden waren. Als es dann möglich war, mit den Maihäftlingen in briefliche Verbindung zu treten, wandte sich Wagner am 24. August 1851 mit einem Schreiben an Röckel im Waldheimer Gefängnis.[56] Er berichtete darin von dem obigen Brief, den er nicht abgeschickt habe, da die Todesurteile per Gnadenerlass in Gefängnisstrafen umgewandelt worden seien. Des weiteren erzählte Wagner von seinen Erlebnissen nach der Flucht aus Dresden, von seinen beiden Kunstschriften „Die Kunst und die Revolution" und „Das Kunstwerk der Zukunft" und teilte Röckel auch den Plan seines Nibelungenprojektes mit.

---

[55] RWB, Bd. 3, S. 111, 222, 270 f.
[56] RWB, Bd. 4, S. 90 ff.

Gute zehn Jahre später, 1862, tauchte dann Bakunin wieder in Wagners Brief-wechsel auf. Er hatte 1855 in London die Bekanntschaft der sozialistisch gesinnten Schriftstellerin Malwida von Meysenbug gemacht, die hier als Kindererzieherin im Hause des russischen Emigranten Alexander Herzen lebte. Und diese hatte ihm nun Nachrichten über das Schicksal Bakunins, der ja nach seiner Flucht aus Sibirien zu-nächst von Alexander Herzen aufgenommen wurde, zukommen lassen. Wagner re-agierte sehr teilnahmsvoll: *„Was Sie mir von Bakunin schrieben hat mich sehr inte-ressirt: ich sah' ihn ganz vor mir. Er ist und bleibt ein colossaler Kautz: man muss wirklich den Bären zur Hand nehmen, um sich solch eine Natur zu erklären.“*[57] Und mehrfach tauchte Bakunin dann noch später in den Tagebüchern von Cosima Wag-ner wieder auf. Da klang eindrucksvoll nach, wie stark der Eindruck der Bakunin-schen Persönlichkeit und die durch ihn vermittelte vertiefte Anschauung des russi-schen Wesens für Wagner gewesen war. Einmal erzählte die Meysenbug auch (so notierte Cosima unter dem 1.10.1870,[58] also während des Deutsch-Französischen Krieges) auch, dass Bakunin nun am Lyoner Arbeiteraufstand beteiligt gewesen sei. Wagner interessierte das ungemein. Wenige Monate später, als Paris während der Commune in Flammen stand, beschrieb Cosima die Reaktion ihres Mannes, die die-ser – wohl eingedenk der einstigen Bakuninschen (und seiner eigenen) Begeisterung für den Brand von Paris als wichtigem Signal für die Weltrevolution – recht dras-tisch kundtat: *„R.[ichard] spricht nun heftig über den Brand und seine Bedeutung … Von Bakunin gesprochen, ob dieser mit ansteckt?“*[59]

Jahre später wieder, am 8. Juli 1878 liest man bei Cosima: *„Gespräch über Ba-kunin, ‚den man die personifizierte Gestalt der Zukunft Rußlands nennen konnte‘; ‚wilder vornehmer Kerl‘.“*[60] Und noch bezeichnender hieß es wenig später am 7.9.1878 – zu der Zeit, als in Deutschland die Debatten über Bismarcks „Sozialisten-gesetz“ breiten Raum einnahmen: *„Er [Wagner] teilt uns die Ansichten Bakunin's über Rußland [mit], wo die einzige Möglichkeit sei, den Sozialismus durchzuführen ohne Proudhon'sche Theorien, weil im Volk die Gemeinde schon existiere …“*[61] Und wieder einmal wurde an die Brandlust Bakunins erinnert (27. November 1879): *„Bakunin wird von R.[ichard] erwähnt, der alles niederbrennen wollte, alles. ‚Du wirst dann nicht so viele Instrumente brauchen, und das wird sehr gut sein!‘, habe er zu R.[ichard] gesagt.“*[62]

Auch in den letzten Lebensjahren tauchten Bakunin und Russland noch etliche Male in Wagners Gesprächen auf. Kurz nach dem erfolgreichen Attentat vom 13. März 1881 auf Zar Alexander II., ausgeführt von Mitgliedern der den Nihilisten nahestehenden und auf Bakunins geistigen Spuren wandelnden Untergrundorganisa-tion „Narodnaja Wolja“ verteidigte Wagner erregt die *„Berechtigung“* der Nihi-listen (sie hatten in diesen Jahren mehrere Attentatsversuche auf den Zaren verübt)

---

[57] RWB, Bd. 14, S. 105.
[58] CWT, Bd. I, S. 293.
[59] Ebd., S. 392.
[60] CWT, Bd. II, S. 134.
[61] Ebd., S. 171.
[62] Ebd., S. 452.

dazu. Cosima notierte im Tagebuch am 24. März: „*Hat denn der Zar Berechtigung? Hier handelt es sich um Kräfte, um Recht als Jus, Kraft, wie die Römer es nannten; seitens der Herrschenden gibt es keine Kraft, seitens dieser Verschwörer aber eine.*"[63] Das Thema Russland bewegte Wagner wieder heftig. Schon unter dem 18. März liest man so in Cosimas Tagebuch: „*Er* [Wagner] *setzt wiederum seine Gedanken auseinander über Rußland und daß der Kaiser A.*[lexander] *das ‚Opfer seiner Dummheit' gewesen sei.*"[64] Am 15. Mai 1881 hieß es dann in Cosimas Tagebuch: „*Abends liest R.*[ichard] *aus seiner Biographie die Stellen auf Bakunin bezüglich vor. Er freut sich dann mit mir, das über diese Persönlichkeit niedergeschrieben zu haben.*"[65] Am 18.4.1882 schrieb Cosima von Wagners Lektüre über „*Bakunin, dessen Biographie er eben in einer Zeitung gelesen, mit Verwunderung über das, was er noch als Konspirator alles getrieben und mit welchen Leuten er sich abgegeben.*"[66] Und unter dem 21.7.1882 vermerkte Cosima, dass „*R.*[ichard] *seine Erinnerungen an Bakunin mit Malwida* [von Meysenbug] *auffrischt.*"[67]

Überhaupt blieb nicht nur Bakunin, sondern Russland insgesamt im Blickfeld Wagners. Im Urteil geschärft und sensibilisiert eben durch Bakunin verfolgte er dortige Ereignisse mit anhaltendem Interesse. Ein ganz wesentlicher geopolitischer und militärischer Vorgang war da der „Krim-Krieg", der von 1853 bis 1856 andauerte. Auslöser waren Russlands fortgesetzte Versuche, im Süden und im Südosten rund um das Schwarze Meer, in der kaukasischen Region und in Richtung Balkan Territorien zu erobern, die bislang im Herrschaftsbereich des Osmanischen Reiches lagen. Dieses Reich, schon lange im Innern geschwächt, war doch aber ein wichtiger Handelspartner vor allem für Frankreich und England, die ebenfalls versuchten, sich neue Einflusssphären in Nahost und in Südasien zu erschließen. So traten denn Frankreich und England als kriegführende Parteien gegen Russland in den Konflikt ein. Als Sympathisanten, aber nicht aktiv beteiligt, standen ihnen Deutschland und Österreich zur Seite. Nachdem das Osmanische Reich Russland wegen dessen Vorrücken in osmanisch beherrschte Gebiete am 16. Oktober 1853 den Krieg erklärt hatte, traten England und Frankreich am 27./28. März 1854 in den Krieg ein. Zentraler Ort der kriegerischen Auseinandersetzungen wurde die militärstrategisch wichtige Halbinsel Krim und deren Hauptstadt Sewastopol. Die Franzosen und Engländer konnten die Festung unter schwersten Verlusten schließlich am 8./9. September 1855 erobern. Das war der entscheidende Durchbruch. Russland in seinem Expansionsdrang war zurückgedrängt. Am 30. März 1856 beendete der Pariser Frieden den mörderischsten und verlustreichsten Krieg, den die Welt bis dahin erlebt hatte. Der „Krim-Krieg" war gewissermaßen ein erster Weltkrieg, der ganz Europa erschütterte.

Wagner nahm von diesem kriegerischen Geschehen, wenn auch aus großer Ferne und ziemlich distanziert, durchaus Kenntnis. Dieser gewaltsame Zusammenprall

---

[63] Ebd., S. 716.
[64] Ebd., S. 712.
[65] Ebd., S. 738.
[66] Ebd., S. 933.
[67] Ebd., S. 982.

Europas und Russlands interessierte ihn schon. Während seiner viermonatigen
Konzertreise nach England, einem der Hauptbeteiligten am Krieg, beklagte Wagner
sich beispielsweise in einem Brief an seine Frau Minna (26.4.1855): *„Im Uebrigen
höre und sehe ich von der Welt nichts: kannst Du mir nicht einmal schreiben, wie es
vor Sebastopol steht? Hier erfahre ich nichts davon. Politik treibt kein Mensch, aus-
ser wer sich damit Geld verdient."* Am 1. Mai bedankte sich Wagner dann bei
Minna. Sie hatte ihm offensichtlich Nachrichten über den „Krim-Krieg" zukommen
lassen. Am 4. Mai hieß es in einem weiteren Brief an Minna ganz sarkastisch: *„Die
Abgaben für den verrückten Krieg machen grade gegenwärtig das Leben und alle
Anschaffungen unendlich viel theurer, als es je zuvor der Fall war …"* Es war sehr
wohl ein *„verrückter Krieg"*, der in London einmal sogar eine noch verrücktere
Widerspiegelung fand. Wagner erzählte Minna in einem Brief vom 8. Juni von einer
Open-Air-Veranstaltung, die ihm wie absurdes Theater vorkam:

> *„Letzthin besuchte ich Abends mit Präger und Lüders die Suxney-Gärten, wo es ver-
> schiedene wilde Thiere (auch viele Löwen) giebt, und auch Sebastopol im Freien so überra-
> schend dargestellt war, dass ich anfangs wirklich gar nicht wusste, wo ich mich auf einmal
> befände. Mit eintretender Finsterniss wurde durch Feuerwerk das Bombardement dar-
> gestellt, was mit der schliesslichen Einnahme von Sebastopol endigte, wozu die Musik sehr
> rührend ‚God save the Queen' spielte. Die Ironie der Sache wurde für mich dadurch
> vollständig, dass ich erfuhr, zur Darstellung dieses Kampfes wurden dieselben Soldaten
> verwendet, die in der Krimm waren und, nachdem sie doch wirklich gefochten, verwundet
> hierher zurück gekehrt sind, um die Sache mit Pappe, Leinwand und Racketen noch einmal,
> und zwar diessmal siegreich, durchzumachen. Das Publikum fühlt sich natürlich sehr be-
> haglich dabei. Was will man mehr?"*[68]

Der Krieg und der Kampf um Sewastopol auf der Krim schienen für Wagner
zwar recht fern, doch er spürte sehr wohl, dass dieser *„verrückte Krieg"* der großen
europäischen Mächte gegen Russland eine durchaus bedrohliche Dimension für das
politische Gleichgewicht in Europa angenommen hatte. Noch 1882 kam Wagner
wieder einmal auf die russisch-türkischen Auseinandersetzungen, diesmal wohl auf
den Krieg von 1877–1878 bezogen, zurück. Es fiel ihm nun schwer, eine eindeutige
Bewertung zu finden. Cosima hielt da am 12.1.1882 im Tagebuch fest:

> *„Bei Tisch bringt eine Nachricht von dem russischen Kaiser das Gespräch auf den russisch-
> türkischen Krieg, und R.[ichard] sagt: Er sei für die Russen gewesen, aber wie er das Talent
> von Osman Pascha gesehen und diese absolute Talentlosigkeit bei den Russen, da habe
> seine Sympathie abgenommen, denn diese sei das Entscheidende für die Teilnahme, ob
> große Fähigkeiten sich zeigten."*[69]

Und nicht nur anlässlich des „Krim-Kriegs" reflektierte Wagner immer wieder
über das politische Verhältnis Russlands zu Deutschland. Er war sich der historischen Bedeutung dieser Beziehung zeit seines Lebens sehr wohl bewusst. Im Zusammenhang mit Bakunin war, wie schon zitiert, bereits mehrfach sein Verständnis
der russischen Mentalität und der russischen Politik geschärft worden. Einige weitere Beispiele dazu noch aus späterer Zeit, nachzulesen wieder in den Cosima-

---

[68] RWB, Bd. 7, S. 115, 136, 214.
[69] CWT, Bd. II, S. 870 f.

Tagebüchern, seien hier erwähnt. Sie standen vor allem im Zusammenhang mit den Bismarckschen Bemühungen, in den 70er- und 80er-Jahren des Jahrhunderts eine weltpolitische Balance zwischen den Großmächten Europas, vor allem zwischen Russland, Österreich und Deutschland herzustellen und zu sichern. In erster Linie wäre da das „Drei-Kaiser-Abkommen" vom Herbst 1872 zu nennen, wo es dem deutschen Kanzler gelang, einen Interessenausgleich zwischen dem österreichischen, dem russischen und dem deutschen Reich vertraglich zu manifestieren, das allerdings 1874 schon wieder in Gefahr geriet, aus dem Gleichgewicht zu geraten, als, wie Wagner dann besorgt meinte, eine sich abzeichnende *„baldige französisch-österreichisch-russische Alliance"* imstande sei, *„Deutschland den Krieg zu erklären."* (Cosima-Tagebuch 9.10.1874)[70] Jahre später wieder hielt Cosima (11.9.1878) fest, dass Wagner anlässlich des Besuches einer polnischen Freundin *„alle seine polnischen Erinnerungen"* hervorholte (vor allem wohl auch an die antizaristischen Aufstände von 1830 und 1863), um dann *„Vieles auch über die Zustände in Rußland"* zu sagen.[71] Bismarck gelang es weiterhin, nach vorübergehender Abkühlung des Verhältnisses zu Russland, 1879, ein Bündnis mit Österreich gegen die militärische Gefährdung durch das Zarenreich zu schmieden. Auch dazu gab Wagner einen interessierten Kommentar: *„Mit großer Überwindung habe der Kaiser das Opfer gebracht und mit Österreich das Bündnis zu Stande gebracht."* (Cosima-Tagebuch 29.10.1879)[72] In der Folge gab es dann allerdings einen erneuten Ausgleich mit Russland durch ein „Drei-Kaiser-Bündnis" vom Juni 1881. Davor jedoch kam es am 13. März 1881 – und ganz Europa hielt den Atem an – zum Attentat auf Zar Alexander II. Auch dazu äußerte sich Wagner, wie oben schon zitiert, in politisch eindeutiger Weise. Er kam dabei, wie Cosima aufschrieb (18.3.1881), unausweichlich wieder *„in's Politisieren"* und setzte *„seine Gedanken auseinander über Rußland"*.[73]

---

[70] CWT, Bd. I, S. 857 f.
[71] CWT, Bd. II, S. 174.
[72] Ebd., S. 432 f.
[73] Ebd., S. 712.

Kapitel 3
Wagner-Musik im Russland der 1850er- und 1860er-Jahre

Annäherung und Ablehnung – Der „Musikbahnhof" in Pawlowsk

Während Wagner also auch auf der englischen Konzertreise von 1855 aufmerksam das weltpolitische Geschehen, in diesem Falle den Krieg gegen Russland, den „Krim-Krieg", verfolgte, kam es bald zu ersten konzertanten Aufführungen Wagnerscher Musik in Russland. Sehr wohl hatte man dort in Musiker- und Intellektuellenkreisen verfolgt, welch ein Aufsehen Wagner mit seinen Opern, vom „Rienzi", über den „Fliegenden Holländer" und vor allem mit dem „Tannhäuser" und dem „Lohengrin", in Deutschland erregt hatte. Sein Ruf als Musiker, umkränzt von der skandalösen Aura des Barrikadenkämpfers und Verfassers revolutionärer Kunstschriften, hatte Petersburg und Moskau längst erreicht, befördert auch durch viele deutsche Musiker, die damals in großer Anzahl in Petersburg und Moskau tätig waren. Wagner galt hier – etwa neben Berlioz und Liszt – als Vertreter einer avantgardistischen und neuartigen Musik, der man mit größter Aufmerksamkeit positiv aufgeschlossen oder negativ missgestimmt und ablehnend begegnete.

Eine erste Bekanntschaft mit Wagner – noch nicht als Musiker, aber als Musikschriftsteller – konnten russische Leser bereits 1841 machen, als sein Aufsatz „De l'Ouverture" (erschienen 1841 in der Pariser „Revue et Gazette Musicale") sogleich übersetzt in der Petersburger Zeitschrift „Repertuar russkogo teatra" (Nr. 5, 6.6.1841, S. 10–15) erschien, worin er am Beispiel von Werken Glucks, Mozarts und Beethovens sein Ideal einer Ouvertüre formulierte, als er, vor allem in der Absage an den üblichen Potpourri-Charakter der Ouvertüre in der modernen Oper und mit beispielhaftem Hinweis auf Glucks Ouvertüre zu „Iphigenia in Aulis", schrieb: *„Die höchste Aufgabe bestünde ... darin, daß mit den eigentlichen Mitteln der selbständigen Musik die charakteristische Idee des Drama's wiedergegeben und zu*

E. Kröplin, *Richard Wagner und Russland*, https://doi.org/10.1007/978-3-662-70404-2_3

einem Abschluß geführt würde, welcher der Lösung der Aufgabe des scenischen Spieles vorahnungsvoll entspräche. "[1]

Vom Musiker Wagner erfuhr man in Russland aber auch schon 1842, als die Petersburger „Literaturnaja gaseta" (Nr. 46) und andere Zeitungen vom Aufsehen erregenden Erfolg der „Rienzi"-Uraufführung in Dresden berichteten.[2] Und 1845/1846 gab es in der russischen Fachpresse bereits kurze Nachrichten über die Uraufführung des „Tannhäuser".[3] Der Tatbestand jedoch, dass in Riga schon am 22. Mai 1843 der „Fliegende Holländer", am 6. Januar 1853 der „Tannhäuser" und am 24. Januar 1855 der „Lohengrin" Premieren hatten,[4] rief einstweilen in den Musikmetropolen Russlands, in Petersburg und Moskau, keine weiteren Reaktionen hervor. Von hier aus gesehen waren das doch eher geografische Randerscheinungen.

Aber es gab in der zweiten Hälfte der 50er-Jahre schon erste Aufführungen mit Ausschnitten aus Wagneropern in Russland. Wagner wusste wohl kaum davon, aber irgendwie hatten ihn doch schon entsprechende Nachrichten erreicht. Seinem Züricher Freund Bernhard Spyri schrieb er beispielsweise am 12. März 1858:

> *„In den ,Signalen für die musikalische Welt'* [ein damals vielgelesenes Blatt] *lese ich folgende Notiz, die Dir vielleicht auch für Deine Leser amüsant dünkt. ,Ein in Russland reisender Conzertgeber schreibt von dorther, dass ein Gutsbesitzer aus seinen Leibeigenen ein Orchester gebildet habe, das dem Reisenden die Tannhäuser-Ouvertüre und die Lohengrin-Einleitung vorspielen musste.' Mir hat das viel Spass gemacht.* "[5]

Das ist ein zumindest mittelbarer Beleg für den Einzug Wagnerscher Musik in das russische Musikleben, wobei die Beschreibung, dass ein Gutsbesitzer aus seinen Leibeigenen ein eigenes Orchester formte, ein nicht ungewöhnlicher Tatbestand war.

Eine erste öffentliche Wagneraufführung in Russland ist für den 15. März 1856 belegt. Karl Schubert, ein aus Deutschland stammender Musiker, stand damals an der Spitze der Petersburger „Philharmonischen Gesellschaft" und dirigierte dieses Konzert. Das anspruchsvolle Programm wies noch vor der Wagnerschen „Tannhäuser"-Ouvertüre – sie wurde zum Schluss gespielt – Mozarts Requiem und Beethovens 5. Klavierkonzert auf. Die Wagnersche Komposition bot in ihrer harmonischen und orchestralen Extravaganz für das Publikum reichlich Anlass zum Erstaunen und

---

[1] A. Gosenpud, Richard Wagner i russkaja kultura, S. 15; zit. nach: RWS, Bd. 1, S. 204; vgl. auch: Rosamund Bartlett, Wagner and Russia, S. 11.

[2] A. Gosenpud, Richard Wagner i russkaja kultura, S. 18 f.; vgl. auch: Rosamund Bartlett, Wagner and Russia, S. 11.

[3] A. Gosenpud, Richard Wagner i russkaja kultura, S. 20.

[4] Aufführungsdaten zit. nach: Lolita Fürmane, Über die Aufführungen einiger Werke Wagners in Riga: Inszenierungspraxis und Kulturkontexte, S. 385 f.; vgl. auch (mit teilweise anders lautenden Daten, u. a. wegen der Verwechslung von julian. und gregorian. Kalender): A. Gosenpud, Richard Wagner i russkaja kultura, S. 22; A. N. Serow, Stati o musyke, Bd. 3: 1857–1858, S. 379, Fußnote 1: „Richard Wagners Oper ,Tannhäuser' und seine Bestrebungen für das zukünftige Musikdrama" (Extrablatt zur „Rigaischen Zeitung" vom 24.12.1852); Emerich Kastner, Die dramatischen Werke Richard Wagners. Chronologisches Verzeichnis der ersten Aufführungen, S. 12.

[5] RWB, Bd. 9, S. 213.

erhielt auch teilweise Zustimmung. Alexander Serow veröffentlichte wenige Tage später, am 25. März, in der Petersburger Zeitschrift „Musykalny i teatralny westnik" eine Rezension zu dem Konzert, worin es u. a. hieß:

> *„Der Name Wagners, der in Deutschland einen lauten Widerhall findet, drang auch zu uns in jene Kreise, welche sich irgendwie für Musik interessieren. Und zu uns gelangte, wie ein Querschläger, auch die Nachricht von den heißen Streitigkeiten und Urteilen in Deutschland um die Musik Wagners, die auf neuen Kunsttheorien fußt, wie sie Wagner selbst propagiert … Welchen Eindruck hinterließ bei uns das Konzert? Welches war das beste Stück? Natürlich nicht die Wagner-Ouvertüre; Sie machte nur neugierig, erschien kurios, in vielem bemerkenswert, ja frappierend, aber in keiner Weise schön, niemand konnte Genuss von der ‚musikalischen' Seite gewinnen. "*[6]

Diese Beschreibung der Publikumsreaktion mag bezeichnend sein. Und noch klang Serows Haltung auch einigermaßen distanziert, doch aber bedeutete wohl dies erste Erlebnis Wagnerscher Musik für ihn eine entscheidende Wende. Die „Tannhäuser"-Ouvertüre war dann ein zweites Mal am 10. März 1858 unter der Leitung des ebenfalls aus Deutschland stammenden Karl Albrecht in einem Konzert des Orchesters zu hören, gemeinsam übrigens mit der russischen Erstaufführung von Franz Schuberts großer C-Dur-Sinfonie und einem Stück von Michail Glinka.[7] So bedeutete gerade die „Tannhäuser"-Musik – wie schon Jahre zuvor, darauf wurde bereits hingewiesen, für Mitglieder der Zarenfamilie bei Besuchen in Weimar – das Initial für die Bekanntschaft des Petersburger Publikums und somit der russischen Öffentlichkeit mit Wagnerschen Klängen.

Ab dem Jahr 1856, wie oben schon erwähnt, lassen sich beispielsweise aus zeitgenössischen Konzertkritiken etliche Hinweise auf Wageraufführungen in Petersburg und Moskau finden, Sie seien hier u. einer kleinen Liste ohne Anspruch auf Vollständigkeit aufgeführt.

1856	15. März – Konzert der „Philharmonischen Gesellschaft" Petersburg unter Karl Schubert: „Tannhäuser"-Ouvertüre.
	9. Mai – Konzert des Johann-Strauß-Orchesters in Pawlowsk: Vorspiel zum 3. Akt „Lohengrin".
1858	11. Februar und 14. März – Konzerte in Moskau: Marsch und „Einzug der Gäste" aus „Tannhäuser".
	10. März – Konzert der „Philharmonischen Gesellschaft" Petersburg unter Karl Albrecht: „Tannhäuser"-Ouvertüre.
	9. September – Konzert des Johann-Strauß-Orchesters in Pawlowsk: Marsch und „Einzug der Gäste" aus „Tannhäuser".
1859	1. Februar – Studentenkonzert in der Moskauer Universität: Ausschnitte aus Wagner-Opern.
	23. März – Konzert der „Philharmonischen Gesellschaft" Petersburg unter Karl Schubert mit einem Wagnerschen Werk.
	28. Dezember – Konzert der „Russischen Musikgesellschaft" Petersburg unter Anton Rubinstein und Karl Schubert: „Eine Faust-Ouvertüre".

---

[6] A. N. Serow, Stati o musyke, Bd. 2A: 1854–1856, S. 237 ff., 333.

[7] A. N. Serow, Stati o musyke, Bd. 3: 1857–1858, S. 240, 379.; vgl. auch: A. N. Serow, Isbrannyje stati, Bd. 2, S. 573; vgl. weiterhin: Dorothea Redepenning, Geschichte der russischen und der sowjetischen Musik, Bd. 1: Das 19. Jahrhundert, S. 111.

1860	1. Februar – Konzert der „Russischen Musikgesellschaft" Petersburg unter Anton Rubinstein „Spinnerinnenchor" aus dem „Fliegenden Holländer". 6. März – Konzert der „Philharmonischen Gesellschaft" Petersburg unter Karl Schubert: „Spinnerinnenchor" aus dem „Fliegenden Holländer" und „Tannhäuser"-Ouvertüre. 13. März – Konzert der „Philharmonischen Gesellschaft" Petersburg unter Karl Schubert: „Pilgerchor", Marsch und „Einzug der Gäste" aus „Tannhäuser". 23. März – Konzert der „Philharmonischen Gesellschaft" unter Karl Schubert: Auszüge aus „Lohengrin". 13. November – Konzert des Hofopernorchesters unter Karl Schubert in großer Besetzung (150 Orchestermusiker und 200 Chorsänger): Ouvertüre, „Pilgerchor", Marsch und „Einzug der Gäste" aus „Tannhäuser" sowie Vorspiel zum 3. Akt, „Brautchor" und Vorspiel zu „Lohengrin". 22. November – Konzert der „Russischen Musikgesellschaft" Moskau unter Nikolai Rubinstein: „Spinnerinnenchor" aus dem „Fliegenden Holländer".
1861	14. Januar – Konzert der „Russischen Musikgesellschaft" Moskau unter Nikolai Rubinstein: „Eine Faust-Ouvertüre". 26. April – Konzert der „Philharmonischen Gesellschaft" Petersburg unter Karl Schubert: Ausschnitte aus Wagner-Opern. November/Dezember – Konzerte der „Russischen Musikgesellschaft" Moskau unter Nikolai Rubinstein: Ausschnitte aus Wagner-Opern und „Eine Faust-Ouvertüre". November/Dezember – Konzerte der „Russischen Musikgesellschaft" Petersburg unter Anton Rubinstein: Ausschnitte aus Wagner-Opern.
1862	Januar/Februar/März – Konzerte der „Russischen Musikgesellschaft" Moskau unter Nikolai Rubinstein: Auszüge aus Wagner-Opern. Oktober/November/Dezember – Konzerte der „Russischen Musikgesellschaft" Moskau unter Nikolai Rubinstein: Ausschnitte aus Wagner-Opern. Oktober/November/Dezember – Konzerte der „Russischen Musikgesellschaft" Petersburg unter Anton Rubinstein: Ausschnitte aus Wagner-Opern.
1863	Januar/Februar/März – Konzerte der „Russischen Musikgesellschaft" Moskau unter Nikolai Rubinstein: Ausschnitte aus Wagner-Opern. 19., 26. Februar, 6., 21. März, 2. und 5. April – Konzerte der „Philharmonischen Gesellschaft" Petersburg unter der Leitung von Richard Wagner: Ausschnitte aus „Der fliegende Holländer", „Lohengrin", „Tannhäuser", „Tristan und Isolde", „Walküre", „Siegfried", „Meistersinger von Nürnberg" und „Eine Faust-Ouvertüre" sowie die Beethoven-Sinfonien Nr. 3, 5, 6 und 8. 13., 15., 17. März – Konzerte im Moskauer Bolschoi Theater unter Richard Wagner: Ausschnitte aus „Tannhäuser", „Lohengrin", „Meistersinger von Nürnberg", „Walküre" und „Siegfried" sowie die Beethoven-Sinfonien Nr. 5 und 7. 27. Dezember – Konzert der „Russischen Musikgesellschaft" Moskau unter Nikolai Rubinstein: Ausschnitte aus Wagner-Opern.

1864	Januar/Februar/März – Konzerte der „Russischen Musikgesellschaft" Moskau unter Nikolai Rubinstein: Ausschnitte aus Wagner-Opern. 10. März und 6. April – Zwei Studentenkonzerte der Moskauer Universität: Ausschnitte aus Wagner-Opern. 11. und 23. März – Zwei Konzerte der „Philharmonischen Gesellschaft" Petersburg unter Konstantin Ljadow: Ausschnitte aus Wagner-Opern. 12. März – Konzert der „Russischen Musikgesellschaft" Petersburg unter Anton Rubinstein: Ausschnitte aus Wagner-Opern. 24. April – Konzert der „Russischen Musikgesellschaft" Moskau: Ausschnitte aus Wagner-Opern. 3. Mai – Öffentliches Freikonzert in Petersburg unter Anton Rubinstein und Konstantin Ljadow: Ausschnitte aus Wagner-Opern. November/Dezember – Konzerte der „Russischen Musikgesellschaft" Petersburg: Ausschnitte aus Wagner-Opern.
1865	22. Februar – Konzert der „Freien Musikschule" Petersburg unter Mili Balakirew und Gawril Lomakin: Ausschnitte aus Wagner-Opern. 12. März – Konzert der „Russischen Musikgesellschaft" Moskau unter Nikolai Rubinstein: Ausschnitte aus Wagner-Opern. 30. Oktober – Konzert der „Russischen Musikgesellschaft" Moskau unter Nikolai Rubinstein: Ausschnitte aus Wagner-Opern. 25. November – Konzert der „Russischen Musikgesellschaft" Petersburg unter Anton Rubinstein: Ausschnitte aus Wagner-Opern.
1867	Januar/Februar/März – Konzerte der „Russischen Musikgesellschaft" Moskau unter Nikolai Rubinstein: „Tannhäuser"-Ouvertüre und „Eine Faust-Ouvertüre". 7. Mai – Öffentliches Freikonzert in Petersburg unter Mili Balakirew und Konstantin Ljadow: Ausschnitte aus Wagner-Opern.
1869	25. Januar – Konzert der „Freien Musikschule" Petersburg unter Mili Balakirew: „Spinnerinnenchor" aus dem „Fliegenden Holländer". 21. März – Konzert der „Russischen Musikgesellschaft" Moskau unter Nikolai Rubinstein: Ausschnitte aus Wagner-Opern. 26. Oktober – Konzert der „Freien Musikschule" Petersburg unter Mili Balakirew: „Eine Faust-Ouvertüre".
1870	23. März – Konzert der „Philharmonischen Gesellschaft" Petersburg unter Eduard Naprawnik: Ausschnitte aus Wagner-Opern.*

* Vgl.: A. N. Serow, Stati o musyke, Bd. 4: 1859–1860, S. 210, 227, 250, 257, 265; A. N. Serow, Stati o musyke, Bd. 5: 1860–1862, S. 140; Istorija russkoi musyki, Bd. 6: 50–60-e gody XIX weka, S. 354–375.

In den Folgejahren standen bei der „Philharmonischen Gesellschaft" und bei der „Russischen Musikgesellschaft", später auch bei der „Freien Musikschule" immer wieder Ausschnitte aus Wagner-Opern sowie die in Petersburg offenbar sehr beliebte „Faust-Ouvertüre" auf dem Programm.[8]

Diese Auflistung früher russischer Wagner-Aufführungen – sie erhebt, wie schon erwähnt, nicht den Anspruch auf Vollständigkeit – mag deutlich machen, dass Ende der 50er und in den 60er-Jahren Wagnerwerke zunehmend ihren Platz im hauptstädtischen Konzertrepertoire fanden und offensichtlich auch auf eine zunehmend aufgeschlossene, teilweise begeisterte Resonanz in der musikalischen Öffentlich-

---

[8] Vgl.: Istorija russkoi musyki, Bd. 6: 50–60-e gody XIX weka, S. 348–376.

keit stießen. Serow berichtete in seinen Konzertkritiken dann des öfteren davon, dass ein Wagner-Stück, etwa der Marsch und „Einzug der Gäste" aus dem „Tann-häuser", wiederholt werden mussten. Einmal berichtete er beispielsweise: *„Der Marsch wurde auf einhelligen Wunsch des Publikums wiederholt. Ein sicheres Zei-chen dafür, dass das Stück außerordentlich gefiel."*[9] Und zu dem erwähnten Konzert der „Philharmonischen Gesellschaft" am 6. März 1860 in Petersburg schrieb Serow:

> *„Das Konzert beinhaltete die großartige Ouvertüre Wagners zur Oper ,Tannhäuser'. Diese Ouvertüre ist ganz und gar keine Novität für unser Publikum; sie wurde in den Konzerten der Direktion* [der kaiserlichen Theater] *schon im vergangenen Jahr zweimal aufgeführt, aber dieses Mal anders, entschiedener und leidenschaftlicher. Der Eindruck war so stark, so mitreißend, dass der ganze Saal vor begeistertem Beifallsklatschen zu explodieren schien. Gegen einen so klaren Erfolg des genialen Wagnerschen Werkes nahmen Musik-kritiker in sehr ungeschickter Weise Stellung, indem sie mit fremder Stimme wiederholten, was in Petersburger Zeitungen an französischen Verleumdungen gegen die sogenannte ,Zu-kunftsmusik' wiedergegeben war."*[10]

Damit konstatierte Serow, anspielend auf die heftigen Auseinandersetzungen um die Wagner-Konzerte Ende Januar/Anfang Februar 1860 in Paris, bereits für diesen Zeitraum, dass der ästhetische Streit um Wagners avantgardistisches Musikkonzept auch in Russland auf das Heftigste entbrannt war, obwohl doch bisher nur vereinzelt Ausschnitte aus Wagnerwerken in Petersburg und auch Moskau aufgeführt worden waren. Dem breiten Publikum noch unbekannt, aber von kundigen Musikkritikern längst zur Kenntnis genommen, waren es nun vor allem Wagners große Züricher Kunstschriften „Die Kunst und die Revolution", „Das Kunstwerk der Zukunft" und „Oper und Drama", die die russische Musikwelt aufschreckten, natürlich auch auf Ablehnung stießen und heftige Polemiken auflösten – immer wieder festgemacht am Reizbegriff „Zukunftsmusik" (einer vereinseitigenden Begriffsverkürzung, von Wagner auch nie akzeptiert, doch aber in der Folge immer wieder als ironisch pole-misierendes Schlagwort dem Komponisten als Grundsatzkritik entgegengehalten). Darauf wird in der Folge noch ausführlicher zurückzukommen sein.

Die Petersburger Musikwelt war zu jener Zeit Novitäten aus Westeuropa ge-genüber sehr aufgeschlossen, wurden sie doch auch als willkommene Ergänzung des eigenen, gerade um nationale Emanzipation bemühten musikalischen Schaffens mit und nach Glinka aufgenommen. So tauchten beispielsweise bereits seit den 40er-Jahren wiederholt Werke von Franz Liszt (vor allem dessen Sinfonische Dich-tungen) und vom französischen Avantgardisten Hector Berlioz in Petersburger und Moskauer Konzertprogrammen auf. Ja, man lud Letzteren auch zweimal, 1847 und 1867/68, zu längeren Konzertgastspielen nach Petersburg und Moskau ein – eine Ehre, die dann auch, allerdings erst 1863, Wagner zuteil wurde.

Doch die eben erwähnten und von Serow rezensierten Wagneraufführungen seit 1856 waren nicht die alleinigen ersten Aufführungen Wagnerscher Musik. Da rückte unerwartet ein kleiner Ort südöstlich von Petersburg in den Fokus der russischen Musikwelt – Pawlowsk bei Zarskoje Selo, einem mondänen Vorort von Petersburg.

---

[9] A. N. Serow, Stati o musyke, Bd. 4: 1859–1860, S. 258.
[10] Ebd., S. 252.

Abb. 3.1 Vauxhall in Pawlowsk. Aquarell 1859

Wahrscheinlich am 9. Mai 1856 erklang in der Pawlowsker Vauxhall (so genannt nach dem englischen Wort Vauxhall, im Russischen dann als „Woksal" allgemeine Bezeichnung für Bahnhof) erstmals das brillante Vorspiel zum 3. Akt des „Lohengrin".[11] Das Konzert fand gleich in den ersten Tagen des mehrmonatigen Gastspiels von Johann Strauß statt.

Nach Pawlowsk führte bereits seit 1838 von Petersburg eine ca. 30 Kilometer lange Eisenbahnstrecke (die erste in Russland!), an der hier ein Bahnhof und daneben ein nobles Vergnügungsetablissement mit Konzertsaal und großer Freilichtbühne errichtet worden war (Abb. 3.1). Die Eisenbahngesellschaft hatte schon 1854 Verhandlungen mit Strauß aufgenommen. Man wollte zur Belebung der Eisenbahnstrecke und natürlich zur Erhöhung der Einnahmen beste musikalische Unterhaltung bieten – eben mit dem jungen Wiener Walzerkönig Johann Strauß. Wegen des Krim-Krieges konnte sein geplantes erstes Auftreten allerdings nicht schon 1855, sondern erst 1856 realisiert werden. Der Vertrag der Eisenbahngesellschaft mit Strauß für das Jahr 1856 ist überliefert und schrieb sehr konkrete gegenseitige Verbindlichkeiten fest.[12] Die Pawlowsker Vauxhall war während der Sommermonate beliebtes nachmittägliches und abendliches Ausflugsziel der vornehmen Petersburger Gesellschaft. Teilweise auch vertreten durch seine Brüder Josef und Eduard, spielten Johann Strauß und ein eigens von ihm aus österreichischen, deutschen und russischen Musikern zusammengestelltes Orchester jährlich bis 1865 (und noch einmal 1869) elf Saisons in Pawlowsk, nachdem zuvor schon die Österreicher Josef Gungl und dessen Neffe Johann seit 1849 in Pawlowsk für sommerliche

---

[11] Nach Auskunft von Prof. Dr. Eduard Strauss, Präsident des Wiener Instituts für Strauss-Forschung/eMail vom 26.7.2023 an den Verfasser.

[12] Vgl.: Otto Schneidereit, Johann Strauss und die Stadt an der schönen blauen Donau, S. 96 ff.

musikalische Abendunterhaltung gesorgt hatten.[13] Jeweils am 2. Mai begann die Pawlowsker Saison und ging über fünf Monate bis zum 2. Oktober. (Und im Sommer 1856, am 26. August, dirigierte Strauß noch zusätzlich seinen eigens komponierten „Krönungs-Marsch" zur feierlichen Inthronisation von Zar Alexander II. im Moskauer Kreml.)

Im ersten Jahr verdiente Strauss bereits die hohe Summe von 18.000 Silberrubeln, 1865, in seinem letzten Pawlowsker Jahr, sogar horrende 40.000 Silberrubel.[14] Strauß wurde hier zum vermögenden Mann. So schrieb er schon 1857 einem Wiener Bekannten: *„Man lebt nur in Rußland! Hier ist Geld, und wo dasselbe vorhanden ist, existiert Leben!"*[15] Während der ersten Strauß-Saison 1856 in Pawlowsk erklang also – erstmals in Russland – das Vorspiel zum 3. Akt des „Lohengrin", wiederholt (evtl. aber auch im Wechsel mit dem Vorspiel zur Oper) noch weitere dreimal. Alexander Serow konstatierte 1859, dass Strauss dieses *„blendende und zugleich großartige Vorspiel"* sehr oft in seinen Konzerten präsentiert habe.[16] Weiterhin spielte das Straußorchester aus dem „Tannhäuser" den „Pilgerchor" (Orchesterfassung) gar neunmal sowie das „Lied an den Abendstern" zweimal. In den Folgejahren bis 1865 gehörten Wagner-Preziosen aus dem „Holländer", dem „Tannhäuser" und dem „Lohengrin" grundsätzlich zum Repertoire der Strauß-Konzerte in Pawlowsk. Sie sorgten damit für eine zunehmende Popularität der Musik des deutschen Komponisten in Russland.

In einer Konzertrezension vom 17. Januar 1860 von Serow mit dem Bericht über eine oben bereits erwähnte Aufführung der „Faust-Ouvertüre" am 28. Dezember 1859 in Petersburg wurde u. a. auch mitgeteilt, dass dieses Werk bereits mehrfach und *„mit größtem Publikumserfolg"* in den Pawlowsker Strauß-Konzerten aufgeführt worden sei.[17] Und ein Programmzettel vom 9. September 1858 weist beispielsweise aus, dass in Pawlowsk der Marsch und der „Einzug der Gäste" aus dem „Tannhäuser" (Orchesterfassung) noch vor seiner ersten Aufführung in Petersburg erklang (Abb. 3.2).[18] Nebenbei sei auch erwähnt, dass Strauß jeweils Neuestes von Wagner frühzeitig in seine Konzertprogramme aufnahm, so schon in einem Wiener Konzert am 3. Juli 1860 (unter der Leitung von Josef Strauß, da Johann ja in Pawlowsk tätig war) eigens für sein Orchester arrangierte Ausschnitte aus „Tristan und Isolde" (Wagner hörte sich das wenig später selbst an und war zufrieden). Und sehr wohl denkbar ist, dass diese „Tristan"-Bruchstücke in den Folgejahren auch in den Pawlowsker Strauß-Programmen auftauchten.

In den 60er- und 70er-Jahren gehörten dann die „Faust-Ouvertüre" und Ausschnitte aus Wagneropern zum ständigen Repertoire des Konzertlebens in Peters-

---

[13] Vgl.: Wilhelm Sinkovicz/Herwig Knaus, Johann Strauß, S. 82 ff.

[14] Ebd., S. 82 f., 86; vgl. auch Norbert Linke, Johann Strauß (Sohn) mit Selbstzeugnissen und Bilddokumenten, S. 62 ff.

[15] Zit. nach: Otto Brusatti, Johann Strauss, S. 53.

[16] Vgl.: A. N. Serow, Stati o muzyke, Bd. 4: 1859–1860, S. 152.

[17] Ebd., S. 210 f.

[18] Vgl.: Presse-Service. Rathauskorrespondenz. Wien vom 7.3.2017 zur Ausstellungseröffnung am 8.3.2017: „Man lebt nur in Russland". Johann Strauss in Pawlowsk.

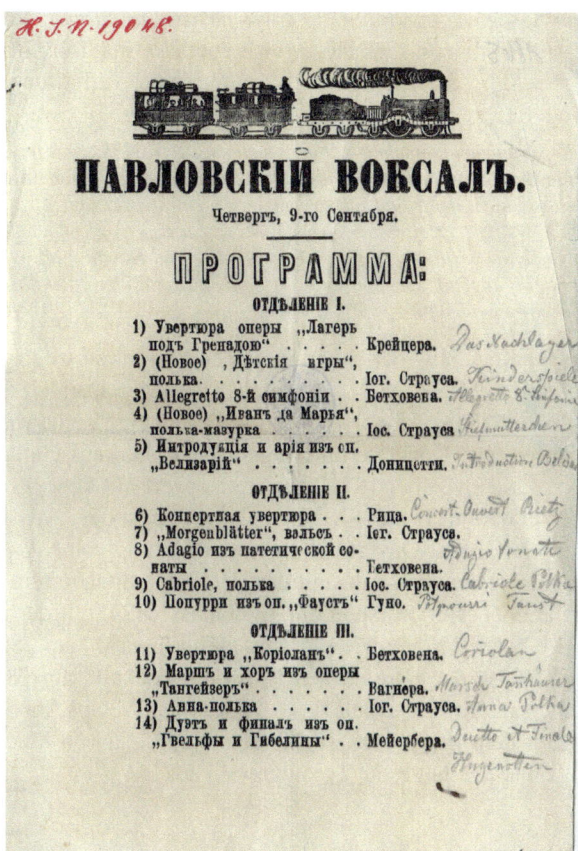

Abb. 3.2 Programmzettel eines Strauß-Konzerts vom 9. September 1858 mit Marsch und Chor aus Wagners „Tannhäuser"

burg wie auch in Moskau. In einem Konzert der Petersburger „Freien Musikschule", einem zeitweiligen Konkurrenzunternehmen der „Russischen Musikgesellschaft", erklang, wie schon erwähnt, am 25. Januar 1869 unter der Leitung von Mili Balakirew der „Spinnerinnenchor" aus dem „Fliegenden Holländer".[19] Und in derselben Spielzeit dirigierte Balakirew, nunmehr in der „Russischen Musikgesellschaft", auch die von ihm gar nicht geschätzte Ouvertüre zu Wagners „Meistersingern von Nürnberg". Über dieses Konzert veröffentlichte Alexander Borodin eine vernichtende Kritik, die hier ausführlicher zitiert sein soll, da sie in krasser Weise die kritischen Vorbehalte der meisten Komponisten der jungen russischen Musikschule, des „Mächtiges Häufleins", gegenüber Wagner deutlich macht:

> *„Man kann sich nur schwer etwas Langweiligeres und Farbloseres vorstellen als diese Musik! Wäre da wenigstens auch nur ein frischer Gedanke in der ganzen Ouvertüre!*

---

[19]Vgl.: M. A. Balakirew, Perepiska s N. G. Rubinsteinom i s M. P. Beljajewym, S. 16.

Wenigstens ein Anflug von Inspiration! Und was für eine gewaltsame und plumpe Ver-
knüpfung der Themen! Was für eine unmögliche Instrumentierung! Das Blech brüllt wäh-
rend der ganzen Ouvertüre ohne Unterlaß und bringt einen schlechthin zur Verzweiflung;
so freut man sich dann über jeden Takt, in dem der Trompeter oder Posaunist eine Pause
zum Luftholen bekommt. Nach ihrer maßlosen Trockenheit, ihrem feierlichen Gehabe und
ihrer Blechfülle könnte man annehmen, daß es sich um das Vorspiel zu irgendeinem talent-
losen Oratorium handele, das den Fall der Mauern von Jericho schildern soll. Indessen
handelt es sich um nicht mehr und nicht weniger als eine Ouvertüre zu einer komischen
Oper aus dem Volksleben. Stellen Sie sich die Musik zu einer volkstümlichen komischen
Oper vor, der auch die geringste Spur von Lebendigkeit und Humor fehlt. Wieviel braucht
es hier an blindem Autoritätsglauben, um das ganze Ausmaß der Talentlosigkeit solcher
Musik nicht sehen zu wollen![20]

Nikolai Rimski-Korsakow berichtete in seinen Memoiren weiterhin von einem
Konzert der „Freien Musikschule" ebenfalls in der Saison 1869/70 mit der
„Faust-Ouvertüre".[21] Und von Peter Tschaikowski sind eine Reihe von Rezensionen
aus den 70er-Jahren über Konzerte mit Wagnerschen Werkausschnitten in Moskau
überliefert. So am 5. November 1871 über ein Konzert mit dem „Lohengrin"-Vor-
spiel, dann über ein Konzert am 17. November 1872 in der „Russischen Musikgesellschaft" mit der „Faust-Ouvertüre" unter der Leitung von Nikolai Rubinstein,
weiterhin über Konzerte Rubinsteins mit der „Holländer"-Ouvertüre am 9. Februar
1873, mit dem „Lohengrin"-Vorspiel am 18. Januar 1874, mit der „Tannhäuser"-
Ouvertüre am 14. März 1875 sowie mit dem „Walkürenritt" am 28. März 1875.[22]
Und in einem Konzert der „Russischen Musikgesellschaft" am 28. Januar 1878
standen aus der „Walküre" das Finale des 3. Aktes mit „Wotans Abschied" und dem
„Feuerzauber" auf dem Programm, so kündete Nadeshda von Meck es in einem
Brief vom 22. Januar des Jahres an Tschaikowski an.[23]

Die Ulybyschew-Polemik – Wagner im „Schwindel des Kommunismus"

Zur Zeit der ersten russischen Wagner-Konzertaufführungen Ende der 50er-Jahre
entbrannte, wie schon erwähnt, auch ein heftiger ästhetischer Streit um den deutschen Musiker. Das markanteste Beispiel einer Anti-Wagner-Polemik lieferte der
russische Musikliebhaber und Musikschriftsteller Alexander Ulybyschew (in älterer
deutscher Transkription auch: Oulibicheff oder Ulibischeff), dessen Persönlichkeit
an dieser Stelle daher etwas ausführlicher charakterisiert sein soll (Abb. 3.3). Als

---

[20] Vgl.: Alexander Borodin, Sein Leben. Seine Musik. Seine Schriften, S. 28; vgl. auch: A. Gosenpud, Richard Wagner i russkaja kultura, S. 92; vgl. weiterhin: Marek Bobéth, Borodin und seine
Oper „Fürst Igor". Geschichte – Analyse – Konsequenzen, S. 37.

[21] Vgl.: Nikolai Rimski-Korsakow, Chronik meines musikalischen Lebens, S. 455.

[22] Vgl.: P. I. Tschaikowski, Musykalno-krititscheskije stati, S. 32, 89 (Anm. S. 400), 122 (Anm.
S. 403), 172 (Anm. S. 468), 251 (Anm. S. 414), 259 (Anm. S. 415).

[23] Vgl.: Petr Čajkovskij/Nadežda F. fon Mekk. Briefwechsel 1876–1890, Bd. I: 1876–1878, S. 190.

Abb. 3.3 Alexander Ulybyschew. Zeitgenössische Darstellung

Kind einer Adelsfamilie wurde er 1794 in dem Dorf Lukino in der Nähe von Nishni Nowgorod geboren und verbrachte dann einen Großteil seiner Jugend in Deutschland, wo sein Vater bis 1810 russischer Gesandter am sächsischen Kurfürsten- bzw. Königshof in Dresden war. Er erhielt eine sehr gründliche Schulbildung, bei der Theorie und Geschichte der europäischen Musik auf sein besonderes Interesse stieß. Und der Beschäftigung mit der Musik widmete er auch sein ganzes künftiges Leben. In den 20er-Jahren begann er, für verschiedene in- und ausländische Musikzeitschriften zu arbeiten. Er sprach und schrieb zumeist in französischer Sprache, die ja überhaupt in jener Zeit die Sprache des Zarenhofes und der Gebildetenschichten war. Schon 1830 verließ er den Staatsdienst und zog sich als schriftstellernder Privatier auf sein Familiengut in Lukino zurück. Die Winter verbrachte er großenteils in seinem Stadthaus in Nishni Nowgorod, in dem er auch gerne Gäste willkommen hieß. So verkehrten dort z. B. auch die jungen angehenden Musiker Mili Balakirew und Alexander Serow, die von der freundlichen Zugewandtheit ihres Gastgebers ein Leben lang dankbar berichteten und im Ulybyschewschen Haus auch durch intensive Gespräche mit dem Hausherrn sowie durch die freizügige Benutzung seiner reichhaltigen Musikbibliothek und durch die häufig dort stattfindenden Musikabende wichtige künstlerische Impulse erhielten.

Ulybyschews besondere Vorliebe galt Mozart, in dem er den Höhepunkt der europäischen Musikentwicklung erblickte. Seinem Werk widmete er ein jahrelanges intensives Studium. Als Ergebnis dieser Arbeit erschien 1843 in Moskau, in französischer Sprache, seine große dreibändige „Nouvelle biographie de Mozart". Ulybyschew rechnete zunächst offenbar nicht mit einer großen Verbreitung seines Buches in Russland und hoffte auf positive Resonanz im westlichen Ausland. Deutsche Übersetzungen dieses Buches erschienen dann auch 1847, 1848 und 1895 in Stuttgart und Leipzig. In Wagners Dresdner Bibliothek befand sich übrigens (wahrscheinlich) ein Exemplar von Ulybyschews Mozart-Biografie in der deutschen Ausgabe von 1847.[24] Wohl fand der interessierte Leser in dieser Biografie nichts eigentlich Neues über Mozart, begegnete jedoch einer bedingungslosen Begeisterung und leidenschaftlichen Emphase für den großen Wiener Klassiker. Mit fundierter Sachkenntnis und analytischem Geschick hatte es Ulybyschew verstanden, die Mozartsche Musikwelt auszuleuchten und seinen Lesern nahezubringen.

Ulybyschew rief mit seinem Buch unterschiedliche Reaktionen hervor. Gern anerkannte man die Fundiertheit seiner Mozartverehrung, doch die Grundtendenz seiner Darstellung, Mozart eine Alleinstellungsglorie zu verleihen, ihn als Höhepunkt und zugleich Endpunkt der Musikgeschichte anzusehen und dabei etwa Beethoven zwar noch als bedeutenden Komponisten anzuerkennen, ihn aber doch nur in die zweite Reihe zu stellen und sein Spätwerk gar als Entgleisung der Musikgeschichte zu charakterisieren, diese Grundtendenz rief auch geharnischte Kritik hervor, namentlich zunächst von dem aus Riga stammenden Musikschriftsteller Wilhelm von Lenz, dem sich dann auch der Petersburger Literat und Musikpublizist Wladimir Odojewski und der einstige Ulybyschewschüler Alexander Serow anschlossen. Lenz veröffentlichte 1852, auch in französischer Sprache, eine zweibändige Studie unter dem Titel: „Beethoven et ses trois styles", in der er namentlich gegen Ulybyschews Mozartbuch und die darin enthaltene Minderwertung Beethovens polemisierte.

Das wiederum ließ Ulybyschew keine Ruhe, und er antwortete auf seine Kritiker, besonders auf Lenz, mit einer weiteren Streitschrift: „Beethoven, ses critiques et ses glossateurs", erschienen 1857 in Leipzig (einige Abschnitte daraus wurden schon 1856 in russischer Sprache in Moskau publiziert), worin er seine Beethoveneinschätzung noch einmal nachdrücklich bekräftigte und darüber hinaus nun auch die zeitgenössische deutsche Musikentwicklung, namentlich Wagner, einer äußerst kritischen Wertung unterzog. Darin lag ja doch auch eine gewisse ironische Verfremdung: ein Russe schrieb in französischer Sprache über deutsche Musik, wie es auch ein damals gängiges ironisches Wortspiel deutlich machte, das Alexander Serow in seiner Auseinandersetzung mit Ulybyschew zitierte: „*Im russischen Land entstehen französische Bücher über deutsche Musik.*"[25] Serow setzte sich 1857 in mehreren Zeitungsartikeln mit Ulybyschews neuem Buch auseinander, von denen der letzte unter dem Titel „Ulibischeff gegen Beethoven" im selben Jahr auch in deutscher Sprache in der Leipziger „Neuen Zeitschrift für Musik" erschien.[26] Und ganz streng urteilte über das Ulybyschew-Buch der deutsche Mozartforscher Otto Jahn: „*Wen*

---

[24] Curt von Westernhagen, Richard Wagners Dresdner Bibliothek 1842–1849, S. 113.

[25] A. N. Serow, Stati o musyke, Bd. 3: 1857–1858, S. 29.

[26] Ebd., S. 29 ff., 36 ff., 43 ff., 70 ff., 357 ff., 363 f.

die Verehrung Mozarts zu solcher Verkennung Beethovens führt, wie wir es bei Ou-
libischeff sehen, der versteht auch Mozart nicht. "[27]

Dieses zweite Buch von Ulybyschew erschien 1859 in Leipzig auch in deutscher
Übersetzung: „Beethoven, seine Kritiker und seine Ausleger". Die Übersetzung be-
sorgte übrigens der dezidierte Wagnergegner Ludwig Bischoff, der damals in Köln
die „Rheinische" bzw. dann „Niederrheinische Musikzeitung" als eines der ein-
flussreichsten konservativen Publikationsorgane herausgab und dem Wagner auch
zu Recht bestätigte, den bewusst diffamierenden Begriff *„Zukunftsmusik"* in die
Welt gesetzt zu haben. Da hieß es doch bei Bischoff u. a. sehr bissig: *„All' die Un-*
gegorenheit, der Schwindel, all' die Eitelkeit, all' die Selbstbespiegelung, all' die
Trägheit, der Zukunft zuzuschieben, was man selbst leisten müsste, all' die Hohlheit
und Salbaderei der ästhetischen Schwätzer – wie schön fasst sich das alles in dem
einen Wort ‚Zukunftsmusik' zusammen. "[28]

In „Mein Leben" erzählte Wagner über diese nun heftig in Gang gekommene
Polemik, dass sein Freund Theodor Uhlig da engagiert für ihn eingetreten sei:

> *„Namentlich faßte er sogleich einen Hauptgegner, den von Ferdinand Hiller* [auch einem
> Wagner-Kritiker] *in Köln geworbenen Herrn Bischoff, welcher für mich und meine Freunde*
> *die Bezeichnung ‚Zukunftsmusiker' erfunden hatte, scharf in das Auge und geriet mit ihm in*
> *eine länger andauernde, ziemlich ergötzliche Polemik. Die Grundlage des bis zum europä-*
> *ischen Skandal allmählich angewachsenen Problems der sogenannten ‚Zukunftsmusik',*
> *eine Bezeichnung, welche Liszt sehr bald mit guter und stolzer Laune akzeptierte, war nun*
> *gelegt. Wohl hatte ich durch den Titel meines Buches ‚Kunstwerk der Zukunft' zu jener Er-*
> *findung die eigentliche Veranlassung gegeben: zum völligen Schlachtruf ward die Bezeich-*
> *nung jedoch erst erhoben, seitdem ‚Das Judentum in der Musik' alle Schleusen der Wut*
> *über mich und meine Freunde geöffnet hatte.* "[29]

In anderem Zusammenhang, als nämlich Wagner 1860 in Paris die Texte seiner
Opern „Der fliegende Holländer", „Tannhäuser" und „Lohengrin" in französischer
Sprache veröffentlichte, stellte er dieser Publikation ein Vorwort „Zukunftsmusik"
voran, worin er eine kurze inhaltliche Zusammenfassung seiner drei großen Züricher Kunst- und Revolutionsschriften „Die Kunst und die Revolution", „Das Kunstwerk der Zukunft" und „Oper und Drama" und damit dem ursprünglich doch so diffamierenden Begriff „Zukunftsmusik" eine eigene und versachlichende Deutung gab.

Ganz den Ideen des philosophischen Idealismus und einer betont konservativen
Gesellschaftsordnung verbunden, meinte Ulybyschew nun in seinem „Beethoven"-
Buch in einer weit ausholenden Polemik in dem Kapitel „Die Ausleger":

> *„Beethoven hat ein sonderbares verhängnißvolles Schicksal gehabt, das ohne Beispiel und*
> *fast unglaublich ist! Wenn das Geschick ihm all das Elend erspart hätte, wodurch es ihn ge-*
> *beugt hat, wenn sein Gehör und sein Kopf vollkommen gesund und unerschüttert geblieben*
> *wäre, wenn er nach einer langen Reihe von Meisterwerken bei dem Andante der A-dur-*
> *Symphonie stehen geblieben wäre, so würde er ohne Zweifel unsterblich geworden sein, wie*

---

[27] Otto Jahn, W. A. Mozart, Bd. I, S. XIX.

[28] Zit. nach: Winfried. Hofmann (Hrsg.), Der neue Büchmann – Geflügelte Worte: Der klassische
Zitatenschatz, S. 210 f.

[29] ML, S. 480.

so viele andre Künstler. Man würde ihn als den größten Componisten des 19. Jahrhunderts anerkannt haben …"

Dann aber bezog Ulybyschew eine ganz entscheidende Gegenstellung zum späten Beethoven, der fälschlicherweise auf sich den Ruhm bezogen habe, *„in seinen Werken die Geschichte der Zukunft"* gestaltet und sich damit *„an die Spitze der Civilisation der Menschheit"* gestellt zu haben. Er sah, und das war ihm das Verwerflichste, in Beethoven einen Vorkämpfer der 48er Revolution:

> *„Es ist augenscheinlich, daß die moralische und physische Krankheit den großen Künstler in einen Vorläufer eines neuen Zeitalters der Menschheit, in einen Apostel des democratischen Socialismus und des Atheismus, in ein symbolisches Idol verwandelt hat, welches die unsinnigen Träume und die verbrecherischen Versuche der Revolutionsmänner von 1848 vertreten soll."[30]*

Wenig später folgte bei Ulybyschew eine ästhetische Selbstverständigung, die genau in den Kern der musikästhetischen Auseinandersetzungen um die Mitte des 19. Jahrhunderts in ganz Europa zielte. Im weitesten Sinne war es der Widerspruch von „absoluter" und von „Programm"-Musik, wie er in Frankreich etwa zwischen den Werken von Hector Berlioz und dem konservativen Theoretiker François-Joseph Fétis oder in Deutschland zwischen der „Neudeutschen Schule" bzw. Richard Wagners Musik und Eduard Hanslicks abstraktem Begriff „Vom Musikalisch-Schönen" sich aufgetan hatte, wie er sich auch in Russland bereits abzeichnete im Gegensatz eben von Ulybyschews klassizistischer Rückwärtsgewandtheit und dem Novatorentum der „Neuen russischen Schule", wie die Gruppe junger russischer Musik um Mili Balakirew, eben das „Mächtige Häuflein" bzw. die „Novatoren", auch genannt wurde. Es ging um Restauration oder Fortschritt. Ganz nebenbei fühlte auch Wagner sich schon recht früh zur Parteinahme aufgerufen. In „Mein Leben" erinnerte er sich, dass er während seines Prag-Aufenthaltes 1832 in dem ansonsten von ihm verehrten Direktor des dortigen Konservatoriums, dem Komponisten Dionys Weber, auch einen erzkonservativen Musiker angetroffen habe, *„der Beethoven nur bis zu seiner zweiten Symphonie gelten ließ, die ‚Eroica' bereits als vollkomme Geschmacksverderbnis des Meisters bezeichnete, einzig Mozart erhob …"[31]*

Ulybyschew formulierte eine Art musikästhetischen Credos:

> *„Die Musik ist nur unter der Bedingung eine Universalsprache geworden, daß sie eine unpersönliche und nicht an den Verstand gerichtete Sprache bleibe. Sie wendet sich an den Menschen, ohne Unterschied der unzähligen Besonderheiten der Menschen unter einander; sie drückt den Zustand der Seelen aus, nicht den Zustand der Geister, … weil in der Musik nothwendig alles Causale verschwindet. Diese Unmöglichkeit, logisch zu sein, ist die negative Eigenschaft und zugleich das schönste Vorrecht einer Kunst, welche uns mehr entzückt und tröstet als jede andere, denn sie allein verschafft uns das zwar nur kurze, aber vollständige Vergessen der Wirklichkeit und unsrer selbst, jenes Vergessen, dessen auch die Glücklichsten bedürfen, um sich in ihrem Glücke nicht zu langweilen, die Unglücklichen, um ihren Kummer zu lindern, alle um sich der drückenden Last des Daseins zu entziehen, wenn auch nur auf Stunden oder auf Minuten."*

---

[30] Alexander Ulibischeff, Beethoven, seine Kritiker und seine Ausleger, S. 335 f.

[31] ML, S. 73.

Und nun folgte erneut, um seine Position endgültig festzuschreiben, die Zeichnung eines negativen Gegenbildes, das auch krass ins Politische hineinreichte. Es ist damit wohl das erste Beispiel, wie Wagner durch die russische Musikpublizistik ganz bezeichnend über musikästhetische Vorstellungen hinaus ins Spannungsfeld politischer Polemik gerückt wurde. Wagner war somit im Gefüge russisch-deutscher Kulturbeziehungen von Beginn an in einzigartiger Weise politisch negativ gekennzeichnet. Und er war damit ein musikhistorisch ganz unikaler Fall, d. h. er wurde, was keinem anderen Komponisten je widerfuhr, zum Paradebeispiel unheilvoller Verquickung von Kunst und Politik deklassiert:

> *„Die Musik drückt alle zärtlichen und liebevollen Gefühle, alle Sympathien der Seele aus, aber sie hat auch Töne, oder wenigstens Analogien für die Empfindungen der Abneigung und die Leidenschaften des Hasses. Sie giebt unter andern, wenn man es von ihr verlangt, ein Bild des blinden Wahnsinns, der rasenden Wuth. In diesem mögen allerdings manche Individuen sich wieder erkennen, sie werden die Musik mit dem Trieb in ihrem Innern in Beziehung bringen, der in ihnen die Leidenschaften des Wahnsinns und der rasenden Wuth erzeugt; sie werden dann diese Musik republikanisch oder demokratisch, socialistisch oder communistisch nennen; aber dies wird immer nur ein lächerlicher Irrthum oder eine grobe Marktschreierei bleiben."*[32]

Noch ohne Namensnennung, aber bereits kenntlich umschrieben mit dem Begriff *„Revolutionsmänner von 1848"*, deren Musik *„republikanisch oder demokratisch, socialistisch oder communistisch"* sei und somit *„ein Bild des blinden Wahnsinns, der rasenden Wuth"* abgebe, war in erster Linie Richard Wagner gemeint. Und auf diesen kam Ulybyschew auch bald direkt zu sprechen, nachdem er zunächst in heftiger Polemik eine 1850 anonym in Paris erschienene Verteidigungsschrift für Beethoven kritisiert hatte, die aus der Feder des französischen Literaten Alfred Dumesnil[33] stammte:

> *„Bald nach dieser Broschüre erhielt ich ein deutsches Buch: ‚Das Kunstwerk der Zukunft', von Richard Wagner selbst, der vorzugsweise der Mann der Zukunft, der Vater und das Haupt der Schule der Ausleger, deren übrige Schriftsteller nur das Echo, die Umschreibung oder der Commentar von Wagner sind, dessen Vorläufer Beethoven war, wie wir sehen werden. Um denen, welche den Namen Wagner's gehört haben, ohne ihn und seine Leistungen zu kennen, eine vollständige Vorstellung zu geben, müßte man ein ganzes Buch schreiben und ihn als Reformator der dramatischen Kunst, als Theoretiker, als didaktischen und polemischen Schriftsteller, als Philosophen, Dichter und Componisten seiner eigenen Stücke studiren. Gott bewahre mich vor einer solchen Aufgabe!"*[34]

Deutlich distanzierte sich Ulybyscheff dann auch von Ludwig Feuerbach, einem geistigen Vater der Wagnerschen Schrift, dem diese auch gewidmet war, sowie der vom griechischen Drama hergeleiteten Wagnerschen These von der Vereinigung aller Künste im dramatischen „Kunstwerk der Zukunft". Und auf die mögliche Frage seiner Leserschaft: *„Was ist denn nun eigentlich das Drama der Zukunft?"*, wich Ulybyschew, der zugeben musste, weder „Tannhäuser" noch „Lohengrin" zu kennen, also eigentlich gar keine Wagnermusik zu kennen bzw. gehört zu haben, auf

---

[32] Alexander Ulibischeff, Beethoven, seine Kritiker und seine Ausleger, S. 337 f.

[33] Alfred Dumesnil, La Foi nouvelle cherchée dans l'art, de Rembrandt à Beethoven.

[34] Alexander Ulibischeff, Beethoven, seine Kritiker und seine Ausleger, S. 342.

„*Urtheile vertrauenswürdiger Männer*" aus, unter denen „*der Wohlbekannte*" eine herausragende Rolle spielte.[35] Dieser „*Wohlbekannte*" war der damals durchaus bekannte Musikpublizist Johann Christian Lobe, von dem aber Ulybyschew angab, den wahren Namen nicht herausgefunden zu haben. Lobe hatte 1852 anonym „Musikalische Briefe. Von einem Wohlbekannten" publiziert und darin, in Briefform eben, Charakterbilder zeitgenössischer Musiker vorgestellt. Der 41. und letzte Brief war Richard Wagner gewidmet. Da hieß es denn u. a.:

> „*Richard Wagner ist allerdings jedenfalls das bedeutendste Talent in unserer Zeit, aber er überragt alle Mitstrebenden nicht blos durch die Größe der Gaben, die ihm verliehen worden sind, sondern auch durch die Größe des Irrthums, in welchem er befangen ist. Daß ein Talent wie Wagner nach vorwärts drängt in seiner Kunst, ist sehr natürlich und leicht erklärlich; nur daß er zu weit geht, daß er nicht Maß hält, sondern übertreibt, ist sein Fehler und Unglück. Gluck schon fand keine Nachahmer in seiner Strenge, so Viele auch nach ihm gekommen sind. Die großen Geister die ihm folgten, nahmen das Gute, was er hatte; an seinen Übertreibungen gingen sie weise vorüber. Und Wagner will noch strenger sein als Gluck ... Wie leicht wäre es Wagner, alle Neuern zu übertreffen und der Liebling des ganzen deutschen Publikums zu sein! Aber er will es nicht, weil er eine falsche Ansicht von Kunst hat ...*
>
> *Wagner zeigt sich bei der Vertheidigung und Entwickelung seines Systems viel schwächer als bei der Composition seiner Opern selbst. Warum? Er ist Republikaner und zwar leidenschaftlicher in der Politik wie in der Kunst und darum in einer Einseitigkeit befangen wie selten Jemand ...*
>
> *Wagner ist ein Genie, wenigstens sicherlich ein außerordentliches Doppeltalent, als Componist und Dichter. Aber die Neuerungssucht, der Wunsch Ungewöhnliches zu leisten, das Vorherrschen der Phantasie, der Mangel an hellem, ungetrübtem, ruhigem Blick in die Wirklichkeit haben ihn leider auf Abwege geführt.*"[36]

Mit einem solchen Kronzeugen also dachte Ulybyschew, seine Polemik gegen Wagner zu beglaubigen. Wenn aber Lobe bei aller Kritik an Wagner sich doch bemühte, nicht unsachlich oder gar verletzend zu polemisieren, so konnte Ulybyschew auch äußerst zugespitzt und schon jenseits gebotener Objektivität urteilen, wenn er beispielsweise weiterhin schrieb:

> „*Nach ihrer Meinung* [Lobe und andere] *hat nie ein Berg mit mehr prahlendem Lärm eine misgestaltetere Maus geboren. Das Drama der Zukunft ist zum Theil nur die Wiedererweckung der ganz vergessenen uralten Vergangenheit. Wagner wollte Gluck noch überbieten und das Drama auf seinen Ausgangspunkt zurückführen, auf die florentinische Melopöe von Peri, Caccini und Monteverde, die ebenfalls behaupteten, die griechische Tragödie wiedergeboren zu haben*"[37]

Ulybyschew hielt sich bezeichnenderweise auch an dem Punkt auf, dass die Parteigänger Wagners gerade die 9. Sinfonie von Beethoven, in der er den grössten Niedergang der neueren Musik erblickte, in den Himmel hoben, ja gerade zu einem Symbol der neuen Musik überhöhten. Sarkastisch formulierte er seine Gegenmeinung

---

[35] Ebd. S. 345.
[36] Johann Christian Lobe, Musikalische Briefe. Von einem Wohlbekannten, 2. Theil, S. 156 f., 164, 167.
[37] Alexander Ulibischeff, Beethoven, seine Kritiker und seine Ausleger, S. 345.

zu Wagners Apostrophierung von Beethoven im „Kunstwerk der Zukunft" als einem „*Christoph Columbus*":[38]

> „*Als neuer Christoph Columbus entdeckt er eine andere neue Welt, die Welt der Zukunft, und im Entzücken seiner Seele ruft er aus: ,Freude'! Und dies Wort, das erste, das er ausspricht, ist die Befreiung der Musik, die bis dahin in ihren Elementen gefangen war, jetzt aber frei geworden und auf die Höhe der menschlichen universalen Kunst gehoben ist! – Ist das nicht schön? So ist also die neunte Symphonie eine menschenbeglückende That ohne Beispiel in der Geschichte; einmal vollbracht, darf sie sich in der Dauer der Jahrhunderte nicht wiederholen, nach der neunten Symphonie ist keine Instrumentalmusik mehr möglich; nur das Kunstwerk der Zukunft folgt unmittelbar darauf. Beethoven war also der Vorläufer Wagner's und die neunte Symphonie war der Morgenstern, welcher die Sonne jenes Kunstwerks verkündete …*"[39]

Auch hier nahm Ulybyschew wieder direkt Bezug auf den „*Ausleger*" Wagner und dessen Schrift „Das Kunstwerk der Zukunft", wo es hieß:

> „*Die letzte Symphonie Beethovens ist die Erlösung der Musik aus ihrem eigensten Elemente heraus zur allgemeinsamen Kunst. Sie ist das menschliche Evangelium der Kunst der Zukunft. Auf sie ist kein Fortschritt möglich, denn auf sie unmittelbar kann nur das vollendete Kunstwerk der Zukunft, das allgemeinsame Drama, folgen, zu dem Beethoven uns den künstlerischen Schlüssel geschmiedet hat.*"[40]

Und Ulybyschew schloß das Kapitel „Die Ausleger" seines Buches, mit einer vernichtenden Kritik:

> „*Jetzt wissen meine Leser so gut wie ich, was die neuen Adepten und Ausleger Beethoven's sind, die, wie so viele Phantasten ähnlicher Art, aus der Zersetzung der religiösen, philosophischen und socialen Ideen hervorgegangen sind, denen Deutschland im zweiten Viertel unsers Jahrhunderts verfallen war, und deren widerliche Früchte das Jahr 1848 gereift und verbreitet hat. So unglaublich auch Richard Wagner scheint, so ist er doch keine vereinzelte und ursachlose Erscheinung, die außerhalb des Mediums stände, das ihn erzeugt hat. Er schließt sich im Gegentheil auf ganz consequente Weise der Gesammtheit der Lehren an, welche gewisse Philosophen und Schriftsteller in Deutschland bekennen. Hoffen wir, daß eine so vollständige Verfinsterung der menschlichen Vernunft und des menschlichen Gewissens nicht von Dauer sei …*"[41]

Die von Ulybyschew so kritisierte Hochschätzung von Beethovens 9. Sinfonie durch Wagner hatte ja gerade in der 48er Revolution ihren Höhepunkt erreicht, als Wagner das Werk, wenige Wochen vor dem Ausbruch des Dresdner Aufstandes, am 1. April 1849 erneut aufführte und sich darüber mit Michail Bakunin einig war, „*daß, wenn alle Musik bei dem erwarteten großen Weltenbrande verlorengehen sollte, wir für die Erhaltung dieser Symphonie mit Gefahr unseres Lebens einzustehen uns verbinden wollten.*"[42] Das war genau das, wovor Ulybyschew am meisten Angst hatte: zwei „*Revolutionsmänner von 1848*" verteidigen im Namen eines „*demokratischen Socialismus*" Beethovens Spätwerk, von dessen Unwert er so

---

[38] RWS, Bd. 3, S. 85 f.

[39] Alexander Ulibischeff, Beethoven, seine Kritiker und Ausleger, S. 347.

[40] RWS, Bd. 3, S. 96.

[41] Alexander Ulibischeff, Beethoven, seine Kritiker und Ausleger, S. 352 f.

[42] ML, S. 397 f.

überzeugt war. Die Verbindung von Musik und Politik, von Musik und gesellschaft-
lichem Fortschritt war ihm unvorstellbar, bedeutete ihm das Ende jeder Kultur. In
einer kurzen „Schluß"-Betrachtung resümierte Ulybyschew dann noch einmal seine
Ausführungen. Und er urteilte da auch ganz allgemein über das Kulturverständnis
zwischen Deutschland, Frankreich und Russland:

> *„In Deutschland z. B. sind die philosophischen Systeme ebenso wie die Revolutionen in
> Frankreich die ersten Hebel aller geistigen Bewegung. Die Ideen und die Sitten, die Litera-
> tur und die Kunst, alles nimmt bei den Deutschen die Farbe des philosophischen Systems,
> das im Schwung ist, bei den Franzosen der politischen Grundsätze, welche herrschen, an.
> So haben Philosophen, welche die Idee von Gott, diese ewige Grundlage der menschlichen
> Vernunft, verwerfen [gemeint ist hier Feuerbach, auf den sich ja auch Wagner berief], die
> Musiker dahin gebracht, in der Verleugnung der harmonischen Gesetze die künftigen Fort-
> schritte einer Kunst zu sehen, deren Grundlage die Harmonie ist. So haben ferner die von
> dem Schwindel des Atheismus und des Communismus ergriffenen Revolutionsmänner, die
> Eiferer für das Unmögliche, auch für eine unmögliche Musik geschwärmt ... Deshalb hat-
> ten die abgeschmackten und ungeheuerlichen Auslegungen der letzten Werke Beethoven's
> und die fanatische Bewunderung für diese Werke ... ihre Berechtigung in Deutschland und
> haben sie noch. Aber auch bei uns in Rußland? Gewiß nicht ...*
> *Deutschland ist die intellectuelle Welt im Kleinen, das Vaterland des bis auf seine tiefs-
> ten Tiefen durchforschten menschlichen Wissens ... Es ist der allgemeine Kampfplatz des
> Für und Wider über alles, und auf jedem Schritt sproßt neben dem Gift auch das Gegengift.
> Deutschland ist unser Lehrer gewesen, und nichts hindert, daß es dies auch jetzt noch sei ...
> Jetzt, wo meine Brüder, die russischen Musiker und Musikfreunde, über die Zukunft belehrt
> sind, welche die Symphonie mit Chören verheißt, und über die Ursachen der wunderbaren
> Begeisterung, welche sie seit dem Jahre der Gnade oder Ungnade 1848 erregt, bleibt ihnen
> nur übrig, sich zu der einen oder der anderen Partei zu schlagen ...*
> *Ich täusche mich nicht über das Los, das mein Buch erwartet. Im gegenwärtigen Augen-
> blick kann es nicht viel Sympathie finden, aber sicherlich viel Widerspruch und Herabset-
> zung, weil es schonungslos eine Art von Religion angreift, zu welcher die größte Zahl der
> Musiker sich bekennt, einen offenbar falschen Cultus, der aber eben deswegen mit um so
> mehr Glut und Aufregung vertheidigt werden wird."*[43]

Diese Einsicht war ganz hellsichtig. Ulybyschew hatte mit seiner Polemik mitten
hinein getroffen in die musikästhetischen und musikpolitischen Auseinandersetzungen, wie sie in ganz Europa sich darstellten. Und er fragte sich zu Recht, wie
Russland, wie russische Kultur, wie russische Musik da gegenüber Deutschland
wohl bestehen könnten. Und so begründet es sich auch, warum an dieser Stelle so
ausführlich aus der Ulybyschew-Attacke gegen den späten Beethoven, gegen Wagners Idee von einem „Kunstwerk der Zukunft", gegen die „Revolutionsmänner von
1848", gegen die Propagandisten eines als so unheimlich empfundenen „Communismus" als den eigentlichen Verderbern von Kultur und Kunst zitiert worden ist.
Ulybyschew brach also von russischer Seite aus einen politischen Streit vom Zaun,
der mit der Stigmatisierung von Wagners Musik als „communistisch" eine eindeutig politische Schlagseite aufwies. Seine Polemik beförderte die gerade erst ein-
setzende russische Wagnerrezeption sogleich in ein verhängnisvolles Widerspiel
von Kunst und Politik. Und dieses vereinseitigende Charakteristikum begleitete
Wagners Wirkung in Russland immer weiter als unterschwellige Belastung.

---

[43] Alexander Ulibischeff, Beethoven, seine Kritiker und seine Ausleger, S. 369–373.

Dabei hatte Ulybyschew gar nicht unrecht mit seinen politischen Vorwürfen gegen Wagner. Dieser hatte doch in seinen Schriften „Die Kunst und die Revolution" und „Das Kunstwerk der Zukunft" (und zumindest diese Schrift kannte Ulybyschew) freimütig kommunistisches Ideengut, wie es zu jener Zeit in Deutschland schon geläufig war, in seine kunstästhetischen Überlegungen einbezogen. Was aber für Ulybyschew ein Zeichen der Verderbnis war, galt Wagner damals als Verheißung eines progressiven revolutionär-demokratischen Umbruchs der bestehenden Gesellschaft. Wie hieß es doch bei Wagner in diesem Zusammenhang: „*In die allergrößte Gefahr könnte aber der Verfasser durch seine häufige Anziehung des ‚Kommunismus' geraten, … denn offenbar stellt er sich … auf die Seite dieser höchst verpönten Kategorie*". Und an anderer Stelle: „*Ihr glaubt, mit dem Untergange unsrer jetzigen Zustände und mit dem Beginn der neuen, kommunistischen Weltordnung würde die Geschichte, das geschichtliche Leben der Menschen aufhören? Gerade das Gegenteil, denn damit wird wirkliches, klares geschichtliches Leben erst beginnen …*"[44]

Wie von Ulybyschew erwartet, rief seine „Beethoven"-Schrift denn auch ein vielfältiges kritisches Echo hervor, sowohl in Deutschland, als auch in Russland. Vor allem zunächst in Petersburg formierten sich unter den Musikern und Musikkritikern in sehr bald recht scharfer Abgrenzung voneinander die Fronten der Befürworter und Gegner Wagners. Zu den ersteren gehörten vornehmlich Linie Alexander Serow, auf den im nächsten Abschnitt ausführlicher eingegangen werden soll, und der Musikkritiker Konstantin Swanzow, von dem Serow einmal meinte, er sei „*ein überzeugterer Wagnerianer als Wagner selbst*".[45] Swanzow veröffentlichte bereits 1857 einen Artikel über Wagner und verteidigte diesen darin gegen Ulybyschew.[46] Er unternahm 1862 eine Deutschlandreise, kam Anfang November auch nach Dresden, sah hier Wagner-Aufführungen und traf offenbar auch selbst mit dem Komponisten zusammen. 1862 und 1868 fertigte er Übersetzungen des „Tannhäuser" und des „Lohengrin" ins Russische an[47] und besuchte 1876 auch die ersten Bayreuther Festspiele. Zu erwähnen ist weiterhin der Literat Pjotr Wjasemski, der 1858 in seinem Tagebuch notierte, dass Wagners Musik „*nicht nur die Musik der Zukunft, sondern die Musik der Ewigkeit*" sei.[48]

Als namhafte Wagnergegner profilierten sich seit Ende der 50er-Jahre dann Musikkritiker und Musikfeuilletonisten wie Nikolai Melgunow, Juri Arnold (Pseudonym: „Meloman"), Berthold Damcke, Feofil Tolstoi (Pseudonym: „Rostislaw"), später auch Sergei Ratschinski. Während Melgunow nach dem Erlebnis der eindrucksvollen Wagnerkonzerte im Jahr 1863 in Petersburg sich dafür aussprach, nun auch eine Oper des „*radikalen Reformers*" in Petersburg aufzuführen, aber doch

---

[44] Vgl. RWS, Bd. 3, S. 5 und RWS, Bd. 12, S. 255.

[45] Zit. nach: Rosamund Bartlett, Wagner and Russia, S. 16.

[46] K. I. Swanzow, O Richarde Wagnere (Po slutschaju nowogo sotschinenija Ulybyschewa, in: Zs. „Syn otetschestwa", St. Petersburg, 1857, Nr. 25.; vgl. auch: A. Gosenpud, Richard Wagner i russkaja kultura, S. 47.

[47] Vgl.: Rosamund Bartlett, Wagner and Russia, S. 15; vgl. auch: A. Gosenpud, Richard Wagner i russkaja kultura, S. 46 ff.

[48] Zit. nach: Rosamund Bartlett, Wagner and Russia, S. 15.

nur, um die russische Musikentwicklung auf sich selbst und ihre Eigenständigkeit zurückzuverweisen, sah er im übrigen in Wagners neuer Opernästhetik, im musikalischen Drama der Zukunft kurz gefasst und ganz im Ulybyschewschen Sinne nur eine *„einfache Ästhetik des Kommunismus"*, einen *„Ikarismus"*, wie ihn der französische *„utopische Kommunist É.*[tienne] *Cabet"* verkündet habe.[49] (Hier mag die Verbindung zu Wagner durchaus eine gewisse Berechtigung gehabt haben, denn gerade als Cabets Hauptschriften „Reise nach Ikarien" und „Communistisches Glaubensbekenntnis" 1839 und 1840 in Paris erschienen, war ja auch Wagner in Paris und beobachtete das dortige künstlerische und politische Leben sehr aufmerksam.[50]) Feofil Tolstoi, bei grundsätzlicher Ablehnung der Wagnerschen Musikästhetik, mokierte sich zudem über die in Petersburg noch völlig ungewohnte Weise des Wagnerschen Dirigierens – mit dem Rücken zum Publikum und mit zwei Händen und intensiven Blickkontakten sehr lebendig den Orchesterapparat zu leiten. 1860 hatte Tolstoi auch das erste der Pariser Wagnerkonzerte am 25. Januar gehört und davon unter dem Pseudonym Paul Schmidt in der „Revue et Gazette Musicale" berichtet. Darüber machte sich dann Serow, Tolstoi spöttisch „Feofilytsch" anredend, lustig und rückte ausführlich die seiner Meinung nach fehlerhaften Einschätzungen Tolstois zurecht.[51]

Alexander Serow – „Der russische Wagner"

Ob Wagner je von der Ulybyschew-Polemik erfahren hat, lässt sich aus seinem schriftlichen Nachlass, aus Memoiren, Aufsätzen oder Briefen, nicht nachweisen. Bekannt ist nur, darauf wurde bereits verwiesen, dass sich in seiner Dresdner Bibliothek wahrscheinlich auch ein Exemplar von Ulybyschews Mozart-Biografie befand. Sicher aber hat er von der Ulybyschewschen Streitschrift in Gesprächen mit dem russischen Komponisten Alexander Serow erfahren. Dieser Musiker und Musikpublizist, geboren 1820 in Petersburg und Enkel des zum christlichen Glauben konvertierten und nach Russland ausgewanderten deutsch-jüdischen Naturforschers Carl Ludwig Hablitz aus Königsberg, erwies sich seit dem Ende der 50er-Jahre als ein glühender Anhänger Wagners. In jungen Jahren, nach erstem Kennenlernen von Wagnerscher Musik hatte Serow ganz im Sinne seines zeitweiligen Mentors Ulybyschew noch in Mozart den unübertrefflichen Höhepunkt der bisherigen Musikgeschichte gesehen und, als er erste Bekanntschaft mit Wagnerscher Musik machen konnte, eine eher distanzierte Haltung gegenüber dem deutschen Komponisten an den Tag gelegt. Ein früher Reflex auf Wagner findet sich bei ihm, als er am 16. August 1852 an seinen Jugendfreund Wladimir Stassow über die Lektüre von Wagners Schrift „Oper und Drama" schrieb: *„Das ist ein furchtbar kluger*

---

[49] Vgl.: Rosamund Bartlett, Wagner and Russia, S. 33 f.; vgl. auch: A. Gosenpud, Richard Wagner i russkaja kultura, S. 24.

[50] Vgl.: Eckart Kröplin, Richard Wagner und der Kommunismus, S. 18 f.

[51] Vgl.: A. N. Serow, Stati o musyke, Bd. 4: 1859–1860, S. 236 ff.

Mensch, der viele Dinge in der Musik völlig anders begreift als die allgemeine Meinung", und der Beethovens 9. Sinfonie äußerst hochschätze, in krassem Gegensatz eben zu Ulybyschew, den Serow hier respektlos sogar einen *„klugen Dummkopf"* bzw. *„dummen Klugen"* nannte.[52] Stassow, später ein einflussreicher Musikkritiker und Propagandist der „Neuen russischen Musikschule", den Serow ein Leben lang vergeblich versuchte, zu Wagner zu bekehren, erzählte später davon auch in einer längeren musikhistorischen Studie.[53]

Als Serow auf einer ersten Deutschlandreise 1858 erstmals auch Wagnersche Werke auf der Bühne erlebte, war für ihn endgültig der Bann gebrochen. Schon im Jahr 1857 hatte er begonnen, in mehreren Artikeln öffentlich gegen Ulybyschews „Beethoven"-Buch Stellung zu beziehen,[54] und es ging ihm dabei sowohl um die Verteidigung des späten Beethoven, wie auch um die Verteidigung Richard Wagners. Ein bemerkenswerter Aufsatz von ihm erschien, wie schon erwähnt, sogar in deutscher Sprache: „Ulibischeff gegen Beethoven".[55] Daraufhin griff sogar Franz Liszt öffentlich in die Auseinandersetzung ein und publizierte einen Aufsatz unter dem Titel „Ulibischeff und Séroff. Kritik der Kritik".[56] In mehreren Briefen an den Ulybyschew-Kritiker Lenz, an Serow und an Stassow hatte Liszt schon über Jahre hinweg auch persönlich an der heißen Debatte Anteil und versicherte die Adressaten seiner Unterstützung.[57] Serow fühlte sich dadurch sehr geehrt, es war ja fast wie ein Ritterschlag – der bewunderte deutsche Musiker nahm für ihn Partei! Stolz berichtete er davon sogleich in einem Brief an seine Schwester (7.2.1858): *„Ich erhielt letztlich einen Artikel von Liszt über mich in der Leipziger ‚Neuen Zeitschrift für Musik'. Er schätzte mich sehr hoch ein – das halbe musikalische Deutschland (die Partei Liszts) kennt mich jetzt von einer ausgezeichneten Seite als Musikkritiker."*[58] Somit hatte also ein Russe, Ulybyschew, für eine weitere Verschärfung der Debatte um Wagner, wenn auch unter dem Vorzeichen des Streits um den späten Beethoven, in Deutschland beigetragen.

Erstmals tauchte der Name Wagner in Zeitungsartikeln von Serow bereits 1854 auf, so in einer Rezension vom 13. März über ein Konzert mit späten Beethoven-Werken (u. a. Klaviersonate op. 106) in Petersburg, wo Serow neben der Musik von Berlioz auch Wagner bereits besonders hervorhebt. Was bei diesen Komponisten als Neues zu hören sei, das gebe *„es alles schon in Beethoven (in der dritten Periode seiner Musik")*.[59] In einem weiteren Aufsatz von Serow über Bellini (nach einer Publikation von Johann Christian Lobe aus dem Jahre 1853), wo es auch um die damals umstrittene Forderung (vor allem Wagners) nach der Personalunion von Text-

---

[52] Vgl.: A. Gosenpud, Richard Wagner i russkaja kultura, S. 27.

[53] Vgl.: Wladimir Stassow, Dwadzatj pjatj let russkogo iskusstva, S. 539, 666 f.

[54] Vgl.: A. N. Serow, Stati o musyke, Bd. 3: 1857–1858, S. 29 ff., 36 ff., 43 ff., 70 ff.

[55] In: „Neue Zeitschrift für Musik", Leipzig, 1857, Nr. 17–19.

[56] In: „Neue Zeitschrift für Musik", Leipzig, 1858, Nr. 1; vgl. auch: Franz Liszt, Gesammelte Schriften, Bd. 5, S. 221–226.

[57] Vgl.: Franz Liszts Briefe, hrsg. von La Mara, S. 120, 267 ff., 291.

[58] Zit. nach: A. N. Serow, Stati o musyke, Bd. 3: 1857–1858, S. 363.

[59] Zit. nach: A. N. Serow, Stati o musyke, Bd. 2A: 1854–1856, S. 7.

dichter und Komponist ging, war beispielsweise die Rede von Richard Wagner als dem Autor der *„äußerst bemerkenswerten deutschen Opern ‚Tannhäuser' und ‚Lohengrin'".*[60] Zu diesem Zeitpunkt kannte Serow die Wagneropern selbst noch nicht bzw. nur stückweise aus Klavierauszügen. Wohl aber hatte er bereits Kenntnis von Wagners Schriften „Das Kunstwerk der Zukunft" und, wie schon erwähnt, „Oper und Drama". In einem Artikel aus dem Jahre 1856,[61] veröffentlicht in einer Petersburger Musikzeitung am 15., 22. und 29. Januar, ging er in diesem Zusammenhang auch schon ausführlicher auf die *„Wagnerfrage"* ein, konstatierte, dass in Deutschland bereits ein heftiger Streit über dessen Opernreformpläne ausgebrochen war, und kommentierte den genannten Wagner-Aufsatz ausführlicher. Kurz darauf, am 15. März, fand auch die wohl erste russische Konzertaufführung eines Wagnerwerkes, der „Tannhäuser"-Ouvertüre, in Petersburg statt. Serow hatte sie erlebt und bezeichnete die Komposition als *„eines der bemerkenswertesten Werke Richard Wagners".*[62] Diese Aufführung, in der Serow also Wagner-Musik erstmals live hören konnte, muss ein Initialerlebnis für ihn gewesen sein. Von nun an war er ein überzeugter Wagner-Anhänger.

1858 erschien dann eine Rezension Serows über die großen Aufsätze von Franz Liszt über „Tannhäuser" und „Lohengrin" aus den Jahren 1849 und 1850. Es war ein geschickter Zug der Serowschen Propaganda für Wagner, nun mit Liszt quasi einen Kronzeugen anzuführen. Wenn auch diese Rezension nicht vollständig erschien,[63] so konnten die russischen Musikliebhaber doch eine authentische und einfühlsame Besprechung wenigstens des „Tannhäuser" lesen.

Im Sommer 1858 unternahm Serow, zunächst als Begleiter des bekannten Musikers und Chorleiters Fürst Juri Golizyn, eine mehrmonatige Reise nach Deutschland, um das dortige Musikleben näher kennenzulernen. Unter dem Titel „Briefe aus dem Ausland" berichtete er ab dem 13. Juli für die Petersburger Leserschaft ausführlicher von seinen Erlebnissen.[64] Seine erste Reisestation war Dresden, wo er neben der berühmten Gemäldegalerie häufiger Gast in der Hofoper, dem ersten Semper-Bau, war. Und hier sah er auch zum ersten Mal Wagners „Tannhäuser", d. h. er erlebte von diesem Werk gleich fünf Vorstellungen und noch eine Bühnenprobe – in der Titelrolle der Uraufführungs-Tannhäuser Joseph Tichatschek, von dem Serow sehr angetan war. Als weitere Solisten wirkten Johanna Wagner, Wagners Nichte, als Elisabeth und Anton Mitterwurzer als Wolfram mit, die ebenfalls schon an der Uraufführung des Werkes 1845 beteiligt waren. Sehr ausführlich schilderte Serow in der Folge die seiner Meinung nach wichtigen ästhetischen Neuerungen des „Tannhäuser", durch die dieses Werk so sehr über den normalen Produktionsalltag der zeitgenössischen Opernbühne herausragte. Und er gestand auch, dass tat-

[60] Ebd., S. 12.

[61] Ebd., S. 118 ff., S. 132 f.

[62] Ebd., S. 219.

[63] In: „Teatralny i musykalny westnik", Petersburg, 6., 13., 27. April; vgl.: A. N. Serow, Stati o musyke, Bd. 3: 1857–1858, S. 240 ff., 379.

[64] Vgl.: A. N. Serow, Stati o musyke, Bd. 3: 1857–1858, S. 278 ff., 382 ff.; vgl. auch: Alexander Serow, Aufsätze zur Musikgeschichte, S. 338 ff.

sächlich erst diese lebendigen Theateraufführungen ihm den wahren Sinn der
Wagnerschen Opernreform enthüllt hätten:

> *„Soviel Opernaufführungen jeder Art ich in meinem Leben auch gesehen habe, vor der*
> *Schöpfung Wagners (wie sie sich auf der Bühne darstellt) geriet ich in naives Erstaunen, als*
> *ob ich noch gar nicht gewußt hätte, was Theater, Drama und Oper ist! So überraschend neu*
> *war für mich diese geniale Lösung der großen Aufgabe, die Verschmelzung dreier ver-*
> *schiedener Künste in eine … Der Klavierauszug des ‚Tannhäuser' begleitet mich ständig,*
> *und oft blicke ich in der Eisenbahn zu meiner Erholung hinein. Wie erfreulich ist es für*
> *mich, wenn ich mir vorstelle, daß es noch zwei fertige Opern von Wagner gibt, die ich noch*
> *nicht auf der Bühne gesehen habe, und zwei halbfertige in seinem Portefeuille."*[65]

Er unterstützte zudem Golizyn bei der Veranstaltung eines Konzerts in Dresden
am 19. Juli mit russischer Musik, u. a. von Dmitri Bortnjanski und Michail Glinka.
Es war die wohl erste Begegnung des Dresdner Publikums mit russischer Musik.
Serow kommentierte das in seinem Brief: *„Wir fangen an, in die westeuropäischen*
Konzertprogramme russische Musik hineinzubringen." Und er verwunderte sich
sehr, dass man in Deutschland noch so gar keine Kenntnis etwa von Glinka habe
nehmen wollen, obwohl doch dessen Opern bereits als Klavierauszüge mit deutscher Übersetzung vorlägen.[66]

Von Dresden aus machte er wenige Tage später auf persönliche Einladung von
Franz Liszt, den er schon von dessen Gastspiel im Jahre 1842 in Petersburg her
kannte, einen längeren Abstecher nach Weimar. Beide Musiker führten lange und
verständnisvolle Gespräche, die sich zumeist um Wagner und die hochschlagenden
kritischen Auseinandersetzungen um dessen opernreformatorische Bestrebungen
drehten. Ende August fuhr Serow von Weimar aus weiter nach Baden-Baden, um
dort am 27. August ein großes Berlioz-Konzert zu erleben und den auch in Russland
längst berühmten Komponisten persönlich kennenzulernen. Das Berlioz-Konzert
enthielt neben Werken etwa von Mozart, Weber und Beethoven natürlich auch zwei
größere Orchesterstücke von Berlioz selbst.

Bei der Gelegenheit traf Serow in Baden-Baden zufällig auch auf Giacomo
Meyerbeer, mit dem er ins Gespräch kam, und der ihm versicherte, dass ihm *„die*
Musik Wagners und die ganze neueste Richtung … aufrichtig zuwider" sei. In seinem Reisebrief nach Petersburg entwarf Serow ein recht negatives Bild von dem berühmten Opernkomponisten:

> *„Ich trat einfach und ohne Umschweife auf der Promenade an ihn heran (da ich ihn nach*
> *den Bildern wiedererkannte), und er begegnete mir sehr wohlwollend und mit ausgesuchter*
> *Höflichkeit. In seinem Äußeren ist Meyerbeer … ein kleiner, schmächtiger, dunkelhaariger*
> *alter Herr. Sehr ausgeprägt ist in seiner Physiognomie der jüdische Typus, und seine*
> *liebenswürdige, ausweichende Art läßt ihn irgendwie bekannt erscheinen. Sowohl Dichteri-*
> *sches als auch Denkerisches sucht man in seinen Zügen und in seinem ganzen Wesen ver-*
> *geblich; statt dessen machen sich Berechnung, Vorsicht und Verschlagenheit in jedem seiner*
> *Blicke, Worte und in jeder seiner Bewegungen bemerkbar."*[67]

---

[65] Ebd., S. 288, 295 bzw. 349 f., 358.

[66] Ebd., S. 283 f. bzw. 344 f.

[67] Ebd., S. 317 bzw. 379 f.

1859 hielt Serow an der Petersburger Universität eine Reihe von musikgeschichtlichen Vorlesungen und ging dabei natürlich auch ausführlicher auf Wagner ein. Im
späten Frühjahr des Jahres trat er dann eine erneute Reise nach Deutschland an und
berichtete darüber wieder vom Juli bis Oktober in der Zeitung „Teatralny i musykalny westnik".[68] Am 1. Juni erlebte er ein Konzert auf der ersten „Tonkünstlerversammlung" Deutschlands anlässlich auch des 25jährigen Bestehens der 1834 von
Robert Schumann gegründeten und nun von Franz Brendel, einem eifrigen Parteigänger Wagners, redaktionell verantworteten „Neuen Zeitschrift für Musik". Dabei
erklang unter der Leitung von Franz Liszt erstmals für Deutschland auch das Vorspiel zu Wagners „Tristan und Isolde". In Weimar, in Dresden und in Wien konnte
er dann die für ihn neue Oper „Lohengrin" kennenlernen. Stolz zählte er auf, dass
er das Werk einmal in Weimar, dreimal als Generalprobe und viermal als Aufführung in Dresden und noch einmal in Wien erlebt habe.[69] Das war für ihn das künstlerische Hauptereignis seiner Reise, und er berichtete den Petersburger Lesern ausführlich davon. Weiter führte ihn die Reise auch nach Berlin und München. Überall
nahm er höchst interessiert am Opern- und Konzertgeschehen Anteil.

Im August schließlich fuhr Serow nach Luzern, um endlich Wagner persönlich
kennenzulernen. Fast auf den Tag genau konnte er beobachten, wie Wagner die
Komposition seiner neuen Oper „Tristan und Isolde" beendete. Und in angeregten
Gesprächen erfuhr er so manches Neue, wie etwa über Wagners Großprojekt „Der
Ring des Nibelungen". Wagner erinnerte sich in „Mein Leben" an diesen ersten Be-
such Serows:

> *„Schließlich kam aber noch Alexander Serow aus Petersburg, um einige Zeit in meiner
> Nähe verbringen zu können, an: ein sonderbarer, intelligenter Mensch von ausgesprochener
> Parteinahme für Liszt und mich. Er hatte in Dresden meinen ‚Lohengrin' gehört und wollte
> nun Weiteres von mir erfahren, wozu ich durch den Vortrag meiner Tristan-Komposition in
> der mir eigentümlichen summarischen Vortragsweise verhelfen mußte."*[70]

Von diesem Zeitpunkt an fühlte sich Serow auch persönlich dem verehrten Idol
sehr nahe, und er setzte in den folgenden Jahren alle ihm zur Verfügung stehenden
Mittel ein, um Wagner im Musikleben seiner Heimat zu etablieren, so etwa mit dem
umfangreichen Aufsatz „Richard Wagner und seine Opernreform", der Anfang
1860, also bald nach Serows Luzern-Besuch bei Wagner, in dem Petersburger Journal „Iskusstwo" erschien[71] und in dem Serow mit einem längeren biografischen Ab-
riss über Wagners Leben und Schaffen diesen dem russischen Publikum nahezubringen versuchte.

Russlands Interesse an Wagner war erwacht. So ist belegt, dass schon Anfang
1859 offenbar das Moskauer Bolschoi Theater Interesse vornehmlich am „Lohengrin" sowie den anderen Opernpartituren Wagners bekundet hatte. Wagner nahm

---

[68] Vgl.: A. N. Serow, Stati o musyke, Bd. 4: 1859–1860, S. 105–162.

[69] Ebd., S. 149.

[70] ML, S. 604.

[71] A. N. Serow, Stati o musyke, Bd. 4: 1859–1860, S. 352–382.

darauf in zwei Briefen vom 31. Januar und 11. Februar Bezug.[72] Noch aber gab es keine praktischen Folgen aus dieser ersten offiziellen Kontaktaufnahme eines russischen Kunstinstituts mit Wagner bzw. seinem Verleger Breitkopf & Härtel. Die Sache verlief im Sande.

Bald ging es aber dann, offenbar von Serow energisch angeregt, darum, Wagner persönlich nach Petersburg einzuladen. Geplant waren Konzerte und die Inszenierung des „Tannhäuser" an der Petersburger Hofoper. In Briefen vom 18. Februar und 16. März 1860 an den Verlag Breitkopf & Härtel in Leipzig, bat Wagner darum, die Partituren von „Tannhäuser", „Lohengrin" und „Fliegendem Holländer" an die Direktion der Petersburger Hofoper zu schicken,[73] da er selbst, wie es in einem Brief vom 19. März 1860 an die Wiener Sängerin Luise Dustmann-Meyer hieß, *„ein Engagement (ebenfalls für den Tannhäuser) nach Petersburg annehmen werde".*[74] Ähnlich äußerte er sich brieflich auch am 10. April gegenüber Mathilde Wesendonck: er sei *„gar nicht übel aufgelegt",* sich *„einem russischen General zu verkaufen, der nächstens hier* [in Paris] *ankommen soll, um mich für eine Petersburger Tannhäuser-Expedition zu gewinnen."*[75]

Der *„russische General"* war niemand anders als der ehemalige General und jetzige Direktor der Kaiserlichen Hofoper in Petersburg Graf Andrei Saburow. Dieser kam tatsächlich im Juni 1860 nach Paris, wo Wagner sich für längere Zeit aufhielt, und verhandelte mit diesem. Er stellte allerdings die Bedingung, dass das Unternehmen im Herbst und Winter 1861/62 stattfinden solle. Es winkte ein beträchtliches Honorar von 50.000 Francs, die Wagner in seiner ewig klammen finanziellen Lage sehr willkommen gewesen wären. Da Wagner für diesen Zeitraum allerdings schon Absprachen mit der Pariser Opéra für eine dortige Aufführung des „Tannhäuser" getroffen hatte, stellte er das Petersburger Vorhaben zur Seite, da Saburow mit einer terminlichen Verschiebung nicht einverstanden war. Die Pariser Präsentation des „Tannhäuser" erschien Wagner verständlicherweise wichtiger als die Petersburger Unternehmung. In Briefen vom 4. Juni 1860 an den französischen Freund Auguste de Gaspérini, vom 5. und 17. Juni an Otto Wesendonck, vom 10. Juni an Alexander Serow sowie vom 22. Juni an Malwida von Meysenbug erläuterte Wagner das Scheitern des Petersburger „Tannhäuser"-Projekts, das für sein Bekanntwerden in Russland doch hätte entscheidend sein können.[76]

Da der Sachlage entsprechend nun Vorauszahlungen aus Petersburg nicht mehr realistisch waren und auch die Pariser Konzerte Wagners für ihn ein finanzielles Debakel bedeuteten, war Wagners Geldsituation wieder einmal in bedenkliche Schieflage geraten. Als rettender Engel trat da Russland in Gestalt von Maria Kalergis in Erscheinung, der Ehefrau eines reichen griechischen Kaufmanns. Wagner kannte sie seit der Uraufführung des „Tannhäuser" 1845 in Dresden, wohin die Kalergis, von Liszt angeregt, gereist war, um das neue Opernwerk des jungen deutschen

---

[72] RWB, Bd. 10, S. 276, 313.

[73] RWB, Bd. 12, S. 63, 91.

[74] Ebd., S. 94.

[75] Ebd., S. 120.

[76] Ebd., S. 171, 175, 187, 197, 199.

Komponisten kennenzulernen. Seitdem begleitete sie, meist aus der Ferne, häufig aber auch in engem Kontakt mit Wagner dessen weiteren künstlerischen Lebensweg. Die Kalergis war übrigens die Tochter des aus deutsch-livländischer Adelsfamilie stammenden Friedrich Karl von Nesselrode und Nichte des langjährigen Kanzlers des russischen Reiches Karl Robert von Nesselrode, der unter den Zaren Alexander I. und Nikolai I. als Diplomat tätig war. Sie lebte lange Zeit in Paris, unterhielt dort einen hochkarätigen Literaten- und Künstlersalon. Als gebildete Frau hielt sie Verbindungen in zahlreiche europäische Kunstzentren. Jetzt also half sie Wagner mit einer beträchtlichen Geldsumme aus der momentanen pekuniären Notlage.

Mit Serow hatte Wagner in den Folgejahren noch mehrfach Kontakte und Begegnungen, selbstverständlich 1863 in Verbindung mit seiner großen Russland-Konzertreise, auf die noch zurückzukommen ist, und weiterhin bei Aufenthalten Serows im Juni 1864 in Wien, im Juni 1868 anlässlich der Uraufführung der „Meistersinger" in München sowie auch im Verlauf einer langen Auslandsreise nach Deutschland, in die Schweiz nach Italien und nach Frankreich bei einem mehrwöchigen Besuch im Juli und August 1869 in Tribschen bei Luzern. Cosima nannte Serow, der sich selbst einmal als Wagners „Apostel in Rußland" bezeichnete,[77] bei dieser Gelegenheit den „russischen R. Wagner".[78] Serow besuchte in diesen Wochen eine Aufführung der ihm bislang noch unbekannten Oper „Tristan und Isolde" in München und dann dort am 27. August auch die Generalprobe des „Rheingold", der der Komponist übrigens aus Protest gegen die von König Ludwig II. gegen seinen Willen anbefohlene Uraufführung des Werkes fernblieb.

Serow veröffentlichte in Petersburger Blättern noch mehrfach umfangreiche Artikel über Wagner, so im Winter 1863 im Zusammenhang mit den Wagnerkonzerten im Februar bis April,[79] und dann noch einmal eine große Artikelfolge unter dem Titel „Der Ring des Nibelungen" im Sommer und Herbst desselben Jahres, wo Serow einen Gesamtüberblick über Wagners opernreformatorisches und musikdramatisches Schaffen gab.[80] 1864 bis 1866 hielt er auch wieder öffentliche Vorlesungen über Musik- und Operngeschichte und räumte darin Wagner immer einen akzentuierten Platz ein.[81] Auf einer weiteren langen Auslandsreise 1869 nach Deutschland, Italien, Frankreich und in die Schweiz erlebte Serow in München dann eine weitere Aufführung von „Tristan und Isolde".

So sehr an dieser Stelle auch das Engagement Serows für Wagner in Russland hervorzuheben war, so muss mit ebensolchem Nachdruck auf die eigentliche Tätigkeit Serows hingewiesen werden. Er war neben seinen Aktivitäten als rühriger Musikkritiker in erster Linie doch selbst Opernkomponist. Zwei Opern von ihm – „Judith" und „Rogneda", uraufgeführt 1863 und 1865 in Petersburg – gehörten seinerzeit zum ständigen Repertoire der kaiserlichen Opernhäuser in Petersburg und

---

[77] Zit. nach: Wagner in St. Petersburg, Ausstellungskatalog, S. 13.

[78] CWT, Bd. I, S. 125.

[79] Vgl.: A. N. Serow, Stati o musyke, Bd. 6: 1863–1866, S. 5 ff., 8 ff., 16 ff.

[80] Ebd., S. 30–86.

[81] Ebd., S. 162 ff., 228 ff., 253 f., 257 ff.

Moskau. Sie waren umjubelt, aber auch umstritten, denn sie repräsentierten einerseits ganz bewusst eine opernreformatorische Ästhetik im Geiste Wagners, ohne diesen aber stilistisch zu kopieren, und entsprachen andererseits durchaus nicht den künstlerischen Vorstellungen der „Neuen russischen Schule", also den Vertretern des „Mächtigen Häufleins", so dass ihre Stellung in der russischen Musikgeschichte quasi ein Platz zwischen den Stühlen gängiger Ästhetiken war. Ein drittes Opernprojekt „Des Feindes Macht", in dem Serow auch russische Volksmusiktraditionen aufgegriffen hatte, blieb unvollendet.

Gesundheitlich bereits seit längerem angeschlagen, starb Serow, gerade erst 50 Jahre alt, am 20. Januar 1871 in Petersburg. Sein Tod bedeutete einen großen Verlust für das russische Musikleben. Die Nachricht von seinem Tod bewegte auch Wagner sehr. Cosima hob in ihrem Tagebuch unter dem 9.2.1871 dessen tiefe Anteilnahme hervor: *„Einen guten, wahren, kindlich guten Freund unsrer Sache verlieren wir in ihm, und wir können sagen, daß mit ihm sein Land, dessen bester Repräsentant er für uns war, gestorben ist."*[82] Letztere bittere Bemerkung war aber doch wohl etwas übertrieben. Wagner blieb weiterhin an Russland interessiert, denn wenig später, am 2. März desselben Jahres, notierte Cosima wiederum, dass Wagner in Erinnerung an den verstorbenen Serow *„auf seine Erlebnisse in Rußland zu sprechen"* kam.[83] Am 10. Februar 1871 schrieb Wagner einen teilnahmsvollen Brief an einen Petersburger Freund Serows, der ihm kurz zuvor den Tod desselben mitgeteilt hatte – ein anrührender persönlicher Nachruf:

> *„Sséroff ist für mich nicht todt; er lebt deutlich und bestimmt für mich fort ... Was er war, ist und bleibt er, einer der edelsten Menschen, die ich mir nur vorstellen kann: sein zartes Gemüth, sein reines Gefühl, sein ganz von diesen beiden belebter und erleuchteter Verstand machen mir die Freundschaft, welche er mir so wahrhaftig zuwandte, zu dem edelsten Geschenk, das meinem Leben zugedacht war."*[84]

---

[82] CWT, Bd. I, S. 353.
[83] Ebd., S. 365.
[84] RWB, Bd. 23, S. 41.

Kapitel 4
Konzertreise nach Petersburg und Moskau 1863 – Der „russische Feldzug"

Die Einladung – „Nun muss Russland helfen"

Wagner lebte seit 1849 im Asyl, vor allem in Zürich, stets begleitet von argen Existenznöten. Er hatte mit der Komposition vom „Ring des Nibelungen" begonnen und bereits „Rheingold" und „Walküre", zur Hälfte auch schon „Siegfried" vollendet, hatte „Tristan und Isolde" komponiert und die Arbeit an den „Meistersingern" begonnen. 1862 wurde ihm dann auch vollständige Amnestie gewährt, so dass er wieder frei in Deutschland tätig werden konnte. Aber an einem fehlte es ständig. Es fehlte an Geld, um in Ruhe leben und arbeiten zu können, um seine stets hochfliegenden Pläne realisieren zu können. Die Erträge aus den Aufführungstantiemen seiner Werke reichten bei weitem nicht aus, um seinen doch recht expansiven Lebensstil zu finanzieren. Immer wieder sah er sich gezwungen, auf Reisen zu gehen und mit Konzerten Geld zu verdienen.

Da kam ein überraschendes Angebot. Es war wohl im November 1862, als Wagner von der Direktion der Petersburger „Philharmonischen Gesellschaft" eine Einladung für Konzertauftritte mit eigenen Werken erhielt. Diese Konzertvereinigung, eine der ersten öffentlichen Konzertorganisationen in Russland, war schon 1802 gegründet worden. Ihr gehörten in führender Position auch von Beginn an zahlreiche nach Russland ausgewanderte deutsche Musiker an. Literarisch stellte das Wirken deutscher Musiker in Russland beispielsweise in Turgenjews Roman „Das Adelsnest" in der fiktiven Figur des Musikers Christophor Theodor Gottlieb Lemm ein anrührendes Beispiel dar.[1] Regelmäßige Konzertveranstaltungen der Vereinigung sollten einem Fonds zur Unterstützung von Witwen und Waisen der Musiker dienen. Eine dementsprechende Satzung – in deutscher Sprache verfasst – regelte das finanzielle Procedere. Aufgeführt wurden vornehmlich neue Musikwerke aus Deutsch-

---

[1] Vgl.: Tatjana Frumkis, Der „strenge deutsche Kontrapunkt" und die „Neue russische musikalische Schule". Zur Geschichte eines Streits, S. 886.

© Der/die Autor(en), exklusiv lizenziert an Springer-Verlag GmbH, DE, ein Teil von Springer Nature 2025
E. Kröplin, *Richard Wagner und Russland*, https://doi.org/10.1007/978-3-662-70404-2_4

land und Frankreich, aber auch Kompositionen von russischen Komponisten. Über den zeitlich teilweise dominierenden Einfluss zugewanderter deutscher Musiker auf das russische Musikleben im 19. Jahrhundert sowie auf die Gründung der Konservatorien in Petersburg und Moskau liegen auskunftsreiche wissenschaftliche Studien vor, in denen auch auf zunehmende Spannungen der jungen nationalbewussten russischen Musiker gegenüber der Übermacht deutscher musikalischer Gelehrtheit hingewiesen wurde.[2]

Es ist denkbar, dass Alexander Serow und evtl. auch Maria Kalergis bei der Einladung der „Philharmonischen Gesellschaft" an Wagner im Hintergrund anregend mitgewirkt haben. Natürlich hatte der Name Wagner, namentlich durch die mehrmaligen Aufführungen seiner „Tannhäuser"-Ouvertüre und weiterer Ausschnitte aus seinen Opern, bereits für so viel Aufsehen in Petersburg gesorgt, dass man diesen merkwürdigen Musiker nun auch selbst im Konzert erleben wollte. Wagner sprach nach Erhalt der Einladung von der Möglichkeit eines solchen Unternehmens erstmals in einem Brief vom 28. November 1862 an Mathilde Maier. Er habe eine Einladung nach Petersburg erhalten, *„die dortigen philharmonischen Concerte in den Fasten zu dirigieren"*. In den Folgetagen erzählte er davon in weiteren Briefen an Minna und an Hans von Bülow, wie auch an Mathilde Maier sowie an Malwida von Meysenbug.[3] Nach einigem Zögern – Wagner war zur Zeit in Wien, um die Einstudierung von „Tristan und Isolde" am dortigen Hoftheater voranzutreiben – sagte er schließlich, wenn auch noch unter Vorbehalt, in einem Brief vom 12. Dezember 1862 an die Petersburger „Philharmonische Gesellschaft" zu:

„All mein Wirken und Schaffen liegt eigentlich gänzlich davon ab, mich mit Konzertaufführungen (soviel Freude sie mir auch zu Zeiten verschaffen) zu befassen. Gegenwärtig bin ich allerdings in Wien damit beschäftigt, selbst solche Aufführungen zu veranstalten: sie haben aber zunächst nur den Zweck, das Publikum durch Vorführung von Fragmenten aus denselben mit meinen neueren dramatischen Werken, deren vollständige erste Aufführung noch mit großen Schwierigkeiten verbunden ist, bekannt zu machen. – Ich läugne nun aber nicht, daß es noch einen zweiten Grund giebt, der mich zur Veranstaltung von dergleichen Konzertaufführungen bestimmen kann. Ich bin ohne Vermögen, ohne Gehalt, und bedarf, um mir zu Zeiten Ruhe zum Arbeiten zu versichern, besonderer Einkünfte, wie sie mir der gewöhnliche Ertrag meiner Opern nicht zu gewähren im Stande ist. In diesem Sinne wurde ich verschiedene Male bereits auf den günstigen Erfolg aufmerksam gemacht, der mir durch Konzertaufführungen in der Fastenzeit in Petersburg und Moskau erwachsen könnte."[4]

In „Mein Leben" hieß es dann dazu auch:

„Hiergegen wirkte auf meine Entschlüsse entscheidend die Einladung, welche mir aus Petersburg zukam, daselbst im Monat März zwei Konzerte der Philharmonischen Gesellschaft für ein Honorar von 2000 Silberrubel zu dirigieren. Frau Kalergis [die sich zur selben Zeit wie Wagner auch in Wien aufhielt], deren Bemühung um mich ich auch hierin zu

---

[2] Ebd., S. 883–921, bes. S. 896 ff.; weiterhin: Denis Lomtev, Deutsche Musiker in Russland. Zur Geschichte der Entstehung der russischen Konservatorien.

[3] Vgl.: RWB, Bd. 14, S. 341, 344, 347, 353, 354.

[4] Ebd., S. 355.

erkennen hatte, riet mir eindringlich zur Annahme dieser Aufforderung, wobei sie mir für die Vergrößerung meiner Einnahme ein selbständig zu gebendes Konzert mit jedenfalls sehr bedeutendem materiellem Erfolge in Aussicht stellte."[5]

Wie in den zitierten Briefen schon angedeutet, war die Konzerttätigkeit für Wagner in erster Linie eine Quelle für dringend benötigte Geldeinnahmen, da er immer knapp bei Kasse und häufig hoch verschuldet war. Jetzt hatte er den Plan, mit Konzertunternehmungen in Deutschland wie auch im Ausland so viel Geld einzunehmen, um sich für einige Jahre finanziell abzusichern und ein eigenes Heim in Biebrich bei Mainz zu bauen. Hier wollte er die Komposition der „Meistersinger von Nürnberg" fertigstellen, mit der er – als „große komische Oper" – endlich einen durchschlagenden Publikumserfolg erhoffte. Und hier wollte er auch Muße zur Fortsetzung der Arbeit am „Ring des Nibelungen" finden. Als Konzertdirigent hatte sich Wagner ja längst einen exzellenten Ruf erworben, so etwa auch mit seinen Konzertunternehmungen 1855 in London oder 1860 in Paris und Brüssel. 1862/63 absolvierte er weitere Konzertdirigate in Karlsruhe, in Leipzig, in Wien und in Prag. Der finanzielle Gewinn war jedoch gering, so dass Maria Kalergis beispielsweise auch in Wien wieder mit einer Spende von 1000 Gulden Wagner aus der Bedrängnis helfen musste. Nun sollte eine Konzertreise nach Russland eine Wende herbeiführen. Das Unternehmen Petersburg bedeutete für Wagner also keineswegs eine Erkundungsreise in das russische Musikleben, sondern eben nur eine Aktion, um Geld zu verdienen.

Und auf Maria Kalergis als weitere Förderin hatte Wagner ja nach der Pariser Konzertunternehmung von 1860 und dem Scheitern der damaligen Petersburger Bemühungen um ihn geradezu schon prophetisch hingewiesen, als er am 11. Juli 1860 über die Kalergis an Serow schrieb: *„Auch habe ich es ihr gänzlich übergeben, mich dereinst nach Petersburg zu ziehen."*[6] Jetzt war es also soweit. Wagner fuhr in ein Land, das gerade von zwei wichtigen politischen Ereignissen bewegt wurde. 1861 hatte Zar Alexander II. als eines der letzten Länder in Europa die Leibeigenschaft aufgehoben. Bauern konnten nun in die Städte ziehen und bildeten damit den Grundstock einer notwendig gewordenen wirtschaftlichen Entwicklung, nämlich der einsetzenden Industrialisierung. Und im Januar 1863, unmittelbar vor Wagners Reise, war in Polen erneut ein Aufstand gegen die russische Fremdherrschaft ausgebrochen, der in der Folgezeit mit brutaler militärischer Härte niedergeschlagen wurde.

Am 18. Februar 1863 trat Wagner die Reise nach Petersburg an. Die Fahrt, nun schon durchgängig mit der Eisenbahn, führte zunächst nach Berlin und von da am 21. Februar über Königsberg in die russische Hauptstadt, wo er am 24. Februar (12. Februar julian. Kalenders) eintraf. Über die Umstände der dreitätigen Fahrt gab Wagner wenige Jahre später in „Mein Leben" einen launigen Bericht, der hier etwas ausführlicher wiedergegeben sein soll. Es war sein zweiter deutsch-russischer Grenzübertritt, nach jenem sehr dramatischen von 1839, und es war ihm dabei durchaus etwas mulmig zumute:

---

[5] ML, S. 725.
[6] RWB, Bd. 12, S. 218.

„In Königsberg hatte ich einen halben Tag und eine Nacht zuzubringen, welche ich, von einer Wiederaufsuchung der für mich einst so verhängnisvollen Lokalitäten dieses Ortes keineswegs angezogen, still in einem Zimmer eines Gasthofes, um dessen Lage ich mich nicht einmal bekümmerte, verbrachte, um mit frühem Morgen meine Reise über die russische Grenze fortzusetzen. In einer gewissen Befangenheit wegen meiner ehemaligen gesetzwidrigen Überschreitung dieser Grenze, betrachtete ich mir während meiner langen Fahrt die Physiognomie der Mitreisenden genau. Unter diesen fiel mir ein livländischer Edelmann deutscher Herkunft besonders dadurch auf, daß er im härtesten deutschen Junker-Tone sein Mißbehagen an der Emanzipation der Bauern durch den russischen Kaiser aussprach: es ward mir hieran deutlich, daß etwaige Freiheitsbestrebungen der Russen durch unseren, unter ihnen ansässigen deutschen Adel keine großen Förderungen erhalten möchten. Sehr erschreckte es mich, bei immer weiterer Annäherung an Petersburg, den Zug plötzlich angehalten und von Gendarmerie untersucht zu sehen. Es galt, wie man mir sagte, einigen der Teilnahme an dem in Ausbruch begriffenen neuesten polnischen Aufstande Verdächtigen. Nicht weit von der Hauptstadt selbst füllten sich aber die leeren Sitze des Waggons mit mehreren Leuten, deren hohe russische Pelzmützen mir um so mehr Verdacht erregten, als ich auf das aufmerksamste von den Trägern derselben fixiert wurde. Plötzlich aber verklärte sich das Gesicht des einen, welcher sich ganz begeistert mir zuwandte und mich als denjenigen begrüßte, dem er mit mehreren andern Musikern des Kaiserlichen Orchesters zur Einholung entgegengefahren sei. Es waren lauter Deutsche, welche mich nun nach der Ankunft im Petersburger Bahnhofe zahlreichen anderen Abgeordneten des Orchesters, mit dem Komitee der Philharmonischen Gesellschaft an der Spitze, jubelnd zuführten." [7]

Die *„gewisse Befangenheit"*, die Wagner bei der Überschreitung der Grenze nach Russland spürte, war nicht ganz grundlos, jedoch aus einem anderen Grund. Er wurde tatsächlich während seines ganzen Aufenthaltes in Petersburg und Moskau von der russischen Geheimpolizei überwacht. Der Grund dafür war aber nicht sein früherer illegaler Grenzübertritt, sondern seine revolutionäre Vergangenheit, d. h. seine Beteiligung, gemeinsam mit Bakunin, am Dresdner Maiaufstand 1849. Der Chef der Geheimpolizei, konkret der „III. Abteilung", Fürst Wassili Dolgoruki, hatte Auftrag gegeben, Wagner genau zu beobachten. Die Verbindung zu Bakunin machte ihn aufs höchste verdächtig, zumal dieser vor weniger als zwei Jahren aus seiner sibirischen Verbannung entflohen und in Westeuropa erneut in Verbindung zu sozialrevolutionären bzw. sozialistischen Bestrebungen getreten war. Wie aus den russischen Geheimakten später zu entnehmen war, konnten die beauftragten Spione jedoch nichts Verdächtiges an Wagners Verhalten während seines Aufenthaltes in Russland beobachten. *„Augenblicklich sei sein Betragen vollständig harmlos"*, hieß es in einem der Berichte. [8]

Man hatte für Wagner ein freundliches und behagliches Quartier im Zentrum der Stadt vorbereitet. Er logierte bei einem holländisch-deutschen Ehepaar Kunst in einer Pension, die sich in einem großen Haus an der Ecke vom Newski-Prospekt Nr. 38 und der Michailowskaja uliza, schräg gegenüber vom bekannten Kaufhof „Gostinny dwor", befand und freien Ausblick auf die immer belebte Hauptmagistrale Petersburgs bot (Abb. 4.1). Es war ein Quartier mit voller Beköstigung. Seinem

---

[7] ML, S. 727 f.

[8] Vgl.: Eugen Braudo, Richard Wagner unter russischer polizeilicher Aufsicht. Aus den Akten der russischen Geheimpolizei, S. 748.

Abb. 4.1 St. Petersburg. Newski Prospekt. Historische Ansicht

Wiener Freund Josef Standthartner schrieb Wagner am 15. Februar recht angetan und mit Anspielung auf den pekuniären Grund (der dem Adressaten wohlbekannt war) seiner Russland-Unternehmung:

> „*Nun muss Russland helfen. Gräuliche Reise – doch, weiss Gott, man übersteht Alles. Hier Winter, Schlitten u. Eis! Wurde am Bahnhof sehr freundschaftlich empfangen und in eine mir reservirte prächtige Wohnung geleitet, wo ich von deutschen Pensionsgebern sehr gemüthlich verpflegt werde … Im Ganzen macht Petersburg keinen ungünstigen Eindruck auf mich; das kommt von der inzwischen genossenen Erbärmlichkeit Berlin's, welches in Wahrheit eben ein armseliger Abklatsch von Petersburg ist.*"[9]

Gegenüber der intimen Vertrauten Mathilde Maier in Mainz, die von ihm gebeten war, sich um die vorgesehene Ansiedlung in Biebrich zu bekümmern, deutete Wagner sogar einen voreiligen Plan an – eine Phantasievorstellung (wie übrigens in späteren Jahren etwa auch die häufige Ankündigung, nach Amerika übersiedeln zu wollen). Da hieß es in einem Brief vom 17. Februar: „*Wenn Alles nichts wird, siedle ich mich hier in Petersburg an, wo es mir sehr wohlgefällt.*"[10] Ganz ähnlich hieß es auch am 21. Februar gegenüber Minna:

> „*Gern möchte ich das Aufsehen, was ich hier mache, gehörig ausbeuten: Gott weiss, ob ich Zeit dazu behalte. Sonderbar ist es allerdings, dass ich hier in Russland die Hilfe finden soll, die ich so nahe eigentlich in Deutschland zu suchen hätte. Nun gar erst Sachsen, mein liebes Sachsen, das gute Leipzig, ach, und das theure, edle Dresden, wo ich ungefähr wie eine räudige Katze behandelt werde!*"[11]

---

[9] RWB, Bd. 15, S. 93.

[10] Ebd., S. 96.

[11] Ebd., S. 99.

Häufig lud Wager zum Essen in seine Pension auch seinen Bewunderer und Helfer Alexander Serow ein, der in den folgenden Wochen mit viel Engagement Wagner zur Seite stand und auch eifrig nach allen möglichen Seiten antichambrierte, um diesem Eingang in die vornehme Petersburger Gesellschaft und Verbindung zu wichtigen Vertretern des Musiklebens zu verschaffen. Dankbar schrieb Wagner über Serow in „Mein Leben":

> *„Diesen, der sich sofort bei mir eingefunden hatte, lernte ich hier in einer sehr ärmlichen Stellung als Zensor der deutschen Journale kennen. Im Äußeren sehr vernachlässigt, kränklich und dürftig sich behelfend, erwarb er sich meine Achtung zunächst mit seiner großen unabhängigen Gesinnung und Wahrhaftigkeit, durch welche, verbunden mit seinem ausgezeichneten Verstande, er sich auch, wie ich bald erfuhr, zu einem der einflußreichsten und gefürchtetsten Kritiker erhoben hatte … Hiergegen trat er mit mir in das allerinnigste Einvernehmen; er verstand mich und meine Art so vollständig, daß wir fast nur noch scherzend miteinander umzugehen hatten, da wir über alles Ernste vollkommen einverstanden waren. Nichts glich seiner Sorgsamkeit, mit welcher er mir nach jeder Seite hin behilflich war. Für die Gesangstexte der Bruchstücke aus meinen Opern, welche in meinen Konzerten vorgetragen werden sollten, sowie für meine explikativen Programme veranstaltete er die nötigen Übersetzungen in das Russische. Zur Auffindung der geeignetsten Sänger war er nach vortrefflicher Einsicht besorgt. Dafür schien er denn auch durch die Assistenz bei den Proben und Aufführungen reichlich belohnt. Sein strahlendes Gesicht glänzte mir überall ermutigend und belebend entgegen."*[12]

Am 19. Februar erschien in Petersburg ein erster Artikel Serows als einführende Werbung für die bevorstehenden Konzerte Wagners. Darin bezog er zunächst eine krasse Frontstellung gegen jene russischen Kritiker, gemeint waren wohl u. a. Ulybyschew und Feofil Tolstoi, die seit Jahren schon gegen Wagners reformatorische Idee, wie sie vor allem in seiner Schrift „Das Kunstwerk der Zukunft" formuliert waren, zu Felde zogen (Abb. 4.2):

> *„Die müßigen Schreiberlinge aus dem Lager der Philister beeilten sich, die ideal gedachte und klare Überschrift des Buches als Geschoß auf seinen Verfasser zu richten, um dem Denker und Künstler in taktlosester und geradezu karikierender Art und Weise Eigenlob und Selbstbeweihräucherung vorzuwerfen. Feuilletonschwätzer, gehässige Journalisten und Kritiker mit Halbbildung griffen das Wort vom ‚Kunstwerk der Zukunft' auf und zogen wie chinesische Soldaten mit Papierdrachen los, um dem Publikum mit einer angeblichen Revolution auf dem Gebiet der Musik, durch die einmal für allemal alle Autoritäten der großen Namen der Musikwelt beiseite geschoben, alle üblichen, dem Hörer gewohnten Harmonien und schönen Melodien über den Haufen geworfen würden, einen Schreck einzujagen …"*[13]

Gleich am 14. Februar begannen die Orchesterproben im großen Saal der Adelsversammlung, einem prachtvollen Gebäude, das sich nur wenige Meter entfernt von Wagners Logis in der Michailowskaja uliza befand. Und Wagner verschlug es fast den Atem – das Orchester, mit dem er arbeiten konnte, bestand aus 120 Musikern, was seinem extensiven Klangideal sehr entgegenkam und womit er bislang bei seinen deutschen Konzertunternehmungen eigentlich nie hatte umgehen können. Zudem handelte es sich – bei einem hohen Anteil von deutschen Musikern – um

---

[12] ML, S. 728 f.

[13] A. N. Serow, Stati o musyke, Bd. 6: 1863–1866, S. 5 f.; vgl. auch: Alexander Serow, Aufsätze zur Musikgeschichte, S. 327 f.

Abb. 4.2 Wagner und Serow unterhalten sich über die „Zukunftsmusik". Karikatur in der Peters-burger Satirezeitschrift „Iskra" 1863

einen künstlerisch hochkarätig besetzten Klangkörper. Im oben erwähnten Brief an Freund Standthartner in Wien hieß es denn auch: *„Das Orchester ist sehr gut, namentlich enorm stark (24 erste Violinen) intelligente tüchtige Leute, die über-glücklich sind, einmal unter einem ordentlichen Dirigenten zu spielen."*[14]

Ein solches Orchester zu dirigieren, bedeutete für Wagner ein großes Vergnügen, konnte er doch – begeistert unterstützt von den Musikern – wieder intensiv seiner ganz eigenen, modernen Art des Dirigierens nachgehen, namentlich auch am Bei-spiel Beethovenscher Sinfonien, die er, in seine Programme einzubeziehen, sich ausbedungen hatte. Serow beschrieb das anschaulich (Abb. 4.3) – voraussetzend auch den für die Zeitgenossen erstaunlichen Umstand, dass Wagner auswendig di-rigierte:

„Am vergangenen Donnersteg bekam ich nun im Saal der Adelsversammlung auf der Probe die Gelegenheit, mich mit eigenen Augen von dem zu überzeugen, was ich schon wiederholt in der Presse behauptet hatte, nämlich daß Wagner als Dirigent nur Liszt und Berlioz (die ich dirigieren gesehen habe) an die Seite gestellt werden kann. In der Tat wurde es bei der Probe der ‚Eroica' offenbar, daß Richard Wagner als Dirigent ein ebenso phänomenaler und beseelter Künstler wie in seinen Werken ist."[15]

---

[14] RWB, Bd. 15, S. 93; vgl. auch: ML, S. 729.

[15] A. N. Serow, Stati o musyke, Bd. 6: 1863–1866, S. 8.; vgl. auch: Alexander Serow, Aufsätze zur Musikgeschichte, S. 330.

Abb. 4.3 Wagner galoppiert in die Zukunft. Karikatur in der Petersburger Satirezeitschrift „Iskra" 1863

Die Petersburger und Moskauer Konzerte – „Ich bin hier der Löwe"

Die Programme der Wagnerschen Konzerte beinhalteten Ausschnitte aus allen Wagneropern, namentlich auch den noch gar nicht öffentlich aufgeführten bzw. noch gar nicht zu Ende komponierten.[16] Das Petersburger Orchester bestand nach Wagners Mitteilung aus 120 Musikern. (Glasenapp nannte sogar die Zahl 130.[17]). Es waren alle Musiker der kaiserlichen Theater in der „Philharmonischen Gesellschaft" vereinigt. Hinzu traten ein großer Chor, etwa in derselben Stärke wie das Orchester, und einige Gesangssolisten. Der Saal der Adelsgesellschaft, damals der repräsentativste Konzertsaal in Petersburg, fasste etwa 2300 Besucher. Der

---

[16]Vgl. zu den Programmen: Kommentar in RWB, Bd. 15, S. 380–392.; vgl. weiterhin: Ludmilla Poljakowa, Wagner und Russland, S. 109; vgl. auch: Rosamund Bartlett, Wagner and Russia, S. 299 ff.

[17]Vgl.: Carl Friedrich Glasenapp, Das Leben Richard Wagners, Bd. 3, S. 422.

Publikumsandrang war stark, erhoffte man sich doch musikalische Sensationen. Schon bei der Hauptprobe zum Konzert hatte man 600 ungeduldig wartende Besucher eingelassen. Das Notenmaterial war nicht rechtzeitig aus Deutschland eingetroffen, so dass im ersten Konzert nur Stücke aus den frühen Wagneropern „Der fliegende Holländer", „Tannhäuser" und „Lohengrin" aufgeführt werden konnten, deren Notenmaterial bereits im Notenarchiv der kaiserlichen Theater von früheren einzelnen Aufführungen her vorhanden war. Erst ab dem zweiten Konzert erklangen auch Stücke aus den jüngsten Werken Wagners.

Im ersten Petersburger Konzert am 19. Februar im großen Saal der Adelsversammlung erklangen folgende Stücke:

- Beethoven: 3. Sinfonie Es-Dur „Eroica".
- Aus „Der fliegende Holländer": Matrosenchor, Spinnerinnenlied, Ballade der Senta (Solistin: Valentina Bianchi) und Ouvertüre.
- „Lohengrin" – Vorspiel.
- Aus dem „Tannhäuser": „Einzug der Gäste", Lied des Wolfram „O du, mein holder Abendstern" (Solist: Wladimir Sobolew) und Ouvertüre.
- Zum Abschluss: die „Zarenhymne"

Das zweite Wagner-Konzert am 26. Februar (Abb. 4.4), wieder im großen Saal der Adelsversammlung, hatte folgendes Programm:

- Beethoven: 5. Sinfonie c-Moll.
- Aus „Tristan und Isolde": Vorspiel und „Isoldes Liebestod".
- Aus „Die Walküre": Siegmunds Liebesgesang „Winterstürme wichen dem Wonnemond" (Solist: Ratkowski?).
- Aus „Die Meistersinger von Nürnberg": Versammlung der Meistersingerzunft, Pogners Ansprache (Solist: Wladimir Sobolew) und Vorspiel.

Ein drittes Konzert gab Wagner am 6. März, diesmal im Kaiserlichen Hoftheater. Es kam auf seinen Wunsch als Benefizkonzert zustande, bei dem die Musiker unentgeltlich auftraten, so dass Wagner einen erheblichen Gewinn erzielen konnte. Auf dem Programm standen:

- Aus „Tannhäuser": Ouvertüre, Arie „Dich, teure Halle, grüß' ich wieder" (Solistin: Valentina Bianchi) und Duett Elisabeth-Tannhäuser „Gepriesen sei die Stunde" (Solisten: Valentina Bianchi, Josif (Ilja) Setow).
- Aus „Lohengrin": Vorspiel und Elsas Gesang „Gespräch mit den Lüften" (Solistin: Valentina Bianchi).
- Aus „Die Walküre": „Ritt der Walküren" und Siegmunds Liebesgesang „Winterstürme wichen dem Wonnemond" (Solist: Iosif (Ilja) Setow).
- Aus „Siegfried": „Schmiedelieder" (Solist: Iosif (Ilja) Setow).
- Aus „Die Walküre": „Wotans Abschied und Feuerzauber" (Solist: Ratkowski).
- Aus „Tannhäuser" (möglicherweise als Zugabe): „Einzug der Gäste".

Wagner war denn doch sehr überrascht vom großen Publikumserfolg seines Auftretens. Gleich nach dem ersten Konzert schrieb er an Mathilde Maier (20. Februar) *„Das Concert ist vorüber. Es war geradeswegs furchtbar; so heiss hab' ich noch nie*

Abb. 4.4 Zweisprachiger Programmzettel zu Wagners zweitem Petersburger Konzert am 26. Februar 1863 in Petersburg

gehabt wie hier in Russland!!! Das Publikum – 3 bis 4000 Personen [hier übertrieb Wagner] – *hat mich fast aufgefressen!!! Ich mache alle andren Concerte todt, und mein Triumph ist unerhört.* "[18] Und an Freund Standthartner in Wien hieß es Wochen später (26. März) ganz ähnlich: *„Ich bin hier der ‚Löwe', und muss wohl finden, dass ich einen unerwartet aufregenden Eindruck auf das Russische Publikum gemacht habe ... Ich denke mich mit etwa 8000 Rubel Silber Einnahmen von den Affären zurückzuziehen."*[19] Die Bezeichnung „Löwe" bezog sich wahrscheinlich auf eine Rezension des Musikkritikers Mawriki Rappaport, der nach dem ersten Wagnerkonzert am 23. Februar in einer Petersburger Zeitung geschrieben hatte: *„Wagner ist der Löwe der Saison geworden ..."*[20]

Der Erfolg der Petersburger Konzerte war beim Publikum enorm, ja überschwänglich (Abb. 4.5), und er beruhte in erster Linie natürlich auf dem Avantgardismus der Wagnerschen Musiksprache, war angestachelt sicher auch durch den öf-

---

[18] RWB, Bd. 15, S. 97.

[19] Ebd., S. 128.

[20] Vgl. ebd., Bd. 15, S. 518.

Abb. 4.5 Das Publikum für Wagners „Zukunftsmusik". Karikatur in der Petersburger Satirezeitschrift „Iskra" 1863

fentlich in der Presse ausgetragenen Streit um den Opernreformer Wagner und basierte letztlich auf der Faszination Wagners als Dirigent, namentlich bei den Beethoven-Sinfonien. Wagner hatte im Laufe seiner künstlerischen Entwicklung als dirigierender Musikinterpret insbesondere am Beispiel Mozartscher und Beethovenscher Partituren eine akzentuierte Weise von Verlebendigung der musikalischen Vorlagen entwickelt, die sich vor allem durch modifizierenden Umgang mit Tempovorgaben und im nuancenreichen Kolorieren des Orchesterklangs auszeichnete. Da erlebte das Petersburger Publikum etwas ihm bislang Unbekanntes und Aufregendes. Alexander Serow beschrieb das in einem Bericht über die Petersburger Wagnerkonzerte sehr instruktiv:

„Wagner hatte wiederholt Symphonien von Beethoven zu dirigieren, darunter sogar die neunte, zu einer Zeit, wo er keine Möglichkeit hatte, vorher einen Blick in die Partitur zu tun, aber alle Symphonien Beethovens hat er ständig genau im Gedächtnis und in der Vorstellung genau wie seine eigene Musik, so daß er auch die neunte Symphonie auf den Pro-

ben und vor dem Publikum ohne Partitur, auswendig dirigierte. Er leitet das Orchester sehr eigenwillig und schlägt keineswegs den Takt so, wie das so eifrig die Handwerker unter den Dirigenten tun; er gestaltet nur die Schattierungen und den Charakter der Musik.“[21]

Und in einem weiteren Artikel meinte Serow auch ziemlich drastisch:

„Die Unbildung unserer Feuilletonschreiber in bezug auf Musik mag sogar die der Franzosen noch übertreffen, und dazu gehört, weiß Gott, allerhand! Warum sollte da gegenüber Wagner ein Wunder geschehen, das heißt, daß bei uns in den Zeitungen auf einmal über die Musik und das Dirigieren Wagners kein Unsinn geredet würde? … Warum nicht zum Beispiel annehmen, daß sich bei uns Leute finden, die dem Publikum allen Ernstes versichern werden, daß der Dirigent nichts anderes als ein Metronom zu sein hat, daß es nur seine Pflicht ist, aufzupassen, daß das Orchester richtig im Takt bleibt (und etwaige Fehler richtigzustellen), und daß die ganze Genialität Wagners als Dirigent darin bestände, daß er mit dem Gesicht zum Orchester gewandt dirigiert und dem Publikum (was für ein Mangel an Ehrerbietung!) den Rücken zukehrt … Mit diesen Herrschaften zu polemisieren würde eine Verunglimpfung Wagners darstellen. Nur darauf möchte ich hinweisen, daß der Borniertheit und dem Geschwätz unserer Musikfeuilletonisten gerade bei Gelegenheit der Wagnerkonzerte ein weites Feld geöffnet ist.“

Serow kam dann folgerichtig auf ein auffälliges Synästhetikum des Wagnerschen Musikverständnisses zu sprechen, nämlich auf das Verhältnis von Klang und Farbe, von Musik und Bild, von Malerei und klingender Poesie, und berührte damit etwas Wesentliches. Wenngleich im Tonfall auch euphorisch überhoben – er befand sich eben beständig in polemischer Reizstimmung gegenüber den Wagner kritisch sehenden *„Musikfeuilletonisten“*, etwa in der Gestalt von Feofil Tolstoi („Rostislaw“) – hieß es da:

„Als einer der größten Musiker der Welt sieht Richard Wagner natürlich im Ton das Material, die Farbe für die malerische Darstellung der Erregungen im Reiche der Seele und ebenso der äußeren, realen Erscheinungen in ihrem vom Leben der Seele nicht zu trennenden Zusammenhang … Nach Beethoven hat es in der Musik tatsächlich nicht einen einzigen gegeben, der so klar in Tönen gemalt hätte wie Wagner.“[22]

Tolstoi hatte beispielsweise sehr sarkastisch und in voller Ablehnung der Wagnerschen Musik nach den Konzerten formuliert: *„Das Petersburger Publikum versank großenteils in den Wogen einer ihm von den Futuristen aufgezwungenen Musik.“*[23]

Einer der wenigen Befürworter Wagners war neben Serow der Kritiker Mawriki Rappaport, der sich warmherzig und höchst achtungsvoll über die Persönlichkeit Wagners äußerte:

„Wagner hat ein angenehmes Äußeres, ein ausdrucksvolles Gesicht, außerordentlich anziehende Manieren – er ist freundlich, höflich, bescheiden, sensibel, liebenswürdig im Umgang mit dem Orchester, mit einem Wort, eine rundum sympathische Persönlichkeit … In seiner Individualität, seiner ungewöhnlichen schöpferischen Selbständigkeit, unterscheidet

---

[21] In: „Sankt-Peterburgskije wedomosti“, 19. Februar 1863; vgl.: A. N. Serow, Stati o musyke, Bd. 6: 1863–1866, S. 7 f.; vgl. auch: Alexander Serow, Aufsätze zur Musikgeschichte, S. 329.

[22] In: „Sankt-Peterburgskije wedomosti“, 6. März 1863; vgl.: A. N. Serow, Stati o musyke, Bd. 6: 1863–1866, S. 10 ff.; vgl. auch: Alexander Serow, Aufsätze zur Musikgeschichte, S. 331 ff.

[23] Vgl.: A. Gosenpud, Richard Wagner i russkaja kultura, S. 58.

er sich scharf von Allen und ist ein mutiger, starker Herrscher im Kampf, umgeben von nur wenigen Anhängern – gegen überaus aktive Feinde. Wagner – das ist ein phänomenaler Mensch in jeder Beziehung: Vielseitigkeit, die jede außergewöhnliche Persönlichkeit auszeichnen soll, tritt bei ihm besonders deutlich hervor ... Wagner strebt in seinen Werken bewusst ein organisches Ziel an, die Vereinigung der Künste im lyrischen Werk, die untrennbare Verbindung von Drama mit Musik, oder anders gesagt, von szenischer Poesie mit musikalischer Poesie. "[24]

Allerdings hatte Rappaport auch kritische Einwände. Er bemängelte beispielsweise, dass Wagner eine *„Vorliebe für rezitativische, gesprächsartige Formen"* habe, die in einem *„lyrischen Werk"* fehl am Platze seien, und dass er *„die Sänger, die nur Ergänzungen zum Orchester"* seien, vernachlässige.[25]

Es waren in der Tat vor allem die Gegner Wagners (Abb. 4.6), die sich anlässlich seiner Konzerte in Petersburg und dann auch in Moskau vielstimmig zu Wort meldeten. Und sie gehörten zur Elite einer im Aufstreben befindlichen jungen Musikergeneration in Russland, die selbst nach einer neuen, eben russischen Identität suchten und vor allem wohl aus diesem Grunde eine so machtvolle musikalische Beeinflussung aus Westeuropa, aus Deutschland, ablehnten. Aber sie nahmen mit großer Aufmerksamkeit die Wagnerkonzerte zur Kenntnis. Zu ihnen gehörten die Musiker Mili Balakirew, César Cui, Peter Tschaikowski, Mateusz Wielhorski, die Brüder Anton und Nikolai Rubinstein sowie die Kritiker Wladimir Stassow, Hermann Laroche, Nikolai Kaschkin und Wladimir Odojewski.

Balakirew schrieb beispielsweise in einem Brief an Cui, dass es in den Wagnerkonzerten *„nichts Neues und Interessantes"* gebe, dass keine musikalischen Novitäten zu konstatieren seien und auch Musik aus dem „Tannhäuser" bereits *„sehr bekannt und miserabel"* anmute. Cui seinerseits meinte: *„Wagner ist ein vollkommen talentloser Mensch"*, sowohl in Bezug auf seine Melodik wie auch auf seine Orchestrierungskunst. Einzig den Dirigenten Wagner lobte er.[26] Genau das taten auch Kaschkin, Odojewski und Tschaikowski. Kaschkin etwa vermerkte erstaunt: *„Wagners Eigenart zu dirigieren war sehr originell, und nicht selten schlug er gar nicht den Takt, sondern zeichnete beispielsweise ein großes crescendo mit langsamer Bewegung der rechten Hand über mehrere Takte hinweg, während er mit der linken Hand ganz leicht das Tempo der Musik angab. "*[27] Und Odojewski schrieb:

„Wagner ,spielt' mit Entschiedenheit ,auf dem Orchester'; mit wenigen bestimmten Zeichen erzeugt er, scheinbar willkürlich zuweilen und in momentaner Eingebung, jene äußerst feinen Schattierungen, wie sie zum Beispiel der nur auf einem Instrument spielende Pianist erzeugen kann ... Unter seinem Dirigat gewinnen seine Werke sehr; er bringt meisterhaft die Farbnuancen der einzelnen Phrasen zum Ausdruck und verleiht den Themen der musikalischen Struktur volle Entschiedenheit und Klarheit. "[28]

---

[24] In: Zs. „Syn otetschestwo", Petersburg, Nr. 47, 1863; zit. nach: A. Gosenpud, Richard Wagner i russkaja kultura, S. 63.

[25] Ebd., S. 66.

[26] Zit. nach ebd., S. 66.

[27] Ebd., S. 67.

[28] Ebd., S. 67 f.

Abb. 4.6   Richard Wagner. Fotografie von 1863 in Petersburg

Abb. 4.7   Richard Wagner.
Kohlezeichnung von Iwan
Kramskoi (nach einer
Petersburger Wagner-
Fotografie von 1863)

   Und Tschaikowski meinte noch viele Jahre später, dass Wagner (Abb. 4.7) mit einem derartigen Feuer dirigiert habe, dass das Orchester *„wie aus einer Seele, wie ein kolossales Instrument"* klang, und weiter:

„In meinem ganzen Leben sah ich nur einen solchen Kapellmeister: – das war Wagner, als er 1863 nach Petersburg kam, um Konzerte zu geben, in denen er auch einige Beethoven-Sinfonien dirigierte. Wer diese Sinfonien nicht in der Interpretation Wagners gehört hat, der kann sie nicht vollkommen wertschätzen und nicht gänzlich ihre unermessliche Größe begreifen."[29]

Ein bezeichnendes, damals in Russland absolut überraschendes Detail der Wagnerschen Art zu dirigieren, beschrieb später auch Nikolai Rimski-Korsakow einmal, nachdem er 1863 in Petersburg Hörer der Wagnerkonzerte gewesen war und dessen *„mustergültige Orchesterleitung"* hervorgehoben hatte: *„Nach Wagners Vorbild dirigierten die Orchesterleiter von da an ausschließlich mit dem Rücken zum Publikum, um das Orchester immer überschauen zu können."*[30]

Auf die kurzfristige Einladung der Moskauer Abteilung der „Russischen Musikgesellschaft" hin machte sich Wagner am 7. März mit der Eisenbahn auf den Weg nach Moskau, um auch hier Konzerte zu geben (Abb. 4.8). Er stieg wiederum in einem von Deutschen geführten Gasthof in der Bolschaja Lubjanka Nr. 9 ab. Und auch von Moskau war Wagner durchaus beeindruckt, aber in völlig anderer Weise als von Petersburg. Plötzlich fühlte er sich Asien. Jetzt empfand er Russland als Fremdheit, als eine ferne geheimnisvolle Welt. Am 9. März schrieb er an Mathilde Maier:

„So bin ich denn in Asien, wirklich in Asien, mein Kind! Noch hab' ich nichts von der moskowitischen Herrlichkeit mir ansehen können, und merke eben nur dass ich in einem ungeheuer grossen Dorfe, mit einem asiatischen Schlosse (dem Kreml), und verschiedenen Bojarenpalästen in der Mitte, bin ... Der Kreml ein Convolut von wunderbarsten Gebäuden

Abb. 4.8 Der Kreml von Moskau. Historische Ansicht

---

[29] Ebd., S. 68.
[30] Nikolai Rimski-Korsakow, Chronik meines musikalischen Lebens, S. 80.

Abb. 4.9 Das Bolschoi
Theater in Moskau.
Historische Ansicht

*aus 1001 Nacht: von da herab der Anblick einer Stadt von 400,000 Einwohnern mit 800
Kirchen, von denen manche bis 5 Thürme haben: Alles bunt, hell, golden, gekuppelt –
wunderlich, wunderbar ...*"[31]

Die Moskauer Konzerte fanden im Bolschoi Theater statt (Abb. 4.9). Wieder
stand Wagner ein großes Orchester von 100 Musikern zur Verfügung. Wegen einer
heftigen Erkältung musste das erste Moskauer Konzert um drei Tage auf den 13.
März verschoben werden. Innerhalb von fünf Tagen dirigierte Wagner dann drei
Konzerte.

Das Programm des ersten Konzerts am 13. März bestand aus folgenden Stücken:

- Beethoven: 5. Sinfonie c-Moll.
- Aus „Lohengrin": Vorspiel, Elsas Gesang „Gespräch mit den Lüften" (Solistin:
  Irina Onnore).
- Aus „Tannhäuser": „Einzug der Gäste", Lied des Wolfram „O du, mein holder
  Abendstern" (Solist: Ludwig Finocchi), Ouvertüre.

Im zweiten Konzert am 15. März erklangen:

- Aus „Tannhäuser": Ouvertüre, „Einzug der Gäste".
- Aus „Lohengrin": Elsas Gesang „Gespräch mit den Lüften" (Solistin: Irina On-
  nore), Vorspiel.
- „Die Meistersinger von Nürnberg": Vorspiel.
- Aus „Die Walküre": Siegmunds Liebesgesang „Winterstürme wichen dem
  Wonnemond" (Solist: Michail Wladislawlew), „Ritt der Walküren".
- Aus „Siegfried": „Schmiedelieder" (Solist: Michail Wladislawlew).
- Aus „Lohengrin": Einleitung zum 3. Akt.

---

[31] RWB, Bd. 15, S. 113 f.

Im dritten (Benefiz-)Konzert am 17. März kamen zur Aufführung:

* Beethoven: 7. Sinfonie A-Dur.
* „Tannhäuser": Ouvertüre.
* Aus „Lohengrin": Elsas Gesang „Gespräch mit den Lüften" (Solistin: Irina Onnore), Vorspiel.
* Aus „Die Walküre": Siegmunds Liebesgesang „Winterstürme wichen dem Wonnemond" (Solist: Michail Wladislawlew). „Ritt der Walküren".

Von den Moskauer Rezensenten der Wagner-Konzerte muss, neben Wladimir Odojewski, auf den später noch einmal zurückzukommen ist, in Sonderheit Nikolai Melgunow erwähnt werden. Er gehörte nicht zu den bedingungslosen Bewunderern des deutschen Komponisten, aber er spürte sehr wohl die Bedeutung dieses Musikers und konnte das in bemerkenswerter Objektivität seinen Moskauer Lesern vermitteln. Dabei fand er teilweise zu frappanten Einschätzungen, etwa als er Wagners Vorstellungen von einem „*Gesamtkunstwerk*" als „*einfachen ästhetischen Kommunismus*" bezeichnete und dann meinte, wie oben schon zitiert, dass „*Wagners ‚Ikarusgleiche' Theorien* [eine Anspielung auf den französischen Frühkommunisten Étienne Cabet] *… einfach pure Utopien*" seien. Andererseits aber betonte er auch, dass man Wagners Opernverständnis nur in lebendiger Theaterrealisation begreifen könne und nannte als Beispiel auch die geradezu elektrisierenden Klänge der „Tannhäuser"-Partitur.[32]

Am 19. März reiste Wagner wieder zurück nach Petersburg. Er wirkte hier am 21. März im Kaiserlichen Hoftheater zunächst in einem Benefizkonzert für den Petersburger Kapellmeister Karl Schubert als Ko-Dirigent mit. Schubert dirigierte Werke von Mendelssohn Bartholdy, Schumann und Liszt. Wagner dirigierte in diesem Konzert folgende Werke:

* Beethoven: 6. Sinfonie F-Dur „Pastorale".
* Aus „Die Walküre": „Ritt der Walküren", Siegmunds Liebesgesang „Winterstürme wichen dem Wonnemond" (Solist: Iosif (Ilja) Setow).
* Aus „Siegfried": „Schmiedelieder" (nur „Hammerlied"; Solist: Iosif (Ilja) Setow).
* „Eine Faust-Ouvertüre".

Die „Faust-Ouvertüre" war ein damals in Russland sehr beliebtes Favoritstück Wagners, der selbst aber seiner Komposition (entstanden 1840) zeit seines Lebens und trotz einer Umarbeitung im Jahre 1855 eher skeptisch gegenüberstand. Das Werk diente jedoch offenbar der jungen russischen Komponistengeneration als musterhaftes Beispiel einer programmgebundenen Musik. Das Konzert erbrachte Einnahmen in Höhe von 3000 Silberrubeln, die allerdings, sehr zum Verdruss von Wagner, allein Schubert zugutekamen.

Am 2. April veranstaltete Wagner im großen Saal der Adelsversammlung zum eigenen Nutzen dann noch ein Benefizkonzert. Das Programm beinhaltete folgende Stücke:

* „Die Meistersinger von Nürnberg": Vorspiel.

---

[32] Vgl.: A. Gosenpud, Richard Wagner i russkaja kultura, S. 71 f.; Rosamund Bartlett, Wagner and Russia, S. 33 f.

- Aus „Tannhäuser“: Duett Elisabeth-Tannhäuser „Gepriesen sei die Stunde“ (Solisten: Valentina Bianchi, Iosif (Ilja) Setow).
- Aus „Die Walküre“: Siegmunds Liebesgesang „Winterstürme wichen dem Wonnemond“ (Solist: Iosif (Ilja) Setow).
- „Eine Faust-Ouvertüre“.
- Aus „Tristan und Isolde“: Vorspiel und „Isoldes Liebestod“.
- Aus „Lohengrin“: Elsas Gesang „Gespräch mit den Lüften“ (Solistin: Valentina Bianchi).
- Aus „Die Walküre“: „Ritt der Walküren“, „Wotans Abschied und Feuerzauber“ (Solist: Ratkowski).
- Aus „Lohengrin“: Vorspiel zum 3. Akt.

Der erhoffte finanzielle Gewinn aus diesem Vorhaben in Höhe von 2000 Rubeln erwies sich allerdings als Irrtum. Der Erlös für Wagner war gleich Null, da er die anfallenden Veranstaltungskosten allein tragen musste. Allerdings ließ ihm die Großfürstin Jelena 1000 Silberrubel als Entschädigung übermitteln. Der Gesamterlös aus der Russlandreise betrug dann immerhin 6000 Silberrubel (allerdings deutlich weniger, als Wagner erhofft hatte), von denen nach Abzahlung von Schulden (u. a. Jahresgeld für Minna) etwa 4000 übrigblieben, die er für eine feste Ansiedlung im Rheingau und einen längeren Zeitraum ungestörter kompositorischer Arbeit nutzen wollte.

Am 3. April besuchte Wagner ein Konzert der Petersburger „Freien Musikschule“. Dirigent war Mili Balakirew. Es erklangen u. a. Cuis Ouvertüre zu „Ein Gefangener im Kaukasus“ und Glinkas „Caprice brillant über das Thema der Jota Aragonesa“. Eine Konzertbesucherin, eine Bekannte Balakirews, schrieb diesem am nächsten Tag und zitierte dabei einen anerkennenden Ausspruch Wagners nach dem Konzert: *„In Russland werden Sie sein Konkurrent als Dirigent.“*[33] Das war wohl die einzige Begegnung Wagners während seines Petersburger und Moskauer Aufenthaltes mit russischer Musik. Seine diesbezügliche Aufmerksamkeit hielt sich in Grenzen.

Am 5. April trat Wagner – wieder neben Karl Schubert – ein letztes Mal in Petersburg in einem Benefiz-Konzert, diesmal zugunsten von Schuldgefangenen, als Co-Dirigent auf. Dabei erklangen:

- Beethoven: 8. Sinfonie F-Dur.
- „Tannhäuser“: Ouvertüre.
- „Lohengrin“: Vorspiel.

Am 9. April begab sich Wagner auf die Heimreise. Er fuhr über Berlin zurück nach Wien, wo er am 25. April eintraf. Die Fahrt durch Polen, oder wie Wagner in „Mein Leben“ schrieb: *„durch die russische Öde“* und *„ohne Riga, wohin man mich zu einem Konzerte eingeladen hatte, zu berühren“*,[34] verlief, obwohl Wagner zunächst Befürchtungen hatte, dass es zu Behinderungen wegen des polnischen Aufstandes kommen könnte, und er deshalb eine Reiseroute nicht direkt über Warschau gewählt hatte, ohne Zwischenfälle.

---

[33] Zit. nach: Mili Balakirew, Issledowanija i stati, S. 31.
[34] ML, S. 735.

Begegnungen und vergebliche Hoffnungen – „Rheingold" an der Wolga?

Durch Vermittlungen und Empfehlungen von Maria Kalergis und Alexander Serow öffneten sich in Petersburg und Moskau für Wagner die Türen zu wichtigen gesellschaftlichen Kreisen und Persönlichkeiten. Da wären in Petersburg beispielsweise Graf Mateusz Wielhorski zu nennen, ein guter Cellist und Kammermusiker, Berater des Zaren in musikalischen Fragen und Förderer der „Russischen Musikgesellschaft" in Petersburg, sowie Baron Boris von Vietinghoff, ein begabter musikalischer Autodidakt, aus einem baltischen Adelsgeschlecht stammend. Beider gedachte Wagner in „Mein Leben" mit freundlichen Worten.[35] Sie gaben sich als verständnisvolle Hörer seiner Werke, auch der neuesten wie „Tristan" und „Meistersinger", zu erkennen. Über Wielhorski äußerte sich Wagner in „Mein Leben" folgendermaßen:

> *„Von einflußreichen Hochgestellten lernte ich nur noch den Grafen Wielhorsky kennen, welcher in einer hohen und vertrauten Stellung am kaiserlichen Hofe hauptsächlich als Protektor der Musik sich geltend gemacht hatte, so wie er denn selbst durch sein Violoncellospiel sich auszeichnen zu dürfen glaubte. Der alte Herr schien mir freundlich gewogen und mit meinen Musikaufführungen durchaus einverstanden zu sein; so versicherte er mir, die 8. Sinfonie von Beethoven (in F-Dur) erst durch meine Aufführung kennengelernt zu haben. Auch mein Vorspiel zu den ‚Meistersingern' glaubte er vollständig begriffen zu haben; wogegen er die Großfürstin Marie [Maria Nikolajewna, Tochter von Zar Nikolai I.], welche dieses Stück unverständlich gefunden, über das Vorspiel zu ‚Tristan' sich jedoch in höchstem Maße passioniert geäußert habe, für affektiert hielt, da er selbst doch wiederum nur mit Anstrengung aller seiner Musikkenntnisse zu einem Verständnis dieses letzteren Stückes gekommen wäre."*[36]

Als wohl wichtigste musikalische Bekanntschaft Wagners in Petersburg wäre dann – neben Serow – der Komponist Anton Rubinstein zu nennen, der als Komponist, Dirigent und Direktor der „Russischen Musikgesellschaft" eine wichtige Rolle spielte. Man begegnete sich respektvoll, doch auch etwas distanziert. Das hatte seinen Grund in der künstlerischen Feindschaft, die zwischen Serow und Rubinstein bestand. Wagner stellte das in „Mein Leben" sehr anschaulich dar:

> *„Ich lernte dies in der Folge bald kennen, als ich von hochgestelltester Seite her darum angegangen wurde, meinen Einfluß auf Serow dahin zu verwenden, daß er den dort schmerzlich protegierten Anton Rubinstein fortan mit weniger Bitterkeit verfolgte. Als ich ihn hierum anging und er mir alle seine Gründe, aus denen er Rubinsteins Wirken als Künstler in Rußland für so verderblich hielt, auseinandersetzte, bat ich ihn, wenigstens mir zuliebe, der ich bei diesem kurzen Aufenthalte in Petersburg nicht als Rubinsteins Rivale angesehen sein möchte, mit seiner Verfolgung einzuhalten; wogegen er mit der Heftigkeit eines krankhaft Leidenden mir zurief: ‚Ich hasse ihn und kann kein Zugeständnis machen'."*[37]

---

[35] Ebd., S. 730 f.
[36] Ebd., S. 730.
[37] Ebd., S. 728.

Wagner allerdings suchte doch eine verbindliche Beziehung mit Rubinstein herzustellen, indem er auch mit ihm *„freundliche Besuche gewechselt"* habe.[38] 1859
hatte Rubinstein in Petersburg die „Russische Musikgesellschaft", eine dann ungemein aktive Konzertunternehmung, und in deren Folge 1862 auch das Petersburger
Konservatorium, das erste seiner Art in Russland, gegründet. (Ähnlich agierte übrigens sein Bruder Nikolai 1860 in Moskau mit der dortigen Abteilung der „Russischen Musikgesellschaft" und 1866 mit dem Moskauer Konservatorium.)[39] Bekannt
wurde Anton Rubinstein auch als vielschreibender Opernkomponist mit Werken
wie „Feramors" (Uraufführung 1863 in Dresden), „Der Dämon" (Uraufführung
1875 in Petersburg), „Die Makkabäer" (Uraufführung 1875 in Berlin) oder „Nero"
(Uraufführung 1879 in Hamburg).

Rubinstein hatte schon vor Wagners Russland-Reise gelegentlich einzelne Werk-
ausschnitte des deutschen Komponisten in seine Programme aufgenommen. Seine
Haltung zur Musik Wagners war jedoch kühl und distanziert. Er erzählte in seinen
Erinnerungen zwar, dass er beispielsweise 1854 bei einem Besuch bei Liszt in Weimar angeregt mit diesem über die *„Wagnerfrage"* und über das umstrittene Phänomen *„Zukunftsmusik"* gesprochen habe. Und er erinnerte sich Jahre später auch,
dass er bereits 1845/46 als Student in Berlin, als gerade erst der „Tannhäuser" in
Dresden uraufgeführt worden war, Mendelssohn besuchte und bei diesem eine
Unterhaltung über den „Tannhäuser" miterlebte, auf der Mendelssohn über Wagner
gesagt habe: *„Ein Mensch, der Text und Musik zu seinen Opern selbst schreibt, ist
jedenfalls kein gewöhnlicher Mensch."* Er selbst, Rubinstein, stünde Wagner jedoch
durchaus kritisch gegenüber. Er glaube, dass die Sage als Stoffvorlage für Opern
ungeeignet sei, und halte die Leitmotivtechnik für naiv oder gar komisch. Auch kritisierte er das Bayreuther versenkte Orchester im Klang als zu dumpf und meinte
überhaupt: *„Das Orchester in seinen Opern ist des Guten zu viel."* Und wenn Wagner sich, wie in seinen Schriften nachzulesen, *„für den allein Seligmachenden"*
erkläre, so rufe allein dieser Umstand heftige Opposition hervor. Daher sei ihm
Wagner *„in seinen Kunstprinzipien so unsympathisch."* Dabei erwähnte er allerdings auch, dass er Wagners „Faust-Ouvertüre" für dessen *bestes Werk"* hielte.
Doch dann bekräftigte er noch einmal seine grundsätzlichen Vorbehalte:

> *„Er [Wagner] spricht von einer allgemeinsamen Kunst, die in sich alle Theaterkünste ver-
> einigt, und ich finde, dass er damit jeder einzelnen von ihnen nicht die gebührende Bedeu-
> tung beimisst … Das Orchester in seinen Opern ist höchst interessant: doch es verringert
> das Interesse am vokalen Teil … Das Fehlen von Natürlichkeit, Einfachheit in seiner Musik
> macht sie für mich unsympathisch. Alle handelnden Personen in seinen Opern stelzen auf
> einem Kothurn (in musikalischem Sinne), ständig deklamieren sie, sprechen nie; es sind
> alles Götter, Halbgötter, niemals Menschen und natürliche Sterbliche. Bei allem Pathos,
> niemals – lebendige Dramatik."*[40]

---

[38] Ebd., S. 731.

[39] Vgl.: Denis Lomtev, Deutsche Musiker in Russland. Zur Geschichte der Entstehung der russischen Konservatorien, S. 105, 123.

[40] A. G. Rubinstein, Literaturnoje nasledije, Bd. 1, Stati, knigi, dokladnyje sapiski, retschi, S. 83,
143 ff.; weiterhin: A. Gosenpud, Richard Wagner i russkaja kultura, S. 74 f.; A. G. Rubinstein, Die
Musik und ihre Meister. Eine Unterredung, S. 95–102.

Jahrzehnte später noch tauchte der Name Rubinstein noch einmal in Wagners Gedankenwelt auf, wobei gar – im Traum – der Papst Rubinsteins Judentum und russische Nationalität mit Wagner gleichgesetzt und diesen zunächst einen Ketzer und Russen genannt, dann aber doch als redlichen Christen anerkennt habe. Cosima notierte in ihrem Tagebuch unter dem 16.3.1878 dieses kurios anmutende Schlaferlebnis:

> „R.[ichard] … *erzählt mir seinen Traum: Ich war bei Pio IX.; er empfing mich freundlich, in einer Art Bureau, doch sagt er plötzlich: Sie sollen aber ein sehr schlechter Mensch sein, ein Ketzer – ich:* ,Es gibt aber Verleumdungen.' ,Nein, nein, ich weiß, Sie sind Russe?' ,Ah! dann ist es Rubinstein.' ,Vielleicht, er heißt Richard?' ,Ah! dann bin ich es doch, Sie wissen, was alles in Zeitungen gelogen wird.' ,Oh, das weiß ich schon, ich sehe es Ihrem Gesicht an, daß Sie ein redlicher Mensch sind.'"[41]

Und offen antisemitisch gemeint waren dann auch Bemerkungen Wagners vom November und Dezember 1882, also wenige Wochen noch vor seinem Tode, über Anton Rubinsteins 1875 in Berlin uraufgeführte Oper „Die Makkabäer". Cosima notierte am 13. November: *„Er erwähnt es als merkwürdig, daß nun doch solche jüdische Opern wie die* ,Königin von Saba' [von Karl Goldmark, ebenfalls 1875 in Berlin uraufgeführt] *und die* ,Makkabäer' *sich hielten; ein großes Zeichen der Wandlung im Publikum."* Und am 11. Dezember hieß es bei Cosima, wieder bezogen auf die „Makkabäer": *„R.[ichard] sagt, daß ein Publikum sich so etwas Scheußliches gefallen ließ wie dieses jüdische Wesen auf der Bühne!"*[42] Ob Wagner aber die Musik der „Makkabäer" überhaupt kannte, ist nicht eindeutig belegbar. Auf jeden Fall zeugten diese Aussagen von unangebrachter Ignoranz.

In diesem Zusammenhang ist auch festzustellen, dass Wagner während seines Russland-Besuches 1863 ja kaum Gelegenheit hatte, russische Musik kennenzulernen. Serow, der selbst mit der Vorbereitung der Uraufführung seiner ersten Oper „Judith" an der Petersburger Hofoper beschäftigt war, die am 16. Mai mit übrigens großem Publikumserfolg dort uraufgeführt wurde, war zu sehr mit sich und Wagner beschäftigt, als dass er den deutschen Komponisten in eine längst aufgeblühte russische Musikwelt hätte einführen können. So kam es eben auch, dass Wagner zwar Anton Rubinstein kennenlernte, der unter seinen russischen Kollegen als „Westler" wenig Wertschätzung erfuhr, aber eben nur als Repräsentanten der Petersburger Musikgesellschaft, nicht als Komponisten, geschweige denn, dass es zu Begegnungen mit Vertretern des jungen „Mächtigen Häufleins" gekommen wäre. Und das blieb so während seines ganzen Aufenthaltes in Petersburg und Moskau, so dass er schließlich Russland wieder verließ, ohne von den dortigen Musikentwicklungen nähere Kenntnis erhalten zu haben. Und, das muss dazu gesagt sein, er interessierte sich auch nicht dafür.

Anton Rubinstein wiederum vermittelte, gemeinsam mit der Hofdame Editha von Rahden, auch die Bekanntschaft Wagners mit der Großfürstin Jelena Pawlowna. Sie wirkte in Peterburg als einflussreiche Mäzenin des Musiklebens, hatte u. a. die Gründung der „Russischen Musikgesellschaft" und des Petersburger Kon-

---

[41] CWT, Bd. II, S. 60 f.
[42] Ebd., S. 1045, 1067.

servatoriums, beides unter der Direktion von Anton Rubinstein, veranlasst und nachdrücklich gefördert. Sie zeigte nun außerordentliches Interesse an Wagner, ihrem so umstrittenen komponierenden Landsmann:

> „*Fräulein von Rhaden* [Wagners Schreibweise] *schien ungemeine Anstrengungen zu meinen Gunsten gemacht zu haben, deren Erfolg sich jetzt darin äußerte, daß die Großfürstin mit meiner Dichtung des Nibelungen-Ringes durch mich bekannt gemacht zu werden verlangte ... Für jetzt hatten sich meine Gönner mit meiner Vorlesung der ‚Meistersinger' zu begnügen. Hierzu war auch die Großfürstin Marie* [Maria Nikolajewna], *die wegen ihres etwas leidenschaftlichen Lebens bekannte, äußerst stattliche und noch schöne Tochter des Kaisers Nikolaus, hinzugezogen worden. Von der Auffassung meines Gedichtes von seiten dieser Dame ward mir durch Fräulein von Rhaden nur bekannt, daß sie in peinlichster Sorge, Hans Sachs möge zum Schluß Eva heiraten, geschwebt habe.*"[43]

Bei weiteren Besuchen im Salon der Großfürstin Jelena las Wagner dann auch noch die gesamte Dichtung vom „Ring des Nibelungen" vor. Und er knüpfte an die für ihn doch recht überraschende großfürstliche Protektion alsbald auch aufs Höchste gesteigerte Zukunftshoffnungen.

In Moskau wurde Wagner natürlich in erster Linie mit Nikolai Rubinstein bekannt. Dieser war ein bedeutender Pianist und als solcher auch der Begründer der bis in das 20. Jahrhundert so berühmten russischen Pianistenschule. Wagner widmete ihm in „Mein Leben" zwar nur wenige Worte, dass dieser sich nämlich ihm gegenüber „*durchgängig bescheiden und gefällig benahm*",[44] doch in einem Brief vom 24. März dankte er ihm in warmherzigen Worten für die überaus herzliche Aufnahme und Unterstützung während der Moskauer Unternehmung: „*Ich wende mich an Sie, um Ihnen zunächst persönlich noch für die viele Freundschaft zu danken, die Sie mir erwiesen haben ... Scheide ich nun diesmal aus Russland, so seien Sie versichert, dass mein Auge mit besondrer Rührung nach Moskau blickt ...* "[45]

Eine ihn sehr beeindruckende Begegnung hatte Wagner in Moskau mit dem schon erwähnten Musikliebhaber und Schriftsteller Fürst Wladimir Odojewski. Dieser, geboren 1803 in Moskau, wirkte als Museumsdirektor, zunächst in Petersburg, dann ab 1861 in Moskau, und war in Musiker- und Literatenkreisen anerkannt als Kenner und Förderer. In der Petersburger und Moskauer „Russischen Musikgesellschaft" war er leitend und beratend tätig. Sein Salon war immer Mittel- und Drehpunkt des künstlerischen und kulturellen Lebens sowohl in Petersburg wie in Moskau. In mehreren Artikeln, darauf wurde schon kurz verwiesen, kündigte er zunächst Wagners Konzertauftritte in Moskau an und besprach diese dann auch eingehend. Er war einer der ganz wenigen bedingungslosen Befürworter der Wagnerschen Musik. Darauf wird noch zurückzukommen sein.

Eine etwas skurrile Begebenheit im Zusammenhang mit Wagners Russlandbesuch sei hier noch erwähnt. Auf die Nachricht von Wagners mehrfachen Lesungen seiner Operndichtungen im Salon der Großfürstin Jelena in Petersburg hin, so erzählte später Glasenapp in seiner großen Wagner-Biografie, „*knüpften damals*

---

[43] ML, S. 729 f.
[44] Ebd., S. 732.
[45] RWB, Bd. 15, S. 126.

deutsche Zeitungen nicht ohne spöttische Verwunderung die seltsam geheimnisvolle Nachricht, der ‚Dichter-Komponist' habe seinen russischen Freunden angedeutet: nächstens werde ein Werk von ihm erscheinen, in welchem gar keine Menschen vorkämen, und welches in – Rußland spiele!" Das hörte sich zunächst wie eine Anekdote an. Aber Glasenapp fuhr fort: *„Daß darunter das ‚Rheingold' verstanden war, unterließen jene Zeitungsschreiber hinzuzufügen, da sie es vermutlich selbst nicht wußten."*[46]

Tatsächlich gibt es ja im „Rheingold" keine „Menschen", sondern nur „Götter", „Riesen" und „Zwerge". Die Ansage, dass die Handlung aber in Russland angesiedelt sei, verwundert denn doch sehr – „Rheingold" in Russland! Glasenapp verwies denn auch sogleich auf den Wagner-Apologeten und Alt-Bayreuthianer Hans von Wolzogen und dessen historische Studie „Urgermanische Spuren. Mythen und Mären".[47] Darin sprach Wolzogen über *„das alte asiatische Heim der Urgermanen"*[48] und hob bedeutsam hervor: *„Ein gewaltiger Strom wälzt im Osten Europa's seine Wassermassen durch Sumpf und Steppe dem nordischen Kaspi-Meer zu."* Gemeint war also die Wolga.

> *„Die Alten gaben diesem fernsten, aus dem Fabelhaften quellenden Strome den Namen Rha, was ihnen als ein sarmatisches Wort galt, trotz dem Anklange an ihr hellenisches rhein, fliessen … Zwischen jenem östlichen Ranha … und jenem westlichen Rhenus unseres heutigen deutschen Vaterlandes erkennen wir … nur die Wiederkehr des selben nährenden Arier-Urstromes an einer mittleren Heimstatt der nordwestwärts wandernden Germanen."*

Und Wolzogen meinte dann: *„An der Wolga, nicht am Rheine, dachte sich der Dichter des ‚Nibelungenringes' die Heimat (nicht die Scene) seiner Götter und Helden."* Denn, im Zuge der Völkerwanderung aus Mittelasien gen Westen habe es eine *„Wolga-Rast des* [der?] *Germanen"* gegeben, und dort wäre also ursprünglich eine „Rheingold"-Handlung anzusiedeln.[49] Im Grunde konnte Wolzogen sich auch ganz konkret – er tat es aber eigentümlicherweise nicht – auf Wagner selbst berufen. Der hatte in seiner Studie „Die Wibelungen. Weltgeschichte aus der Sage" (Sommer 1848), die wiederum auf den grundlegenden germanistischen Arbeiten etwa von Jacob Grimm („Deutsche Mythologie", 1835) beruhte, sich die entscheidende gedankliche Vorlage für seinen mit dem „Rheingold" beginnenden „Ring des Nibelungen" geschaffen. Und da hieß es gleich zu Beginn: *„Ihre Herkunft aus Osten ist den europäischen Völkern bis in die fernsten Zeiten im Gedächtnis geblieben: in der Sage, wenn auch noch so entstellt, bewahrte sich dieses Andenken."* In ältester Zeit habe man im geografischen Großraum um den Kaukasus *„die Urheimat der jetzigen Völker Asiens und aller der Völker zu suchen, welche in Europa einwanderten."*[50]

Das war eine frappierende Sicht – Wagners „Rheingold" spiele eigentlich in Russland, an der Wolga! Und es war ja eben, historisch gesehen, gar nicht so abwe-

---

[46] Carl Friedrich Glasenapp, Das Leben Richard Wagners, Bd. 3, S. 423 f.

[47] Hans von Wolzogen, Urgermanische Spuren. Mythen und Mären, in: „Bayreuther Blätter", 1887, S. 253–271; 1889, S. 33–56; 1890, S. 1–32.

[48] „Bayreuther Blätter", 1890, S. 25.

[49] „Bayreuther Blätter", 1890, S. 1 f., 5, 16.

[50] RWS, Bd. 2, S. 115 f.

gig, eingedenk des großen Zuges der Völkerwanderung aus dem asiatischen Osten in den europäischen Westen. Aber das oben zitierte, jedoch nicht weiter belegbare Wagnerwort, wenn es überhaupt so ausgesprochen wurde, war doch wohl eher als freundliches Bonmot den russischen Gastgebern gegenüber anzusehen. In Wahrheit ließ Wagner seine Rheintöchter ja doch im nahen deutschen Rhein schwimmen.

Und noch ein weiterer, nun rein politischer Umstand muss im Zusammenhang mit Wagners Russlandreise 1863 erwähnt sein. Es war der polnische Aufstand vom Januar/Februar desselben Jahres. Wieder einmal versuchten die Polen, wie schon 1830/31, sich von der russischen Fremdherrschaft zu befreien, und wieder einmal wurde der Aufstand vom Militär des Zaren blutig niedergeschlagen. Aber wenn sich der junge Wagner dreißig Jahre zuvor geradezu überschwänglich für den Kampf der polnischen Freiheitskämpfer begeistert hatte, war jetzt eine merkliche Zurückhaltung in seinem öffentlichen Verhalten zu beobachten. Schon auf der Hinreise nach Petersburg wusste Wagner ja von der ausgebrochenen Rebellion. Und während seines Aufenthaltes in Petersburg und Moskau war dieser Aufstand ständiger Diskussionsgegenstand auch und gerade in den gehobenen Kreisen von Adel und Bildungsbürgertum, wo Wagner doch vornehmlich verkehrte. Sogar die für die Konzerte bestellten Notenmaterialien kamen auf Grund des Aufstandes verspätet in Petersburg an. Die Rückreise dann nach Wien musste auf Grund der Unruhen auch umwegig erfolgen, da eine Fahrt direkt über Warschau als zu gefährlich angesehen wurde. Wenige Wochen später aber nahm Wagner persönlich in einem Brief (15.5.1863) an Maria Kalergis, die sich zu dieser Zeit in Warschau aufhielt, Stellung zu den kriegerischen Ereignissen in Polen. Er schrieb zunächst von seinen glücklichen Erinnerungen an die Konzertreise und gab gegenüber der Adressatin auch seiner großen Dankbarkeit Ausdruck für die engagierte Unterstützung und Wegbereitung, die sie ihm hatte angedeihen lassen. Dann aber hieß es voller Mitgefühl:

> *„Gott, all' diese russischen Idylle melde ich Ihnen, während Sie mitten in Blut und Feuer sitzen! Vielleicht zerstreut es Sie einen Augenblick, und erinnert Sie daran, dass es noch eine andre Welt giebt, und zwar mitten in dieser schrecklichen, jammervollen, in welcher niemand mehr zu beklagen ist, als wer an das Recht glaubt, wo nur Gewalt entscheidet."*

Weiter aber – und hier zeigte sich Wagner sehr diplomatisch gegenüber der Kalergis, die ja durch ihre Familie sehr eng an den Zarenhof gebunden war – schlug er ganz merkwürdige Töne an, als er den Zaren Alexander II. (*„ein wahres Geschenk des Himmels für Russland ... dieser edle, tief wohlwollende Kaiser"*) zutiefst bedauerte, dass der nun gezwungen sei, so gewaltsam zu handeln:

> *„Es liegt etwas Unerbittliches im Schicksale der Welt: jede Schuld rächt sich, nur selten an dem Schuldigen. Das wäre denn die ‚Gerechtigkeit' der Weltgeschichte! – Ich habe den russischen Nationalcharakter von Neuem sehr lieb gewonnen, während ich für den der Polen nicht im Mindesten sympathisire: und doch schaue ich jetzt der Entwickelung der Dinge nur mit einer stumpfen Neugierde zu, bloss begierig zu erfahren, auf welcher Seite denn endlich die Macht, die Gewalt, die schliesslich für das Recht gelten muss, den Ausschlag geben werde. Wie dämonisch ist das Alles!"*[51]

---

[51] RWB, Bd. 15, S. 164.

In einem weiteren Brief (22.6.1863), nunmehr an die Freundin Malwida von Meysenbug, von der Wagner wusste, dass sie als revolutionär-demokratisch gesinnte Frau ganz eindeutig Partei für die polnische Freiheitsbewegung nahm, und die auch, angeregt durch ihren engen Kontakt zu dem russischen Demokraten Alexander Herzen, den Sturz des Zarenregimes erhoffte, begründete Wagner zunächst, quasi als Verteidigung seiner Konzertreise nach Russland trotz des polnischen Aufstandes, ganz lapidar wie sarkastisch, seine Entscheidung als rein finanziell bedingt. Sie müsse doch nicht glauben, er würde „*aus polnischem Patriotismus die Einladung der Petersburger philharmonischen Gesellschaft (lauter deutsche Musiker) nicht angenommen, und dafür vorgezogen haben, in Deutschland zu verhungern!*" Dann aber fuhr er fort:

> „*Mir geht's aber wie Göthe: ich hab' zu einem eigentlichen politischen Feuer nicht Hass genug: und ohne dem ist man für keine Partei genug. Gott! glauben Sie denn dass es in Petersburg einen gebildeten Menschen giebt, denen die polnischen Vorgänge nicht ein Gräuel sind, und die nicht ganz so darüber fühlen u. sprechen wie ich u. Sie?*"[52]

Trotz grundsätzlich doch gefühlter und bewusster Sympathie für den Kampf der Polen und deutlich älter geworden als der leidenschaftlich ergriffene Jugendliche von 1830 oder der radikal kämpferische Aufständische von 1849, suchte Wagner jetzt für sich mehr und mehr eine etwas abgehobene und distanzierte Lebenshaltung, auch gegenüber weltbewegenden politischen Ereignissen.

Mit seiner Abreise aus Russland verbanden sich für Wagner zunächst noch einige Hoffnungen auf eine ertragreiche Fortsetzung, gar Intensivierung der Bindungen an Russland. Am 9. März 1863 hatte er aus Moskau an Mathilde Maier bereits von der Großfürstin Jelena und die durch sie geschürten Erwartungen geschrieben: „*Mir ist als ob sie einen grossen, entscheidenden Einfluss auf den Rest meines Lebens nehmen werde … Man scheint es für unmöglich zu halten, dass ich so für alle Zeiten von Petersburg scheiden sollte.*" An Freund Standthartner in Wien hieß es dann in einem Brief vom 26. März aus Petersburg: „*Jedenfalls wird sich auch aus meinen Beziehungen zu dieser bedeutenden Frau etwas Günstiges für meine Zukunft herausstellen, wie denn überhaupt Petersburg (und auch Moskau) von wirklicher Zukunft für mich geworden sind.*" An Mathilde Maier schrieb Wagner am 6. April weiterhin: „*Jetzt, mein Kind, für Russland Adieu! … Jedenfalls steht es in meiner Hand, nächstes Jahr mir wieder viel Geld in Petersburg zu verdienen … Für nächstes Jahr stünde jedoch ein festes Engagement der Kaiserl. Direction für sechs Concerte in Aussicht …*" Und auch an Minna teilte sich Wagner am 8. April ähnlich mit: „*Ich hoffe, die Theilnahme dieser verständigen und ernsten Frau, der es zugleich an Macht nicht fehlt, wird sich in der Zukunft mir noch thätig erweisen. Man wünscht, mich hier bald wieder zu sehen.*" Doch knüpfte Wagner hieran eine Bedingung: „*Ich würde daher nur wieder kommen, wenn die Direction für eine Reihe Concerte gegen ein bedeutendes festes Honorar mich engagirt. Dies kann sich machen und ich hätte dann an Petersburg eine Zeitlang immer genug für das ganze Jahr verdient.*"[53]

---

[52] Ebd., S. 198 f.
[53] Ebd., S. 114, 129, 134 f., 137.

Ein solches Engagement kam aber nicht zustande, obwohl es bereits recht konkrete Pläne für jährliche Konzertreisen nach Petersburg und Moskau mit jeweils sechs Konzerten und verbunden auch eventuell mit der Übernahme von Operndirigaten gab. Wagner sprach gar von einer Wiederholung seines *„russischen Feldzugs"* bzw. seiner *„russischen Expedition"*, wie er seine Konzertreise scherzhaft bezeichnete.[54] Zudem waren Abstecher nach Kiew und Odessa im Gespräch. Und auch die Hoffnung auf ein jährliches Honorar von 1000 Silberrubeln durch die Großfürstin schlug letztlich fehl. Dass gar für den Herbst 1863 eine Inszenierung des „Tannhäuser" in Petersburg in Vorbereitung gewesen sei, geht allerdings nur aus einer Bemerkung in der Glasenappschen Wagner-Biografie hervor.[55] Weitere Hinweise darauf sind nicht nachweisbar. Wohl aber gab es bereits eine Übersetzung des „Tannhäuser", die der Wagner-Verehrer Swanzow angefertigt hatte. Aber erst ein Jahr später, 1864, musste Wagner von weiteren Russland-Träumen unwiederbringlich Abschied nehmen. Seine finanzielle Lage war mittlerweile eine blanke Katastrophe. In Briefen an Editha von Rahden hatte er noch um deren erneute Vermittlung bei der Großfürstin Jelena gefleht. Und am 14. März schrieb er dieser dann in tiefster Verzweiflung:

> *„Dass ich in Petersburg und Moskau im Sinne eines Conzertgebers nichts eigentlich mehr zu suchen hatte, wusste ich ja schon als ich vorm Jahr von Ihnen schied. – Heute vor acht Tagen war ich dennoch entschlossen, nach Petersburg zu reisen; weniger aber in der Hoffnung auf glückliche Unternehmungen als um – dort zu bleiben. Ich wollte mich unsrer theuren Grossfürstin zu Füssen legen, um sie zu bitten, mich – unter irgendeinem Titel – bei sich aufzunehmen, mir ein ruhiges Zimmer, Kost und Bedienung, dazu ein Taschengeld von jährlich wenigen hundert Rubeln zu geben. Das furchtbare Clima schreckte mich nicht mehr ... Sie sehen nun, wie es mit mir steht: ich bin in keiner Katastrophe, sondern in der Entwickelung meines Endes begriffen ... Es giebt nirgends einen ‚Platz' für mich."*[56]

Ein dauerndes Mäzenatentum durch die Großfürstin Jelena, so nah diese Möglichkeit zeitweise auch schien, blieb also ebenso ein Trugglaube Wagners, wie schon in den Jahren zuvor seine Hoffnungen, durch deutsche Fürsten, etwa die Großherzöge von Weimar oder Baden, mit einer ausreichenden jährlichen Apanage versehen zu werden, um endlich in Ruhe arbeiten zu können. Und zu spät kam denn auch im Jahre 1866 eine erneute Einladung der „Philharmonischen Gesellschaft", Konzerte in Petersburg zu dirigieren. Jetzt konnte Wagner dankend ablehnen.[57] Er hatte mittlerweile, kurz nach dem eben zitierten Brief an Editha von Rahden, tatsächlich ein Wunder erlebt. Auf der Flucht vor seinen Gläubigern und ohne eine feste Bleibe, hatte er die völlig überraschende Nachricht erhalten, dass der junge bayerische König Ludwig II. ihm endlich eine gesicherte Existenzgrundlage zum Leben und zum Schaffen bieten wolle. Und so wurde denn eben für die nächste Zeit München und nicht Petersburg Wagners fester *„Platz"*. Auch ein weiteres, spätes Angebot für Konzerte im Herbst des Jahres 1873, das der Petersburger Verleger

---

[54] Ebd., S. 159, 161, 506 f., 524.

[55] Carl Friedrich Glasenapp, Das Leben Richard Wagners, Bd. 3, S. 423.

[56] RWB, Bd.16, S. 57 f.; weiterhin auch: ebd., S. 95.

[57] Vgl.: RWB, Bd. 18, S. 249 f.

Wassili Bessel in einem Brief vom 28. Juli unterbreitet hatte, als das Interesse an Wagner in Russland angesichts der angekündigten Bayreuther Festspiele mit dem „Ring des Nibelungen" erneut aufgeflammt war, schlug dieser aus: *„Den Weg der Concerte den ich nur gezwungen eingeschlagen habe hoffe ich nicht mehr betreten zu müssen, und jedenfalls nicht in dem mir sehr werthen aber doch sehr fernen Russland."*[58]

Insgesamt also war für Wagners *„russischen Feldzug"* von 1863 ein gemischtes Fazit zu ziehen. Seine Konzerte hatten künstlerisch und publizistisch sehr wohl hohe Wellen geschlagen, hatten ihm bei großen Teilen des Petersburger und Moskauer Publikums und auch einigen wichtigen Fachleuten uneingeschränkte Anerkennung und Begeisterung eingebracht, hatten sogar eine, allerdings nur kurzfristige, Entlastung seiner prekären finanziellen Situation bewirkt. Zudem konnte er eine Reihe wichtiger Persönlichkeiten des öffentlichen Lebens, bis hinein in die Kreise der Zarenfamilie, und der Musikwelt Russlands kennenlernen. Dennoch blieb die Konzertreise von 1863 der letzte direkte Kontakt Wagners mit Russland, mit der russischen Musikwelt.

---

[58] RWB, Bd. 25, S. 213, 542.

Kapitel 5
Wagner auf den Opernbühnen in Petersburg und Moskau

Petersburg 1868 – „Lohengrin" und das „Mächtige Häuflein"

Eigentlich wäre zu erwarten gewesen, dass als erste Inszenierung einer Wagneroper in Russland der „Tannhäuser" in Petersburg auf die Bühne gekommen wäre. Hatte sich doch die „Tannhäuser"-Musik, vor allem die Ouvertüre, bislang in Konzerten als dominierend, als eigentlich Aufsehen erregend erwiesen – ob in Petersburg bzw. auch Pawlowsk oder in Moskau. Und war eben gerade der „Tannhäuser" merkwürdigerweise auch besonders ins Blickfeld der Zarenfamilie geraten. Das begann, wie im letzten Kapitel schon dargestellt, 1849 in Weimar durch Großherzogin Maria Pawlowna, der Zarentochter und -schwester, hatte 1852 wieder in Weimar mit einer Sonderaufführung des „Tannhäuser" für die zu Besuch weilende Zarenfamilie seine Fortsetzung und fand 1860 (möglicherweise erneut 1863) in dem, allerdings vergeblichen, Versuch, Wagner für eine Einstudierung des „Tannhäuser" am Kaiserlichen Hoftheater in Petersburg zu gewinnen, einen ersten Höhepunkt.

Doch kam es dann erst am 4. Oktober 1868 am Petersburger Mariinski Theater zur Erstaufführung einer Wagner-Oper, und zwar nicht mit dem „Tannhäuser", wie allgemein erwartet, sondern mit dem „Lohengrin". Eine russische Erstaufführung war das allerdings nicht. Die hatte es schon am 24. Januar 1855 in Riga gegeben. Und ein Gleiches hatte bereits mit dem „Tannhäuser" am 6. Januar 1853 in der lettischen Hauptstadt stattgefunden. Diese Aufführungen, natürlich in deutscher Sprache, müssen zwar formell als russische Erstaufführungen gelten, da sie auf russischem Staatsgebiet stattfanden, waren es aber de facto doch nicht. Für das hauptstädtische Publikum in Petersburg galt aber natürlich der „Lohengrin", und jetzt eben in russischer Übersetzung (vom Wagner-Verehrer Konstantin Swanzow), als Erstaufführung für Russland.

Ein Grund dafür, dass die Wahl auf den „Lohengrin" fiel, mag gewesen sein, dass der Dirigent des Kaiserlichen Hoftheaters, des Mariinski Theaters, Konstantin Ljadow (Vater des bekannten Komponisten Anatoli Ljadow) im Jahre 1865 in Berlin

© Der/die Autor(en), exklusiv lizenziert an Springer-Verlag GmbH, DE, ein Teil von Springer Nature 2025
E. Kröplin, *Richard Wagner und Russland*, https://doi.org/10.1007/978-3-662-70404-2_5

eine „Lohengrin"-Aufführung erlebt hatte und von diesem Werk sehr angetan war. Er leitete die Petersburger Aufführung, die jedoch musikalisch hauptsächlich von dem jungen, aus Prag stammenden Eduard Naprawnik einstudiert wurde, dessen Vorliebe auch eher dem „Lohengrin" als dem „Tannhäuser" galt. Und auch er glaubte, das russische Publikum eher mit der eingängigeren „Lohengrin"- als mit der radikaleren „Tannhäuser"-Musik konfrontieren zu können (Abb. 5.1).[1] Über seine Rolle als „Lohengrin"-Einstudierer schrieb Naprawnik später in seiner Biografie: *„Wegen großer technischer Schwierigkeiten bei der Vorbereitung von ‚Lohengrin' wurde ich als Kenner der frühen Schaffensperiode von Wagner beauftragt, die ganze vorläufige Arbeit mit Solisten und Chor durchzuführen."*[2] Naprawnik kannte also Wagner-Aufführungen schon aus seinen Jugendjahren in Inszenierungen des Prager Operntheaters. Seit 1862 wirkte er dann – ein Leben lang – als Kapellmeister und ab 1869 in der Nachfolge Ljadows als Chefdirigent des Petersburger Bolschoi Theaters bzw. dann des Mariinski Theaters. Letzteres war 1860 erbaut worden und erhielt seinen Namen zu Ehren von Maria Alexandrowna, der Ehefrau von Zar Alexander II. und gebürtiger Prinzessin von Hessen-Darmstadt. Es wurde ab 1868, als das Bolschoi Theater wegen Baufälligkeit nicht mehr bespielbar war, zur alleinigen Spielstätte der Kaiserlichen Hofoper (Abb. 5.2).

Wagner hatte sich übrigens in einem Brief an den Direktor des Theaters, Stepan Gedeonow, ausbedungen, dass sein Vertrauter Alexander Serow bei der musikalischen Einstudierung die Oberaufsicht führen solle, die er dann, Naprawnik beratend zu Seite stehend, auch eifrig ausübte. So schrieb dann Serow in einem Brief vom 16.

Abb. 5.1 Wagner kommt als Lohengrin mit dem Schwan nach Petersburg. Karikatur in der Petersburger Satirezeitschrift „Iskra" 1868

---

[1] Vgl.: A. Gosenpud, Richard Wagner i russkaja kultura, S. 78 f.

[2] Zit. nach: Marina Malkijel, Richard Wagners Werke auf der Bühne des Kaiserlichen Marien-Theaters Sankt Petersburg, S. 9.

Abb. 5.2 Das Mariinski
Theater in Petersburg um
1860. Zeitgenössische
Darstellung

Oktober 1868, den er auch in einer Petersburger Zeitung veröffentlichte, voller
Stolz an den Komponisten:

> *„Infolge Ihres Briefes an den Direktor der Kaiserlichen Theater hatte ich das Vergnügen,*
> *als Ihr Bevollmächtigter alle Proben des ‚Lohengrin', die im Juli begannen, zu leiten. Am*
> *4./16. Oktober ist der ‚Lohengrin' mit glänzendem Erfolge vor dem Petersburger Publikum*
> *erschienen … Ihr Erfolg in Rußland, obgleich er etwas spät kommt, ist ein Ereignis von*
> *höchster Wichtigkeit, sowohl für das Schicksal des musikalischen Dramas bei uns, als auch*
> *für die Erziehung des Publikums. Dieser Erfolg, der auf der ganzen Linie ohne die ge-*
> *ringste Opposition erfochten wurde, erscheint fast verwunderlich im Hinblick auf die bis-*
> *herige zögernde und mißtrauische Haltung der ‚Residenz der Welt' Ihren Werken gegen-*
> *über, doch ist er eine Tatsache und muß als Markstein in der Geschichte der Kunst und der*
> *Zivilisation der Slawen erscheinen."*

Im Weiteren ging Serow auf die Übersetzung von Swanzow, den Wagner ja schon
von Dresden (1862) her kenne, ein, lobte sie sehr und meinte, dass dieser einer von
Wagners *„begeisterten Anhänger ist, mehr Wagner als Wagner selbst"*. Ausführlich
wurde dann die orchestrale, szenische und sängerische Realisation der Aufführung
beschrieben. Dabei verschwieg Serow auch nicht, dass es für das russische Sängerensemble doch sehr schwierig war, sich *„in den Geist solch eines vorzüglich deut-*
schen lyrischen Dramas" einzufühlen, so dass *„die Abwesenheit des geheimnis-*
vollen Grundzuges der germanischen Poesie, welcher dem ganzen Ensemble dieser
mystischen Legende solch einen charakteristischen Anstrich gibt, sehr fühlbar" gewesen sei.[3]
Die szenische Einstudierung des „Lohengrin" lag in den Händen von Iosif (Ilja)
Setow, einem Sänger des Kaiserlichen Hoftheaters, der fünf Jahre zuvor auch schon
als Solist in den Wagner-Konzerten aufgetreten war. Die Ausstattung besorgten die
Bühnenbildner Iwan Andrejew, Michail Botscharow und Matwei Schischkow ganz
im Stil romantisierender Mittelalterbilder (Abb. 5.3). Die Partien des Lohengrin und
der Elsa wurden von zwei hervorragenden Solisten des Theaters verkörpert: Fjodor

---

[3]Zit. nach: Oskar von Riesemann, Monographien zur russischen Musik, 1. Bd., S. 444 f., 446 f.;
vgl. auch: RWB, Bd. 20, S. 692 f.

Abb. 5.3 „Lohengrin" am Mariinski Theater Petersburg 1868. Szene 1. Akt. Zeitgenössischer Stich

Nikolski und Julia Platonowa. Weitere Protagonisten waren: Gennadi Kondratjew (Telramund), Darja Leonowa (Ortrud) und Wassili Wassiljew (König Heinrich).

Die Aufführung hatte also offensichtlich Erfolg. Im Laufe der Saison wurde der „Lohengrin" insgesamt 11mal gegeben. Die Kritik reagierte erwartungsgemäß sehr unterschiedlich. Neben den bedingungslosen Befürwortern, allen voran Serow und, neu in der Gilde der russischen Musikkritiker, Alexander Faminzyn, gab es durchaus auch einflussreiche Stimmen, die sich, bemüht um Objektivität, mit dem „Lohengrin" und seiner Bühnenrealisierung, auseinandersetzten. Dazu gehörten Mawriki Rappaport, der sich in ähnlicher Weise wie schon anlässlich der Wagner-Konzerte 1863 äußerte. Wieder kritisierte er, dass Wagner seiner Meinung nach einen zu deklamatorischen, zu wenig melodischen Gesangstil bevorzuge, der die menschliche Stimme nur als Teil des Orchesters erscheinen lasse. Im Übrigen aber zeigte Rappaport große Begeisterung für den „Lohengrin" und resümierte: *„Wagner ist im Bereich der Oper vollkommen das, was im Drama Shakespeare ist … [Bei ihm] herrscht von Anfang bis Ende – Wahrheit … Wo gibt es mehr Poesie als im ‚Lohengrin', und wo gibt es mehr Wahrheit in der dramatischen Entwicklung?"*[4]

Und auch der früher so kritische Feofil Tolstoi („Rostislaw"), in ewigem Widerstreit mit Serow befindlich, zeigte sich nunmehr sehr beeindruckt, hielt aber dennoch an seinen grundsätzlichen ästhetischen Bedenken fest:

> *„Diese Oper hinterließ bei uns einen großartigen Eindruck; aber die Meinung, die wir früher bei den Ausschnitten aus Wagneropern hatten, hat sich kaum geändert. Wagner ist unzweifelhaft ein großer Sinfoniker und in Bezug auf die dramatische Musik ein bemerkenswerter Denker. Seine Orchestrierung hat eine sehr farbige Palette, doch er vernachlässigt zu sehr die menschliche Stimme. Es ist einleuchtend, dass, nach dem Verständnis Wagners, dem Menschen die Stimme nicht gegeben ist um zu singen, sondern für den Ausdruck von*

---

[4] Zit. nach: A. Gosenpud, Richard Wagner i russkaja kultura, S. 85 f.

Gedanken mittels der Rede, d. h. der Deklamation. Vom philosophischen Gesichtspunkt ist das völlig richtig, doch für die Oper unpassend."[5]

Massive Kritik erntete der „Lohengrin" jedoch bei den Vertretern des „Mächtigen Häufleins", jener jungen Musikergruppierung, die sich 1862 zusammengetan hatte, um in der Nachfolge von Michail Glinka und Alexander Dargomyshski einer betont nationalen russischen Musikbewegung neue Impulse zu geben: Mili Balakirew, César Cui, Alexander Borodin, Modest Mussorgski, Nikolai Rimski-Korsakow und vor allem auch ihr geistiger und publizistischer Führer Wladimir Stassow. Letzterer hatte übrigens 1867 erst die Bezeichnung „Mächtiges Häuflein" aufgebracht, die sofort zum gern gebrauchten, liebevoll-ironischen Synonym dieser Gruppe wurde. Bei Stassow hatte es in der Rezension zu einem Balakirew-Konzert mit Werken ebendieser Gruppierung geheißen: *„Gebe Gott, daß unsere slawischen Gäste aus diesem Konzert für immer die Erkenntnis davontragen, wieviel Poesie, wieviel Gefühl, Talent und Können in dem kleinen, aber schon mächtigen Häuflein russischer Musiker liegt."*[6]

Stassow, in seiner Gegnerschaft zu Wagner auch ein steter Widerpart von Serow, gab neben Dargomyshski im „Mächtigen Häuflein" den Ton an. Vor allem wurde hier an Wagner betont, dass dieser, obwohl ein interessanter Neuerer der Opernszene, in keiner Weise als Vorbild der „Neuen Russischen Schule" angesehen werden könne. Diese habe doch ganz andere ästhetische und nationale Determinationen zu beachten. In Frage gestellt wurden bei Wagner vor allem sein Konzept eines „Gesamtkunstwerks", d. h. der unbedingten „Vereinigung" der Künste im musikalischen Drama, sowie, damit in engem Zusammenhang, das Verhältnis von Singstimme und Orchester. Hatten die „Novatoren", wie die Vertreter des „Mächtigen Häufleins" auch genannt wurden, zunächst also eine sehr verständliche, grundsätzliche Antihaltung dem deutschen Musik-„Novator" gegenüber (den sie allerdings uneingeschränkt als faszinierenden Dirigenten anerkannten), so differenzierte sich aber ihr Verhältnis zu Wagner im Laufe der Jahre, und eben diese Differenzierung war übrigens auch eine bezeichnende Nebenerscheinung des späteren Zerfalls der Gruppe. Aber anlässlich der Wagner-Konzerte 1863 hatte das „Mächtige Häuflein" eben noch eine sehr distanzierte Haltung an den Tag gelegt. Cui war einer der schärfsten Kritiker. Bereits am 25. Februar 1863 – Wagner hatte gerade sein erstes Konzert in Petersburg absolviert – hatte er in einem Brief an Balakirew (teilweise weiter oben schon zitiert) voller Missachtung geschrieben:

„Wagner ist ein vollkommen talentloser Mensch ... Seine Melodien, wenn es sie gibt, sind abgedroschen wie Verdi und Flotow (Ja!) und säuerlicher als der säuerlichste Mendelssohn (Ja!), und dabei noch bedeckt von einer dicken Fäulnisschicht. Sein Orchester ist dekorativ, aber grob, sein ppp entbehrt jeglicher Durchsichtigkeit, und sein fff gründet sich auf einer gewaltigen Masse Honig. Die Geigen kreischen durchweg in höchsten Tönen und versetzen den Hörer in äußerst nervliche Überspannung."[7]

---

[5] Ebd., S. 83.

[6] Zit. nach: Nikolai Rimski-Korsakow, Chronik meines musikalischen Lebens, S. 454.

[7] A. Gosenpud, Richard Wagner i russkaja kultura, S. 66.

Diese letzten Worte bezogen sich offensichtlich auf das „Lohengrin"-Vorspiel, das Wagner wenige Tage zuvor, am 19. Februar, in seinem ersten Konzert dirigiert hatte. Und Cui war es auch, der jetzt, fünf Jahre später, mit spitzer Feder einen Großangriff gegen den „Lohengrin" und seinen Schöpfer vortrug. Im oben zitierten offenen Brief Serows an Wagner hieß es dazu:

> „Dennoch war es mir interessant, die Berichterstattungen unserer Zeitungen über den ‚Lohengrin' zu verfolgen. Im allgemeinen ist es ein Konzert von Lobpreisungen, man bewundert die Größe und Originalität dieses imposanten Werkes. Der Eindruck ist der gleiche, wie beim Publikum. Ein Einziger bildet in diesem, wie in vielen anderen Fällen, eine Ausnahme. Dieser obskure Federfuchser [gemeint war Cui] gebärdet sich mit geschlossenem Visier (wahrscheinlich schämt er sich, seinen Namen zu nennen) als Ihr erklärter Feind und vergöttert Schumann, Berlioz, Glinka und – ein Häuflein russischer Musiker ohne Berühmtheit [gemeint ist nun in polemischer Zuspitzung das „Mächtige Häuflein"]. Er erklärt Ihnen offenen Krieg auf der ganzen Linie, aber indem er Sie mit unentschuldbaren Ausdrücken angreift, die nicht nur seiner Zeitung, sondern der gesamten russischen Presse zur Schmach gereichen, verstrickt er sich in offen zutage liegende Widersprüche."[8]

Cuis Rezension „Lohengrin, ein Musikdrama von Richard Wagner" war, wie Rimski-Korsakow sich später erinnerte, auch untertitelt als *„Lohengrin oder Die bestrafte Neugier"*[9] – eine satirische Verbalhornung übrigens des eigentlichen Stückvorgangs, nämlich Lohengrins Frageverbot und Elsas Bruch desselben. Cuis Vorwürfe gegen Wagner waren ungemein zugespitzt. Er meinte beispielsweise: *„Wagner ist ein Künstler, der zutiefst der Sache der Oper verbunden ist, der sie nach allen Seiten untersucht und ernsthaft und tief ihr eigentliches Wesen ergründet hat, aber, leider, bei alledem ist er ein Künstler, der vollkommen unbegabt ist und dem jede künstlerische Befähigung fehlt."* Und weiter hieß es zum Wagnerschen deklamatorischen Stil: *„Die Rezitative Wagners sind nichtssagend, genauer gesagt gar nicht vorhanden. Nicht eine Phrase erscheint natürlich, alles ist gesungen, aber ins Uferlose überzogen gesungen."* Und auch der melodischen Unfähigkeit zieh Cui Wagner: *„Solch eine melodische Ärmlichkeit, wie bei Wagner, finden wir bei keinem einzigen Opernkomponisten. In dieser Beziehung sind sogar Spohr und Marschner reicher begabt als er."*[10]

Cui befand sich da in gemeinschaftlicher Runde mit den anderen Vertretern des „Mächtigen Häufleins". Zum Verständnis einer solch radikalen Ablehnung muss aber auch gesagt werden, dass diese Gruppe junger Komponisten – sie waren alle um die dreißig Jahre alt – gerade intensiv damit beschäftigt war, selbst eine Opernästhetik für die russische Musik quasi zu erfinden, die sich im Streben nach nationaler Selbstverständigung und Identitätsfindung sehr wohl absetzen wollte von sowohl westeuropäischer Operntradition, und namentlich von der überwältigend wirkenden Musik Wagners, wie auch der „akademischen" Opernauffassung (etwa Anton Rubinsteins) im eigenen Land. Sie suchten – jeder auf seine Weise – nach nationalrussischer Originalität. Und – das war bemerkenswert – sie waren alle auch

---

[8] Zit. nach: Oskar von Riesemann, Monographien zur russischen Musik, 1. Bd., S. 448 f.

[9] Nikolai Rimski-Korsakow, Chronik meines musikalischen Lebens, S. 126.

[10] In: „Sankt-Peterburgskije wedomosti", 1868, Nr. 278; zit. nach: A. Gosenpud, Richard Wagner i russkaja kultura, S. 88 f.

erst auf Nebenwegen zur Musik gekommen, hatten einen bürgerlichen Beruf und bildeten sich zumeist als Autodidakten zu Musikern. Außer Balakirew, der übrigens als junger Mensch im musikalisch konservativ geprägten Hause von Ulybyschew in Nishni Nowgorod wesentliche musikalische und ästhetische Anregungen empfangen hatte und der nun im „Mächtigen Häuflein" als ein Wortführer galt, im Wesentlichen aber nur als Instrumentalkomponist hervortrat, waren sie doch alle gerade in den 60er-Jahren mit eigenen Opernprojekten befasst. Als Vorbilder galten ihnen einzig Glinka und vor allem Dargomyshski. Letzterer, fast eine Generation älter als sie und wie Wagner 1813 geboren, stand ihnen als künstlerischer Ratgeber, als älterer Freund und Vorbild zur Seite, war ihnen gewissermaßen ein musikalischer Vater. Schon 1869 früh verstorben, hatte er in seinen beiden letzten Opern „Rusalka" (1855) und „Der steinerne Gast" (vollendet erst 1872 von Cui und Rimski-Korsakow) ganz prononciert einen Deklamationsstil angestrebt, der der russischen Sprechweise und der Besonderheit russischer Intonation entsprach. Borodin, eigentlich Chemiker von Beruf und seit 1862 in Petersburg Professor für organische Chemie, arbeitete ein Leben lang an einer einzigen Oper: „Fürst Igor" (die erst nach seinem Tode 1890 von Rimski-Korsakow und dessen Schüler Alexander Glasunow vollendet wurde). Cui hatte Militärtechnik studiert und war seit 1878 in Petersburg Professor für Fortifikation. 1858 vollendete er seine erste Oper „Der kaukasische Gefangene" und trat 1869 mit einem weiteren Werk, „William Ratcliff", hervor. Rimski-Korsakow, eigentlich Marineoffizier und das jüngste Mitglied des „Mächtigen Häufleins", trat erst 1872 mit „Das Mädchen von Pskow" als Opernkomponist hervor, ließ diesem Werk aber im Laufe seines Lebens eine große Zahl weiterer Opernwerke folgen. Der ehemalige Offizier und dann kaiserlicher Ministerialbeamte Mussorgski – der wohl bedeutendste Musiker im Kreise des „Mächtigen Häufleins" – präsentierte schließlich und endlich der Öffentlichkeit, nach einigen frühen musikdramatischen Werken, 1868 die Erstfassung seines unikalen „Boris Godunow", von dem mit voller Berechtigung zu sagen ist, dass er das originellste und überzeugendste Beispiel einer wahrhaft russischen Oper ist, wie sie gerade im Geiste der Ästhetik des „Mächtigen Häufleins" vorstellbar war. Mit „Chowanstschina" (vollendet 1886 von Rimski-Korsakow) gelang ihm ein ähnlich grandioses zweites Werk.

Mit einigem geistigen und ästhetischen Abstand erzählte Rimski-Korsakow später über die Reaktion des „Mächtigen Häufleins" auf die Premiere des „Lohengrin" 1868 in Petersburg:

> *„Balakirew, Kjui, Mussorgski und ich saßen mit Dargomyshski in einer Loge. Wir vier straften das Werk mit völliger Verachtung, während sich Dargomyshski gar nicht gehässig und boshaft genug darüber lustig machen konnte. Und das zu einer Zeit, da die Hälfte des ‚Nibelungenringes' und vor allen Dingen die ‚Meistersinger' schon geschaffen waren, in denen Wagner mit erfahrener, geschickter Hand der Kunst einen viel weiter vorwärtsweisenden Weg gezeigt hatte, als wir, die fortschrittlichen Komponisten Rußlands ihn beschritten!"* [11]

---

[11] Nikolai Rimski-Korsakow, Chronik meines musikalischen Lebens, S. 125 f.

Mili Balakirew war neben Cui der wohl schärfste Wagnerkritiker aus dem Kreise
des „Mächtigen Häufleins". Bei ihm war ein „Slawophilentum" bis zum Extrem
ausgebildet, dem ganz entsprechend eine geradezu aggressive „Deutschlandphobie"
zur Seite stand.[12] Er hatte zwar schon in den 50er-Jahren, angeregt von seinem
Jugendfreund Serow, Wagnersche Opernpartituren studieren können, lehnte nun
aber den „Lohengrin" entschieden ab. Nachdem er eine Aufführung des Werkes am
1. November 1868 besucht hatte, schrieb er einen Tag später an Nikolai Rubinstein
Folgendes: *„Gestern hörte ich zum ersten und zum letzten Mal ‚Lohengrin'.* [Nach
Rimski-Korsakows eben zitierter Darstellung hatte er aber schon die Premiere erlebt.] *Es war unvorstellbar schrecklich!"* Mit einem Notenbeispiel aus der Partie
der Elsa – *„sie heulte wie eine kleine Pastorentochter"* – kritisierte er Wagnersche
Melodik auch als *„trivial"*.[13] Wenig später, in einem Brief vom 27. Dezember 1868
schlug Balakirew Nikolai Rubinstein allerdings auch vor, in einem Konzert als Finale die „Tannhäuser"-Ouvertüre zu wählen, denn sie sei *„sehr effektvoll zum Beschluss"*.[14]

Anders verhielt sich Alexander Borodin. Er hatte bei einem längeren Kuraufent-
halt 1861/62 in Deutschland, in Mannheim, Aufführungen vom „Tannhäuser", vom
„Fliegenden Holländer" und vom „Lohengrin" erlebt. Seine junge Frau Jekaterina
erinnerte sich: *„Die Massivität, die Klarheit und der Glanz der Wagnerschen
Orchestersprache in der wunderbaren Wiedergabe des Mannheimer Orchesters
blendeten uns einfach."*[15] Ganz entgegengesetzt äußerte sich Borodin aber später in
seiner weiter oben schon zitierten Rezension über eine Aufführung des „Meistersinger"-Vorspiels in Petersburg unter Balakirews Leitung. Das war ein totaler Ver-
riss, der Wagner völlige Talentlosigkeit vorwarf. Es war eine Kritik, die in ihrer rhetorischen Überzogenheit eines der prägnantesten Zeugnisse der ablehnenden Haltung der „Neuen Russischen Schule", des „Mächtigen Häufleins", gegenüber
Wagner darstellte.

Auch Modest Mussorgski hatte ja im Kreise der Freunde die Premiere des „Lohengrin" erlebt. Da er sich jedoch nicht als Rezensent betätigte, gab es von ihm auch
keine öffentlich publizierten Stellungnahmen. Und in privaten Kontakten und brieflichen Äußerungen ist bei ihm ebenfalls kaum etwas zu Richard Wagner zu finden.
Dennoch lassen zwei Briefstellen andeutungsweise Mussorgskis Meinung zu Wagner erahnen. An Rimski-Korsakow schrieb er am 4. Oktober 1867 beispielsweise,
also noch vor dem „Lohengrin"-Erlebnis, zunächst ganz achtungsvoll: *„Wir tadeln
Wagner häufig, aber Wagner ist stark und zwar dadurch, daß er der Kunst auf die
Spur zu kommen sucht und ständig an ihr zupft…"* Dann aber fuhr er fort: *„Besäße
er mehr Talent, täte er das nicht!"* Und drei Jahre später, am 24.6.1870, meinte er in
einem Brief an eine Sängerin recht sarkastisch:

---

[12] Vgl.: Tatjana Frumkis, Der „strenge deutsche Kontrapunkt" und die „Neue russische musikalische Schule". Zur Geschichte eines Streits, S. 906 ff.

[13] Mili Balakirew, Perepiska s N. G. Rubinsteinom i s M. P. Beljajewym, S. 18 f.; vgl. auch: A. Gosenpud, Richard Wagner i russkaja kultura, S. 86 f.

[14] Mili Balakirew, Perepiska s N. G. Rubinsteinom i s M. P. Beljajewym, S. 22 f.

[15] Zit. nach: A. Gosenpud, Richard Wagner i russkaja kultura, S. 92.

„Die Deutschen – Männer wie Frauen – krähen wie die Hähne und glauben, daß der Ge-
sang, je mehr man den Mund aufreißt und je länger eine Dehnung, das Portamento, dauert,
desto gefühlvoller wird ... Und für meinen Geschmack bieten die Deutschen – angefangen
von einer in Schweinefett gebratenen Schuhsohle bis hin zu einer siebenstündigen Wagner-
Oper – für mich nichts Anziehendes."[16]

In einer interessanten Studie machte der Musikologe Nors S. Josephson aber
auch auf folgendes aufschlussreiche Detail aufmerksam. Mussorgski habe Anfang
der 1870er-Jahre einen Klavierauszug vom „Siegfried" erworben und dann einem
bekannten Sänger das ganze Werk vorgesungen, teilweise sogar auswendig, – ein
Umstand, den übrigens fast ein Jahrhundert später noch Dmitri Schostakowitsch als
bemerkenswert hervorhob.[17] Und Josephson wies auch darauf hin, dass es zwischen
dem Hexenritt der Baba Jaga in den „Bildern einer Ausstellung" und einer Passage
des Wotan im 1. Akt der „Walküre" harmonische Bezüge gebe und beschrieb weiterhin auch Übereinstimmungen in der Art der Orchestration der Sterbeszene des Boris
in „Boris Godunow" und einer Passage aus dem 2. Akt des „Lohengrin".[18] Die musikalische Faszination Wagners hatte doch längst, wenn auch nur ganz versteckt, einige Mitglieder des „Mächtigen Häufleins" erfasst.

Ein markantes Beispiel dafür war vor allem Nikolai Rimski-Korsakow. In seiner
„Chronik meines musikalischen Lebens" legte er freimütig Zeugnis davon ab. Es
war übrigens ein Vorgang, der zeitlich parallel zum allmählichen Zerfall der Gruppe
des „Mächtigen Häufleins" stattfand. Balakirews Führungsrolle verblasste, und
jedes der Mitglieder suchte einen eigenen Weg in Richtung der einst gemeinsam
aufgestellten Ziele. Das führte zu sehr unterschiedlichen Ergebnissen und zu teilweise heftigen internen Auseinandersetzungen. Ganz öffentlich wurde ein eklatan-
ter Fall, als Cui in einer Rezension Mussorgskis „Boris Godunow" als nicht gelungen ablehnte. Da gab es keine Übereinstimmung mehr. Eine neue geistige Ausrichtung, liberaler und für Anderes offener, vereinte dann einige Mitglieder des
„Mächtigen Häufleins" noch einmal in den 80er-Jahren, nunmehr unter dem Einfluss von Mitrofan Beljajew, einem reichen Holzhändler und Musikverleger. Es bildete sich, wie Rimski-Korsakow es darstellte, in den 80er-Jahren anstelle des Bala-
kirew-Kreises nun ein Beljajew-Kreis, zu dem sich bald auch jüngere Musiker wie
Alexander Glasunow und Anatoli Ljadow gesellten. Rimski-Korsakow konstatierte
nüchtern: *„Das ‚Mächtige Häuflein' war also endgültig zerfallen."*[19] Etwas ausführlicher nahm Borodin zu diesem einschneidenden Vorgang Stellung. In einem
Brief vom 15. April 1875 bereits schrieb er quasi einen Nachruf auf das „Mächtige
Häuflein":

---

[16] M. P. Mussorgski, Pisma, S. 64, 79; vgl. auch: Modest Mussorgski, Briefe, S. 56 f., 82; vgl. auch:
A. Gosenpud, Richard Wagner i russkaja kultura, S. 165 f.; vgl. auch: Marc Mühlbach, Russische
Musikgeschichte im Überblick. Ein Handbuch, S. 146.

[17] Vgl. auch: Solomon Wolkow (Hrsg.), Zeugenaussage. Die Memoiren des Dmitrij Schostakowitsch, S. 257.

[18] Nors S. Josephson, Beethoven, Schumann und Wagner. Stilistische Einflüsse deutscher Musik
auf Mussorgskis Schaffen, S. 56 f.

[19] Nikolai Rimski-Korsakow, Chronik meines musikalischen Lebens, S. 306 f.

> *„Ohne Zweifel haben Sie schon viel gehört von Uneinigkeiten in unserem Kreise, ja seinem Zerfall ... Vorläufig sehe ich darin nichts als einen ganz natürlichen Verlauf der Dinge. So-lange wir uns noch unter der Bruthenne (damit meine ich Balakirew) befanden, glichen wir uns wie ein Ei dem anderen. Als wir ausgekrochen waren und uns mit Federn bedeckten, zeigte es sich, daß naturgemäß nicht zwei von uns das gleiche Gefieder hatten; und als uns Schwingen wuchsen, flog ein jeder in die Richtung fort, wohin es ihn zog.“*[20]

Dieserart geistige und ästhetische Differenzierung und Abnabelung schilderte Rimski-Korsakow in seinen Erinnerungen u. a. ganz anschaulich darin, dass ihm etwa die Wagnersche Leitmotivtechnik letztlich doch entscheidende Anregungen gegeben habe. Von totaler Ablehnung oder Abgrenzung war keine Rede mehr. Das traf zunächst zu auf die Opern „Das Mädchen von Pskow“ (1872), „Die Mainacht“ (1878), „Schneeflöckchen“ (1881) und „Mlada“ (1890). Er betonte dabei aber, dass er Leitmotive, *„allerdings auf eine andere Weise als Wagner“*, verwandt habe:

> *„Während die Leitmotive bei Wagner stets als Elemente des orchestralen Gewebes auf-treten, erscheinen sie bei mir außerdem einmal in den Singstimmen, zum anderen als Be-standteile mehr oder weniger langer Themen ... Die Leitmotive haben entweder die Gestalt rhythmisch und melodisch fest umrissener Motive oder stellen sich nur als harmonische Fortschreitungen dar; in diesem Falle sollte man sie besser als Leitharmonien bezeichnen.“*

Zur „Mlada“ allerdings gab er dann unumwunden *„die Verwendung des Wagner-schen Leitmotivsystems“* zu und hob auch seine *„neuen, raffinierten, an Wagner orientierten Instrumentationsabsichten“* hervor. In der musikalischen Dramaturgie der „Mlada“ tauchten zudem Anklänge an die Senta-Ballade des „Fliegenden Hol-länders“, an die Ouvertüre und den Einzug der Gäste im „Tannhäuser“ sowie an das „Waldweben“ im „Siegfried“ auf. Grund dafür war unbestreitbar Rimski-Korsakows Erlebnis vom „Ring des Nibelungen“, den er 1889 beim Gastspiel von Angelo Neu-manns „Richard Wagner-Theater“ erlebt hatte.[21] Darauf wird noch zurückzu-kommen sein. Und außerdem sei auch verwiesen auf Koinzidenzen in musikali-scher und ästhetischer Hinsicht, wie sie sich zwischen Rimski-Korsakows vorletzter Oper „Die Legende von der unsichtbaren Stadt Kitesh und der Jungfrau Fewronija“ (1907) und Wagners „Parsifal“, den Rimski-Korsakow im übrigen nicht sehr schätzte, feststellen lassen. Ja, man bezeichnete Rimski-Korsakows Werk gar als den *„russischen Parsifal“* und wiederholte auch jetzt wieder den Vorwurf des „Wagnerismus“ bei ihm. Der Musikwissenschaftler Abram Gosenpud beschrieb in einer Studie eindeutige geistige Unterschiede zwischen beiden Werken, betonte aber gleichzeitig auch tatsächliche Gemeinsamkeiten, wie sie sich in der künst-lerischen Grundaussage, in manchen dramaturgischen Konstellationen und konkret sogar in der Musik des Glockengeläuts zeigen – beide Werke sind ja im weitesten, auch sozialpolitischen, Sinne „Erlösungsopern“ – und resümierte:

---

[20] Zit. nach: Marek Bobéth, Borodin und seine Oper „Fürst Igor“, S. 41.

[21] Nikolai Rimski-Korsakow, Chronik meines musikalischen Lebens, S. 264 f., 327; vgl.: Dorothea Redepenning, Geschichte der russischen und sowjetischen Musik, Bd. 1: Das 19. Jahrhundert, S. 354; vgl. auch: Stephen Muir, ‚The end of opera itself‘: Rimsky-Korsakov and Wagner, S. 22–48.

„Eins ist jedoch unstrittig: gäbe es keinen ‚Parsifal‘, wäre auch Kitesch anders geschrieben. Bei allem Unterschied der ‚Legende von der unsichtbaren Stadt Kitesch und der Jungfrau Fevronija‘ einerseits und dem ‚Parsifal‘ andererseits stellen beide eine musikalische Utopie über die Errettung der Welt von Bosheit und Gewalt dar. Und ist das nicht ein Grund dafür, daß die Glocken von Rimski-Korsakov und von Wagner gemeinsam so harmonisch – fast unisono läuten?“[22]

War somit Rimski-Korsakow derjenige russische Komponist aus der Richtung des „Mächtigen Häufleins“, der sich am weitesten dem Einfluss Wagners öffnete, so mag dann noch eine späte Äußerung seine aufgeschlossene und dennoch auch scharf abgrenzende Meinung zur Bedeutung des deutschen Komponisten für die russische Musik deutlich machen. Am 30. Oktober 1898 schrieb er dem Musikhistoriker Nikolai Findeisen:

„Es ist wahr, daß ich Glinkaianer bin, und zwar ein Glinkaianer, der mit Wort und Tat gegen den Wagnerismus kämpft, eine Richtung, die die Musik in eine öde Gasse ohne Ausweg geführt hat. Der geniale Wagner ist unser allgemeiner Lehrer, und wir müssen ihm für vieles dankbar sein. Doch die zeitgenössische Oper in seinem Stil und die zeitgenössische Kakophonie Strauss‘ sind gleichfalls seine Frucht. Hören Sie mit reinen musikalischen Ohren auf die zeitgenössische Kakophonie, Formlosigkeit und Unsinnigkeit der unendlichen Melodie, Dinge, die sich durch Kant, Schopenhauer, Nietzsche und alle denkbaren Bußen rechtfertigen lassen und die mit Musik nichts mehr gemeinsam haben, und Sie werden sich von dieser furchtbaren Richtung abwenden.“[23]

Und ähnlich, aber doch auch wieder ganz fasziniert, schrieb Rimski-Korsakow auch am 10. Januar 1901 an seinen Sohn Andrei. Es war die Zeit, als Wagners „Siegfried“ in Petersburg zur Erstaufführung (1902) vorbereitet wurde, und der innere Zwiespalt bzw. die Ungewissheit Wagner gegenüber wurde hier gleichfalls ganz deutlich:

„Ich beschäftige mich sehr viel mit Wagner, d. h. mit dem Durchsehen und sogar Studieren des ‚Siegfried‘ in allen Einzelheiten. Mal bin ich begeistert, mal zornig …, und überhaupt, ich komme zu einer ganz klaren Vorstellung von ihm, und gleichzeitig zu einer komplizierten und völlig verwirrten Meinung über ihn.“[24]

Dass Wagner vom „Mächtigen Häuflein“ und überhaupt von der damaligen russischen Musik keine Kenntnis hatte und auch wenig Interesse daran zeigte, wurde schon erwähnt. Auch von den Vätern der „Neuen Russischen Schule“ Michail Glinka und Alexander Dargomyshski hatte er in den 60er-Jahren wohl keine Ahnung, außer dass er, wie schon erwähnt, in einem Konzert der „Freien Musikschule“ in Petersburg unter der Leitung von Balakirew während seiner Konzertreise 1863 Glinkas „Capriccio brillant über das Thema der Jota Aragonesa“ gehört hatte. Immerhin tauchte später, in den Cosima-Tagebüchern, der Name Glinka zweimal

---

[22] Abram Akimowitsch Gosenpud, „Die Legende von der unsichtbaren Stadt Kitesch“ von Nikolai Rimskij-Korsakov und „Parsifal“ von Richard Wagner, S. 64–73; vgl. dazu auch: Simon Morrison, Russian Opera and the Symbolist Movement, S. 119.

[23] Zit. nach: Dorothea Redepenning, Geschichte der russischen und der sowjetischen Musik, Bd. 1: Das 19. Jahrhundert, S. 422.

[24] Zit. nach: Abram Akimowitsch Gosenpud, „Die Legende von der unsichtbaren Stadt Kitesch“ von Nikolai Rimskij-Korsakov und „Parsifal“ von Richard Wagner, S. 65.

auf. Einmal, als er im Mai 1874 von Hans von Bülow den Bericht über einen „*Miß-erfolg einer Glinka'schen Oper in Mailand"* erhielt, ohne das allerdings weiter zu kommentieren.[25] Dann ein zweites Mal, und nun sehr abwertend, als Cosima unter dem 5. Juli 1879 festhielt: „*Abends wird von Glinka einiges vorgenommen (aus ‚Ruslan und Ludmila'), und R.[ichard] bemerkt, wie nichts von den großen deut-schen Meistern gelernt worden ist und die Fremden sich einzig an die französische Schablone anlehnen."*[26]

Der Name Dargomyshski taucht nirgendwo bei Wagner auf. Dieser musikalische „Vater" des „Mächtigen Häufleins" hatte aber doch in der russischen Opernszene eine Entwicklung in Gang gesetzt, die auf nationale Eigenständigkeit und russische Originalität ausgerichtet war. Vor allem ging es ihm um einen natürlichen, der Rede nahestehenden Gesangsstil. So äußerte er schon während seiner Arbeit an der Oper „Rusalka" in den 50er-Jahren: „*Ich will, daß der Ton direkt das Wort zum Ausdruck bringt. Ich will die Wahrheit!"*[27] Dargomyshskis erste Begegnung mit Wagnerscher Musik fand im Sommer 1856 statt, kurz nachdem mit der „Tannhäuser"-Ouvertüre überhaupt zum ersten Mal Wagnersche Musik in Russland erklungen war. Serow hatte ihm den „Tannhäuser"-Klavierauszug zum Studium ausgeliehen. Und da schrieb denn Dargomyshski im Sommer an Serow:

> „*Ich habe nur die halbe Oper durchgesehen. Sie haben Recht – es ist szenische Fantasie im Libretto – viel. In der Musik zeigt er einen neuen und vernünftigen Weg; aber in der Un-natürlichkeit seines Gesangs und in der betrunkenen, obwohl stellenweise sehr bemerkens-werten Harmonisierung, zeigt sich eine gewisse Krankhaftigkeit: Will und kann nicht. Alles was Recht ist, aber stilistischer Geschmack muss sein!"*[28]

In der Folge verfestigte sich Dargomyshskis ablehnende Haltung gegenüber Wagner. Er hielt Wagners Musik nun für „*gefährlich und fürchtete, dass dessen Theorie vom ‚Kunstwerk der Zukunft' in ‚die Bewegung der jungen russischen Schule eindringen und ihre Schwungkraft lähmen' könne."*[29] 1868 saß, wie schon dargestellt, Dargomyshski mit weiteren Vertretern des „Mächtigen Häufleins" in der Petersburger Premiere des „Lohengrin" und fand nur abfällige Worte zu dem Werk. Das war von Dargomyshskis Seite zu Wagner schon alles. Rimski-Korsakow arbei-tete 1892 an einem Aufsatz mit dem Titel „Wagner [und Dargomyshski]. Das Gesamtwerk zweier Künste oder Das Musikdrama", der allerdings Fragment blieb und daher seinerzeit auch nicht publiziert werden konnte. Eingangs betonte Rimski-Korsakow ganz objektiv, wenn auch mit andauernder Kritik an Wagners Verständnis von einem „Gesamtkunstwerk", fundamentale opernästhetische Gemeinsamkeiten zwischen den beiden Protagonisten. Da hieß es:

[25] CWT, Bd. I, S. 823.

[26] CWT, Bd. II, S. 377.

[27] Zit. nach: Wladimir Stassow. Meine Freunde Alexander Borodin und Modest Mussorgski. Die Biographien, S. 33.

[28] A. S. Dargomyshski, Isbrannyje pisma, S. 42.

[29] Zit. nach: Rosamund Bartlett, Wagner and Russia, S. 17.

„In den Musikdramen Richard Wagners (‚Der Ring des Nibelungen', ‚Tristan und Isolde',
‚Die Meistersinger von Nürnberg' und ‚Parsifal') und Dargomyshskis (‚Der steinerne
Gast') kam das Reformbestreben dieser Komponisten zum Ausdruck, das sich auf die von
der traditionellen Oper wegführende Entwicklung eines musikalischen Dramas richtete."

Gemeinsam sah Rimski-Korsakow also bei dem deutschen und bei dem russischen Musiker das Streben nach einer Reform der Oper hin zu einem wahrhaften
musikalischen Drama, das vorbildhaft Dichtung und Musik vereint. Und so hieß es
dann weiter:

„In den Musikdramen Richard Wagners wird die Dichtkunst zur dramatischen Bühnen-
dichtung und die Musik nimmt ein vokalsymphonisches Gepräge an ... Ein Bühnenwerk
Wagners stützt sich also einerseits auf die dramatische Bühnendichtung, andererseits auf
die vokalsymphonisch bestimmte Musik ... [Und es] entspräche also ein solches Werk auch
voll den Reformbestrebungen Dargomyshskis, wie sie sich etwa in dessen ‚Steinernem
Gast' ausdrücken. Sowohl in Wagners Bühnenwerken als auch im ‚Steinernen Gast' wird
die Musik als Vertonung eines bereits zuvor fertig vorliegenden poetischen Textes präsen-
tiert, denn die Bühnendichtungen zu den Musikdramen Wagners entstanden weit vor ihrer
Vertonung, und Dargomyshski benutzte den unveränderten Text des gleichnamigen drama-
tischen Poems von Alexander Puschkin."[30]

Spätestens an dieser Stelle muss ein weiterer wichtiger Musikpublizist ins Blickfeld gerückt werden, der wie kaum ein anderer über Jahrzehnte hinweg das russische Musikleben begleitete, beschrieb und beeinflusste. Das war Wladimir Stassow,
von dem weiter oben schon kurz die Rede war. Der Sohn eines Petersburger Architekten hatte zunächst Jura studiert, widmete sich dann einige Jahre in Italien kunst-
wissenschaftlichen und musikalischen Studien. Ab 1856 war er an der Petersburger
Öffentlichen Bibliothek angestellt (ab 1872 auch als deren Direktor) und wirkte von
hier aus sein Leben lang als scharfsinniger Beobachter und Teilhaber des russischen
Musik- und Kulturlebens. Bedeutsam wurde er auch als geistiger Berater des
„Mächtigen Häufleins". Zunächst recht gut mit Alexander Serow befreundet, ent-
zweite er sich mit diesem wegen eines Streits um den Komponisten Michail Glinka.
Auch Serows Versuch, ihn für die Neuheit und Überzeugungskraft der Wagnerschen Opernreformen zu gewinnen, war vergeblich. Im Gegenteil, Stassow blieb bis
zum Tode ein ausgewiesener Wagner-Kritiker. Dabei war er im Geiste von Belinski,
Tschernyschewski und Dobroljubow ein überzeugter revolutionärer Demokrat, der
unbeirrt für gesellschaftlichen Fortschritt in seiner Heimat eintrat. In vielen seiner
zahlreichen Aufsätze und Musikpublikationen, die sich vor allem der Propagierung
der Werke der „Neuen Russischen Schule", eben des „Mächtigen Häufleins", wid-
meten, trat er auch immer wieder gegen Wagner in die Schranken. Einige seiner
wesentlichen Positionen in dieser Beziehung seien hier hervorgehoben. So schrieb
er beispielsweise nach einem Wien-Besuch im Jahre 1873, wo er Aufführungen von
Glucks „Armide" sowie Wagners „Tannhäuser" und „Meistersinger von Nürnberg"
erlebt hatte, eine kunstästhetische Studie unter dem Titel „In Sachen zweier musikalischer Reformatoren", gewidmet also Gluck und Wagner. Letzterer erfuhr hier
eine durchaus ambivalente, aber doch vorwiegend kritische Einschätzung. Stassow

---

[30] Zit. nach: Nikolai Rimski-Korsakow, Kleinere musiktheoretische Schriften und Fragmente,
S. 64 f.

anerkannte sehr wohl, dass „*Wagner seiner Natur nach ein geborener Sinfoniker und höchst talentierter Instrumentator*" sei, lehnte aber die Wagnersche Art der Vokal- und Stimmbehandlung völlig ab. Wie bei Gluck monierte er: „*Reformatorische Ideen gibt es viele, aber wenig Talent.*" Wagner fehle, so hieß es zum „Tannhäuser" und jetzt namentlich auch zum „Lohengrin", „*völlig jede Eignung für das Rezitativische (welches doch, seiner Überzeugung nach, die Hauptrolle in seinen Opern spielen soll).*" Er kritisierte das „*Unästhetische, Übertriebene und Geschmacklose*" in den Wagnerschen Vokalpartien, beanstandete auch „*dekorativen, äußerlichen, paradehaften, grob aufgeblasenen Effekt.*" Aber, so fuhr Stassow dann mit einer überraschenden Volte fort, „*nach den schlechten und unausstehlichen ,Tannhäusern' und ,Lohengrinen'*" gebe es ein sehr wichtiges Werk Wagners: „*Die Meistersinger von Nürnberg*". Sie seien zwar nicht das vollkommene Ideal zeitgenössischer Oper, aber doch „*eines der bemerkenswertesten Werke in der Welt der gegenwärtigen Musik*". Und er schloss seine Betrachtung mit der rhetorischen Frage: „*Und was tut sich bei uns?*" Es seien doch in Russland alle Voraussetzungen gegeben, es seien junge Kräfte am Werk, um einem solchen Beispiel zu folgen. „*Warum noch länger warten? Je schneller, desto besser.*"[31]

Der „Lohengrin", der also, wie eben beschrieben, die russische Musikwelt in außerordentlicher Weise aufgestört hatte, erlebte mit seiner Premiere 1868 in Petersburg insgesamt elf Aufführungen. Dann war offenbar erst einmal die Neugier auf Wagner gestillt. Der Streit um ihn und seine doch als so radikal angesehenen Opernideen flaute etwas ab. Aber Stücke aus seinen Werken gehörten von nun an zu den immer wiederkehrenden Repertoirebestandteilen der Konzerte der Petersburger „Russischen Musikgesellschaft" und erklangen auch schon des öfteren in Moskau und anderen Städten Russlands. So führte das Orchester unter der Leitung von Naprawnik in der ersten Hälfte der 70er-Jahre des öfteren wieder Ausschnitte aus Wagner-Opern auf: „Rienzi", „Fliegender Holländer", „Tannhäuser", „Tristan und Isolde", „Meistersinger von Nürnberg" und „Die Walküre".[32]

Am 28. Januar 1873 gab es dann am Petersburger Mariinski Theater eine Wiederaufnahme des „Lohengrin"-Inszenierung von 1868, nun in Szene gesetzt von dem Sänger Ossip (Josef) Paletschek, der auch den König Heinrich sang, und wieder mit Nikolski und der Platonowa in den Hauptrollen sowie der Leonowa und Melnikow als Ortrud und Telramund. Bald aber wurde auch der jüngere Tenor Dmitri Orlow mit der Titelrolle besetzt (Abb. 5.4 und 5.5). Das Bühnenbild von 1868 wurde beibehalten. Weitere Aufführungen folgten ab 1878 und dann fast alljährlich. 1880 gab es, speziell für die italienische Operntruppe am Kaiserlichen Operntheater, sogar eine „Lohengrin"-Einstudierung in italienischer Sprache.

Die Fachkritik verhielt sich diesmal relativ zurückhaltend. Cui mäßigte seine bis dahin so drastisch an den Tag gelegte Polemik gegen Wagner allgemein und den „Lohengrin" insbesondere. Er musste anerkennen, dass das Werk sein Publikum erreichte. So schrieb er jetzt zum „Lohengrin":

[31] „Sankt-Peterburgskije wedomosti", Nr. 241, 2.9.1873; zit. aus: W. W. Stassow, Isbrannyje sotschinenija, Bd. 1, S. 257 ff.,

[32] Vgl.: A. Gosenpud, Richard Wagner i russkaja kultura, S. 99.

Abb. 5.4 Dmitri Orlow als Lohengrin am Mariinski Theater Petersburg 1873

„Früher hatte er nur unerheblichen Erfolg und erlebte nur 9 [recte: 11] *Aufführungen. Jetzt hat der ,Lohengrin' einen unberechtigt großen Erfolg (das Vorspiel wurde wiederholt, die Sänger und Naprawnik mussten viele Male vor den Vorhang treten). Es ist sehr wahrscheinlich, dass die Oper für einige Jahre im Repertoire bleibt. Den Grund für diesen Erfolg muss man, ungeachtet der Schwächen des Werkes, in der Begeisterung der sich selbst übertreffenden Künstler suchen."*[33]

Neben Cui trat jetzt mit Hermann Laroche auch ein jüngerer Musikkritiker in der Presse an die Öffentlichkeit: Hermann Laroche. Er war Studienfreund von Tschai-

---

[33] „Sankt-Peterburgskije wedomosti" Nr. 37, 1873; zit. nach: A. Gosenpud, Richard Wagner i russkaja kultura, S. 100 f.

Abb. 5.5 „Lohengrin" am
Mariinski Theater
Petersburg 1874. Szene 3.
Akt. Zeitgenössischer Stich

kowski und später dann einer von dessen eifrigsten Propagandisten. In der russischen Musik nahm er eine merkwürdige Zwischenstellung ein. Einerseits stand er dem „Mächtigen Häuflein" grundsätzlich kritisch gegenüber, förderte Tschaikowski und fühlte sich vor allem einer konservativen Ästhetik verpflichtet, etwa indem er später, gemeinsam mit Tschaikowskis Bruder Modest, Ulybyschews bislang nur in französischer Sprache publizierte Mozart-Biografie ins Russische übersetzte. Entsprechend dieser geistigen Ausrichtung ist es auch sehr verständlich, dass er gegenüber Wagner eine zwar um Objektivität bemühte, aber grundsätzlich doch ablehnende Haltung einnahm. Mozart und Glinka waren seine Leitbilder. Er publizierte zahlreiche Artikel zum Thema Wagner und beanstandete beispielsweise beim „Lohengrin", beim „Tannhäuser" und bei „Tristan und Isolde", den großen Wagnerschen Liebesdramen also, dass hier *„ein unnatürlicher Romantizismus des Textes und ein grober Materialismus der Musik einander bedingen."* Und er meinte, dass sich *„in der Person Wagners poetisches Talent mit einer musikalischen Begabung vereinigt habe, die sich aus einer Folge von Banalitäten speise".* Für sich und seine Leser hielt er apodiktisch fest: *„Der Dramatiker Wagner hat so grundsätzliche Fehler, dass er damit der Oper unmöglich den wahren Weg weisen kann."* An anderer Stelle hieß es, hin und hergerissen zwischen Faszination und Abgestoßensein, aber auch:

> *„Diese Leuchtkraft der Farben, der üppige und außergewöhnliche Reichtum der harmonischen und orchestralen Mittel, der fortwährende Wechsel erschütternder Effekte, diese ausschließliche Vorherrschaft von Entäußerung und Sinnlichkeit – das ist bei weitem kein Anzeichen einer Kunst, die sich auf dem Höhepunkt ihrer Entwicklung befindet. Solche Anzeichen begleiten den Verfall der Kunst."*

Und, speziell auf den „Lohengrin" anlässlich der Wiederaufnahme des Werkes 1873 bezogen, war dann aber bei Laroche doch auch zu lesen: *„Ungeachtet aller Fehler des Dichters und des Musikers Wagner, schenkte er uns doch die Partitur des ,Lohengrin', und eine einzige solche Oper reicht aus, um seinen Namen mit Hochachtung und Liebe auszusprechen."* Dieser partielle Sinneswandel bei Laroche, diese besondere Akzentuierung, war bemerkenswert, aber nicht zufällig. Gerade der

„Lohengrin" gehörte nämlich seit seiner Jugend zu den Opern, die ihn am meisten beeindruckt hatten. So erinnerte er sich später u. a.: „*Nie werde ich den Herbst 1862 [recte: 1863] vergessen, als ich erstmals den ‚Lohengrin' kennen lernte. Es war eine vollkommene Offenbarung: Ich erlebte genau das, was das Volk erlebt, als ihm mit dem Schwan ein geheimnisvoller und strahlender Gast aus einem fernen Land erscheint.*"[34]

Wagners Akzeptanz auch in der russischen Musikszene war gewachsen. Und „Lohengrin" mutierte nun gar zu einem Favoritstück des Petersburger Publikums. Von 1868 bis 1905 erlebte das Werk in Petersburg insgesamt 103 Aufführungen, bis 1914 dann noch weitere 32 Male, also insgesamt 135 Vorstellungen.[35] Das war für eine ausländische Oper eine beträchtliche Zahl, allerdings weit übertroffen im selben Zeitraum von der damals in Russland wohl populärsten französischen Oper „Faust" von Charles Gounod mit 327 Aufführungen, während an der Spitze der Aufführungsstatistik unangefochten, auch im selben Zeitraum Glinkas „Ein Leben für den Zaren" mit 419 Vorstellungen stand. Aus dem deutschen Opernbereich stand im Übrigen Webers „Freischütz" an der Spitze. Von 1834 bis 1867, fast jede Spielzeit in Folge, wurde das Werk 104mal gespielt, dann bis 1905 eher sporadisch nur noch 36mal. Mozart tauchte mit dem „Don Giovanni" überhaupt 1843 zum ersten Mal auf. Dieses Werk erlebte bis 1905 insgesamt 39 Aufführungen. „Figaros Hochzeit" folgte erst 1877 und hatte bis 1905 nur 10 Aufführungen. Die „Zauberflöte" kam erstmals 1894 mit 2 Aufführungen ins Repertoire. Und Beethovens „Fidelio" – um noch ein weiteres Standardwerk der deutschen Opernliteratur zu nennen – hatte seine Petersburger Erstaufführung gar erst 1905 mit 8 Aufführungen.[36]

Das nächste wichtige Datum für Wagners Werke in Petersburg war dann der 13. Dezember 1874. Jetzt hatte am Mariinski Theater endlich der „Tannhäuser" seine Premiere, fast 20 Jahre, nachdem das russische Musikpublikum erstmals Musik aus dem „Tannhäuser" gehört hatte. Vorausgegangen war dem ein Konzert der „Russischen Musikgesellschaft" am 2. Dezember 1873. Naprawnik führte hier das große Finale des ersten Aktes vom „Tannhäuser" auf. Protagonisten waren, wie dann ein Jahr später in der Premiere des ganzen Werkes, Orlow, die Platonowa und Melnikow (Abb. 5.6 und 5.7).

Die musikalische Einstudierung der „Tannhäuser"-Erstaufführung lag also in den Händen von Eduard Naprawnik. Die Bühnenbilder stammten wie beim „Lohengrin" von Iwan Andrejew, Michail Botscharow und Matwei Schischkow und waren wiederum um historische Glaubwürdigkeit bemüht. Ein Kritiker schrieb dazu: „*Das Bühnenbild ist hervorragend ausgeführt und so lebensnahe, daß der Zuschauer, der einmal die Wartburg besucht hat, zu zweifeln beginnt, ob er nicht in einer Sekunde*

---

[34] Zit. nach: A. Gosenpud, Richard Wagner i russkaja kultura, S. 102 ff., 108.

[35] Vgl.: Marina Malkijel, Richard Wagners Werke auf der Bühne des Kaiserlichen Marien-Theaters Sankt Petersburg, S. 33.

[36] Vgl. die Aufführungsstatistiken zum Opernrepertoire der russisch-sprachigen Petersburger Theater 1834–1905, in: Dorothea Redepenning, Geschichte der russischen und der sowjetischen Musik, Bd. 1: Das 19. Jahrhundert, S. 429–456; weiterhin die Aufführungsstatistiken in: Rosamund Bartlett, Wagner and Russia, S. 302–310.

Abb. 5.6   „Tannhäuser" am Mariinski Theater Petersburg 1874. Szene 2. Akt. Zeitgenössischer Stich

mit einem fliegenden Teppich nach Eisenach hinübergebracht wurde."[37] Die Hauptpartien sangen wieder Nikolski und Orlow in der Titelrolle, die Platonowa als Elisabeth und Melnikow als Wolfram. Die Choreografie der Venusberg-Szene lag in den Händen des bereits berühmten Marius Petipa, der in jener Zeit mit dem Ballett-ensemble der Kaiserlichen Oper maßstabsetzende Einstudierungen auf die Bühne brachte, die bis heute als Musterbeispiele des klassischen Balletts gelten. Ein Kriti-ker schrieb dazu:

> *„Auch diesmal bewies Petipa, daß er ein großer Meister ist: die malerischen Najaden- und Satyrengruppen, verführerische Tänze von Bacchantinnen bringen uns unwillkürlich ins Reich der Venus, ins Reich der Leidenschaft und des Rausches. Petipa eignete sich die Denkweise von Wagner an, dem es wahrscheinlich bei der Inszenierung seiner Oper nie ge-lang, ein ähnliches Venusreich zu sehen, das besonders hervorragend auf unserer Bühne in der Interpretation unserer besten Ballettsolisten ist."*[38]

Die Übersetzung des Operntextes stammte, wie schon beim „Lohengrin", von Konstantin Swanzow und war schon 1862 publiziert worden. Seine sprachliche Übertragung war sehr darum bemüht, der bisweilen bizarren Eigenheit des sprach-lichen Duktus von Wagner gerecht zu werden. Dabei unterliefen ihm jedoch gravie-rende sinnentstellende und im Russischen ungeschickte Formulierungen, die auch nicht immer der sprachklanglichen Eigenheit im Zusammenklang von Wort und Musik entsprachen. Erst ab Ende des Jahrhunderts wurden die Swanzow-Übersetzungen des „Lohengrin" und des „Tannhäuser" von den sehr viel einfühl-sameren Transkriptionen Viktor Kolomijzews abgelöst, der auch die übrigen Werke Wagners nach und nach ins Russische übertrug.[39]

---

[37] Zit. nach: Marina Malkijel, Richard Wagners Werke auf der Bühne des Kaiserlichen Marien-Theaters Sankt Petesrburg, S. 11.

[38] Ebd., S. 12.

[39] Vgl.: Tatjana Solostjuk, Die Tradition der Übersetzung der Opernlibretti von Richard Wagner in Rußland an der Wende zum 20. Jahrhundert (Zum Problem des „russischen Wagner"), S. 53 ff.

Abb. 5.7 Fjodor Nikolski als Tannhäuser am Mariinski Theater Petersburg 1874

Die „Tannhäuser"-Premiere erregte sowohl beim Publikum als auch in der Fachwelt großes Aufsehen. Die Presse brachte über die Aufführung viel Lobendes. Da
hieß es u. a.: „*Das Orchester war unübertrefflich, so daß Naprawnik mit Beifall
nach der Ouvertüre und nach der Oper gekrönt wurde. Die Chöre waren auch sehr
gut.*" An anderer Stelle war zu lesen: „*Selten sind die Opern irgendwo so sorgfältig
einstudiert, wie bei uns. Naprawnik läßt keine kleinste Nuance außer acht.*" Und
Naprawnik selbst schrieb später über diese Premiere: „*Das Publikum verhielt sich
zu Wagner (,Lohengrin' 1868) zunächst misstrauisch, zurückhaltend, sogar kalt.
Mit der Erscheinung des ,Tannhäuser' begann das Publikum, wenn auch langsam,*

sich für seine Reformen zu begeistern. Es bildeten sich zwei Lager: Verehrer und Feinde des Komponisten. Den Sieg trugen die Ersteren davon und für immer."[40]
Und wieder traten insbesondere Cui und Laroche als Rezensenten der „Tannhäuser"-Premiere hervor. Aber diesmal fast mit umgekehrten Vorzeichen. Cui mäßigte sich in seinen kritischen Einwendungen, die er grundsätzlich gegenüber Wagner natürlich beibehielt. Aber jetzt nannte er Wagner einen *„großen Musik-Denker"*, einen *„guten und erfahrenen Harmoniker"*, der *„die sinfonischen Formen hervorragend beherrscht"*. Einzig monierte er *„melodische Armseligkeit"*, um zum Schluss, etwas süßsauer, doch festzustellen, dass der *„Tannhäuser eine Oper nicht ohne musikalische Qualitäten"* sei.[41] Laroche, den mit dem „Tannhäuser" offenbar kein so intensives Jugenderlebnis wie mit dem „Lohengrin" verband, glaubte, dass Wagner in diesem Werk seiner eigenen Theorie vom „Gesamtkunstwerk" entgegengestanden habe. Er meinte nun: *„Wo es im ‚Tannhäuser' Chor, Ensemble, zusammenhängende Kantilene gibt, da ist es hervorragend, da reißen uns mit, bezaubern uns gerade jene Teile der Oper, die in allgemeinmenschlicher Sprache, und nicht in der speziellen Wagnerschen Sprache, erfunden von einem Theoretiker, geschrieben sind."* In einer weiteren Rezension Laroches hieß es dann, fein differenzierend zwischen dramatischer Effekthascherei und reiner Musik:

> *„Wenn der ‚Tannhäuser' uns anrührt und bewegt – und ich gestehe gerne, dass er gerade einen solchen Einfluss auch auf mich ausübt – , dann rührt dieser Zauber keineswegs von der Anlage der Handlung her, nicht vom Pathos der Geschichte her, sondern von jener Musik, die in dieser Oper, wie überall bei Wagner, ‚mildernde Umstände' schildert ... Der Autor des ‚Tannhäuser' und des ‚Lohengrin' ist eine große blendende Erscheinung. Er ist groß gerade in jenen Elementen der absoluten Musik, die er in der Theorie negiert. Was für ein Musikant Wagner ist, und was für eine Kraft in diesem Musikanten steckt, welche Macht er über den Hörer hat – das wird offensichtlich im III. Akt, ... in der Erzählung Tannhäusers. Es ist eine lange rezitativische Erzählung, düster im Kolorit, ohne die geringsten szenischen Effekte, ohne jeden Dreh, der irgendwie den Hörer ablenkt oder seine Aufmerksamkeit abhält, sondern ihn einzig fesselt und bezaubert ... Ich halte diese Erzählung für eine Perle der Oper. Das Geheimnis dieses Vorgangs liegt für den Hörer einzig in der Musik."*[42]

Die Petersburger „Tannhäuser"-Inszenierung erlebte bis 1905 100 Aufführungen. Von 1905 bis 1914 folgten 39 weitere Vorstellungen, insgesamt waren es also 139.[43] Das Werk platzierte sich damit beim Publikum auf einem hohen Beliebtheitswert gleich dem des „Lohengrin".

---

[40] Zit. nach: A. Gosenpud, Richard Wagner i russkaja kultura, S. 109; vgl. auch: Marina Malkijel, Richard Wagners Werke auf der Bühne des Kaiserlichen Marien-Theaters Sankt Petersburg, S. 12.

[41] Zit. nach: A. Gosenpud, Richard Wagner i russkaja kultura, S. 109 f.

[42] Ebd., S. 110 f.

[43] Vgl. die Repertoireübersicht in: Dorothea Redepenning, Geschichte der russischen und der sowjetischen Musik, Bd. 1: Das 19. Jahrhundert, S. 442 ff. sowie die Aufführungsstatistik in: Rosamund Bartlett, Wagner and Russia, S. 307 ff.

Der „Ring" kommt nach Russland – „Germanen und Slawen – das geht"

Mittlerweile hatte das große Wagner-Ereignis in Deutschland stattgefunden: die ersten Bayreuther Festspiele im Jahre 1876. Der Komponist hatte viele Jahre darauf hingearbeitet und dabei manch herbe Rückschläge hinnehmen müssen. Schließlich gründete er sogar eine Art Aktiengesellschaft, einen „Patronatsverein", der über ein quasi Abonnement einen ständigen Geldzufluss sichern sollte. Aber auch das reichte nicht. Letztlich musste König Ludwig II. von Bayern mit großzügiger finanzieller Unterstützung helfen. Das Unternehmen gelang und die Festspiele fanden vom 13. bis 30. August mit drei Aufführungen des „Ring"-Zyklus statt.

Von Seiten russischer Musiker und Kritiker war das Interesse recht groß. 1876 reisten etliche von ihnen nach Bayreuth. Dazu gehörten Peter Tschaikowski und sein Freund Hermann Laroche, Nikolai Rubinstein, César Cui, Alexander Serows Witwe Walentina, Karl Klindworth, der Dirigent Eduard Napravnik sowie die Kritiker Nikita Solowjow, Alexander Faminzyn, Michail Iwanow und Wladimir Stassow. Tschaikowski und Cui statteten bei dieser Gelegenheit auch dem Hause „Wahnfried" einen Besuch ab und haben dabei wahrscheinlich vergeblich versucht, Wagner persönlich kennenzulernen. Der „Ring" hinterließ bei ihnen allen sehr unterschiedliche Eindrücke. Die aufschlussreichsten Beobachtungen machte wohl Tschaikowski. Darauf wird noch zurückzukommen sein.

Cui veröffentlichte ausführliche Berichte in den „Peterburgskije wedomosti".[44] Zunächst beschrieb er das Innere des Festspielhauses und befand es für zweckmäßig, schön und originell. Und er lobte auch das versenkte Orchester. So seien Publikum und Bühne quasi in direktem Kontakt. Allerdings monierte Cui, dass der Orchesterklang durch die Versenkung sehr dumpf klinge. Zur Musik des „Ring" meinte er anerkennend und doch mit deutlicher Zurückhaltung bzw. Einschränkungen: *„Worin Wagner ein wahrhafter Gigant ist, das ist seine Harmonik, seine kluge und wendige, unvergleichliche Verwendung seiner Themen und seine prächtige Begleitung, die Orchestrierung."* Allein der übermäßige Gebrauch von Nonen- und verminderten Septakkorden sei übertrieben. Und im melodischen Duktus und in der Findung von Themen sei Wagner zudem nicht sehr überzeugend: *„Es ist verwunderlich, dass man vier Opern auf ein so begrenztes Themenmaterial schreiben konnte."* Cuis letztliches Urteil war, dass Wagner *„kein Opernkomponist"* sei: *„Der Grundfehler in Wagners System ist, dass die Hauptsache das Orchester, und nicht die Sänger sind".*[45]

Ausführlich berichtete auch der Kritiker Michail Iwanow aus Bayreuth. Seine kritische Haltung gegenüber Wagner war übrigens stark beeinflusst von Wladimir Stassow, wenngleich er sich bemühte, objektiv zu urteilen und sich jeder vordergründigen Polemik zu enthalten. Bei ihm hieß es u. a.:

---

[44] Nr. 214, 218, 221, 228, 235.

[45] Vgl.: A. Gosenpud, Richard Wagner i russkaja kultura, S. 120 ff., 158 f.

> *„Die Aufführung der ‚Nibelungen' gab keine entscheidende Antwort auf die Frage nach der Zukunftsträchtigkeit des Musikdramas in dem Zustand, in dem es sich in diesem Werk darstellt ... Unzweifelhaft finden wir in den ‚Nibelungen' poetische Schönheiten, unschätzbare Perlen; aber, theoretisch einverstanden mit den Wagnerschen Prinzipien, sieht man und spürt man unweigerlich, dass die Anwendung in all ihrer Konsequenz in der Praxis ihre Grenzen hat."*

Und Iwanow bemängelte, wie viele seiner russischen Kollegen auch, dass das Orchester in seiner durch die Leitmotivik bestimmten Struktur eine unzulässige Dominanz gegenüber den Singstimmen ausübe. *„Eine vollkommene Verschmelzung von Wort und Musik wurde so nicht erreicht."*[46]

Und der alte Wagnerkritiker „Rostislaw" (Feofil Tolstoi), der selbst nicht in Bayreuth war, resümierte nach der Lektüre der so widersprüchlichen Bayreuth-Nachrichten seiner Kollegen: *„Wem soll man glauben? Auf welcher Seite liegt das Recht?"* Und er gab auch gleich eine Antwort auf diese seiner Meinung nach letztlich müßige Frage, dass er es nämlich für unmöglich halte, *„irgendwo auf einer anderen Bühne die kolossale Tetralogie aufzuführen".*[47] So ganz Unrecht hatte „Rostislaw" nicht, zumindest für Russland. Dort dauerte es rund zwanzig Jahre, bis auf den Bühnen von Petersburg und Moskau eine über längere Zeiträume und unter erheblichen Widerständen sich hinziehende Bühnenrealisierung des „Ring" in Gang kam. In Deutschland folgten jedoch sehr bald erste „Ring"-Aufführungen an den großen Theatern, aber auch an mittleren Häusern.

Stassow veröffentlichte keine Zeitungsrezensionen über seine Bayreuth-Erlebnisse. Aber später äußerte er sich in einer größeren musikgeschichtlichen Abhandlung doch recht dezidiert darüber. Darin meinte er z. B.: *„Das Bayreuther Theater ist unsinnig. Wagner wollte das Orchester geheimnisvoll, unsichtbar unter der Bühne platzieren – das taugte ganz und gar nicht."* Zudem legte Stassow Wagners musikalische Eigenheit in einer ganz bestimmten Richtung fest, und stand damit in Übereinstimmung mit etlichen seiner russischen Berufskollegen, d. h. er sah in Wagner einzig einen *„wahren, hervorragenden, zutiefst begabten Sinfoniker."* Er fügte jedoch anerkennend hinzu, dass Wagner gelegentlich sehr lyrische, innige Momente menschlicher Beziehungen gestalten könne:

> *„Die Oper war überhaupt nicht seine Sache, er hatte für die Oper überhaupt kein Talent. In Wagners Natur lag nicht ein Element, das einen Opernkomponisten ausmacht. Er hatte nicht das geringste Gefühl für das Leben, für die Realität, er hatte keinerlei Verständnis von Charakteren, Naturellen und Typen, von menschlichen Persönlichkeiten, ihren Eigenheiten, Bewegungen und Handlungsimpulsen; er hatte kein Bedürfnis, keine Befähigung, individuelle menschliche Persönlichkeiten darzustellen ... Aber all diese musikalischen Werke sind allein Schöpfungen für den Konzertsaal ... Sie bedürfen der Szene nicht ... Was ist nach all dem Wagner – ein Opernkomponist? Im Gegenteil, er ist in seinem ganzen Wesen eine Persönlichkeit, die in klarstem und beispiellosem Gegensatz zur Natur eines Opernkomponisten steht."*[48]

---

[46] Ebd., S. 161 ff.
[47] Ebd., S. 160.
[48] Vgl.: W. W. Stassow, Isbrannyje sotschinenija, Bd. 3, S. 700, 702 ff.

Mit größtem Interesse hatte also die russische Fachwelt auf das ja tatsächlich säkulare Bayreuther „Ring"-Ereignis von 1876 reagiert. Und beim interessierten einheimischen Publikum konnte sich, nachdem ja auch seit den Wagner-Konzerten von 1863 schon einige „Ring"-Bruchstücke in Russland erklungen waren, auf diesem Wege die Erwartung eigener Aufführungen der Tetralogie in Petersburg und Moskau nur noch steigern.

Eine besondere Rolle in der weltweiten Popularisierung vom „Ring des Nibelungen" spielte dann auch für Russland Angelo Neumanns „Richard Wagner-Theater". Neumann war ausgebildeter Opernsänger. Vor allem aber als Theaterintendant und Impresario hat er sich hohe Verdienste um Wagner erworben. Von 1876 bis 1882 wirkte er als Operndirektor am Leipziger Theater, dann, in den Jahren 1882/1883 als Impresario eben des „Richard Wagner-Theaters" und von 1885 bis 1910 als Operndirektor in Prag.

Das „Richard Wagner-Theater" – Wagner hatte Neumann auf dessen Bitte hin die Erlaubnis erteilt, diesen Namen zu tragen[49] – war in seiner Zeit eigentlich eine unglaubliche Unternehmung. Neumann konnte aus Bayreuth Originalkulissen und auch die Kostüme erwerben und tourte dann, nachdem er bereits 1879 in Leipzig einen kompletten „Ring" inszeniert hatte, nach einem Auftakt 1881 in Berlin mit einem ca. 135 Mitglieder umfassenden Ensemble in den Jahren 1882/83 durch 26 Städte in England (London), in Deutschland (Leipzig, Breslau, Königsberg, Danzig, Hannover, Bremen, Berlin, Aachen, Düsseldorf, Karlsruhe, Darmstadt, Straßburg, Stuttgart), in den Niederlanden (Amsterdam), Belgien (Brüssel), in der Schweiz (Basel), in Italien (Venedig, Bologna, Rom, Turin) und in Österreich-Ungarn (Triest, Budapest, Graz). Der „Ring" erlebte dabei 28 komplette Aufführungen, hinzu traten zahlreiche Konzerte mit Ausschnitten aus dem „Ring" und anderen Wagneropern und auch Einzelaufführungen aus dem „Ring" in etlichen weiteren Städten Deutschlands. Das war eine äußerst wirksame Kampagne zur Propagierung von Wagners opus magnum. Und es ergingen in der Folge weitere Anfragen aus Dänemark, Schweden, Norwegen, den USA, Spanien, England, Italien und Frankreich mit Einladungen für das „Richard Wagner-Theater" an Angelo Neumann, die er allerdings ablehnend beantworten musste. Er sah es als unmöglich an, noch einmal einen solchen großen Apparat an Personage und Ausstattung zu mobilisieren.[50]

Aber nun zogen nach dem Vorbild des „Richard Wagner-Theaters" deutsche und ausländische Bühnen mit eigenen Produktionen nach. Es hatten nach der Bayreuther Unternehmung von 1876 bereits erste zyklische „Ring"-Aufführungen 1878 in München, dann 1879 in Leipzig und Wien sowie 1880 in Hamburg und Braunschweig stattgefunden. Ein wahrer „Ring"-Boom setzte nun ein. Es folgten 1883 Frankfurt/Main, 1885 Mannheim, 1886 Dresden, 1887 Prag, 1888 Karlsruhe und Berlin, 1889 Darmstadt, New York und Milwaukee, 1892 Breslau und Königsberg, 1893 Dessau, Budapest und Halle, 1895 Magdeburg, 1896 Freiburg i. Br., 1898 Kassel. Das war eine erstaunliche Anzahl von „Ring"-Produktionen, die da in wenigen Jahren in Deutschland, in Österreich-Ungarn und sogar in den USA Furore

---

[49] Vgl.: CWT, Bd. II, S. 879 (25.1.1882).
[50] Vgl.: Angelo Neumann, Erinnerungen an Richard Wagner, S. 332 f.

machten und den Ruf Wagners als dem wohl aufregendsten Opernkomponisten der
Zeit in weiter Runde befestigten.

Da konnte und wollte auch Russland nicht mehr zurückstehen. Man hatte ja von
dem großen Erfolg des „Richard Wagner-Theaters" gehört. Jetzt wandte man sich
also an Angelo Neumann mit der Anfrage zur Möglichkeit eines Gastspiels in
Petersburg. In der ersten Fassung des Vertrags zwischen Angelo Neuman und Wagner vom 16. Februar 1881 über die Aufführungsrechte am „Ring" auf ausgedehnten
Gastspielen war ja vorsorglich auch schon Petersburg als möglicher Gastspielort
aufgeführt gewesen. Cosima Wagner hatte kurz zuvor in ihrem Tagebuch notiert,
dass Wagner den Verhandlungen mit Neumann über die große geplante Tournee mit
dem „Ring" positiv gegenüberstehe: *„Eine Depesche von Dr. Neumann, fernere
Unternehmungen mit dem ‚Ring' ankündigend in Amerika, London, Petersburg, regt
ihn angenehm auf.* "[51] Und noch zwei Tage vor seinem Tode hieß es in einem Brief
Wagners – es war wohl der letzte Brief, den er schrieb und somit fast ein Testa-
ment – an Neumann über dessen Plan, in Russland und weiteren europäischen Ländern mit dem „Richard Wagner-Theater" zu gastieren:

> *„Germanen und Slawen – das geht, nur nicht Lateiner u. Romanen: Belgien ist gut ge-
> mischt, ein Halbvolk, vlämisch u.s.w. In Paris werden – oder: würden Sie 'was Schönes er-
> fahren. Rußland – Stockholm – Kopenhagen – am Ende auch Ungarn – Alles gut.* "[52]

Diese Bemerkung hat übrigens einen erkennbaren philosophiehistorischen
Hintergrund, der eng mit den Schriften und Ansichten des französischen Rassen-
theoretikers Joseph Arthur Graf von Gobineau zu tun hat, in erster Linie mit dessen
Hauptwerk „Essai sur l'inégalité des races humaines". Wagner war mit Gobineau
seit 1876 bekannt, man traf sich 1881 auch in Venedig, und schließlich besuchte Gobineau 1881 und 1882 Wagner für längere Zeit auch in Bayreuth. Beide führten im
Gespräch oder auch brieflich lange Dispute über rassentheoretische Fragen, wobei
Gobineau in der Vermischung der menschlichen Rassen einen unumkehrbaren Vorgang sah, der zum Niedergang der menschlichen Gesellschaft führe, während Wagner, sich davon absetzend, gerade in der Vermischung der Rassen die Chance für
eine „Regeneration" der Menschheit erblickte.[53] Noch in den letzten Wochen vor
Wagners Tod finden sich in Cosima Wagners Tagebüchern immer wieder Reflexionen über Gobineau, immer aber auch in kritischer Absetzung. In den „Bayreuther
Blättern" fand dann aber die Gobineausche Rassentheorie ab 1881 ein vielfältiges
und nun zumeist unreflektiertes Echo, z. T. noch mit Originalbeiträgen von Gobineau selbst oder in spekulativen Betrachtungen etwa von Hans von Wolzogen und
von Ludwig Schemann. Bei einer Gobineau-Diskussion im Hause Wahnfried am
11. Juni 1882 meinte Wagner einmal recht beziehungsreich – und das ist interessant
im Hinblick auf seine Äußerung *„Germanen und Slawen – das geht …"* – auch:

---

[51] CWT, Bd. II, S. 648.

[52] Vgl.: Angelo Neumann, Erinnerungen an Richard Wagner, S. 282.

[53] Vgl.: Richard Wagners Schrift „Religion und Kunst" (1880), in: RWS, Bd. 10, S. 211 ff.; vgl.
auch: CWT, Bd. II, S. 850.

„Wenn die Baschkiren [gemeint waren die Russen aus Asien] *kommen, ist es mir um die Musik keine Not. "*[54]

Trotz der positiven Meinung Wagners zu einem Russland-Gastspiel des Neumannschen Unternehmens blieb Petersburg aber doch von der großen Tournee 1882/83 ausgeschlossen. Nun, im Jahre 1889, gab es also von russischer Seite einen erneuten Anlauf. Neumann schrieb, bedenkend alle bisherigen Absagen für eine erneute ausländische Wagner-Tournee, darüber in seinen Erinnerungen:

> *„So unterblieb denn jede neue Expedition des Richard Wagner-Theaters, bis 1889 ein ernst zu nehmender Antrag vom kaiserlichen Theater in Petersburg an mich erging. Da schienen mir allerdings jene Grundlagen gegeben zu sein, um ein volles Gelingen zu erreichen. Nachdem der Delegierte der kaiserlichen Generaldirektion … zweimal von Petersburg zu mir nach Prag gekommen war, wurde der Vertrag zwischen der Generaldirektion und mir in folgender Weise festgesetzt: ich hatte alle Künstler, den Dirigenten, Regisseur, Inspizienten, Souffleur, Maschinenmeister, Dampfinspektor, die gesamte Ausstattung an Dekorationen, Kostümen, Requisiten und Musikmaterial beizustellen; die kaiserliche Generaldirektion dagegen das Theatergebäude, die Beleuchtung, das technische und administrative Personal, das vollständige Orchester und die Bühnenmusik, endlich den Chor der Mannen in der Götterdämmerung, in deutscher Sprache vorstudiert. Die Einnahme war derart zu teilen, daß drei viertel dem Richard Wagner-Theater, ein viertel der kaiserlichen Kasse zuflossen. Die Aufführungen waren zu den russischen Fasten festgesetzt worden, in einer Reihe von vier Cyklen, sowie zwei großen Konzerten, mit dem 11. März (neuen Stils) 1889 als Beginn* [d. h. 27. Februar nach julian. Kalender]. *Dirigent war mein erster Kapellmeister des kgl. Deutschen Landestheaters von Prag, Dr. Karl Muck. "*[55]

Der junge Karl Muck war übrigens später Generalmusikdirektor der Berliner Hofoper und fast drei Jahrzehnte lang bis 1930 auch legendärer „Parsifal"-Dirigent in Bayreuth. Für die Partien der Brünnhilde und des Siegfried brachte Neumann das Ehepaar Therese und Heinrich Vogl mit nach Petersburg – auch sie waren bekannte Wagner-Interpreten. Alternierend mit Therese Vogl traten zudem Therese Malten und Marie Rochelle auf. Die deutschen Gäste und das Petersburger Ensemble waren gegenseitig sehr erstaunt über das hohe künstlerische Niveau der jeweils anderen Seite. So erinnerte sich der Sohn des Petersburger Chefdirigenten Eduard Naprawnik später beispielsweise: *„Der deutsche Kapellmeister Muck … drückte mehrmals meinem Vater sein begeistertes Erstaunen über das Orchester aus und gab zu verstehen, daß er so etwas keinesfalls im barbarischen Rußland zu finden glaubte. "*[56] Und Neumann, ebenso überrascht, drückte im Gegenzug beispielsweise seine Hochachtung für den russischen Männerchor aus: *„Der russische Chor hatte nun seine Aufgabe bewundernswert begriffen und gelöst. Als ich zur ersten Bühnenprobe kam, … mußte ich erstaunen, in welch vortrefflicher Kraft und Schönheit die deutsche Sprache da besonders aus den herrlichen Baßstimmen dieser ragenden Hünengestalten erklang. "*[57]

---

[54] CWT, Bd. II, S. 958.

[55] Angelo Neumann, Erinnerungen an Richard Wagner, S. 333 f.

[56] Zit. nach: Marina Malkijel, Richard Wagners Werke auf der Bühne des Kaiserlichen Marien-Theaters Sankt Petersburg, S. 13.

[57] Angelo Neumann, Erinnerungen an Richard Wagner, S. 334.

Es gab 1889 in Petersburg vier „Ring"-Zyklen:[58]

- 27., 28. Februar, 2. und 4. März.
- 5., 6., 8. und 9. März.
- 11., 12., 14. und 15. März.
- 17., 18., 20. und 21. März.

Dazu kamen noch zwei große Wagner-Konzerte am 10. und 19. März.

Die vier Zyklen waren ausverkauft. Und die Mitglieder der Zarenfamilie, auch Zar Alexander III. selbst, waren in den meisten Vorstellungen anwesend. Der Aufsehen erregende Erfolg der Aufführungen hatte dann auch umgehend die Leitung des Moskauer Bolschoi Theaters auf den Plan gerufen. Auch hier, im gleichfalls Kaiserlichen Hoftheater, wollte man jetzt den „Ring" sehen. Nach kurzen Verhandlungen mit der Petersburger Seite reiste nun die ganze Neumann-Truppe, unter Einschluss auch des ja bestens studierten Petersburger Orchesters mit insgesamt 106 Musikern, am 23. März nach Moskau. Die Tetralogie wurde hier am 25., 26., 28. und 29. März aufgeführt. Dazu gab es am 27. März, wie in Petersburg, ein großes Wagner-Konzert und am 30. März wegen des großen Publikumsandrangs noch eine zusätzliche „Walküren"-Vorstellung. Natürlich erregte das Gastspiel des „Richard Wagner-Theaters" auch in der Fachwelt, unter den Wagner-Anhängern wie unter den Wagner-Gegnern, größtes Aufsehen. Einen so massiven „Einmarsch" mit Wagnerscher Musik hatte es in Russland noch nicht gegeben. Es war ein bemerkenswerter Markstein in der russischen Operngeschichte, in gewisser Weise auch ein Umbruch. So zum Beispiel für Nikolai Rimski-Korsakow. In der „Chronik meines musikalischen Lebens" erinnerte er sich der starken Eindrücke, die das Wagner-Erlebnis von 1889 bei ihm hinterließen und wie sie sich auf sein eigenes kompositorisches Schaffen – er war zu dieser Zeit gerade mit der Oper „Mlada" beschäftigt:

> *„Im Winter erlebte Petersburg ein bedeutsames musikalisches Ereignis: Im Marientheater führte der Prager Theaterunternehmer Angelo Neumann mit seinem deutschen Tourneetheater unter der Leitung von Karl Muck den ‚Ring des Nibelungen' auf. Das ganze musikalische Petersburg bekundete starkes Interesse. Ich besuchte mit Glasunow sämtliche Proben, wo wir jeden Takt an Hand der Partitur verfolgten. Muck, ein vorzüglicher Dirigent, studierte Wagner sehr sorgfältig ein; unser Orchester war ganz bei der Sache und setzte Muck durch seine Reaktionsschnelligkeit und sein Anpassungsvermögen in Erstaunen. Von Wagners Orchesterbehandlung waren ich und Glasunow außerordentlich beeindruckt, und von nun an machten wir uns nach und nach die Methoden seiner Instrumentationskunst zu eigen. Meine erste Arbeit mit einer an Wagner orientierten Orchesterbehandlung und mit Verwendung eines nach Wagnerschem Vorbild im Bläserchor verstärkten Orchesters war die Instrumentierung der Polonaise aus [Mussorgskis] ‚Boris Godunow' zum Zwecke einer konzertanten Aufführung … Die Konzerte und das Studium der ‚Ring'-Partitur nahmen mich so in Anspruch, daß ich mich nicht auf schöpferisches Arbeiten konzentrieren konnte."*[59]

---

[58] In Angelo Neumanns „Erinnerungen an Richard Wagner" sind alle Daten des Russland-Gastspiels entsprechend dem gregorianischen Kalender um 12 Tage später datiert.

[59] Nikolai Rimski-Korsakow, Chronik meines musikalischen Lebens, S. 319 ff., 327; vgl. auch: Stephen Muir, ‚The end of opera itself': Rimsky-Korsakov and Wagner, S. 35 ff.

Ebenso, wenn nicht noch stärker von Wagner infiziert war Rimski-Korsakows Schüler Alexander Glasunow, der übrigens schon 1884 in Bayreuth eine „Parsifal"-Aufführung erlebt hatte.[60] Und seinem Schüler Schostakowitsch erzählte er Jahrzehnte später noch: *„Ich hörte die ‚Walküre'. Verstand nichts. Sie mißfiel mir gründlich. Ich hörte sie ein zweitesmal. Verstand wieder nichts. Beim drittenmal – dasselbe. Was glauben Sie, wie oft ich diese Opern hörte, ehe ich sie verstand? Neunmal. Beim zehntenmal hatte ich endlich alles verstanden. Und sie gefiel mir sehr."*[61] Gegenüber Tschaikowski bekannte Glasunow brieflich zu seinem „Ring"-Erlebnis von 1889 bei dem Gastspiel des Neumannschen „Richard Wagner-Theaters": *„Ich muß zugestehen, daß ich selten in solche Begeisterung geriet. Ich erkenne mich selbst nicht … Wir waren mit Nikolaj Andrejewitsch [Rimski-Korsakow] einfach in einem Rausch … Ich erlernte die Wagnersche Trilogie nicht schlechter als ein verwegener deutscher Wagnerist und sehne mich danach, seine anderen Opern näher kennenzulernen."* Und in einem Brief an einen Musikkritiker gestand er auch, daß er *„Wagner unwillkürlich, wie eine Frau liebgewann. Wagner war in unserem Kreis [dem Beljajew-Kreis] in dieser Saison eine große Epoche. Es war eine Zeit, wo ich ihn ablehnte, jetzt aber glaube ich fest an ihn, wie an Apostel Paul."*[62]

Fast zehn Jahre später, vom 22. Februar bis zum 27. März 1898, gastierte erneut eine deutsche Opernunternehmung mit Wagner-Aufführungen in Petersburg. Der Impresario Georg Paradisi präsentierte den „Fliegenden Holländer", „Tannhäuser", „Lohengrin", „Tristan und Isolde", die „Meistersinger von Nürnberg" sowie die „Walküre" und den „Siegfried" in insgesamt 19 Vorstellungen. Musikalischer Leiter der meisten Aufführungen war der Bayreuther „Ring"-Dirigent Hans Richter, ein zu dieser Zeit längst international anerkannter Wagner-Interpret. Auch die Protagonisten der großen Partien waren weltweit bekannte Sänger: Therese Malten, und Édouard de Reszke, Theodor Reichmann. Und in den „Tristan"-Aufführungen trat erstmals die in Petersburg schon bekannte und beliebte Sängerin Felia Litwin auf.

Ein Petersburger Kritiker schrieb damals über den Dirigenten Richter: *„In seinem Orchester verschwindet keine Note und andererseits unter seinem Orchester geht eine Sängerstimme nie verloren. Die Melodik der Wagnerschen Musik wird begreiflicher, hinreißender, zeitweise geradezu zauberhaft."* Richter, seinerseits vom Orchester sehr angetan, dankte den Petersburger Musikern in einem Brief, den er bat, auch zu veröffentlichen:

> *„Verwöhnt vom Wienerischen und auch von meinem Londoner Orchester kam ich hierher mit großen Anforderungen und Erwartungen, aber in Wirklichkeit wurden diese Erwartungen übertroffen. Ich werde immer mit Dankbarkeit an den künstlerischen Eifer und die hervorragende Qualität des Petersburger Orchesters zurückdenken und hoffe, daß ich*

---

[60] Vgl. Marc Mühlbach, Russische Musikgeschichte im Überblick. Ein Handbuch, S. 276.

[61] Zit. aus: Solomon Wolkow (Hrsg.), Zeugenaussage. Die Memoiren des Dmitrij Schostakowitsch, S. 90 f.

[62] Zit. aus: Marina Malkijel, Richard Wagners Werke auf der Bühne des Kaiserlichen Marien-Theaters Sankt Petersburg, S. 15.

*wieder die Ehre und den künstlerischen Genuß haben werde, die Korporation dieser groß-
artigen Künstler zu dirigieren …"*[63]

Wagner erobert die russischen Opernhäuser

Eine chronologische Übersicht über Wagner-Erstaufführungen in Petersburg und
Moskau vermittelt einen Eindruck vom wachsenden Einfluss Wagners auf das russische Opernrepertoire am Ende des 19. Jahrhundert und zum Beginn des neuen
Jahrhunderts bis zum Ausbruch des 1. Weltkriegs 1914. Im Besonderen werden
hinzugezogen auch Wagner-Inszenierungen in Riga, da dessen Theater, stets im
Vorlauf zu den hauptstädtischen Bühnen, sich in engagierter Weise für jenen Komponisten einsetzte, der von 1837 bis 1839 dort auch musikalischer Chef war; aufgeführt wurden hier die Wagner-Werke in der Originalsprache. Die Premieren-
Daten entsprechen dem damals in Russland gültigen julianischen Kalender:[64]

- 22. Mai 1843 „Der fliegende Holländer" in Riga.
- 6. Januar 1853 „Tannhäuser" in Riga.
- 21. Dezember 1853 „Tannhäuser" in Reval (Tallinn).
- 24. Januar 1855 „Lohengrin" in Riga.
- 4. Oktober 1868 „Lohengrin" am Mariinski Theater Petersburg.
- 11. Dezember 1871 „Die Meistersinger von Nürnberg" in Riga.
- 13. Dezember 1874 „Tannhäuser" am Mariinski Theater Petersburg.
- 27. Januar 1877 „Tannhäuser" am Bolschoi Theater Moskau.
- 28. Januar 1878 „Rienzi" in Riga.
- 22. Oktober 1879 „Rienzi" am Mariinski Theater Petersburg.
- 19. Dezember 1881 „Lohengrin" am Bolschoi Theater Moskau.
- 9. Februar 1887 „Lohengrin" an Mamontows Privatoper Moskau.
- 27. Februar bis 21. März 1889 Gastspiel von Angelo Neumanns „Richard
  Wagner-Theater" mit der viermaligen Aufführung des „Ring"-Zyklus am Mariinski Theater Petersburg, dem jetzigen Kaiserlichen Hoftheater.
- 25. bis 30. März 1889 Gastspiel von Angelo Neumanns „Richard Wagner-
  Theater" mit dem „Ring" am Bolschoi Theater Moskau.
- 13. Dezember 1889 „Die Walküre" in Riga (es folgten 1890 „Rheingold", am 16.
  März 1898 „Siegfried" und am 23. November 1902 „Götterdämmerung"; erster
  Gesamt-„Ring" in Riga vom 12. bis 23. November 1902).
- 27. Januar 1894 „Siegfried" am Bolschoi Theater Moskau.
- 22. Februar bis 27. März 1898 Gastspiel einer deutschen Operntruppe unter der
  Leitung von Impresario Georg Paradisi und dem Dirigenten Hans Richter mit
  „Tannhäuser" (1 Aufführung) sowie „Der fliegende Holländer", „Lohengrin",

---

[63] Zit. aus ebd., S. 17 f.

[64] Die Angaben sind u. a. wieder den bereits zitierten Repertoireübersichten von Dorothea Redepenning und Rosamund Bartlett entnommen.

„Die Meistersinger von Nürnberg", „Tristan und Isolde", „Die Walküre" und „Siegfried" (jeweils 3 Aufführungen) am Mariinski Theater Petersburg.

- 5. April 1899 „Tristan und Isolde" am Mariinski Theater Petersburg.
- 24. November 1900 „Die Walküre" am Mariinski Theater Petersburg.
- 26. Januar 1901 „Tannhäuser" an Mamontows Privatoper Moskau.
- 4. Februar 1902 „Siegfried" am Mariinski Theater Petersburg.
- 24. Februar 1902 „Die Walküre" am Bolschoi Theater Moskau.
- 19. November 1902 „Der fliegende Holländer" am Bolschoi Theater Moskau.
- 20. Januar 1903 „Götterdämmerung" am Mariinski Theater Petersburg.
- 22. Oktober 1904 „Tristan und Isolde" in Riga.
- 27. Dezember 1905 „Das Rheingold" am Mariinski Theater Petersburg.
- 19. Februar 1906 (und an zwei weiteren Konzertabenden mit jeweils einem Akt) „Parsifal" als halbszenische Aufführung unter der Leitung von Graf Scheremetjew in Petersburg.
- 30. August 1909 „Die Meistersinger von Nürnberg" an der Simin-Privatoper in Moskau.
- 10. Oktober 1911 „Götterdämmerung" am Bolschoi Theater Moskau.
- 11. Oktober 1911 „Der fliegende Holländer" am Mariinski Theater Petersburg.
- 14. März 1912 „Rheingold" am Bolschoi Theater Moskau.
- 21. Dezember 1912 „Die Meistersinger von Nürnberg" am „Theater des musikalischen Dramas" in Petersburg.
- 21. Dezember 1913 „Parsifal" im „Volkshaus Nikolai II." in Petersburg.
- 27. Februar 1914 „Parsifal" am „Theater des musikalischen Dramas" in Petersburg.
- 20. März 1914 „Die Meistersinger von Nürnberg" am Mariinski Theater Petersburg.

Zu den Wagner-Aufführungen seit den 90er-Jahren bis zum 1. Weltkrieg in Petersburg und Moskau gibt es auch eine ausführlichere Darstellung durch den Musikhistoriker Abram Gosenpud.[65] Zudem müssen an dieser Stelle die Aktivitäten von zwei Moskauer Privat-Opern erwähnt werden, die in ihr Repertoire auch Wagner-Opern aufgenommen hatten. Zunächst wäre da zu nennen die Privat-Oper von Sawwa Mamontow,[66] einem Industriellen und Kunstmäzen, der sein Theater bereits 1883 gründete und vornehmlich wichtige neue russische Opern in exemplarischen Aufführungen auf die Bühne brachte. Unter seiner Leitung erlebten aber auch Wagners „Lohengrin" (1887) und „Tannhäuser" (1901; mit dem Bühnenbild des bekannten Malers Michail Wrubel) sehr ambitionierte Inszenierungen. Teilweise in Verbindung mit Mamontows Opernunternehmen stehend gründete auch der Impresario Sergei Simin in Moskau 1903 eine Privat-Oper, an der sogar die russische Erstaufführung der „Meistersinger von Nürnberg" und 1911 dann eine gelungene Inszenierung des „Tannhäuser" stattfand. Ebenso ein nichtstaatliches Unternehmen war das „Theater des musikalischen Dramas" in Petersburg, das 1912 die

---

[65] A. Gosenpud, Russki operny teatr meshdu dwuch rewoljuzij. 1905–1917, bes. S. 110–155.
[66] Vgl.: Olga Haldey, Mamontov's Privat Opera. The Search for Modernism in Russian Theatre.

„Meistersinger" und 1914 den „Parsifal" auf die Bühne brachte. Beide Werke erschienen hier also noch vor deren Erstaufführungen am kaiserlichen Mariinski Theater. Und beide Stücke wurden inszeniert von dem Theateravantgardisten Jossif Lapizki. Bei den „Meistersingern" assistierte übrigens der Wagner-Bühnenreformator Adolphe Appia.

In der Wende zum 20. Jahrhundert hielt Wagner dann auch auf den Bühnen der Provinzzentren des Zarenreiches Einzug, vornehmlich natürlich, nach dem Vorbild von Petersburg und Moskau, zunächst mit dem „Tannhäuser" und dem „Lohengrin". Die Vorreiter-Rolle des Rigaer Theaters wurde schon erwähnt. 1879 führte im damals von Russland beherrschten Teil Polens die Warschauer Oper den „Lohengrin", 1883 den „Tannhäuser" und 1903 die „Walküre" erstmals auf. 1899 gab es in Charkow und 1900 in Nishni Nowgorod den „Tannhäuser", 1890 in Kiew den „Lohengrin", 1901 folgten Kasan, Perm und Tiflis (Tbilissi) sowie 1904 Irkutsk, Odessa und Saratow ebenfalls mit dem „Lohengrin", 1904 Shitomir mit dem „Tannhäuser" und 1909 Kiew mit der „Walküre".[67]

Blickt man nun noch einmal auf die Aufführungsstatistiken speziell des Petersburger Mariinski-Theaters zurück, so halte man sich zunächst vor Augen, dass es hier pro Saison circa. 120 bis 130 Opernaufführungen gab. Bis etwa 1900 beschränkte sich das Wagner-Repertoire im Wesentlichen ja auf „Lohengrin" und „Tannhäuser" (Abb. 5.8). Beide Werke belegten im Blick auf das jeweilige Gesamtrepertoire der Spielzeit nur einen einstelligen Prozentwert mit 5 und 10 Aufführungen. 1905/06 beispielsweise, als dann auch „Tristan und Isolde" sowie der „Ring des Nibelungen" das Repertoire bereicherten, waren es 19 von 142 Vorstellungen, also fast 15 Prozent. In der Spielzeit 1911/12 waren es gar 34 Wagneraufführungen von insgesamt 166 Vorstellungen, d. h. ca. 20 Prozent, während andere ausländische Opern mit 45 Vorstellungen, also insgesamt knapp 30 Prozent, vertreten waren. Ähnlich sah es 1913/14 aus: von 169 Opernvorstellungen waren es 33 Wagnersche Werke. Zu dieser Zeit nahm Wagner also bereits eine Vorrangstellung ein.

Am Moskauer Bolschoi Theater, das seit 1901 gemeinsam mit dem Petersburger Mariinski Theater unter der progressiven Leitung von Intendant Wladimir Teljakowski stand, waren es in der Spielzeit 1911/12 immerhin 20 Wagner-Aufführungen von insgesamt 174 Opern-Vorstellungen, d. h. ca. 12 Prozent. Der Gesamt-„Ring", der in Petersburg doch seit Jahren der Hauptmagnet war, war in Moskau allerdings nur stockend zustande gekommen. Nach dem „Siegfried" (1894) folgten hier „Die Walküre" 1901/02 sowie „Das Rheingold" und schließlich „Götterdämmerung" erst 1911/12. Bei diesem russischen Wagner-Boom handelte es sich also im Wesentlichen um einen „Ring"-Boom.

Am Beginn des neuen Jahrhunderts waren in Petersburg und dann auch in Moskau, ja sogar in Riga, komplette Inszenierungen des „Rings" zu erleben, die beispielsweise in Petersburg auch pro Saison in der Regel viermal als geschlossener Zyklus im Repertoire standen. Wagner war auf diese Weise zum meistgespielten

---

[67]Vgl.: Rosamund Bartlett, Wagner and Russia, S. 73, 82, 94.

Abb. 5.8 Iwan Jerschow als Tannhäuser am Mariinski Theater Petersburg 1899

Opernkomponisten auf den hauptstädtischen Bühnen in Russland avanciert. Er ließ damit auch die zu dieser Zeit beliebtesten russischen Komponisten wie Glinka und Rimski-Korsakow deutlich hinter sich zurück.

Eine ganz entscheidende Rolle spielte dabei, wie schon erwähnt, in Petersburg der musikalische Chef des Mariinski Theaters Eduard Naprawnik. Seinen Einstudierungen von „Lohengrin" und „Tannhäuser" ließ er zu Beginn des neuen Jahrhunderts, von 1900 bis 1905, die „Ring"-Tetralogie folgen, obwohl er diesen Werken eigentlich eher distanziert gegenüberstand. Seine Vorliebe galt mehr dem frühen Wagner. Die szenischen „Ring"-Einstudierungen lagen jeweils in den Händen von Ossip (Josef) Paletschek. Und Bayreuth ließ insofern grüßen, als der Bühnenbildner Max Brückner, der gemeinsam mit seinem Bruder Gotthold 1876 den Bayreuther „Ring" ausgestattet hatte, nun als Auftakt der Petersburger „Ring"-Unternehmung das Bühnenbild zum zweiten und dritten Aufzug der „Walküre" verantwortete. Die Initiative für diese aufwändige Produktion ging offenbar vom Intendanten des Hauses (1899–1901), Fürst Sergei Wolkonski, aus, der der russischen Wagner-Rezeption damit einen entscheidenden Impuls gab.[68] Er war einer der wenigen wirklich an der Kunst interessierten Theaterleiter im kaiserlichen Russland. Das Projekt hatte großen Erfolg, und ab 1906 wurden die „Ring"-Zyklen jeweils auch im Abonnement verkauft.

Gleich zu Beginn von Wolkonskis Wirken am Mariinski Theater kam 1899 die Erstaufführung des „Tristan" zustande. Offenbar hatte Zar Nikolai II. eine Vorliebe für dieses Wagnerwerk[69] wie auch insbesondere für den „Ring des Nibelungen".[70] Die jüngst engagierte Sängerin Felia Litwin war prädestiniert für die Rolle der Isolde (Abb. 5.9a, b), und nachdem ein französischer Gast als Tristan nicht reüssieren konnte, übernahm ab der vierten Vorstellung (28. Januar 1900) der junge Iwan Jerschow diese Partie – eine Idealbesetzung. Und jetzt wurde auch komplett in russischer Sprache gesungen, nachdem bei der Premiere die Hauptpartien noch in französischer Sprache gegeben wurden. Die Inszenierung von Ossip (Josef) Paletschek war konservativ nach Bayreuther Vorbild ausgerichtet. Er und Jerschow hatten zuvor in Bayreuth mehrfach Gelegenheit, die dortigen Aufführungspraktiken zu

Abb. 5.9 a Felia Litwin als Isolde am Mariinski Theater Petersburg 1899; **b** Felia Litwin als Brünnhilde am Mariinski Theater Petersburg 1900

---

[68] Vgl.: A. Gosenpud, Russki operny teatr meshdu dwuch rewoljuzij. 1905–1917, S. 126 ff.

[69] Vgl.: Marina Malkijel, Richard Wagners Werke auf der Bühne des Kaiserlichen Marien-Theaters Sankt Petersburg, S. 19.

[70] Rosamund Bartlett, Wagner and Russia, S. 90.

studieren.[71] Bis 1901 erlebte der „Tristan" zehn Aufführungen. 1909 erfuhr das Werk dann in einer ambitionierten Neuinszenierung von Wsewolod Meyerhold eine adäquate Bühnenrealisierung. Die musikalische Leitung der „Tristan"-Inszenierung von 1899 lag in den Händen des jungen Felix Blumenfeld, einem Schüler Rimski-Korsakows, der für sein Dirigat von der Presse großes Lob erhielt. Die Aufführung war aber auch im Theater selbst nicht unumstritten. Der damalige Sänger und Regisseur Gennadi Kondratjew schrieb beispielsweise nach der ersten Aufführung in seinem Tagebuch: *„Die Oper ist langweilig und unendlich lang … Es gibt wunderbare geniale Musikoasen, aber zwischenzeitlich – eine langweilige, quälende Musikwüste."*[72] Überhaupt war ja um die Jahrhundertwende die Aufnahme Wagners ins hauptstädtische Opernrepertoire durchaus noch keine Selbstverständlichkeit, galt er doch in konservativen Künstler- und Intelligenzkreisen immer noch, wie der namhafte Kritiker Leonid Sabanejew damals ironisch schrieb, als *„musikalischer Antichrist".*[73] Und auch Iwan Jerschow erinnerte sich später entsprechend:

> *„Das gesamte System des alten Mariinskij-Theaters stand Wagner feindlich gegenüber. Aufführungen von ‚Lohengrin' und ‚Tannhäuser' wurden gerade noch so gestattet, wobei man diese romantisch-heroischen Opern in schablonenhafte Spektakel im italienischen Stil verwandelte. Wiederholt wurden die kleinbürgerlichen Gerüchte ausgestreut, Wagner verderbe die Stimmen der Sänger und die Zuschauer würden durch den Lärm des Orchesters taub."*[74]

Nach 1900 jedoch schlug die Stimmung um. Die von Intendant Wolkonski beförderte „Ring"-Produktion am Mariinski Theater trug entscheidend dazu bei. Und erwähnt werden muss in diesem Zusammenhang weiterhin der Umstand, dass nach 1900 in verstärktem Maße berühmte Gäste bei Wagner-Aufführungen am Pult des Mariinski Theaters standen, etwa Arthur Nikisch, Felix Mottl und Felix von Weingartner oder, bei den Erstaufführungen des „Fliegenden Holländer" (1911) und der „Meistersinger" (1914), der junge Albert Coates, ein Schüler von Nikisch, sowie, bei der Aufführung des „Parsifal" (1914) im „Theater des musikalischen Dramas", der finnische Dirigent Georg Schneevoigt. Ein künstlerisches Ereignis der besonderen Art war auch, dass bei der Neuinszenierung des „Tannhäuser" am 8.10.1910 unter der Leitung von Eduard Naprawnik und in der traditionellen Inszenierung von Ossip (Josef) Paletschek eine ambitionierte Choreografie des Venusbergs von Michail Fokin gezeigt wurde mit Tamara Karsawina und Vaclav Nijinsky als Solisten. Alle drei Künstler waren seit ihrem Wirken an Sergei Djagilews „Ballets Russes" in Paris bereits berühmte Stars des modernen Balletts.

Und längst gab es denn in Petersburg auch eine größere Anzahl von hervorragenden russischen Wagnerinterpreten. Sänger der Hauptpartien im „Lohengrin" (1868) und im „Tannhäuser" (1874), die Tenöre Fjodor Nikolski bzw. Dmitri Orlow

[71] Vgl.: A. Gosenpud, Iwan Jerschow. Shisn i szenitscheskaja dejatelnostj. Issledowanije, S. 204 f.

[72] Vgl.: Marina Malkijel, Richard Wagners Werke auf der Bühne des Kaiserlichen Marien-Theaters Sankt Petersburg, S. 18.

[73] Zit. nach: Anastasia Belina-Johnson, ‚One can learn a lot from Wagner, including how not to write operas': Sergey Taneyev and his Road to Wagner, S. 1.

[74] Zit. nach: Vladimir Gurevich, (Fast) der volle Wagner. Das Schaffen Richard Wagners auf der Bühne des modernen Mariinskij-Theaters in Sankt Petersburg und seine Rezeption, S. 369.

sowie die Sopranistin Julia Platonowa oder die Baritone Iwan Melnikow und Ippolit
Prjanischnikow, seien zunächst genannt. Orlow sang 1879 zudem die Titelrolle im
„Rienzi". Dann jedoch, mit den Inszenierungen von „Tristan und Isolde" und besonders dem „Ring des Nibelungen", trat eine jüngere Generation ins Rampenlicht,
der schon anzumerken war, dass nicht nur gesangliche, sondern auch darstellerische
Qualitäten gefragt waren und dass der Wagnergesang eine spezifische Anforderung
darstellte. Da sei zunächst noch einmal genannt Felia Litwin, die in Petersburg geborene Tochter eines Russen und einer Franco-Kanadierin. Sie hatte in Paris, u. a.
bei Pauline Viardot-Garcia, studiert und trat bald an großen westeuropäischen Bühnen auf. 1895 debütierte sie an der New Yorker Metropolitan Opera und sang dort
neben dem italienischen und französischen Fach auch bereits die Isolde und die
Brünnhilde. Von 1899 bis 1914 wirkte sie als ständiger Gast am Petersburger Mariinski Theater. 1899 gab sie hier, wie schon erwähnt, die Isolde in der russischen
Erstaufführung des Werkes und war in den Folgejahren vornehmlich als Isolde und
Brünnhilde im „Ring" präsent. Neben ihr ist weiterhin hervorzuheben Adelaida
Bolska, die nach ihrem Studium am Moskauer Konservatorium sowie in Mailand
und ihrem Debut an der Mailländer Scala sowie bei Gastspielen in Paris und Lon-
don zunächst am Moskauer Bolschoi Theater und dann ab 1897 auch gefeierte Solistin am Mariinski Theater war. Sie sang hier die Elsa im „Lohengrin", die Elisabeth im „Tannhäuser", die Eva in den „Meistersingern" sowie die Sieglinde in der
„Walküre". Weiterhin gehörten die Hochdramatischen Medea Figner und Mariana
Tscherkasskaja sowie die dramatischen Mezzosopranistinnen Darja Leonowa,
Maria Kamenskaja und Maria Slawina zu herausragenden Vertreterinnen im Wag-
nerfach. Und weitere hervorragende russische Sängerdarsteller traten dann in den
hauptstädtischen Wagner-Inszenierungen hervor. Im „Ring" am Mariinski Theater
war der erste Wotan-Darsteller Wladimir Kastorski (Abb. 5.10), ein ausdrucksvoller
Sänger mit einer sehr markanten Stimme. Erwähnt seien weiterhin Fjodor Strawinsky, der Vater des Komponisten Igor Strawinski, ein voluminöser Bass-Bariton,
sowie Pawel Andrejew, der beispielsweise in der Erstaufführung vom „Fliegenden
Holländer" 1911 die Titelrolle verkörperte. Auch die Tenorkollegen von Jerschow
Nikolai Figner und Alexander Dawydow sowie die Bassbaritone Wassili Scharonow
und Gualtier Bosse (beide als Wotan) seien hier genannt. Der weltberühmte Fjodor
Schaljapin hingegen blieb zu Wagner auf ziemlicher Distanz. Einmal, 1905, sang er
in einem Konzert in Petersburg „Wotans Abschied" aus der „Walküre", und auch die
Titelrolle im „Fliegenden Holländer" hat er gelegentlich verkörpert.[75]
    Mit etwas Verspätung gegenüber Petersburg avancierten die Wagner-Opern dann
auch zu Publikumsmagneten am Moskauer Bolschoi Theater,[76] nachdem ein früher
Vorstoß 1894 mit dem „Siegfried" nicht sehr erfolgreich war. Die Frau des General-
gouverneurs von Moskau Großfürst Sergei Alexandrowitsch, Jelisaweta Fjodorowna, engagierte sich nachhaltig für die Aufnahme Wagnerscher Werke ins Repertoire des Hauses. Die Dirigenten Ippolit Altani, Franz Beidler und Wjatscheslaw

---

[75] Vgl.: Rosamund Bartlett, Wagner and Russia, S. 86.
[76] Vgl. A. Gosenpud, Richard Wagner i russkaja kultura, S. 244–252; vgl. auch: A. Gosenpud,
Russki operny teatr meshdu dwuch rewoljuzij. 1905–1917, S. 112, 144 ff.

Abb. 5.10 Wladimir Kastorski als Wotan am Mariinski Theater Petersburg 1900

Suk leiteten um die Jahrhundertwende die Moskauer Wagner-Einstudierungen. Beidler, der Schwiegersohn Wagners und Schüler des Bayreuth-Dirigenten Hans Richter, hatte in jenen Jahren auch mehrfach in Bayreuth dirigiert. In Moskau leitete er Aufführungen vom „Siegfried" und der „Walküre", vom „Fliegenden Holländer" und vom „Lohengrin". Es waren z. T. Dirigate, zu denen eigentlich Wagners Sohn Siegfried im Jahre 1902 eingeladen war, die dieser aber seinem Schwager Franz Beidler überließ. Siegfried Wagner selbst kam dann im Oktober 1910 zu Konzerten mit eigenen Werken und Werken seines Vaters nach Petersburg und Moskau. Und auch er war, gleich seinem Vater, von Russland fasziniert. Er schrieb darüber: *„Es klingt wirklich absonderlich, aber es ist wahr: mich hat kaum je eine Reise so interessiert wie diese. Ich habe Eindrücke gehabt, wie sie größer gar nicht zu denken*

sind: Die Eremitage, die Kosaken und vor allem den kaiserlichen A-cappel-
la-Chor, … so etwas an Urchristentum, … ich kämpfte mit den Tränen. "[77] Somit gab
es also gewissermaßen einen direkten „Draht" von Bayreuth nach Moskau. Als
namhafte Gäste in der „Ring"-Produktion traten Felia Litwin aus Petersburg und der
belgische Sänger Ernest van Dyck, der in jenen Jahren auch in Bayreuth auf der
Bühne stand, auf.

Als großartige Wagnersänger des Moskauer Bolschoi Theaters am Beginn des
Jahrhunderts seien nur genannt die Sopranistinnen Margarita Morosowa, Leonida
Balanowskaja und Antonina Neshdanowa, oder die Bassbaritone Grigori Pirogow
und Wassili Petrow. Die Neshdanowa war beispielsweise gemeinsam mit dem vom
Publikum gefeierten Tenor Leonid Sobinow ab 1908 über viele Jahre hinweg das
Traumpaar Elsa-Lohengrin. Sobinow überzeugte mit einer sehr verinnerlichten
Auffassung des strahlenden Gralsritters sein Moskauer Publikum bis hin in das
Wagnerjahr 1933.[78] Auch die Tenöre Andrei Labinski, Iwan Altschewski sowie
Iwan Jerschow als Gast waren damals sehr beliebte Sänger und Darsteller der Partie
des Lohengrin, wobei ein deutlicher interpretatorischer Unterschied zwischen Jer-
schow und Sobinow zutage trat. Jerschow war der sehr aktive heldische Typ, während Sobinow mehr die jugendlich-lyrische und vergeistigte Seite der Lohengrin-
Gestalt hervorhob.[79] 1909 dirigierte Arthur Nikisch als Gast den „Lohengrin" am
Bolschoi Theater, und er war sehr angetan von den beiden Protagonisten Neshdanowa und Sobinow. Über Letzteren äußerte er hellauf begeistert: *„Noch nie habe*
ich so etwas gesehen – einen solchen Lohengrin! Ich hörte seine himmlische Stimme,
wie zauberhaft, und meinen Augen entflossen Tränen, die mich hinderten zu diri-
gieren. "[80]

Als prägendste Gestalt unter den russischen Wagnersängern jener Zeit ist unbestritten Iwan Jerschow anzusehen.[81] Seit den 90er-Jahren gehörte er dem Ensemble des Mariinski Theaters an und war dann über drei Jahrzehnte bis in die 20er-
Jahre des neuen Jahrhunderts der unbestritten Erste unter den russischen Helden-
tenören. 1895 trat er erstmals als Tannhäuser und 1900 als Tristan mit triumphalem
Erfolg am Mariinski Theater auf. Es folgten in den nächsten Jahren die großen
Fachpartien im „Ring": Siegmund (1900), die beiden Siegfriede (1902 und 1903)
und letztlich auch Loge („Rheingold" kam 1905 in Petersburg als letztes Werk der
Tetralogie auf die Bühne des Mariinski Theaters). Seine strahlende Stimme, mühe-
los die Exaltationen der Wagnerschen Gesangspartien meisternd, bestach durch einzigartige Artikulationskunst und dramatisch sensible Ausdruckskraft. Hoch gelobt
war die hinreißende Bühnenpräsenz des Sängers, seine darstellerische Lebendigkeit
und Wahrhaftigkeit (Abb. 5.11). Ein Petersburger Kritiker schrieb einmal: *„Jer-*

[77] Vgl.: Peter P. Pachl, Siegfried Wagner. Genie im Schatten, S. 175, 228.

[78] Vgl.: Rosamund Bartlett, Wagner and Russia, S. 93.

[79] Vgl.: A. Gosenpud, Russki operny teatr meshdu dwuch rewoljuzij. 1905–1917, S. 147 ff.

[80] Zit. nach: A. Gosenpud, Richard Wagner i russkaja kultura, S. 251.

[81] Vgl. ausführlich dazu: A. Gosenpud, Iwan Jerschow. Shisn i szenitscheskaja dejatelnostj. Issledowanije; vgl. auch: A. Gosenpud, Russki operny teatr meshdu dwuch rewoljuzij. 1905–1917,
S. 115 ff., S. 134 ff.

Abb. 5.11 Iwan Jerschow als Siegfried am Mariinski Theater Petersburg 1902

schow in der Rolle des Siegfried ist Siegfried in Wirklichkeit … Die Vollkommenheit des Eindrucks entsteht dadurch, daß er in dieser Partie lebt, lebt ganz und ungehindert, sich mit dem dargestellten Charakter vollkommen identifizierend."[82] Auch der Intendant des Mariinski Theaters Wolkonski äußerte sich entsprechend begeistert:

> *„Mit einer ausgezeichneten Stimme von ungewöhnlicher Kraft, mit einer wahren musikalisch-dramatischen Begeisterung, mit einer irgendwie kindlichen Grenzenlosigkeit führte dieser Mensch solche Gestalten wie Tristan, Siegmund und Siegfried in das Leben*

[82] Vgl.: Marina Malkijel, Richard Wagners Werke auf der Bühne des Kaiserlichen Marien-Theaters Sankt Petersburg, S. 24.

des russischen Operntheaters ein. In seiner musikalischen Natur lag etwas Kraftvolles, was bezauberte, fesselte. "[83]

Jerschow war begeisterter Wagneranhänger und besaß zu Hause auch eine umfangreiche Wagnerbibliothek. 1889 und 1898 hatte er die Gastspiele deutscher Wagnerensembles in Petersburg erlebt und war tief beeindruckt. Sein Leben lang beschäftigte er sich mit dem Phänomen der Wagnerschen Opernästhetik und realisierte auf der Bühne ganz eigengeprägte und dramatisch ungemein intensive darstellerische Maßstäbe, wie sie wohl den Idealvorstellungen Wagners entsprachen. Jerschows Ruf drang bald über die Grenzen Russlands hinaus und erreichte u. a. auch Bayreuth. Am 15. September 1901 richtete die Festivalleiterin Cosima Wagner, immer auf der Suche nach neuen Sängern für die Festspiele, einen Brief an Jerschow und schrieb da:

> *„Viele Freunde … und viele Künstler, unter ihnen Frau Litvin, berichteten mir von Ihrer Darstellung der Werke unserer Kunst. Ich wende mich an Sie mit einer Frage: führt Ihr Weg Sie nicht irgendwann durch Bayreuth, und möchten Sie dann nicht innehalten, um sich mit mir über die deutsche Darstellung dieser Werke zu unterhalten … Ich hoffe, dass Ihre Verpflichtungen Ihnen einen Ausflug gestatten und dass dieser Ausflug nicht lange auf sich warten lässt.* "[84]

Jerschow begann sogar das Studium der Partien des Siegmund, Siegfried und Tannhäuser in deutscher Sprache. 1902, während eines Gastspiels in Paris, kam es dort zu einer Begegnung mit Cosima Wagner. Er sang ihr Ausschnitte aus den Partien des Siegfried („Schmiedelieder") und des Tannhäuser („Romerzählung") vor.[85] Jedoch sagte er dann doch ein Bayreuth-Gastspiel ab. Ihm schien es letztlich für seine eigene künstlerische Befindlichkeit unmöglich, eine Rolle in fremder Sprache darzustellen, da er innerlich keine sprachliche Beziehung dafür entwickeln konnte. In seiner Heimatsprache gelang es ihm hingegen, diese Rollen mit unübertrefflicher dramatischer Wahrhaftigkeit zu erfüllen, einer Wahrhaftigkeit, die ihm, wenn er in deutscher Sprache singen sollte, auch wenn das die Originalsprache war, nicht erreichbar schien. Aus demselben Grunde hatte er zuvor auch schon die Einladung für einen Siegfried-Auftritt nach Paris, nun gar in französischer Sprache, abgelehnt.

Besonders zu erwähnen sind noch die ersten „Parsifal"-Aufführungen in Russland. Eine nicht öffentliche erste Präsentation war eine halbszenische Darstellung des Werkes an drei Konzertabenden (jeweils ein Akt; die erste am 19. Februar) 1906 durch ein privat organisiertes Ensemble des Kunstliebhabers Graf Alexander Scheremetjew in Petersburg.[86] Und dieser war auch der Initiator der ersten offiziellen „Parsifal"-Einstudierung, die am 21. Dezember 1913 (3. Januar 1914 gregorian. Kalender) ebenfalls in Petersburg, im „Volkshaus Nikolai II.", Premiere hatte und weitere Aufführungen im Eremitage-Theater erlebte. Scheremetjew dirigierte die

---

[83] Zit. nach: Vladimir Gurevich, (Fast) der volle Wagner. Das Schaffen Richard Wagners auf der Bühne des modernen Mariinskij-Theaters in Sankt Petersburg und seine Rezeption, S. 370.

[84] Vgl.: A. Gosenpud, Richard Wagner i russkaja kultura, S. 235; vgl. auch: A. Gosenpud, Russki operny teatr meshdu dwuch rewoljuzij. 1905–1917, S. 135.

[85] Vgl.: A. Gosenpud, Iwan Jerschow. Shisn i szenitscheskaja dejatelnostj. Issledowanije, S. 267 f.

[86] Vgl.: Rosamund Bartlett, Wagner and Russia, S. 88.

Premiere. Nikolai Kuklin sang den Parsifal, Felia Litwin die Kundry. Es folgte am 27. Februar 1914 im Petersburger „Theater des musikalischen Dramas" eine zweite „Parsifal"-Einstudierung. Eine Pressestimme von damals hob die exklusive Bedeutung gerade dieser russischen „Parsifal"-Aufführungen besonders hervor: „*Die Petersburger wurden zu solchen Wagnerianern, daß eines der kompliziertesten und dem Verständnis der Volksmassen am wenigsten zugänglichen musikalischen Dramen des Bayreuther Meisters – das Mysterium ‚Parsifal' – gleichzeitig an zwei Theatern und sogar am gleichen Abend aufgeführt wird.*"[87]

Bis 1914 hatte Wagner also in beispielloser Weise die hauptstädtischen Opernbühnen Russlands erobert (Abb. 5.12 und 5.13). Seine Dominanz drängte alles andere in den Hintergrund. Und seine Ausstrahlung hinterließ auch bemerkenswerte Spuren im russischen Geistesleben am Beginn des neuen Jahrhunderts, vor allem in Bezug auf die Dichter und die Maler des Symbolismus.[88] Die russische Musikwissenschaftlerin Ella Machrowa hat das in jüngerer Zeit aus historischer Rückschau folgendermaßen charakterisiert:

> „*Einen echten Wagner-‚Boom' entfesselte das junge 20. Jahrhundert. Fast anderthalb Jahrzehnte lang war Wagner ein Epizentrum der russischen Kultur. Und nicht nur Musikkultur. Man konnte sich kaum einen gebildeten Menschen jener Jahre vorstellen, der das Schaffen Wagners nicht kannte und in den Salongesprächen nicht über ihn diskutierte. Die russische Kunst des so genannten ‚silbernen Zeitalters' ist ohne Wagner, ohne den Einfluß seiner Ideen, seines pathetischen Dienstes am ‚Kunstwerk der Zukunft' und der Zukunft der Menschheit unvorstellbar. Die Behauptung mag paradox oder gar vermessen erscheinen, aber die Eigenart des russischen ‚silbernen Zeitalters' erwuchs und erblühte auf einem ästhetischen Grund, der von dem deutschen Künstler Richard Wagner vorbereitet worden war. Da ist die Originalität russischer Meister wie Alexander Skrjabin und Nikolaj Rimskij-Korssakow (vor allem sein späteres Schaffen), Wjatscheslaw Iwanow und Aleksandr Blok, Andrej Belyj und Walerij Brjussow, Nikolaj Roerich, Aleksandr Benua [Benois] und vieler*

Abb. 5.12 „Götterdämmerung" am Mariinski Theater Petersburg 1903. Szene 2. Akt

---

[87] Zit. nach: Richard Wagner und Rußland, S. 8.

[88] Vgl. ausführlicher dazu auch: Eckart Kröplin, Im Wechselspiel von Anziehung und Abstoßung. Der „Ring" in Russland und in der Sowjetunion, S. 39–83.

Abb. 5.13 Titelblatt der „Russischen Musikalischen Zeitung" zu Wagners 100. Geburtstag 1913

anderer, aber wir haben es seit langem verlernt, die Wurzeln ihrer Kunst zu erkennen. Wir haben aufgehört zu verstehen, wie vieles unsere Kunst zu Anfang des 20. Jahrhunderts Wagner zu verdanken hat. Das russische ‚Wagnerianertum' dieser kurzen Periode stellt eine der interessantesten Seiten in der Geschichte der heimischen Kunst dar … Tatsächlich war kein anderes Land so von Wagner ‚infiziert' wie Rußland."

Und Ella Machrowa zitierte in ihrer Darstellung auch einen Kronzeugen ihrer Wagner-Laudatio, den russischen Publizisten und Wagnerspezialisten Sergei Dury-lin, der 1913 ein Buch unter dem Titel „Wagner i Rossija" veröffentlicht hatte. Dort hieß es u. a.:

*„Wagner in Rußland hat niemals solche Aufmerksamkeit und ein solches Studium genossen
wie jetzt ... Nicht nur als Musiker, obwohl ein hervorragender, nicht als Dichter, obwohl ein
bemerkenswerter, nicht als Denker, obwohl bedeutend, wirkt Wagner anziehend, sondern
Wagner als Erscheinung ... eines Künstler-Mythosdenkers. Wagner ist ein ‚Memento mori‘
der gegenwärtigen Kunst. Nirgendwo ist dieses heilige ‚Memento‘ so gut hörbar wie in
Rußland.“*[89]

Und wie sehr Wagner, insbesondere sein „Ring“, tatsächlich das Petersburger
und Moskauer Publikum in Scharen anzog, beschrieb – das sei als ironischer Kontrapunkt doch auch vermerkt – 1918 der Dichter Alexander Block in seinem Aufsatz
„Kunst und Revolution. Im Hinblick auf das Werk Richard Wagners“:

*„Die gesellschaftliche Tragödie ‚Der Ring des Nibelungen‘ wurde Mode. Viele Jahre lang
bis zu Beginn des Krieges waren die Theatersäle in den Hauptstädten Rußlands überfüllt
mit plappernden Dämchen und gleichgültigen Zivilisten und Offizieren einschließlich dem
höchsten Offizier, Nikolai II.“*[90]

---

[89] Zit. nach: Richard Wagner und Rußland, S. 7 ff.
[90] Alexander Block, Sobranije sotschinenij, Bd. 6: Prosa, S. 24; auch in: Alexander Block, Ausgewählte Werke, Bd. 2: Stücke. Essays. Reden, S. 233; vgl. weiterhin: A. Gosenpud, Richard Wagner i russkaja kultura, S. 243.

Kapitel 6
Tschaikowski – „Welch ein Don Quixote ist doch dieser Wagner!"

Distanz und Faszination – „Lohengrin"

Unter den vielen russischen Musikern der zweiten Hälfte des 19. Jahrhunderts war wohl keiner so betroffen von der Ausstrahlungskraft Wagners wie Peter Tschaikowski. Seine Jugend- und Studententage fielen zusammen mit der, man könnte sagen, „Influenza", die das russische Musik- und Geistesleben in der zweiten Hälfte des 19. Jahrhunderts durch die Kunst Wagners in stetig zunehmendem Maße erlebte.

Seine musikalische Ausbildung hatte Tschaikowski in Petersburg erhalten. Sein wichtigster Lehrer war hier Anton Rubinstein. Unter dessen musikalischer Leitung lernte er in den Konzerten der „Russischen Musikgesellschaft" die gesamte neuere Musik Westeuropas kennen, und namentlich Mendelssohn Bartholdy sowie Robert Schumann wurden ihm zu leuchtenden Vorbildern. Auch mit Wagners Musik konnte er in den frühen 60er-Jahren, u. a. eben in den Konzerten der „Russischen Musikgesellschaft" sowie in den sommerlichen Konzerten im „Musikbahnhof" Pawlowsk und schließlich auch durch die Wagnerkonzerte 1863, erste Bekanntschaft schließen, blieb ihr jedoch innerlich, gleich seinem Lehrer Rubinstein, fremd, auch nachdem er mit seinem Studienfreund Hermann Laroche ausgiebig zum Beispiel die „Lohengrin"-Komposition durchgearbeitet hatte.

1866 trat Tschaikowski auf Einladung von Nikolai Rubinstein als Dozent für Harmonielehre eine Tätigkeit am neu gegründeten Moskauer Konservatorium an. Erste Kompositionen entstanden Ende der 60er-Jahre, darunter die Oper „Der Wojewode", die 1. Sinfonie und die Phantasie-Ouvertüre „Romeo und Julia". Zudem übernahm Tschaikowski ab 1872 die Position eines Musikkritikers an der einflussreichen Moskauer Zeitung „Russkije wedomosti", die er bis 1876 innehatte, dann aber nach seinen ausführlichen Berichten über die ersten Bayreuther Festspiele wieder beendete. Sein Moskauer Lehramt und zahlreiche kompositorische Vorhaben ließen keinen Raum mehr für die Tätigkeit als Musikrezensent.

© Der/die Autor(en), exklusiv lizenziert an Springer-Verlag GmbH, DE, ein Teil von Springer Nature 2025
E. Kröplin, *Richard Wagner und Russland*, https://doi.org/10.1007/978-3-662-70404-2_6

In Artikeln über Opern von Glinka, Dargomyshski und Serow nahm Tschaikowski in den „Russkije wedomosti“ mit aller Hochachtung, aber auch mit kritischen Einwendungen Stellung zu den in der russischen Musikszene entbrannten
Zwistigkeiten zwischen Rubinstein, Serow, Stassow und dem „Mächtigen Häuflein“. Deutlich erkennbar war dabei sein Bemühen um Objektivität. Er fand lobende
und einfühlsame Worte für den musikalischen Erfindungsreichtum Glinkas und die
ästhetische Besonderheit der rezitativischen Melodiebildung bei Dargomyshski
oder die dramaturgische Effektivität in Serows „Rogneda“, konstatierte aber auch
kompositorische Unzulänglichkeiten etwa bei Glinka und Dargomyshski, die er auf
deren rein autodidaktische Musikbildung zurückführte.

Auf zahlreichen Konzertreisen nach Deutschland und Westeuropa hatte Tschaikowski Gelegenheit, seine eigenen Kompositionen, vor allem Sinfonien und weitere
Orchesterwerke, vorzutragen und zugleich die Möglichkeit, neue und neueste musikalische Ereignisse zur Kenntnis zu nehmen. Er schrieb so bedeutende musikdramatische Werke wie die Opern „Wakula der Schmied“ (nach Gogol), „Eugen
Onegin“ (nach Puschkin), „Die Jungfrau von Orleans“ (nach Schiller), „Mazeppa“
(nach Puschkin) oder „Pique Dame“ (nach Puschkin), weiterhin Sinfonien, Solo-
konzerte und sinfonische Dichtungen, Kammermusik und Lieder. Seine stilistische
Ausrichtung als Komponist war sehr wohl, auch dank seines Lehrers Anton Rubinstein, westeuropäisch geprägt, akademisch ungemein fundiert und doch auch ganz
betont von einem russisch nationalen Charakter bestimmt.

Für seinen musikalischen Werdegang waren zunächst natürlich die Jahre des Stu-
diums am Petersburger Konservatorium wichtig. Bezeichnend sind da Erinnerungen,
die sein Freund Hermann Laroche Jahrzehnte später aufgezeichnet hat. Aus ihnen
sei hier auszugsweise zitiert:

> *„In der gesamten Zeit seiner Studien am Petersburger Konservatorium, und zwar beson-*
> *ders in den beiden ersten Jahren, bin ich häufig und regelmäßig mit ihm zusammen ge-*
> *wesen, so daß in meinem Bericht von den Musikeindrücken, die bei ihm mehr oder weniger*
> *dauerhafte Spuren hinterlassen haben, nichts Wesentliches fehlen kann … Tschaikowsky*
> *hatte mich kurz nach unserer ersten Begegnung zu sich ins Technologische Institut ein-*
> *geladen. Seitdem besuchte ich ihn fast regelmäßig einmal in der Woche in den Abend-*
> *stunden und hatte stets Noten für Klavier vierhändig dabei … Ich kann hier genau alle Stü-*
> *cke aufzählen, die wir beide im ersten Jahr auf diese Weise durchgespielt haben. Es han-*
> *delte sich um Beethovens Neunte Sinfonie, die Dritte Sinfonie Robert Schumanns,*
> *Rubinsteins Sinfonie ‚Der Ocean‘, Schumanns ‚Genoveva‘ (nicht die Ouvertüre, sondern*
> *die gesamte Oper) und dann noch – so glaube ich – ‚Das Paradies und die Peri‘ und ‚Lo-*
> *hengrin‘. Tschaikowsky mochte es nicht sonderlich, wenn ich darauf bestand, bei den län-*
> *geren Vokalwerken auch die vielen Rezitative durchzuspielen, deren Wiedergabe auf dem*
> *Klavier kaum Sinn macht. Dafür war er dann aber durch die Schönheit der geschlossenen*
> *Nummern wieder völlig entwaffnet. Am wenigsten gefiel ihm Richard Wagner. Das be-*
> *rühmte Vorspiel zu ‚Lohengrin‘ machte er in übelster Weise herunter, und erst viele Jahre*
> *später konnte er sich mit dieser Oper anfreunden. Ich erinnere mich bis heute, wie er ein-*
> *mal, während wir an der Fontanka entlang durch den Frühjahrsmatsch schlurften, sich zu*
> *der recht mutigen Äußerung verstieg: ‚Eines allerdings weiß ich mit Sicherheit – Serow be-*
> *sitzt als Komponist wesentlich mehr Talent als Wagner.‘“*[1]

---

[1] Zit. nach: Modest Tschaikowsky, Aufzeichnungen der Erinnerungen Laroches an Tschaikowskys
Konservatoriumszeit (1897), S. 255 f.; vgl. auch: Modest Tschaikowsky, Das Leben Peter Iljitsch
Tschaikowskys, in: Čajkovskij-Studien, Bd. 13/I, S. 97.

Das mag insofern auch stimmig erscheinen, als Tschaikowski zeit seines Lebens für Serows Oper „Judith" eine besondere Vorliebe hegte und sie ungemein hochschätzte. Als Wagner 1863 in Petersburg Konzerte mit eigenen Werken dirigierte, war natürlich auch Tschaikowski ein höchst interessierter Zuhörer. Aber, so erinnerte sich Freund Laroche:

> *„Schließlich kam 1863 in der Fastenzeit auch Richard Wagner selbst nach Petersburg und dirigierte auf einer ganzen Reihe von Konzerten nicht nur die berühmtesten Stücke aus seinen früheren, damals zum Teil bereits bekannten Opern, sondern auch Auszüge aus den seinerzeit völlig neuen ‚Nibelungen', welche unter uns Jungen längere Zeit Furore machten. Bei dem Stichwort Wagner möchte ich gleich einflechten, daß dessen Musik Tschaikowsky damals kaum beeindruckte bzw. er an ihr einfach keinen Gefallen finden konnte. Ganz anders verhielt es sich jedoch mit Wagners Kunst der Orchestrierung."*[2]

Es war also zunächst eine musikalische Äußerlichkeit, die Wagnersche Instrumentationskunst nämlich, die Tschaikowski interessierte. Er lernte dabei die ins geradezu Unermessliche gesteigerten Ausdrucksmöglichkeiten und harmonischen Finessen des spätromantischen Orchesters kennen und hat davon, vor allem dann in seinen Sinfonien, aber auch in seinen Opern, zehren können. Wagners Konzeption eines musikdramatischen Gesamtkunstwerks fand bei den *„Jungen"* jedoch noch kaum Resonanz. Laroche erzählte auch davon:

> *„An dieser Stelle sei gesagt, daß wir der Theorie eines ‚Gesamtkunstwerkes der Zukunft' mit … Ironie begegneten. Angesichts von Richard Wagners Aufenthalt in Rußland und den Reisen russischer Touristen ins Ausland begann diese Theorie damals auch in unserer nördlichen Hauptstadt, in der Serow so viele Jahre lang allein auf weiter Flur gewesen war, Anhänger zu finden. Sowohl Wagner als auch Serow zum Tort überboten wir uns nun förmlich in Begeisterung für Meyerbeer, von dem wir sowohl die ‚Hugenotten' als auch den ‚Robert' und die ‚Dinorah', besonders aber den ‚Propheten' und ‚Struensee' für genial hielten."*[3]

Bald aber vertiefte sich Tschaikowskis Verständnis gegenüber Wagner, und zwar insbesondere gegenüber dem „Lohengrin". Die russischsprachige Erstaufführung des Werkes 1868 in Petersburg, die Tschaikowski sicher erlebt hat, mag wesentlich dazu beigetragen haben. In einer Kritik zu einem Konzert der Moskauer „Russischen Musikgesellschaft" vom 5. November 1871 war nun Folgendes zu lesen:

> *„Das Konzert begann mit dem ausgezeichneten Vorspiel zu Wagners ‚Lohengrin'. Es ist vielleicht das gelungenste, inspirierteste Werk des berühmten deutschen Komponisten und stellt jenes Reich des Lichts, der Wahrheit und der Schönheit dar, aus dem der Ritter Lohengrin zur Rettung der schönen, verleumdeten Elsa herabgestiegen ist."*

Und Tschaikowski hob dann sogleich auch ab auf jenes musikalische Element, das ihn besonders interessierte, nämlich auf die Spezifik der Instrumentation, auf den *„Effekt … in der Verwendung der Streichinstrumente in den höchsten Lagen"*, wie es seitdem von zahlreichen zeitgenössischen Komponisten, so auch, wie Tschaikowski meinte, von Verdi für die sterbende Traviata, angewandt worden sei. (Es ist jedoch wenig wahrscheinlich, dass Verdi das Wagnersche Werk, als er die

---

[2] Zit. nach: Modest Tschaikowsky, Aufzeichnungen der Erinnerungen Laroches an Tschaikowskys Konservatoriumszeit (1897), S. 252.
[3] Ebd., S. 259 f.

„Traviata" komponierte, bereits gekannt hat.) Und Tschaikowski war zudem sehr beeindruckt von der Wirkung des Stückes auf das Publikum:

> *„Bemerkenswert ist die erstaunliche Meisterschaft, mit der Wagner das innige, helle Thema, das den Gral wiedergibt, allmählich steigert, bis zum ohrenbetäubenden Fortissimo führt und danach schrittweise zum Ursprung zurückleitet, so daß es schließlich in den äußersten Höhen des Streichorchesters verklingt. Das Publikum läßt sich unwillkürlich von dieser in höchstem Maße poetischen Stimmung ergreifen und unterbricht gewöhnlich durch begeistertes Applaudieren die Grabesstille des Saales, in dem gleichsam noch die von Wagner gezeichneten ätherischen Bilder schweben. "[4]*

Auch 1874, als Tschaikowski ein Konzert der Moskauer „Russischen Musikgesellschaft" (18. Januar) unter Nikolai Rubinstein besuchte, wiederum mit dem „Lohengrin"-Vorspiel, hieß es: *„Am Beginn des Konzerts wurde das berühmte Vorspiel zum ‚Lohengrin' gespielt und erwies sich erneut als Bestätigung jener Meinung über das Schaffen dieses Künstlers, die ich schon wiederholt auf den Seiten dieser Zeitung geäußert habe."* Dann aber folgte seine entscheidende Einwendung: *„Wagner, nach der Art seines Talents, ist der direkte Nachfolger Beethovens und Schumanns, d. h. er ist seiner ganzen Veranlagung nach ein Sinfoniker."* Leider aber hätten ihn falsche ästhetische Theorien auf den Weg eines Opernreformers geführt.[5] Und dieses Urteil hatte Tschaikowski sehr viel fundierter schon zuvor in einer Kritik über ein Konzert der Moskauer „Russischen Musikgesellschaft" vom 17. November 1872 unter Nikolai Rubinstein ausformuliert. Es sei an dieser Stelle etwas ausführlicher zitiert:

> *„In der heutigen Zeit ist Wagner ohne jeden Zweifel die hervorragendste Persönlichkeit in der musikalischen Welt Europas. Seine Musik ist bei weitem noch nicht zu einem allen zugänglichen Eigentum geworden, sie ist bei weitem noch nicht in das große Publikum nicht nur der außerdeutschen Völker, sondern sogar auch seines eigenen Vaterlandes eingedrungen. Nichtsdestoweniger vermag Wagner durch seine leidenschaftliche Polemik gegen alle bestehenden Autoritäten, durch die riesigen Ausmaße der Aufgaben, denen er seine Kräfte widmet, die Aufmerksamkeit der ganzen musikalischen Welt auf sich zu konzentrieren und Interesse in solchen Schichten der Bevölkerung zu erregen, für die Kunst kein dringendes Bedürfnis darstellt. Für die einen ist Wagner eine musikalische Leuchte, und er hat von Beethoven den ersten Platz unter den Komponisten geerbt, für andere ist Wagner irgendein Sonderling oder ein Scharlatan … Aber wie dem auch sei: sein Ziel, um jeden Preis Berühmtheit und eine hervorragende Stellung zu erlangen, ist erreicht. Er hat leidenschaftliche Verehrer, hat wütende Gegner, für ihn setzt man sich ein, über jedes seiner Worte schreibt man – kurz gesagt, auf ihn schaut mit Liebe, mit Haß oder einfach mit Neugierde das Publikum beider Erdhälften … Als Ziel seiner künstlerischen Tätigkeit setzte sich Wagner die Erhebung der Oper zum ‚musikalischen Drama' und ihr Herausreißen aus allem Herkömmlichen, Routinierten, allem nicht mit den Forderungen der dramatischen Wahrheit Übereinstimmenden. In einer ganzen Reihe musikkritischer Werke lehnt sich Wagner gegen den Mißbrauch der routinierten, nicht mit der Lebenswahrheit übereinstimmenden Methoden der italienischen und französischen Opernkomponisten auf. Indem er sich von seinem Haß gegen die Komponisten der nachbeethovenschen Periode hinreißen ließ, schimpfte Wagner sie alle ‚Juden', die die Kunst geschändet hätten, beschloß er, daß*

---

[4] P. I. Tschaikowski, Musykalno-krititscheskije stati, S. 32; zit. nach: Peter I. Tschaikowski, Erinnerungen und Musikkritiken, S. 157 f.

[5] P. I. Tschaikowski, Musykalno-krititscheskije stati, S. 172.

die Zeit der sinfonischen und der Kammermusik unwiederbringlich vorbei sei, daß jetzt in der Musik die neue Ära des Musikdramas beginne und daß außerhalb dieser Gattung keine Rettung für die Kunst sei."

Was hier schon in der Wortwahl und Argumentationsweise anklang, bündelte Tschaikowski dann in einer satirischen Volte, die Wagner in einen merkwürdigen weltliterarischen Vergleich beförderte:

„Wenn ich schon nicht davon rede, daß es eine freche Donquichotterie ist, in einer so allgemein bekannten, aber schönen Lüge wie der Oper die Forderung nach realer Wahrheit zu erheben … Ist nicht die ganze Wagnersche Propaganda eine bedauernswerte Donquichotterie, die die Vokalmusik vernichtet, aber nicht erneuert, und die das gewaltige sinfonische Talent Wagners daran hindert, sich in seinem echten Glanz und in der zu seiner künstlerischen Natur passenden Musikgattung zu entfalten? … Wagner könnte kraft seiner reichen Begabung an der Spitze der Sinfoniker unserer Zeit stehen, wenn ihn seine theoretische Veranlagung und ein falsch gerichteter Ehrgeiz nicht von jenem Wege abgelenkt hätten, auf den ihn seine innere Berufung hinwies."

Ein solch langer argumentatorischer Vorspann schien Tschaikowski notwendig, um dann am Schluß seiner Rezension auf ihren eigentlichen Gegenstand zuzusteuern, nämlich die Aufführung von Wagners „Faust-Ouvertüre" in dem genannten Konzert. Er nannte sie voller Begeisterung:

„Die einzige selbständige sinfonische Komposition Wagners, … die beste Komposition Wagners und gleichzeitig eines der ausgezeichnetsten Werke der deutschen sinfonischen Literatur, … ein wunderbares, tief in die Seele dringendes musikalisches Werk, das in einer Reihe mit den besten sinfonischen Schöpfungen Beethovens und Schumanns stehen kann."[6]

Dieser Einschätzung mag man heute nur bedingt folgen. Doch ist belegt, dass Wagner selbst diesem 1839/1840 entstandenen Werk auch später noch größere Aufmerksamkeit schenkte, etwa mit einer ziemlich rigoros überarbeiteten und auch verfeinernden zweiten Fassung von 1854/1855, die dann auch im Druck erschein und sehr bald Eingang in das russische Konzertleben fand, ja, dort gar zu einem Favoritstück avancierte. Relativ häufig stand sie auf den Programmen der „Russischen Musikgesellschaft" in Petersburg und Moskau sowie anderer Konzertvereinigungen. Und sie galt vielen jungen russischen Komponisten, auch denen des „Mächtigen Häufleins" sowie andererseits Anton Rubinstein und Alexander Serow, als Vorbild für programmgebundene Musik.

Tschaikowski blieb sich in seiner Wagner-Einschätzung treu, auch wenn er alle Opern Wagners erst im Laufe der folgenden Jahre kennenlernte. Eine Übersicht vermittelt die Reihenfolge: 1876 „Der Ring des Nibelungen" in Bayreuth, 1880 „Der fliegende Holländer" in Berlin, 1883 „Tristan und Isolde" in Berlin, 1883 „Lohengrin" in Berlin, 1888 „Tannhäuser" in Magdeburg, 1888 „Die Meistersinger von Nürnberg" in Leipzig.[7] Und so liest man dann beispielsweise in einem Brief an Nadeshda von Meck vom 8.12.1877 aus Wien, in dem er von einer „Walküre"-Vorstellung in der Wiener Hofoper berichtete: *„Ich habe die ‚Walküre' von Wagner gese-*

---

[6] Ebd., S. 88–92; vgl. auch: Peter I. Tschaikowski, Erinnerungen und Musikkritiken, S. 158–165.
[7] Vgl.: Thomas Kohlhase, Čajkovskijs Wagner-Rezeption – Daten und Texte, in: Čajkovskij-Studien, Bd. 3, S. 300 f.

hen; die Aufführung war ausgezeichnet ... und dennoch war es langweilig. Welch ein Don Quixote ist doch dieser Wagner!"[8] Dasselbe Spottwort hatte Tschaikowski ja schon 1872, wie oben bereits zitiert, verwandt. Da wurde Wagners Eigenart als Opernkomponist ebenfalls als *„Donquichotterie"* bezeichnet. Und welch ein Gleichklang stellt sich ironischerweise nun her, wenn man einen Eintrag in Cosima Wagners Tagebuch vom 7.8.1878 liest, dass Wagner sich selbst einmal spaßeshalber *„ein Gemisch von Hamlet und Don Quixote"* nannte.[9] Der Cervantes-Titelheld war ein Anachronist, ein aus der Zeit Gefallener, ebenso wie doch auch Wagner ein geistiger Querstand zum herrschenden Zeitgeist seiner Epoche war.

Im Brief an Nadeshda von Meck vom 8.12.1877 hieß es dann weiter:

> *„Nach meiner Meinung ist Wagner im Grunde Symphoniker. Dieser Mann ist mit einem genialen Talent begnadet, welches aber an seinen Tendenzen zugrunde geht, seine Inspiration wird durch Theorien paralysiert, welche er sich selbst ausgedacht hat und welche er mit Gewalt in die Praxis umsetzen will. Während er nach Realität, Wahrhaftigkeit und Rationalismus strebt, verliert er die Musik ganz aus den Augen, welche in seinen letzten vier Opern [gemeint ist der „Ring"] grösstenteils durch Abwesenheit glänzt ... Wotan, Brünnhilde, Fricka usw. sind alle so unmöglich, so wenig menschlich, dass es schwer ist, ihr Geschick teilnehmend zu verfolgen! Und wie wenig Leben! Geschlagene drei[viertel] Stunden hält Wotan Brünnhilde seine Strafpredigt für ihre Insubordination. Wie langweilig!"*[10]

Für den „Walkürenritt" fand Tschaikowski zunächst nur begeisterte Worte: *„ Was für ein grandioses, wundervolles Bild! So stellt man sich diese Riesengestalten vor, die mit Donner und Krachen auf ihren Zauberrossen durch die Luft dahinfliegen. Diese Sache macht im Konzert immer einen riesigen Eindruck."* Aber – es folgte der entscheidende Einwand:

> *„Im Theater, beim Anblick der Felsen aus Pappe, der Wolken aus Lumpen und auch der waffengerüsteten Walküren, die im Hintergrund sehr linkisch über die Bühne galoppieren, beim Anblick schließlich dieses armseligen Theaterhimmels, der den Anspruch erhebt, uns gewaltige, über den Wolken ragende Höhen darzustellen, verliert die Musik ihre ganze Bildhaftigkeit. Folglich vertieft das Theater hier nicht den Eindruck, sondern wirkt wie ein Glas kaltes Wasser. Schließlich verstehe ich nicht, und habe es niemals verstanden, warum die ‚Nibelungen' für ein literarisches chef-d'oeuvre gehalten werden? Als Volksdichtung – vielleicht, aber als Libretto nein."*[11]

Und wenige Tage später, am 19. Dezember, schrieb Tschaikowski dann ganz radikal an seinen jüngeren Komponistenkollegen und ehemaligen Studenten Sergei Tanejew:

> *„Ich habe in Wien die ‚Walküre' gehört und hatte Gelegenheit, meinen ersten Bayreuther Eindruck zu überprüfen. Wenn es wirklich der Musik bestimmt ist, in der Person Wagners*

---

[8] Modest Tschaikowsky, Das Leben Peter Iljitsch Tschaikowskys, in: Čajkovskij-Studien, Bd. 13/I, S. 308; vgl. auch: Peter I. Tschaikowski, Erinnerungen und Musikkritiken, S. 161.

[9] CWT, Bd. II, S. 156.

[10] Modest Tschaikowsky, Das Leben Peter Iljitsch Tschaikowskys, in: Čajkovskij-Studien, Bd.13/I, S. 308 f.; vgl. auch: Thomas Kohlhase, Čajkovskijs Wagner-Rezeption, in: Čajkovskij-Studien, Bd. 3, S. 316; vgl. weiterhin: Petr I. Čajkovskij/Nadežda F. von Mekk. Briefwechsel 1876–1878, Bd. I: 1876–1878, S. 104.

[11] Petr I. Čajkovskij/Nadežda F. fon Mekk. Briefwechsel 1876–1890, Bd. I: 1876–1878, S. 104.

ihren hauptsächlichen und größten Vertreter zu sehen, so kann man in Verzweiflung geraten. Ist es möglich, daß dies das letzte Wort der Kunst ist, wäre es möglich, daß eine zukünftige Generation diesen prätenziösen, schwerfälligen, scheußlichen Unsinn so genießen wird, wie wir jetzt die 9. Symphonie [von Beethoven] genießen, die zu ihrer Zeit auch als Unsinn bezeichnet wurde? Wenn dem so wäre, so wäre das furchtbar." [12]

Am 8.4.1878 hieß es aber zu seiner 4. Sinfonie in einem weiteren Brief an Tanejew auch:

„Der Hinweis, dass ich unter dem Eindruck der ‚Nibelungen' gearbeitet habe, ist sehr richtig, ich habe das selbst gefühlt. Wenn ich nicht irre, ist es ganz besonders in der Introduktion wahrzunehmen. Ist es nicht merkwürdig, dass ich mich des Einflusses eines mir sehr unsympathischen Kunstwerks nicht erwehren konnte?" [13]

Und 1891, wieder in einem Brief vom 14. Januar an Sergei Tanejew, gestand Tschaikowski sogar: *„Hätte es Wagner nie gegeben, würde ich wahrscheinlich anders schreiben."* [14]

Tanejew selbst gehörte zu den, wenn auch nicht vorbehaltlosen, Bewunderern Wagners. Schon beim Studium am Moskauer Konservatorium wurde er, ähnlich wie Tschaikowski, durch den Wagnerfreund Karl Klindworth mit dem „Nibelungen-Ring" näher bekannt und war fasziniert von dem deutschen Komponisten. Während eines Paris-Aufenthaltes 1876/77 lernte er u. a. Pauline Viardot-Garcia und Iwan Turgenjew kennen, weiterhin Alexander Herzen bzw. Malwida von Meysenbug und Herzens Tochter Olga, von denen er Näheres über Wagner erfahren konnte. Und in den Pasdeloup-Konzerten hörte er hier auch viel Wagner-Musik. Auf Konzertreisen als Pianist spielte er sehr gerne Wagner-Arrangements, und er regte später auch seine Studenten immer wieder zu Wagner-Studien an. Ein einschneidendes Erlebnis war für ihn 1889 dann das „Ring"-Gastspiel des „Richard Wagner-Theaters" von Angelo Neumann. Er hörte den Moskauer „Ring"-Zyklus und seine Arbeit an einem eigenen großen Opernprojekt, der „Oresteia" (nach Aischylos; 1895), wurde auch durch das „Ring"-Erlebnis beflügelt. Das äußerte sich u. a. in einer, sehr wohl eigengeprägten, Leitmotivtechnik. Vor allem interessierte sich Tanejew für Wagners hochsensible Kompositionstechniken, wenngleich er dessen operndramaturgische Eigenart auch durchaus kritisch sah. So meinte er gegenüber Tschaikowski nach dem „Ring"-Erlebnis von 1889: *„Wagner interessierte mich in höchstem Maße, besonders im Hinblick auf Harmonik und Instrumentation. Man kann viel von ihm lernen, darunter auch, was man beim Schreiben einer Oper nicht befolgen sollte."* [15]

Doch zurück zu Tschaikowski. Dieser hatte auch schon einmal eine vernichtende Kritik über die Ouvertüre zum „Fliegenden Holländer" verfasst. Nach einem Kon-

---

[12] Ebd., S. 105.

[13] Modest Tschaikowsky, Das Leben Peter Iljitsch Tschaikowskys, in: Čajkovskij-Studien, Bd. 13/I, S. 359.

[14] Modest Tschaikowsky, Das Leben Peter Iljitsch Tschaikowskys, in: Čajkovskij-Studien, Bd. 13/II, S. 480.

[15] Vgl.: A. Gosenpud, Richard Wagner i russkaja kultura, S. 207 ff.; vgl. auch: Anastasia Belin-Johnson, 'One can learn a lot from Wagner, including how not to write operas': Sergey Taneyev and his Road to Wagner, S. 1–22.

zert der Moskauer „Russischen Musikgesellschaft" unter Nikolai Rubinstein am 9. Februar 1873 hieß es beispielsweise in den „Russkije wedomosti": *„Die Ouvertüre zur Oper ,Der fliegende Holländer' von Wagner gehört zu den schwächsten Werken dieses Meisters, außer der guten Instrumentation weist die Wagnersche Ouvertüre keinerlei Besonderheiten auf, außerdem wirkt sie sehr zerrissen, belanglos in Umfang und Form, um als einzelne Konzertnummer zu wirken."* [16] Noch aber kannte Tschaikowski die Oper im Ganzen gar nicht. Die Gelegenheit bot sich ihm erst 1880 in Berlin. Am 16. und 17. März teilte er seinem Bruder Modest mit: *„Für heute ist der ,Fliegende Holländer' angekündigt, welchen ich schon lange hören möchte ... Wie freue ich mich auf den ,Fliegenden Holländer'."* Nach der Aufführung meinte er aber enttäuscht: *„Den ,Holländer' fand ich sehr lärmend und langweilig."* [17]

1875 hatte Tschaikowski dann aber in einer Konzertkritik ganz begeistert von der *„großartigen Ouvertüre zum ,Tannhäuser' von Wagner"* geschrieben.[18] Und endlich, 1883, konnte er in Berlin auch Wagners „Tristan und Isolde" auf der Bühne der Hofoper erleben. Das war für ihn ein langersehntes Ereignis, ging doch gerade diesem Wagnerschen Werk ein ganz besonderer Ruf voraus. An Nadeshda von Meck schrieb er unter dem 12. Januar 1883 recht ausführlich von dieser Aufführung, und das sei hier etwas ausführlicher Zitiert:

> *„Die gestrige Vorstellung im Opernhaus (es wurde ,Tristan und Isolde' gegeben, was ich noch nie gesehen hatte) veranlasste mich, meinen Aufenthalt um einen Tag zu verlängern. Die Oper hat mir nicht im geringsten gefallen. Trotzdem bin ich froh, sie gehört zu haben, denn diese Vorstellung hat sehr dazu beigetragen, meine Meinung über Wagner zu befestigen. Solange ich noch nicht alle Opern von Wagner kannte, fürchtete ich, ein nicht ganz zutreffendes Urteil über ihn zu haben. Mein Urteil ist in kurzen Worten folgendes: trotz seiner ausserordentlichen schöpferischen Begabung, trotz seines scharfen Verstandes, trotz seines dichterischen Talents und seiner umfassenden Bildung – hat Wagner um die Kunst überhaupt und um die Oper im besonderen nur negative Verdienste. Er hat uns bewiesen, dass die früheren Formen der Opernmusik jedweder ästhetischen und logischen Daseinsberechtigung entbehren. Wenn man aber keine solchen Opern mehr schreiben darf wie früher, – muss man sie so schreiben wie Wagner? Ich antworte entschieden – nein. Jemanden zu zwingen, vier Stunden lang eine unendliche und farbenprächtige Symphonie anzuhören, welche aber arm ist an einfachen und klaren Gedanken, die Sänger vier Stunden lang unselbständige Melodien singen zu lassen, d. h. einzelne an jene Symphonie angehängte Noten, welche mitunter trotz ihrer hohen Lage vom Donner des Orchesters übertönt werden, – das ist gewiss kein zu erstrebendes Ideal. Wagner hat den Schwerpunkt von der Bühne ins Orchester verlegt, das ist aber ein offenbarer Widersinn, darum ist seine berühmte Opernreform – abgesehen von dem erwähnten negativen Resultat – gleich null. Was das dramatische Interesse seiner Opern anbelangt, so ist es in meinen Augen sehr gering, manchmal sogar kindisch naiv, noch niemals aber habe ich mich so gelangweilt wie in ,Tristan und Isolde'. Das ist eine endlose Leere, ohne Handlung, ohne Leben, welche nicht imstande ist, den Zuschauer zu fesseln und herzliche Teilnahme für die handelnden Personen zu erwecken. Man sah es auch, wie das Publikum (sogar das deutsche) sich langweilte,*

---

[16] P. I. Tschaikowski, Musykalno-krititscheskije stati, S. 122.

[17] Modest Tschaikowsky, Das Leben Peter Iljitsch Tschaikowskys, in: Čajkovskij-Studien, Bd. 13/II, S. 102 f.

[18] P. I. Tschaikowski, Musykalno-krititscheskije stati, S. 251.

trotzdem gab es nach jedem Akt einen Beifallssturm. Wie ist das zu erklären? Vielleicht durch die patriotische Teilnahme für den Künstler, welcher in der Tat sein ganzes Leben der Verherrlichung des Deutschtums gewidmet hat. "[19]

Und ein Jahr später, am 10. März 1884, schrieb Tschaikowski, immer noch unter dem Eindruck der Berliner „Tristan"-Aufführung stehend, aus Paris an Nadeshda von Meck: *„Nie werde ich glauben, dass ‚Tristan und Isolde', eine Oper, welche auf der Bühne so unerträglich langweilig wirkt, ... das französische Publikum hinzu- reissen imstande sei.* " Aber, so hieß es weiter:

> *„Es wäre nicht verwunderlich, wenn sich so ausgezeichnete Opern wie ‚Lohengrin' oder ‚Tannhäuser' und ‚Der fliegende Holländer' im Repertoire halten sollten. Diese, von einem Meister ersten Ranges herrührenden Opern müssen früher oder später Allgemeingut wer- den. Die Opern der letzten Periode dagegen sind voller Lügen und prinzipiell falsch, sie entbehren der künstlerischen Einfachheit und Wahrhaftigkeit und können sich nur in Deutschland halten, wo der Name Wagners die Losung des deutschen Patriotismus gewor- den ist.* "[20]

Ebenso kritisch blieb Tschaikowskis Haltung gegenüber Wagner auch, als er sich 1886 dann erneut mit der Musik des 1882 in Bayreuth uraufgeführten „Parsifal" vertraut gemacht hatte.[21] Schon am 8. September 1884 hatte Tschaikowski, nach dem gleichzeitigen Studium der Partitur von Mussorgskis „Chowanstschina", die er auch sehr distanziert beurteilte, an Nadeshda von Meck geschrieben:

> *„Einen ganz anderen Eindruck machte ‚Parzifal'; hier hat man es mit einem grossen Meis- ter zu tun, mit einem genialen, wenn auch auf Abwege geratenen Künstler. ... Wagner hat, meiner Meinung nach, seine ungeheure schöpferische Kraft durch Theorien getötet. Jede vorgefasste Theorie kühlt den unmittelbaren Schaffensdrang ab. Konnte sich Wagner die- sem Gefühl ganz hingeben, wenn er mit seinem Verstand eine besondere Theorie des musi- kalischen Dramas und der musikalischen Wahrheit erfasst zu haben glaubte und sich um dieser Wahrheit willen von all dem losgesagt hat, was in der Musik seiner Vorfahren Kraft und Schönheit war? Wenn in einer Oper die Sänger nicht singen, sondern in den ohren- betäubenden Lärm des Orchesters verschiedene angepasste und farblose Notenfolgen hineinsprechen, begleitet von einer prachtvollen, aber ungebundenen, formlosen Sympho- nie, – ist das etwa eine Oper? ... Ich begreife nicht, wie man ohne zu lachen, oder anders – ohne gelangweilt zu sein, jene unendlichen Monologe anhören kann, in welchen Kundry, Parzifal usw. über ihr Unglück klagen. Kann man denn Mitleid mit ihnen haben, kann man sie lieben oder hassen? Gewiss nicht; denn ihre Leiden, ihre Gefühle, ihre Triumphe, ihr Unglück sind uns vollkommen fremd. Das, was dem menschlichen Herzen fremd ist, kann aber keine Quelle musikalischer Inspiration sein.* "[22]

An anderer Stelle drückte sich Tschaikowski wiederholt dazu sehr sarkastisch aus: Wagner mache *„aus den Sängern sprechende Puppen"*, er hingegen *„brauche*

---

[19] Modest Tschaikowsky, Das Leben Peter Iljitsch Tschaikowskys, in: Čajkovskij-Studien, Bd. 13/ II, S. 181 f.

[20] Ebd., S. 213.

[21] Vgl.: Peter Tschaikowski, Die Tagebücher, S. 82, 101.

[22] Modest Tschaikowsky, Das Leben Peter Iljitsch Tschaikowskys, in: Čajkovskij-Studien, Bd. 13/ II, S. 226 f.

Menschen und keine Marionetten".[23] Dennoch hinterließ aber der „Parsifal" bei Tschaikowski Spuren. Sein Freund Hermann Laroche berichtete davon:

> *„Obwohl Tschaikowsky sowohl 1863 als auch 1876 Wagner innerlich fremd gegenüberstand, sollte er auch eine Zeit erleben, in der er seinem Einfluß fast allen Ernstes verfallen wäre. Das geschah im Jahre 1886, als er sich mit dem Klavierauszug des „Parsifal" vertraut machte und über die Schlußszene des 1. Aktes in Begeisterung geriet. Von nun an – so scheint mir – hatte er ein verändertes Verhältnis zu Wagner, wenngleich er auch dessen musikdramatisches Prinzip niemals akzeptierte und bis an sein Lebensende Opern mit Arien, Duetten, Dezetten, Chören und Tänzen komponierte."*[24]

Auch zu den „Meistersingern" fand Tschaikowski offenbar keine tiefere innere Beziehung. Als er am 10.2.1888 in Leipzig erstmals eine Aufführung dieses Werkes, übrigens unter Arthur Nikischs Leitung, gehört hatte, fand er am nächsten Tag in einem Brief nach Hause nur zu folgender lapidar trockener Bemerkung: *„Abends war ich in der Oper, man gab die ‚Meistersinger'. Sehr interessant."*[25] Und eingefügt sei an dieser Stelle auch eine Einschätzung von Giuseppe Verdis Verhältnis zu Wagner, wie sie Tschaikowski 1872 formulierte, übrigens ganz auf den Spuren vieler anderer europäischer Musikkritiker:

> *„Auf der Neige seiner Künstlerlaufbahn, als der Quell der Begeisterung schon zu versiegen begann, besann sich Verdi endlich und schlug plötzlich einen neuen Weg ein, einen Weg, der ihn weit von der allgemeinen Heerstraße der italienischen Musik ablenkte, und was meinen Sie wohl, wohin führte? – zu Richard Wagner. Diese Wendung, deren Vorbote der 1867 in Paris aufgeführte ‚Don Carlos' war, kam in der Oper ‚Aida' ... voll zum Ausdruck. Als ich unlängst mit begreiflichem Vorurteil in den prachtvoll gedruckten Klavierauszug der ‚Aida' hineinschaute, war ich angenehm überrascht, schon in den ersten Takten des Vorspiels, das unter starkem Einfluß der Wagnerschen Muse geschrieben ist, eine ungewöhnliche Anmut der harmonischen Verbindungen und eine an Künstelei grenzende Originalität der Melodie zu finden. Mit größter Aufmerksamkeit sah ich nun die ganze Partitur durch und dachte mit Kummer darüber nach, welch einen schädlichen Einfluß das in ästhetischer Beziehung so anspruchslose italienische Publikum, für das Verdi seine Opern in erster Linie schuf, auf den Maestro ausgeübt hatte. Was wäre aus Verdi geworden, wenn er in seinen jungen Jahren, als die schöpferische Quelle noch reich in ihm sprudelte, zu der Reife gediehen wäre, die er jetzt bekundet! Wie viele wonnige Minuten hätte er der Menschheit verschaffen können! Aber ach, in ‚Aida' spürte ich neben dem großartigen Fortschritt in der Technik und dem Einfluß Wagners doch auch eine bedenkliche Abnahme der melodischen Erfindungsgabe."*[26]

Ähnlich befremdet zeigte sich Tschaikowski übrigens auch vom Verhalten der französischen Musikwelt gegenüber Wagner. Kurz nach dessen Tod schrieb er aus Paris, wo er sich während einer großen Gastspielreise durch Europa gerade aufhielt, beispielsweise an Nadeshda von Meck (5.-8.3.1883): *„Wagner ist nach seinem*

[23] Ebd., S. 192; Thomas Kohlhase, Čajkovskijs Wagner-Rezeption – Daten und Texte, in: Čajkovskij-Studien, Bd. 3, S. 303.

[24] Hermann Laroche, Peter Tschaikowsky. Aufsätze und Erinnerungen, S. 226.

[25] Thomas Kohlhase, Čajkovskijs Wagner-Rezeption – Daten und Texte, in: Čajkovskij-Studien, Bd. 3, S. 320.

[26] P. I. Tschaikowski, Musykalno-krititscheskije stati, S. 70 f.; vgl. auch: Peter I. Tschaikowski, Erinnerungen und Musikkritiken, S. 190 f.

Ableben urplötzlich der Abgott des Pariser Publikums geworden. Alle drei Sonntags-konzerte (Pasdeloup, Colonne, Lamoureux) widmen ihre Programme Wagner und ernten damit grossartige Erfolge. Kuriose Menschen! Man muss sterben, um ihre Aufmerksamkeit zu verdienen. "[27] Es war tatsächlich so. In Frankreich war mit einiger Verspätung, ausgelöst durch den Schock des verlorenen Krieges 1870/1871, während der 80er-Jahre umso stärker eine Wagnerbegeisterung aufgelebt, die sehr bald unter der Bezeichnung „Wagnérisme" zum großen Thema nicht nur in der Musik, sondern auch in der französischen symbolistischen Literatur und Malerei wurde. Eine wichtige Rolle spielte dabei die Zeitschrift „Revue Wagnérienne", die von 1885 bis 1889 erschien. 1889 noch zeigte sich Tschaikowski ganz befremdet, als er am 10. April, wiederum während einer großen Konzertreise, die ihn erneut auch nach Paris geführt hatte, aus London an einen Freund in der Heimat schrieb: *„Ich habe eine ganze Menge französischer Komponisten kennengelernt: sie sind alle die verbissensten Wagnerianer. Dabei steht den Franzosen das Wagnertum so schlecht! Es hat bei ihnen den Charakter einer Kinderei, welche ernst genommen werden möchte.* "[28] Wie erstaunt aber wäre Tschaikowski gewesen, wenn er – 20 Jahre später – dasselbe Phänomen im Kulturleben seiner Heimat hätte beobachten müssen, als ein unglaublicher Wagner-Boom das russische Publikum überspülte.

Tschaikowskis Urteil über Wagner hatte sich in vielen Jahren und nach einem widerspruchsvollen geistigen Hin und Her abgerundet. Er erkannte dessen frühe Werke jetzt unumwunden als meisterhaft an (auch den zuvor noch so kritisierten ‚Holländer'), hielt sie für einen unabdingbaren Bestandteil des internationalen Opernrepertoires. Das Spätwerk – also ‚Tristan", „Meistersinger", „Ring" und „Parsifal" – unterlag seinem Verdikt: genialer, aber fehlgeleiteter Sinfonismus und absolut unopernhaft. Und erschwerend kam für Tschaikowski nun, in den 80er-Jahren, noch hinzu, dass Wagner-Aufführungen zunehmend in das Flair von *„Deutschtum"* und *„deutschem Patriotismus"* geraten würden. Da klang doch in Tschaikowskis scharfsinnigem Beobachtungsvermögen, fast schon säbelrasselnd das neue deutsche Kaiserreich mit seinem unheilvoll wachsenden Nationalismus auf. Wagner, der diesem verhängnisvollen Deutungswandel selbst nicht mehr entgegentreten konnte, wurde doch auf unheilvolle Weise nach seinem Tode in Deutschland auf ein reaktionär dominiertes Bedeutungspodest erhoben, er wurde zur Symbolfigur deutscher Nationalüberheblichkeit. Tschaikowski ahnte dies voraus.

Der „Ring" in Bayreuth 1876 – Tschaikowski besucht Wagner

Als Kritiker der Zeitung „Russkije wedomosti" reiste Tschaikowski im Sommer 1876 mit hochgespannter Erwartung nach Bayreuth zu den ersten Wagner-Festspielen. Die ganze musikalische Welt schaute doch mit größtem Interesse auf

---

[27] Zit. nach: Modest Tschaikowsky, Das Leben Peter Iljitsch Tschaikowskys, in: Čajkovskij-Studien, Bd. 13/II, S. 187.

[28] Ebd., S. 415.

dieses absolut ungewöhnliche Unternehmen, wie es die Welt zuvor noch nicht erlebt hatte. Ein Komponist hatte ein extensives vierteiliges Musikdrama geschaffen, das er wegen seiner Extravaganz auch unbedingt in einem eigens dazu errichteten Theater aufführen wollte. Und dieses Theater ließ er sich nach eigenem architektonischen Konzept auch an einem Ort errichten, der weitab von den großen Opernmetropolen am Rande einer kleinen Provinzstadt auf einem grünen Hügel gelegen war. Es war die ehemalige markgräfliche Residenz Bayreuth. Das dort zunächst ins Auge gefasste prachtvolle barocke Operntheater, erbaut auf Wunsch der kunstliebenden und komponierenden Markgräfin Wilhelmine, einer Schwester von Preußenkönig Friedrich II., hatte Wagner für die ausufernden theatralischen Anforderungen des „Ring" als ungeeignet erkennen müssen. Er nutzte es allerdings 1872, um ein großes Ausrufezeichen zu setzen. Zur Grundsteinlegung des Festspielhauses hatte er mit großem propagandistischen Aufwand zu einer Festaufführung von Beethovens 9. Sinfonie, seinem Favoritstück seit früher Jugend, in ebendieses Barocktheater eingeladen. Und viel Prominenz war auch erschienen. Die musikalische Öffentlichkeit blickte mit großer Spannung nach Bayreuth. Und Wagner gelang das schier Unmögliche. Er hatte sich ein Theater erbaut, ein Privattheater, das nur seinen musikdramatischen Werken gewidmet sein sollte. Mehrmals fast am Rande des Bankrotts stehend und endlich nur mit finanzieller Rettung durch Bayerns König Ludwig II. konnte das Festspielhaus fertig gebaut und am 13. August 1876 eröffnet werden. Bis zum 30. August präsentierte Wagner hier drei zyklische Aufführungen seiner nach über dreißigjähriger Arbeit im November 1874 fertiggestellten Tetralogie „Der Ring des Nibelungen".

Das Bayreuther Unternehmen hatte mittlerweile auch an höchster Stelle für Aufmerksamkeit gesorgt. Man sah darin offenbar die Möglichkeit, in der Kunst eine neue Deutschnationalität zu statuieren. Das junge deutsche Kaiserreich brauchte das. Und so war es kein Zufall, dass Kaiser Wilhelm I. höchstpersönlich am 12. August zur Eröffnung der Festspiele mit großem Pomp und propagandistischem Aufwand mit der Eisenbahn nach Bayreuth reiste und dort auch einen großen Empfangs-„Bahnhof" ausgerichtet bekam, begrüßt natürlich in erster Linie von Wagner persönlich. Der Kaiser besuchte dann am 13. und 14. August die ersten Aufführungen des „Rheingold" und der „Walküre". Und der Kaiser richtete auch entsprechend hochtrabende Worte an den Komponisten. In einem Brief an König Ludwig II. vom 13. August berichtete der durchaus irritierte Wagner davon:

> *„Der Kaiser sagte mir mit wenigen freundlichen Worten, dass er zur Eröffnung meiner Bühnenfestspiele gekommen wäre, weil er diese als eine ‚nationale' Angelegenheit betrachte. Es kam mir, so gut es sicherlich gemeint war, doch wie Ironie vor: was hat die ‚Nation' mit meinem Werke und dessen Verwirklichung zu schaffen?"*[29]

Cosima zeigte sich hingegen von den kaiserlichen Worten sehr angetan. Sie schrieb am 13. August im Tagebuch: *„R.[ichard] empfängt auch den Kaiser, welcher sehr freundlich gestimmt vom Nationalfest spricht. Endlich."*[30] Dazu gab es

---

[29] König Ludwig II. und Richard Wagner. Briefwechsel, 3. Bd., S. 84 f.

[30] CWT, Bd. I, S. 998.

noch ein kleines Nachspiel. Bei der „Walküre"-Aufführung ließ Kaiser Wilhelm
Wagner zu sich in die Loge bitten, um ihm sein Bedauern auszudrücken, dass er nur
bis zur zweiten Aufführung bleiben könne. Dann ereignete sich ein leichter, aber
alle erschreckender Unfall, von dem Cosima noch am selben Abend (14.8.) im
Tagebuch schrieb:

> *„Er* [der Kaiser] *nimmt Abschied, geht einen Schritt zurück, merkt die Schwelle nicht, strau-
> chelt so arg, daß R.*[ichard] *nur mit dem größten Kraftaufwand ihn zurückhalten kann und
> überzeugt ist, daß dieser Fall rücklings der Tod des kaiserlichen Herrn gewesen wäre."*[31]

Auch ein zweiter Kaiser, der kunstinteressierte Dom Pedro II. von Brasilien, gab
sich in Bayreuth die Ehre sowie die Großherzöge von Sachsen-Weimar-Eisenach
und von Mecklenburg-Schwerin, die Großherzogin von Baden, die Herzöge von
Meiningen und Anhalt-Dessau und zahlreiche weitere Vertreter des deutschen
Hochadels wie auch des Großbürgertums und dann natürlich viele Musiker und
Wagnerfreunde. Aus heutiger Sicht mutet das ganze Unternehmen eher wie ein nationalistischer Mummenschanz an, der allerdings ganz im Gegensatz zu Wagners
ursprünglichen Intentionen stand. Wie hatte er doch einst an Freund Theodor Uhlig
geschrieben (12.11.1851):

> *„An eine Aufführung kann ich erst nach der Revolution denken: erst die Revolution kann
> mir die künstler und die Zuhörer zuführen. Die nächste Revolution muß nothwendig unsrer
> ganzen theaterwirthschaft das Ende bringen: sie müssen und werden alle zusammenbre-
> chen, dies ist unausbleiblich. Aus den trümmern rufe ich mir dann zusammen, was ich brau-
> che … Am Rheine schlage ich dann ein theater auf, und lade zu einem großen dramatischen
> feste ein: nach einem jahre vorbereitung führe ich dann im laufe von vier tagen mein ganzes
> Werk auf: mit ihm gebe ich den menschen der Revolution dann die bedeutung dieser Revo-
> lution, nach ihrem edelsten sinne, zu erkennen. Dieses publikum wird mich verstehen: das
> jetzige kann es nicht."*[32]

1876 gab es jedoch statt der erhofften Revolution das neue großdeutsche Kaiserreich. Auch die in Aussicht genommenen *„menschen der Revolution"* gab es nicht,
statt dessen eben das *„jetzige publikum"*, dem Wagner jeglichen Sinn für seine
eigentliche Konzeption absprach. Bayreuth war also eigentlich ein Missverständ-
nis! Wagner sah sich missverstanden. Die *„Nation"* stand ihm als neofeudales
Kaiserreich gegenüber, das ihn ideologisch zu vereinnahmen suchte. Er protestierte
allerdings öffentlich nicht dagegen, gab es so doch eine, wenn auch lang noch nicht
gesicherte, Bestandsgarantie für das Bayreuther Unternehmen.

Seine bohrende Frage „Was ist deutsch?", so der Titel einer Schrift, die zwischen
1865 und 1878 entstand, stand da wie ein großer, undurchschaubarer Schatten im
Hintergrund. Und er formulierte dieses Unbehagen sehr klarsichtig. Ein kleiner Exkurs in diese Wagnersche Gedankenwelt sei an dieser Stelle daher gestattet. Wagner
hatte da geschrieben:

> *„Nach dem gänzlichen Verfalle des deutschen Wesens, nach dem fast gänzlichen Erlöschen
> der deutschen Nation infolge der unbeschreiblichen Verheerungen des dreißigjährigen
> Krieges, war es diese innerlichst heimische Welt, aus welcher der deutsche Geist*

---

[31] Ebd., S. 998 f.
[32] RWB, Bd. 4, S. 176.

wiedergeboren ward. Deutsche Dichtkunst, deutsche Musik, deutsche Philosophie sind heutzutage hochgeachtet von allen Völkern der Welt: in der Sehnsucht nach ‚deutscher Herrlichkeit' kann sich der Deutsche aber gewöhnlich nichts anderes träumen als etwas der Wiederherstellung des römischen Kaiserreiches Ähnliches, wobei selbst dem gutmütigsten Deutschen ein unverkennbares Herrschergelüst und Verlangen nach Obergewalt über andere Völker ankommt."

Das waren schon sehr klare und kritische Worte. Weiter hieß es, und Wagner glaubte damit den Kern seiner weit auseinanderstrebenden Gedankenflüge zu treffen, über die großen kulturellen geistigen Errungenschaften, die *„der deutsche Geist"* im Lauf der Geschichte – an Bach und Goethe wurde da erinnert – hervorgebracht habe, dass für den Deutschen *„das Schöne und Edle nicht um des Vorteils, ja selbst nicht um des Ruhmes und der Anerkennung willen in die Welt tritt: und alles, was im Sinne dieser Lehre gewirkt wird, ist ‚deutsch', und deshalb ist der Deutsche groß; und nur, was in diesem Sinne gewirkt wird, kann zur Größe Deutschlands führen."* Der Begriff Deutschland wurde so fiktiv in ein Ästhetikum überführt, fernab von aller zeitgenössischen Realpolitik. Enttäuscht resümierte Wagner aber schließlich:

„Und wirklich sind wir so weit, das deutsche Volk damit bald gänzlich zum Narren gemacht zu sehen: die Volksanlage zu Trägheit und Phlegma wird zur phantastischen Selbstgefallsucht verführt, bereits spielt das deutsche Volk zum großen Teil in der beschämenden Komödie selbst mit, und nicht ohne Grauen kann der sinnende deutsche Geist jenen törigen Festversammlungen mit ihren theatralischen Aufzügen, albernen Festreden und trostlos schalen Liedern sich zuwenden, mit denen man dem deutschen Volke weismachen will, es sei etwas ganz besonderes, und brauche gar nicht erst etwas zu werden."

Wagner bekannte dann am Ende seiner Betrachtungen, also im Jahre 1878, aufrichtig seine Ratlosigkeit: *„Ich geriet vor dieser Frage in immer größere Verwirrung … Jedoch auch verschiedene andere Erfahrungen bewirkten, daß es mir allmählich im neuen ‚Reiche' sonderbar zu Mute wurde …"* Ja, er sah mit Entsetzen, dass jetzt *„der Arbeiter hungert und die Industrie siecht, aber das ‚Geschäft' geht"*, sodass er zu dem Schluss kam: *„Dies Alles mag gut und dem neuen deutschen Reiche recht angemessen sein, nur vermag ich es mir nicht mehr zu deuten, und glaube mich zur weiteren Beantwortung der Frage ‚was ist deutsch?' für unfähig halten zu müssen."*[33]

Mit wachem Auge und kritischem Sinn registrierte Tschaikowski in seinen Berichten über den Verlauf der Bayreuther Ereignisse für die „Russkije wedomosti"[34] auch deren merkwürdige tagespolitische Absonderlichkeit. Und nebenbei unternahm er, wie es üblich war, den Versuch, Wagner in Wahnfried aufzusuchen und sich vorzustellen. Offensichtlich gelang das nicht, wie er in einem Brief an Bruder Modest vom 14. August schrieb: *„Ich bin auch bei Wagner gewesen, der übrigens niemanden mehr empfängt."*[35] Überhaupt aber sind Tschaikowskis Bayreuth-

---

[33] RWS, Bd. 10, S. 39 f., 48, 51 ff.
[34] Publiziert dort am 13. Mai, 3., 4., 14. und 18. 8. 1876.
[35] Zit. nach: Petr I. Čajkovsij/Nadežda F. fon Mekk. Briefwechsel 1876–1890, Bd. I: 1876–1878, S.106.

Erlebnisse von ihm so anschaulich geschildert, dass sie im Folgenden ausführlicher zitiert sein sollen. Gleich zu Beginn seines Bayreuth-Besuchs erlebte er eine – auch von Wagner im obigen Zitat so glossierte *„törige Festversammlung"*, einen *„theatralischen Aufzug"* – als Akt einer deutschnationalen Begeisterungswelle. Er schrieb da:

> *„Am 12. August, am ersten Tage vor der ersten Vorstellung des ersten Teils der Tetralogie ,Der Ring des Nibelungen' kam ich in Bayreuth an. Die Stadt bot einen ungewöhnlich belebten Anblick. Einheimische und Ausländer, die von allen vier Himmelsgegenden hierhergekommen waren, eilten zum Bahnhofe, um dem Empfang Kaiser Wilhelms beizuwohnen. Aus dem Fenster eines benachbarten Hauses konnte ich diesen Empfang mit ansehen. Ein paar glänzende Uniformen an der Spitze, dann eine Prozession von Musikern des Wagnertheaters mit ihrem Dirigenten Hans Richter, darauf die hohe, schlanke Figur und der schöne Greisenkopf des Abbé Liszt ..., endlich in einem eleganten Wagen ein kleiner Mann mit starker Adlernase und feinen spöttischen Lippen, die den Urheber dieser ganzen kosmopolitisch-artistischen Feierlichkeit charakterisierten: Richard Wagner selbst. Das Orchester schmetterte einen Tusch, aus der Menge erschollen betäubende Hurrarufe, und der kaiserliche Sonderzug fuhr langsam in die Station ein. Der kaiserliche Greis bestieg den ihn erwartenden Wagen und fuhr unter dem lebhaften Jubel des Volkes zum Schloß. Beinahe ebenso stürmisch gefeiert wurde auch Wagner begrüßt, der hinter dem Kaiser durch die dichte Menschenmenge fuhr. Welch stolzes Gefühl mußte dieser Mann wohl empfinden, daß er endlich über alle Hindernisse triumphierte und durch die Macht seines Willens und seines Genies seine kühnsten Träume erfüllt sah!"*[36]

Tschaikowski beobachtete also ziemlich befremdet den äußeren Pomp dieser *„kosmopolitisch-artistischen Feierlichkeit"* in Bayreuth, wo er nun mit eigenen Augen erleben musste, dass, wie oben schon zitiert, *„der Name Wagners die Losung des deutschen Patriotismus geworden ist"*. Nicht wissen konnte er jedoch um die innere Distanziertheit Wagners gegenüber diesem nationalistischen Trubel, dem er auch so schnell wie möglich wieder entfloh, um in das Festspielhaus zurückzukehren und sich den letzten Vorbereitungen zur „Rheingold"-Premiere zu widmen.

In einleitenden Artikeln hatte Tschaikowski seinen russischen Lesern zunächst Wagners Festspielgedanken und die anfangs schier unüberwindlich scheinenden Hemmnisse auf dem Weg zu dessen Realisierung erläutert. Dann hob er die Besonderheit dieses Theaterbaus hervor:

> *„Eine Eigentümlichkeit des Bayreuther Theaters besteht in dem ungeheuer großen, unsichtbaren Orchester. Wagner ging bei dessen Schöpfung von der Ansicht aus, daß die allzu reale technische Einrichtung des Klangkörpers dem idealen Eindruck der Musik hinderlich sei, und er kam so zu dem Entschluß, das Orchester in einer Vertiefung zwischen der Bühne und dem Zuschauerraum unterzubringen. Der Zuschauerraum selbst bildet ein sich allmählich verbreiterndes Amphitheater. Logen fehlen gänzlich. Der Zuschauerraum wird während der Vorstellung verdunkelt. Wagner will, daß die Aufmerksamkeit der Zuhörer durch nichts von der Bühne abgelenkt und zerstreut wird und außer der jeweiligen Szene nichts weiter für die Hörer in der Welt existieren soll."*[37]

---

[36] P. I. Tschaikowski, Musykalno-krititscheskije stati, S. 321; Peter I. Tschaikowski, Erinnerungen und Musikkritiken, S. 169 f.

[37] Ebd., S. 304 f. bzw. S. 168.

Des Weiteren gab Tschaikowski seinen Lesern eine recht ausführliche Schilderung des Handlungsverlaufs der vier Teile des „Ring". Es folgten Darstellungen zur Geschichte dieser kleinen Fürstenresidenz, Hinweise auf den früher dort lebenden Dichter Jean-Paul Richter, auf bemerkenswerte Bauten wir die Schlossanlagen „Eremitage" und „Fantaisie" sowie das Wagnersche Wohnhaus „Wahnfried".[38] Sarkastisch sind weiterhin die Mühen der zahlreichen Gäste beschrieben, die in der kleinen, einem solchen Besucherstrom in keiner Weise gewachsenen Stadt sozusagen um ihr Überleben kämpfen mussten:

> *„Alle Straßen waren von einer geschäftigen Menge erfüllt, und merkwürdigerweise hatten alle Menschen einen suchenden, unruhigen Ausdruck im Gesicht. Nach einem Weilchen hatte ich die sehr einfache Erklärung dieser sich auf allen Gesichtern zeigenden Besorgnis gefunden, die sich ohne Zweifel auch in meiner eigenen Physiognomie ausprägte. Alle diese in den Straßen der Stadt eilig Umhersuchenden trachteten nach der Befriedigung des stärksten aller menschlichen Bedürfnisse, eines Bedürfnisses, das sogar durch den Durst nach künstlerischem Genuß nicht erstickt werden kann: sie suchten Nahrung. Die kleine Stadt gewährte zwar allen Fremden Obdach, aber für ausreichende Ernährung konnte sie nicht sorgen. Infolge dessen erfuhr ich am ersten Tage nach meiner Ankunft, was der Kampf um ein Stück Brot bedeutet ... Während des ganzen ersten Zyklus der Vorstellungen der Tetralogie bildete das Essen das allgemeine Gesprächsthema und schwächte ganz bedeutend das Interesse für die Kunst ab. Man hörte mehr von Beefsteaks, Schnitzeln und Bratkartoffeln als von Wagners Musik ...*
>
> *Um 3 Uhr nachmittags begann die große Pilgerfahrt der nach Bayreuth gekommenen Künstler und Musikliebhaber in Richtung auf das Theater, das in beträchtlicher Entfernung von der Stadt liegt. Diese Stunde war wohl die schwerste des Tages, sogar für die Glücklichen, denen es gelungen war, zu Mittag zu essen, denn auf dem ganzen Wege ist man den sengenden Sonnenstrahlen schutzlos preisgegeben, und zum Überfluß geht es noch bergauf. Im Schatten der Mauern des Theaters staut sich die Menge und versucht, sich in einem der Zeltrestaurants mit Bier zu erfrischen ... Punkt 4 Uhr erschallt eine laute Fanfare. Die ganze Menge strömt ins Theater. Fünf Minuten später haben schon alle ihre Plätze eingenommen. Von neuem ertönt ein Trompetenstoß, die laute Unterhaltung verstummt, die Gaslampen verlöschen plötzlich, das ganze Theater liegt in tiefster Dunkelheit, und aus dem in der Vertiefung sitzenden Orchester ertönen die schönen Klänge des Vorspiels. Der Vorhang wird auseinandergeschoben, und die Vorstellung beginnt ... Um 10 Uhr endet die Vorstellung, und nun beginnt der erbittertste Lebenskampf, das heißt der Kampf um einen Platz zum Abendessen im Theaterrestaurant. Diejenigen Festbesucher, denen dieses nicht gelungen ist, strömen in die Stadt zurück, um dort eine noch schrecklichere Enttäuschung zu erleben. In den Gasthöfen ist alles bis aufs letzte Plätzchen besetzt; man dankt Gott, wenn man ein Stück kaltes Fleisch und eine Flasche Wein oder Bier findet. Ich sah eine Dame, die Gattin einer der höchstgestellten Persönlichkeiten Rußlands, die während ihres ganzen Bayreuther Aufenthaltes nicht ein einziges Mal zu Mittag gegessen hat; Kaffee war ihre einzige Nahrung."*[39]

Über das künstlerische Ereignis, also die Musik und die szenische Realisierung des „Ring" äußerte sich Tschaikowski dann erstaunlich kurz. Er begründete das seinen Lesern gegenüber damit, dass dieses Wagnersche Werk so komplex in seiner

---

[38] P. I. Tschaikowski, Musykalno-krititscheskije stati, S. 306–318 (in der deutschen Textausgabe fehlt dieser Abschnitt).

[39] P. I. Tschaikowski, Musykalno-krititscheskije stati, S. 321 ff.; Peter I. Tschaikowski, Erinnerungen und Musikkritiken, S. 170 ff.

künstlerischen Anlage und seinen kunstästhetischen Intentionen strukturiert sei, dass es mehrfacher und gründlicher Analyse bedürfe, um ein abschließendes Urteil zu finden. Auch ihm, der sich musikalisch eingehend auf die Aufführungen vorbereitet habe, falle im Moment ein detailliertes Urteil schwer. Und er vertröstete seine Leser auf spätere ausführlichere Darlegungen. Die aber folgten nicht, auch wohl, weil Tschaikowski kurz nach dem Bayreuth-Besuch seine Rezensententätigkeit für die „Russkije wedomosti" einstellte. Aber mit einigen sehr allgemein gehaltenen, zum Teil auch recht ironischen Einschätzungen hielt er seine Leser zum Abschluß des Bayreuth-Berichts dennoch etwas schadlos. Da hieß es u. a.:

> *„Ich muß sagen, daß jeder, der an die ethische Kraft der Kunst glaubt, angesichts dieses großartigen künstlerischen Unternehmens, das durch seinen inneren Wert und seine Wirkung geradezu einen Markstein in der Geschichte der Kunst bilden wird, von Bayreuth einen sehr erquickenden Eindruck mit fortnehmen muß … Hinsichtlich der Förderung der materiellen Wohlfahrt der Menschheit haben die Bayreuther Festspiele allerdings keine Bedeutung, aber dafür eine um so größere und unvergängliche im Sinne des Strebens nach künstlerischen Idealen. Ob Richard Wagner recht getan hat, indem er im Dienst seiner Idee bis zum Äußersten gegangen ist, ob er das Prinzip des ästhetischen Gleichgewichts vernachlässigt hat und ob die Kunst noch weiter auf demselben Wege, den er als Ausgangspunkt bezeichnete, fortschreiten wird, oder ob der ‚Ring des Nibelungen' zugleich den Punkt bedeutet, von dem aus die Reaktion beginnen wird – wer wollte das heute entscheiden? Sicher ist nur, daß sich in Bayreuth etwas vollzogen hat, woran sich noch unsere Enkel und Urenkel erinnern werden …*
>
> *Eher will ich zugeben, daß ich aus eigener Schuld noch nicht zu vollem Verständnis der Wagnerschen Musik gediehen bin und daß ich mich nach fleißigem Studium vielleicht später einmal dem Kreise der Wagnerianer reinen Herzens anschließen werde. Heute sage ich ganz aufrichtig, daß der ‚Ring des Nibelungen' auf mich einen erdrückenden Eindruck gemacht hat, nicht so sehr durch seine musikalischen Schönheiten, die er vielleicht in zu reicher Fülle enthält, als durch seine gewaltigen Ausmaße …*
>
> *Nun will ich zum Schlusse sagen, was ich zu guter Letzt aus dem Bayreuther Festspielhause mit heimgenommen habe: 1. Eine verwirrte Erinnerung an zahlreiche überraschende Schönheiten, besonders sinfonischer Art, was sehr sonderbar ist, da Wagner am allerwenigsten darauf ausgeht, eine Oper in sinfonischem Stil zu schreiben; 2. eine ehrfurchtsvolle Bewunderung für das ungeheure Talent des Dichterkomponisten und seine Technik; 3. den Zweifel an der Richtigkeit von Wagners Ansicht über das Wesen der Oper; 4. wie schon erwähnt, das Gefühl großer Ermattung, aber auch den Wunsch, das Studium dieser kompliziertesten aller jemals geschriebenen Tonschöpfungen fortzusetzen … Niemand wird die Größe der von Wagner gelösten Aufgabe und das Ungewöhnliche der Geisteskraft ableugnen, das einmal Begonnene zu Ende zu führen und so einen der großartigsten künstlerischen Pläne zu verwirklichen, der jemals dem Kopfe eines Menschen entsprungen ist."*

Zwischendrein aber schob Tschaikowski noch eine merkwürdige kleine Anekdote speziell für seine russischen Leser ein, die vielleicht auch nur zum Zwecke der Verfremdung dienen sollte war, als er folgende Episode mit einem gehörigen Schuß an Ironie schilderte:

> *„Ich machte die Bekanntschaft eines russischen Kaufmanns, der mir versicherte, daß er in der Musik niemanden außer Wagner anerkenne. ‚Aber kennen Sie denn alle anderen?' fragte ich ihn, und da stellte sich heraus, daß mein lieber Landsmann von der Musik überhaupt gar keinen Begriff hatte, aber dafür so glücklich war, mit dem berühmten Meister persönlich bekannt zu sein und zu seinen Abendgesellschaften geladen zu werden … Solche Wagnerverehrer gibt es leider sehr viele, und das macht einen traurigen Eindruck."*

Dann aber hieß es in Tschaikowskis Abschlußbericht weiter:

> *„Als der Schlußakkord der letzten Szene des letzten Teiles der Tetralogie verklungen war,*
> *wurde Wagner vom Publikum hervorgerufen. Er kam und hielt eine kleine Rede, die mit fol-*
> *genden Worten schloß: ‚Sie haben nun gesehen, was wir können, jetzt brauchen Sie nur zu*
> *wollen, und wir haben eine deutsche Kunst.' Ich überlasse es dem Leser, sich diese Worte*
> *zu erklären, wie es ihm gefällig ist, und will nur bemerken, daß sie im Publikum gewissen*
> *Zweifel hervorriefen. Einige Augenblicke war alles lautlos. Darauf neue Beifallsrufe, aber*
> *weit weniger begeistert als vor dem Erscheinen des Meisters."*[40]

Was in dieser Darstellung dem Leser der „Russkije wedomosti" zum eigenen
Nachdenken und späterer eigener Urteilsfindung überlassen blieb, war die Frage,
welche nationale und internationale Bedeutung Wagner und sein „Ring" denn tatsächlich besitze? Das eigene Urteil hatte Tschaikowski doch recht diplomatisch gefasst – mit ausgiebiger Lobpreisung des musikalischen Genies des Bayreuther
Meisters und gleichzeitig deutlich formulierter ästhetischer Einschränkung. War
dies in sorgfältig abgewogener Sachlichkeit publizistisch öffentlich vorgetragen, so
fand Tschaikowski im privaten Bereich, im Gespräch oder brieflich, doch sehr viel
schärfere, gar vernichtende Worte. Hier übte er sich keinesfalls in abwägender
Zurückhaltung. Das war schon weiter oben in verstreuten Äußerungen zu einzelnen
Wagnerschen Werken deutlich geworden, namentlich im Briefwechsel mit Nadeshda von Meck, mit Bruder Modest oder mit Sergei Tanejew. Jetzt, nach dem
Bayreuth-Besuch, schrieb er unter dem 20. August aus Wien an Modest doch sehr
abfällig über das künstlerisch Erlebte:

> *„Bayreuth hat eine unangenehme Erinnerung in mir hinterlassen, obwohl meinem Künstler-*
> *ehrgeiz mehr denn einmal geschmeichelt worden ist. Es erwies sich nämlich, dass ich in den*
> *Abendlanden gar nicht so unbekannt bin, wie ich glaubte. Die unangenehme Erinnerung*
> *rührt aber von dem ununterbrochenen Getümmel her, das ich mitmachen musste. Am Don-*
> *nerstag war es endlich zu Ende. Nach den letzten Akkorden der ‚Götterdämmerung' fühlte*
> *ich mich wie aus einer Gefangenschaft befreit. Die ‚Nibelungen' mögen in der Tat ein gros-*
> *sartiges Werk sein, gewiss ist aber auch, dass es noch nie eine so unendliche und so lang-*
> *weilige Faselei gegeben hat. Die Auftürmung der kompliziertesten und ausgetüfteltsten*
> *Harmonien, die Farblosigkeit des Gesangs auf der Bühne, die unendlich langen Monologe*
> *und Dialoge, das Dunkel des Zuschauerraums, die Abwesenheit jeglicher Poesie, jeglichen*
> *Interesses der Handlung – alles das hat meine Nerven bis zum letzten Grade ermüdet. Also*
> *das ist es, was die Reform Wagners erstrebt! Früher war man bemüht, die Leute durch die*
> *Musik zu erfreuen – heutzutage jedoch quält man sie. Freilich sind auch schöne Stellen*
> *darin, im grossen und ganzen ists aber zum Sterben langweilig."*[41]

Es war Tschaikowski in Bayreuth also offenbar nicht gelungen, die persönliche
Bekanntschaft mit Wagner zu machen. Das wäre ihm doch wohl sehr wichtig ge-
wesen. Zu sehr war er doch, trotz allen Widerspruchs zu Wagners künstlerischen
Maximen, beeindruckt von dessen mittlerweile weltweit Aufsehen erregenden
musikdramatischen Werken. In der Öffentlichkeit blieb Tschaikowski bis an sein
Lebensende bei seiner unentschieden abwägenden Einschätzung Wagners. Einmal

---

[40] Ebd., S. 325–329 bzw. S. 175–179.
[41] Modest Tschaikowsky, Das Leben Peter Iljitsch Tschaiskowskys, in: Čajkovskij-Studien, Bd.
13/I, S. 257.

noch, am 3. Mai 1891, während einer Amerika-Reise, gab er für die New Yorker Zeitung „Morning Journal" unter dem Titel „Wagner und seine Musik" ein letztes Statement über den deutschen Musiker ab:

> *„Als Komponist ist Wagner zweifellos eine der bemerkenswertesten Persönlichkeiten in der zweiten Hälfte dieses Jahrhunderts, und sein Einfluß auf die Musik ist gewaltig … Aber nach meiner tiefen Überzeugung war er ein Genie, das einem falschen Weg gefolgt ist. Wagner war ein großer Sinfoniker, aber kein Opernkomponist. Wenn dieser außergewöhnliche Mensch, anstatt sein Leben der musikalischen Illustration von Gestalten aus der germanischen Mythologie in der Opernform zu widmen, Sinfonien geschrieben hätte, so besäßen wir vielleicht Meisterwerke, die den Vergleich mit den unsterblichen Schöpfungen Beethovens verdienten … Nein! Indem ich das hohe Genie ehre, das die Einleitung zum ‚Lohengrin' und den ‚Walkürenritt' schuf, und indem ich mich achtungsvoll vor dem Propheten beuge, erkenne ich doch die Religion nicht an, die er geschaffen hat."*[42]

Quasi als Anhang zu Tschaikowskis Bayreuth-Erlebnis sei noch dreier Wagner eng verbundener Persönlichkeiten gedacht, die in diesem Zusammenhang für ihn eine gewisse Bedeutung erlangten: Karl Klindworth, Franz Liszt und Hans von Bülow. Bei Ersterem, der am Moskauer Konservatorium sein Fachkollege war, hatte er beispielsweise zum „Ring" schon im Jahre 1875 quasi eine Spezialeinführung erhalten. Es war eine Einführung fast aus erster Hand, denn Klindworth, übrigens Schüler von Liszt und Bülow, war über lange Jahre damit beschäftigt, Klavierauszüge zu den Wagnerschen Werken anzufertigen. Seit 1855 in London mit dem Komponisten befreundet und von diesem als Musiker hochgeschätzt, genoss er das künstlerische Vertrauen Wagners und stand mit diesem in ständigem Kontakt, während er mit einfühlsamer Sorgfalt dessen Partituren in eine Klavierfassung brachte, und zwar *„con amore"*, also umsonst, wie Tschaikowski einmal bewundernd bemerkte.[43] Und Klindworth gehörte 1876 neben Tschaikowski und weiteren Moskauer und Petersburger Kollegen wie Nikolai Rubinstein, Hermann Laroche, Alexander Faminzyn, César Cui und Wladimir Stassow ja auch zur Russenfraktion der Bayreuth-Besucher. Laroche erinnerte sich später, dass Tschaikowski ihm gegenüber *„unter vier Augen"* seiner Abneigung gegenüber dem „Ring des Nibelungen" überhaupt keinen Hehl gemacht habe, aber eben in Bayreuth einem gewissen Zwang unterlag, denn:

> *„Er befand sich jedoch in Bayreuth in einer Gesellschaft, in der es (zumindest für ihn) nicht gerade angezeigt war, irgend etwas gegen Wagner zu äußern. Sein ständiger Begleiter war damals Professor Klindworth, der in seiner Person eine gewisse ‚Anbetung' Tschaikowskys mit einem Wagnerianertum reinsten Wassers und einem überaus aufbrausenden Temperament verband. Wir Moskauer fürchteten uns alle irgendwie vor Klindworth, besonders jedoch Tschaikowsky, der wesentlich mehr mit Nachgiebigkeit und Weichheit als mit moralischer Tapferkeit ausgestattet war und sich darüber hinaus durch die ‚Verehrung', die Klindworth ihm entgegenzubringen nicht müde wurde, wahrscheinlich irgendwie verpflichtet fühlte. Im Ergebnis pflegte Tschaikowsky bei Anwesenheit anderer über Wagners Musik ent-*

---

[42] P. I. Tschaikowski, Musykalno-krititscheskije stati, S. 329 f.; Peter I. Tschaikowski, Erinnerungen und Musikkritiken, S. 180 f.

[43] Vgl.: Modest Tschaikowsky, Das Leben Peter Iljitsch Tschaikowskys, in: Čajkovskij-Studien, Bd. 13/II, S. 548.

weder ganz zu schweigen oder lediglich das an ihr zu loben, was ihm wirklich gefallen hatte, während er auf ihre Mängel nach Möglichkeit nicht einging."

Und Laroche beschrieb auch zutreffend jenen oben schon dargestellten Umstand, dass Tschaikowski *„es verstand, sich um die Aufgabe eines detaillierten Urteils in der Presse herumzumogeln.* "[44] Von Laroche stammt zudem eine treffliche Charakteristik der Klindworthschen Erscheinung, als dieser 1868, von Nikolai Rubinstein als Klavierdozent an das Konservatorium berufen, nach Moskau kam: *„Er war damals 38 Jahre alt und stand somit in der höchsten Blüte seiner physischen und künstlerischen Kräfte. Er hatte eine hochgewachsene, kraftvolle Gestalt, hellblondes Haar und hellblaue Augen. Seine Erscheinung war so, wie unsere Einbildung die mittelalterlichen Wikinger ausmalt ...*" Und Tschaikowski nannte ihn brieflich einmal gar *„Wotan"*. Klindworth also spielte dann des öfteren bei sich zu Hause Tschaikowski, Rubinstein und Laroche aus seiner Arbeit an den Wagnerschen Klavierauszügen vor, vermittelte ihnen also gewissermaßen intimen Einblick in Wagners Kompositionswerkstatt.[45]

Tschaikowski hatte ja auch zu Liszt und Bülow, den Lehrern Klindworths und nahen Wagnerfreunden bzw. -vertrauten, nähere Verbindungen, durch die er vielleicht gelegentlich auch zusätzliche Einblicke in Wagners Kunstwelt erhalten konnte. Liszt hat er allerdings wohl nur einmal in seinem Leben, während der Festspiele 1876 in Bayreuth, getroffen. Er erwähnte das in einem Brief vom 14. August 1876, also noch während seines Bayreuth-Aufenthaltes, an seinen Bruder Modest: *„Ich habe die Bekanntschaft Liszts gemacht, der mich äusserst liebenswürdig empfangen hat."*[46] Dessen Werke aber waren ihm wohlbekannt, namentlich seine sinfonischen Dichtungen, die er jedoch allesamt nicht sehr hochschätzte, wie etwa Laroche berichtete:

> *„Von den Sinfonischen Dichtungen Liszts gefiel Tschaikowsky in seinen Konservatoriumsjahren einzig und allein der ‚Orpheus‘, und erst viel später begann er auch dessen ‚Faust-Symphonie‘ zu mögen. Ganz objektiv ist festzustellen, daß Liszts sinfonische Dichtungen, die immerhin das Schaffen einer ganzen Generation russischer Tondichter geprägt haben, Tschaikowskys Stil nur flüchtig und äußerlich beeinflußten."*[47]

Aber in noch ganz anderer Hinsicht bekundete Tschaikowski einmal eine Aversion gegenüber Liszt. In einem Brief an Nadeshda von Meck vom 9.12.1877 aus Wien reflektierte er darüber, wie er mit seinen Kompositionen mehr Beachtung in Westeuropa erringen könnte und schrieb dann recht sarkastisch, aber auch in geradezu beleidigter Animosität:

> *„Ich würde die Verbreitung meiner Werke im Ausland erleichtern, wenn ich die Asse besuchen und ihnen Komplimente machen würde. Aber, mein Gott, wie sehr ich das hasse! Wenn Sie wüßten, wie beleidigend gönnerhaft sie sich einem russischen Musiker gegenüber verhalten. Man liest geradezu in ihren Augen: obwohl du ein Russe bist, bin ich so gut und*

---

[44] Hermann Laroche, Peter Tschaikowsky. Aufsätze und Erinnerungen, S. 225 f.

[45] Zit. nach: Modest Tschaikowsky, Das Leben Peter Iljitsch Tschaikowskys, in: Čajkovskij-Studien, Bd. 13/I, S. 180 f., 321.

[46] Zit. nach ebd., S. 255.

[47] Hermann Laroche, Peter Tschaikowsky. Aufsätze und Erinnerungen, S. 257.

herablassend, daß ich dich mit meiner Aufmerksamkeit beehre. Gott mit ihnen! Im vorigen Jahr mußte ich gezwungenermaßen Liszt besuchen. [Gemeint ist sein Treffen 1876 mit Liszt während der Bayreuther Festspiele.] *Er war höflich, daß einem übel wurde, aber von seinen Lippen verschwand das Lächeln nicht, das nur die oben erwähnte Phrase mit größter Klarheit zum Ausdruck brachte.*"[48]

Und wiederholt gegenüber Nadeshda von Meck (Brief vom 30.11.1879) hieß es:

„*Was Liszt betrifft, so ist er ein alter Heuchler, der mit begeisterten Komplimenten auf jede Komposition reagiert, die ihm zu seiner erlauchten Beurteilung zugesandt wird. Er ist ein guter Mensch ..., doch ist er ein viel zu großer Jesuit, seine Ansichten offen und ehrlich zu sagen.*"[49]

Dem wäre entgegenzuhalten, dass Liszt sich doch des öfteren und recht nachdrücklich für russische Musik und russische Komponisten eingesetzt hat. Eine Bekannte äußerte einmal: *„Liszt hatte eine entschiedene Vorliebe für alles Russische".* Er führte in Weimar Werke von Anton Rubinstein auf und förderte auch Vertreter des „Mächtigen Häufleins" mit durch ihn angeregten Erstaufführungen in deutschen Konzertsälen. In Briefen, etwa an Borodin oder Balakirew, ermunterte er diese, den eingeschlagenen kompositorischen Weg weiter zu befolgen. Und über Balakirew, Cui und Rimski-Korsakow meinte er einmal: *„Sie verdienen Aufmerksamkeit, Lob und Förderung."*[50]

Hans von Bülow hatte Tschaikowski wohl erstmals erlebt, als dieser 1864 als Pianist in Petersburg und Moskau auftrat. Bekannt war natürlich, dass zu dieser Zeit Bülow noch ein glühender Verehrer und Propagandist Wagners war. Die Uraufführungen von „Tristan und Isolde" (1865) und „Die Meistersinger von Nürnberg" (1868) standen kurz bevor. Möglicherweise über Klindworth ergaben sich dann in den ersten 70er-Jahren, wahrscheinlich 1874 während eines weiteren Gastspiels von Bülow in Moskau, auch persönliche Kontakte zwischen Tschaikowski und Bülow, die bald kulminierten in einem bemerkenswerten Vorgang. Tschaikowskis erstes Klavierkonzert in b-Moll, entstanden 1874, sollte eigentlich seinem Freund Nikolai Rubinstein gewidmet sein. Der aber lehnte das Werk als unausgereift ab, während Hans von Bülow, dem Karl Klindworth das Werk vorlegte, sich begeistert von der Partitur zeigte, damit nach Amerika reiste und das Konzert dort am 25. Oktober 1875 in Boston als Solist zur gefeierten Uraufführung brachte. Tschaikowski hatte ihm im Voraus bereits das Konzert gewidmet. Daher rührte eine tiefe künstlerische und freundschaftliche Verbundenheit der beiden Musiker.[51] Als Bülow nach dem Zerwürfnis mit Wagner sich international wieder als Pianist und als Dirigent betätigte, gehörten, etwa neben Brahms, immer wieder auch Kompositionen von Tschaikowski zu seinem Repertoire. Am 12. Januar 1885 dirigierte er in Petersburg gar die Uraufführung von Tschaikowskis dritter Orchestersuite G-Dur. Es war ein großer Erfolg für Tschaikowski und für Bülow. Modest Tschaikowski gab in diesem

---

[48] Petr I. Čajkovskij/Nadežda F. fon Mekk. Briefwechsel 1876–1890, Bd. I: 1876–1878, S. 106.

[49] Zit. nach: Rüdiger Ritter, Ambivalenzen im Deutschlandbild Pëtr Čajkovskijs, S. 966.

[50] Zit. nach: Rüdiger Ritter, Musikalische Rußlandbilder, S. 764 f.

[51] Vgl. auch: Marek Bobéth, Petr Il'ič Čajkovskij und Hans von Bülow, in: Čajkovskij-Studien, Bd. 3, S. 355–366.

Zusammenhang eine aufschlussreiche Einschätzung von Bülows künstlerischer Arbeit, bezeichnete ihn überschwänglich gar als „*Russophile in der Musik*":

> „*Nachdem er mit gleicher Aufrichtigkeit und Leidenschaftlichkeit nacheinander Klassiker, Wagnerianer und Brahmsianer gewesen war, wurde er in den siebziger Jahren begeisterter Russophile in der Musik und schwärmte namentlich für das Talent Peter Iljitschs. Der Kultus der Werke des letzteren stand bei ihm damals gerade auf dem Höhepunkt, darum hatte er in die Wiedergabe der 3. Suite nicht nur sein gewohntes Können hineingelegt, sondern auch das ganze Feuer seiner jeweiligen Begeisterung.*"[52]

An Nadeshda von Meck schrieb Tschaikowski auch einmal (6.2.1879), Bülow sei „*wohl der einzige deutsche Musiker, der die Möglichkeit zugibt, daß russische Tonschöpfer sich mit deutschen messen könnten.*"[53] Tschaikowski hatte schon 1874 anlässlich eines Konzerts von Bülow im Moskauer Bolschoi Theater in den „Russkije wedomosti" eine einfühlsame Beschreibung von dessen pianistischer Begabung gegeben. Da hieß es u. a.:

> „*Hans von Bülows Konzerte haben sich eine große Beliebtheit beim Publikum erworben, und dem vorzüglichen Künstler sind große Ovationen dargebracht worden ... Die Reinheit seines Spiels ist tadellos und absolut; auch die boshaftesten Hörer können in seinem Spiel kein Danebengreifen, keine überhasteten Läufe, keinen falschen Sprung finden. Bülow hat Hände, elastisch wie Gummi, ausdauernd wie Stahl, leicht wie Flaumfedern, und wenn es nötig ist, massig wie Granit, mit einem Worte, Bülow entspricht in physischer Hinsicht vollkommen allen Anforderungen an einen großen Virtuosen. Was die künstlerische Ausführung anbelangt, so zeichnet sie sich durch ruhige Objektivität, feine Ausarbeitung der kleinsten Einzelheiten und schöne Abschattierung aus.*"[54]

Es ist also insgesamt schon eine ausgeprägte Germanophobie bei Tschaikowski zu beobachten. Seine eigenen Erfahrungen auf den großen Konzertreisen bestätigten ihn darin bzw. verstärkten seine Empfindlichkeiten, die zum Teil wohl doch als übertrieben einzuschätzen sind. Aber sie widerspiegeln ein wahrheitsgetreues Bild von der übersensiblen Psyche des Musikers. 1883 bekundete er seine Antipathie einmal sehr dezidiert gegenüber seinem Moskauer Verleger Jurgenson:

> „*In meiner Seele bin ich ein echter Russe, und wahrscheinlich ist mir deshalb der Deutsche ekelhaft, fremd, widerlich, abscheulich. Mein Verstand erweist ihm Gerechtigkeit, ... und trotzdem kann ich die deutsche Luft nicht länger als zwei Tage ertragen. Bin ich drei Tage in Berlin, ersticke ich fast vor Abscheu gegenüber allem Deutschen.*"[55]

Vielleicht mag es in diesem Zusammenhang noch von Interesse sein, dass Tschaikowski ungeachtet einer latenten Germanophobie sich doch eine Vorliebe sein Leben lang erhalten hat: Mozart. Und dabei erschien ihm dieser in seiner Jugend als längst unzeitgemäß, wie er in seiner Autobiografie schrieb: „*Ich ... hielt in meiner Herzenseinfalt dafür, daß Mozart und Beethoven vortreffliche Dienste leisten könnten, um Jemand in den Schlaf zu bringen, und daß es kein gehaltloseres*

---

[52] Modest Tschaikowsky, Das Leben Peter Iljitsch Tschaikowskis, in: Čajkovskij-Studien, Bd. 13/II, S. 250 f.

[53] Zit. nach: Rüdiger Ritter, Ambivalenzen im Deutschlandbild Pëtr Čajkovskijs, S. 966.

[54] Peter I. Tschaikowski. Erinnerungen und Musikkritiken, S. 216.

[55] Zit. nach: Rüdiger Ritter, Ambivalenzen im Deutschlandbild Pëtr Čajkovskijs, S. 952.

Zeug gäbe, als eine Oper von Mozart oder eine Symphonie von Beethoven.[56] Diese jugendlich unbedachte Ansicht änderte sich später radikal zu einer uneingeschränkten Bewunderung Mozarts. In seiner Autobiografie beschrieb er anschaulich ein Mozart-Initialerlebnis: *„Endlich kam es eines schönen Tages dazu, den Don Juan von Mozart zu hören, sehr gegen meine Absicht. Es war die reine Offenbarung für mich."*[57] Und am 12. Februar 1890 hieß es dann in seinem Tagebuch: *„Zuweilen schien es mir, als lebte ich im 18. Jahrhundert und habe es außer Mozart nichts weiter gegeben."*[58] Mozart galt ihm aber auch wohl weniger als Deutscher, denn als Europäer, ganz in dem Sinne, wie er beispielsweise einmal gegenüber seinem Schüler Tanejew von einem *„Garten der europäischen Musik"* gesprochen hatte, wo *„der russische Baum an der Seite des französischen, deutschen, italienischen und polnischen Baums wächst."*[59] Gar nicht überraschend muss es dann auch erscheinen, dass Tschaikowski sich engagiert für die russische Übersetzung von Alexander Ulybyschews großer Mozart-Biografie von 1843 einsetzte, die bislang nur in ihrer ursprünglichen französischen Sprachfassung vorlag. Seinem Verleger Jurgenson schrieb er am 1. Juni 1888: *„Das Buch Ulybyschews ist ausgezeichnet."* Sein Bruder Modest solle die Übersetzung vornehmen, er wolle redaktionell den musikalischen Teil bearbeiten und auch ein Vorwort schreiben.[60] Mit Hilfe schließlich noch von Freund Hermann Laroche erschien Ulybyschews Mozartbuch in drei Bänden in Jurgensons Moskauer Verlag in den Jahren 1890 bis 1892.

„Lohengrin" im „Schwanensee" – Ein wanderndes Motiv

Resümiert man die intensive Beschäftigung und die vielfältigen Äußerungen Tschaikowskis zu Wagner, so stellt sich ein erstaunlicher Befund heraus. Es gab wohl keinen bedeutenden Musiker, weder unter den Zeitgenossen noch auch später, der sich so ausgiebig mit dem deutschen Komponisten auseinandergesetzt hat und dessen eigenes Werk, ob nun in der Ablehnung oder doch auch in der teilweisen Annäherung, so deutlich davon Kunde vermittelt. Daher waren obige umfangreicheren Betrachtungen auch notwendig, um das besondere Verhältnis nicht nur eines russischen Komponisten zu Wagner, sondern überhaupt die Bedeutung Wagners für das russische Musik- und Kulturleben in der zweiten Hälfte des 19. Jahrhunderts schlaglichtartig zu erhellen. Tschaikowski war ein Kronzeuge.

Das möge nun abschließend noch in einem Exkurs über einen bemerkenswerten thematischen Bezug Tschaikowskis zu Wagners „Lohengrin" ausgeleuchtet werden,

---

[56] Zit. nach ebd., S. 924.

[57] Zit. nach ebd., S. 924.

[58] Peter Tschaikowski. Die Tagebücher, S. 323.

[59] Zit. nach: Tatjana Frumkis, Der „strenge deutsche Kontrapunkt" und die „Neue russische musikalische Schule". Zur Geschichte eines Streits, S. 920.

[60] Zit. nach: Modest Tschaikowsky, Das Leben Peter Iljitsch Tschaikowskys, in: Čajkovskij-Studien, Bd. 13/II, S. 381.

einem Werk, das ihm im Laufe seines Lebens ganz unterschiedliche Haltungen ab-
nötigte, das er als vollständige Bühnenerscheinung allerdings erst 1883 in Berlin
kennenlernen konnte. (Die Petersburger Aufführungen von 1868 und 1873 hatte er
offensichtlich nicht erlebt.) Wie oben zitiert, war er ja zunächst vom „Lohengrin"
gar nicht angetan und widmete dem Vorspiel zu dieser Oper, das er in den 60er-
Jahren als eines der ersten Werke Wagners überhaupt kennenlernte, nur eine recht
abschätzige Bewertung. 1871 aber bezeichnete er diese Komposition, wie oben
ebenfalls schon zitiert, nun als *das gelungenste, inspirierteste Werk* Wagners.
Und später sah er sogar insgesamt im „Lohengrin" den künstlerischen Höhepunkt
in Wagners Schaffen, nach dem es nur noch künstlerischen Niedergang gab –
„Ring", „Tristan", „Meistersinger" und „Parsifal". In seiner letzten öffentlichen Äußerung zu Wagner im oben auch schon zitierten Artikel für die New Yorker Zeitung
„Morning Journal" von 1891, hob er noch einmal dezidiert das „Lohengrin"-Vor-
spiel als eine der schönsten musikalischen Schöpfungen Wagners hervor. Und seine
Wertschätzung des „Lohengrin" begründete er wiederholt auch als ungeschminkte
persönliche Meinung, so sehr deutlich beispielsweise in einem Brief vom 5.5.1879
an Nadeshda von Meck:

> „[Ich beschäftige mich] *mit der Partitur des ‚Lohengrin'* … *Ich weiß, Sie sind keine große
> Liebhaberin Wagners, und auch ich bin bei weitem kein begeisterter Wagnerianer. Der
> ‚Wagnerismus' als Prinzip ist mir wenig sympathisch. Wagner selbst als Persönlichkeit er-
> regt in mir das Gefühl der Antipathie; ich muß aber der Gerechtigkeit halber seine un-
> geheure musikalische Begabung anerkennen. Diese Begabung zeigt sich nirgends in so hel-
> lem Licht wie im ‚Lohengrin'. Diese Oper ist der Höhepunkt in Wagners Schaffen, nach dem
> ‚Lohengrin' beginnt der Abstieg seines Talentes, verursacht durch den satanischen Hoch-
> mut dieses Mannes. Er verlor jedes Maß, begann zu übertreiben, und alles, was er nach
> dem ‚Lohengrin' komponiert hat, kann als Beispiel für eine untaugliche, unmögliche Musik
> gelten, die keine Zukunft besitzt. Mich interessiert zur Zeit die Instrumentation des ‚Lohen-
> grin'* … *Angesichts der mir bevorstehenden Arbeit* [an der Instrumentierung der Oper ‚Die
> Jungfrau von Orleans' (1878/79)] *wollte ich die Partitur des ‚Lohengrin' gründlich studie-
> ren, um zu sehen, ob ich mir nicht einige seiner Instrumentierungsmethoden aneignen
> könnte. Seine Meisterschaft ist außergewöhnlich, aber aus Gründen, die technische Er-
> klärungen erfordern würden, beabsichtige ich, doch nichts von ihm zu entlehnen.*"[61]

Wenn es in diesem Fall also mit der direkten Vorbildwirkung auch nicht so recht
klappen wollte, so war diese Äußerung doch nur ein weiteres Beispiel für Tschaikowskis fortwährende Beschäftigung immer wieder mit dem „Lohengrin".

Währenddessen hatte er eine weitere Oper komponiert: „Eugen Onegin" nach
dem gleichnamigen Roman in Versen von Alexander Puschkin. Am 29. März 1879
im Moskauer Maly Theater uraufgeführt, zeigte die musikalische Dramaturgie des
Werkes eben jene Merkmale einer Oper auf, die Tschaikowski so sehr bei Wagner
vermisste. „Lyrische Szenen" gab er seinem Werk als Untertitel bei. Und das war
sehr wohl programmatisch gemeint. All das, was ihm bei Wagner so übertrieben und
unangemessen erschien, hatte er zu vermeiden versucht und statt dessen ganz

---

[61] Thomas Kohlhase, Čajkovskijs Wagner-Rezeption – Daten und Texte, in: Čajkovskij-Studien,
Bd. 3, S. 317; vgl. auch: Modest Tschaikowsky, Das Leben Peter Iljitsch Tschaikowskys, in:
Čajkovskij-Studien, Bd. 13/II, S. 63.

menschliche Charaktere in feiner psychischer Ausformung und in ganz realistischer
Handlungsweise auf die Bühne gebracht. Gesang und Orchester befanden sich in
einem Verhältnis zueinander, in dem der stimmlichen Ausdrucksweise von menschlichen Charakteren in melodisch geformten Szenen und Nummern der absolute Vorrang eingeräumt wurde. Der Ungewöhnlichkeit eines solchen Vorgehens war sich
Tschaikowski bewusst, und er glaubte zunächst auch gar nicht daran, dass sein Opus
den Weg in die großen Opernhäuser finden würde. Doch das Gegenteil war der Fall.
Bis zum Ende des Jahrhunderts eroberte sich der „Onegin", vielleicht auch gerade
wegen seiner Originalität, die hauptstädtischen Bühnen sowohl seiner Heimat wie
dann auch in ganz Europa. Damit war ein Gegenmodell zu Wagner geschaffen, das
als solches durchaus auch wahrgenommen wurde, dennoch aber nicht zu einer breiten Nachfolge anregte. Am ehesten wäre da wohl noch Tschaikowskis eigene „Pique
Dame" (1890; ebenfalls nach Puschkin) zu nennen oder auch Opern von Georges
Bizet („Carmen") und Giacomo Puccini („La Bohème"). Und vielleicht dann die
Opern des Tschechen Leoš Janáček (etwa „Jenufa" und „Katja Kabanowa") und
vielleicht auch Schostakowitschs „Lady Macbeth von Mzensk".

Zwei Jahre zuvor hatte es im Moskauer Bolschoi Theater eine Ballettpremiere
gegeben: „Schwanensee" erlebte hier am 4. März 1877 seine Uraufführung. Tschaikowski hatte schon früher sein Interesse an dem Genre allgemein bekundet und bereits 1871 im privaten Familienkreis eine erste kleine Version ausgeführt und mit
Kindern aufgeführt. Als Vorbild dienten ihm in erster Linie die Ballettkompositionen
des Franzosen Léo Delibes, dessen Werke, u. a. „Coppelia" (1870), ihm in ihrer
reizvollen musikalischen Gestalt und ihrer empfindsamen Gefühligkeit ungemein
imponierten. 1876 lernte er dann die Musik des in Paris uraufgeführten neuen Balletts von Delibes „Sylvia" kennen, und war begeistert davon. Und als überraschende
und geradezu befreiende Schlussvolte hatte er schon am Ende seines Bayreuth-
Aufenthaltes in einem Brief vom 20. August 1876 nach einer kritischen Beurteilung
seiner „Ring"-Erlebnisses an seinen Bruder Modest geschrieben: *„Wieviel tausend
Mal herrlicher ist das Ballett ‚Sylvia'!"*[62]

Seinem eigenen „Schwanensee" gab er hingegen eine überraschend negative Bewertung. So teilte er sich etwa, nachdem er Delibes' „Sylvia" gehört hatte, am 5.
Dezember 1877 aus Wien gegenüber Nadeshda von Meck mit: *„Dies ist wirklich in
seiner Art ein chef d'oeuvre … Solche Feinheiten, solchen Reichtum der Melodien
und Rhythmen, solche ausgezeichnete Instrumentierung gab es noch nie in Ballet-
ten. Ohne jede falsche Bescheidenheit will ich Ihnen sagen, dass ‚Schwanensee'
‚Sylvia' nicht einmal als [Schuh]Sohle taugt. Ich war vollkommen bezaubert."*[63]
Der Gedanke beschäftigte ihn so, dass er drei Tage später, am 8. Dezember, gegenüber derselben Adressatin noch einmal seine Meinung wiederholte: *„Ich hörte
unlängst die in ihrer Art geniale Musik von Delibes zum Ballett ‚Sylvia'. Ich hatte
diese wunderbare Musik schon früher im Klavierauszug kennengelernt, aber in der*

---

[62] Modest Tschaikowsky, Das Leben Peter Iljitsch Tschaikowskys, in: Čajkovskij-Studien, Bd.
13/I, S. 257.

[63] Petr I. Čajkovskij/Nadežda F. fon Mekk. Briefwechsel 1876–1890, Bd. I: 1876–1878, S. 102.

prachtvollen Aufführung des Wiener Orchesters hat sie mich einfach bezaubert, besonders im ersten Teil. ‚Schwanensee‘ ist reiner Dreck im Vergleich mit ‚Sylvia‘.“[64]

1875/76 hatte Tschaikowski die Partitur von „Schwanensee“ in relativ kurzer Entstehungszeit abschließen können. Der Moskauer Premiere folgten in den nächsten Jahren noch 41 weitere Aufführungen am Maly Theater – ein für Ballette in damaliger Zeit ungewöhnlicher Erfolg, wenngleich die gängige Fachliteratur die Wirkung der Uraufführung merkwürdigerweise als erfolglos und kurzlebig beschrieb. Und, wie eben zitiert, stand Tschaikowski selbst seiner Komposition kritisch gegenüber. Spätere Inszenierungen des Werkes in Moskau und Petersburg, hier besonders in der Choreografie von Marius Petipa, festigten den Ruf des Werkes, sicherten ihm einen dauernden Platz in der Publikumsgunst und ebneten ihm auch den Weg auf die internationalen Tanzbühnen. Im Hintergrund dieses tragisch-romantischen Balletts steht übrigens auch die unglückliche, nach kurzer Zeit wieder geschiedene Ehe Tschaikowskis im Sommer 1877, die ihn in eine schwere psychische Krise stürzte – eine private Tragödie, die dann einen Nachklang auch in dem unglücklichen Verhältnis Tatjanas zu Eugen Onegin in Tschaikowskis nächstfolgender Oper gefunden hat.

Ein ausdrucksvolles, elegisches Thema in den Oboen eröffnet die Handlung von „Schwanensee“.[65]

p dolce espress.

Es ist als Hauptthema des Werkes musikalisches Symbol von Odetta und den Schwänen, wie es Tschaikowski schon für die erste Version von 1871 erfunden hatte. Es kennzeichnet die Schwäne in ihrer märchenhaften Verkleidung, die sie, verflucht von einem bösen Zauberer, nur nächtens ablegen dürfen. Es kennzeichnet zugleich ihre Sehnsucht nach Freiheit und menschlicher Verwirklichung, die ihnen jedoch verwehrt ist. Vor allem im zweiten Akt, einem Nachtakt am Schwanensee, beherrscht das Thema das Geschehen. Es ist ein Geheimnis um Odetta, das bei strengster Strafandrohung nicht gelüftet werden darf. Ihre Schwanenverkleidung darf ihr nicht abgenommen werden. Es würde ihren Tod bedeuten. Und so begleitet das Thema – vergebliche Sehnsucht und unheilvolle Bedrohung zugleich verkündend – auch Prinz Sigfrid und Odetta am Schluss des Werkes in den Tod. In der Handlung wird das Thema oft und bedeutungsvoll als Leitmotiv verwandt. Es steht zudem, dem ganzen Werk den musikalischen Rahmen gebend, am Anfang und Ende der Partitur. Jeweils wird es auch ein zweites Mal, quasi zur Bestärkung seiner Aussage, wiederholt. Unverändert behält es die Tonart h-Moll bei und wird zumeist nur, begleitet von Harfe und Streichern, von der Oboe im piano vorgetragen. Ausnahmen sind der Einsatz des Themas in der zweiten Hälfte des Balletts (10. Szene), nun im

---

[64] Ebd., S. 105.

[65] Peter Tschaikowski, Studienpartitur, „Schwanensee“-Suite, S. 1 f.

fortissimo des ganzen Orchesters, und endlich am Schluss, traurig nachtönend in den Fagotten und den tiefen Streichern.

Dieses Thema offenbart nun eine ganz überraschende und von der Tschaikowski- wie auch von der Wagner-Literatur bislang nirgendwo wahrgenommene Verwandt- schaft zu einem ähnlich bedeutungsschweren Thema in Wagners „Lohengrin" – zum Motiv des Frageverbots, das Lohengrin gleich im ersten Akt, nachdem er Elsa siegreich im Zweikampf gegen Telramunds Verleumdungsklage verteidigt hat, als strenges Verbot aufgibt: *„Nie sollst du mich befragen, noch Wissens Sorge tragen, woher ich kam der Fahrt, noch wie mein Nam' und Art!"*[66]

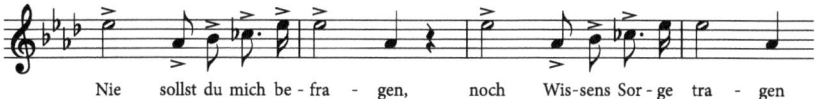

Lohengrins geheimnisvolle Herkunft vom heiligen Gral darf nicht offenbar wer- den, sonst verliert all seine siegreiche Strahlkraft ihre Wirkung. Wieder ist es also, wie im „Schwanensee", das Verbot der Lüftung eines Geheimnisses, durch dessen Bruch eine große Liebesbeziehung vernichtet werden würde. Bei seinem ersten Auftreten wird das Motiv in as-Moll vorgetragen und, wie im „Schwanensee", zur Bestärkung auch gleich wiederholt. Die Begleitung erfolgt durch grelle Holzbläser- klänge. Elsas Versicherung, dem Gebot zu folgen, wendet den tonartlichen Rahmen dann aufhellend nach A-Dur. Am Ende des zweiten Aktes, als bei Elsa, durch Or- truds Einflüsterungen hervorgerufen, fragende Zweifel auftauchen, klingt wieder mehrfach und bedrohlich das Frageverbotsmotiv auf, nun, von Trompeten und Posaunen vorgetragen, in f-Moll gehalten. In der Brautgemachsszene des dritten Aktes erscheint es, Elsas zunehmendes Drängen auf Lüftung des Geheimnisses um ihren Gemahl begleitend, gleich viermal, gehalten nun in der Tonart a-Moll. Und noch einmal, in der Schlussszene der Oper, taucht es als traurige Reminiszenz beim Auftritt Elsas nach ihrem Bruch des Frageverbots auf, nun wie beim ersten Erschei- nen im ersten Akt wieder in as-Moll und in Begleitung der Holzbläser. Auch hier bildet sich also thematisch und tonartlich wieder ein Rahmen um das dramatische Geschehen.

Die musikalische Verwandtschaft der Themen bei Tschaikowski und Wagner ist evident. Der Moll-Charakter, man könnte ihn übereinstimmend als dunkel drohend charakterisieren, die fallende Quint und der dann stufenweise Wiederanstieg in der melodischen Linie sowie die Bindung an ein geheimnisvolles Verbot bzw. Gebot weisen eine auffällige Übereinstimmung auf. Der gestische Charakter des Motivs ist jeweils von der gleichen Art. Sollte man die Verwendung dieses Themas bei Tschaikowski nun also als Plagiat ansehen oder ist es eine zufällige Koinzidenz? Die Beantwortung dieser Frage muss offenbleiben und ist auch nicht eigentlich re- levant. In beiden Fällen handelt es sich um ganz eigenständige kompositorische Vorgänge und Einbindungen in eine spezielle Handlung, deren Ähnlichkeiten

---

[66] Richard Wagner, „Lohengrin", Studienpartitur, S. 140.

jedoch unübersehbar bzw. unüberhörbar sind. Bei Tschaikowski kommt allerdings
hinzu, dass er Zeit seines Lebens gerade zu Wagners ‚Lohengrin' eine besondere
Affinität hatte. Immer wieder, wie oben bereits beschrieben, beschäftigte er sich mit
der Partitur des Wagnerschen Werkes, sah es dann gar als unübertrefflichen Höhepunkt im Lebenswerk des deutschen Komponisten an. Da mag auch ein musikalischer Funke übergesprungen sein, den Tschaikowski dann in seine „Schwanensee"-Komposition als ganz Eigenes einband.

Und nun tut sich noch eine weitere thematische Verwandtschaft auf. In Robert
Schumanns Oper „Genoveva" lernt man bereits in der Ouvertüre ein unheil-
drohendes Motiv kennen, das dem Frageverbotsmotiv im „Lohengrin" und dem
Schwanenthema im „Schwanensee" ganz ähnlich ist. Am Beginn der Ouvertüre ist
es zunächst durch Streicher und Klarinetten mit der fallenden Quint pianissimo in
c-Moll und stufenweiser Aufwärtsbewegung, allerdings nur bis zur Terz, bereits
angegeben, taucht im Weiteren dann mehrfach, auch bis zur Quinte reichend, auf
und erfährt am Schluss der Operneinleitung eine bedeutsame, quasi erlösende Auf-
hellung im fortissimo nach F-Dur im vollen Bläserklang und nun auch den gesamten Quintraum nach oben wieder ausfüllend. Es ist, wie im „Schwanensee" zunächst rein instrumental vorgetragen. Und es wird auch jeweils, wie im „Lohengrin" und im „Schwanensee", zweimal vorgetragen, hier allerdings beim zweiten
Mal um eine Quart nach oben versetzt. Das Thema steht dann im Verlauf der Opern-
handlung immer wieder für die Bedrohung menschlicher Integrität, hier vor allem
bei Genoveva und ihrem liebenden Widersacher Golo, und endlich für die Rettung
der Titelheldin.[67]

Fast zeitgleich entstanden die Wagnersche „Lohengrin"- und die Schumannsche
„Genoveva"-Partitur. Wagners Beschäftigung mit dem Stoff setzte allerdings bereits
früher ein. Schon am 17. Dezember 1845 hatte er Freunden, darunter Schumann,
seinen „Lohengrin"-Text vorgelesen. Schumann, der selbst mit dem Stoff gelieb-
äugelt hatte, ließ diesen Plan daraufhin fallen und entschloss sich endlich 1847,
nach Vorlagen von Ludwig Tieck und Friedrich Hebbel, ein neues Opernprojekt,
eben „Genoveva", in Angriff zu nehmen. Wagners „Lohengrin"-Vertonung entstand
im Wesentlichen im Lauf des Jahres 1846, wurde jedoch erst am 28. April 1848 abgeschlossen. Schumann entwarf Anfang April 1847 als erstes, noch bevor der

---

[67]Robert Schumann, „Genoveva", Studienpartitur, S. 1, 22.

Operntext überhaupt komponierbar vorlag, die Ouvertüre, in der bereits das wichtigste thematische Material für die Oper auftauchte, nämlich das oben beschriebene „Unheilthema". Da er mit Wagner zu dieser Zeit in Dresden häufig zusammentraf und beide sich immer wieder auch über ihre gerade im Entstehen begriffenen Opernwerke unterhielten, kann es ein musikalisch-geistiger Gedankenflug gewesen sein, dem die Ähnlichkeit beider Grundmotive im „Lohengrin" und in der „Genoveva" zuzuschreiben ist. Von Plagiat ist auch hier nicht zu sprechen.[68]

Die Koinzidenz dreier ganz ähnlich geformter musikalischer Themen bei drei so exzeptionellen Werken von drei bedeutenden Komponisten in so enger zeitlicher und künstlerischer Nähe, so unterschiedlich diese auch in der Tonart, in der instrumentatorischen Färbung und in der Temponahme sowie im genauen Notenverlauf sind, wie hier im „Schwanensee", im „Lohengrin" und in der „Genoveva", stellt eine musikgeschichtliche Besonderheit dar. Diese „Schicksalsmotive", wie sie wohl übereinstimmend auch zu bezeichnen sind, und ihre unüberhörbare innere Verbundenheit stehen paradigmatisch für einen auffälligen Höhe- und zugleich Umschlagpunkt in der musikdramatischen Theaterwelt um die Mitte des 19. Jahrhunderts. Sie sind geboren aus dem Aufeinanderprall von menschlicher Realität und übernatürlicher, märchenhaft-geheimnisvoller Macht, einem Aufeinanderprall, in dem der Mensch scheinbar hilflos umhergetrieben ist und in dem er unterzugehen droht. Es ist, in Fortführung und Überhöhung jüngster romantischer Kunstbefindlichkeit, ein zugleich theaterästhetisches und sozial-gesellschaftliches Phänomen, das für einen bestimmten historischen Zeitraum das Publikum der Zeit faszinierte und zugleich verunsicherte. Die Musiktheaterbühnen hatten auf diese Weise herausgestellt, dass musiktheatralisches Geschehen kein bloßer Akt purer, unverbindlicher Unterhaltung oder allein des schönen Scheins sein kann und will, sondern sensibler Ausdruck für die Krisenhaftigkeit und Bedrohtheit menschlich-gesellschaftlichen Daseins ganz allgemein.

Erläuternd ist an dieser Stelle eigentlich nur noch nachzutragen, wie es zu dem Verwandtschaftsverhältnis der „Schicksalsmotive" bei bzw. zwischen Tschaikowski und Schumann kommen konnte. Die Beziehung Tschaikowskis zu Wagners „Lohengrin" ist ja bereits ausführlich beschrieben und ließ eine musikalisch-thematische Querverbindung durchaus als wahrscheinlich erscheinen. Es bleibt nun, darauf hinzuweisen, dass Tschaikowski seit seiner musikalischen Ausbildungszeit ein ausgeprägtes Interesse überhaupt an westeuropäischer, vor allem deutscher Musikkultur an den Tag legte, wobei er sich immer wieder auch mit Robert Schumanns Kompositionen beschäftigte. Sie standen häufig im Programm der Petersburger und Moskauer „Russischen Musikgesellschaft" und galten neben Mendelssohn allgemein als nachahmenswerte Zeugnisse der neuen deutschen Musik. Für Tschaikowski, der selbst kein musikalischer Nationalist war, wie etwa die Gruppierung des „Mächtigen Häufleins", galt die neueste deutsche Musik als allgemein vorbildlich auch für die russische Musikentwicklung, nicht in purer Nachahmung, wohl aber lernend von technischer Meisterschaft und künstlerischer

---

[68] Vgl. auch: Eckart Kröplin, Richard Wagner. Musik aus Licht. Synästhesien von der Romantik bis zur Moderne. Eine Dokumentardarstellung: Teil II, S. 563.

wie ästhetischer Vielfalt. Vor allem die vier Sinfonien Schumanns sowie dessen „Manfred"-Musik (nach Lord Byron) erfuhren eine hohe Wertschätzung durch Tschaikowski. Eine besondere Vorliebe hegte er für Schumanns Oratorium „Das Paradies und die Peri" sowie dessen Oper „Genoveva". Und vielleicht angeregt durch Schumann schrieb er selbst 1885 eine „Manfred"-Sinfonie. In seinen Konzertkritiken für die „Russkije wedomosti" schenkte er Schumannschen Kompositionen immer seine besondere Aufmerksamkeit. Dabei kam er auch zu recht differenzierten Ansichten. Er wusste sehr wohl zu unterscheiden, wenn er Schumann selbstverständlich musikalische Genialität zusprach, doch aber auch Schwächen etwa in der sinfonischen Struktur, in der Instrumentation und durch allmählichen krankheitsbedingten Verfall der Schöpferkraft beschrieb. Zur 3. Sinfonie in Es-Dur hieß es beispielsweise:

> *„Der Rückschritt Schumanns in seiner letzten künstlerischen Tätigkeit äußert sich darin, daß bei der unbestreitbaren und ungeschwächten Kraft und Macht des Inhalts die äußerlichen Formmängel immer bemerkbarer wurden. In der Tat fallen Robert Schumanns beste Kompositionen, die pathetischsten Ergüsse seines mächtigen Schöpfergeistes bedeutend ab durch jene unbegreifliche Nichtübereinstimmung des ausgezeichneten Inhalts mit der Plumpheit der orchestralen und vokalen Technik."*[69]

Dem entgegen stand jedoch in auffälliger Weise auch eine geradezu hypertrophe Lobeshymne Tschaikowskis, die er gleichzeitig in den „Russkije wedomosti" vortrug und die wohl aus einer Überschätzung der tatsächlichen musikhistorischen Stellung Schumanns und seiner Wirkung auf seine Zeit und seine musikalischen Zeitgenossen sich begründete:

> *„Man kann mit Sicherheit sagen, daß die Musik der zweiten Hälfte dieses Jahrhunderts in der künftigen Geschichte der Kunst eine Periode bildet, die von den kommenden Generationen als die Schumannsche bezeichnet werden wird ... Die Geschichte hat für Schumann noch nicht begonnen, erst in ferner Zukunft wird sich die Möglichkeit einer objektiv kritischen Beurteilung seiner schöpferischen Tätigkeit ergeben; aber unbestreitbar ist dieser Komponist für uns der markanteste Vertreter der zeitgenössischen musikalischen Kunst."*[70]

Hervorhebenswert im Zusammenhang der beschriebenen Verwandtschaft der „Schicksalsthemen"-Trias bei Wagner, Tschaikowski und Schumann ist zudem, dass Tschaikowski offenbar eine besondere Vorliebe für Schumanns „Genoveva" hegte. So erzählte Hermann Laroche in seinen Erinnerungen an die gemeinsame Studentenzeit, wie oben schon zitiert, dass neben Beethovenschen Werken *„die Dritte Sinfonie Robert Schumanns, ... Schumanns ‚Genoveva' (nicht die Ouvertüre, sondern die gesamte Oper) und dann noch – so glaube ich – ‚Das Paradies und die Peri' und ‚Lohengrin'"* im Fokus von Tschaikowskis Interesse standen.[71] Hier, also bereits in den 60er-Jahren, konnte nach dem offenbar intensiven Studium gerade

---

[69] Peter Tschaikowski, Erinnerungen und Musikkritiken, S. 143.

[70] Ebd., S. 147 f.

[71] Hermann Laroche, Peter Tschaikowsky. Aufsätze und Erinnerungen, S. 255.

der Partituren der beiden Opern von Wagner und Schumann Tschaikowskis Erfindung seines so prägnanten „Schwanenthemas" seinen künstlerischen Ursprung gehabt haben. Und noch eine späte Tagebuchaufzeichnung (30. August 1887) weist in diese Richtung: *„Habe aus Schumanns ‚Genoveva' gespielt."*[72] – Schumanns „Genoveva" und Wagners „Lohengrin" beschäftigten den Komponisten ein Leben lang.

---

[72] Peter Tschaikowski. Die Tagebücher, S. 223.

Kapitel 7
Wagner in der russischen Literatur – Russische Dichter hören Wagner

Wladimir Odojewski – Der Bewunderer

Russische Literaten haben seit der Mitte des 19. Jahrhunderts, also bereits zu einem recht frühen Zeitpunkt, Kenntnis von Wagner und seinen Theorien zum Musikdrama, zu einem „Kunstwerk der Zukunft", gehabt und sich darüber auch gelegentlich geäußert. Mit einer Ausnahme, dem Musikliebhaber und Schriftsteller Wladimir Odojewski nämlich, auf den weiter oben bereits ausführlicher eingegangen wurde, ist dabei ein Grundtenor festzustellen, der zwischen distanzvoller Reserviertheit und vollständiger Ablehnung schwankte. Da wären in erster Linie Namen wie Alexander Herzen, Iwan Turgenjew, Fjodor Dostojewski und Leo Tolstoi zu nennen. Und auf ihre Haltung zu Wagner, die bis zu einer ausgeprägten Wagnerphobie führte, sei im Folgenden etwas ausführlicher eingegangen, denn so, wie sie sich privat und öffentlich über den deutschen Komponisten äußerten, erregten sie in Russland Aufmerksamkeit, teilweise gar erhebliches Aufsehen. Zwar hatte ihr kritisches Wagner-Verständnis keine unmittelbaren Folgen auf die russische Wagnerrezeption in der zweiten Hälfte des 19. Jahrhunderts, denn diese nahm, wie oben dargestellt, denn doch einen rasanten Verlauf, aber sie sind markante Beispiele für das große Interesse, das Wagner eben nicht nur in der russischen Musikwelt, sondern überhaupt in der kulturellen Öffentlichkeit des Landes erfuhr.

Zunächst aber sei noch einmal von Wladimir Odojewski die Rede, der in seiner bewundernden Haltung Wagner gegenüber doch eine ziemliche Ausnahme darstellte. Odojewski, ein Freund Glinkas und Puschkins, hatte bereits auf mehreren Deutschlandreisen mit großer Aufmerksamkeit vom dortigen Geistesleben Kenntnis genommen und sich vor allem für die Philosophie von Friedrich Wilhelm Joseph Schelling interessiert, mit dem er 1842 und 1847 in Berlin auch zu ausführlichen Gesprächen zusammentraf. Zudem wurden ihm E.T.A. Hoffmann und Wilhelm Heinrich Wackenroder, die in der deutschen Literatur doch einen bemerkenswerten ästhetischen Umschlag ins Romantische repräsentierten, zu künstlerischen

E. Kröplin, *Richard Wagner und Russland*, https://doi.org/10.1007/978-3-662-70404-2_7

Leitbildern. In einem literarischen Exkurs von 1847, nach seinen beiden ersten Deutschland-Aufenthalten also, fand Odojewski für seine Vorliebe für Deutschland bzw. allgemein für deutsche Geisteshaltung eine ganz spezielle Charakteristik, die hier in ihrer, gewiss sehr idealisierten, Grundhaltung der Russen gegenüber den Deutschen ausführlicher zitiert sein soll, denn sie steht auch für eine ganze Generation junger russischer Literaten und Künstler, die zumeist entscheidende Bildungserlebnisse bei kürzeren oder längeren Studienaufenthalten in Deutschland erfahren hatten. Diesen Exkurs hatte Odojewski für eine von ihm und einem Kollegen publizierte „Zeitschrift für das Volk" verfasst und schrieb darin über einen nicht näher benannten deutschen „Weisen":

> *„Ihr wißt ja schon, liebe Leute, daß es auf dieser Welt nicht nur das russische Volk gibt; daß es nicht nur hinter den Bergen, hinter dreimal neun Ländern, sondern bei uns, als Nachbarn, das deutsche Volk gibt, ein christliches Volk, wenn es auch eine andere Sprache spricht. Kunst, Wissenschaft und jegliches Handwerk werden bei ihnen hoch geschätzt. Selbst unser Herrscher Peter der Große reiste zu ihnen, um zu lernen; und jetzt ist es für niemanden eine Sünde, bei ihnen zu lernen: auch sie selber, obwohl sie ein gebildetes Volk sind, lernen immer weiter und übernehmen von anderen Völkern das, was ihnen gut und nützlich erscheint. In eben diesem deutschen Volk lebte einstmals ein weiser Mann. Er liebte die Wissenschaft, aber noch mehr liebte er die Menschen. Er liebte es, Bücher zu lesen, aber noch mehr liebte er, über Gott und seine Schöpfung nachzudenken ..."*[1]

Dieser lesende und denkende deutsche „Weise" war für Odojewski ein positives Synonym für deutsches Geisteswesen. Mit seinem Roman, „Russische Nächte" (1844), der in seiner Struktur eine durch eine Rahmenhandlung verbundene Novellensammlung war und in dem die literarische Vorbildwirkung von E.T.A. Hoffmann, vor allem von dessen „Serapionsbrüdern", und dann aber auch von Goethes „Faust" besonders deutlich wurde, fand Odojewski hohe Anerkennung und weite Verbreitung. In den „Russischen Nächten" schlug sich die Essenz seiner philosophisch-historischen Überzeugungen nieder, nämlich ein selbstbewusstes, aber nicht überhebliches Slawophilentum, das sich aus der Wechselwirkung mit deutscher und westeuropäischer Kultur bedingte. Ein Schlüsselwort lautete da: „Das 19. Jahrhundert gehört Rußland!"[2]

Eingang in die „Russischen Nächte" fanden übrigens auch zwei früher entstandene Novellen, die in bemerkenswerter Weise von deutscher Musik geprägt waren: „Sebastian Bach" (1834) und „Das letzte Quartett Beethovens" (1830). Und Odojewskis Beethovenverehrung fand einen besonderen Höhepunkt in der unter großen Mühen initiierten und realisierten russischen Erstaufführung von Beethovens 9. Sinfonie im Jahre 1837 in Moskau und in Petersburg. Mit einem solchen Beethovenbild, das eben gerade dessen späte Werke, die letzte Sinfonie und das letzte Quartett des Wiener Meisters prononciert hervorhob, nahm Odojewski eindeutig eine antikonservative Haltung ein, deren Gegenteil sich fast zur selben Zeit eben im oben bereits näher beschriebenen musikpublizistischen Wirken Alexander

---

[1] Zit. nach: Martin Schneider, Ein russischer Faust und ein russischer Hoffmann – Vladimir Odoevskij, S. 483 f.

[2] Ebd.. S. 481.

Ulybyschews äußerte, der in seiner großen Mozartbiografie und dann in seiner Verteidigungsschrift „Beethoven, seine Kritiker und seine Ausleger" einen retrospektiven Konservatismus im musikalischen Geschmack propagierte, und in letzterer Abhandlung schließlich auch gegen Wagner zu Felde zog. Odojewski war dann folgerichtig neben Serow ein energischer Kritiker der Ulybyschewschen Kunstansichten. Und nicht zufällig, eben nachdem Ulybyschews Wagner-Polemik gerade veröffentlicht war, publizierte Odojewski (übrigens auch als Reaktion auf den Pariser „Tannhäuser"-Skandal) in einer „Nachbemerkung" für eine geplante Neuauflage seiner „Russischen Nächte" im Jahre 1860 eine sehr akzentuierte Verteidigung Wagners. Er schrieb da, verbunden mit einem interessanten Rückblick auf E.T.A. Hoffmann (den ja auch Wagner sehr verehrte) Folgendes:

> *„Hoffmann hat eine besondere Art des Wunderbaren erfunden; ich weiß, in unserem Zeitalter der Analyse und des Zweifels ist es recht gefährlich, vom Wunderbaren zu sprechen, indessen gibt es dieses Element auch heute in der Kunst; zum Beispiel ist Wagner – ebenfalls ein zweifellos genialer Mann – überzeugt, daß die Oper ohne dieses seltsame Element geradezu unmöglich sei."*

Und in einer später beigefügten Fußnote (eben wohl auf die Nachricht vom Pariser „Tannhäuser"-Skandal hin) meinte Odojewski auch: *„Zu den Beweisen für Wagners Genialität zähle ich, daß sein ‚Tannhäuser' in Paris durchgefallen ist ..."*[3] Erinnert sei zudem daran, daß Odojewski 1857 selbst Gelegenheit hatte, dieses Werk kennenzulernen. Er besuchte in Berlin zwei Aufführungen des „Tannhäuser", der dort im Jahr zuvor erstmals auf die Bühne der Hofoper gekommen war. „Tannhäuser" erlebte in der zweiten Hälfte der 50er-Jahre tatsächlich einen Siegeszug über die deutschen Bühnen, und Russland erfuhr davon ja auch durch erste Konzertaufführungen der „Tannhäuser"-Ouvertüre.

Odojewski engagierte sich, wie oben schon dargestellt, sehr für Wagners Konzertgastspiel 1863 in Moskau. Bereits im Vorfeld hatte er einen Zeitungsartikel „Wagner in Moskau" veröffentlicht. Den Komponisten nannte er darin den *„berühmten Schöpfer der Opern Tannhäuser, Lohengrin, Tristan und Isolde"* und meinte weiter: *„Man muß sich mit Wagner nicht einverstanden erklären, doch kann man nicht die Tiefe und Eigenständigkeit seiner Gedanken verneinen, genausowenig wie man in Wagner nicht den ersten Musiker unserer Zeit verkennen darf."*[4] Beim „Tristan" (ihm standen offenbar nur die Noten ansichtsweise zur Verfügung) zeigte sich Odojewski erstaunt über den andauernden Gebrauch chromatischer Satzweise und fand sie zum Teil auch recht monoton.[5] Wagner führte während seiner Konzerte in Russland nur einmal Ausschnitte aus dem „Tristan" auf (Vorspiel und „Isoldes Liebestod"), allerdings auch nur in Petersburg und nicht in Moskau. Odojewskis Bemerkung zur Monotonie des Chromatischen im „Tristan" konnte nur ein erster, flüchtiger Eindruck von dieser Musik sein. Und er relativierte diese Aussage auch, beispielsweise im Hinblick auf die „Walküre", mit der Feststellung, dass *„die Ent-*

---

[3] Wladimir Odojewski, Russische Nächte, S. 336.

[4] Zit. nach: Martin Schneider, Ein russischer Faust und ein russischer Hoffmann – Vladimir Odoevskij, S. 484; vgl. auch: Ludmilla Poljakowa, Wagner und Rußland, S. 110.

[5] Vgl.: A. Gosenpud, Richard Wagner i russkaja kultura, S. 70.

wicklung der Melodie chromatisch" sei, und eben darin *„die hauptsächliche und charakteristische Auszeichnung seiner* [Wagners] *Melodie"* bestünde.[6] Nach dem ersten Moskauer Konzert schrieb Odojewski eine begeisterte Rezension, aus der weiter oben schon über Wagners Eigenart als Dirigent zitiert wurde. Dort hieß es weiter:

> *„Wie kann man in einem Zeitungsartikel jenen tiefen Eindruck wiedergeben, den dieses Konzert vermittelte. Denn dieses Konzert bedeutet für uns eine Epoche! Hier war alles neu: die tief ersonnene Musik, die Melodie wie die harmonische Verknüpfung, die Orchestrierung, die Ausführung mit genauesten Nuancen, das ästhetische Dirigieren. Die dramatische Musik ist eine neue Kunst, sie gab es 300 Jahre nicht; sie bewegt sich noch, für sie gibt es noch eine Zukunft. Monteverdi, Sebastian Bach, Mozart, Beethoven, Wagner sind Epochen der vergangenen Entwicklung; die letzte von ihnen – Wagner – vollzieht sich vor unseren Augen."*[7]

An anderer Stelle schrieb Odojewski auch:

> *„Manche werfen Wagner vor, dass es bei ihm keine Melodie gäbe. Damit kann man nicht einverstanden sein. Harmonische Kombinationen können niemals angenehm wirken, wenn ihnen kein melodisches Thema zugrunde liegt. Es ist wahr, dass es in seinen* [Wagners] *Opern keine Melodien in jener Form gibt, in denen wir sie zu hören gewohnt sind, nicht als gesonderte, in sich abgeschlossene Stücke der Opernmusik, keine Arien, Duette usw., aber dafür singen bei ihm alle Stimmen des Orchesters ihre herrlichen, einzigartigen Melodien, und ein melodischer Gedanke herrscht immer in der herrlichsten Instrumentation."*[8]

Auf einem großen Festessen, das das Moskauer Orchester am 16. März zu Ehren des Komponisten im renommierten Restaurant „Labadie" gab, hielt Odojewski eine Laudatio auf Wagner, in der er u. a. sagte: *„Wir wünschen Richard Wagner neue Erfolge, dem berühmten Vertreter der Musik in heutiger Zeit, dem großen Künstler, der kühn ihr Gebiet erweitert, ihr kühne neue Kräfte zuführt. Ehre seinen unsterblichen Schöpfungen! Volles Mitgefühl seinem höchsten künstlerischen Streben!"*[9] Und wenige Wochen nach Wagners Abreise veröffentlichte Odojewski, der Wagner in Moskau auch am 19. März am Bahnhof herzlichst verabschiedet hatte, noch einen dritten Artikel: „Richard Wagner und seine Musik", in dem er dessen Leben und dessen Werke sowie seine Moskauer Konzerte noch einmal Revue passieren ließ und dabei die „Tannhäuser"-Ouvertüre, das „Lohengrin"-Vorspiel und den „Ritt der Walküren" besonders hervorhob.

Wagner erinnerte sich in „Mein Leben" an die, übrigens auch von Maria Kalergis in die Wege geleitete, Begegnung mit Odojewski:

> *„In diesem Manne hatte ich, der Andeutung meiner Freundin gemäß, den edelsten der Menschen, der mich vollkommen verstehen würde, kennenzulernen. In der Tat wurde ich von ihm, als ich nach stundenlanger, höchst beschwerlicher Fahrt in seiner bescheidenen Wohnung anlangte, mit patriarchalischer Einfachheit am Mittagstisch seiner Familie empfangen … Immer noch meiner Gönnerin eingedenk, versuchte ich dennoch dem gemütlichen*

---

[6] Ebd.

[7] Zit. nach: Martin Schneider, Ein russischer Faust und ein russischer Hoffmann – Vladimir Odoevskij, S. 485; vgl. auch: Istorija russkoi musyki, Bd. 6: 50-60-e gody XIX weka, S. 36.

[8] Zit. nach: A. Gosenpud, Richard Wagner i russkaja kultura, S. 70.

[9] Martin Schneider, Ein russischer Faust und ein russischer Hoffmann – Vladimir Odoevskij, S. 485.

> *Fürsten einen Einblick in meine Lage und das Ziel meiner Bestrebungen zu verschaffen; mit anscheinender Ergriffenheit rief er mir zu: ‚J'ai ce qu'il vous faut, parlez à Wolffsohn!'* [Ich weiß, was Ihnen fehlt, sprechen Sie mit Wolffsohn!] "

Diese Antwort verwunderte Wagner etwas, ja düpierte ihn dann ziemlich, als er sich kundig gemacht hatte, wer denn dieser „*Wolffsohn*" eigentlich sei: „*Nach späterer Erkundigung erfuhr ich, daß dieser mir zugewiesene Schutzgeist keineswegs ein Bankier, sondern ein jüdisch-russischer Romanschreiber war.*"[10] (Es handelte sich um den Schriftsteller Wilhelm Wolfsohn, russisch-jüdischer Herkunft, der seit langem in Dresden ansässig war und hier u. a. auch den jungen Theodor Fontane förderte. Der Ratschlag Odojewskis ging also ziemlich in die Irre.)

Um noch eine andere Stimme zu Odojewski zu hören, sei hier eine Erinnerung Tschaikowskis mit angefügt. An Nadeshda von Meck schrieb er am 14. Dezember 1878 aus Florenz, des zehnten Todestages Odojewskis gedenkend:

> „*Dieser ist eine der lichtesten Persönlichkeiten, mit der mich das Schicksal zusammenbrachte. Er war die Verkörperung herzlicher Güte, vereint mit sehr großem Verstand und allumfassendem Wissen, unter anderem auch in der Musik ... Mir scheint, daß ich noch unlängst sein freundliches und liebes Gesicht gesehen habe!*"[11]

Odojewski war der einzige russische Literat, der sich uneingeschränkt für Wagner einsetzte. Neben und nach ihm waren dann in zunehmendem Maße Stimmen zu vernehmen, die Wagner sehr kritisch oder zumindest doch distanziert gegenüberstanden. Das begründete sich in erster Linie wohl aus jenem Trend zu einem gewissen Slawophilentum, das für Russland, im Gegensatz zu Deutschland, eine künftig herausgehobene welthistorische Bedeutung erhoffte. Zweitens kam ein deutliches Streben der russischen Literatur der zweiten Hälfte des 19. Jahrhunderts zu Realismus und Volkstümlertum hinzu, das sich vor allem bei der sozialrevolutionär gesinnten Bewegung der „Narodniki" deutlich machte. Daraus resultierte natürlich auch die Ablehnung der als gänzlich unrealistisch gesehenen Mythologiewelten der Wagnerschen Musikdramen und seiner Theorie eines „Gesamtkunstwerks". In der russischen Literatur herrschte – mit Ausnahme von Odojewski – ein grundlegender Skeptizismus gegenüber dem Wagnerschen Kunstkonzept vor. Das sei im Folgenden an einigen weiteren Beispielen dargestellt.

Alexander Herzen – Der Spötter

Zunächst sei ein Blick geworfen auf Alexander Herzen. Dieser namhafte Publizist übte auf seine russischen Zeitgenossen einen starken Einfluss aus. Geboren 1812 in Moskau als unehelicher Sohn eines russischen Adligen und einer bürgerlichen Deutschen aus Württemberg, erhielt er den erfundenen Nachnamen Herzen (aufgreifend wohl einen Kosenamen des Vaters für das geliebte Kind). Er absolvierte ein

---

[10] ML, S. 733 f.
[11] Petr I. Čajkovskij/Nadežda F. fon Mekk. Briefwechsel 1876–1890, Bd. I: 1876–1878, S. 526.

naturwissenschaftliches Studium an der Moskauer Universität und geriet sehr bald
in gesellschaftliche Kreise, die dem geistigen Vermächtnis der Dekabristen nahe-
standen und zu denen auch der Literat Wissarion Belinski, der Sozialist Nikolai
Ogarjow und der Anarchist Michail Bakunin gehörten. Alsbald verurteilt wegen öffentlich bekundeter Sympathien für republikanische Ideen wurde Herzen für einige
Jahre nach Sibirien und dann noch einmal nach Nowgorod verbannt. In dieser Zeit
richtete er sein Augenmerk auf die deutsche Philosophie und namentlich auf Hegel,
bei dem er nach eigenem Bekunden die *„Algebra der Revolution"* entdeckte.[12] Er
ging 1847, nach kurzer Durchreise durch Deutschland, das er dann nie wieder besuchte, in die Emigration nach Westeuropa und erlebte zunächst 1848 in Paris die
Revolution und deren Niederschlagung. Es folgte eine geistige Entwicklung, die ihn
in die Nähe frühsozialistischer Ideologien in Deutschland brachten. Allerdings band
er sich parteipolitisch nicht und behauptete zeit seines Lebens eine freiheitlich liberale und selbstbestimmte Denkweise, die zwischen einem akzentuierten Westlertum
und einem gemäßigten Slawophilentum angesiedelt war. Das kam auch in seinen
zahlreichen Publikationen zu Fragen russischer und europäischer Politik und in
einem regen Briefwechsel zu sozialpolitischen Fragen zum Ausdruck.[13] Sein unruh-
voller Lebensweg führte ihn weiter durch ganz Westeuropa in die Schweiz, nach Italien, Frankreich, Belgien und schließlich 1852 nach London, seinem langjährigen
Emigrantenwohnsitz. Zu vielen Führern revolutionärer Bewegungen in Europa, wie
Louis Blanc, Giuseppe Garibaldi, Giuseppe Mazzini, Lajos Kossuth, Arnold Ruge
oder Georg Herwegh, hatte er mehr oder weniger enge Kontakte. In London gab er
zehn Jahre lang die antizaristische Emigrantenzeitschrift „Kolokol" („Die Glocke") heraus.

Zu Deutschland hatte Herzen ein gespaltenes Verhältnis. Von seiner Mutter lernte
er die deutsche Sprache und erfuhr auch wohl so einiges von deutscher (klein)
bürgerlicher Lebensart. Er hatte für Deutschland und deutsches Wesen durchaus
Sympathien und ließ dies in frühen literarischen Werken auch immer wieder anklingen. Später, in der Emigration, entwickelte sich bei Herzen doch aber eine ausgeprägte Germanophobie, der er zeitlebens anhing.[14] Ein wesentlicher Bestandteil
seiner Deutschlandkritik war der Vorwurf des politischen *„Philistertums"*, so wie er
zur selben Zeit ja auch, darauf wurde bereits verwiesen, von Karl Marx, Arnold
Ruge, Michail Bakunin und eben Richard Wagner vorgetragen worden war. Sarkastisch beschrieb er seine diesbezüglichen Beobachtungen einmal:

> *„Leibniz und Heine, ... Goethe und Hegel und andere große Männer stimmen paarweise*
> *und einzeln darin überein, daß der deutsche Geist bei aller theoretischen Kraft eine gewisse*
> *praktische Unzulänglichkeit besitzt; daß die Deutschen groß in der Wissenschaft sind und*
> *zugleich die schwerfälligsten, und was noch schlimmer ist, die dumpfesten, und was am*
> *schlimmsten ist, die lächerlichsten Philister abgeben."*[15]

---

[12]Vgl.: Dagmar Herrmann, Aleksandr Herzens Probleme mit den Deutschen, S. 874.

[13]Vgl. u. a.: Theodor Schiemann, Konstantin Kawelins und Iwan Turgenjews sozialpolitischer
Briefwechsel mit Alexander Herzen.

[14]Dagmar Herrmann, Aleksandr Herzens Probleme mit den Deutschen, S. 879 ff.

[15]Ebd., S. 912 f.

1869, zwanzig Jahre nach der Niederschlagung der Revolution von 1848/49, schrieb Herzen an Bakunin, dessen anarchistische Grundthese *„Die zerstörende Lust ist eine schaffende Lust"* aufgreifend und damit unwissentlich auch an eine ebenfalls damals ausgesprochene Maxime Wagners (in dessen Aufsatz „Die Revolution") erinnernd: *„Fluch dir, Blut- und Wahnsinnsjahr, Jahr des Triumphs von Gemeinheit, tierischer Wildheit, Stupidität! Fluch dir!"* Aber Herzen zweifelte die bloße Zerstörung bestehender Zustände als letztlich unzureichendes Mittel an:

> *„Die mit Pulver in die Luft gesprengte bürgerliche Welt wird, wenn sich der Rauch gelegt hat und die Trümmer weggeräumt sind, von neuem als irgendeine bürgerliche Welt mit verschiedenen Modifikationen beginnen, und zwar deshalb weil sie innerlich noch nicht abgeschlossen ist, und auch deshalb, weil weder die aufbauende Welt noch die neue Organisation genügend fertig sind, um sich bei ihrer Verwirklichung zu vervollkommnen."* [16]

Das waren wohlbedachte und die gesellschaftlichen Realitäten der Zeit gebührend berücksichtigende Worte. Dafür entwickelte Herzen, nun wieder in geistiger Verwandtschaft etwa zu Bakunin oder auch, wie oben schon zitiert, zu Odojewski (*„Das 19. Jahrhundert gehört Rußland!"*), Ideen zu einem *„russischen Sozialismus"*, basierend auf einem Vertrauen in die große Kraft einer *„russischen Bauernkommune"*. Und er wollte auch *„Rußland als das Land betrachten, das Europas Zukunft entscheidet …"* Ja, an anderer Stelle meinte er sogar ganz radikal: *„Gebe Gott, daß die Russen Paris einnehmen, es ist Zeit, mit diesem dumpfen Europa Schluß zu machen, es ist Zeit, das Feld freizumachen für eine neue Welt."* [17] Und ein weiteres Mal, im Blick auf das künftige politische Schicksal Russlands in Europa, zog Herzen sogar einen Vergleich zu Wagners Schrift „Das Kunstwerk der Zukunft", mit der er sich, wie etwas später noch darzustellen ist, eingehender befasst hatte: *„Rußland, wie die ‚Zukunftsmusik', ist etwas für kommende Zeiten …"* [18]

Herzen war zeitweilig auch angeregt durch damals vielgelesene Publikationen von Astolphe de Custine und August Franz von Haxthausen, die nach längeren Studienaufenthalten im Zarenreich ausführliche Darstellungen über das den Westeuropäern doch sehr unbekannte Land boten – bei Custine eher als Schreckensbilder, bei Haxthausen jedoch sehr instruktiv und sozialpolitisch einfühlsam, wenn auch ausgesprochen konservativ. [19]

Seit 1849 verband Herzen eine sehr freundschaftliche Bindung mit dem deutschen Revolutionär und Literaten und zeitweiligem Wagnerfreund Georg Herwegh. Es vereinte sie das Streben nach radikalen sozialpolitischen Veränderungen und einem revolutionär-demokratischen Umbruch in ganz Europa. Und zu diesem geistigen Duo gesellte sich weiterhin Herzens Jugendfreund Nikolai Ogarjow. Zugleich aber schwelten in diesem scheinbar unverbrüchlichen Trio auch familiäre

---

[16] Zit. nach: Bernd Kramer, „Laßt uns die Schwerter ziehen, damit die Kette bricht …". Michael Bakunin, Richard Wagner und andere während der Dresdner Mai-Revolution, S. 220 f.

[17] Zit. nach: Dagmar Herrmann, Aleksandr Herzens Probleme mit den Deutschen, S. 906, 909.

[18] Ebd.: S. 933 f.; vgl. auch: A. I. Gercen, Sobranije sotschinenij, Bd. 20/1, S. 358.

[19] Astolphe de Custine, „La Russie en 1839"; August Franz von Haxthausen, Studien über die inneren Zustände, das Volksleben und insbesondere die ländlichen Einrichtungen Russlands, 1847–1852.

Verwerfungen. Herwegh hatte lange Zeit ein heimliches Liebesverhältnis mit Herzens Frau, und Herzen später, nach dem Tod seiner Frau im Jahre 1852, eine Liaison mit der Ehefrau von Ogarjow.

1852 endete der Freundschaftsbund zwischen Herzen und Herwegh durch eine ziemlich banale Geldangelegenheit. Herzen hatte dem Freund bzw. dessen Frau eine Summe von immerhin zehntausend Francs anvertraut mit der Bitte, diese dem befreundeten Revolutionär Ernst Haug (er war am Wiener Aufstand von 1848 beteiligt und kämpfte später als General im italienischen Risorgimento an der Seite Garibaldis und Mazzinis) zukommen zu lassen. Herwegh jedoch veruntreute dieses Geld, da er selbst auch immer in pekuniären Nöten war, und verwendete es offenbar für sich selbst. Der Streit eskalierte, und Herwegh forderte Herzen sogar zum Duell, das allerdings glücklicherweise verhindert werden konnte.

Und an dieser Stelle trat unerwartet Wagner auf den Plan. Man kannte sich vielleicht schon aus Zürich, verkehrte in einschlägigen Emigrantenkreisen, so auch bei dem ebenfalls in der Schweiz, in Mariafeld bei Zürich lebenden achtundvierziger Revolutionär Dr. François Wille und dessen Ehefrau Eliza, die einen Kreis Gleichgesinnter, unter ihnen Gottfried Keller, Gottfried Kinkel, Arnold Ruge, Gottfried Semper und eben Richard Wagner, in gelegentlichen geselligen Treffen bei sich versammelten.[20] Hier mag es gewesen sein, dass Wagner und Herzen sich auch persönlich kennenlernten. Einen konkreten Nachweis dafür gibt es aber nicht. Jedenfalls brachte sie der Herwegh-Skandal, der mittlerweile auch öffentliches Interesse in der Presse gefunden hatte und sogar zu einem gerichtlichen Verfahren führte, miteinander in brieflichen Kontakt. Ernst Haug selbst hatte sich zunächst an Wagner, der gerade in ländlicher Umgebung bei Zürich Erholung suchte, mit der Bitte um Vermittlung gewandt. Wagner schrieb in „Mein Leben" dazu:

> *„Außerdem verfolgte mich in diese ländliche Zurückgezogenheit eine sehr widerwärtige, Georg Herwegh betreffende Angelegenheit, da sich eines Tages ein Herr Haug, welcher sich als ehemaliger ‚römischer General' von Mazzinis Zeiten zu erkennen gab, bei mir einführte, um im Interesse einer, wie es hieß, von dem ‚unglücklichen Lyriker' tief beleidigten Familie eine Art Verschwörung gegen diesen einzuleiten, wofür er jedoch von mir hilflos abgewiesen wurde."[21]*

Mit der „*tief beleidigten Familie*" war offenbar das Ehepaar Herzen gemeint. Wagner schrieb dann doch am 30. Juni 1852 an Herzen einen Brief, der wohl vermittelnd wirken sollte und auch charakterliche Schwächen Herweghs durchaus zugab. Herzen antwortete Wagner am 8. Juli. Davon erzählte er später auch in seinen Lebenserinnerungen. Er bezeichnete Wagner dabei, ein in Deutschland gerade aufgekommenes Spottwort aufgreifend, ironisch als „*Zukunftsmusiker*" bzw. „*Musiker der Zukunft*":

> *„Was R. Wagner anbelangt, so hat er sich schriftlich bei mir beklagt, daß Haug allzu ungeniert sei, und erklärt, daß er über einen Menschen [Herwegh], ‚den er liebe und bedaure' kein strenges Urteil aussprechen könne. ‚Er braucht Nachsicht – vielleicht wird er auch*

---

[20] Vgl. auch: Eliza Wille, Erinnerungen an Richard Wagner, S. 44, 47.
[21] ML, S. 494.

noch aufstehen aus seinem nichtigen und unmännlichen Leben, seine Kräfte zusammennehmen, der ‚exzentrischen' Haltlosigkeit entrinnen und sich von einer anderen Seite zeigen.' "[22]

Ganz ähnlich schrieb Herzen am selben Tag auch an seine Bekannte Maria Reichel:

„Richard Wagner – ein Musikant und Literat – schrieb mir einen Brief, in dem er sich entschuldigte, dass er nicht an der Zerschlagung von Herwegh teilnehmen wolle, und sagte, dass dieser natürlich ein Schuft sei, der sich nicht bessern könne. Das ist der einzige Verteidiger und gut verteidigen heißt nichts zu sagen." [23]

In dem Brief vom 8. Juli an Wagner nahm Herzen auch Stellung zu Wagners Schrift „Das Kunstwerk der Zukunft", von der er offensichtlich bereits Kenntnis erhalten bzw. die er gar schon gelesen hatte. Zumindest hatte er deren Grundtendenz sehr wohl begriffen und anerkannte diese auch in artigen Worten:

„Ich wurde mit Ihnen bekannt, als ich Ihre schöne Schrift über das Kunstwerk der Zukunft las. Sie haben da in ausgezeichneter Weise die Wechselbeziehungen aller Künste verstanden, wie sie sich im harmonischen und künstlerischen Schaffen verbinden sollen. Ich stimme mit Ihrem ästhetischen Empfinden überein."

Unvermittelt, quasi ohne Atem zu holen, gab Herzen dann jedoch seiner Empörung über Herwegh ungeschminkten Ausdruck:

„Wie können sie eine Kreatur entschuldigen, die vollkommen jegliche Vertrauenswürdigkeit verloren hat und sich einbildet, dass für sie in der Zukunft ein ruhiges und genügsames Leben möglich sei, – eine Kreatur, der jegliche Tapferkeit und das geringste Verständnis für Ritterlichkeit, für Großherzigkeit fehlt, die keine Spur von menschlichem Gewissen hat. "[24]

Die Artigkeit dieses Kompliments für „Das Kunstwerk der Zukunft" ging bei Herzen jedoch später des öfteren einher mit einer unüberhörbaren Ironie und Distanziertheit, wie sie sich in der obigen Titulierung Wagners als *„Zukunftsmusiker"* zeigte oder auch in einer gelegentlichen sarkastischen Auslassung über deutsche Musiker in London:

„Mögen sie ruhig träumen von der Musik der Zukunft …, mögen sie auch bei sich zu Hause, ohne Instrument, à livre ouvert, den ‚Tannhäuser' lesen, und dann, hinter einem zivilen Tambourmajor und Hanswurst mit dem Elfenbeinstöckchen sitzend, vier Stunden hintereinander irgendeine Mary-Ann-Polka, Flower and Butterfly's redova spielen … "[25]

Und am 24.2.1861 schrieb Herzen mit unüberhörbar ironischem Unterton an seinen Sohn Alexander von Tochter Olgas Pariser Aufenthalt mit ihrer Pflegemutter Malwida von Meysenbug: *„Olga kommt in die ‚Große Welt', sie wird den*

---

[22] Zit. aus: Alexander Herzen, Mein Leben. Memoiren und Reflexionen 1847–1852 (Teil II), S. 392 f.; A. I. Gercen, Sotschinenija, Bd. 5, Byloje i dumy (Teile 4–5), S. 570.

[23] A. I. Gercen, Sobranije sotschinenij, Bd. 24, S. 294 f.; vgl. auch: Nadja Bontadina, Alexander Herzen und die Schweiz. Das Verhältnis des russischen Publizisten und Aristokraten zur einzigen Republik im Europa seiner Zeit, S. 140.

[24] A. I. Gercen, Sobranije sotschinenij, Bd. 24, S. 296 f.; vgl. auch: A. Gosenpud, Richard Wagner i russkaja kultura, S. 7.

[25] Alexander Herzen, Mein Leben. Memoiren und Reflexionen 1852–1868 (Teil III), S. 231.

‚*Tannhäuser*' *in Wagners eigener Loge erleben.*"[26] Die Meysenbug und Olga besuchten tatsächlich die dritte und letzte „Tannhäuser"-Aufführung am 24. März, erlebten hautnah den u. a. vom „Jockeyclub" inszenierten Skandal im Zuschauerraum, wobei die zehnjährige Olga empört in den Saal rief: „*Á la porte! á la porte les jockeys!*" („Hinaus! hinaus mit den Jockeys!").[27]

Herzen blieb bei seinen Zweifeln. 1862 fragte er in einem Artikel noch einmal nach: „*Wo ist die neue Kunst, wo eine künstlerische Initiative? Etwa in der ‚Zukunfts'-Musik Wagners?*"[28] Und in einem Brief vom 13.11.1865 an Malwida von Meysenbug hieß es auch einmal ganz lapidar: „*Schopenhauerisieren, Tannhäuserisieren – das ist alles sinnlos.*"[29] Nach der „Rheingold"-Uraufführung in München 1869 fragte Herzen dann, wiederum brieflich am 30.6.1869, Malwida von Meysenbug recht spöttisch: „*Warum schreiben Sie kein Wort über den Triumph Wagners?*"[30] Und am 2.1.1870 erhob Herzen gegenüber einem Freund den Vorwurf gegen die Meysenbug, sie verbilde seine Tochter Olga „*mittels eines überspitzten Wagnerismus*".[31] Da hatte er nicht ganz Unrecht. Die Meysenbug beförderte beispielsweise eine Verbindung Olgas mit dem französischen Historiker und eifrigen Wagneranhänger Gabriel Monod, die 1873 auch zur Eheschließung führte.

1861 kam es in London zu einer Wiederbegegnung Herzens mit Bakunin. Diesem war von Irkutsk, seinem sibirischen Verbannungsort, eine abenteuerliche Flucht gen Osten über Japan und Amerika nach Europa gelungen. Herzen zitierte in seinen Memoiren einen Brief Bakunins vom 15.10.1861 aus San Franzisko, in dem er seine baldige Ankunft in Europa ankündigte. Herzen und die Meysenbug waren höchst überrascht, von dem längst als verschollen oder gar gestorben geltenden alten Revolutionär wieder zu hören. Bakunin hatte da geschrieben: „*Freunde, es ist mir gelungen, aus Sibirien zu fliehen, und nach langer Wanderschaft am Amur, an der Küste des Tatarensundes entlang und durch Japan bin ich heute in San Franzisko angekommen.*" Und gleich kündigte er auch an, sofort seine revolutionären Aktivitäten wieder aufnehmen zu wollen, etwa die „*Vernichtung der österreichischen Monarchie*" herbeizuführen, um dann „*eine herrliche freie slawische Föderation*" zu gründen.[32] Herzen nahm den flüchtigen Bakunin zunächst bei sich in London auf und versorgte ihn auch mit dem Nötigsten für sein materielles Weiterkommen. Ziemlich ausführlich erzählte er darüber in seinen Memoiren und zeigte sich da auch einigermaßen belustigt von den zumeist utopischen politischen Phantomen, die Bakunin unentwegt verfolgte, widmete weiterhin dem Verdacht, den einst Marx in die Welt gesetzt hatte, Bakunin sei ein russischer Spion gewesen,

---

[26] A. I. Gercen, Sobranije sotschinenij, Bd. 27/1, S. 137.

[27] Zit. nach: Martin Gregor-Dellin, Richard Wagner. Sein Leben. Sein Werk. Sein Jahrhundert, S. 468.

[28] A. I. Gercen, Sotschinenija, Bd. 7, S. 468.

[29] A. I. Gercen, Sobranije sotschinenij, Bd. 28, S. 114.

[30] A. I. Gercen, Sobranije sotschinenij, Bd. 30/1, S. 204 f.

[31] Ebd., S. 294 f.

[32] Alexander Herzen, Mein Leben. Memoiren und Reflexionen 1852–1868 (Teil III), S. 449.

eine kritische Stellungnahme und wusste auch von der Bakuninschen Übersetzung des Marx/Engelsschen „Manifests der Kommunistischen Partei" ins Russische .

Eine Persönlichkeit, die in Herzens gespaltenem Verhältnis zu Deutschland dann eine wichtige Rolle spielte, war die nun schon mehrfach erwähnte deutsche Literatin und Vorläuferin der Emanzipationsbewegung Malwida von Meysenbug.[33] Sie war es übrigens auch, wie obige kurze Briefzitate Herzens schon zeigten, durch die Herzen immer wieder einmal vom Lebens- und Schaffensweg Wagners Kunde erhielt. Die Meysenbug, geboren 1816 in Kassel, entstammte einem gutbürgerlichen hessischen Elternhaus, das später vom hessischen Kurfürsten in den Adelsstand erhoben wurde, war dann aber eine engagierte Parteigängerin der europäischen Revolutionsbewegung von 1848. Sie ging nach 1848 ins Exil, zunächst für lange Jahre nach London, wo sie mit Alexander Herzen bekannt wurde und ab 1853 Erzieherin von dessen Kindern war. Dabei entwickelte sich ein enges, jedoch nicht spannungsfreies Verhältnis zu dem ja ebenfalls exilierten russischen Sozialrevolutionär. In ihren Memoiren erinnerte sich die Meysenbug:

> *„Noch in Hamburg kam eines Tages einer der mir befreundeten Arbeiter und brachte mir ein Buch, indem er sagte: ‚Der das geschrieben hat, ist auch einer von den Unseren.' Dieses Buch führte den Titel: ‚Vom anderen Ufer' und sein Verfasser war ein Russe, Alexander Herzen. Ich hatte bis dahin nie etwas von diesem Russen gehört, überhaupt war mir Russland, und mit mir wohl so dem ziemlich grössten Teile der westeuropäischen Gesellschaft, eine terra incognita ..."*[34]

Auf diesem Wege war es zur persönlichen Bekanntschaft mit dem verwitweten Herzen und schließlich zur Übersiedlung in dessen Haus als Erzieherin seiner Kinder gekommen. Dabei nahm die Meysenbug weiterhin sympathisierenden Anteil an aktuellen politischen Vorgängen und revolutionären Bewegungen in Europa, so etwa am russisch-türkischen Krim-Krieg 1853–1856 oder am polnischen Aufstand von 1863, und vertiefte das auch in persönlichen Begegnungen und Freundschaften. Die Lektüre von Custines und Haxthausens Russlandberichten, angeregt wohl von Herzen, machte großen Eindruck auf sie. Dabei sei ihr, wie sie in ihren Lebenserinnerungen schrieb, *„eine Ahnung aufgegangen von einem eigentümlichen, unseren Kulturzuständen ziemlich fremden Leben, welches sich in den ungeheuren Ebenen von der Weichsel bis zum Ural und vom nördlichen Eismeer bis zum kaspischen und schwarzen Meer regte."* Und es habe sich ihr *„der Gedanke aufgedrängt, dass ... Russland ... vielleicht dazu berufen wäre, jene sozialistischen Tendenzen zu verwirklichen, die als Idealbild der Zukunft vor unser aller Augen schwebten ..."*[35] In ihrer zweiten Lebenshälfte, als alle Hoffnungen auf eine demokratische Revolution entschwunden waren, näherte sie sich einer deutschen Einheitsbewegung unter preußischer Führung an. Sie begann auch eine rege schriftstellerische Tätigkeit und veröffentlichte 1869, zunächst in französischer Sprache, einen großen Lebensbericht, der danach 1876 auch in deutscher Sprache unter dem Titel „Memoiren einer

---

[33] Vgl.: Werner Broer, Malwida von Meysenbug (1816–1903). Eine „aristokratische Demokratin", S. 405–425.

[34] Malwida von Meysenbug, Memoiren einer Idealistin, Bd. 2, S. 86 f.

[35] Ebd., S. 87 f.

Idealistin" erschien und sehr bald zu einem der meistgelesenen Bildungsbücher der zweiten Hälfte des 19. Jahrhunderts avancierte.

In London lernte die Meysenbug dann auch Richard Wagner kennen, als dieser sich im Frühjahr 1855 für vier Monate zu einem Konzertgastspiel in der englischen Hauptstadt aufhielt. In ihren Memoiren berichtete sie davon:

> *„In grosse Aufregung versetzte mich die Nachricht, dass für die dermalige Londoner Saison Richard Wagner als Dirigent der Konzerte der New Philharmonic Society aus Zürich, wo er im Exil lebte, berufen sei. Ich habe schon früher erwähnt, dass ich noch in Deutschland seine Bücher: ‚Das Kunstwerk der Zukunft‘, ‚Kunst und Revolution‘ sowie ‚Oper und Drama‘ gelesen hatte und dass der tiefe Eindruck, den ich durch dieselben empfangen, mich bewogen hatte, an den mir persönlich Unbekannten zu schreiben … In den Schriften Wagners hatte ich die vollendete Theorie dessen, was ich in unbestimmten Zügen empfunden und geahnt hatte, gefunden."*[36]

Es gelang der Meysenbug, die zu jener Zeit mit der Familie Herzens in der Nähe Londons auf dem Lande, in Richmond, wohnte, eines der Wagner-Konzerte zu hören (es war wohl das zweite Konzert am 26. März) und lernte den Komponisten danach sogar im Hause von Bekannten persönlich kennen. Einer Einladung für einen kurzen Besuch in Richmond, in der sie schrieb, dass *„auch Herzen sich freuen würde, ihn kennen zu lernen"*,[37] konnte Wagner allerdings wegen zeitlicher Beschränkungen nicht mehr Folge leisten. (In einer seriösen Quelle gibt es allerdings die Mitteilung, dass Wagner in London doch *„einer Abendeinladung zu Herzens"* gefolgt sei.[38]) Herzen selbst besuchte auch eines der Wagner-Konzerte. Am 31. Mai schrieb er seiner Bekannten Maria Reichel: *„Ich war im Konzert in London"*. Es war das fünfte Konzert am 14. Mai, wo er u. a. *„die Ouvertüre zum ‚Tannhäuser‘ von Wagner"* hören konnte.[39] Herzen beließ es bei dieser lapidaren Feststellung. Eine wertende Bemerkung gab er dazu nicht. Ob er je wieder Wagnersche Musik live erlebt hat, ist nicht bekannt. Seine Haltung zu Wagner begründete sich offensichtlich mehr auf Hörensagen oder auf Schilderungen Anderer, in diesem Falle wohl meistens von der Meysenbug. Es war übrigens die Erstaufführung der „Tannhäuser"-Ouvertüre in England, die Herzen gehört hatte. Und sie wurde dort mit einigem Interesse aufgenommen, allerdings auch im abfälligen Tonfall der damals Wagner gegenüber überwiegend negativ eingestellten Londoner Presse. Da war beispielsweise in der „Times" zu lesen:

> *„Die zum ersten Mal einer englischen Zuhörerschaft vorgeführte, beinahe unmögliche Ouvertüre des Herrn Richard Wagner würde vortrefflich für eine Pantomime oder ein Osterschauspiel geeignet sein. Sie ist eine schwache Parodie nicht Hector Berlioz', sondern seiner schlechtesten Nachahmer. So viel Lärm um Nichts, eine solche pomphafte und leere Alltäglichkeit haben wir selten gehört."*[40]

---

[36] Ebd., S. 277 ff.; vgl. auch: RWB, Bd. 12, S. 147.

[37] Malwida von Meysenbug, Memoiren einer Idealistin, Bd. 2, S. 284.

[38] Werner Broer, Malwida von Meysenbug (1816–1903). Eine „aristokratische Demokratin", S. 422.

[39] A. I. Gercen, Sobranije sotschinenij, Bd. 25, S. 266.

[40] Zit. nach: Eckart Kröplin, Richard Wagner-Chronik, S. 237.

Spätestens seit Wagners Londoner Aufenthalt war die Meysenbug dann eine ge-
treue Freundin, eifrige Briefpartnerin und unermüdliche Propagandistin Wagners
und später auch mehrfach freundschaftliche Begleiterin des Wagnerschen Lebensweges, so in Paris, in Bayreuth und in Italien. Wagner erinnerte sich in „Mein
Leben" an ihre Wiederbegegnung 1860 in Paris und rückblickend auch an die erste
Bekanntschaft in London:

> *„Hier fand sich auch eine ältere Bekannte, Malwida von Meysenbug, wieder zu mir, um
> fortan für das ganze Leben mir nahe befreundet zu werden. Ich war ihr zuvor ein einziges
> Mal, und zwar während meines Aufenthaltes in London (1855), persönlich begegnet, nach-
> dem sie bereits früher mit enthusiastischer Zustimmung sich mir über mein Buch ‚Das
> Kunstwerk der Zukunft' brieflich zu erkennen gegeben hatte. Damals in London, wo wir uns
> eines Abends bei einer Familie Althaus zusammenfanden, traf ich sie noch von all den Wün-
> schen und Entwürfen für die Vervollkommnung des menschlichen Geschlechts erfüllt an, zu
> denen ich durch jenes Buch mich selbst bekannt hatte …"*[41]

Die Meysenbug schrieb ganz emphatisch in ihren Memoiren, dass sie überglück-
lich gewesen sei, von dem bevorstehenden Aufenthalt des verehrten Komponisten in
der französischen Hauptstadt zu hören:

> *„Es war die Nachricht, dass Richard Wagner in Paris angekommen sei und sich daselbst
> niederlassen wolle. Zugleich wurden drei Konzerte in Aussicht gestellt, welche er im Hause
> der italienischen Oper geben und worin er eine Auswahl seiner Kompositionen selbst diri-
> gieren werde. So sollte denn auch dieser heisse Wunsch mir in Erfüllung gehen, einmal
> etwas von Wagnerscher Musik, wenigstens mit vollem Orchester und von ihm selbst diri-
> giert, zu hören. Ich besuchte alle drei und fühlte mich wie in einem seligen Traum be-
> fangen …"*[42]

Jetzt also, bei der Wiederbegegnung mit Wagner 1860 in Paris, ergaben sich auch
freundschaftliche persönliche Weiterungen der Bekanntschaft. Die Meysenbug war
des öfteren bei den Wagners zu Gast und hatte dabei auch Gelegenheit, vom Komponisten singend, und am Klavier begleitet von Karl Klindworth, Ausschnitte aus
den Wagnerschen Werken zu hören, einmal sogar den ganzen „Tristan". Anfang
1861, während Wagner in angestrengtester Arbeit seinen „Tannhäuser" an der Opéra
einstudierte, war auch die Meysenbug mit der Herzen-Tochter Olga wieder in Paris.
Beide erlebten, wie oben schon erwähnt, ganz unmittelbar das von außen gesteuerte
Fiasko der „Tannhäuser"-Aufführungen mit.

In London hatte sich also 1855, vermittelt durch die Meysenbug, ein erster, wenn
auch wohl nur indirekter Kontakt Wagners zu Herzen ergeben. Und Herzen war sicher durch die Meysenbug bereits ausführlicher informiert über den deutschen
Künstler und seine außergewöhnlichen kunstästhetischen und musikdramatischen
Ansichten, von denen er ja schon, wenigstens flüchtig, seit den Züricher Vorgängen
um Herwegh im Jahre 1852 Kenntnis hatte. Er blieb jedoch zu Wagner auf kühler,
bisweilen auch spöttischer Distanz. Die Meysenbug war es in Zukunft aber auch,
die eine indirekte Verbindung zwischen Herzen und Wagner aufrechthielt. Dieser
erfuhr von ihr wohl immer die neuesten Nachrichten über Wagner und überhaupt

---

[41] ML, S. 620.
[42] Malwida von Meysenbug, Memoiren einer Idealistin, Bd. 3, S. 252 f.

auch über aktuelle Kunstentwicklungen in Deutschland. Und Wagner andererseits wurde von der Meysenbug sicher auch regelmäßig über den Lebensweg des russischen Demokraten sowie über neueste politische Entwicklungen in Russland informiert.

Iwan Turgenjew und Fjodor Dostojewski – Die Skeptiker

Mit Iwan Turgenjew kommt ein weiterer russischer Dichter ins Blickfeld der Betrachtungen über die Beziehungen zwischen Wagner und Russland. Geboren wurde er 1813 in Orjol und entstammte einer verzweigten russischen Adelsfamilie. In Moskau und Petersburg begann er ein Studium der Literatur, übrigens teilweise gemeinsam mit Wissarion Belinski und Alexander Herzen. Sein besonderes Interesse dabei galt der deutschen Literatur, namentlich Schiller, und der deutschen Philosophie. Herzen charakterisierte die Moskauer Studienjahre geradezu als eine *„Schiller-periode"*.[43] Turgenjew setzte sein Studium dann in Deutschland, in Berlin und Heidelberg, fort. Bei Reisen begegnete er damals in Dresden zum ersten Mal Michail Bakunin und schloss Freundschaft mit ihm. Dabei machte er auch die Bekanntschaft des Frühsozialisten Arnold Ruge. Und beide, Turgenjew und Bakunin, gerieten zeitweilig, wie ja auch Alexander Herzen, in den Bann der Hegelschen Philosophie. Es war eine merkwürdige Freundes-Trias zwischen den Dreien, die ihren geistigen Grund in einer revolutionär-demokratischen Überzeugung und in einer teilweise auch slawophilen Haltung zu politischen und kulturellen Beziehungen zwischen Russland, Deutschland und Westeuropa hatten. Und alle drei kamen dabei immer wieder in – allerdings sehr unterschiedliche und zumeist nur marginale – Verbindung mit Wagner. Davon sei jetzt im Falle Turgenjews die Rede.

1841 nach Russland zurückgekehrt, verbrachte Turgenjew zunächst einige Jahre im Staatsdienst, um sich dann endgültig als freier Schriftsteller zu betätigen. Ab 1855 ließ er sich zunächst in Deutschland, in Baden-Baden, und dann in Frankreich nieder. 1852 erschien sein erster Roman „Aufzeichnungen eines Jägers", der ihm in der Heimat wegen darin erkennbarer Kritik an der leibeigenschaftlichen Unfreiheit der russischen Bauern einige politische Schwierigkeiten bereitete. Bald danach folgten, nun schon in der Emigration geschrieben, die Romane „Rudin" (1856), „Das Adelsnest" (1858), „Väter und Söhne" (1861). In ihnen setzte er sich kritisch mit sozialpolitischen Zustanden, vor allem der Leibeigenschaft und der überholten Adelsherrschaft auseinander, was ihn der russischen Obrigkeit zunehmend suspekt erscheinen ließ, ihn aber auch zu einem der wichtigsten Vertreter des Realismus in der russischen Literatur machte. Mit seinen Romanen und Erzählungen erwarb er sich schnell einen literarischen Ruf sowohl in der Heimat wie auch in Deutschland und Westeuropa. Bemerkenswert ist eine besondere thematische Akzentuierung, die Turgenjew – und neben ihm noch zwei weitere russische Schriftsteller – in die rus-

---

[43] Vgl.: Gerhard Ziegengeist (Hrsg.), I. S. Turgenev und Deutschland. Materialien und Untersuchungen, Bd. I, S. 194.

sische Literatur einbrachte, nämlich eine kritische Rückbesinnung auf Shakespeare. Dessen große dramatische Figuren wurden namentlich überführt in das russische Bauern- und Kleinbürgerleben des 19. Jahrhunderts. Und diese Doppelung bzw. künstlerische Verfremdung schärfte die realistische Härte der beschriebenen Vorgänge ungemein. So stammten aus der Feder Turgenjews die Novellen „Der Hamlet des Stschigorowsker Landkreises" (1849, dann 1852 aufgenommen in die „Aufzeichnungen eines Jägers") und „Ein König Lear der Steppe" (1870). Dazu gesellten sich Nikolai Leskows Erzählung „Lady Macbeth des Mzensker Landkreises" (1865) und Nikolai Slatowratskis Novelle „Ein König Lear vom Dorfe" (1880). Da war Shakespeares großes Welttheater plötzlich in der fernen russischen Provinz gelandet – eine Verfremdung, die eben auch ein besonderes Interesse erregte. (Erinnert sei in diesem Zusammenhang übrigens auch an Gottfried Kellers Novelle „Romeo und Julia auf dem Dorfe" aus dem Jahre 1856.)

Zu Turgenjews literarischen Vorbildern und Freunden gehörten, nach der frühen Schiller- und Hegel-Begeisterung, neben Belinski, Bakunin, Herzen später dann auch Theodor Storm, Gustave Flaubert, die Brüder Goncourt, Émile Zola, Guy de Maupassant und Prosper Mérimée. Mérimée war übrigens auch der erste Übersetzer Turgenjewscher Texte ins Französische. Wegen seiner Verbindungen zu Herzen, vor allem zu dessen antizaristischer Zeitschrift „Kolokol" („Die Glocke"), und zu Bakunin bzw. dessen Flucht aus sibirischer Verbannung wurde Turgenjew sogar 1864 einmal polizeilich nach Petersburg zurückbeordert und von einer Sonderkommission des Senats verhört. Das Verfahren verlief dann für ihn glücklicherweise im Sande, auch weil er einen Ergebenheitsbrief an den Zaren geschrieben hatte. Aber Turgenjew hatte doch Schlimmes befürchtet, wie er in einem Brief an Herzen in London zum Ausdruck brachte. Und diesen Brief ließ er gar geheim und privat befördern."[44] In der Folge kam es dann allerdings zur Entfremdung zwischen den beiden Dichtern. Turgenjew sah in Herzens Vorstellungen eines, verkürzt gesagt, *„Bauern-Kommunismus"* in Russland eine fehlorientierende Utopie, während Herzen Turgenjews allzu liberalen Konservatismus auch in der Haltung gegenüber dem Zarentum kritisierte.

Turgenjews Leben fand also, ebenso wie das von Alexander Herzen, zu großen Teilen als Emigrantendasein im Ausland statt. Das ermöglichte es ihnen auch, ein spezifisches Gespür für das Verhältnis russischer Politik und Kultur zu gesellschaftspolitischen Gegebenheiten in Deutschland und Westeuropa zu entwickeln. Und in Herzens und Turgenjews Lebensläufen spielte dabei jeweils eine Frau eine gewichtige Rolle. Bei Herzen war es, wie oben bereits dargestellt, die deutsche Literatin Malwida von Meysenbug und bei Turgenjew die französische Sängerin Pauline Viardot-Garcia. Und durch die Viardot-Garcia kam Turgenjew, ein Musikliebhaber, auch in engeren Kontakt zur westeuropäischen Musik und zu westeuropäischen Musikern. In Frankreich war das vor allem Charles Gounod, in Deutschland dann Richard Wagner und Franz Liszt.[45]

---

[44] Ebd., S. 35, 110.; vgl. auch: Iwan Turgenjew, Gesammelte Werke, Bd. 1, S. 49 ff.; vgl. weiterhin: Theodor Schiemann (Hrsg.), Konstantin Kawelins und Iwan Turgenjews sozialpolitischer Briefwechsel mit Alexander Herzen.

[45] Vgl.: Dorothea Redepenning (Hrsg.), Ivan Turgenev und die europäische Musikkultur.

Die Viardot-Garcia entstammte der berühmten spanischen Sängerfamilie Garcia. Ihre Schwester war die 1836 frühverstorbene Operndiva Maria Malibran. Nach deren Tod ging der Stern von Pauline Garcia, die zuvor in Paris auch Klavierschülerin von Franz Liszt war, auf. Sie wurde als Mezzosopranistin auf allen großen europäischen Opernbühnen gefeiert. 1843 gastierte sie erstmals mit einer italienischen Operntruppe, zu der auch die berühmten französischen Sänger Giovanni Battista Rubini (Tenor) und Antonio Tamburini (Bariton) gehörten, in Petersburg und Moskau. Turgenjew hörte sie und geriet in helle Begeisterung, die ein Leben lang anhielt und bald gar zu einem andauernden Liebesverhältnis führte, obwohl die Viardot-Garcia seit Jahren mit dem wesentlich älteren ehemaligen Operndirektor Louis Viardot verheiratet war. Fast immer war Turgenjew Begleiter der Viardots auf Gastspielreisen oder anderen Reiseunternehmungen, so auch für mehrere Monate im Winter und Frühjahr 1847 in Berlin. Es war ein Aufenthalt, wo Turgenjews Liebe zur Musik entscheidende deutsche Impulse erhielt. Für Jahrzehnte nahm die Öffentlichkeit das Ehepaar Viardot und Turgenjew als ein skandalöses Dreiergespann wahr und betrachtete diese Ménage-à-trois mit Missbehagen. Das nahmen die Betroffenen allerdings mit bewundernswerter Haltung auf und blieben fortwährend in enger freundschaftlicher Verbindung.

Die Viardot-Garcia schloss dann 1860 anlässlich von Wagners Konzerten in Paris nähere Bekanntschaft mit dem deutschen Komponisten und bezog dabei auch Turgenjew mittelbar mit ein. Dabei kannten die berühmte Sängerin und Wagner sich eigentlich schon seit 1839. Damals hatte sich Wagner während seiner Pariser Hungerjahre an sie gewandt mit der Bitte, einige eigens dazu angefertigte Liedkompositionen öffentlich aufzuführen. Für Wagner wäre eine solche Publicity sehr förderlich gewesen, und Glück verheißend war da zunächst auch ein freundliches Empfehlungsschreiben Meyerbeers an die Viardot-Garcia:

> *„Erlauben Sie, daß ich mit diesen Zeilen Ihnen einen jungen deutschen Komponisten vorstelle, Herrn Richard Wagner, der ein warmer Bewunderer Ihres Talents ist und der sich glücklich schätzen würde, wenn Sie einmal in einer Gesellschaft eine seiner Romanzen und eins seiner Lieder mit Ihrer prachtvollen Stimme vortragen würden. Herr Wagner ist ein junger Künstler mit viel Talent."*[46]

Die freundliche Empfehlung brachte jedoch nicht viel. Wagner erinnerte sich später in „Mein Leben", ohne allerdings Meyerbeer zu erwähnen, daran:

> *„Auf Anders' [eines Pariser Freundes] Vorschlag suchte ich nun Sänger und Sängerinnen für meine neuen angefertigten Kompositionen aufzufinden. Mme Pauline Viardot, an die ich mich in erster Linie wandte, ging meine Stücke sehr freundlich mit mir durch, verweigerte mir auch nicht das Zugeständnis ihres Gefallens daran, versicherte mich jedoch, keine Veranlassung zu ihrem Vortrag zu haben."*[47]

Ob sich die Viardot-Garcia an diese Begegnung später noch erinnerte, ist nicht sehr wahrscheinlich, aber auch nicht auszuschließen. Doch sie geriet dann in der Phase der ersten französischen Aufregungen um die Musik Richard Wagners

---

[46] Zit. nach: Eckart Kröplin, Richard Wagner-Chronik, S. 64.

[47] ML, S. 184 f.

anlässlich seiner drei großen Konzerte im Januar und Februar 1860 in den Bannkreis des Komponisten. Sie begeisterte sich für seine Musik, wurde fortan zu einer
seiner eifrigsten Propagandistinnen und war somit auch eine der Begründerinnen
des bald um sich greifenden französischen „Wagnérisme". Für seine russische Gön-
nerin Maria Kalergis veranstaltete Wagner im Sommer 1860 in Paris zweimal mit
der Viardot-Garcia ein besonderes Konzert und erzählte davon später in
„Mein Leben":

> *„Ich improvisierte eigens für sie eine Audition des zweiten Aktes von ‚Tristan', bei welcher*
> *Mme Viardot, die ich mir bei dieser Gelegenheit näher befreundete, mit mir gemeinschaft-*
> *lich die Gesangspartien übernehmen sollte, während ich für das Klavierspiel eigens Klind-*
> *worth aus London auf meine Kosten mir kommen ließ. Diese sehr merkwürdige intime Auf-*
> *führung ging im Hause der Viardot vor sich; außer Madame Kalergis, für welche sie einzig*
> *stattfand, war nur Berlioz noch zugegen. Für seine Hinzuziehung hatte sich Mme Viardot*
> *ganz besonders verwendet, wie es schien in der sehr bestimmten Absicht, die zwischen mir*
> *und Berlioz entstandenen Verstimmungen zu verwischen. Welchen Eindruck die unter sol-*
> *chen Umständen vor sich gehende Aufführung dieses exzentrischen Fragments auf die Be-*
> *teiligten und Anwesenden hinterließ, ist mir undeutlich geblieben: Mme Kalergis blieb*
> *stumm, Berlioz äußerte sich einzig über die ‚Chaleur' meines Vortrages, der sich allerdings*
> *von dem meiner Assistentin, welche alles meist nur mit halber Stimme andeutete, merklich*
> *genug unterscheiden mochte. Von der hieraus entstehenden Situation schien besonders*
> *Klindworth zu großem Unmut berührt worden zu sein; er hatte sich zwar seiner Aufgabe*
> *vortrefflich entledigt, erklärte aber bei der Wahrnehmung des Benehmens der Viardot, wel-*
> *che vermutlich aus Rücksicht auf den anwesenden Berlioz zu jener Lauheit im Vortrage*
> *ihrer Partie bestimmt worden sei, vor Ärger sich verzehrt zu haben. Dagegen empfanden*
> *wir größere Befriedigung, als wir eines Abends bei mir den ersten Akt der ‚Walküre' vor-*
> *nahmen, bei welcher Aufführung diesmal, außer Mme Kalergis, auch der Sänger Niemann*
> *zugegen war."*[48]

Über Wagner wurde in der Folge im Familien- und Freundeskreis der Viardot-
Garcia immer wieder gesprochen und heiß diskutiert. Und sie organisierte auch bei
besonderen Anlässen, etwa Wagner-Aufführungen in verschiedenen Städten,
Wiederbegegnungen mit Wagner, an denen natürlich zumeist auch Turgenjew beteiligt war. Natürlich war man beispielsweise zur Premiere des „Tannhäuser" am 13.
Februar 1861 in Paris anwesend und erlebte unmittelbar den großen Skandal um
diese Aufführung mit. Die Viardot-Garcia war selbstverständlich voller Energie auf
der Seite der Wagner-Verteidiger, während Turgenjew eine spöttische Anti-Stellung
bezog. Eine Bekannte Turgenjews erinnerte sich später in ihren Memoiren, dass dieser bei der Aufführung sogar eine Pfeife eingesteckt habe, um gleich dem Jockey-
klub während der Aufführung lautstark zu protestieren.[49] Ganz im Gegenteil dazu
trat nach dem Skandal die Viardot-Garcia demonstrativ in einer großen Matinee auf
und sang dabei Ausschnitte aus dem „Tannhäuser".[50]
1862 übersiedelten die Viardots und Turgenjew nach Baden-Baden und wohnten
dort in zwei benachbarten Häusern. Hier führte die Viardot-Garcia einen musikalischen Salon, wo sie regelmäßig einmal in der Woche auch berühmte Komponisten

---

[48] Ebd., S. 632 f.; vgl. auch: RWB, Bd. 13, S. 47.
[49] Vgl.: K.-D. Fischer, Turgenev und Richard Wagner, S. 229.
[50] ML, S. 654; vgl. auch: RWB, Bd. 13, S. 655.

und Interpreten zu ihren Gästen zählte, zu denen u. a. Alexander Serow, Johannes Brahms, Anton Rubinstein, Franz Liszt und eben auch wieder Wagner gehörten. Am 14. November 1863 besuchten die Viardot-Garcia und Turgenjew ein von Wagner dirigiertes Konzert am Karlsruher Hoftheater. In das Programm hatte der Komponist auch Ausschnitte aus der „Walküre" aufgenommen: den „Walkürenritt", Siegmunds Liebeslied „Winterstürme wichen dem Wonnemond" sowie „Wotans Abschied und Feuerzauber". Maria Kalergis, nunmehr verheiratete Gräfin Muchanow, schrieb darüber begeistert in einem Brief vom 15. oder 16.11. an ihre Tochter und erwähnte dabei auch Turgenjews Reaktion: „*Turgenev war außer sich vom Ritt der Walküren und empört über Wotans Abschied.*"[51] Wahrscheinlich am 16. November war Wagner dann Gast im Hause der Viardots in Baden-Baden. „*An der Seite meiner alten Bekannten lernte ich jetzt auch den russischen Dichter Turgenjew kennen*", lautete dazu später eine knappe Bemerkung Wagners in „Mein Leben".[52]

Im Frühjahr 1868 besuchten die Viardots und Turgenjew offensichtlich eine Aufführung von Wagners „Lohengrin" im Rahmen einer Reihe von Festaufführungen wichtiger deutscher Opern, die der Theaterimpresario Bernhard Pollini auf der Bühne des Baden-Badener Festspielhauses veranstaltete.[53] Im Sommer 1868 fuhr die Viardot-Garcia, diesmal ohne Turgenjew, nach München zur Uraufführung der Wagnerschen „Meistersinger" (21. Juni) und gab Turgenjew brieflich von dem großen Erfolg der Aufführung Mitteilung, worauf dieser am 2. Juli ziemlich spöttisch und skeptisch antwortete:

> „*Also, Wagner hat begeistert! Nun, dann bin auch ich begeistert, und wenn man in der Partitur eine große Schönheit entdeckte, muss man dem Publikum ein Bravo! zurufen, – hier beginnt eine neue Kunst. Vergleichbare Erscheinungen bemerke ich sogar in unserer Literatur (im letzten Roman von Tolstoi gibt es etwas Wagnersches).*" [Welcher Roman und welche Episode darin gemeint sein könnte, ist nicht feststellbar.][54]

Doch das alles sei nicht seine Auffassung. Er meinte hingegen, nun nicht speziell auf die „Meistersinger" bezogen, die er ja noch gar nicht kannte, sondern allgemein auf Wagnersche Musik in einem etwas weit hergeholten Bezug auf Lessings berühmte ästhetische Schrift „Laokoon", ziemlich bissig und recht zweideutig: „*Wagner ist einer der Gründer der Schule des Stöhnens, von daher kommt die Stärke und Tiefe seiner Wirkung … Dieser Vergleich hinkt, wie alle Vergleiche, aber er drückt genügend aus, was ich sagen will.*"[55] Wenige Monate später besuchte Turgenjew dann in Karlsruhe die dortige Erstaufführung der „Meistersinger" und fand sich offenbar in seiner grundsätzlich skeptischen Haltung bestätigt. Und so schrieb er bald darauf am 16.4.1870 aus Weimar, wo Ende 1869 die Erstaufführung der „Meistersinger" stattgefunden hatte und wo die Viardots und Turgenjew sich für

[51] Gerhard Ziegengeist (Hrsg.), I. S. Turgenev und Deutschland. Materialien und Untersuchungen, Bd. I, S. 280 f.; vgl. auch: K.-D. Fischer, Turgenev und Richard Wagner, S. 229.

[52] ML, S. 744.

[53] Vgl.: Gerhard Ziegengeist, I. S. Turgenev und Deutschland. Materialien und Untersuchungen, Bd. I, S. 291.

[54] Vgl. auch: A. Gosenpud, Richard Wagner i russkaja kultura, S. 170 ff.

[55] Iwan Sergejewitsch Turgenev, Polnoje sobranije sotschinenij i pisem/Pisma, Bd. 7, S. 170 f.

mehrere Monate aufhielten, sehr drastisch an Freund Ludwig Pietsch (16.4.1870):
*„Die scheusslichen ‚Meistersinger' scheinen am Ende doch gesiegt zu haben. –
Priap. Eunuchos – (Wagner) kann sich die Hände reiben."* [Priap-Eunuchos meint
in deutscher Übersetzung etwa: geschlechtsgewaltiger Eunuch, also einen Widerspruch in sich.][56] Ein Jahr später, am 27.2.1871, besuchte Turgenjew in Petersburg
ein Konzert der „Russischen Musikgesellschaft", in dem u. a. Auszüge aus Wagnerschen Werken erklangen. Und hier fand er einmal, wohl ein einziges Mal in seinem
Leben, auch anerkennende Worte über Wagner, speziell zur „Meistersinger"-Musik.
Er schrieb noch am Abend des Konzertes an Pauline Viardot-Garcia:

> *„Und dann, Sie werden erstaunt sein und zugleich meine gehörige Aufrichtigkeit bewun-
> dern: man gab die Ouvertüre zu den ‚Meistersingern' und das Vorspiel (zum 3. Akt), welche
> mir größtes Vergnügen bereiteten! Besonders das Vorspiel ist grandios, das ist – das muss
> man zugeben – machtvolle Musik."*[57]

Kritisch-ironisch hatte Turgenjew zuvor auch schon die Uraufführung von Wagners „Rheingold" beobachtet, zu dessen Uraufführung 1869 er die Viardots nach
München begleitet hatte. Die für den 29. August auf Befehl von König Ludwig II. an-
gesetzte Premiere fand jedoch wegen des Widerstands von Wagner selbst und des
Rücktritts Hans Richters als Dirigent nicht statt. Es kam zunächst nur zu einer
Generalprobe am 27. August, an der aber zahlreiche Gäste von außerhalb teil-
nahmen. Das Ereignis hatte viele Freunde und Kritiker Wagners nach München gezogen, unter ihnen auch Franz Liszt, Maria Muchanow, das Ehepaar Serow und
Wladimir Stassow.[58] Turgenjew meinte in einem Brief vom 5. September an einen
Bekannten ganz süffisant zu den skandalösen Umständen der geplatzten Uraufführung, dass *„Aristophanes"* daraus *„eine höchst interessante satirisch-politische Ge-
sellschaftskomödie hätte machen können"*. Und über das Werk urteilte er schroff:
„Musik und Text sind gleichermaßen unausstehlich ..."[59] Auch an Alexander Herzen schrieb er noch einige Wochen später am 26. Oktober aus Baden-Baden ganz
sarkastisch von der *„rheingold-wagnerschen Raserei"* in München."[60]

Ende Mai 1870 fand in Weimar die Tonkünstlerversammlung des „Allgemeinen
Deutschen Musikvereins" statt. Hauptinspirator war dabei Franz Liszt. Die Viardot-
Garcia und Turgenjew weilten zu dieser Zeit, wie schon erwähnt, längere Zeit in
Weimar, und die Viardot-Garcia war auch als Musikerin, zum Teil sogar gemeinsam
mit Liszt, an den Konzertunternehmungen dieses Festes beteiligt. Ende Juni gab es

---

[56] Iwan Sergejewitsch Turgenev, Polnoje sobranije sotschinenij i pisem/Pisma, Bd. 8, S. 215; vgl.
auch: Iwan Turgenjew, Briefe an Ludwig Pietsch, S. 60.

[57] Iwan Sergejewitsch Turgenev, Polnoje sobranije sotschinenij i pisem/Pisma, Bd. 9, S. 369 f.; vgl.
auch: A. Krjukow, Turgenjew i musyka. Musykalnyje stranizy shisni i twortschestwa pisatelja, S. 94.

[58] Vgl.: Detlef Altenburg (Hrsg.), Liszt und die Neudeutsche Schule, S. 209 f.

[59] Gerhard Ziegengeist, I. S. Turgenev und Deutschland. Materialien und Untersuchungen, Bd. I,
S. 87 f.; vgl. auch: Iwan Sergejewitsch Turgenev, Polnoje sobranije sotschinenij i pisem/Pisma, Bd.
8, S. 79; vgl. weiterhin: K.-D. Fischer, Turgenev und Richard Wagner, S. 231.

[60] Iwan Sergejewitsch Turgenev, Polnoje sobranije sotschinenij i pisem/Pisma, Bd. 8, S. 108.

dann in Weimar eine Reihe von „Mustervorstellungen" Wagnerscher Opern, die die
Viardot-Garcia wohl besucht hat. Turgenjew war zu dieser Zeit allerdings für einige
Wochen in seine Heimat nach Petersburg gefahren. Zuvor aber hatte er in Weimar
seine Erinnerungen an ein grausiges Ereignis niedergeschrieben, das die Allgemein-
heit ungemein aufgewühlt hatte. Am 19. Januar 1870 war in Paris der achtfache
Mörder Jean-Baptiste Tropmann öffentlich hingerichtet worden. Und Turgenjew
schlug in seiner Schilderung einen Tonfall an, der eindeutig Wagnersche Klang-
färbung aufwies. Es hieß da u. a.:

> „*Das Getöse der Menge schwoll weiter an, es wurde immer lauter und hörte überhaupt
> nicht mehr auf ... Dieses Getöse überraschte mich durch seine Ähnlichkeit mit dem ent-
> fernten Gebrüll der Meeresbrandung: Es war das gleiche unaufhörliche Wagnersche Cre-
> scendo, das nicht stetig zunimmt, sondern in gewaltigen Wellen herangetragen wird und hin
> und her wogt ...*"[61]

Dieses literarische Klangbild macht deutlich, in welchem Maße die Wagnersche
Musik für Turgenjew doch ein ästhetisches Phänomen war – der Hörer ist dem über-
wogenden Klanggeschehen geradezu hilflos ausgeliefert, er droht, darin unterzugehen, wird von der musikalischen Massierung überwältigt. Turgenjews musikalischer Geschmack war aber doch grundsätzlich konservativer und gemäßigter ausgerichtet. Seit seiner Jugend stand ihm die Musik Mozarts und Beethovens nahe,
später auch die von Schubert, Schumann und Mendelssohn. Aber genau da war –
wie ja auch für seine komponierenden Zeitgenossen Peter Tschaikowski oder Anton
Rubinstein und wie überhaupt für die komponierenden russischen Zeitgenossen, ob
nun „Westler" oder die Mitglieder der „Neuen russischen Schule", des „Mächtigen
Häufleins" vornehmlich – die Grenze erreicht. Zudem störte sich der realistische
Künstler Turgenjew an der Stoffwelt, an der Sprache und an der Personage der Wagnerschen Opern. Die Sagenwelten erschienen ihm zu fern, zu belanglos, und er
wollte, wie Tschaikowski, wahre, lebensechte Menschen auf der Bühne erleben,
keine Märchenwesen, Götter, Riesen oder Zwerge. Er kannte die älteren Werke
Wagners und nahm auch die neuesten mit Interesse zur Kenntnis. „*Es ist nicht so,
dass ich sie nicht verstehe, aber ich liebe die Musik Wagners absolut nicht*", meinte
er einmal. Ein anderes Mal hieß es: „*Die ständigen Dissonanzen Wagners erzeugen
bei mir vom ersten Ton an einen äußerst unangenehmen Eindruck.*" Und wieder bei
anderer Gelegenheit äußerte er:

> „*Seine Musik drückt irgendwelche nichtmenschlichen Gefühle aus, und die handelnden Fi-
> guren sind bei ihm keine Menschen – ich kann mit ihnen nicht mitfühlen. Wie kann ich wis-
> sen, was in der Seele eines jungen Menschen vorgeht, der auf einem Schwan daherkommt
> (,Lohengrin'), oder bei einer Jungfrau, welche die Angewohnheit hat, nächtens in den Wol-
> ken auf Pferden daherzukommen (,Walküre') ... Wenn bei Wagner Menschen auf der Bühne
> sind, so sind das keine lebendigen Menschen, sondern Menschen, die irgendeine beliebige
> Idee verkündigen.*"[62]

---

[61] Iwan Turgenjew, Literaturkritische und publizistische Schriften, S. 154.

[62] Zit. nach: A. Krjukow, Turgenev i musyka, S. 93 f.; vgl. auch: K.-D. Fischer, Turgenev und Richard Wagner, S. 231.

In einem Brief vom 13.8.1882, also in den Tagen, als Wagners „Parsifal" in Bayreuth gerade seine Uraufführung erlebte, charakterisierte Turgenjew dann, nachdem ihm der befreundete Weimarer Kapellmeister und Wagnerverehrer Eduard Lassen in Paris aus dem „Parsifal" vorgespielt hatte, diese Musik kurzerhand als *„Katzenjammer".*[63]

Und auf die Nachricht vom Tod Wagners zeigte Turgenjew dann nur eine lapidare und ironische Reaktion. Seinem Freund Ludwig Pietsch schrieb er am 23.2.1883: *„Daß Wagner sich bei dem ersten Anfalle einer unheilbaren Krankheit aus dem Staube gemacht hat, beweist nur sein beständiges Glück. Ich kenne Leute, die ihn beneiden."*[64] Damit meinte Turgenjew offensichtlich sich selbst, wie er, längst unheilbar an das Krankenbett gefesselt, im Hause der Viardot-Garcia seinem Ende entgegen siechte. Im Falle Wagners wusste er allerdings nicht, dass dieser nicht *„bei dem ersten Anfalle einer unheilbaren Krankheit"* gestorben war, sondern gleichfalls seit Jahren mit einer immer stärker werdenden Herzerkrankung zu tun hatte, die ihn schon viele Anfälle gekostet hatte. Turgenjew starb, nur wenige Monate nach Wagner, am 3. September 1883, in Bougival bei Paris.

Wagner wusste von Turgenjew als Lebensgefährten der Viardot-Garcia spätestens seit dem Pariser „Tannhäuser"-Skandal 1861 und konnte mit dem russischen Dichter, darauf wurde schon verwiesen, 1863 im Haus der Viardot-Garcia in Baden-Baden persönliche Bekanntschaft schließen. Erst Jahre später nahm er, offenbar mit wachsendem Interesse, Erzählungen und Romane von Turgenjew zur Kenntnis, zunächst dazu wohl von Cosima angeregt. Diese notierte in ihrem Tagebuch am 28.11.1869, dass sie *„Novellen von Turgenjew"* lese, diese allerdings nur *„mittelmäßig"* finde.[65] Wenig später fand Wagner für sein Verhältnis zu Cosima gar einen Vergleich mit der Liebesbeziehung zwischen der Viardot-Garcia und Turgenjew: *„Ich hätte dich nie gelassen, wäre immer um dich gepoppelt, wie Turgenjew um Mme Viardot, das wäre ein schöner Zustand gewesen!"*[66]

Ab 1878 begannen die Wagners dann, sich ausführlicher und intensiver mit den Erzählungen und Romanen Turgenjews zu befassen. Die „Aufzeichnungen eines Jägers" beschäftigten Wagner längere Zeit im Februar des Jahres. Ab Dezember datierte die Zeit intensiverer Auseinandersetzung mit Turgenjews letztem Roman „Neuland", in dem ihn besonders die Beschreibungen *„revolutionärer Dinge"*, also insbesondere sozialkritische Aspekte, interessierten, nebenbei nahm er auch Kenntnis von der Novelle „Der Hamlet des Stschigorowsker Landkreises", wobei ihn die Transformation einer weltberühmten Shakespeare-Figur in die russische Bauernwelt erstaunte. Bis ins Jahr 1882 reichen dann in Cosimas Tagebüchern die Hinweise auf fortwährende Turgenjew-Studien. Es waren nun vornehmlich die Romane „Väter und Söhne" und „Das Adelsnest", in denen Wagner von Turgenjews Fähigkeit zu realistischer Darstellung und einfühlsamer Handlungspsychologie besonders

---

[63] Zit. nach: K.-D. Fischer, Turgenev und Richard Wagner, S. 228.

[64] Iwan Turgenjew, Briefe an Ludwig Pietsch, S. 127; vgl. auch: Iwan Sergejewitsch Turgenev, Polnoje sobranije sotschinenij i pisem/Pisma, Bd. 13/2, S. 165.

[65] CWT, Bd. I, S. 174.

[66] Ebd., S. 316 f.

beeindruckt war.[67] Und bei den Wagnerschen Meinungsäußerungen über die Turgenjewsche Literatur fällt dann noch besonders auf, dass er dadurch erneut ins Nachdenken über das Verhältnis der Deutschen und Russen bzw. umgekehrt Russlands zu Deutschland gekommen war, so wie ihn einst in der Revolution 1848/49 Bakunins imposante Persönlichkeit gerade in dieser Hinsicht tiefe Eindrücke hinterlassen hatte. Cosima erzählte im Tagebuch unter dem 18.1.1880 von einem Gespräch Wagners mit dem Hausfreund und Maler Paul von Joukowsky (dem Sohn des berühmten russischen Dichters und Puschkinfreundes Wassili Shukowski und seiner deutschen Ehefrau), der dann auch die Bühnenbilder zur Uraufführung des „Parsifal" schuf, über das Verhältnis von Deutschland und Russland, übrigens auch mit einem gedanklichen Rückgriff auf Turgenjew.

In diesem Zusammenhang sei, nebenbei bemerkt, auf den besonderen Umstand verwiesen, dass sich in Wagners persönlichem Umfeld in seinen letzten Lebensjahren zwei Russen befanden, die ihm wohl auch spezifische Einblicke in die russische Lebenswelt seiner Zeit vermittelten: eben Paul von Joukowsky und dann der russisch-jüdische Pianist Josef Rubinstein, der quasi als Hauspianist musikalischer Wegbegleiter Wagners in dessen letzten Lebensjahren war. Auf Joukowskys Rolle sei hier auch deshalb etwas näher eingegangen, weil dabei wieder einige Facetten von Wagners Russlandbild näher auszuleuchten sind.[68]

Joukowsky lebte vorwiegend in Westeuropa und war u. a. bekannt und befreundet mit Iwan Turgenjew, Franz Liszt und Arnold Böcklin. In einem Brief (April 1882) an einen Freund berichtete Joukowsky beispielsweise, wie Wagner sich an Bakunin und den Mai 1849 erinnerte: *„Er mag die Russen … Er war der engste Vertraute von Bakunin während des Dresdner Maiaufstands, an dem er teilnahm, und erzählte, dass er so einem Menschen nie wieder begegnet ist."*[69] Und ein anderes Mal hieß es bei Joukowsky einmal bezeichnend: *„Das Leben mit Wagner ist wie ein Leben am Rande eines Vulkans."*[70] Auch Cosima vermerkte zu dieser Zeit in ihrem Tagebuch ja mehrfach, wie Wagner sich an Bakunin erinnerte.[71] Und weiterhin sind bei Cosima aufschlussreiche Äußerungen Wagners zu seinem Russland-Verständnis notiert, so etwa in dem eben erwähnten Gespräch mit Joukowsky (18.1.1880): *„Die Slaven sind uns Deutschen am meisten verwandt."*[72] (Es ist ein Gedanke, wie ihn Wagner zwei Jahre später in seinem letzten Brief vom 11.2.1883 an Angelo Neuman fast wortgleich wiederholte: *„Germanen und Slawen – das geht …"*[73]) Dann aber folgte eine wagnertypische geistige Eskapade, in der er, wollte man nur seinem Rat folgen, die Weltpolitik in eine neue Richtung bringen könnte. Dahinter stand

---

[67] CWT, Bd. II, S. 42, 250, 253–258, 260, 305, 356, 561, 899–903, 908, 910, 913, 928.

[68] Vgl. zu Joukowsky auch: Robert Gutman, Richard Wagner. Der Mensch, sein Werk, seine Zeit, S. 453 f.

[69] Vgl.: Mikhail Saponov, Paul von Joukovsky und andere. Neues über den letzten russischen Freund Richard Wagners, S. 365.

[70] Zit. nach: A. Gosenpud, Richard Wagner i russkaja kultura, S. 119.

[71] CWT, Bd. II, S. 738, 933, 982.

[72] Ebd., S. 480 f.

[73] Vgl.: Angelo Neumann, Erinnerungen an Richard Wagner, S. 282.

natürlich als reales Geschehen die andauernde kriegerische Auseinandersetzung zwischen Russland und dem osmanischen Reich um die Vorherrschaft im Süden und Südosten Europas, einer Auseinandersetzung, die Wagner ja seit dem Krim-Krieg mit großer Aufmerksamkeit und Anteilnahme verfolgte. Cosima notierte da (18.1.1882):

> *„R.[ichard] entwickelt seine Ansichten über Rußland, damit beginnend: Ich wüßte wohl Rußland zu helfen, aber niemand will mich kaufen. Der Kaiser müßte selbst Petersburg anstecken, seine Residenz vorerst nach Odessa versetzen, um dann nach Konstantinopel zu gehen. Das ist der Weg, dann erst kann es sich zeigen, was in dieser slavischen Race steckt. Aber dazu gehört ein großer Kerl, und die entstehen jetzt nicht mehr."*[74]

Ganz ähnlich hieß es auch wenige Tage später wieder, am 19. Februar 1882, als Wagner über Peter den Großen meinte, er hätte *„müssen die Residenz in Odessa legen und anstatt mit dem Schweden mit dem Türken Krieg führen"*.[75]

Überhaupt hatte Wagner, daran sei hier als kleiner Exkurs nur erinnert, ja des öfteren Vorschläge oder Vorstellungen, wie die europäischen Monarchen Politik betreiben sollten. Für König Ludwig II. entwarf er ganze Programme, um etwa Bayern gar an die Spitze eines vereinigten Deutschlands zu bringen, ja, er sah sich selbst gelegentlich – im Tagtraum oder im Nachttraum – selbst als Herrscher. So, natürlich spaßhaft, in einem Brief vom 17.4.1855 an seine Frau Minna, in dem es, bei einer Betrachtung zu einem Staatsbesuch von Kaiser Napoleon III. in England, hieß: *„Vielleicht werde ich auch noch einmal Kaiser von Deutschland!"*[76] Oder er schrieb in einem Brief an Ludwig II. vom 24.2.1869 selbstironisch: *„Ich treibe doch wohl nur ein verstecktes Spiel, um Gott weiss was damit zu erreichen, etwa wohl gar die Regierung Bayerns, wo ich dann den Staat u. die Religion abschaffen würde, um das Alles nur noch von einem grossen Operntheater aus zu dirigiren."*[77] Während des Deutsch-Französischen Krieges sah Wagner dann wieder eine Möglichkeit, dass sein alter Traum, das gehasste Paris niedergebrannt zu sehen, sich verwirkliche. Cosima hielt da am 18.8.1870 in ihrem Tagebuch fest: *„R.[ichard] sagt, er hoffe, daß Paris, ‚diese Femme entretenue der Welt', verbrannt würde, ... der Brand von Paris würde das Symbol der endlichen Befreiung der Welt von dem Drucke alles Schlechten ... R.[ichard] möchte an Bismarck schreiben, um ihn zu bitten, Paris niederzuschießen."*[78] Einige Jahre später, am 26.12.1873, hatte Wagner, wie Cosima notierte, dann den Plan, *„sich an den Kaiser zu wenden, damit dieser das Festspiel von 1875* [damals waren die Festspiele noch für 1875 geplant] *als deutsche Feier des Friedens mit Frankreich anordne und 100 000 Th.[aler] dafür bestimme ..."*[79] Am 15.1.1874 hielt Cosima dann eine nächtliche Vision Wagners fest: *„Er habe einen Traum vom Kaiser Wilhelm gehabt, daß dieser überaus freundlich gegen ihn*

---

[74] CWT, Bd. II, S. 481.
[75] Ebd., S. 493.
[76] RWB, Bd. 7, S. 106.
[77] RWB, Bd. 21, S. 78.
[78] CWT, Bd. I, S. 272.
[79] Ebd., S. 769.

war ..."[80] Und ganz abstrus waren auch weitere Träume, wie Cosima etwa am
27.12.1875 aufschrieb: *„R.*[ichard] *träumte, die Königin von Preußen gäbe sich ihm
als seine Mutter zu erkennen!"*,[81] oder am 2.7.1880: *„R.*[ichard] *träumt von einem
traulichen Zusammensein mit N.*[apoleon] *III. und seiner Gemahlin Eugénie; letztere war sehr bescheiden gekleidet ..."*[82] Ein anderes Mal hielt Cosima (30.12.1875)
wieder einen weltpolitisch weitschweifenden Höhenflug Wagners fest: *„Gedanken,
daß die jetzige Waffengröße Deutschlands eine ephemere, wie in der Geschichte
derlei häufige Erscheinungen! ... Amerika und Rußland die Zukunft."*[83]

Am 26.3.1882 notierte Cosima eine weitere bezeichnende Bemerkung Wagners:
die Russen *„hätten Jouk.*[owsky] *nach Europa geschickt, um für sich einzunehmen,
glauben zu machen, sie seien alle so"*.[84] Und auch in einem Gespräch mit Joukowsky selbst meinte Wagner laut Cosimas Tagebuch vom 9.6.1880: *„Ich gebe gern zu,
daß gerade in Rußland, vielleicht auf entlegenen Gütern, sich Menschen finden werden, die ... meine Ideen am besten in sich aufnehmen würden. Auf Deutschland gebe
ich gar nichts mehr"*.[85] Ein anderes Mal, als über gegenseitige Vorbehalte im
deutsch-russischen Verhältnis (Cosima-Tagebuch 12.7.1881), gesprochen wurde,
antwortete Wagner auf Joukowskys Vorwurf, *„daß die Urteile der Deutschen über
die Russen nicht minder vorurteilsvoll seien"*:

> *„Das ist doch etwas ganz anderes; in Rußland liegt alles einfach vor, mit einer gewissen
> barbarischen Grazie der Offenheit, während wir sehr schwierig zu erkennen sind. Und was
> wir von den Russen wissen, wissen wir durch ihre Schriftsteller wie Turgenjew und Gogol;
> während kein Schriftsteller jetzt uns zeigt und man uns selbst nicht durch unsere guten
> Schriftsteller kennenlernen kann."*[86]

Zwei Tage vor Wagners Tod, am 11.2.1882, schrieb Cosima noch auf, dass man
gemeinsam die Erzählung „Undine" des deutschen Romantikers Friedrich de la
Motte Fouqué gelesen habe, und zwar aus einem Druckexemplar, das dem Vater
Joukowskys, dem Dichter Wassili Shukowski, als Vorlage für die Übersetzung ins
Russische gedient hatte – das war ein kleiner Hinweis darauf, dass Wagner sich
auch mit diesem russischen Dichter befasst hatte.[87] Shukowski hatte übrigens, wie
zur gleichen Zeit Turgenjew, während seiner Deutschlandaufenthalte in den zwan-
ziger und dreißiger Jahren über Ludwig Tieck, mit dem beide persönlich bekannt
geworden waren, engeren Kontakt zur deutschen Literaturromantik aufnehmen
können.[88]

---

[80] Ebd., S. 781.
[81] Ebd., S. 955.
[82] CWT, Bd. II, S. 560.
[83] CWT, Bd. I, S. 956.
[84] CWT, Bd. II, S. 917.
[85] Ebd., S. 542.
[86] Ebd., S. 759 f.
[87] Ebd., S. 1111.
[88] Vgl. dazu: Erhard Hexelschneider, Kulturelle Begegnungen zwischen Sachsen und Russland
1790–1849, S. 223 ff.

Um nun noch einmal und abschließend auf Turgenjew zurückzukommen, sei als letztes Indiz erwähnt (Cosima-Tagebuch am 28.2.1882), Wagner und Cosima hätten *„durch die Turgenjewsche Erzählung* [gemeint ist wohl „Väter und Söhne"] *lebhaften Anteil an dem russischen Wesen"* genommen.[89] So wäre resümierend festzustellen, dass die Lektüre Turgenjews in den letzten Lebensjahren Wagners eine gewichtige Rolle gespielt und sein Russlandbild stärker nuanciert hat. Er erhielt dadurch wichtige Einblicke in *„russisches Wesen"*, ganz im Gegenteil zur russischen Musik seiner Zeit, der er fast gar keine Aufmerksamkeit widmete.

Zu einem anderen bedeutenden russischen Dichter jener Zeit, zu Fjodor Dostojewski (geboren 1821 in Moskau), hatte Wagner offenbar aber gar keine Beziehung, hat wohl auch nie etwas von ihm gelesen. Von Dostojewski hingegen gibt es einige, wenn auch ganz knappe Nachrichten darüber, wie er sich zu Wagner positionierte. Zunächst sei jedoch darauf hingewiesen, dass zwischen Dostojewski und Turgenjew eine merkwürdige Beziehung bestand. In jungen Jahren waren sie befreundet, und Dostojewski bewunderte den nur drei Jahre älteren Kollegen wegen seiner frühen literarischen Erfolge. Später aber entzweiten sie sich. Der Streit ging im Wesentlichen um das erkennbare „Westlertum" Turgenjews, um seine kosmopolitische Geisteshaltung, bzw. um Dostojewskis betont slawophile und zunehmend pessimistische Weltsicht. Dabei polemisierten sie immer wieder gegen die neu entstandenen und publizierten Werke des jeweils Anderen.

In jungen Jahren war Dostojewski stark beeindruckt auch von Persönlichkeiten wie Belinski, Herzen oder Bakunin und hing frühsozialistischen Ideen an. Erste literarische Werke von ihm erschienen. Wegen verdächtiger Aktivitäten in revolutionär gesinnten Kreisen wurde er 1849 verhaftet, zum Tode verurteilt und schließlich zur Zwangsarbeit nach Sibirien und anschließendem strengen Militärdienst im Osten verbannt. Erst 1859 konnte er nach Petersburg zurückkehren. Ein eindringlicher dichterischer Reflex auf seine Verbannung waren seine „Aufzeichnungen aus einem Totenhaus" (1861/62), ein Hohelied auf menschliches Mitleiden. Seit den 60er-Jahren erschienen dann in rascher Folge eine Reihe von Erzählungen und vor allem Romanen, die bald Dostojewskis Weltruhm begründeten: „Erniedrigte und Beleidigte" (1861), „Schuld und Sühne" (1866), „Der Spieler" (1867; übrigens auch ein autobiografischer Rückblick auf seine eigene Spielleidenschaft), „Der Idiot" (1869), „Die Dämonen" (1872) und „Die Brüder Karamasow" (1880).

Dostojewskis politische Überzeugungen und literarische Ansichten hatten sich ziemlich radikal gewandelt, – hin zu einem christlich fundierten und aus dem russischen Volkscharakter geborenen *„russischen Sozialismus"*, verbunden mit einem gewissen Hang zum Mystizismus. Das ist ausführlich nachzulesen in seinem „Tagebuch eines Schriftstellers". Sowohl den Atheismus bei Belinski und Herzen wie auch den Anarchismus Bakunins lehnte er nun ab. Noch 1846, noch vor der 48er Revolution also, habe ihn die *„Wahrheit dieser kommenden ‚Welterneuerung'"* und *„die ganze Heiligkeit der zukünftigen kommunistischen Gesellschaft"* überzeugt. Nun aber sah er sich als einen *„Slawophilen"* und erkannte seine Bestimmung im *„Dienen für die Menschheit, – nicht für Rußland allein, nicht für den Panslawismus*

---

[89] CWT, Bd. II, S. 900.

allein, sondern für die Allmenschheit". Und er verkündete *„die slawische Idee",* die, im Westen von der erwarteten, politischen Hegemonie Deutschlands begünstigt, *„im Osten tatsächlich die dritte Weltidee",* eben *„die slawische Idee"* bzw. *„die russische Volksidee",* verwirklichen würde. Dabei vertrat Dostojewski dann auch – in gleicher Weise wie übrigens Wagner – ausgesprochen antijüdische Vorstellungen. Und wenn sich nun *„nach den Siegen des politischen Sozialismus, nach der ‚Internationale', den Kongressen der Sozialisten und der Pariser Kommune"* der politische und geistige Machtkampf gen Osten wenden sollte, würden *„an unserem russischen Ufer ... die Wogen zerschellen".*[90] Und wenn noch der Begriff *„Sozialismus"* aufzuheben sei, dann als *„russischer Sozialismus",* der in sich den Charakter habe, *„daß ... die russische Idee vielleicht die Synthese aller Ideen sein wird, die Europa entwickelt hat".*[91] Wenn Dostojewski auch zeitweilig Deutschland als neue große weltpolitische Kraft im Westen neben dem siegreichen Slawismus und der Vorherrschaft Russlands im Osten sah, so hatte diese Vorstellung eine – gar nicht so überraschende – Parallele in den schon zitierten Gedankengängen Richard Wagners, als dieser in späten Jahren häufig von den besonderen Beziehungen zwischen Deutschland und Russland sprach und, wie schon mehrfach zitiert, noch zwei Tage vor seinem Tode schrieb: *„Germanen und Slawen – das geht ..."*[92] Das war allerdings in erster Linie wohl kulturell gemeint und begründete sich ideologisch vornehmlich in der fragwürdigen Rassentheorie von Gobineau, mit der sich Wagner in seinen späten Lebensjahren – wenn auch nicht unkritisch – intensiv beschäftigte.

Es muss schon etwas eigenartig anmuten, dass zwischen Wagner und Dostojewski nichts weiter Verbindendes aufscheint, als die Parallelen im verhängnisvollen Antisemitismus und in der gleichfalls verhängnisvollen, sich rassentheoretisch begründenden Möglichkeit einer Deutschland-Russland-Allianz. Denn im Übrigen – beide ahnten gegenseitig nicht im Entferntesten diese geistigen Koinzidenzen – hatten Dostojewski für Wagner und Wagner für Dostojewski keinerlei Bedeutung. Wenn für Wagner immerhin die russische Literatur in Gestalt von Puschkin, Shukowski, Gogol und namentlich Turgenjew und Tolstoi (darauf wird noch zurückzukommen sein) eine doch recht anregende Rolle spielte, so fand Dostojewski, dessen große Romane schon zu Lebzeiten Wagners auch in Deutschland vielgelesen waren, offenbar keinerlei Beachtung beim doch sehr lesefreudigen Komponisten. Und auch Dostojewski schenkte Wagner keine große Aufmerksamkeit, im Gegenteil, letztlich nur spöttisch-verächtliche Missachtung. Dabei hat er wohl nie eine Wagnersche Oper auf der Bühne gesehen und gehört. Und es sind auch nur wenige Bemerkungen von ihm zu Wagner überliefert.

Aber es besteht dennoch die Wahrscheinlichkeit, dass er von und über Wagner schon in den frühen 60er-Jahren gehört hat. Er besuchte damals in Petersburg gelegentlich die „Dienstagabende" im Hause des Wagner-Propagandisten Alexander

---

[90] Vgl. dazu: Fjodor M. Dostojewski, Tagebuch eines Schriftstellers. Notierte Gedanken, bes. S. 71, 198, 292 ff., 345, 349, 544 f., 602 ff.

[91] Vgl. dazu: Dagmar Herrmann, Die neue europäische Ordnung – eine Vision Fëdor Dostojevskijs, S. 488–549, bes. S. 493.

[92] Vgl.: Angelo Neumann, Erinnerungen an Richard Wagner, S. 282.

Serow, ein wöchentliches Treffen von Musikern, Musikliebhabern und Literaten, wo über aktuelle Fragen von Kunst und Kultur, also mit Sicherheit auch über Wagner, diskutiert wurde. Der Tschaikowskifreund Hermann Laroche erzählte später etwas hämisch davon: *„Ich erinnere mich, daß damals auch Fjodor Dostojewski zu den Gästen gehörte, der sich wie ein x-beliebiger Literat ohne die geringste musikalische Bildung wortreich und gedankenlos über Musik verbreitete."*[93]

Dostojewskis durchaus konservativer Musikgeschmack begrenzte sich, wie ja auch bei Turgenjew, in einem Radius von Mozart und Beethoven bis hin zur Romantik Schumanns oder Mendelssohn Bartholdys. Wagner ging ihm, wie den meisten seiner russischen Musiker- und Literaturkollegen der unterschiedlichsten Couleur, musikalisch und ästhetisch entschieden zu weit, sprengte gewissermaßen jeden ästhetischen Anstand. Das sei hier an einigen wenigen Aussagen beispielhaft belegt.

Während des Konzertgastspiels Wagners 1863 hörte Dostojewski in Petersburg wahrscheinlich erstmals Musik des deutschen Komponisten.[94] Reaktionen darauf sind nicht bekannt. Im Jahre 1867, während eines längeren Aufenthaltes in Dresden, hatte Dostojewski am 14. Juni im Großen Garten ein Freilichtkonzert gehört, in dem auch ein Marsch aus Wagners „Rienzi" erklang, und charakterisierte diesen als ein *„entzückendes Stück".* In den nächsten Tagen erlebte er, auch wieder im Großen Garten, weitere Wagner-Stücke.[95] Und aus dem Jahre 1873 sind dann Bemerkungen von ihm überliefert, nach denen er anerkannte, dass Wagners Musik *„erfüllt von edlen Zielen"* sei und so auch belege, dass die deutsche Kunst *„sehr lebendig und sehr inspiriert von höchstem Streben"* sei.[96] Das klang doch noch sehr positiv. Wenige Jahre später aber trübte sich die Sicht auf Wagner merklich ein. Mehrfach fand der deutsche Komponist in den Tagebüchern des Dichters Erwähnung, auch wohl angeregt durch die Aufsehen erregende Uraufführung des „Ring" 1876 bei den ersten Bayreuther Festspielen. Über dieses Ereignis schlugen bekanntlich die Wogen der Diskussionen hoch, namentlich bei den russischen Musikern. Und Dostojewski sah jetzt gar zwischen Wagner und Bismarck, also dem Repräsentanten des erstarkten deutschen Kaiserreichs, eine unheilvolle, ins Nationalistische drängende Verwandtschaft.[97]

Am 19. August 1879, wieder während einer Deutschland-Kurreise, schrieb Dostojewski dann aus Bad Ems an seine Frau: *„Die Musik hier ist zwar gut, aber sie spielen selten Beethoven, Mozart, sondern immer nur Wagner (die höchst langweilige deutsche Kanaille, ungeachtet seines Ruhms) und allen möglichen Plunder."*[98] Und nach Dostojewskis Tod erinnerte sich seine Frau: *„Mein Mann, der kein*

---

[93] Hermann Laroche, Peter Tschaikowsky. Aufsätze und Erinnerungen, S. 263.

[94] Vgl.: A. Gosenpud, Richard Wagner i russkaja kultura, S. 167.

[95] F. M. Dostojewski, Letopis shisni i twortschestwa F. M. Dostojewskogo, Bd. 2: 1865–1874, S. 117, 119.

[96] Zit. nach: Rosamund Bartlett, Wagner and Russia, S. 50.

[97] Vgl.: F. M. Dostojewski, Polnoje sobranije sotschinenij, Bd. 24: Dnevnik pisatelja sa 1876 god/ Nojabr-Dekabr, S. 263.

[98] F. M. Dostojewski, Polnoje sobranije sotschinenij; Bd. 30/1: Pisma 1878–1881, S. 100, 307; vgl. auch: Fjodor Dostojewski/Anna Dostojewskaja, Briefwechsel 1866–1880, S. 495.

Musikkenner war, liebte Mozart, Beethovens ‚Fidelio‘, Mendelssohn Bartholdys ‚Hochzeitsmarsch‘ und Rossini sehr, und es war ihm ein wahrhafter Genuß, seine Lieblingswerke zu hören. Richard Wagner mochte er gar nicht. "[99]

Leo Tolstoi – Der Gegner

Anders gestaltete sich das Verhältnis Leo Tolstois zu Richard Wagner.[100] Der bedeutende russische Dichter (geboren 1828 in Jasnaja Poljana bei Tula) entstammte einer verzweigten russischen Adelsfamilie, aus der auch sein Cousin Alexei Konstantinowitsch Tolstoi und sein Neffe Alexei Nikolajewitsch Tolstoi, beide gleichfalls bekannte Dichter, stammten. In der großen Phalanx russischer Schriftsteller und Literaten des 19. Jahrhunderts von Belinski über Herzen und Turgenjew bis hin zu Dostojewski, die alsbald Weltgeltung erreichten und die auch aufmerksam das Kultur- und Musikleben in Westeuropa, vor allem in Deutschland und Frankreich, beobachteten und beschrieben, war Leo Tolstoi der Jüngste. Und eben als solcher hatte er auch Gelegenheit, die Wagner-Rezeption in Russland weit über den Tod des Komponisten hinaus bis in den Beginn des 20. Jahrhunderts zu erleben und kritisch zu begleiten. Tolstoi war ein ausgemachter Musikliebhaber, konnte gut Klavier spielen und beschäftigte sich fachkundig und eingehend mit älterer und neuer Musik. In jungen Jahren war er als Soldat Teilnehmer am Krim-Krieg und schrieb über seine dortigen Erlebnisse die „Sewastopoler Erzählungen". Diese Erlebnisse waren später auch Grundlage seiner ausgeprägt pazifistischen Weltsicht. Mit weiteren frühen Erzählungen wies er sich seit den 50er-Jahren als begabter Schriftsteller aus und machte sich in der russischen Literaturwelt rasch einen anerkannten Namen. Seine großen Romane „Krieg und Frieden" (1869) sowie „Anna Karenina" (1877) und später auch „Auferstehung" (1899) trugen ihm Weltruf ein. Und immer stärker hatten sich bei ihm Überzeugungen entwickelt, die weit aus dem Rahmen der zaristischen Gesellschaft seiner Zeit ausbrachen und ihn zu einer von der bäuerlichen Basis seiner Heimat geprägten sozialkritischen Haltung führten. So verstärkte sich auch seine Kritik an der erstarrten Institution der orthodoxen Kirche. Statt dessen vertrat er eine anarchisch pazifistische Religiosität, die auf einer unantastbaren Integrität der menschlichen Persönlichkeit, auch in ihrer erbärmlichsten Erscheinung, beharrte.

Als ein Beispiel dafür mag die Erzählung „Die Kreutzersonate" (1891) gelten – die Geschichte eines Mannes, der in einer sinnlos gewordenen Ehe lebte und seine Frau wegen vermeintlichen Ehebruchs mit einem Musiker ermordete. Beethovens „Kreutzersonate" (Nr. 9, A-Dur, op. 47) spielte darin als musikalisches Exempel eine wichtige Rolle. Tolstoi sah in dieser Musik, gemeint war vor allem das expressiv auflodernde Presto des ersten Satzes, die Gefahr menschlichen Außer-

---

[99] Anna Dostojewskaja, Die Lebenserinnerungen der Gattin Dostojewskis, S. 157; vgl. weiterhin: A. Gosenpud, Richard Wagner i russkaja kultura, S. 166–169.

[100] Vgl. ausführlicher dazu auch: A. Gosenpud, Richard Wagner i russkaja kultura, S. 172–181.

Sich-Geratens durch quasi musikalischen Exorzismus. Tolstoi ließ sich den Erzähler, also den Mörder der eigenen Ehefrau, an Folgendes erinnern – und erläuterte damit seine eigene Musikästhetik:

> *„Sie spielten die Kreutzersonate von Beethoven. Kennen Sie das Presto im ersten Satz? … Oh, es ist eine fürchterliche Sache, diese Sonate! Besonders der erste Satz. Und auch sonst ist es mit der Musik eine fürchterliche Sache. Welchen Sinn hat sie? Ich verstehe ihn nicht. Was bewirkt die Musik? Und warum übt sie solch eine Wirkung aus? Man sagt, die Musik wirke erhebend – das ist Unsinn, das ist nicht wahr! Sie wirkt – zumindest auf mich – gewaltig, aber keineswegs erhebend. Sie wirkt weder erhebend noch niederdrückend, sondern nur aufreizend. Wie soll ich mich ausdrücken? Die Musik, möchte ich sagen, zwingt einen zur Selbstvergessenheit, sie läßt den Menschen seine wahre Gemütsverfassung vergessen und versetzt ihn in eine andere, ihm fremde Welt … Auf mich zum mindesten hatte diese Sonate eine in ihren Folgen furchtbare Wirkung … Zudem fühlten sich beide durch die Musik verbunden, dieses raffinierteste Mittel zur Aufstachelung der Sinnlichkeit.“*[101]

„Aufstachelung der Sinnlichkeit“ – genau da sah Tolstoi die verderbliche Rolle der modernen Musik. Für ihn galten in musikästhetischer Hinsicht doch unumstößlich die Grenzen klassischer Musikauffassung, die seiner Ansicht nach eben gerade durch die ausufernden harmonischen Klangwelten spätromantischer Musik verletzt würden. Eine solche Musik, wie auch das Presto der „Kreutzersonate“, erschien Tolstoi gewissermaßen als klanglicher Ausdruck sexueller Übermacht in zwischenmenschlichen Beziehungen. Das verurteilte er scharf. Und es ist durchaus möglich, dass er in dieser Hinsicht auch auf die oben schon beschriebenen musikästhetischen Ansichten Alexander Ulybyschews, d. h. auf dessen Kritik am Beethovenschen Spätwerk, rekurrierte. Wie sein Tagebuch ausweist, hatte er in Petersburg Ulybyschew, der seinerzeit in Russland doch von vielen als musikästhetische Autorität angesehen wurde, am 5. Januar 1857, also noch kurz vor dessen Tod, kennengelernt.[102] Schon in seiner Novelle „Junost“ („Jugendjahre“), gleichfalls aus dem Jahre 1857, schrieb er ganz ironisch im Ulybyschewschen Sinne von der *„gelehrten deutschen Musik“* und meinte abfällig zu Beethovens Klaviersonate „Pathétique“ (Nr. 8, c-Moll, op. 13), sie sei ihm *„ehrlich gesagt … schon seit langem auf das äußerste zuwider“* gewesen.[103] Auch später, 1896, in einem Aufsatz „O tom, tschto nasywajut iskusstwom“ („Darüber, was man Kunst nennt“), der als Vorbereitung auf seine große Polemik „Was ist Kunst?“ und den darin vorgetragenen Generalangriff auf Wagner anzusehen ist, erhielten Beethovens späte Klaviersonaten noch einen heftigen Seitenhieb.[104] Das war ein deutliches Zeichen.

Wenn also Tolstoi beim späten Beethoven die Grenzen ästhetischer Angemessenheit überschritten sah, so stand das doch diametral der Wagnerschen Haltung gegenüber, der gerade hier den musikhistorisch auszeichnenden Charakter Beethovens sah. Für Wagner galten etwa die 9. Sinfonie des Wiener Meisters oder auch dessen Streichquartette und Klaviersonaten mit den hohen Opuszahlen als

---

[101] Leo Tolstoi, Die Kreutzersonate und andere Erzählungen, S. 187 f., 191.

[102] L. N. Tolstoi, Polnoje sobranije sotschinenij, Bd. 47: Dnewniki 1854–1857, S. 109, 397 f.

[103] Zit. nach: Tatjana Frumkis, Der „strenge deutsche Kontrapunkt“ und die „Neue russische musikalische Schule“. Zur Geschichte eines Streits, S. 896.

[104] Vgl.: L. N. Tolstoi, Perepiska s russkimi pisateljami, Bd. I, S. 357.

herausragende Werke des musikalischen Fortschritts. Ein Beispiel dafür sei nur zitiert – Cosima hielt unter dem 11.6.1882 folgende Begebenheit fest: *„Und dann spielt er* [Wagner] *etwas aus dem letzten Satz von 111* [Klaviersonate Nr. 32, c-Moll, op. 111] *und den ganzen ersten von 101 (A dur)* [Klaviersonate Nr. 28, A-Dur, op. 101]*, zu unserem Entzücken; wie stimmen wir ihm alle bei, wie er leidenschaftlich erklärt, mit diesen Werken habe Beethoven eine ganz neue Welt enthüllt …"*[105] Und in den Cosima-Tagebüchern finden sich darüber hinaus zahlreiche weitere Einträge über Wagners fortwährende Beschäftigung mit Beethovens Sinfonien sowie mit dessen späten Streichquartetten und Klaviersonaten. Genau hier fand also Wagner, im Gegensatz zu Tolstoi, den Horizont für ein „Kunstwerk der Zukunft" eröffnet.[106]

Tolstoi trug seine späten sozialen und ästhetischen Ansichten dann in drei umfangreichen Essays vor – in den Aufsätzen „Was ist Kunst?" (1898), „Was ist Geld?" (1901) und „Was ist Religion?" (1902). Damit war endgültig erkennbar, dass er zu Wagner ein ausgesprochen kritisches Verhältnis hatte. Es ist in dieser Hinsicht übrigens sehr wahrscheinlich, dass er schon früh, 1860/61 auf einer ausgedehnten Westeuropa-Reise, wenn nicht gar schon zuvor bei den Strauß-Konzerten in Pawlowsk, mit Wagnerscher Musik bekannt geworden war. Die Reise führte ihn damals nach Deutschland, Italien, Frankreich und England. Ja, es gibt sogar einen Hinweis, dass er möglicherweise während dieser Reise, auf der u. a. auch Anfang 1861 nach Paris kam,[107] mit Wagner flüchtig persönlich bekannt wurde. Wagner erwähnte in „Mein Leben" für die Zeit seines Paris-Aufenthaltes anlässlich der dortigen „Tannhäuser"-Aufführung 1860/61, dass er auch *„flüchtige Bekanntschaften"* gemacht habe, *„unter denen ein russischer Graf Tolstoi sich besonders vorteilhaft auszeichnete"*.[108] Das könnte – allzu viele reisende Grafen Tolstoi wird es auch zu dieser Zeit und an diesem Ort wohl nicht gegeben haben – durchaus der junge Leo Tolstoi gewesen sein, den auf seiner Reise ja vor allem das Kulturleben interessierte, der doch aber, möglicherweise bereits durch Ulybyschew infiziert, wohl kritisch auf diesen deutschen Komponisten geschaut haben dürfte. Es könnte aber auch der Musikkritiker Feofil Tolstoi gewesen sein, der zu jener Zeit gleichfalls in Paris weilte und eines der Wagner-Konzerte erlebte.

Tolstois spätere Beschäftigung mit Wagner schlug sich einmal sogar in seinem damals vielgelesenen Roman „Anna Karenina" (1877) nieder. Im 5. Kapitel des 7. Teils gibt es eine kleine Episode, wo zwei Romanpersonen in eine erregte Debatte über Wagner gerieten:

> *„In der Konzertpause entbrannte zwischen Lewin und Peszow ein Streitgespräch über Vorzüge und Mängel der Wagnerschen Richtung der Musik. Lewin argumentierte, der Irrtum Wagners und seiner sämtlichen Nachfolger sei, dass die Musik in fremde Kunstbereiche übergehen wolle, dass die Dichtkunst genauso irre, wenn sie Gesichtszüge beschreibe, was*

---

[105] CWT, Bd. II, S. 959.

[106] Vgl. u. a.: CWT, Bd. I, S. 154 ff., 319, 332, 358, 590, 660, 783, 876, 896, 1072, 1090; Bd. II, S. 75, 233, 241, 317, 365, 437, 488, 527, 568, 635, 667, 807, 931, 1015, 1103.

[107] Vgl.: L. N. Tolstoi, Polnoje sobranije sotschinenij, Bd. 48: Dnewniki 1858–1880, S. 32.

[108] ML, S. 619.

die Malerei tun sollte ... Peszow wiederum argumentierte, die Musik sei eins und ihre höchsten Ausdrucksformen könne sie nur in der Vereinigung aller Kunstarten erreichen."[109]

Dann gab es ein für Tolstoi einschneidendes Ereignis. Er besuchte am 18. April 1896 eine Aufführung des „Siegfried" im Moskauer Bolschoi Theater, die dort 1894 bereits ihre Premiere hatte, und vermerkte das auch ausdrücklich in seinem Tagebuch.[110] Es war die erste russischsprachige Aufführung eines „Ring"-Werkes in Russland, nach den ersten deutschsprachigen „Ring"-Gastspielaufführungen durch Angelo Neumanns „Richard Wagner Theater" im Februar/März 1889 in Petersburg und Moskau. Ob Tolstoi eine dieser Vorstellungen besucht hat, ist fraglich. Aber kurz danach mehrten sich in seinem Tagebuch bereits Eintragungen zu Wagner. Am 13.6.1889, nach dem Gastspiel der Neumann-Truppe, habe ihm ein Freund davon erzählt und auch Inhalte der vier Stücke erläutert. Tolstois befremdeter Kommentar lautete: *„Wotan, Walhalla, Walküren, Siegmund, Siegfried u.s.w. Es ist schrecklich zu hören, bis zu welchem Irrsinn sich die Leute versteigen können. Man muss über Kunst schreiben.*"[111] Das war wohl der erste Gedanke Tolstois an eine größere Schrift über seine Kunstauffassung. In den nächsten Monaten tauchten dann im Tagebuch immer wieder Überlegungen zu einer solchen Schrift auf. Auch Tanejew hielt in seinen Tagebüchern äußerst kritische Bemerkungen Tolstois über Wagner fest, so habe dieser am 9. Juni 1895, nachdem Tanejew ihm Auszüge aus der „Walküre" vorgespielt habe, nur geäußert: *„Welch ein Unrat!*" Und ein Jahr später, am 18. Juni 1896, nun schon, nachdem Tolstoi die „Siegfried"-Aufführung in Moskau besucht hatte, nannte er Wagners Musik ein *„Nichts"*.[112] Und möglicherweise durch das Erlebnis der Moskauer „Siegfried"-Aufführung von 1896 wurde Tolstoi dann endgültig zu seiner großen Abhandlung „Was ist Kunst?" angeregt. Eine wichtige Vorstufe dazu war der eben schon erwähnte (unvollendet gebliebene) Aufsatz „O tom, tschto nasywajut iskusstwom", der seine Entstehung eben diesem Besuch einer „Siegfried"-Aufführung verdankte. Und es hieß da gleich zu Beginn:

„In diesem Jahr gelang es mir erstmalig, das, wie sogenannte Kenner versichern, beste Werk Wagners zu hören. Die Aufführung war, wieder nach Meinung der Kenner, ausgezeichnet. Trotz meines Vorhabens, bis zum Schluss auszuharren, um das Recht zur Beurteilung zu haben, konnte ich das nicht durchhalten, nicht aus Langeweile, sondern wegen der entsetzlichen Falschheit des Werkes ... Ich konnte diese Qual nicht ertragen und ging während des zweiten Aktes. Das Werk zeigt sich doch folgendermaßen: von allen mir bekannten nationalen Epen sind die Nibelungen das unpoetischste, uninteressanteste und gröbste ... Wagner wandelte [das Poem] entsprechend seiner musikalischen Ziele um und verlieh ihm eine vernebelt deutsche und langweilige pseudophilosophische Bedeutung, und dann erfand er, ja er erfand für diese erkünstelte Geschichte keine Musik, sondern Klänge, sogenannte Musik, und eine solche Geschichte in dramatischer Form, mit schreienden unästhetischen Klängen über weite Strecken, wurde präsentiert von theatralisch aufgeputzten Menschen."[113]

---

[109] Lev Tolstoi, Anna Karenina, S. 1030.

[110] L. N. Tolstoi, Sobranije sotschinenij, Bd. 22: Dnewniki 1895–1910, S. 44.

[111] L. N. Tolstoi, Sobranije sotschinenij, Bd. 21: Dnewniki 1847–1894, S. 387 f.

[112] Zit. nach: A Gosenpud, Richard Wagner i russkaja kultura, S. 180 f.

[113] L. N. Tolstoi, Sobranije sotschinenij, Bd. 15: Stati ob iskusstwe i literatura, S. 343.

Ein weiteres Beispiel solcherart Polemik sei hier noch eingefügt. Tolstoi reflektierte da einmal in Vorarbeiten zu „Was ist Kunst?" über Aufführungen von Wagneropern, gemeint waren vor allem die ersten Bayreuther Festspiele:

> *„Für ihre Aufführungen wurden entsetzliche Anstrengungen und Mühen aufgewandt und verschwendet; von allen Künstlern und Kunstkritikern wurden sie studiert und diskutiert, und eine große Menge bejahrter, angesehener Menschen saß drei Tage und hörte sich das an … Was? Nach Ansicht der einen – ein albernes, plattes Märchen, das kein Kind ohne Langeweile bis zu Ende hören könnte, denn es sei ja gar kein Märchen, sondern ein sinnloser Mischmasch aus schlechten Märchen, der von einem ebensolchen Mischmasch aus Tönen begleitet werde. Andere sprachen von einem großen Kunstwerk – von der Kunst der Zukunft. Hier zeigt sich unmittelbar das Mißverhältnis zwischen behaupteter Wichtigkeit und inhaltlicher Hohlheit."*[114]

Die „Siegfried"-Aufführung 1896 im Moskauer Bolschoi Theater war also ganz offenbar ein Schockerlebnis für Tolstoi. Aber mit seiner grundsätzlichen Ablehnung versicherte er sich innerhalb eigener ästhetischer Grenzziehung seiner selbst. Anfang Januar 1897 begann er dann die Niederschrift von „Was ist Kunst?" und konnte eine erste Fassung bereits am 22. Februar abschließen. Kapitelweise erschien Ende 1897 und Anfang 1898 der gesamte Text des Traktats in einer philosophischen Fachzeitschrift, allerdings mit zensurbedingten Einschränkungen. Erst 1898 konnte in London eine unzensierte englischsprachige Publikation des Gesamttextes erfolgen.

„Was ist Kunst?" – eine der auffälligsten und meistdiskutierten ästhetischen Schriften ihrer Zeit in Russland – war eine Herausforderung an die moderne Kunst. Sie stellte allerdings auch einen eklatanten Anachronismus dar. Tolstoi ließ von den modernen französischen, deutschen und russischen Dichtern, Musikern und Malern eigentlich nichts mehr gelten. Alle neuen Werke erschienen ihm als verderbte Erzeugnisse von Ignoranz und Dekadenz, völlig vorbeigehend am geistigen Auffassungsvermögen größter Teile der Bevölkerung. In „Was ist Kunst?" stellte Tolstoi die Kunstästhetik unter die Kuratel einer strengen, einer engen Kunstmoral.

Am Beginn seiner Darstellung beschrieb Tolstoi in einer ironischen, ja bissigen Art der Verfremdung – es ist eine Sicht aus rückwärtiger Position, teilweise hinter den Theaterkulissen – eine Opernproduktion. Er spiegelte darin gleichnishaft die Unsinnigkeit des Kunstbetriebs seiner Zeit und sah den Grund dafür in einem verkommenen Schönheitsbegriff als Anlass der modernen Kunst:

> *„Die Menschen werden nur dann den Sinn der Kunst begreifen, wenn sie aufgehört haben, die Schönheit, d. h. den Genuß als Ziel dieser Tätigkeit zu betrachten … Was aber ist denn Kunst, wenn man den die ganze Sache verwirrenden Begriff der Schönheit verwirft? … Um die Kunst genau zu definieren, muß man vor allem aufhören, sie als Mittel zum Genuß anzusehen, und muß sie vielmehr als eine der Bedingungen des menschlichen Lebens betrachten. Wenn wir die Kunst so betrachten, sehen wir, daß sie eines der Mittel für die Einigung der Menschen untereinander ist … Wir sind gewohnt, unter Kunst nur das, was wir in den Theatern, Konzerten, in den Ausstellungen lesen, hören und sehen, die Gebäude, die Statuen, die Gedichte, die Romane zu verstehen. Aber dies alles ist nur der kleinste Teil derjenigen Kunst, durch die wir im Leben miteinander in Berührung kommen."*[115]

---

[114] Zit. nach: Lew Nikolajewitsch Tolstoi, Über Literatur und Kunst, S. 219.
[115] Leo N. Tolstoi, Was ist Kunst?, S. 68, 70, 72, 77.

Dieser drastischen Verwerfung eines seiner Meinung nach irrigen Schönheitsbegriffs in der Kunst stellte Tolstoi den Verweis auf den sozialen Alltag der Menschen gegenüber, der von vielerlei Arten künstlerischen Ausdrucks geprägt sei, denen man normalerweise gar keinen künstlerischen Eigenwert zumesse. Nicht in der von der Kunstgeschichte fälschlicherweise zum Gesetz erhobenen *„ästhetischen Triade: des Schönen, Wahren und Guten"* sei Kunst zu begreifen, sondern allein in der moralischen Zielsetzung des Guten: *„Das Gute ist das ewige, höchste Ziel unseres Lebens."*[116] Und retrospektiv meinte Tolstoi dann:

> *„Aber unsere Kunst ist doch nicht nur nicht die einzige Kunst, und ist nicht einmal die Kunst der gesamten christlichen Menschheit, sondern nur die Kunst eines sehr kleinen Teiles dieses Teiles der Menschheit ... Solch eine, dem ganzen Volk gemeinsame Kunst gab es in Rußland vor Peter dem Großen und in den europäischen Gesellschaften bis zum 13. und 14. Jahrhundert ... Für den größten Teil des gesamten arbeitenden Volkes ist unsere Kunst, die ihm wegen der teuren Preise unzugänglich ist, auch dem Inhalt selbst nach fremd ..."*

Es sei eben tatsächlich so, *„daß nämlich unsere Kunst eine Kunst allein der höheren Klassen ist."*[117] Insoweit war Tolstois sozialpolitisch begründete Philippika gegen die moderne Kunst durchaus verständlich, wenn auch ziemlich populistisch gehalten, da sie Jahrhunderte Kunstentwicklung in Europa als untauglich darstellte. Dabei fielen dann natürlich auch die Namen *„Nietzsche und Wagner"*. Ja, Nietzsche und Wagner waren ihm zu ästhetischen Hauptfeinden geworden.[118] Und in unheilvoller Folge folgten dann auch die Namen *„Baudelaire, Verlaine, ... Maeterlinck ... Dies sind Symbolisten und Dekadente"*. Weiter hieß es, auch neueste Musikerscheinungen einbeziehend:

> *„Genau so geht es auch bei allen Konzerten zu mit den Werken von Liszt, Wagner, Berlioz, Brahms und des neuesten Richard Strauß und einer unzähligen Masse anderer, die ohne Unterbrechung eine Oper nach der anderen, eine Symphonie nach der anderen, ein Stück nach dem anderen dichten ... So werden auf allen Gebieten der Kunst nach einem fertig ausgearbeiteten Rezept die Falsifikate der Kunst geschaffen, die das Publikum unserer höheren Klassen als echte Kunst nimmt."*[119]

Tolstoi warf dann alles in einen Topf, als er auch über die *„rohen, wilden und für uns oft sinnlosen Werke der alten Griechen"* oder von Dante, Shakespeare, Raphael, Michelangelo bis hin zu Bach und Beethoven sprach und diese als Vorläufer der dekadenten Moderne bezeichnete. Und wieder einmal bezeichnete Tolstoi dann auch die späten Werke Beethovens als *„verunstaltete Werke"*, um dann überzuleiten zu seinem Hauptangriffsziel:

> *„Und siehe, da erscheint Wagner, der zuerst in kritischen Aufsätzen den Beethoven, gerade den späten lobt und diese Musik in Zusammenhang bringt mit der mystischen Theorie Schopenhauers, die ebenso unsinnig ist, wie die Musik Beethovens selbst, der Theorie, daß die Musik eine Äußerung des Willens sei, nicht einzelner Offenbarungen des Willens auf verschiedenen Stufen der Objektivation, sondern seines Wesens selbst, bringt dann aber*

---

[116] Ebd., S. 97 f.

[117] Ebd., S. 103, 108, 110.

[118] Vgl. auch: Leo Schestow, Tolstoi und Nietzsche. Die Idee des Guten in ihren Lehren, S. 22–32.

[119] Leo N. Tolstoi, Was ist Kunst?, S. 122 f., 139, 167.

schon selbst nach dieser Theorie seine Musik in Zusammenhang mit dem noch irrigeren System der Vereinigung aller Künste. "[120]

In die Mitte seiner großen Kunstpolemik (in das Kapitel 13 von 20 Kapiteln) positionierte Tolstoi also Wagner, machte ihn zum negativen Kronzeugen seiner eigenen Ästhetik, arbeitete an ihm sein unüberwindliches Unbehagen gegen alle neue Kunst ab. Wagner galt ihm als der Inbegriff alles Verderblichen in der Kunst der Gegenwart. Kein Wunder übrigens, dass, wie oben schon zitiert, der Musikkritiker Leonid Sabanejew wenig später über die damalige Wirkung Wagners in Russland auch schrieb, viele Musikliebhaber hätten, ähnlich Tolstoi, geglaubt, der deutsche Komponist sei *„eine Art von musikalischem ‚Antichrist'".*[121] Tolstoi erschien in erster Linie Wagners Gedanke von der Vereinigung der Künste in einem großen dramatischen Werk als absolut unsinnig. Zweitens kritisierte er Wagner auch als Dichter: *„Das wichtigste dichterische Werk Wagners ist die poetische Bearbeitung der Nibelungen ... Dieses Erzeugnis ist das Muster eines rohen, sogar ins lächerliche sich erhebenden Falsifikats der Poesie."* Daraufhin exemplifizierte er seine Meinung wiederum am „Siegfried". Er widmete der Aufführung dieses „Ring"-Teils, die er 1896 allerdings, wie schon zitiert, angewidert bereits während des zweiten Aktes verlassen habe, eine ausführliche und rein parodistische Beschreibung und erstaunte dabei wiederum:

> *„Dies alles ist so dumm und gauklerhaft, daß man sich wundert, wie Menschen, die älter sind als sieben Jahre, ernsthaft bei dieser Sache zugegen sein können ..., daß ich rings um mich eine dreitausendköpfige Menge sah, die nicht nur gehorsam diesen ganzen, mit nichts zu vergleichenden Unsinn anhörte, sondern es auch für ihre Pflicht hielt, sich an ihm zu entzücken."*[122]

In seiner Kritik an Wagner und dessen „Nibelungen" fuhr er jedoch fort und gab seinem Essay sogar im Anhang eine relativ ausführliche Beschreibung des Inhalts der Wagnerschen Tetralogie.[123] Er kam dann endlich auch auf die Musik zu sprechen, nachdem er zuvor schon die Wagnersche Leitmotivik ätzend ironisiert hatte, und gestand zunächst ein:

> *„Außerdem ist die Musik interessant. Diese Musik widerspricht allen früher geltenden Gesetzen und in ihr erscheinen ganz unerwartete und völlig neue Modulationen, was sehr leicht und durchaus möglich ist in einer Musik, die keine innere Gesetzmäßigkeit hat. Es gibt neue Dissonanzen und sie werden nach neuer Art gelöst, und auch dies ist interessant."*

Aber die Wirkung sei verheerend, denn solche neuen klanglichen Möglichkeiten *„wirken auf den Zuschauer und hypnotisieren ihn in der Art, wie ein Mensch, der im Laufe von mehreren Stunden die irren Reden eines Wahnsinnigen, die mit großer Vortragskunst hergesagt werden, anhört, hypnotisiert sein würde."* Und von der ge-

---

[120] Ebd., S. 174 f.

[121] Zit. nach: Anastasia Belin-Johnson, ‚One can learn a lot from Wagner, including how not to write operas': Sergey Taneyev and his Road to Wagner, S. 1.

[122] Leo N. Tolstoi, Was ist Kunst?, S. 187, 193 ff.

[123] Ebd., S. 309–315.

rühmten akustischen und optischen Besonderheit des Bayreuther Festspielhauses, wo sich eine solche Wirkung optimal realisiere, meinte er: *„Dies gerade beweist doch, daß hier die Sache nicht in der Kunst, sondern in der Hypnotisation liegt."* Das bittere Resümee Tolstois lautete dann:

> *„Und siehe da, ein sinnloses, grobes falsches Werk, das nichts mit der Kunst gemein hat, geht durch die ganze Welt, dank Meisterhaftigkeit der Falsifizierung von Kunst, kostet Millionen bei seiner Aufführung und verdirbt immer mehr den Geschmack der Menschen der höheren Klassen und ihren Begriff von dem, was Kunst ist."*[124]

In den folgenden Kapiteln gab Tolstoi noch einmal seinem äußersten Unbehagen an der modernen Kunst Ausdruck und blickte dabei nicht zufällig auch kritisch auf Beethovens 9. Sinfonie zurück, *„da diese Musik exklusiv ist und nicht alle Menschen vereinigt, sondern nur einige ..."* Und dann klang wieder die „Kreutzersonaten"-Phobie auf: *„Die gesamte Kunst, die echte und die gefälschte, mit den seltensten Ausnahmen, ist nur dazu da, um jegliche Art geschlechtlicher Liebe in allen ihren Erscheinungen zu beschreiben ..."* Sie habe *„nur einen einzigen bestimmten Zweck ...: die möglichst weite Verbreitung der Unsittlichkeit ... Die Kunst unserer Zeit und unseres Kreises ist eine Buhlerin geworden ..., stets verkäuflich, ebenso verlockend und verderblich."*[125]

Mit den beiden Schlusskapiteln seines Traktats versuchte Tolstoi nun seine eigenen Ideen von einer *„Kunst der Zukunft"* zu entwickeln. Diese Formulierung war wohl eine bewusste Anlehnung an Wagners Schrift „Das Kunstwerk der Zukunft", aber zugleich gedacht als ideell völlig gegensätzliche Alternative:

> *„Die Kunst der Zukunft ... wird nur jene Kunst sein, die das höchste religiöse Bewußtsein der Menschen unserer Zeit verwirklicht ... Und Gutachter der Kunst wird überhaupt nicht, wie dies jetzt geschieht, die Klasse der reichen Menschen, sondern das ganze Volk sein ... Die Kunst der Zukunft wird von allen Menschen aus dem Volk geschaffen werden, die sich dann mit ihr befassen, wenn sie ein Bedürfnis nach solch einer Tätigkeit empfinden ... Die Kunst wird das, was sie sein soll, sein: das Mittel der Übertragung des religiösen christlichen Bewußtseins aus dem Gebiet der Vernunft und des Verstandes in das Gebiet des Gefühls, indem sie dadurch die Menschen in der Tat, im Leben selbst, jener Vollkommenheit und Einigkeit näherbringt, die ihnen das religiöse Bewußtsein zeigt."*[126]

Im Schlusskapitel fasste Tolstoi dann noch einmal die vielfältigen Facetten seiner Vorstellung von einer *„Kunst der Zukunft"* zusammen. Und da ergab sich schließlich ein Panorama von einerseits religiös dominierter, und somit doch auch wieder vereinseitigender Sichtweise und andererseits ein gedanklicher Aufriss von weitgreifender sozialer Determiniertheit:

> *„Die Aufgabe der Kunst ist ungeheuer: die echte Kunst muß mit Hilfe der Wissenschaft, geleitet von der Religion, erreichen, daß das friedliche Zusammenleben der Menschen ... durch die freie und freudige Tätigkeit der Menschen erreicht werde. Die Kunst muß die Gewalt beseitigen. Und nur die Kunst kann dies tun ... Die Kunst muß es zuwege bringen, daß*

---

[124] Ebd., S. 199 ff.
[125] Ebd., S. 249, 265, 272 f.
[126] Ebd., S. 274 f., 278, 284 f.

die Gefühle der Brüderlichkeit und der Nächstenliebe, die jetzt nur den besten Menschen der Gesellschaft zugänglich sind, zu gewohnten Gefühlen, zum Instinkt aller Menschen werden … In unserer Zeit ist die Bestimmung der Kunst klar und bestimmt. Die Aufgabe der christlichen Kunst ist die Verwirklichung der brüderlichen Einigung der Menschen. "[127]

An dieser Stelle muss nun auf einen merkwürdigen Umstand hingewiesen werden, nämlich auf die Tatsache, dass Wagner schon Jahre zuvor in seinen späten „Regenerations"-Schriften zu ganz ähnlichen Überzeugungen gelangt war, die die beiden großen Künstler in eine überraschende Nähe zueinander brachte, auch wenn diese Anschauungen bei beiden gleichermaßen utopisch wie anachronistisch anmuten. Wagner sprach doch auch von einer zukünftigen Kunst, die ohne wahre Religiosität – fernab jedoch aller geistig erstarrten kirchlichen Institutionalisierung des Glaubens – nicht möglich sei. In „Religion und Kunst" (1880) hieß es da gleich eingangs: *„Man könnte sagen, daß da, wo die Religion künstlich wird, der Kunst es vorbehalten sei, den Kern der Religion zu retten …"* Und weiter, dass die *„Ausführung der großen Regeneration nur aus dem tiefen Boden einer wahrhaften Religion erwachsen könne"*. Ja, Wagner betonte, *„daß wahre Kunst … mit wahrer Religion vollkommen eins"* sein müsse und dass ein *„besserer Zustand der zukünftigen Menschheit"* denkbar sei, *„da in ihm Religion und Kunst nicht nur erhalten werden, sondern sogar erst zur einzig richtigen Geltung gelangen sollten"*. Und in „Heldentum und Christentum" (1881), einer Nachschrift zu „Religion und Kunst", träumte Wagner gar von einer *„ästhetischen Weltordnung"*, die aber nur *„dadurch denkbar ist, daß sie sich auf den Gewinn einer allgemeinen moralischen Übereinstimmung gründet, wie das wahrhaftige Christentum sie auszubilden uns berufen dünken muß."*[128]

Wagner konnte natürlich nicht ahnen, was Tolstoi viele Jahre später verblüffend ähnlich in „Was ist Kunst" über die mögliche, ja wünschenswerte Korrelation von Kunst und Religion schreiben würde. Und Tolstoi hatte offenbar von Wagners „Regenerations"-Schriften keine Kenntnis. Sonst wäre er wohl doch erstaunt von der Übereinstimmung mancher seiner Gedankengänge mit Wagners späten religionsphilosophischen Ansichten zur Kunst gewesen.

Wagner kannte wohl auch nur ein Werk von Tolstoi, nämlich „Krieg und Frieden". Cosimas Tagebuch gibt Auskunft darüber, dass Wagner und sie sich Ende 1882/Anfang 1883 über einen längeren Zeitraum hinweg höchst interessiert mit Tolstois großer Roman-Epopöe beschäftigten.[129] Und bekannt ist auch, wie schon erwähnt, dass Wagner in seiner literarischen Wissbegier etliche Werke großer russischer Dichter gelesen hat, so von Turgenjew oder von Puschkin, Gogol und vielleicht auch von Shukowski. Ist jedoch der Eindruck russischer Literatur auf seine geistige und künstlerische Gedankenwelt als relativ gering einzuschätzen, so erweist sich umgekehrt seine Wirkung auf die russische Literatur in der zweiten

---

[127] Ebd., S. 302 ff.
[128] RWS, Bd. 10, S. 211, 243, 251, 284 f.
[129] CWT, Bd. II, S. 1062 f., 1067.

Hälfte des 19. Jahrhunderts, von Odojewskis „Russischen Nächten" bis hin zu Tolstois „Was ist Kunst?", als ungleich nachhaltiger. Und sie potenzierte sich noch – darauf wird im Folgenden zurückzukommen sein – am Beginn des 20. Jahrhunderts in der Welt des „russischen Symbolismus", vornehmlich bei Andrei Bely, Alexander Block oder Wjatscheslaw Iwanow.

Kapitel 8
Wagner-Adaptionen im russischen „Fin de siècle" – Die „Symbolisten"

Wjatscheslaw Iwanow – Die „dionysische Handlung"

Um die Jahrhundertwende waren die Fronten in der Auseinandersetzung um Wagner also ziemlich klar. Von Seiten namhafter russischer Dichter und Literaten, von Odojewski und Turgenjew bis Tolstoi, gab es teilweise zaghafte Zustimmung, überwiegend jedoch heftige Ablehnung. Ähnlich sah es bei den russischen Musikern und Musikkritikern aus. Einzig Serow hatte unbedingte Verbundenheit bekundet. Die Mehrzahl, von Ulybyschew, Dargomyshski und Stassow über die Komponisten des „Mächtigen Häufleins", vor allem Cui, Borodin, Balakirew und – teilweise – Mussorgski, bis hin zu Anton Rubinstein, lehnte Wagner und seine Reformideen für die Oper rundweg ab. Allein Tschaikowski und Rimski-Korsakow, dann aber auch Musiker der jüngeren Generation wie Glasunow und Tanejew, zeigten, bei allen Vorbehalten gegenüber der Ästhetik und Dramaturgie Wagners, doch eine hohe Wertschätzung des deutschen Komponisten, vor allem in der Anerkennung seiner kompositorischen Meisterschaft. Sie hielten ihn uneingeschränkt für eine musik- und opernhistorische Ausnahmeerscheinung.

In der musikalischen und gesellschaftlichen Öffentlichkeit Russlands war das Bild ähnlich. Im Konzert- und Opernleben errang Wagner zwar erst unter erheblichen Widerständen eine zunehmend wichtige Rolle, die sich allerdings mit und seit der Jahrhundertwende zu einer dominierenden Position auswachsen konnte. Es war dann, wie schon dargestellt, eine Dominanz, die zu Recht als russischer „Wagnerismus", vergleichbar international nur mit dem französischen „Wagnérisme" eben zu jener Zeit, zu bezeichnen ist. Wagner hatte um das Jahr 1900 – so kann man wohl sagen – mit Russland nun ganz Europa erobert.

Und an diesem kritischen Umschlagpunkt der russischen Wagnerrezeption erhob eine junge Künstlergeneration ihre Stimme, deren Vertreter allgemein als „Symbolisten" bzw. deren künstlerische und geistige Ausrichtung als „russischer Symbolismus" bezeichnet wird. Es war eine Strömung, die sowohl die Literatur wie auch die

E. Kröplin, *Richard Wagner und Russland*, https://doi.org/10.1007/978-3-662-70404-2_8

bildende Kunst und das Theater zunehmend prägte, und die sich in ganz akzentuierter Weise von noch herrschenden ästhetischen Maßgaben des Realismus und Naturalismus absetzte, sich gegen materialistische und positivistische Welterklärungsversuche auflehnte, vielmehr in mythifizierenden und auch religiös mystifizierenden Weltsichten Zuflucht suchte. Das Kunstverständnis dieser Generation zielte auf eine Überhöhung bzw. Aufhebung der als Misere empfundenen Realität in eine symbolhaft und visionär beschriebene andere Geisteswelt ab. Die Verehrung dieser Künstlergeneration für den Religionsphilosophen Wladimir Solowjow, der zu jener Zeit als eine überragende geistige Idealgestalt galt, war dabei kein Zufall und spielte für ihr künstlerisches Selbstverständnis eine ganz wesentliche Rolle, ebenso wie eine ganz akzentuierte ideelle Orientierung an Friedrich Nietzsches philosophischen Ansichten. Die Symbolisten waren in den Augen der Öffentlichkeit Vertreter einer geistigen und künstlerischen „Décadence". Was so eigentlich als Kritik und Ablehnung formuliert war, bedeutete aber doch nur, dass die Symbolisten auf eine vor ihren Augen zerfallende Weltordnung, auf ein „Fin de siècle", reagierten. Dieses Phänomen wurde seitdem in zahlreichen Darstellungen untersucht und anschaulich beschrieben. Speziell verwiesen sei an dieser Stelle nur auf eine grundlegende Studie über den russischen Symbolismus, die der österreichische Slawist und Literaturwissenschaftler Aage A. Hansen-Löve in jüngster Zeit in drei inhaltsreichen Bänden vorgelegt hat.[1]

Entscheidende Anregungen empfingen die russischen Symbolisten – neben ihren vielfältigen Reaktionen auf Wagner – auch vom schon Jahrzehnte zuvor entstandenen französischen und belgischen Symbolismus, wie er etwa durch die Namen Charles Baudelaire, Stéphane Mallarmé, Paul Verlaine, Arthur Rimbaud, Émile Verhaeren, Maurice Maeterlinck und Paul Valéry repräsentiert war. Als deutsche und österreichische Parallelerscheinungen seien weiterhin Literaten wie Stefan George, Richard Dehmel, Hugo von Hofmannsthal oder Rainer Maria Rilke erwähnt, ebenso der Schwede August Strindberg, der Däne Jens Peter Jacobsen und der Italiener Gabriele d'Annunzio. Und in diese Phalanx gehören natürlich auch die russischen Maler und Bühnenbildner Michail Wrubel, Kusma Petrow-Wodkin, Alexander Benois, Nikolai Roerich, Alexander Golowin, Igor Grabar, Boris Kustodijew, Léon Bakst oder Wassili Kandinsky sowie der Litauer Mikolajus Konstantinas Čiurlionis und in Westeuropa etwa ihre Zeitgenossen Arnold Böcklin, James Ensor, Henri Fantin-Latour, Odilon Redon, Aubrey Beardsley, Max Klinger und Edvard Munch.[2]

Alsbald infizierten symbolistische Tendenzen auch die zeitgenössische Musik. In Russland sind da in erster Linie zu nennen Konstantin Eiges, der 1907 eine programmatische Schrift unter dem Titel „Musyka, kak odno is vysschich mistitscheskich pereshivanij" („Musik als eine der höchsten mystischen Erfahrungen")[3] publizierte, sowie Kompositionen von Nikolai Rimski-Korsakow („Die Legende von der unsichtbaren Stadt Kitesh und der Jungfrau Fewronija"), Sergei Rachmaninow

---

[1] Hansen-Löve, Aage A.: Der russische Symbolismus.

[2] Vgl. dazu u. a.: Die Symbolisten und Richard Wagner, hrsg. von Wolfgang Storch.

[3] Vgl. dazu: Simon Morrison, Russian Opera and the Symbolist Movement, S. 10.

(Sinfonische Dichtung „Toteninsel" nach Böcklin), Alexander Skrjabin (Synthese aller Künste in einem geplanten großen „Mysterium"), Igor Strawinsky („Le sacre du printemps") und der junge Sergei Prokofjew (Ballett „Ala und Lolli", die Balmont-Kantate „Es sind ihrer Sieben" sowie die Brjussow-Oper „Der feurige Engel") oder dann in Westeuropa Komponisten wie Richard Strauss („Zarathustra" nach Nietzsche und die Hofmannsthal-Oper „Frau ohne Schatten"), Arnold Schönberg („Verklärte Nacht" nach Dehmel und „Gurrelieder" nach Jacobsen) in ihren frühen Werken sowie Gustav Mahler (8. Sinfonie, „Sinfonie der Tausend", und „Das Lied von der Erde") wie auch Claude Debussy (Maeterlinck-Oper „Pelléas und Mélisande" und die d'Annunzio-Vertonung „Le Martyre de Saint-Sébastien").

Der russische Symbolismus gewann ein eigenes Profil Anfang der 90er-Jahre durch den Literaten Dmitri Mereschkowski, der bald auch als ihr führender Ideologe anerkannt war, und durch den Dichter Waleri Brjussow, dessen 1892 herausgegebene Anthologie „Russische Symbolisten" als initiale Programmschrift begriffen wurde. Die russischen Symbolisten in der Literatur, wie auch in der bildenden Kunst und in der Musik, entwickelten, ähnlich ihren französischen Vorbildern, und darauf soll im Weiteren ausführlicher eingegangen sein, eine auffällige und besondere Affinität zu Richard Wagner, den sie ja in ihrer Heimat als mittlerweile dominierende musiktheatralische Erscheinung erleben konnten.

Zur ersten Symbolisten-Generation gehörten in Russland weiterhin die Dichter Innokenti Annenski, Konstantin Balmont, Sinaida Hippius (die Ehefrau von Mereschkowski), Fjodor Sologub, Wladimir Belski und Sergei Gorodezki. Ihnen folgten, um nur die bekanntesten Namen zu nennen, Wjatscheslaw Iwanow, Andrei Bely und Alexander Block. Und daneben sei hingewiesen auf den Umstand, dass jetzt auch der Lyrik in der russischen Literatur ein großer Raum zugemessen war, eine Gewichtung, die dann in der Nachfolgebewegung des „Akmeismus" einer Anna Achmatowa, eines Nikolai Gumiljow und eines Ossip Mandelstam ihre eindrucksvollste Ausprägung erhielt. Die von ihnen 1911 gegründete Vereinigung „Zech poetow" („Dichterzunft") und deren Zeitschrift „Apollon" übten bis über den ersten Weltkrieg und die russische Oktoberrevolution hinaus eine große Anziehungskraft auf die junge russische Künstlergeneration aus.

Von den Zeitgenossen bereits wurde die Kunst der Symbolisten und ihrer Nachfolger verklärend übrigens auch als das „Silberne Zeitalter" der russischen Literatur und Kunst bezeichnet, entsprechend dem für die Puschkin-Epoche hundert Jahre zuvor gängigen Begriff des „Goldenen Zeitalters". Es waren insgesamt Entwicklungen, die auch in Deutschland und Österreich eine Parallele fanden, etwa in der gleichfalls antiakademisch ausgerichteten Bewegung des „Sezessionismus", wie sie in München, Wien und Berlin zu beobachten war und hier neben „Jugendstil"-Ausprägungen, so bei Gustav Klimt in Wien, u. a. auch für in Deutschland lebende russische Avantgardisten wie Wassili Kandinsky, Marianne von Werefkin oder Alexei von Jawlensky eine große Anziehungskraft ausübten und somit auch letztlich Verbindung zu den späteren Künstlervereinigungen „Der Blaue Reiter" in München oder „Die Brücke" in Dresden hatten.

Die nach Brjussow, Balmont, Hippius etwas jüngere Gruppe der russischen Symbolisten stellte sich, neben Künstlern wie Alexei Remisow oder Michail Kusmin, repräsentativ vor allem in einer Personal-Trias dar: Wjatscheslaw Iwanow (geboren 1866), Andrei Bely (geboren 1880) und Alexander Block (geboren 1880). Verbunden waren sie übrigens auch persönlich in einer zeitweilig engen gegenseitigen freundschaftlichen Zuneigung, die allerdings gelegentliche innere Zerwürfnisse nicht ausschloss, und durch, zumindest in den Anfängen, gemeinsame künstlerische Überzeugungen.

Spät erst fand Iwanow, ein sensibler Literat und feinsinniger Ästhet, Eingang in den Kreis der russischen Symbolisten. Er hatte ein Studium der Geschichte und Philosophie an der Moskauer Universität begonnen, ging aber schon 1886 nach Berlin und setzte dort (bei Theodor Mommsen), später auch in Paris, Rom, London, Athen und Genf seine Studien fort. Bis 1905 lebte und arbeitete er vor allem in Westeuropa. Schwerpunkt seines Interesses waren die klassische Philologie und antike Kultur in Griechenland und Italien und damit im Zusammenhang auch namentlich die Schriften Friedrich Nietzsches. 1904 lernte er in Moskau und Petersburg die Symbolisten Brjussow und Mereschkowski kennen. Sie bekundeten Interesse an Iwanows jüngst erschienenen Gedichten und an seinen Dionysos-Studien und machten Auszüge daraus auch in ersten russischsprachigen Publikationen bekannt. 1905 ließ Iwanow sich dann in Petersburg nieder, und seine Wohnung im „Turmhaus" gegenüber dem Taurischen Palais wurde bald zu einem beliebten Treffpunkt der Künstler des Symbolistenkreises. Die „Mittwochabende" im „Turm" bei Iwanow, der dabei zumeist als faszinierender Rhetor im Mittelpunkt stand, und seiner Ehefrau Lydia Sinowjewa-Annibal wurden alsbald zu einer vielbesuchten und als einzigartig empfundenen Institution. Oft auch mit eigenen Beiträgen nahmen daran u. a. Andrei Bely, Alexander Block, der literarisch hochgebildete Bolschewik Anatoli Lunatscharski, der bekannte Musikkritiker Wjatscheslaw Karatygin, der Theaterregisseur Wsewolod Meyerhold, die Maler und Bühnenbildner Alexander Benois und Léon Bakst, die Dichter Michail Kusmin, Alexei Remisow, Sinaida Hippius, Nikolai Gumiljow und Anna Achmatowa teil. „Salons" dieser Art führten in Petersburg dann auch Mereschkowski oder in Moskau u. a. Bely, Balmont oder Brjussow.

Man suchte in offener und streitfreudiger Diskussion, deutlich auch unter dem geistigen Einfluss des Religionsphilosophen Wladimir Solowjow, nach neuen Wegen für die russische Kunst und Kultur.[4] Bei Iwanow verdichteten sich die in seinem geistigen Umkreis vieldiskutierten ästhetischen und religiösen Themen zu einer Art von *„mystischem Anarchismus"*, der künftiges künstlerisches Schaffen in eine Sphäre von Freiheit überhob, die letztlich reine Utopie war.[5] Das Auftreten Iwanows hinterließ bei all seinen Freunden und Besuchern einen einzigartigen Eindruck – vergeistigt, völlig untheatralisch, von einer bezaubernden inneren Strahlkraft erfüllt. Zeitgenossen beschrieben das sehr anschaulich:

> *„Wer Vjačeslav Ivanov auch nur einmal sah, im besonderen aber wer ihn bei literarischen Versammlungen erlebte, wird ihn kaum jemals wieder vergessen. Alle verstummten, alles wurde von selbst still, sobald Vjačeslav Ivanov zu sprechen begann. Gross, ein wenig ge-*

---

[4]Vgl. dazu: Carin Tschöpl, Vjačeslav Ivanov. Dichtung und Dichtungstheorie, S. 5 ff., 23 f.

[5]Vgl.: Vjačeslav Ivanov. Russischer Dichter – europäischer Kulturphilosoph, S. 9 ff.

beugt, ganz goldhell und rosig, mit einer Aureole leichter, gleichsam strahlender goldener Haare, in einem langen, altmodischen Gehrock, stand er da ... und sprach ... weder mit Pathos noch mit Feuer. Er riss nicht fort, sondern bezauberte eher, wie ein einschmeichelnder, weiser, leiser Magier ... "

„Und wenn er mit etwas nasaler Stimme, in singendem Tonfall, seine an Gelehrsamkeit reichen Gedichte zu lesen begann, erfüllte alle ein Gefühl ehrfurchtsvollen Entzückens über die Gaben dieses ungewöhnlichen Zauberers. "

„Fast unsere ganze, damals junge Poesie ist, wenn nicht aus dem Turm ‚herausgekommen', so doch durch ihn hindurchgegangen – alle Dichter der neuen Richtung, Modernisten, oder, wie das große Publikum sie nannte, Dekadente ... "[6]

Die Zeitschriften „Nowy putj" („Neuer Weg") und „Woprosy shisni" („Fragen des Lebens"), hrsg. u. a. von Mereschkowski, waren erste Medien, über die die neuen geistigen und künstlerischen Anregungen der Symbolisten Verbreitung fanden. Das setzte sich dann, quasi in der Nachfolge der zuvor schon neue Maßstäbe setzenden Zeitschrift „Mir iskusstwa" („Welt der Kunst"), seit 1904 in der u. a. von Brjussow und Bely redigierten Moskauer Zeitschrift „Vesy" („Die Waage") sowie in den zeitgleich neu erscheinenden Publikationsorganen „Iskusstwo" („Die Kunst") und „Solotoje runo" („Das goldene Vlies") fort, gefolgt schließlich 1909 von der Zeitschrift „Apollon". Überall waren hier auch Iwanow, Bely und Block mit literaturkritischen Beiträgen vertreten, während sie dann 1911 mit „Trudy i dni" („Werke und Tage") zu dritt eine eigene Zeitschrift herausgaben.

Da sei – zeichengebend gewissermaßen – auf den ersten von Iwanow in „Vesy" (1904) veröffentlichten Aufsatz „Poet i tschernj" („Der Dichter und das Dunkle") hingewiesen, in dem er sein Verständnis von Symbolismus programmatisch darlegte:

„Das Symbol ist nur dann ein echtes Symbol wenn es in seiner Bedeutung unauslotbar und unbegrenzt ist, wenn es in seiner geheimen (hieratischen und magischen) Sprache der Andeutung und Suggestion etwas Unaussprechliches, dem äußeren Wort Inadäquates sagt. Es ist vielgesichtig, vielsinnig und in seiner letzten Tiefe immer dunkel. Es ist wie der Kristall ein organisches Gebilde. Es ist sogar eine Art von Monade, und darin unterscheidet es sich von dem zusammengesetzten und zerlegbaren Gefüge einer Allegorie, einer Parabel oder eines Vergleichs. Allegorie ist Lehre und Gleichnis, Symbol Bezeichnung und Hinweis. Die Allegorie ist logisch begrenzt und innerlich unbeweglich: das Symbol hat Seele und innere Entwicklung, es lebt und wandelt sich. "[7]

Von Iwanow erschienen in „Vesy" 1904 und 1905 sogleich auch zwei weitere Aufsätze, die sein besonderes Verhältnis zur jüngsten deutschen Kunstgeschichte, namentlich zu Nietzsche und Wagner auswiesen: „Nizsche i Dionis" („Nietzsche und Dionysos") sowie „Wagner i dionisowo dejstwo" („Wagner und die dionysische Handlung"), die beide dann auch 1909 in seiner Aufsatzsammlung „Po swesdam" („Zu den Sternen") erschienen. Er hob dabei insbesondere auf jenes von Nietzsche herausgearbeitete ästhetische Gegensatzpaar des Dionysischen und Apollinischen ab. Darunter war ein Gegensatzpaar zu verstehen, das aus der Antikerezeption des

---

[6]Zit. nach: Carin Tschöpl, Vjačeslav Ivanov. Dichtung und Dichtungstheorie, S. 28; vgl. auch: Wjatscheslaw I. Iwanow, Prosratschnostj (Durchsichtigkeit), S. VI.

[7]Zit. nach: Carin Tschöpl, Vjačeslav Ivanov. Dichtung und Dichtungstheorie, S. 95 f.; vgl. auch: Wjatscheslaw Iwanow, Lik i litschiny Rossii. Estetika i literaturnaja teorija, S. 36.

18. Jahrhunderts (u. a. Johann Joachim Winckelmann) sich herleitete und im 19. Jahrhundert von Friedrich Wilhelm Joseph Schelling auch in die Philosophie übertragen worden war. Es meinte den Gegensatz zwischen rauschhaft-exzessiver und formal-gebändigter künstlerischer Gestaltungsweise, so wie Iwanow einmal Wagners „Tristan" als Inbegriff des Dionysischen, als *„metaphysischen Erotizismus"*, bezeichnete.[8] In besonderem Maße hatte Nietzsche diese antinomische Begriffspaarung in sein philosophisches Denksystem einbezogen (vor allem in der Schrift „Die Geburt der Tragödie aus dem Geiste der Musik" und in dem Aufsatz „Die dionysische Weltanschauung").

Iwanow hatte zunächst eine durchaus kritische Sicht auf Wagner, wie etwa der Briefwechsel mit seiner Ehefrau Lydia Sinowjewa-Annibal ausweist. Er berichtete ihr beispielsweise am 20. November 1895 aus Berlin, wo er am Vorabend in einem Philharmonie-Konzert den „Karfreitagszauber" aus dem „Parsifal" gehört hatte, dass das *„unaufrichtige Frömmelei, gekünstelter Mystizismus und affektierte Tiefsinnigkeit"* sei. Auf ihn habe das eine abstoßende Wirkung gehabt.[9] Ehefrau Lydia schrieb ihm Jahre später, am 24. März 1902, aus Genf dann einmal, dass sie von einem Bekannten eine Charakterisierung Wagnerscher Musik gehört habe, nach der diese *„pfiffig"*, *„trickreich"*, *„modisch"* und *„chromatisch"*, kurz: *„krankhaft"*, *„nervend"*, *„anti-musikalisch"* und damit eben eine *„Negation der Musik"* sei, was letztlich von Beethoven herrühre, dessen Fortsetzer ja Wagner sei.[10] Hier klang eindeutig die oben schon ausführlich zitierte Ulybyschew-Polemik gegen Beethoven und Wagner wieder auf, wie sie kurz zuvor noch einmal in Tolstois Streitschrift „Was ist Kunst?" wiederholt und vertieft worden war. Wenige Tage später, am 28. März antwortete Iwanow seiner Frau und bestätigte ihr, die *„Negation der Musik"* rühre bei Wagner aus einer *„prinzipiellen Unnatürlichkeit und Verlogenheit seiner Natur"* her, was *„sowohl die Musik wie auch die Poesie und Religion"* beträfe. Wagner sei ein *„Erfinder"*, ein Phantast mit dem Anspruch der *„Ausschließlichkeit"*, aber – und hier liest man erstmalig bei Iwanow eine entscheidende Kehrtwende – Wagners *„Verdienste um die Entwicklung der Kunst"* seien dennoch *„gewaltig"*. Und diesen Sinneswandel dokumentierte auch bald darauf eine Bekannte der Familie in ihrem Tagebuch, als sie am 30. Juni 1902 schrieb, Iwanow habe Auszüge aus Wagners Schriften vorgelesen, in denen es um die *„große Kunst"*, um *„das Volk als Schöpfer und Inspirator"* ging, um *„die Tragödie, die einzig befähigt sei, die Mythen der Völker in klaren Gestalten darzustellen"*.[11] Und mit dieser Deutung hatte Iwanow sich auch geistig den Weg gebahnt, Wagner von nun an als repräsentativen Kronzeugen seiner Darstellung der antiken dionysischen Handlung und ihrer Bedeutung für eine künftige Kunstentwicklung zu nutzen.[12]

In einem Brief an Brjussow, den Mitherausgeber der Zeitschrift „Vesy", schrieb Iwanow am 28. Dezember 1904 dann, das *„Wagnerproblem … ist ein noch ungelöstes Problem und hat eine zentrale Bedeutung für die gesamte Kunst, nicht nur*

---

[8] Zit. nach: Rosamund Bartlett, Ivanov and Wagner, S. 68.

[9] Wjatscheslaw Iwanow und Lidija Sinowjewa-Annibal, Perepiska. 1894–1903, Bd. 1, S. 364.

[10] Ebd., Bd. 2, S. 385.

[11] Ebd., S. 445.

[12] Vgl. auch: Bernice Glatzer Rosenthal, Wagner and Wagnerian Ideas in Russia, S. 214 ff.

für die Musik".[13] Und mit Brjussow führte er auch in der Folge einen angeregten Briefwechsel über Wagner. In dem Aufsatz „Wagner und die dionysische Handlung" beschrieb er bald darauf den deutschen Komponisten als eine neue geistige Qualität in der Welt der Kunst, aber eben auch erst noch als einen Zwischenschritt:

> *„Wagner ist nach Beethoven der zweite Initiator einer neuen dionysischen Kunst und der erste Vorbote einer universalen mythischen Dichtung. Dem Beginner ist es nicht gegeben, Vollender zu sein, und ein Vorläufer muß sich bescheiden. Als Theoretiker hat Wagner das Dionysische der wiedererstehenden Tragödie vorhergesehen und den Namen Dionysos schon ausgesprochen ... Der weltumspannende Gedanke seines Lebens, sein verwegenes Vorhaben entsprang einer wahrhaft dionysischen Intuition. Über das ozeanische Dunkel der Symphonie breitete der Zauberer Wagner den dichten goldgewirkten Schleier eines apollinischen Traums – Mythos."*[14]

Damit hatte Iwanow also seinen spezifischen Zugang zu Wagner gefunden, der seine künftige Kunstästhetik entscheidend bestimmen sollte.[15] Und 1919, in einem Beitrag „O Wagnere" („Über Wagner") für eine „Walküren"-Aufführung am 17. Mai 1919 am Moskauer Bolschoi Theater, beschrieb Iwanow Wagner dann als genialen Mittler zwischen Beethoven und dem jüngst verstorbenen Skrjabin, als ganz aktuellen „Zukunftsmusiker".[16] Mit der eben zitierten, doch als Einschränkung gemeinten Charakterisierung setzte zugleich auch seine Apologie von Nietzsches Verständnis des Dionysischen und des Apollinischen und dementsprechend seine Kritik an Wagner ein, indem er Ersterem, dem Dionysischen, nun eine weitaus übergreifendere Bedeutung zumaß:

> *„Wollte Wagner die antike Tragödie wieder zum Leben erwecken, so mußte er sich die Bedeutung des ursprünglichen Chors vor Augen stellen. Er machte das Orchester zum Chor seines Musikdramas und wie sich aus der Masse des Chors die Darstellung des heroischen Schicksals erhebt, so entsteigt bei ihm die dramatische Handlung dem Schoß der Orchestersymphonie. Der Chor war für ihn also nicht mehr der ‚idealische Zuschauer', sondern wirklich dithyrambische Vorgabe und dionysischer Grund des Dramas ... Sollte dies der dithyrambische Chor des kommenden Mysteriums sein? ... Über die Heiligtümer Griechenlands führt der Weg – hin in das Mysterium, das die zum Schau-Spiel herbeiströmende Menge in Beteiligte einer Kult-Handlung verwandelt, in den lebendigen Leib des Dionysos ... Der Kampf für das demokratische Ideal der Kult-Handlung, die wir erstreben und die wir voraussehen, ist ein Kampf für die Orchestra und für das gemeinschaftliche Wort. Wenn die nationale Kunst theurgisch sein will, braucht sie das Organ des chorischen Wortes."*[17]

---

[13] Zit. nach: Rosamund Bartlett, Ivanov and Wagner, S. 67.

[14] Zit. nach: Wjatscheslaw Iwanow, Wagner und die Dionysien, S. 63; vgl. auch: Wjatscheslaw Iwanow, Wagner i dionisowo dejstwo, S. 67 f.; vgl. auch: Ludmilla Poljakowa, Wagner und Russland, S. 114 f.

[15] Vgl. ausführlicher dazu auch: Rosamund Bartlett, Wagner and Russia, S. 117–119, bes. S. 128 ff.

[16] Vgl.: Marina Frolova-Walker/Jonathan Walker, Music and Soviet Power 1917–1932, S. 34–36; vgl. auch: Rosamund Bartlett, Ivanov and Wagner, S. 69.

[17] Zit. nach: Wjatscheslaw Iwanow, Wagner und die Dionysien, S. 63 ff.; vgl. auch: Wjatscheslaw Iwanow, Wagner i dionisowo dejstwo, S. 67 ff.; vgl. weiterhin: Jurij Murašov, Im Zeichen des Dionysos. Zur Mythopoetik in der russischen Moderne am Beispiel von Vjačeslav Ivanov, S. 170 ff.; vgl. weiterhin: Eckart Kröplin, Richard Wagner. Musik aus Licht. Synästhesien von der Romantik bis zur Moderne. Eine Dokumentardarstellung: Teil III/2, S. 1620; vgl. weiterhin: Bernice Glatzer Rosenthal, Wagner and Wagnerian Ideas in Russia, S. 212–220.

Einen großen Einfluss übte in diesem Zusammenhang insbesondere Nietzsches Schrift „Die Geburt der Tragödie aus dem Geiste der Musik" aus. Iwanow und die jüngere Generation der Symbolisten waren fasziniert davon, sahen sie darin doch genau den Geist ihrer Zeit und den Kern ihrer eigenen Visionen repräsentiert. Ihnen erschien, so drückte es Andrei Bely einmal aus, das Werk Nietzsches *„wie ein Donnerschlag"* für das eigene ästhetische Weltempfinden. Und Iwanow konnte dann weitergehend formulieren: *„Der dionysische Zustand ist der Austritt aus Raum und Zeit und das Eintauchen in das Zeitlose."*[18]

In seinem gleichfalls 1904 erschienenen Gedichtband „Prosratschnostj" („Durchsichtigkeit") suchte Iwanow, historisch zurückgreifend, ein frühes literarisches Symbol der deutschen Romantik auf und trug es in seine gegenwärtige Sphäre. Es ging dabei um das Gleichnis vom „Schleier der Maja" in der altindischen bzw. der „Göttin zu Sais" in der altägyptischen Mythologie, wie es namentlich in Dichtungen von Hölderlin und Novalis sowie bei Schopenhauer und Nietzsche behandelt worden war.[19] Diesen Schleier galt es, durchsichtig zu machen, d. h. erkenntnishaft den Menschen durch die Kunst zu sich selbst zu führen: *„Durchsichtigkeit! mache die Gesichte des Lebens zu einem lächelnden Märchen durchscheinend den Schleier der Maja!"* Dazu gab übrigens Alexander Block einen vergleichbaren Kommentar: *„Jenen, dem die Durchsichtigkeit träumte, führten die Leitsterne im Wachen zu ihr ... ,Durchsichtigkeit' ist ein Symbol – das, was ,den Schleier der Maja durchbricht'. Hinter dem Schleier öffnet sich die Welt – ein Ganzes."*[20]

Iwanow hatte auch ein eigenes Gespür für die von Wagner in besonderem Maße ausgeprägte Synästhesie der Künste, als es etwa in seinem Drama „Tantalos" (1903) – einem Vorstoß in Richtung einer neugefassten dionysischen Handlung – ganz synästhesierend hieß: *„Horch, das Licht!"*, entsprechend dem Wagnerschen „Tristan", wo Tristan im dritten Akt singt: *„Hör' ich das Licht?"*, als er Isoldes Ankunft zunächst als Klangerscheinung wahrnimmt. Und bei Iwanow hieß es dann entsprechend weiter: *„Echo-Strahl! Antwort-Strahl! ... Horch, es flackert auf, in den Weiten ein Stern ... dahinter ein zweiter ... Myriaden von klangleuchtenden Sternen! Ein Flammenchor bewegt den brennenden Strudel der Donner!"*[21]

Und ähnlich argumentierte Iwanow dann auch 1905 in seinem Aufsatz „Simwolism" („Symbolismus"), indem er einen synästhetisch geprägten *„realistischen Symbolismus"* propagierte und, neben Wagner und dessen „Tristan", auch Goethe, Schelling, Novalis sowie die französischen Synästhetiker und Symbolisten Baude-

---

[18] Zit. nach: Rolf-Dieter Kluge, Westeuropa und Rußland im Weltbild Aleksandr Bloks, S. 85 f.

[19] Vgl. Eckart Kröplin, Richard Wagner. Musik aus Licht, Synästhesien von der Romantik bis zur Moderne. Eine Dokumentardarstellung: Teil III/2, S. 1621 und Teil I, S. 64 f.

[20] Wjatscheslaw Iwanow, Prosratschnostj, S. 4 f.; vgl.: Alexander Block, Ausgewählte Werke, Bd. 2: Stücke. Essays. Reden, S. 336; vgl. auch Eckart Kröplin, Richard Wagner. Musik aus Licht, Synästhesien von der Romantik bis zur Moderne. Eine Dokumentardarstellung: Teil III/2, S. 1621.

[21] Vgl.: ebd.; vgl. auch: Jurij Murašov, Im Zeichen des Dionysos. Zur Mythopoetik in der russischen Moderne am Beispiel von Vjačeslav Ivanov, S. 247.

laire (mit den synästhetischen „*Correspondances*" der „*Düfte, Farben, Klänge*"), Verlaine („*de la musique avant toute chose*") und Mallarmé als Kronzeugen zitierte.[22]

Dem schon erwähnten großen ideellen Einfluss, den der 1900 früh verstorbene Wladimir Solowjow auf die russischen Symbolisten ausübte, ist auch die Gründung „Religiös-Philosophischer Versammlungen", zunächst in Petersburg, dann auch in Moskau und Kiew, zuzuschreiben. Hier wurden Fragen einer von der orthodoxen Religionsdogmatik befreiten neuen und dem Volk verbundenen Religiosität diskutiert, u. a. auch an den Beispielen Dostojewski und Tolstoi. Zeitweilig wortführend trat dabei der Religionsphilosoph Wassili Rosanow in den Vordergrund. Teilnehmer an solchen „Versammlungen" waren u. a. auch Mereschkowski, Brjussow, Block und Benois. Über ein neu zu findendes religiöses Weltverständnis sollte eine neue volksnahe Kultur und Kunst entstehen.[23]

In diese lebhaften Diskussionen griff Iwanow mit seiner 1909 veröffentlichten kleinen Schrift „Russkaja ideja" („Die russische Idee") ein und nahm darin auch Bezug auf thematisch gleich geartete frühere philosophische Publikationen, namentlich auf Wladimir Solowjows ebenso betitelte und 1888 in Paris erschienene Schrift „L'Idée russe", weiterhin auch auf Dostojewskis oben bereits zitierte prononcierte Überlegungen zu demselben Thema, das doch im Grunde die gesamte russische Literatur des 19. Jahrhunderts durchzog und nach einer kulturellen Selbstbestimmung Russlands im geistigen Austausch vor allem mit westeuropäischen philosophischen Denkweisen suchte, so wie es dann auch Nikolai Berdjajew in seiner 1945 erschienenen gleichnamigen Untersuchung noch einmal grundlegend analysierte.[24] Iwanow ging aus von einer „*Spannung zwischen unserer russisch-europäischen Kultur und unserem Volkstum*", berief sich auf Dostojewskis „*russische Idee*" und auf Solowjows Vision „*vom nahenden Ende der Welt und vom kommenden Antichrist*", berief sich weiterhin auf das seit Jahrhunderten überlieferte religiöse „*Traumbild*" von Russland als dem endlich heilbringenden „*dritten Rom*", das „*sich auch dem Geiste der an Rußlands religiöse Weltmission Glaubenden tief eingeprägt*" habe. Es ging ihm letztlich um die Rettung der ganzen Welt durch eine von Russland kommende neue „*christliche Idee*".[25]

Die berühmten „Mittwochabende" in Iwanows „Turm" in Petersburg endeten 1913 mit der Übersiedlung des Dichters nach Moskau. Sie waren mittlerweile in gewisser Weise auch inhaltlich verbraucht, da zwar massenhaft verschiedenste Themenkreise angegangen, aber bewusst nicht zu einem konkreten Diskussionsergebnis geführt wurden. Es fehlte zunehmend eine literarisch-ästhetische Zentrierung. Der Dichter Sergei Gorodezki, Teilnehmer an diesen Abenden, urteilte später:

---

[22] Vgl.: Eckart Kröplin, Richard Wagner. Musik aus Licht. Synästhesien von der Romantik bis zur Moderne. Eine Dokumentardarstellung: Teil III/2, S. 1620; vgl. weiterhin: Wjatscheslaw Iwanow, Simwolism, in: Lik i litschiny Rossii. Estetika i literaturnaja teorija, S. 145 ff.

[23] Vgl.: Carin Tschöpl, Vjačeslav Ivanov. Dichtung und Dichtungstheorie, S. 22 f.

[24] Nikolai Berdjajew, Die russische Idee. Grundprobleme des russischen Denkens im 19. Jahrhundert und zu Beginn des 20. Jahrhunderts.

[25] Wiatscheslaw Iwanow, Die russische Idee, S. 3 ff., 15, 38.

> *„Ende 1905 und Anfang 1906 hatten die Mittwochabende Vjačeslavs noch irgendeine Be-*
> *ziehung zur Revolution und zur Gesellschaft. Aber es zeigte sich bald, dass sie sich zu einem*
> *intelligenzlerischen Sektierertum und zu einer mystischen Gemeinschaft hin entwickelten,*
> *die sich gegen den allerdings ermutigten Anarchismus der Persönlichkeit richtete. Mit*
> *immer grösserer Feinschmeckerei wurden die Themen ausgewählt. Nichts wurde fest und*
> *klar entschieden. Der Prozess der Erörterung war wichtiger als das gesuchte Urteil sel-*
> *ber … Schliesslich verstand jeder auf seine Weise diese ganze schwierige Musik, aber sie*
> *wurde als die von allen gesuchte einzige Wahrheit postuliert."*[26]

Bei Wagner suchte Iwanow also, mit dem Umweg auch über Nietzsche, einen
Weg zu seinem eigenen Verständnis von dionysischem und apollinischem ästhetischen Kunstprinzip. In dem Essay „Ellinskaja religija stradajustschego boga" („Die
hellenistische Religion des leidenden Gottes"), 1904 in der Zeitschrift „Nowy putj"
in mehreren Folgen publiziert, beispielsweise meinte Iwanow, ausgehend von Beethoven (und seiner 9. Sinfonie) und ganz parallel auch zu den oben zitierten Überlegungen in seinem Essay „Wagner und die dionysische Handlung":

> *„Vergeblich zerbrechen sich die Kunsttheoretiker den Kopf über das Problem der Tragödie.*
> *Die Lösung bereitet sich auf einem unerwarteten Gebiet vor, in der Musik. Der Musik ver-*
> *dankt die Welt eine neue Berührung mit dem hellenischen Geist, und diese Berührung ist*
> *bereits eine Errungenschaft des 19. Jahrhunderts … Mag es auch als Paradoxon erschei-*
> *nen, diese unsere neueste Wiedergeburt … der Kraft der Musik zuzuschreiben; doch ihr Ar-*
> *cheget ist Beethoven. Er hauchte der Seele der Menschen das tragische Pathos der alten*
> *Melpomene ein … Richard Wagner war der Erbe seiner Ideen. Er versucht nicht nur, die*
> *antike Tragödie in einer gewissen harmonischen Einheit von Musik, Poesie und Plastik*
> *wiederauferstehen zu lassen, sondern er träumt auch von der Organisation einer künftigen*
> *synthetischen Kunst, einer Organisation, die an die Vereinigungen der antiken Schauspie-*
> *ler, der ‚dionysischen Techniken', erinnert. Er spricht in seinen theoretischen Arbeiten*
> *sogar von Dionysos und dem dionysischen Wesen der Tragödie und weist auf die musikali-*
> *sche Natur des Dionysoskults hin."*[27]

Ja, Iwanow sah in Wagner den Beginn eines dionysischen Zeitalters der Kultur,
einer absolut neuen Kultur und somit als den eigentlichen „*Vater"* des Symbolismus. Und „Tristan und Isolde" bzw. der „*metaphysische Erotizismus"* darin schien
ihm das für den Symbolismus bedeutungsvollste Werk des deutschen Musikers zu
sein. Das machte sich eindrucksvoll bemerkbar etwa auch in seinen „Gimni erosu"
(„Hymnen auf Eros") von 1915, von denen der vierte Teil „Tristan und Isolde" be-
titelt war und dabei in komprimierten zwölf Zeilen das Hauptthema von Liebe und
Tod umkreiste, endend mit den fast gleichen Worten wie Isoldes „Liebestod".[28] Und
Wagner hätte auch, wie schon zitiert, „*als erster Künstler … den Schleier der Isis*
[bzw. der „Maja" – jenem geheimnisvollen, schon von der deutschen Romantik so
poetisch beschriebenen urromantischen Symbol] *geöffnet und in seiner Musik das*
Chaos dahinter ausgedrückt".[29]

---

[26] Zit. nach: Carin Tschöpl, Vjačeslav Ivanov. Dichtung und Dichtungstheorie S. 40 f.

[27] Zit. nach: Jurij Murašov, Im Zeichen des Dionysos. Zur Mythopoetik in der russischen Moderne
am Beispiel von Vjačeslav Ivanov, S. 51 f.

[28] Vgl.: Rosamund Bartlett, Ivanov and Wagner, S. 67 f., 82 f.

[29] Ebd., S. 79.

Einen Weg zu dem von ihm angestrebten dionysischen Drama der Zukunft sah Iwanow dann in der Musik seines Zeitgenossen Alexander Skrjabin, mit dem er auch seit 1913 eng befreundet war, speziell in dessen großem Projekt eines „Mysteriums", das als Dichtung, Musik und Handlung (mit Einbezug des Publikums) in einem Tempel aufzuführen wäre. Dieses Projekt bezeichnete Iwanow, eingedenk der Fin-de-siècle-Stimmung seiner Zeit als *„geradezu theurgische Wundertat ..., die eine plötzliche Wiedergeburt dieser ihrem Untergange entgegeneilenden Welt herbeiführen sollte.*"[30] Der frühe Tod des Komponisten verhinderte die Ausführung eines derart geistig und ästhetisch weitgreifenden künstlerischen Planes. Iwanow widmete Skrjabin dann zwei Aufsätze, in denen er u. a. über dieses groß angelegte Vorhaben reflektierte.[31]

Bald nach der Oktoberrevolution von 1917, in deren Dienst sich Iwanow noch kurzzeitig gestellt hatte, dabei aber doch erkennen musste, dass die bolschewistisch-marxistische Ideologie nicht die seine sein konnte, verließ er 1924, nachdem er schon fernab vom politischen Zentrum der neuen Macht in Baku noch als Professor gewirkt und hier 1921 auch seine Doktorarbeit über „Dionysos und die vordionysischen Kulte" verteidigt hatte,[32] mit offiziellem Reisepass von Volkskommissar Lunatscharski, seinem guten Bekannten aus „Turm"-Zeiten, die Sowjetunion. Dieser Lebensweg war doch so typisch für die russische Intelligenz des 19. und dann auch des frühen 20. Jahrhunderts, für ganze Generationen russischer Künstler, die gänzlich oder zeitweise ihr Heimatland verließen, wie früh schon etwa die Beispiele von Herzen, Turgenjew und Bakunin oder später von Gorki, Nabokov bis hin zu Solschenizyn oder von den Musikern Rachmaninow, Strawinsky, Lourié und Prokofjew zeigen. Sie alle waren zerrissen zwischen russischem Nationalbewusstsein, Heimatliebe, Slawophilentum und westeuropäisch, sehr oft auch von deutscher Kulturhegemonie geprägter sozialpolitischer, antizaristischer oder später antisowjetischer Haltung. Es waren dann zumeist aktuelle politische Gründe, die sie in die Emigration führten. Und Iwanow charakterisierte das einmal, vorausschauend auch für sich, ganz lapidar und doch sehr eindringlich in einem Brief vom 15. Juli 1920 an seinen Moskauer Freund und Kollegen, den Literaturwissenschaftler und Philosophen Michail Gerschenson: *„Wir Russen waren aber stets, unserem überwiegenden Teil nach, auch Flüchtlinge. Es treibt uns, zu fliehen, zu fliehen, ohne uns umzusehen.*"[33]

Iwanow siedelte sich dann in Rom an, trat 1926 sogar zum Katholizismus über und starb 1949 in seiner italienischen Wahlheimat. Unauslöschlich aber blieb sein Einfluss auf die russische Kunstentwicklung, namentlich auf den Symbolismus am Beginn des 20. Jahrhunderts. Und über die Bedeutung Wagners dabei schrieb er, quasi als Resümee seiner lebenslangen Auseinandersetzung mit dem deutschen

---

[30] Wjatscheslaw Iwanow, Die russische Idee, S. 5.

[31] „Wsgljad Skrjabina na iskusstwo" und „Skrjabin i duch revoljuzii", in: Wjatscheslaw Iwanow, Lik i litschiny Rossii. Estetika i literaturnaja teorija, S. 172 ff., 191 ff.

[32] Wjatscheslaw Iwanow, Dionis i pradionisijstwo.

[33] M. Gerschenson und W. Iwanow, Briefwechsel zwischen zwei Zimmerwinkeln, S. 62.

Komponisten, noch 1936 (in einem Beitrag für die „Enciclopedia Italiana") Folgendes über seine symbolistischen russischen Zeitgenossen:

> *„Der Geist der Musik schien ihnen im Werk Wagners verkörpert zu sein, dessen direkte, geradezu angeborene Symbolik im Mythos aufging, der höchsten Manifestation des Symbols, denn Mythos ist ein als Handlung verwirklichtes Symbol."*[34]

Andrei Bely – „Ich bin – bewußter Symbolist"

Das zeigte sich auch in markanter Weise am Beispiel von Andrei Bely und Alexander Block. Beide bewunderten Iwanow, den etwas älteren Dichterkollegen und Freund. Und Iwanow seinerseits hatte die überragende literarische Bedeutung dieser beiden früh erkannt und widmete ihnen in seinem Essay „Die russische Idee" folgende auszeichnende Worte:

> *„Nach autobiographischen Bekenntnissen der beiden Hauptvertreter des neuen russischen Symbolismus, Alexander Blok und Andreas Bielij* [so die Schreibweise in der deutschen Übersetzung von 1930], *wurzelt ihr dichterisches Schaffen tief in der allgemeinen Gemütserregung der ersten Jahre des neuen Säkulums, die sich in ihnen bis zu beinahe visionären Zuständen steigerte."*[35]

Andrei Bely (eigtl. Boris Bugajew) entstammte einer Moskauer bürgerlichen Familie. Der Vater war Mathematikprofessor an der Moskauer Universität. Nach einem sehr bald abgebrochenen historisch-philologischen Studium widmete er sich ausschließlich der Literatur und fand seit den 90er-Jahren in Moskau allmählich Eingang in die Symbolisten-Kreise um den Religionsphilosophen Wladimir Solowjow. Noch 1928 schrieb er, nach Jahren eines streitbaren wechselvollen Verhältnisses zum Symbolismus, ganz dezidiert: *„Ich bin – bewußter Symbolist."*[36] Besonders beeindruckt war er gerade von Solowjow, den er noch kurz vor dessen frühem Tod im Jahre 1900 kennengelernt hatte, und von dessen Schriften „Verteidigung des Guten" (1897) und „Eine kurze Erzählung vom Antichrist" (1899). Schon 1898 entwarf er selbst ein großes Mysterienspiel „Der Antichrist", das dann aber nicht ausgeführt wurde. Fasziniert war er von Solowjows apokalyptischer Weltsicht und dessen Vision, in einem erneuerten Christentum das Heil der menschlichen Zukunft zu sehen.

1901 machte Bely die persönliche Bekanntschaft mit Brjussow, 1903 mit Balmont, 1904 schließlich mit Block und Iwanow. Zwischen den Künstlern entwickelten sich freundschaftliche Beziehungen. Bei Bely beispielsweise gab es zeitweilig regelmäßige literarische Treffen, die „Sonntage". Man tauschte sich über aktuelle politische und ästhetische Fragen aus und stellte eigene neue poetische Werke vor. Bely, so seit 1901 sein Künstlerpseudonym, begann 1899 die Arbeit an einem ersten größeren Werk, dem Zyklus von vier dichterischen „Sinfonien", dessen einzelne

---

[34] Zit. nach: Rosamund Bartlett, Wagner and Russia, S. 117.

[35] Wjatscheslaw Iwanow, Die russische Idee, S. 5.

[36] Andrej Belyj, Ich, ein Symbolist. Eine Selbstbiographie, S. 45.

Teile, u. a. auch durch Vermittlung von Brjussow, ab 1901 in verschiedenen, dem Symbolismus nahestehenden Verlagen gesondert erschienen. Der ganze Zyklus – 1. „Nördliche Sinfonie", 2. „Dramatische Sinfonie", 3. Sinfonie „Rückkehr", 4. Sinfonie „Kelch der Schneestürme" – wurde 1907 abgeschlossen. Auch unter dem Einfluss von Schopenhauer und Nietzsche verstand Bely seine „Sinfonien" als vornehmlich musikalisch gestimmte literarische Werke, übrigens auch mit merkbar autobiografischem Einschlag. Improvisationen am Klavier hätten ihn bei diesen Dichtungen beflügelt und auch Leitmotivik – dieses seit Wagner so vieldiskutierte Phänomen – war für ihn ein wichtiges strukturelles Bauelement. Überhaupt spielte Wagner bzw. dessen Figurenwelt aus dem „Ring" und dem „Parsifal" eine auffällige Hintergrundrolle in der Zeit der Entstehung der „Sinfonien". Hier tummelten sich die Wälsungen Siegfried und Siegmund sowie Brünnhilde, Hagen, Gunther, Fafner, Mime, Alberich und sogar Klingsor. Bely erzählte ausführlich davon (in Verbindung mit Erinnerungen an den damaligen Freund, den Literaturkritiker Emil Medtner, genannt im Freundeskreis „Wölfing") noch in seinem 1932 erschienenen Buch „Natschalo weka" („Der Anfang des Jahrhunderts").[37] Vertraut geworden mit den Wagnerschen Kompositionen war er schon in seinem Elternhaus, und seit den späten 90er-Jahren hatte er regelmäßig Wagner-Aufführungen besucht.[38] Mit Freund Emil Medtner war er 1903 sogar damit beschäftigt, Wagners „Das Kunstwerk der Zukunft" ins Russische zu übersetzen.[39] Und am 26. Februar 1906 hörte Bely in einer konzertant-halbszenischen Aufführung den ersten Aufzug des „Parsifal" in einer Darbietung unter Graf Scheremetjew.[40] Es war übrigens das erste Mal, dass „Parsifal"-Klänge in Russland ertönten. In diesem Zusammenhang sei auch noch erwähnt, dass Bely neben Medtner und, wie noch darzustellen ist, mit Block sowie mit einem weiteren Symbolisten-Freund, dem Dichter Ellis (Pseudonym von Lew Kobylinski), in vielfältigem geistigen Gedankenaustausch über Wagner stand.[41] (Und von Kobylinski, nunmehr in deutscher Transkription als Kobilinsky, gab es später mit einem Aufsatz zum „Heiligen Gral" gar ein literarisches Zeichen in den „Bayreuther Blättern" von 1932.[42])

Durch Medtner angeregt, habe sich ihm schließlich auch die existentielle Frage russisch-deutscher Kulturbeziehungen gestellt: *„Osten oder Westen? Tolstoi oder Goethe? Germanien oder Russland? Kunst oder Philosophie?"*[43] Ähnlich sprach Bely auch noch 1926, nun wieder auf Solowjow sich berufend, in einem Wagner-Essay von der *„Krise der westlichen Philosophie"*, die geradezu *„die Tür in den Osten"* geöffnet habe.[44]

---

[37] Andrei Bely, Natschalo weka, S. 91 ff.

[38] Vgl. dazu: Rosamund Bartlett, Wagner and Russia, S. 141 ff.

[39] Vgl. dazu: ebd., S. 153.

[40] Vgl. dazu: ebd., S. 158 f.

[41] Vgl. dazu: ebd., S. 178 ff.

[42] L. Kobilinsky (Ellis), Der Tempel des heiligen Grales als Dichtung und Wahrheit.

[43] Andrei Bely, Meshdu dwuch rewoljuzij, S. 308.

[44] Andrei Bely, Duscha samososnajustschaja, S. 247.

„Die ,Sinfonien' … sind der Anfang vom Ende der Poesie im eigentlichen Sinn",
schrieb der Dichter in einem Brief vom 7. August 1902.[45] Und in diesem geistigen
Zusammenhang stand auch sein erster ästhetischer Essay aus dem Jahre 1902
„Formy iskusstwa" („Formen der Kunst"), den er für das frühe Programmjournal
der Symbolisten „Mir iskusstwa" verfasst hatte. Da hieß es u. a.:

> *„Liegt die Tiefe und Intensität musikalischer Werke nicht darin angedeutet, dass sich hier
> trügerischer Schein und klarste Offenbarkeit vereinen? In der Musik eröffnen sich uns die
> Geheimnisse der Bewegung, ihr Wesen, das die Welt regiert … In der sinfonischen Musik,
> der am meisten zeitgemäßen Form, kristallisieren sich die Aufgaben der Kunst sehr deutlich
> heraus. Die sinfonische Musik ist das Banner, das insgesamt die Wege der Kunst aufzeigt
> und den Charakter ihrer Entwicklung bestimmt."[46]*

In der 4. Sinfonie bezog sich Bely direkt auf Wagner. Er hatte um 1905, übrigens
gemeinsam mit Block und dessen Ehefrau Ljubow, Aufführungen vom „Ring des
Nibelungen" (mit Iwan Jerschow als Siegfried) am Petersburger Mariinski Theater
besucht und war tief beeindruckt von Wagners Musikwelten. Mehrfach tauchten
nun Siegfried und Brünnhilde in der 4. Sinfonie auf. Da hieß es u. a.:

> *„Laufen wir nicht durch einen Feuergürtel der Leidenschaft, wie Siegfried? Warum fletschte
> der alte Drache seine Zähne? Zieh dein Schwert und suche nach Brünnhilde … Ich bin der Su-
> chende, und sie – Brünnhilde – ist umgeben von einem Feuergürtel! Brünnhilde aus Feuer."[47]*

Und Bely erinnerte sich später auch daran, dass *„die Klänge der ,Walküre' sich
mit den Klängen, die zwischen uns waren, vermischten; ja einer von uns war Wotan,
und der andere natürlich Siegfried; und L. D. [Blocks Ehefrau Ljubow] erschien
genau als Gestalt der Walküre."[48]* Die Wagnersche Brünnhilde erschien dem
Symbolisten-Freundeskreis zu jener Zeit gar als Inkarnation einer erträumten Zukunft der russischen Kultur.[49] Sich selbst aber mit der Siegfried-Figur zu identifizie-
ren, fiel Bely doch etwas schwer, ja, er betonte einmal: *„Als Siegfried fühlte ich
mich nicht."[50]*

Diese in Wagner-Figuren sich spiegelnde Dreierbeziehung hatte durchaus fatale
Folgen. Ljubow Block, übrigens eine Tochter des bekannten Chemikers Dmitri
Mendelejew, wollte nicht ein weiblicher Kunstspiegel sein, wollte nicht die zur
„Schönen Dame" (entsprechend dem gleichnamigen Gedicht von Block) stilisierte
Frau sein, gar ein angebetetes Gleichnis der „Hagia Sophia" (der von Wladimir So-
lowjow idealisierten russischen Heiligen[51]). Sie entfloh des öfteren der ehelichen

---

[45] Vgl. ausführlicher dazu: A. W. Lawrow, U istokow twortschestwa Andreja Belogo („Simfonii"),
in: Andrei Bely, Simfonii, S. 12 ff.

[46] Ebd., S. 12.

[47] Vgl.: Andrei Bely, Simfonii, S. 265, 271.

[48] Zit. nach: Andrei Bely, Sobranije sotschinenij. Wospominanija o Bloke, S. 195; vgl. auch: Rosamund Bartlett, Wagner and Russia, S. 148.

[49] Vgl. dazu: Andrei Bely, Meshdu dwuch rewoljuzij, S. 308.

[50] Andrei Bely, Natschalo weka, S. 205; vgl. auch Rosamund Bartlett, Wagner and Russia, S. 157.

[51] Vgl. dazu: Wladimir Solowjow, La Russie et l'Eglise universelle; ausführlicher zu Solowjows
„Sophienlehre" in: Rolf-Dieter Kluge, Westeuropa und Rußland im Weltbild Aleksandr Bloks,
S. 37 ff.

Gemeinschaft mit Block, arbeitete bei Wsewolod Meyerholds Theatertruppe auf Gastspielen als Schauspielerin, ging auch verschiedene Liaisons mit anderen Partnern ein, u. a. mit Andrei Bely, der sie tief verehrte. Und Bely forderte Block 1906 auf Grund der komplizierten Dreierbeziehung sogar zum Duell heraus, das jedoch nicht stattfand. Ein Jahr später forderte im Gegenzug dann Block Bely zum Duell heraus. Auch das fand nicht statt. Im Gegenteil – man sprach sich aus und hielt sich von nun an in verständnisvollen Grenzen. Doch unter der scheinbar beruhigten Oberfläche brodelte es weiter, wie ein Brief Blocks an Bely aus dem Jahr 1911 überdeutlich erkennen ließ: „*Man kann sagen, daß es Menschliches fast nicht gegeben hat zwischen uns; da war entweder unmenschlich Unsagbares, oder über das allgemeinmenschliche Maß hinaus Entsetzliches, Furchtbares, manchmal – Mißgestaltetes.*"[52]

Ab 1911 arbeitete Bely an einem Roman, dessen Titel „Petersburg" übrigens Iwanow, in dessen „Turm" der Roman zuerst vorgelesen wurde, erfand und der dann 1916 im Druck erschien. Es war ein Reflex auf die großen politischen und geistigen Umbrüche, die sich überdeutlich um die Jahrhundertwende auch in Rußland abzeichneten. Verwiesen sei da nur auf den blutig niedergeschlagenen Aufstand von 1905 oder die katastrophale Niederlage des Zarenreiches im fernöstlichen Krieg mit Japan. Wie in den „Sinfonien" war Bely hier wiederum bemüht, seiner symbolistisch gestimmten Prosa musikalische Strukturen zu verleihen. Gelegentlich klangen so in den von ihm beschriebenen Petersburger Salons Wagnerklänge auf, und geradezu leitmotivisch wurden wichtige Handlungsstränge und Personen ganz in Wagnerscher Manier gezeichnet.[53] „Petersburg" erwies sich als eines der repräsentativsten literarischen Dokumente, geradezu als ein Menetekel, des russischen Finde-siècle. Einbezogen war dabei mit der Gestalt des „roten Domino" auch eine autobiografisch eingefärbte operettenhafte Handlung um die karikierte Figur der „Schönen Dame" (der Solowjowschen „Hagia Sophia"), die auch als Ljubow Block erahnbar war.[54]

1910 war dann bereits das Jahr, in dem die geistige Krise des Symbolismus offenbar wurde. Zwischen Iwanow, Bely und Block war es zu erheblichen ästhetischen Differenzen gekommen. Dabei erwies sich das Verhältnis zu Wagner als ein entscheidender Gradmesser. Streitpunkt war das Verhältnis von Leben und Kunst, genauer gesagt die Frage nach dem Primat des einen vor dem anderen. Bely kritisierte es, auch am Beispiel von Wagner und Nietzsche, den ästhetischen Gang vom Leben in die Kunst zu suchen. Er und Iwanow und Block unterschieden sich in dieser zentralen ästhetischen Relation.[55] In den 1911 erschienenen „Arabeski" („Ara-

---

[52] Zit. nach: Christa Ebert, Symbolismus in Rußland. Zur Romanprosa Sologubs, Remisows, Belys, S. 37 ff.

[53] Vgl. dazu: Rosamund Bartlett, Wagner and Russia, S. 189 f.; vgl. auch: A. Gosenpud, Richard Wagner i russkaja kultura, S. 258 f.

[54] Vgl. dazu: Christa Ebert, Symbolismus in Rußland. Zur Romanprosa Sologubs, Remisows, Belys, S. 171.

[55] Vgl. dazu: ebd., S. 40 ff., 56 ff.

besken"), einer scharfzüngigen ästhetischen Anti-Wagner- und Pro-Nietzsche-Polemik, schrieb sich Bely sein Unbehagen von der Seele. Wagners Siegfried charakterisierte er da als dümmliche Marionette, während Nietzsches Zarathustra der wahre Held sei.[56] Unversehens rief Bely auch einmal Tolstoi, den Wagner-Hasser, in den Zeugenstand. Dieser habe doch in seiner die Wagnermusik streng verurteilenden Streitschrift „Was ist Kunst?" das *„einzig Wahre über die Musik"* gesagt.[57] Das Wagnersche Konzept vom „Gesamtkunstwerk" erschien Bely obsolet. Und ganz in Nietzscheschem Sinn meinte er, der „Ring" sei pure gekünstelte *„Schauspielerei"* und dessen Akteure agierten eben nur in *„Posen"*.[58] Statt der Vereinigung von Poesie und Musik in der Oper bzw. dem von Iwanow erstrebten und über Wagner hinausgehenden dionysischen Drama, plädierte Bely für eine Vereinigung von Leben und Kunst in einem (nun wieder ganz in Wagnerschem Sinne) synästhetischen religiösen Mysterium. Und als hervorragendes Beispiel verwies er dabei auf Blocks Stück „Balagantschik" („Schaubude"). Hier seien dramatische und musikalische Elemente in gegenseitig verfremdender Weise, und auch Traditionen des alten russischen Balagan-Straßentheaters sowie der italienischen Commedia dell'arte aufgreifend, in eine faszinierende theatralische Form gebracht worden.

Da wurde denn ein kritischer Punkt der russischen Wagnerrezeption besonders deutlich. Wenn, wie oben schon ausführlich dargestellt, von Ulybyschew, über Stassow, Cui und Tschaikowski bis hin zu Herzen, Turgenjew, Dostojewski und Tolstoi Wagner zwar als neues musikalisches Phänomen zur Kenntnis genommen wurde, aber als ästhetische und musikalische Herausforderung grundsätzlich abgelehnt war, galt jetzt, bei Iwanow und Bely, Wagner als grundsätzlich anerkannte Größe, die allerdings eben nur als Durchgangsstadium zu einer neuen, zukünftigen Dimension einer dionysischen Handlung bzw. eines großen menschheitlichen Mysteriums zu begreifen sei.

Bely zog dabei sogar Gedanken an eine sozialistische Staatsidee in seine Argumentation mit ein, erstmals wohl in den „Arabesken", als er den *„Sozialismus"* als die *„wahre Einheitslehre"* bezeichnete.[59] Und noch 1928, in seiner autobiografischen Darstellung „Ich, ein Symbolist", schrieb er von seinen diesbezüglichen Vorstellungen am Beginn des Jahrhunderts – und das sei hier als kleiner Exkurs eingefügt:

> *„Zwar blieb mir die Parteipolitik Rußlands fremd, doch war ich in meinem ganzen Bestreben für die damalige extreme Linke … Vom Jahre 1906 an habe ich etliche Rezensionen … geschrieben …, entschieden ‚Ja' sagend zum Proletariat und zur sozialen Revolution; bereits seit Juni 1917 schien sie mir nach den Fehlern der Provisorischen Regierung schicksalhafte Notwendigkeit; wir erwarteten übereinstimmend den Ausbruch … Aber meine Konzeption nicht zweier, sondern dreier Revolutionen (einer politischen, sozialen, geistigen) grenzte mich vom Staats-Kommunismus und von der Staats-Demokratie ab … Die Diktatur habe ich nur akzeptiert als Notwendigkeit, den Sowjetismus vor Schlägen von außen zu verteidigen … Dann wurde mir jedoch klar, daß der mittlere Teil der Triade (Sowjet – Macht –*

---

[56] Vgl. dazu: ebd., S. 170.

[57] Zit. nach: A. Gosenpud, Richard Wagner i russkaja kultura, S. 259.

[58] Andrei Bely, Arabeski, S. 85, 310.

[59] Ebd., S. 150.

Rhythmus), also die Macht-Parole, in die übliche Macht entartete und in dieser Entartung
aus der Macht der Sowjets eine Sowjet-Macht, also die übliche Macht wird ... Ich fiel aus
der Politik heraus dorthin, wo ich schon immer daheim war: in die Antistaatlichkeit ..."[60]

Mit diesen Worten war auch beschrieben, wie Bely nach der Oktoberrevolution
durchaus versucht hatte, seine weitgreifenden, im Grunde aber utopischen Kunst-
vorstellungen mit den doch sehr viel realeren der sich ausbildenden Sowjetdiktatur
in Übereinklang zu bringen. So arbeitete er zunächst in den neuen sozialistischen
Staatsorganen, wie etwa dem unter Lunatscharskis Leitung stehenden Volkskommissariat für Bildung mit, zog sich dann aber mehr und mehr in die Selbstiso-
lation zurück. Und er sah sich in der Folge sogar gezwungen, seine zeitweilige Hinwendung zur Steinerschen Anthroposophie und der von diesem gegründeten „Internationalen Anthroposophischen Gesellschaft", die in der Sowjetunion sehr bald als
„konterrevolutionär" verfemt war, zu rechtfertigen und tat dies auch in zwei muti-
gen Briefen an die sowjetische Staatsanwaltschaft und sogar persönlich an Stalin.[61]

Um auf Belys spannungsvolles Verhältnis zu Wagner zurückzukommen, sei –
nun wieder in positivem Sinne – erwähnt, dass er den von ihm so hoch verehrten
Wladimir Solowjow sogar in ein Gleichnis zu dem deutschen Komponisten setzte.
Er bezeichnete Solowjow in den „Arabesken" einmal, bezogen auf den Wotan im
„Siegfried", als geistigen Welten-„Wanderer".[62] Vielfach hatte er ja schon in der
Heimat Wagner-Aufführungen erlebt, war 1912 auch Besucher der Bayreuther Festspiele („Lohengrin", „Tristan", „Walküre" und „Götterdämmerung") und schrieb
davon sehr beeindruckt seinem Freund Block.[63] So kennzeichneten Begeisterung
einerseits und immer wieder kritische Distanz andererseits Belys Verhältnis zu
Wagner. 1926, in einem nicht vollendeten Manuskript „Duscha samososnajustschaja" („Die sich selbst erkennende Seele"), verfasste Bely dann einen schlicht mit
„Wagner" betitelten Aufsatz, worin er sein gewandeltes Verhältnis zu dem deutschen Komponisten kundgab. Er schrieb da:

„Wagner ist der Kampf mit den Leidenschaften; und Wagner ist der Verfall der Musik; aber
im Untergang der Musik, im Niedergang der Musik, – ist in Wagner auch die, noch un-
beholfene, Botschaft, dass der Tod der ‚Musik' für die Musik ein neuer Auszug aus der
Finsternis, aus Ägypten ist: hin zum fernen Mysterium ... Wagner ist eine ganz verinner-
lichte Erscheinung des musikalischen Realismus, nicht in den Themen des inhaltlichen Pro-
gramms, welches der Mythos ist, aber in der Substantialität des Klangs, in der Struktur
aller seiner klingenden Kompositionen; in Wagner ist sozusagen der Corpus des Klangs
aufgeschlüsselt ... In meiner Vorstellung scheint so ein Bild des kristallisierten musikali-
schen Realismus auf ... Das realistische Orchester bei Wagner, Strauss, Skrjabin ist ein
Spiegelbild des Tatbestands der Realität des ‚Ich' der Selbsterkenntnis."[64]

---

[60] Andrej Belyj, Ich, ein Symbolist. Eine Selbstbiographie, S. 160 ff.

[61] Andrej Belyj, Symbolismus. Anthroposophie. Ein Weg. Texte – Bilder – Daten, S. 160–164.

[62] Andrej Belyj, Arabeski, S. 23 f., 59, 85, 142 f., 150 f., 310 ff., 387.

[63] Vgl. dazu: A. Gosenpud, Richard Wagner i russkaja kultura, S. 258.

[64] Andrei Bely, Duscha samososnajustschaja, S. 254 f.; vgl. auch: Angelika Schmitt, Hermetischer
Symbolismus: Andrej Belyjs „Istorija stanovlenija samoznajuščej duši", S. 317 f.

Diese gewandelte (gegenüber den „Arabesken") Wagner-Sicht bei Bely ging offenbar auch auf Rudolf Steiner zurück. 1912 hatten Bely und seine spätere Ehefrau Assja Turgenjewa (eine Großnichte des Dichters Iwan Turgenjew) nach längeren Studienreisen durch Nordafrika und den Nahen Osten, die Bekanntschaft des deutschen Philosophen gemacht,[65] dessen anthroposophische Lehren gerade begannen, in ganz Europa großes Aufsehen zu erregen. 1914 heirateten Bely und Assja und zogen in das schweizerische Dornach, um beim Bau von Steiners Goetheanum, quasi einem anthroposophischen Heilstempel, mitzuwirken. Steiners anthroposophische Ansichten basierten in mancherlei Hinsicht auf Wagner,[66] und Bely hat mehrmals diesbezügliche Vorträge Steiners gehört.[67] Bis 1916, als Bely kriegsbedingt nach Russland zurückkehren musste, stand er ganz im Bann der Steinerschen Lehre. Diese basierte ja zunächst auf der Theosophie der Deutsch-Russin Helena Blavatsky und ihren Hauptschriften „Isis Unveiled" („Isis unverschleiert", thematisch mit der Frühromantik eines Hölderlin und eines Novalis verbunden und später, wie schon erwähnt, von Iwanow und dann auch Block aufgegriffen) von 1877 sowie „The Secret Doctrine" („Die Geheimlehre") von 1888. 1912 gründete Steiner dann die deutsche „Anthroposophische Gesellschaft".[68]

Andrei Bely war also quasi von Anfang an in die Steinersche anthroposophische Bewegung eingebunden. Und diese basierte geistig auf dezidierten Vorstellungen von einer neuen „Christologie", die ganz auf der Gestalt von Jesus Christus zugeschnitten war, und darin übrigens auch Verbindungen zu Wagners frühem Dramenentwurf „Jesus von Nazareth" und dessen späten religionsphilosophischen Schriften aufwiesen, wie auch zu thematisch ähnlich gelagerten Ausführungen etwa von Dostojewski und Tolstoi. Angezogen war Bely wahrscheinlich auch von Steiners besonderem Verhältnis zu Russland bzw. russischer Kultur. Dieser habe beispielsweise 1911 „*erstaunliche Dinge über Rußland gesagt, seine Zukunft, die Seele des Volkes und über Wl. Solowjow (in Rußland sieht er eine gewaltige, die einzige Zukunft …)*". Und Steiner hielte Solowjew „*für den bedeutendsten Menschen der zweiten Hälfte des 19. Jahrhunderts*".[69] Bely erzählte auch davon, dass Steiner ihn zu Beginn des Krieges nach der Wahrscheinlichkeit einer Revolution in Russland befragt habe: „*Ich antwortete mit Nein; aber ich wußte: eine Revolution wird stattfinden; mehr noch: ich erwartete den Zusammenbruch des russischen Gesellschaftslebens und das schon seit 1911.*"[70]

Auf Bely wirkte besonders die „Christologie" Steiners, von der er einen tiefen Eindruck erhielt, als er bei der ersten Begegnung mit diesem 1912 in Köln dessen Vortrag „Christus und das 20. Jahrhundert" hörte.[71] „*Seit dieser Zeit erspüre ich*",

[65] Vgl. dazu: Andrej Belyj, Ich, ein Symbolist. Eine Selbstbiographie, S. 124 f., 247.

[66] Vgl. ausführlicher dazu: Udo Bermbach, Der anthroposophe Wagner. Rudolf Steiner über Richard Wagner, S. 91–129.

[67] Vgl. dazu auch: Rudolf Steiner, „Der Ring des Nibelungen" im Lichte der Geisteswissenschaft, S. 70 ff.

[68] Vgl. ebd., S. 26 ff.

[69] Andrej Belyj, Symbolismus. Anthroposophie. Ein Weg. Texte – Bilder – Daten, S. 41.

[70] Andrej Belyj, Ich, ein Symbolist. Eine Selbstbiographie, S. 159.

[71] Ebd., S. 44 f.

so schrieb Bely später, *„besonders das Zeichen enger Verwandtschaft vom Symbolbereich meiner früheren Jahre und dem Bereich Christi, der abermals in die neue Kultur einzieht. "*[72] Und er führte diesen Gedanken 1918 sogar in sein Revolutionspoem „Christus ist auferstanden" hinüber,[73] das übrigens ein Pendant in Alexander Blocks zeitgleich entstandenem Revolutionspoem „Die Zwölf" (1918) fand, in dem die Schlussworte lauteten: *„Und voll Sanftheit jeder Schritt, schreitet Jesus Christus mit. "*[74] Deutlich wird aber gerade daran auch, mit welch wirklichkeitsfremdem utopischen Glauben Bely und Block und viele andere russische Künstler und Intellektuelle zunächst die sozialistische Revolution von 1917 begleiteten, nicht ahnend, dass diese ganz andere und blutige Wege beschreiten würde. Bely hat das in den Folgejahren mit bitteren Erfahrungen selbst erleben müssen, bevor er 1934 in sehr bedrängten Lebensverhältnissen starb – übrigens noch rechtzeitig vor den schlimmen Jahren 1936 bis 1938, als das Stalinsche Terrorsystem große Teile der früheren avantgardistischen Künstlerschaft und Intelligenz auslöschte.

Alexander Block – „Im Anfang war die Musik"

Wie Iwanow und Bely war auch Alexander Block von symbolistischem Gedankengut angezogen. Er entstammte, dem gleichen Jahrgang wie Bely, 1880, angehörend, einer im 18. Jahrhundert nach Russland eingewanderten deutschen Familie, deren Ahnherr am Hof von Katharina II. als Arzt wirkte. Sein Vater, von dem die Mutter sich aber früh trennte, war Juraprofessor. 1898 nahm Block an der Petersburger Universität zunächst ein Rechts-, später ein Pädagogikstudium auf, das er 1906 auch abschloss. Bald schon konnte er sich literarisch als phantasievoller Schriftsteller ausweisen. Ein früher Gedichtzyklus, „Verse von der Schönen Dame"[75] (1898–1904; der Titel stammte übrigens von Brjussow) reflektierte, zumindest andeutungsweise, auch sein Verhältnis zu Ljubow Mendelejewa, die er 1903 heiratete.[76] Die „Schöne Dame" erschien hier *„bald als die Heilige Sophia, bald als reale Geliebte, bald als Madonna oder vom Ritter umworbene Herrin, zuweilen aber auch als eine dämonische, offenbar Verrat und Verderben ankündigende Zauberin".*[77] Block selbst meinte: *„Sie ist eins in allen ihren Erscheinungen …"*[78] Wie Bely war auch Block fasziniert von der auf die „Hagia Sophia" bezogene Religionsphilosophie Wladimir Solowjows. Und er widmete dem Philosophen später zwei sehr anrührende Gedenkartikel.[79]

---

[72] Ebd., S. 125.

[73] Ebd., S. 286.

[74] Alexander Block, Ausgewählte Werke, Bd. 1: Gedichte. Poeme, S. 246.

[75] Vgl. ausführlicher dazu: Rolf-Dieter Kluge, Westeuropa und Rußland im Weltbild Aleksandr Bloks, S. 45 ff.

[76] Vgl. ebd., S. 43 ff., 52.

[77] Ebd., S. 49.

[78] Ebd., S. 51.

[79] Alexander Block, Ausgewählte Aufsätze, S. 52 ff., 63 ff.

In einem Vortrag aus dem Jahre 1910 „Über den gegenwärtigen Zustand des rus-
sischen Symbolismus" gab Block eine scharf gezeichnete Beschreibung dieser
Kunst- und Geistesströmung, indem er ihren immanenten geistigen Widerspruch als
„*These und Antithese*" begriff. Die „*These*" charakterisierte er da, Brjussow und
Sologub zitierend, folgendermaßen:

> „*,Du bist frei in dieser gleichnisreichen Zauberwelt.' Schaffe was du willst, denn diese Welt
> gehört dir.*" … „*Ich – Gott geheimer Welt, die ganze Welt ist nur in meinen Träumen.*" …
> „*Der Symbolist ist von Anfang an ein ,Theurg', das heißt einer, der ein geheimes Wissen be-
> sitzt, von dem eine geheime Wirkung ausgeht …*"

Die „*Antithese*" lautete dann, auch wieder in poetischer Umschreibung:

> „*Angesichts der Klarheit der Morgenröte gleichsam eifersüchtig auf den einsamen Theur-
> gen, durchschneidet plötzlich jemand den goldenen Faden der aufblühenden Wunder; die
> Schneide des strahlleuchtenden Schwertes verblaßt und wird nicht mehr im Herzen ge-
> spürt. Die Welten, die von seinem goldenen Licht durchdrungen waren, verlieren ihren pur-
> purnen Schimmer; wie durch einen durchbrochenen Damm fällt blau-violettes Weltdämmer-
> licht ein …*"[80]

Das war eine bildhaft-poetisierte, aber doch klare Definition der Krise des
Symbolismus, wie sie sich im Auseinandertreiben der Personalstile der einst so eng
verbundenen Vertreter dieser Kunst- und Geistesrichtung in Rußland zeigte. Bei
Block äußerte sich das am deutlichsten wohl schon in der bereits erwähnten beißen-
den Harlekinade seines Stückes „Balagantschik" („Schaubude"), in dem er, sehr
zum Verdruss seines Freundes Bely, auch Abschied nahm vom übertriebenen So-
phienkult. Das Stück erlebte am 30. Dezember 1906 in einer virtuosen Inszenierung
von Wsewolod Meyerhold am Petersburger Theater der Wera Komissarshewskaja
seine Uraufführung. Block meinte dazu, nunmehr übrigens sein bisheriges Idol Solowjow mit dessen Worten „*Und statt des Ernsts der Musen – Schaubuden-
gekreische*" zitierend:

> „*Meine eigene Zauberwelt wurde zur Arena meines persönlichen Wirkens, zu meinem ,ana-
> tomischen Theater' oder zu meiner ,Schaubude', wo ich neben meinen wundersamen Pup-
> pen eine Rolle spiele (ecce homo!). Das goldene Schwert ist erloschen, die violetten Welten
> sind in mein Herz eingebrochen … Anders gesagt, ich habe das eigene Leben schon zur
> Kunst gemacht (eine Tendenz, die sich ganz deutlich durch die gesamte europäische ,Déca-
> dence' zieht).*"[81]

Am 3. Januar 1903 hatte sich Block mit einem Brief an den ihm bis dahin unbekannten Andrei Bely gewandt und seiner Begeisterung über dessen oben bereits
erwähnten Aufsatz „Die Formen der Kunst" (in der Zeitschrift „Mir iskusstwa")
Ausdruck gegeben. Bescheiden bekannte er da zunächst: „*Ich verstehe hoffnungslos
nichts von der Musik …*", betonte dann aber, dass er ein tiefes inneres Verhältnis zu
„*der intuitiven, der Musik aus der Stimme, die im Innern singt*" habe, und dass „*die*

---

[80] Alexander Block, Ausgewählte Werke, Bd. 1: Gedichte. Poeme, S. 208 ff.

[81] Ebd., S. 211, 216; vgl. auch: Christa Ebert, Symbolismus in Rußland. Zur Romanprosa Sologubs, Remisows, Belys, S. 39 ff.

Tiefe der Musik und die Abwesenheit äußerer Wirklichkeit in ihr" ihn *„zur Idee eines noumenalen Charakters der Musik, welche das Geheimnis der Bewegung, das Geheimnis des Seins erhellt",* geführt habe. Er nannte das *„die Musik des Künftigen"* und kam so auch auf Wagner zu sprechen, den er zu jener Zeit bereits von den Aufführungen auf der Bühne des Mariinski Theaters kannte.[82] Und schon früh finden sich erste Spuren Wagnerscher Werke in Blocks Gedichten: „Tannhäuser", „Walküre" und „Parsifal".[83] In Bad Nauheim hörte Block 1903 dann einmal konzertant „Isoldes Liebestod" und war zutiefst beeindruckt. Seiner Frau schrieb er am 15. Juni davon und setzte sie, *„meine Dame"* (erinnernd an die „Schöne Dame" aus seinem Gedichtzyklus), zugleich in innere Verbindung mit der Wagnerschen Isolde.[84] Es war wieder einmal, wie im Freundeskreis um Bely und Block üblich, ein geistiges Theaterspiel in den Rollen der dramatischen Wagner-Personage. Am 26. Februar 1906 erlebte Block dann, gemeinsam mit Andrei Bely, auch die schon erwähnte Scheremetjewsche halbszenisch-konzertante Aufführung des ersten Aufzugs von Wagners „Parsifal". In dieser Zeit luden Block und seine Frau regelmäßig einmal wöchentlich ein, um Wagnermusik zu hören.[85] Wie sehr ihn Wagner beschäftigte und wie intensiv ihn dessen Musik ästhetisch beeinflusste, mag ein Eintrag in seinem Tagebuch vom 29. Juni 1909 verdeutlichen:

> *„Wirkliches gibt es in dieser Musik nicht, sie beweist am klarsten, daß Wirkliches überhaupt nur ein bedingter Begriff für die Bestimmung der (nicht existierenden, fiktiven) Grenze zwischen Vergangenheit und Zukunft ist. Das musikalische Atom ist das vollendetste – und einzig real existierende, denn es ist schöpferisch. Die Musik erschafft die Welt. Sie ist der geistige Körper der Welt, der (fließende) Gedanke der Welt … Wenn die Dichtkunst ihre Grenze erreicht hat, versinkt sie wahrscheinlich in der Musik."*[86]

In seiner Privatbibliothek versammelte Block im Lauf der Jahre wichtige Wagnerwerke, teilweise in russischer Übersetzung, so die Klavierauszüge vom „Ring des Nibelungen", dessen „Sämtliche Schriften und Dichtungen" sowie in Einzelausgaben die Schriften „Die Kunst und die Revolution" und „Oper und Drama". In der Ausgabe von „Die Kunst und die Revolution" finden sich auch zahlreiche Bleistifteintragungen, die von Blocks andauernder Auseinandersetzung gerade mit dieser Schrift zeugen.[87]

In einem oben schon erwähnten Aufsatz über Solowjows „Ritter und Mönch" (1910) zeichnete Block ein vergeistigtes Bild des Religionsphilosophen, der als *„einsamer Wanderer"* (eine Anspielung wohl auch auf Wagners „Wanderer" im „Siegfried", wie es ja Bely bereits als Gleichbild formuliert hatte) *„in eine unbekannte Ferne hinein"* schritt, wobei ihn *„Raum und Zeit nicht kümmerten".* (Diese Überwindung von „Raum und Zeit" hatte ja, wie oben zitiert, auch schon Iwanow

---

[82] Vgl.: Alexander Block, Ausgewählte Werke, Bd. 3: Briefe. Tagebücher, S. 29 f.

[83] Vgl.: Rolf-Dieter Kluge, Westeuropa und Rußland im Weltbild Aleksandr Bloks, S. 89.

[84] Aleksandr Blok, Pisma k shene, S. 142.

[85] Vgl.: Rolf Dieter Kluge, Westeuropa und Rußland im Weltbild Aleksandr Bloks, S. 101.

[86] Zit. nach ebd., S. 100 f.

[87] Vgl.: Aleksandr Blok, Biblioteka A. A. Bloka, S. 117 ff.

nach seiner Nietzsche-Lektüre diagnostiziert. Und man fühlt sich zudem auch erinnert an Gurnemanz' Worte im „Parsifal": *„Zum Raum wird hier die Zeit.* ") Block
erinnerte dann an jene, ihn nach Solowjow wichtigsten Gestalten des jüngeren
Kunstlebens: *„In unserem Rücken stehen die gewaltigen Schatten Tolstojs und
Nietzsches, Wagners und Dostojewskis. Alles verändert sich: wir stehen im Ange-
sicht des Neuen und Weltumfassenden ... Das neue Zeitalter steht schon vor der
Tür.* "[88] Dass er dabei auch die heftigen Wagner-Kritiker mit diesem in einem Atem-
zug als Kronzeugen seiner Betrachtungsweise herbeizitierte, war für Block offensichtlich kein Problem. Und schon 1908 (in einem Brief vom 23. Februar an seine
Frau Ljubow), schrieb Block, nachdenkend über ein Theater der „Zukunft", dass
dies als „Volkstheater" u. a. auch von Wagner bestimmt sein müsse.[89]

Nun, unmittelbar nach der Oktoberrevolution, erschien mit dem Datum vom 9.
Januar 1918 ein Artikel von Block mit dem Titel „Intelligenz und Revolution",
worin er recht zugespitzt, ja provokant über die neue Zeit und explizit über die
„Musik der Revolution" schrieb:

> *„Die Wucht der russischen Revolution, die die ganze Welt ergreifen möchte (weniger kann
> eine echte Revolution nicht wünschen ...), ist eins mit der Hoffnung, einen Weltzyklon zu
> entbinden, der in die vom Schnee verwehten Länder den warmen Wind und den Duft der
> Orangenhaine bringen wird und den sonnenversengten Steppen des Südens den kühlen
> nördlichen Wind schenken wird. ,Frieden und Verbrüderung der Völker' – das ist die Lo-
> sung der russischen Revolution. Davon dröhnt ihre Flut. Das ist die Melodie, die hören
> muß, wer Ohren hat zu hören ... Fürchtet Euch nicht vor der Zerstörung des Kremls, der
> Schlösser, der Bilder und Bücher ... Was habt Ihr denn gedacht? Daß die Revolution eine
> Idylle sei? ... Euch fehlte der kristallene Klang, diese Musik der Liebe ... Die Liebe wirkt
> Wunder, die Musik verzaubert Tiere. Ihr aber (wir alle) lebtet ohne Musik und ohne Liebe. ...
> Ohne die Musik ist Menschlichkeit nicht zu gewinnen ... Der Geist aber ist Musik ... Mit
> ganzem Leib, ganzem Herzen, ganzem Sinn, sollt Ihr der Musik der Revolution lauschen.* "[90]

In Blocks Tagebuch von 1919 kann man dann weiterführende ästhetische Reflexionen über Musik lesen: *„Im Anfang war die Musik. Die Musik ist das Wesen der
Welt ... Das Wachstum der Welt ist Kultur. Kultur ist musikalischer Rhythmus."* Und
als Reaktion auf alle auseinanderstrebenden politischen und gesellschaftlichen Entwicklungen und Umbrüche der Geschichte wusste Block als „Antwort" nur zu benennen: *„die synthetischen Bestrebungen Wagners (,Oper und Drama')".*[91]

In den Tagebüchern von 1918 und 1919 hoffte Block, parallel zu seiner Bejahung
des politischen Umbruchs, auch auf eine entscheidend neue Wendung im Geistesleben, *„auf deren Seite jetzt der Geist der Musik atmet".* Diese neue Wendung habe
als Ahnherren Heine, Nietzsche, Wagner, Ibsen und Strindberg. *„Jede Bewegung
wird aus dem Geiste der Musik geboren ... Die Zivilisation stirbt ab, es wird eine
neue Bewegung geboren, die aus demselben musikalischen Element hervor-
wächst."*[92]

---

[88] Alexander Block, Ausgewählte Aufsätze, S. 52 f., 61 f.

[89] Alexander Block, Ausgewählte Werke, Bd. 3: Briefe. Tagebücher, S. 90.

[90] Alexander Block, Ausgewählte Aufsätze, S. 74, 78 f., 84.

[91] Alexander Block, Ausgewählte Werke, Bd. 3: Briefe. Tagebücher, S. 338 ff.

[92] Zit. nach: Rolf-Dieter Kluge, Westeuropa und Rußland im Weltbild Aleksandr Bloks, S. 107.

Und auch Block gelangte, wie Solowjow oder Bely und zuvor schon Dosto-
jewski und Tolstoi, zu einem erhebenden Christus-Bild, das der neuen Kunst
einen erlösenden Horizont verleihen sollte. Er berief sich da zu Recht wieder auf
Wagner, der am Schluss seiner Schrift „Die Kunst und die Revolution" eben diese
Gestalt der Welt- und Religionsgeschichte besonders hervorgehoben hatte:
„*Jesus, der für die Menschheit litt ...* ",[93] aber doch auch eine Gestalt, die von
Wagner mit einer Art Haßliebe begriffen worden sei. Bely charakterisierte das
folgendermaßen:

> *„Dieses Gift der Haßliebe, das selbst für den mit allen Wassern gewaschenen Kleinbürger*
> *unerträglich ist, hat Wagner vor Schande und Verderben bewahrt. Dieses Gift, das er in all*
> *seinen Werken verströmt, ist eben jenes ‚Neue', dem die Zukunft gehört. "*[94]

Vergleicht man nun rückblickend Block mit seinen Freunden Iwanow und
Bely, so stellt sich als grundsätzliche Unterscheidung heraus, dass Block alles
kulturelle Werden und jeden politisch-kulturellen Umbruch einzig als musikalischen Vorgang begriff. Musik war ihm das Wesen und das Ziel der Welt, nicht,
wie bei Iwanow, innerhalb einer visionär erhofften dionysischen Handlung und
nicht, wie bei Bely, als ein für die Zukunft erahntes erlösendes Mysterium. Bei
Block ist die Musik das Höchste, dem alles untergeordnet ist, bei Iwanow und
Bely ist Musik einem jeweils anders gearteten, ästhetisch Übergeordneten nur
beigegeben.

Aber wie bei Iwanow und bei Bely fand Wagner auch bei Block unmittelbaren
Eingang in sein dichterisches Schaffen, andeutungsweise schon in frühen poetischen Äußerungen. Im Dezember 1900 beispielsweise entstand, als *„Im-*
provisation", das Gedicht „Walkirija" („Walküre") mit dem Titelvermerk *„auf Mo-*
tive Wagners". Es war geschrieben offenbar als Reflex auf den Besuch einer Vorstellung der „Walküre", die am 24. November 1900 im Mariinski Theater ihre
Erstaufführung erlebt hatte.[95] Der Text ist ein dem 1. Akt der „Walküre" nach-
empfundenes Gespräch zwischen Siegmund und Sieglinde. Zu erwähnen ist weiter
sein lyrisches Drama „Rose und Kreuz" (1912), von dem er später sagte: *„Unter*
den Melodien Wagners schrieb ich die letzte Szene in Verse um. "[96] Und dann klang
Wagner unüberhörbar wieder im Poem „Vergeltung" (1910–1921) auf, in dem dessen leitmotivische Struktur ganz explizit aufgegriffen und dessen dramatische Personage, vor allem Siegfried, direkt zitiert wurde.[97] Bei Bely waren schon, quasi als
literarischer Dialog mit Freund Block und dessen Ehefrau Ljubow, der Drachen-
töter Siegfried und die von Feuer umgürtete Brünnhilde aufgetaucht. In Blocks

---

[93] RWS, Bd. 3, S. 41.

[94] Alexander Block, Ausgewählte Werke, Bd. 2: Stücke. Essays. Reden, S. 234 f.; vgl. auch:
Rolf-Dieter Kluge, Westeuropa und Rußland im Weltbild Aleksandr Bloks, S. 258 ff.

[95] Aleksandr Blok, Polnoje sobranije stichotworenij, Bd. 1: 1897–1902, S. 142 f.; vgl. auch: A. Gosenpud, Richard Wagner i russkaja kultura, S. 261.

[96] Zit. nach: Rolf-Dieter Kluge, Westeuropa und Rußland im Weltbild Aleksandr Bloks, S. 90.

[97] Vgl.: A. Gosenpud, Richard Wagner i russkaja kultura, S. 263 ff.

Poem dann, an dem er die letzten zehn Jahre seines Lebens immer weiterarbeitete (aber nie eigentlich vollendete) und das sein tiefgehendes zeitkritisches Verständnis widerspiegelte, tauchte gleich zu Beginn wieder das Wagner-Narrativ vom drachentötenden Siegfried mit seinem Schwert Nothung auf, nunmehr aber als in die Weltgeschichte überhobenes Gleichnis des Untergangs der alten Welt und des Sieges einer neuen Weltordnung. Diese Strophen seien hier etwas ausführlicher zitiert:

> *„So schweißte Siegfried überm Feuer*
> *Die Klinge: rot wie Kohlenglut*
> *Senkt er ins Wasser sie, die Flut*
> *Zischt auf, es stählt sich ungeheuer*
> *Das Schwert, dem würdig nur ein Held …*
> *Und Notung blitzt – ein Schlag, ein Hieb,*
> *Mime, der heuchlerische Schmied,*
> *Siegfried entsetzt zu Füßen fällt.*
> *Ein Schwert – nur wer nicht Furcht kennt, ach,*
> *Kanns schmieden, aber ich, wie ihr,*
> *Aus Staub und Lehm gemacht, bin hier*
> *Ein Sklave nur, hilflos und schwach.*
> *Voll Schrecken ist für mich die Welt.*
> *Und seine Schläge führt der Held*
> *Schon nicht mehr frei, denn seine Hand*
> *Ist längst schon in des Volkes Hand.*
> *Über der ganzen Welt steht jetzt*
> *Schon eine Feuersäule rot –*
> *Jeder Gedanke, jedes Herz*
> *Kennt nur sein eigenes Gebot.*
> *Über Europa reißt ein Vieh*
> *Von Gier gequält auf seinen Rachen.*
> *Wer wird ihn töten, diesen Drachen?*
> *…*
> *Gesang vergeht – Gesang wird bleiben,*
> *Und immer wird ein Sänger sein."*

Dann warf Block einen geradezu apokalyptischen Blick auf die furchtbare Vergangenheit und die noch grausamere Gegenwart:

> *„Grausames neunzehntes Jahrhundert,*
> *Zeitalter eisernes, durch dich*
> *Wurde der ahnungslose Mensch geworfen*
> *In gnadenlose Finsternis.*
> *…*
> *Das zwanzigste Jahrhundert – finstrer,*
> *Furchtbarer, unbehauster (doch*
> *Luzifers Schattenflügel – schwärzer,*
> *Riesig- und ungeheurer noch).*
> *Die Sonne sinkt ins Brandigrote*
> *(Prophetisch kündend uns den Tag)."*[98]

---

[98] Alexander Block, Ausgewählte Werke, Bd. 1: Gedichte. Poeme, S. 217 ff.

In zwei Poemen aus dem Jahre 1918, also inmitten der Revolutionsunruhen, verarbeitete Block dann seine Eindrücke von den bewegenden Zeitereignissen. In „Die Zwölf" schilderte er den Gang von zwölf Rotgardisten durch das Feuer der Revolution. Es war eine Dichtung noch voller ungebrochener Illusion über das zu erwartende Neue nach dem großen Umsturz – und sie endete überraschend, ja unglaublich utopisch mit Jesus Christus, der nunmehr an der Spitze der „Zwölf" Jünger marschiert:

> *„Zwölf, die marschieren im Gemäuer.*
> *Gewehre, schwarze Riemen, Ranzen.*
> *Und ringsum Feuer, Feuer, Feuer.*
> *…*
> *Revolutionäre, marschiert vereint!*
> *Es schläft nicht der rastlose Feind!*
> *…*
> *Und sie schreiten majestätisch.*
> *Hinten: Hund und Hungerleid;*
> *Aber vorn: mit blutiger Fahne,*
> *Unter Wind- und Schneegeleit*
> *Gegen Blick und Blei gefeit,*
> *Eisperlschimmer, Flockenglosen*
> *Um den Kranz aus weißen Rosen*
> *Und voll Sanftheit jeder Schritt,*
> *Schreitet Jesus Christus mit."*[99]

Es war tatsächliche eine große Illusion, die mit der Christus-Erscheinung auch verständliche Verwirrung auslöste. Anatoli Lunatscharski schrieb später unter dem Titel „Block und die Revolution" Folgendes dazu:

> *„Viel gewahrte der unverbesserliche Weltverbesserer in der Oktoberrevolution: sowohl*
> *Christus mit den zwölf Aposteln als auch die Skythen mit asiatischen Horden … Und nur*
> *eines sah Block nicht und konnte er durch sein romantisches Glas nicht sehen: den realen*
> *Oktober und die wirkliche Arbeiter-und-Bauern-Revolution … Die bolschewistischen*
> *Kreise nahmen ‚Die Zwölf' natürlich zwiespältig auf … Außerdem schockierte das plötz-*
> *liche Erscheinen Christi an der Spitze der Zwölf."*[100]

Im „Skythen"-Poem – einem Reflex auch auf die um die Jahrhundertwende in Russland in Mode gekommene Skythen-Mythologie (man denke an Prokofjews Skythen-Ballett „Ala und Lolli" bzw. die daraus entstandene „Skythische Suite" aus dem Jahre 1915) – wollte Block Ermunterung für die revolutionierte Gesellschaft vermitteln:

> *„Erholt euch von des Krieges Schrecken, hört*
> *Von unsren Armen freundlich-fest umschlossen:*
> *Noch ist es nicht zu spät, steckt ein das Schwert,*
> *Laßt uns zu Brüdern werden und – Genossen!*
> *…*

---

[99] Ebd., S. 237 f., 246.

[100] Anatoli Lunatscharski, Die Revolution und die Kunst – Essays. Reden. Notizen, S. 218 ff.

Zum letztenmal besinn dich, alte Welt!
Zum brüderlichen Fest der Friedensfeier,
Zum Fest der Arbeit, das uns friedlich eint,
Ruft der Barbaren Leier!"[101]

Eine der letzten Tagebucheintragungen Blocks kurz vor seinem Tod am 7. August 1921 zitierte dann noch einmal Wagner. Und es war nun blanke – offenbar auch politische – Desillusion gegenüber den neuen Realitäten. Block verabschiedete sich gewissermaßen aus dem Leben und aus der Welt mit dem traurig enttäuschten Abgesang der Rheintöchter aus dem „Rheingold":

„Traulich und treu
ist's nur in der Tiefe:
falsch und feig
ist was dort oben sich freut!"[102]

---

[101] Alexander Block, Ausgewählte Werke, Bd. 1: Gedichte. Poeme, S. 248 f.
[102] Vgl.: Rolf-Dieter Kluge, Westeuropa und Rußland im Weltbild Aleksandr Bloks, S. 91.

Kapitel 9
Endspiele – Wagner und die russische Kunstavantgarde vor dem 1. Weltkrieg

Theater – Meyerhold inszeniert „Tristan und Isolde"

Als eines der herausragenden Ereignisse im Petersburger Musikleben jener Zeit ist die Inszenierung von Wagners „Tristan und Isolde" im Jahre 1909 durch Wsewolod Meyerhold am Petersburger Mariinski Theater anzusehen. Es war die Zeit des Höhepunkts des Wagner-Booms in Russland, wo beispielsweise in Petersburg Wagner-Aufführungen bis zu 20 Prozent des Gesamtrepertoires ausmachten, deutlich mehr als etwa Werke russischer und auch populärer italienischer oder französischer Komponisten. Wladimir Teljakowski, der risikofreudige und auf Neuerungen bedachte Direktor der kaiserlichen Operntheater, holte den jungen Regisseur Meyerhold an sein Theater und beauftragte ihn, das Wagnersche Werk in einer neuen Einstudierung zu präsentieren. Ausführlich haben über dieses wichtige Kapitel in der künstlerischen Biografie Meyerholds u. a. Nikolai Wolkow und in jüngerer Zeit Abram Gosenpud sowie Rosamund Bartlett geschrieben.[1]

Meyerhold, 1874 als Sohn eines aus Deutschland (Schlesien) stammenden jüdischen, zum protestantischen Glauben konvertierten Unternehmers in Pensa geboren, konvertierte als junger Mann zum orthodoxen Glauben und nahm auch die russische Staatsbürgerschaft an. Er trat, nach einem Schauspielstudium bei den Theaterreformern Nemirowitsch-Dantschenko und Stanislawski, bald schon als Theateravantgardist mit verschiedenen Produktionen hervor. Seit seiner Jugend war er vom Theater geradezu besessen. Er sah im Theaterspiel die faszinierende Möglichkeit, auf Menschen und auf das soziale Gefüge der Gesellschaft zu wirken. Das neue „Künstlertheater" Stanislawskis, das seit 1898 in Moskau mit seinen scharf konturierten realistischen Inszenierungen neuester Dramatik, u. a. Tsche-

---

[1] Nikolai Wolkow, Meierhold; A. Gosenpud, Russki operny teatr meshdu dwuch rewoljuzij 1905–1917, S. 274–288; Isaak D. Glikman, Meyerhold i musykalny teatr, S. 39–98; Rosamund Bartlett, Wagner and Russia, S. 94–103; vgl. weiterhin: Brigitte Held, Richard Wagner. „Tristan und Isolde". Das Werk und seine Inszenierung, S. 155–169.

E. Kröplin, *Richard Wagner und Russland*, https://doi.org/10.1007/978-3-662-70404-2_9

chows, für Furore sorgte, war ihm für einige Jahre eine ungemein belebende und bereichernde Arbeitsstätte. Im Einverständnis mit seinem hochverehrten Förderer Stanislawski hatte Meyerhold Pläne zur „Gründung einer neuen Schauspielertruppe beim Moskauer Künstlertheaters", in der Folge dann kurz „Theaterstudio" genannt, entwickelt und niedergeschrieben. Im weiteren Sinne waren von Meyerhold übrigens auch Maxim Gorki und Wjatscheslaw Iwanow 1905 und 1906 in die Pläne für neue Theatergründungen involviert, die sich jedoch u. a. infolge der Revolution von 1905 als nicht realisierbar erwiesen.[2]

Folgerichtig aber war dann auch wohl seine Abnabelung von den ästhetischen Maximen des „Künstlertheaters". Seine zunächst erfolgreiche Laufbahn als Schauspieler und Regisseur an Stanislawskis Moskauer „Künstlertheater" seit den 90er-Jahren beendete er mit der erklärten Absicht, jenseits des bei Stanislawski zur Hochblüte entwickelten theatralischen Realismus neue szenische Ausdrucksweisen zu entwickeln. Als Regisseur erregte er so sehr bald Aufsehen. Er arbeitete zeitweilig am avantgardistischen Theater der Wera Komissarshewskaja in Petersburg und bald auch schon im Ausland. Sein besonderes Interesse galt dem russischen und westeuropäischen Theater des Realismus und gleichermaßen dem des Symbolismus. Freundschaftlich verbunden war er mit den Symbolisten Wjatscheslaw Iwanow (er besuchte beispielsweise auch dessen berühmte „Mittwochabende" im „Turm"[3]), Alexander Block, Andrei Bely und Waleri Brjussow. Er inszenierte u. a. mit großem Erfolg neueste Dramatik, so in den Jahren 1906 und 1907 Henrik Ibsens „Hedda Gabler" und „Nora", Maurice Maeterlincks „Schwester Beatrix" und „Pelléas und Mélisande" sowie Alexander Blocks „Balagantschik" („Schaubude").

In seiner Jugendzeit hatte Meyerhold eine fundierte musikalische Ausbildung erhalten, und er liebte besonders das Geigenspiel, so dass auch sein berufliches Interesse sich bald dem Musiktheater zuwandte. Die Einladung Teljakowskis zur Inszenierung von „Tristan und Isolde" war ihm einerseits Anlass, sich intensiv mit Wagner und dessen theaterästhetischen Schriften zu befassen, und gab andererseits auch den Anstoß zu weiteren Operninszenierungen am Mariinski Theater: Mussorgskis „Boris Godunow" (6.1.1911), Glucks „Orpheus und Eurydike" (21.12.1911), Strauss' „Elektra" (18.2.1913), Dargomyshskis „Steinerner Gast" (1917) und Strawinskys „Nachtigall" (30.5.1918).

Um die Eigenart von Meyerholds „Tristan"-Inszenierung zu begreifen, muss man die theaterästhetischen Überlegungen und Entwicklungen des Regisseurs in den Jahren davor etwas näher betrachten. Als pointierter Literat kommentierte er seine künstlerische Laufbahn immer auch mit scharfsinnigen, bisweilen sehr zugespitzten schriftlichen Äußerungen. Eine Auswahl davon publizierte er dann 1912 in Buchform unter dem Titel „Über das Theater".

Zunächst sei auf seine, weiter oben bereits erwähnte, Inszenierung von Blocks „Balagantschik" („Schaubude") im Jahre 1906 hingewiesen. Hier schärfte sich sein theaterästhetisches Sensorium gerade am Genre der Groteske. Blocks Stück war ge-

---

[2]Vgl.: Wsewolod E. Meyerhold, Schriften – Aufsätze. Briefe. Reden. Gespräche, 1. Bd., S. 82 ff., 315 f.

[3]Vgl. ebd., S. 302, 336.

kennzeichnet von jähen Brüchen im dramaturgischen Ablauf. Vermieden war bewusst eine lineare Erzählweise, eine geradlinige, naturalistische Widerspiegelung menschlicher Verhältnisse. Im Gegenteil gab sich das Stück, das in der Manier des altrussischen Straßentheaters, des „Balagan-Theaters", wie auch der Commedia dell'arte angelegt war, als künstlerische Provokation, als erbarmungslose Sezierung althergebrachter vertrauter und gemütvoller Darstellungsweisen, als rücksichtslose Brechung eingleisiger emotionaler Erwartungshaltung und Erlebnisfähigkeit des Publikums. Bezeichnenderweise spielte Meyerhold auch selbst die Hauptrolle des Pierrot. Und in seinem Aufsatz „Balagan" (1912, im 3. Teil von „Über das Theater") gab er dann eine treffende Definition seiner Vorstellung von theatralischer Groteske:

> *„Soeben ist über die Bühne der langbeinige blasse Pierrot geglitten, soeben hat das Publikum in seinen Bewegungen die ewige Tragödie der schweigend leidenden Menschheit erraten, da rennt schon hinter dieser Erscheinung eine muntere Harlekinade her. Das Tragische wird vom Komischen abgelöst, scharfe Satire tritt an die Stelle eines sentimentalen Liedchens ... Groteske ist die Bezeichnung für ein grobkomisches Genre in Literatur, Musik und den bildenden Künsten ... Die Groteske kennt nicht nur das Niedrige oder nur das Hohe. Sie vermischt die Gegensätze, spitzt die Widersprüche bewußt zu und läßt mit ihrer Originalität spielen ... Die Hauptsache bei der Groteske ist das ständige Streben des Künstlers, das Publikum aus einer gerade von ihm begriffenen Sphäre in eine andere zu führen, die es absolut nicht erwartet hat ..."*[4]

Und dieserart Groteske ist gebettet in ein nichtnaturalistisches Flair von gekünstelter Bühnenarchitektur, rhythmisch gefasster und geradezu tänzerischer Bewegung der Körper, von schriller Farblichkeit im Dekorativen, von musikalischer Schwingung, von stilisierter Äußerung im körperlich-gestischen Habitus der Darsteller. *„Singen nicht der Körper, seine Linien und seine harmonischen Bewegungen schon an und für sich, als wären es Töne?"* – so hatte sich schon Block geäußert, und bewusst zitierte ihn Meyerhold in diesem Zusammenhang.[5] Alles zielte auf einen synthetischen, synästhesierenden, in sich aber ungemein vielstimmigen Konsens hin. Es war ein riskanter Balanceakt, in dem Meyerhold und seine symbolistischen Gesinnungsfreunde ihre zunehmend amorphe, zerbröckelnde soziale und politische Umwelt in aufreizenden theatralischen Bildern zu fassen suchten und diese einem verstörten Publikum präsentierten. Das menschliche Dasein erwies sich ihnen – angesichts geradezu grotesker gesellschaftspolitischer Entwicklungen der Zeit, angesichts der immer sichtbarer werdenden Krise politischer und sozialer Zustände im Russland des beginnenden 20. Jahrhundert von der niedergeschlagenen Revolution des Jahres 1905 bis hinein in den 1. Weltkrieg und schließlich zum revolutionären Umsturz von 1917 – auch nur in der Form von theatralischer Groteske darstellbar.

Das war mit Mitteln des alten russischen bzw. italienischen oder französischen und spanischen Volkstheaters zu erreichen, mit Figuren wie dem Cabotin, dem Harlekin oder dem Pierrot. Und an der Gestalt des Harlekin hob Meyerhold einmal exemplarisch die charakteristischen Möglichkeiten des grotesken Theaters hervor:

---

[4] Ebd., S. 214 ff.
[5] Ebd., S. 219.

> *„Der Schauspieler ist es, der durch die Kunst seiner Geste und Bewegung das Publikum in*
> *das Märchenreich versetzt, wo der blaue Vogel fliegt* [Anspielung auf das 1908 in Moskau
> ungemein erfolgreich aufgeführte Märchendrama „Der blaue Vogel" von Maurice Maeter-
> linck], *wo die Tiere reden und der Faulenzer und Schurke Harlekin, der seinen Ursprung*
> *von unterirdischen Kräften ableitet, sich in den Einfaltspinsel verwandelt, der erstaunliche*
> *Streiche vollführt. Harlekin ist ein Balancekünstler, beinahe ein Seiltänzer … Der Schau-*
> *spieler ist imstande, das Publikum zum Weinen und einige Sekunden danach zum Lachen zu*
> *bringen … Auf dem Gesicht des Schauspielers liegt eine tote Maske, doch versteht er es, sie*
> *mit Hilfe seiner Meisterschaft so anzubringen und seinem Körper durch Biegung eine sol-*
> *che Haltung zu geben, daß die tote Maske lebendig wirkt …"*[6]

Und wenig später, nun über das Maskentheater in Molières „Don Juan" spre-
chend, begriff Meyerhold die janusköpfige Doppelgesichtigkeit der Titelfigur als
herausfordernde Chance, gerade ihr *„eine glänzende Charakterisierung des herr-*
schenden Lasters seiner Zeit, der Heuchelei und Scheinheiligkeit in den Mund" zu
legen.[7] Es war also beißende Gesellschaftskritik, auf die Meyerhold mit seinem
Theater der Groteske hinarbeiten wollte. Zugleich aber erörterte er auch weitere ästhetische Varianten eines *„Neuen Theaters"*. Und das am Beispiel von symbolistischen Dichtern seiner Generation, namentlich Iwanow, Block und Bely:

> *„Wjatscheslaw Iwanow versucht die Besonderheiten des antiken Theaters zu restaurieren,*
> *von der Aufhebung der Rampe träumend, an deren Stelle die altgriechische Orchestra tre-*
> *ten soll. Alexander Blok folgt der Tradition des italienischen Volkstheaters, wobei er seine*
> *Suche mit der Weltsicht der deutschen Romantiker verbindet (Novalis, Tieck) … Andrej Bely*
> *versucht ein modernes originales Myterienspiel zu schaffen …"*[8]

Alle solche Überlegungen vereinte Meyerhold im ersten Teil seines Buches unter
einem zusammenfassenden Begriff, dem Begriff eines *„stilisierten Theaters"*, dem
er seit der Gründung des „Theaterstudios" versuchte, einen konkreten Inhalt zu
geben. *„Stilisierung"* (russisch: *uslownostj*) bedeutete ihm *„die Idee der Konven-*
tion, der Verallgemeinerung und des Symbols", die Befreiung aus *„den naturalisti-*
schen Fesseln der Meininger Schule", deren *„Grundsätze"* er für den *„Hauptfeind"*
seiner neuen Vorstellungen hielt. (Gemeint war hier der historistisch-naturalistische
Inszenierungsstil der Schauspieltruppe des Meininger Hoftheaters unter Leitung
von Herzog Georg, wie er seit den 80er-Jahren eine europaweite Ausstrahlung, auch
mit Gastspielen in Russland, besaß.) Es ging Meyerhold um Desillusion statt Ein-
fühlung, um kritische Wachheit statt Ergriffenheit[9], so wie es zwei Jahrzehnte später
auch Brecht mit seinem „Epischen Theater" auf der deutschen Theaterbühne propagierte. Das Ziel war: weg von der Scheinhaftigkeit der Kulissenillusion hin zu
symbolhaft stilisierter Klarheit – ganz im Geiste des altgriechischen Theaters.

Einzufügen ist hier ein kleiner Exkurs, der auf gleichartige neue ästhetische Prämissen im europäischen Theater jener Zeit aufmerksam macht. Zunächst seien da
die Tänzerin Isadora Duncan, die ganz Europa mit ihrer neuen Ausdrucksweise
elektrisierte, und der Schweizer Theaterreformer Émile Jaques-Dalcroze genannt,

---

[6] Ebd., S. 209.
[7] Ebd., S. 210.
[8] Ebd., S. 178.
[9] Ebd., S. 101, 105, 117.

deren avantgardistische Arbeiten Meyerhold kannte und schätzte und über die er in seinem „Balagan"-Aufsatz Folgendes schrieb: *„Seit dem Auftreten der Isadora Duncan und erst recht, seitdem die rhythmische Theorie von Jacques-Dalcroze erschienen ist, beginnt der zeitgenössische Schauspieler über die Bedeutung der Geste und Bewegung auf der Bühne nachzudenken."* [10]

Auch Igor Strawinsky bewegten damals ganz ähnliche antiillusionistische, antinaturalistische Vorstellungen, wie sie Meyerhold gerade formuliert hatte. Sein 1918 entstandenes Musiktheaterstück „L'Histoire du soldat" war für eine *„Wanderbühne"* (ähnlich dem Blockschen „Balagantschik") konzipiert, und für die künstlerische Ausführung hatte der Komponist konsequent die „Trennung der Elemente", wie Brecht es ausdrückte, vorgenommen: *„Eine kleine, bewegliche Jahrmarktsbühne auf erhöhtem Gerüst oder auf der Hauptbühne plaziert. Vor der Bühne sitzt rechts der Vorleser an einem Tisch, vor sich einen Schoppen Wein und ein Glas. Die Musiker installieren sich auf der linken Seite."* [11]

Ganz ähnlich war es dann in Strawinskys Opern-Oratorium (szenische Uraufführung 1928 in Berlin) „Oedipus Rex". Auch hier, wie bei Meyerhold oder Iwanow, die Rückbesinnung auf das antike Theater, auch hier bewusste Stilisiertheit der Bühne und der Personalregie, „Trennung der Elemente" eben, und ein die Handlung kommentierender Sprecher, zu dem es hieß: *„Der Sprecher trägt einen Frack ... Er redet wie ein Conférencier und schildert die Handlung mit teilnahmsloser Stimme."* [12] Dabei fühlt man sich unmittelbar daran erinnert, wie Meyerhold sich die Sprechweise des *„Schauspielers der neuen Schule"* vorstellte: *„Notwendig ist eine kühle Artikulation, ... äußerlich gelassen, ja, fast kalt, ohne Schreie und Tränen, ohne vibrierende Stimme, dafür aber tief."* [13] Und weiter reichen die ästhetischen Koinzidenzen bis hin zu Bertolt Brechts „Epischem Theater", konkret zu seinen „Anmerkungen zur Oper ‚Aufstieg und Fall der Stadt Mahagonny'" aus dem Jahre 1930, wo es u. a. hieß: *„Der Sänger wird zum Referenten, dessen Privatgefühle Privatsache bleiben müssen."* [14] Ähnliches forderte dann auch der Komponist Hanns Eisler von dem Darsteller in Brechts kommunistischem Lehrstück „Die Maßnahme": *„Der Sänger soll sich bemühen, ausdruckslos zu singen, d. h. er soll sich nicht in die Musik einfühlen wie bei einem Liebeslied, sondern er soll seine Noten referierend bringen, wie ein Referat in einer Massenversammlung, also kalt, scharf und schneidend."* [15] Dieserart Charakteristika erwiesen sich als dominant in der avantgardistischen Theater- und Opernentwicklung Russlands und Deutschlands während der ersten Jahrzehnte des 20. Jahrhunderts. [16]

---

[10] Ebd., S. 209.

[11] Igor Strawinsky, Mein Leben, S. 66, 69.

[12] Zit. aus dem Vorwort der Partitur von „Oedipus Rex".

[13] Wsewolod E. Meyerhold, Schriften – Aufsätze. Briefe. Reden. Gespräche, 1. Bd., S. 127.

[14] Bertolt Brecht, Schriften zum Theater, Bd. II, S. 127.

[15] Hanns Eisler, Musik und Politik. Schriften 1924–1948, S. 168.

[16] Vgl. ausführlicher dazu auch: Eckart Kröplin, Richard Wagner. Musik aus Licht. Synästhesien von der Romantik bis zur Moderne. Eine Dokumentardarstellung: Teil III/1, S. 1395 ff. und 1420 ff.

Bei Meyerhold, um auf diesen zurückzukommen, spielte unabdingbar auch stets ein musikalisches Element in seiner Theaterästhetik mit. Schon 1906, als Alexander Ostrowskis „Schneeflöckchen" am Künstlertheater inszeniert wurde, meinte er beispielsweise zu der Schauspielmusik von Alexander Gretschaninow: *„In dieser Musik gibt es Stellen, bei denen das Publikum in homerisches Gelächter ausbricht. Und bedenken Sie, solchen Eindruck machen nicht Worte, sondern ganz allein die Musik!"*[17] Und geradezu euphorisch klangen seine Worte, als er 1906 anlässlich seiner Inszenierung von Maeterlincks „Der Tod des Tintagiles" in Tiflis schrieb: *„Die höchste aller Künste ist die Musik. Die höchste. Alle brauchen sie. Sie ist allen teuer, allen. Alle lieben sie. ‚Der Tod des Tintagiles' ist auch Musik. Tausende Zuschauer. Und Tausende Deutungen, wenn überhaupt eine Musik gedeutet werden soll."*[18]

In „Über das Theater" (1. Teil: „Zur Geschichte und Technik des Theaters") hieß es zu einer Inszenierungsarbeit beispielsweise einmal: *„Alle sticken mit Elfenbeinnadeln im gleichen Rhythmus an einem breiten Band, und aus der Ferne erklingt ein Duett, von Klavizimbel und Harfe begleitet. Bewegungen, Linien, Gesten, Worte, Farben der Dekorationen und der Kostüme sind rhythmisch."*[19] Das war pure Stilisiertheit und Synästhesie. Und ebenso beispielhaft exemplifizierte Meyerhold einen solchen Vorgang am dritten Akt von Tschechows „Kirschgarten". Musik galt ihm dabei nicht als gefällige Begleiterscheinung, sondern als dramaturgische Verfremdung, als Entlarvung maskenhafter Konventionalität und bedrohlicher Abgründigkeit:

> *„Beim Autor ist das Leitmotiv des Aktes, daß die Ranewskaja das herannahende Gewitter ahnt (Verkauf des Kirschgartens). Alles ringsum bewegt sich stumpfsinnig: Da sind die Zufriedenen, die zum monotonen Dudeln eines jüdischen Orchesters tanzen und sich im erschreckenden Wirbel eines öden, modernen Tanzes drehen, in dem weder Freude noch Leidenschaft, noch Grazie, nicht einmal – Wollust liegen. Sie wissen nicht, daß der Boden, auf dem sie tanzen, unter ihren Füßen schwindet. Allein die Ranewskaja ahnt das Unglück und erwartet es, quält sich, unterbricht für einen Augenblick den schrecklichen Marionettentanz … In die Sprache der Musik übersetzt ist das ein Satz aus einer Sinfonie mit leidender Grundmelodie, veränderlichen Stimmungen in pianissimo und Ausbrüchen in forte (Leiden der Ranewskaja) und einem Hintergrund als Dissonanz in Gestalt eintöniger Klimperns einer miesen Kapelle und des Tanzes lebender Leichname (der Spießer). Das ist die musikalische Harmonie dieses Aktes."*[20]

Meyerhold sprach dann beispielsweise vom „*Tschechow-Theater*" und der ihm eigenen „*szenischen Stimmung*", vom „*Rhythmus seiner Sprache*" und ganz allgemein von der „*Musik Tschechows*".[21] Im Zusammenhang mit Maeterlinck prägte er auch den Begriff des „*Unbewegten Theaters*", das sich „*nicht in der größtmöglichen Entwicklung der dramatischen Aktion, nicht in herzzerreißenden Schreien, sondern in der allerruhigsten, unbewegtesten Form, im leise gesagten Wort*" realisiere, ganz wie in den großen Beispielen der antiken Tragödie. Die „*Bewegung*" des

---

[17] Wsewolod E. Meyerhold, Schriften – Aufsätze. Briefe. Reden. Gespräche, 1. Bd., S. 76.
[18] Ebd., S. 90.
[19] Ebd., S. 102.
[20] Ebd., S. 110 f.
[21] Ebd., S. 114 f.

Schauspielers charakterisierte er dementsprechend als *„plastische Musik"*, nannte sie auch *„Musik der körperlichen Bewegungen"*. Und dieserart Musikalisierung der dramatischen Aktion diene einzig dazu, es dem Zuschauer zu ermöglichen, einen *„inneren Dialog"* des Werkes zu entschlüsseln.[22] Meyerhold beschrieb so den Gang vom äußerlich sich gebärdenden Naturalismus hin zu einer symbolhaften Stilisierung auf der Bühne.

Da war es denn gar kein allzu langer Weg, der ihn auch zur Opernbühne führte. Und gleich als erstes großes Projekt war er also 1909 am Petersburger Mariinski Theater mit Wagners opus magnum „Tristan und Isolde" beschäftigt. Die konzeptionelle Vorbereitung darauf fand natürlich in enger Verbindung mit den eigenen avantgardistischen theaterästhetischen Ideen statt. Das eine war nicht vom anderen zu trennen. Und vor Beginn der Probenarbeiten absolvierte Meyerhold ein umfangreiches Studium der Wagnerschen Komposition wie auch von dessen theaterästhetischen Schriften und einer großen Anzahl von einschlägiger Sekundärliteratur, u. a. von Glasenapp, Chamberlain, Golther, von Wolzogen, aber auch von Theaterreformern wie Gordon Craig und Adolphe Appia bis hin schließlich zu Schopenhauer und Nietzsche. Später äußerte er einmal:

> *„Ich habe den ganzen Wagner auf Deutsch gelesen. Die Leute kennen ihn als Komponisten und als Autor von Librettos, aber er hat auch zehn Buchbände angefüllt mit höchst interessanten Artikeln geschrieben. Ich habe sie alle studiert. Wenn man die Seiten mit meinen Anmerkungen zur Kenntnis nimmt, so wird man verstehen, was für mich von besonderem Interesse war."*[23]

„Von besonderem Interesse" war für ihn der „andere" Wagner, der Wagner jenseits eingefahrener konventioneller Ästhetik, der Wagner jenseits des damals allgemein anerkannten Bayreuther Inszenierungskanons.

Dabei hatte Meyerhold zunächst eine kritische Haltung gegenüber dem synthetischen Theatermodell Wagners, in dem alle Künste, sich selbst aufgebend, zu einem neuen Ganzen verschmelzen sollten. Ihm erschien *„die Wagnersche Synthese der Künste unmöglich. Maler und Musiker sollten sich abgrenzen …"* Doch dann ging ihm bei weiteren Regiearbeiten im Bereich der Symbolisten (speziell Maeterlincks „Tod des Tintagiles") auf, dass, ganz im Sinne Wagners, *„eine Einheit von Autor und Regisseuren und Schauspielern"* erreicht werden müsste und letztlich auch die bühnenbildnerische Seite bewusst einzubeziehen sei. Dementsprechend sprach er von einem *„Dreieck-Theater"*, vergleichbar einem *„Sinfonieorchester"*.[24] Weiterhin erläuterte er seine Vorstellungen vom *„inneren Dialog"*, der von Regisseur und Schauspieler durch das im dramatischen Text äußerlich Gegebene hindurch als eigentliches Wesen der Handlung freizulegen wäre. Und wieder war ihm dabei Wagner ein entsprechendes Beispiel:

> *„Richard Wagner erschließt den inneren Dialog durch das Orchester. Die musikalische Tonfolge des Sängers erscheint ihm nicht stark genug, um die innere Bewegtheit der Helden*

---

[22] Ebd., S. 118, 153 f.

[23] Zit. nach: Rosamund Bartlett, Wagner and Russia, S. 97, 103.

[24] Wsewolod E. Meyerhold, Schriften – Aufsätze. Briefe. Reden. Gespräche, 1. Bd., S. 121 ff.

auszudrücken. Wagner ruft das Orchester zu Hilfe, in der Meinung, allein das Orchester sei fähig, das Unausgesprochene zu sagen, das Geheimnis vor dem Zuschauer zu entschleiern. Gleich der Tonfolge ist im Drama das Wort nicht stark genug, um den inneren Dialog zu erschließen ... Ähnlich wie Wagner das Orchester als Ausdrucksmittel seelischer Empfindungen benutzt, lasse ich sie durch körperliche Bewegungen ausdrücken.“

So wären *„die aufgetürmten Ungereimtheiten des naturalistischen Theaters“* überwindbar und eine *„der rhythmischen Bewegung der Linie und dem musikalischen Zusammenklang der Farbtupfer streng untergeordnete“* Szenerie zu schaffen. Immer wieder berief sich Meyerhold in diesem Zusammenhang auf Brjussows und Iwanows Vorstellungen vom Modellcharakter des antiken Dramas für seine Idee eines *„Neuen Theaters“*, das sich *„wieder zum Dynamischen hingezogen“* fühle wie *„bei Ibsen, Maeterlinck, Verhaeren und Wagner“*. Es ging ihm letztlich um die *„Schaffung eines stilisierten Theaters“*, das unbedingt zur Ergänzung der *„Dreieck-Theater“*-Vorstellung von Autor, Regisseur und Schauspieler nach *„einem vierten Schöpfer – dem Zuschauer“* verlangt.[25] Diese Gedanken schloß Meyerhold dann in einem ästhetischen Sinnkreis zusammen:

„Das stilisierte Theater schafft Inszenierungen, in denen der Zuschauer mit seiner Vorstellungskraft schöpferisch beendet, was die Bühne nur andeutet. Es will, daß der Zuschauer nicht einen Augenblick vergißt, daß vor ihm ein Schauspieler steht, der nur spielt, und der Schauspieler nicht vergessen soll, daß er den Zuschauerraum vor, die Bühne unter und die Dekorationen neben sich hat ... Das stilisierte Theater fixiert den skulpturhaften körperlichen Ausdruck und festigt dadurch im Gedächtnis des Zuschauers einzelne Gruppierungen, damit neben den Worten das Schicksalhafte der Tragödie zur Wirkung kommt ... Bewegung auf der Bühne entsteht nicht durch Bewegung im buchstäblichen Sinne des Wortes, sondern durch Verteilung von Linie und Farbe und dadurch, inwieweit sich diese Farben und Linien leicht und kunstvoll kreuzen und vibrieren ... Wenn das stilisierte Theater die Abschaffung der Dekoration ... verlangt, wenn es die Rampe ablehnt, das Spiel des Schauspielers dem Rhythmus der Diktion und der körperlichen Bewegung unterordnet, wenn es die Wiedergeburt des Tanzes will und den Zuschauer zur aktiven Teilnahme an der Handlung heranzieht, führt das denn nicht zur Wiedergeburt des antiken Theaters?“[26]

Und mit solchen Überlegungen ging Meyerhold ganz offensichtlich dann auch an die Erarbeitung seines Inszenierungskonzepts für „Tristan und Isolde“. Natürlich war es nicht möglich, die so krass ausgeführten Vorstellungen über ein *„Theater der Groteske“*, über ein *„Unbewegtes“* bzw. *„Stilisiertes Theater“* direkt auf die Eigenheiten der Wagnerschen Musikdramatik zu übertragen. Meyerhold musste das Phänomen der Wagnerschen Konzeption von einem „Gesamtkunstwerk“, das alle beteiligten Künste verschmilzt, erst mit seinen gerade entwickelten Ideen zu einer bewussten Trennung der Künste auf der Bühne in eine Beziehung setzen, indem er diesen deutlichen Gegensatz relativierte. Geradenwegs war da Kompatibilität nicht herstellbar. Aber es gab doch auch – immer wieder mit Rückbezug auf Wagners „Oper und Drama“ – gemeinsame Nenner, beispielsweise im Bezug auf das antike Theater und Drama, auf das Verhältnis von Bühnenbild, also bildender Kunst, und szenischer Besonderheit oder auf die besondere Rolle des Schauspielers (bzw.

---

[25] Ebd., S. 127 ff.
[26] Ebd., S. 135 f.

Sängerdarstellers) als der eigentlichen Personifizierung des dramatischen Sinngehalts. (Meyerhold verwies da insbesondere auf die einzigartige Darstellungskunst des Sängers Fjodor Schaljapin.) Und ganz ausdrücklich verwies er in diesem Zusammenhang auch auf die damals Aufsehen erregende Vorbildfunktion der von Adolphe Appia vorgestellten Bühnenreform des Wagnerschen Werkes, u. a. in der apodiktischen Feststellung, dass *„die Bayreuther Bühne"* angesichts antinaturalistischer bzw. avantgardistischer Entwicklungen der Zeit den *„Forderungen Wagners nicht genügen konnte".*[27] Meyerholds Intention konnte nun durchaus konform gehen mit dem, was Wagner mit seinem Konzept eines „Gesamtkunstwerks" eindringlich schon in seinen Schriften „Die Kunst und die Revolution", „Das Kunstwerk der Zukunft" und „Oper und Drama" formuliert hatte. Es war alles in allem Wagners Idee von einer neuen sozialen Funktion des Theaters, die Meyerhold faszinierte.

In seinem Aufsatz „Zur Inszenierung von ‚Tristan und Isolde' am Marjinsker Theater", geschrieben 1909 und veröffentlicht 1912 in dem Buch „Über das Theater", gab er interessante Aufschlüsse über sein interpretatorisches Herangehen an das Wagnersche Werk. Einige Zitate mögen das näher beleuchten.

> *„Der Opernkunst liegt die Verabredung zugrunde, daß gesungen wird; deshalb sind Elemente des Natürlichen im Spiel nicht statthaft, denn die Verabredung würde sofort in Widerspruch zur Realität geraten und damit das Fundament ihrer Kunst erschüttern. Das musikalische Drama muß so gespielt werden, daß bei keinem einzigen Zuschauer auch nur eine Sekunde lang die Frage auftaucht, wieso denn dieses Stück gesungen und nicht gesprochen wird …*
>
> *Die Musik, bestimmend für den Zeitablauf des Bühnengeschehens, gibt den Rhythmus an, der nichts gemein hat mit dem Alltäglichen. Das Leben der Musik ist nicht das Leben der alltäglichen Wirklichkeit … Der szenische Rhythmus, sein inneres Wesen, ist das Gegenteil des wirklichen, des alltäglichen Lebens. Darum muß die gesamte Bühnengestalt des Schauspielers ein künstlerischer Einfall sein, der ab und an vielleicht auch auf realistischem Boden fußen mag, aber letzten Endes eben doch in einer Gestalt auftritt, die weitgehend nicht identisch ist mit dem, was wir im Leben sehen."*[28]

Das war ein eindeutig antinaturalistisches Statement. Und als Beispiele seiner so unkonventionellen Ansichten zitierte Meyerhold eben den Sänger Fjodor Schaljapin (auch wenn dieser kaum einmal Wagnersche Rollen verkörpert hatte) und den Schweizer Theaterreformator Adolphe Appia, den Meyerhold möglicherweise 1912 in Petersburg hatte persönlich kennenlernen können, als dieser, wie oben schon zitiert, bei der russischen „Meistersinger"-Erstaufführung als Regieassistent tätig war. Von Appia (der übrigens 1923 in Mailand seine innovatorischen Vorstellungen einer Lichtregie mit Wagners „Tristan" realisieren konnte) zitierte Meyerhold den Gedanken, daß das Wagnersche Musikdrama sich zeitlich und räumlich in Partitur und Inszenierung folgendermaßen realisiere:

---

[27] Ebd., S. 145 f.
[28] Ebd., S. 136 ff.

„Aus der Musik im weitesten Sinne des Wortes entsteht die dramaturgische Konzeption; sie nimmt Gestalt an durch Wort und Ton und wird zum Drama. Es wird dem Zuschauer sichtbar durch Schauspieler, Reliefs, Beleuchtung, Malerei. So entsteht das Wort-Musik-Drama."[29]

Und ausführlich kolportierte Meyerhold auch Wagnersche Gedankengänge über das Verhältnis von Bildhauerei, Architektur, Reliefbildung und Bühnenbild, wie er sie in „Oper und Drama" aufgefunden hatte. Er nahm Wagner als Kronzeugen seiner eigenen künstlerischen Überzeugungen:

„Aus dem, was Wagner über die Rolle der Malerei auf der Bühne sagt, von der vorderen Bühne, die in der Hand des Architekten liegt, über den Bühnenbildner, den er nicht allein um der Malerei willen ans Theater ruft (sie hat nur als Hintergrund einen Platz), sondern auch für die Regie; aus dem, was Wagner an anderer Stelle über die Stimmung schreibt in allem, was Beleuchtung, Linien und Farben anbelangt [man beachte die fast wörtliche argumentatorische Übereinstimmung mit bereits zitierten Formulierungen Meyerholds zur Musikalität von Aufführungen im Schauspieltheater]*, über die dringliche Notwendigkeit, die Bewegungen und Gesten der Schauspiele und ihre Mimik genau zu sehen, über die der Deklamation günstigsten akustischen Verhältnisse – aus all dem wird klar, daß die Bayreuther Bühne diesen Forderungen Wagners nicht genügen konnte …*

Die Bayreuther Autorität hat als Muster für Wagner-Inszenierungen festgelegt, seinen Dramen das allgemeine Aussehen sogenannter historischer Theaterstücke zu geben. Alle diese metallnen Helme und Schilde, glänzend poliert wie Samoware, und dieser rasselnden Kettenhemden und diese Masken, die an die Helden der Historien Shakespeares erinnern, und diese Felle an Kostümen und an der Ausstattung, und diese nackten Arme der Schauspielrinnen und Schauspieler …"[30]

Das sei doch *„langweiliger, in keiner Weise rätselhafter und geheimnisvoller, farbloser Historismus".* Aus dieser Philippika wird überdeutlich, was Meyerhold an Wagneraufführungen seiner Zeit und am Bayreuther Stil insbesondere ablehnte. Erst aus dieser Negation heraus konnte er seine Vorstellungen einer musikdramatisch bestimmten und eben bedingt stilisierten Personenführung entwickeln. Der „Schauspieler", der Sänger, verkörpere in seinen Bewegungen und Äußerungen eine reliefartige Skulpturartigkeit, verweigere sich naturalistisch-psychopathischer Ausdrucksweisen, passe sich ein in ein nicht-illusionistisches Regie- und Bühnenbildkonzept. Als Beispiel berief sich Meyerhold dabei, wie schon bemerkt, speziell auf Schaljapin, der den Typ des *„neuen Schauspielers"* auf der Opernbühne geformt habe. Und an dessen Schauspielkunst machte er sein Ideal fest:

„Ihm ist es gelungen, sich quasi auf dem First eines Daches zu halten und weder in Naturalismus noch in jene Opernhaftigkeit abzurutschen, die aus dem Italien des 16. Jahrhunderts zu uns gelangte, als es dem Sänger nur darum ging, seine vollendete Koloratur zu demonstrieren, und keinerlei Verbindung zwischen dem Libretto und der Musik bestand. In Schaljapins Spiel ist immer Wahrheit, aber nicht die des Alltags, sondern theatralische Wahrheit. Immer steht sie etwas über dem Leben – es ist die ein wenig überhöhte Wahrheit der Kunst … Schaljapin ist einer der ganz wenigen Opernsänger, die, den Hinweisen der Notenschrift genauestens folgend, mit ihren Bewegungen ihre Zeichnung geben. Und diese körperliche Zeichnung verschmilzt stets harmonisch mit der Tonzeichnung der Partitur."[31]

---

[29] Ebd., S. 140; vgl. auch: Brigitte Held, Richard Wagner, „Tristan und Isolde". Das Werk und seine Inszenierung, S. 155 ff.

[30] Wsewolod E. Meyerhold, Schriften – Aufsätze. Briefe. Reden. Gespräche, 1. Bd., S. 145 f., 151.

[31] Ebd., S. 138; vgl. auch: Brigitte Heldt, Richard Wagner. „Tristan und Isolde". Das Werk und seine Inszenierung, S. 158 ff.

Abb. 9.1 Iwan Jerschow als Tristan am Mariinski Theater Petersburg 1909

In diesem Sinne arbeitete Meyerhold mit seinen Petersburger Sängern. Iwan Jerschow als Tristan (Abb. 9.1), Mariana Tscherkasskaja als Isolde (bald trat auch
Felia Litwin in die Meyerhold-Inszenierung ein) und Wladimir Kastorski als König
Marke waren die herausragenden Protagonisten, die Meyerholds ungewohnt neue
schauspielerische Aufgabenstellungen zu realisieren hatten (denen sich anfangs
z. B. die Tscherkasskaja heftig widersetzte). In einem Gespräch während der
Generalprobe gab Meyerhold interessante Hinweise auf seine Art der Personenführung:

> *„Keine heftigen Bewegungen oder schnelle Übergänge von einer szenischen Situation zur*
> *anderen. Die Akteure sind äußerlich ruhig, alle ihre Bewegungen sind weich, allgemein in*
> *einer Art von Lyrismus gehalten … In voller Übereinstimmung mit dem Vermächtnis des*
> *Autors ist jeder Schritt, jede Geste des Darstellers vollständig abhängig von der Musik und*
> *übereinstimmend mit dem Rhythmus. Die Haltung des Darstellers, die Bewegung des Kop-*
> *fes, die Schwingungen der Hand, mit einem Wort die ganze Plastik der Rolle ist in völliger*

Abb. 9.2 „Tristan und Isolde" am Mariinski Theater Petersburg 1909. Bühnenbild 1. Akt

Übereinstimmung mit der Orchesterbegleitung, in die Wagner das Zentrum der Schwerkraft der Darstellung legte. Bei uns werden Sie keine Gesten, keine Mimik alltäglicher Art finden."[32]

Interessant ist in diesem Zusammenhang auch, dass genau darauf Sergei Eisenstein bei seiner Inszenierung der „Walküre" 1940 am Moskauer Bolschoi Theater Bezug nahm. Eisenstein schrieb dazu*: „Darum wurde in der ‚Tristan'-Aufführung im ehemaligen Mariinskij-Theater in Petersburg (1909) jegliche äußerliche Handlung auf ein Minimum reduziert. In Übereinstimmung mit Wagners Worten, daß im ‚Tristan' nichts außer der Musik passiert …*"[33]

Altmeister Eduard Naprawnik hatte die musikalische Leitung des „Tristan" (als Gast dann auch einige Male der Bayreuth-Dirigent Felix Mottl), und Alexander Scherwaschidse schuf die Bühnenbilder (Abb. 9.2, 9.3 und 9.4). Diese haben seinerzeit auch für Verwirrung bei den Kritikern gesorgt. Scheinbar bis ins Detail historisch-naturalistisch angelegt, hoben sie sich doch durch ausgeprägte Symbolhaftigkeit aus dieser einengenden Vorstellung heraus. Regisseur und Bühnenbildner konzentrierten sich jeweils auf das Wesentliche der Handlung. Es galt ihnen eine Maxime: die „*Bildmotive dem Orchester ablauschen*". Dabei fanden sie zu folgenden Bildsymbolen: im ersten Akt „*ein einziges Segel, das die ganze Bühne bedeckt*", im zweiten Akt „*eine gewaltige, steil aufragende Schloßmauer, … in der Bühnenmitte jene eine so wichtige Rolle spielende mystische Fackel*", im dritten Akt dann eine Szenerie, „*nur mit der trostlosen Weite des Horizonts und den traurigen, nackten Felsen der Bretagne ausgestattet*".[34] Eine solche symbolistische Stilisie-

---

[32] Zit. nach: A. Gosenpud, Russki operny teatr meshdu dwuch rewoljuzij 1905–1917, S. 279.

[33] Sergej Eisenstein, Die Inkarnation des Mythos, S. 85.

[34] Wsewolod E. Meyerhold, Schriften – Aufsätze. Briefe. Reden. Gespräche, 1. Bd., S. 154 f.

Abb. 9.3 „Tristan und Isolde" am Mariinski Theater Petersburg 1909. Bühnenbild 2. Akt

Abb. 9.4 „Tristan und Isolde" am Mariinski Theater Petersburg 1909. Bühnenbild 3. Akt

rung der Wagnerbühne fand übrigens ihre Parallelen wiederum bei Adolphe Appias Inszenierungen von „Parsifal", „Rheingold" und „Walküre" in Mailand und Basel 1923 und 1924, aber auch schon in Gustav Mahlers und Alfred Rollers „Tristan" 1903 in Wien sowie in der Nachfolge durch eine ganze Phalanx von experimentierfreudigen Wagner-Bühnenbildnern an deutschen Bühnen der 20er-Jahre wie Ewald Düllberg, Hans Wildermann, Ernst Gutzeit, Leo Pasetti, Ludwig Sievert und Emil Pirchan oder später dann durch Heinz Tietjen und Emil Preetorius im Bayreuth der

30er-Jahre.[35] Abstraktion und Konstruktivismus – Kennzeichen der modernen Malerei jener Zeit – hielten Einzug auf der Opernbühne, fernab von jeglichem illusionistischem Naturalismus bzw. Historismus.

Der Petersburger „Tristan" erlebte bis 1914, als der Ausbruch des 1. Weltkriegs jegliche weitere Wagner-Aufführung in Russland verhinderte, insgesamt immerhin 15 Aufführungen. Vom Publikum gefeiert wurden die hervorragenden Sänger, der Dirigent und das Orchester. Die Inszenierung hingegen war nicht unumstritten. Im Gegenteil – sie rief zunächst wegen ihres untraditionellen Habitus auch heftige Kritik hervor. Sogar der Meyerhold wohlgesonnene Direktor Teljakowski notierte in seinem Tagebuch erhebliche Vorbehalte gegen Regie und Bühnenbild. Das Outfit vom zweiten und dritten Akt mit der Stein- bzw. Felsenarchitektur nannte er „langweilig": „Tristan und Isolde winden sich in ihr wie Würmer und nehmen ständig unnatürliche Posen ein."[36]

Es gab öffentlich dann vehementen Widerspruch namentlich von Alexander Benois, dem bekannten Bühnenbildner und Regisseur, der eigentlich im Einsatz für ein neues Theater ein Gesinnungsgenosse Meyerholds war.[37] Er, eigentlich kein Parteigänger der Symbolisten, kritisierte am Meyerholdschen „Tristan" gerade dessen Fixierung auf das 13. Jahrhundert (Gottfried von Straßburg) und hätte statt dessen lieber mythifizierenden Symbolismus auf der Bühne gesehen. Meyerhold fühlte sich – zu Recht wohl – mißverstanden. Seine Sicht auf Wagners „Tristan" war doch eindeutig von symbolistischem Gedankengut getränkt. Ausführlich ging er 1910 auf Benois' Kritik ein (ebenfalls veröffentlicht in dem Sammelband „Über das Theater"). Er verwahrte sich gegen den Historismus-Vorwurf und charakterisierte die Inszenierung und ihr Bühnenbild als „quasi romantisch" und sprach ausdrücklich von „Symbolen", die die Gestaltung von Kostümen und Bühnenausstattung, angeregt durch mittelalterliche Miniaturmalerei, bestimmt hätten. Für Isolde reklamierte er im Gegensatz zu Benois' Vorstellung das Bild einer selbstbewussten Frau. Er schrieb dazu: „Das erste, was einem in Wagners Interpretation des Mythos bei aller Zartheit seiner Heldin ins Auge springt, ist das Gebieterische an Isolde." Im Unterschied dazu hätte die Darstellung des Tristan in Kostüm und darstellerischer Grundhaltung sogar „zärtlich, fast weiblich" gewirkt.[38]

Meyerholds „Tristan"-Inszenierung war ein Meilenstein in der Inszenierungsgeschichte des Werkes und auf dem Wege zur modernen Wagner-Rezeption auf den Bühnen der Welt. Ohne Meyerhold wären – und das ist nicht übertrieben – Jahrzehnte später das Neu-Bayreuth Wieland Wagners oder die Wagner-Inszenierungen

---

[35] Vgl. dazu: Oswald Georg Bauer, Richard Wagner. Die Bühnenwerke von der Uraufführung bis heute, S. 45, 132 f., 190, 203 ff., 221 f., 239 f., 255, 261, 265; vgl. auch: Brigitte Held, Richard Wagner. „Tristan und Isolde". Das Werk und seine Inszenierung, S. 123 ff., 140 ff., 178 ff.

[36] Zit. nach: Brigitte Held, Richard Wagner. „Tristan und Isolde". Das Werk und seine Inszenierung, S. 167 f.

[37] Vgl.: A. Gosenpud, Russki operny teatr meshdu dwuch rewoljuzij 1905–1917, S. 279 ff.; Brigitte Held, Richard Wagner. "Tristan und Isolde". Das Werk und seine Inszenierung, S. 163 ff.

[38] Wsewolod E. Meyerhold, Schriften – Aufsätze. Briefe. Reden. Gespräche, 1. Bd., S. 188 f.; vgl. weiterhin: Brigitte Held. Richard Wagner. „Tristan und Isolde". Das Werk und seine Inszenierung, S. 165; vgl. auch: Isaak D. Glikman, Meyerhold i musikalny teatr, S. 92.

von Robert Wilson („Parsifal", „Lohengrin", „Ring" in Hamburg, Zürich und New York) oder Heiner Müller („Tristan" in Bayreuth) nicht denkbar gewesen. Meyerhold markierte in dieser Richtung einen ganz entscheidenden Impuls.

Musik – Von Skrjabins „Mysterium" zu Strawinsky und Prokofjew

Es sind vielfältige geistige, künstlerische und private Pfade, die von den russischen Literatur-Symbolisten zu dem Komponisten Alexander Skrjabin führten. Er war deren Generationsgenosse und mit Wjatscheslaw Iwanow, Andrei Bely und Alexander Block auch gut befreundet. Als Student des Moskauer Konservatoriums, wo Anton Rubinstein bereits über das erstaunliche frühreife musikalische Talent Skrjabins staunte, erregte er als Pianist wie auch schon als Komponist Aufsehen. Ein wichtiger Lehrer war für ihn Sergei Tanejew. Konzertreisen führten ihn in den 90er-Jahren nach Deutschland und Westeuropa. Mehrere Jahre wirkte er dann als Klavierdozent am Moskauer Konservatorium. 1904 verließ er zeitweilig Russland und lebte etliche Jahre in der Schweiz und in Brüssel. Es entstanden zahlreiche Werke, vor allem Sinfonien und Klaviersonaten. In dieser Zeit beschäftigte ihn auch der Plan zur Komposition einer Oper auf ein eigenes Libretto, der allerdings unausgeführt blieb. Und auf die Frage, warum er keine Oper komponiere, soll er, so kolportierte es auch glaubwürdig Meyerhold, einmal geäußert haben *„Oper ist Mist; mit der Oper möchte ich nichts zu schaffen haben; ein Operntheater dürfte es gar nicht geben; das Operntheater ist etwas Schreckliches. Ekelhaft!"*[39]

Bald schon spielte bei Skrjabin die Vorstellung von einer Art „Mysterium" eine gewisse Rolle. Ein so begriffenes Kunstwerk nahm in seiner Kunstästhetik eine zunehmend zentrale Rolle ein. Geistige Grundlage dafür waren offensichtlich religionsphilosophische Maximen, wie der Komponist sie von Wladimir Solowjow und Leo Tolstoi, aber auch von Nietzsche, Wagner und seinen symbolistischen Freunden, namentlich Iwanow, kennenlernen konnte. Sein Streben zu einem „Mysterium" war seinen Moskauer und Petersburger Künstlerkollegen bekannt. Schon Meyerhold reflektierte darüber in seinem Buch „Über das Theater".[40] Während einer erfolgreichen Konzertreise in die Vereinigten Staaten wurde 1908 in New York sein „Poème de l'extase" (4. Sinfonie) uraufgeführt. 1911 folgte in Berlin die Premiere seines nächsten großen sinfonischen Projekts „Prométhée (Le poème du feu)" (5. Sinfonie). In Brüssel kam er mit dort tätigen theosophischen bzw. anthroposophischen Kreisen unter Führung von Helena Blavatsky in Verbindung, deren Gedankengut dann nachhaltige Wirkung auf sein weiteres künstlerisches Schaffen ausübte. Ab 1910 lebte Skrjabin wieder in Moskau. Und hier schloss er u. a. Freundschaft mit Andrei Bely, der im Hinblick auf anthroposophische Ansichten wie auch

---

[39] Vgl.: Wsewolod E. Meyerhold, Schriften – Aufsätze. Briefe. Reden. Gespräche, 2. Bd., S. 63.
[40] Vgl.: Wsewolod Meyerhold. Schriften – Aufsätze. Briefe. Reden. Gespräche, 1. Bd., S. 196f., 204.

im Hinblick auf ein zu schaffendes musikdramatisches „Mysterium" (nach antikem Vorbild) ganz seinen eigenen Vorstellungen entgegenkam.

Er hatte mittlerweile für sich ein Synästhesie-Verständnis entwickelt, das, wenn auch weniger wörtlich wie bei Wagner, doch auf eine spezifische Weise die Verschmelzung von Dichtung, Musik und bildender Kunst meinte, ein intensives Ineinanderwirken von Klang, Farbe und Licht.[41] Dazu hatte er sogar eine Skala von Koinzidenzen bestimmter Tonarten und den seiner Meinung nach dazugehörenden Farbstimmungen in einem um den Tritonus gespiegelten Quintenzirkel aufgestellt. Realisieren sollte sich das zum Beispiel mit Hilfe eines „Farbenklaviers" als quasi Orchesterstimme in „Prométhée" (realisiert allerdings erst 1915 in New York mit diesem gerade erst konstruierten Instrument).[42]

Für sein „Mysterium" hatte Skrjabin geradezu ausufernde Vorstellungen. Es war gedacht als ein die Menschheit endlich erlösendes gemeinsames Kunstwerk von Musikern, Sängern, Tänzern und – das als entscheidende Weiterung – den Zuschauern als aktiven Beteiligten. Die Komposition des Werkes und seine mögliche Aufführung waren allerdings noch in mystische Ferne gerückt. Das große Ereignis sollte in einem eigens errichteten kolossalen Tempel (für dessen Architektur Skrjabin konkrete Pläne hatte und auch eine Skizze hinterließ) in Indien – allerdings eher einem visionären – stattfinden. Dieser Tempel war halbkugelförmig in ein großes Gewässer getaucht, war gewissermaßen als Übergang von einem Naturraum in einen anderen, von einem Geistesraum in einen anderen gedacht.[43] Wagners Vorstellungen von einer emotionalen Einbeziehung des Zuschauers in die musikdramatische Handlung in seinem Bayreuther Festspielhaus wie ebenso sein Wort „Zum Raum wird hier die Zeit" („Parsifal") gab sich in Skrjabins Projekt als großes Vorbild zu erkennen, wie überhaupt Wagner als Musiker, Dichter und Philosoph für Skrjabin eine ganz dominante Rolle spielte, zumindest in kompositionstechnischer und instrumentationstechnischer Hinsicht. Davon legten schon die 2. und 3. Sinfonie mit hörbaren Anklängen an die „Tristan"- und „Lohengrin"-Harmonik deutliches Zeugnis ab.[44] Doch Wagners unbedingte Theatralität, dessen Insistieren auf der Geburt eines neuartigen Musikdramas, eben eines „Kunstwerks der Zukunft", galt Skrjabin als ästhetisch unzulänglich. Leonid Sabanejew, sein Schüler und Freund, charakterisierte diesen Unterschied sehr markant:

> „Wagner sprach von Verschmelzung und Vereinigung der Künste, ohne diese von ihrem *Wesen her sehr verschiedenen Begriffe im einzelnen zu differenzieren … Skrjabins ursprüngliche Idee, die genau wie die Wagners davon ausging, eine ‚größtmögliche psychi-*

---

[41] Vgl. dazu auch: Barbara Kienscherf, Das Auge hört mit. Die Idee der Farblichtmusik und ihre Problematik – beispielhaft dargestellt an Werken von Alexander Skrjabin und Arnold Schönberg, S. 83 ff.

[42] Vgl. ausführlicher dazu: Eckart Kröplin, Richard Wagner. Musik aus Licht. Synästhesien von der Romantik bis zur Moderne. Eine Dokumentardarstellung: Teil III/2, S. 1629 ff.

[43] Vgl. dazu auch: Sigfried Schibli, Alexander Skrjabin und seine Musik. Grenzüberschreitungen eines prometheischen Geistes, S. 335 ff.; vgl. weiterhin: Vom Klang der Bilder. Die Musik in der Kunst des 20. Jahrhunderts, hrsg. von Karin von Maur, S. 340 f., 397.

[44] Vgl.: Alexander Skrjabin, Briefe. Mit zeitgenössischen Dokumenten und einem Essay von Michail Druskin, S. 361.

sche Wirkung' zu erzeugen, lief auf die Wagnersche Form des Musikdramas hinaus. Und erst durch langes Suchen und eine tiefe Versenkung in das Wesen dessen, was er realisiert sehen wollte, kam er auf die Idee einer finalen Synthese, jedoch außerhalb der Opernform und außerhalb aller existierenden musikalischen Formen ... Seine Phantasie kannte keine Grenzen, wenn sie sich in die unermeßlichen Räume der Synthesevorstellungen begab. Er träumte von einer Symphonie der Farben und von deren Ineinanderlaufen, vom Spiel der Bilder und Gestalten, von mobilen Architekturen in Gestalt von Weihrauchsäulen im Feuerschein, die sich zu gespenstischen Tempeln und Obelisken formten. Er sprach von neuen, noch nie dagewesenen Instrumenten, von Flüstergeräuschen, die ebenfalls Ingredienz des Ganzen sein würden, vom vertonten Wort, von Symphonien aus Düften und liebkosenden Berührungen. Dann meinte er, ihm schwebten symphonische Formen vor, die in der Musik begännen und in einem Wort oder in einer Geste endeten, einer ‚Melodielinie' vergleichbar, die, ohne abzureißen, aus der einen Kunstgattung in eine andere hinüberginge. "[45]

Skrjabins „Kunstwerk der Zukunft" wollte über Wagner hinausgehen und war letztlich ein gänzlich anders geartetes, religiös erlösendes „Mysterium" mit deutlich theosophischem Grundgestus. Und auch in seinen farbmusikalischen Vorstellungen übte Skrjabin übrigens Kritik an Wagner. Bekannt sind ja dessen diesbezügliche Prägungen in seinen musikdramatischen Werken.[46] Skrjabin hat das sehr wohl beobachtet, kritisierte aber, dass Wagner Farb- und Tonartbeziehungen seiner Meinung (d. h. seiner Farbe-Tonart-Skala) nach unsystematisch bzw. falsch seien. Leonid Sabanejew berichtete von dementsprechenden Äußerungen des Komponisten:

„Skrjabin behauptete, dass Wagner das Licht nicht spürte, da er nicht die richtigen Tonarten benutzt hatte, welche das Licht übertragen müssten ‚Der Feuerzauber' [in der „Walküre"] z.B. erscheint bei ihm jedes Mal in verschiedenen Tonarten, d.h. er hatte keine bestimmte Vision in dieser Hinsicht. Und jedes Mal wählte er unpassende Tonarten. Er brauchte die Farbe des Feuers, orange also, d.h. G. Der ‚Feuerzauber' steht aber nicht in G, sondern in E und F. Ferner: in der Szene des Morgengrauens aus der ‚Götterdämmerung' wird das weiße Tageslicht bei ihm einmal in C-Dur, ein andermal in B-Dur vorgestellt. "[47]

Sabanejew hat dann in seiner „Geschichte der russischen Musik" eine treffende Charakterisierung zum „Mysterium"-Projekt Skrjabins gegeben, indem er dessen *„Streben nach Selbstvergöttlichung im Sinne Nietzsches"* beschrieb, das schon *„fast pathologische Formen"* angenommen habe und daher sowohl eine faszinierende geistige Weiträumigkeit wie auch eine immanente Irrationalität aufgewiesen habe:

„Allein seine symbolistische Sinnesart zog ihn unwiderstehlich zu grandiosen Perspektiven und monumentalen schöpferischen Entwürfen hin, in deren Mittelpunkte das ‚Mysterium' stand, ein synthetisches Werk, halb Kunstwerk, halb rituelle Handlung, in welchem sich alle Künste zur Erreichung eines Zustandes mitschöpferischer ‚Ekstase' sämtlicher Beteiligter vereinigen sollten. Dieses gigantische Projekt, das er im Zusammenhange mit den mystisch-theosophischen Voraussetzungen seiner Weltanschauung durchaus logisch entwickelte, gelangte in seiner endgültigen Fassung an die Grenze vollkommener Irrationalität, indem es

---

[45] Leonid Sabanejew, Alexander Skrjabin. Werk und Gedankenwelt, S. 72, 83.; vgl. auch: Leonid Sabanejew, Prometheus von Skrjabin, S. 107–124; vgl. weiterhin: Alexander Skrjabin, Briefe. Mit zeitgenössischen Dokumenten und einem Essay von Michail Druskin, S. 375 f.

[46] Vgl.: Eckart Kröplin, Richard Wagner. Musik aus Licht. Synästhesien von der Romantik bis zur Moderne. Eine Dokumentardarstellung: Teil II, S. 730 ff.

[47] Zit. nach: Marina Lobanowa, Mystiker. Magier. Theosoph. Theurg: Alexander Skrjabin und seine Zeit, S. 268 f.

sich mit apokalyptischen und messianischen Ideen vermengte (das ,letzte Fest der Menschheit', sein Schöpfer Skrjabin, – ein Messias, der die Welt durch seine Kunst erlöst, d.h. zu einer höheren Daseinsform emporhebt usw.) ... "[48]

Und an anderer Stelle meinte Sabanejew auch:

„Skrjabin war nicht von dieser Welt, weder als Mensch noch als Musiker. Nur in wenigen Momenten fiel es ihm wie Schuppen von den Augen: er erkannte seine Tragödie der Isolation ... Er war ein Träumer, der mit der eigenen Person die ganze Welt einen und vereinen wollte. Tatsächlich aber hat er eine phantastische und gespenstische Welt erschaffen, die sich sowohl von der Menschheit als auch von der Kunst abwandte, sowohl der Vergangenheit als auch der Gegenwart den Rücken zukehrte: es war eine Welt im luziferischen Sonnenlicht seines Traums vom großen Wunder der Wiedervereinigung in der ,Letzten Handlung'. "[49]

1912 war, wie oben schon ausschnittweise zitiert, im von Wassili Kandinsky und Franz Marc herausgegebenen Almanach „Der Blaue Reiter" Sabanejews Aufsatz über Skrjabins „Prométhée" erschienen, der den deutschen Kunstinteressierten nähere Auskünfte über den russischen Komponisten vermittelte und in dem ganz im Wagnerschen Duktus auch von der *„Zeit der Wiedervereinigung"* der *„zerstreuten Künste"*, die eben in der *„Idee des ,Mysteriums'"* ihre Erfüllung finden sollte, die Rede war.[50]

Übrigens hat gleichfalls Wsewolod Meyerhold mit Interesse und Anteilnahme Skrjabins Plan *„für eine grandiose Zeremonie, genannt Mysterium"* – ein Projekt, das grundsätzlich jegliche Bindung an zeitgenössische Theaterästhetik ablehnte – beobachtet und, obwohl er in seiner eigenen Theaterästhetik ganz andere Wege beschritt, anschaulich beschrieben: *„In ihm fließen Musik wie Tanz, Licht und der berauschende Duft von Feldblumen und Gräsern zu einer Harmonie zusammen ... Skrjabin wird mit einem Mysterium vor das Publikum treten."* Aber der Tod des Komponisten habe dies verhindert: *„Ein Mann, zu dem Werk bestimmt, das Mysterium zu schaffen, konnte nicht, ja sollte nicht dem Theater dienen. Die Wege des Mysteriums und des Theaters sind unvereinbar. "*[51]

Jahre später, 1925, kam Meyerhold noch einmal ganz dezidiert auf Skrjabin und dessen – u. a. eben von Wagner inspiriertes – Synästhesiestreben zurück, nunmehr auch als Vorbild für eine neue, revolutionäre Theaterkunst gedacht. Er vermied dabei offenbar bewusst die Skrjabinsche Bezeichnung „Mysterium" mit dem letztlich irrationalen Ziel einer in neuer Religiosität aufscheinenden Menschheitserlösung. Die Skrjabinsche Synästhesie sollte auf diese, deren eigentlichen Sinn verleugnende Weise, doch als tauglich auch für die neue sozialistische Kultur begriffen werden. Und Meyerhold nahm dabei etwas irreführend, doch bewusst, Bezug auch auf die neuen, seit der Oktoberrevolution stattfindenden und nun eben durch diese thematisierten theatralischen Open-air-„Massenschauspiele":

---

[48] Leonid Ssabanejew, Geschichte der russischen Musik, S. 165 f.; vgl. auch: Leonid Sabanejew, Erinnerungen an Alexander Skrjabin, S. 276 ff.

[49] Leonid Sabanejew, Alexander Skrjabin. Werk und Gedankenwelt, S. 197.

[50] Vgl.: Leonid Sabanejew, Prometheus von Skrjabin, S. 110 f.

[51] Wsewolod Meyerhold, Schriften – Aufsätze. Briefe. Reden. Gespräche, 1. Bd., S. 197, 252.

„Es zog Skrjabin zu etwas, was man ein ‚Massenschauspiel' nennen könnte. Ich setze das in Anführungszeichen, weil er eine andere Bezeichnung dafür hatte. Es zog ihn zu großen Massen, zur Bewegung von Menschen im Raum, ihm schwebte vor, in irgendeinem warmen Land (hauptsächlich zog es ihn nach Indien) ein Schauspiel zu schaffen, in dem tatsächlich eine Verschmelzung von Musik, Geräuschen und Licht stattfände … Skrjabin spricht von der Verschmelzung von Licht, Ton, Bewegung des menschlichen Körpers zu einem Ganzen und sagt, daß man hieraus eine wundervolle neue Partitur schaffen könnte … Wir sollten wissen, daß wir an der Schwelle von Theaterreformen stehen, und vor uns eröffnen sich viele Möglichkeiten."[52]

Doch noch einmal zurück zur Wirkung der Wagnerschen Kunst auf Skrjabin. Seine erste Begegnung mit Wagner hatte er wohl 1894 anlässlich der ersten „Siegfried"-Inszenierung am Moskauer Bolschoi Theater. Im Seminar bei Tanejew wurde zu dieser Zeit auch Wagner behandelt. Skrjabin empfand aber dessen Musik als *„formlos"*. Auch zehn Jahre später hatte sich seine Einschätzung noch kaum geändert. So schrieb er seiner Frau Tatjana am 5. Dezember 1904 aus Paris: *„Gestern war ich in der ‚Walküre'. Der Eindruck war genau der gleiche wie vom ‚Siegfried'. Die Absicht ist stets größer als die Ausführung. Es gibt wie im ‚Siegfried' zwei oder drei bezaubernde Momente, alles übrige ist furchtbar langweilig."*[53] Im Gegensatz dazu standen aber auch andere Eindrücke, die Skrjabin von Wagner erhielt, Eindrücke, die seine ekstatische Begeisterung für das Naturphänomen des Feuers unterstützten und bestätigten, so beispielsweise im „Poème de l'extase", das er einmal mit folgenden Worten charakterisierte: *„Das ganze Weltall ist ein Flammenmeer"*, und dann bereits in der Titelgebung für „Prométhée" als „Poème du feu". In seinem Skrjabin-Essay zog daraus der Musikwissenschaftler Michail Druskin eine entsprechende Schlussfolgerung: *„Von daher ist es nicht verwunderlich, daß die Feuersbrunst im Finale von Wagners ‚Walküre' … ihn in Begeisterung versetzen konnte, ebenso das Finale der ‚Götterdämmerung', wo Walhalla in Flammen aufgeht."*[54] Und der Musikhistoriker Oskar von Riesemann stellte in einem für die deutsche Musikzeitschrift „Signale für die musikalische Welt" (Nr. 13/1909) geschriebenen Artikel fest: *„Auch musikalisch lehnt sich Skrjabin, besonders in der dritten Symphonie, vielfach an Wagner an. Instrumentation und Harmonik lassen, zu so bedeutender Originalität sie sich stellenweise erheben, dennoch Wagnersche Vorbilder, zumeist den ‚Tristan', deutlich erkennen."*[55]

Vielleicht auch von Wagner angeregt, fasste Skrjabin 1902 sogar den Plan zu einer eigenen Opernkomposition. Das Projekt blieb allerdings, wie schon gesagt, unausgeführt.[56] Und zum Wagnerschen „Parsifal" meinte er später wieder, als er sein „Mysterium" konzipierte, dass dieser zu *„kirchlich"* und damit geistig zu be-

---

[52] Wsewolod Meyerhold, Schriften – Aufsätze. Briefe. Reden. Gespräche, 2. Bd., S. 63, 65, 69.

[53] Alexander Skrjabin, Briefe. Mit zeitgenössischen Dokumenten und einem Essay von Michail Druskin, S. 209.

[54] Ebd., S. 5.

[55] Ebd., S. 361.

[56] Vgl. hierzu: Sigfried Schibli, Alexander Skrjabin und seine Musik. Grenzüberschreitungen eines prometheischen Geistes, S. 300 ff., 367 ff.

schränkt sei.[57] Bei aller Eigenständigkeit und Einzigartigkeit, um die Skrjabin sich also heftig bemühte, bleibt grundsätzlich seine nicht nur kompositorische, sondern auch geistige Prägung durch das Werk Richard Wagners unübersehbar und unüberhörbar. Nicht umsonst hatte er doch den sensationellen russischen Wagner-Boom um die Jahrhundertwende in vollem Bewusstsein und in größter Anteilnahme miterlebt und war dann auch durch seine symbolistischen Dichterfreunde Iwanow, Bely und Block in gleicher Weise infiziert worden. Die Skrjabin-Spezialistin Marina Lobanowa charakterisierte dieses interessante Thema folgendermaßen:

> *„Skrjabins motivisch-thematisches Konzept, das auf eine unaufhörliche Bewegung, Erneuerung, Veränderung innerhalb fester bis starrer Kompositionsschemen zielt, entstand unter dem Einfluss der romantischen Symphonik, die die Methode der motivisch-thematischen Transformation etablierte. Zwar war Skrjabins Haltung zu verschiedenen romantischen Tonkünstlern grundsätzlich von seinem persönlichen Geschmack geprägt … Es gab doch einen romantischen Künstler, der Skrjabin zutiefst faszinierte und der, trotz aller Versuche Skrjabins, sich zu distanzieren, einen deutlichen Einfluss auf seine Poetik und Kompositionstechnik ausübte. Es handelt sich um Richard Wagner. Gerade Wagners Kompositionstechnik beeinflusste am stärksten die symbolische motivisch-thematische Konzeption Skrjabins. Im Mythosschaffen Wagners werden Zusammenhänge zwischen den verschiedenen kosmologischen Gestalten und Zuständen durch verwandte Leitmotive verdeutlicht …*

> *Gerade die Fähigkeit Wagners, verschiedene Sinnkontrapunkte und zwischendimensionale Strukturen zu erschaffen, hat Skrjabin am meisten beeindruckt. Der Komponist wollte in der ,Vorbereitenden Handlung' [Einführung in das ,Mysterium'] das ,Prinzip des Kontrapunktierens' konsequent durchführen:*

> *,Die Musik', erklärte Skrjabin, ,wird an manchen Stellen eine bestimmte Stimmung zeigen, während die Bewegung und sogar der Text von ganz anderer Stimmung geprägt wird … Dieser Kontrast wird einen ganz besonderen Eindruck erwecken … Erinnern Sie sich, wie es in der ,Götterdämmerung' von Wagner gemacht wird; es war anscheinend das erste Mal in der Weltgeschichte, dass das Kontrapunktieren auf diese Weise verwendet wurde. Als Siegfried an das Ufer zu Gunther geht, erklingt das Fluchmotiv im Orchester, währenddessen sieht alles im Text ganz anders aus … Dies macht einen riesigen Eindruck … Ich werde die gleiche Idee im größeren Maßstab verwenden …'* "[58]

Wie schon dargestellt, war es Skrjabin nicht vergönnt, seine „Mysterium"-Vision zu realisieren. Einzig zwei Textversionen zur „Vorbereitenden Handlung" (aufgeschrieben 1913/14) sind erhalten geblieben. Dort hieß es ganz am Schluss in ausgesprochener „Liebestod"-Manier nach Wagnerschem Vorbild:

> *„In diesen letzten Augenblick der Enthüllung*
> *Werfen wir die Ewigkeiten unserer Augenblicke*
> *In diesem letzten Tönen der Leier*
> *Verklingen wir im Wirbel des Äthers …*
> *Und im prunkenden Glanz*
> *Des letzten Erblühens*
> *Zeigen wir uns einander*
> *In der enthüllten Schönheit*
> *Leuchtender Seelen*

---

[57] Vgl.: Bernice Glatzer Rosenthal, Wagner and Wagnerian Ideas in Russia, S. 221 f.

[58] Marina Lobanowa, Mystiker. Magier. Theosoph. Theurg: Alexander Skrjabin und seine Zeit, S. 251, 253.

Werden wir verschwinden …
Uns auflösen …"[59]

Skrjabins früher Tod im Jahre 1915 setzte allen hochfliegenden Plänen ein Ende. Und es muss mit Recht auch bezweifelt werden, ob sie in ihrer Unermesslichkeit und Irrationalität jemals realisierbar gewesen wären. Aber er hat damit einer ganzen Epoche der russischen Kunst und einer ganzen Generation von russischen Künstlern ein einmaliges Beispiel gegeben. Lobanowa schrieb dazu:

> *„Zwar erfüllte Skrjabin nicht seinen Plan, ein Mysterium bzw. eine ‚Vorbereitende Hand-*
> *lung' zu schaffen, jedoch wurde seine Mission von breiten intellektuellen Kreisen Russlands*
> *als ein symbolischer Akt interpretiert, welcher das Wichtigste und Notwendigste im Zeitgeist*
> *ausgedrückt habe. Selbst Skrjabins früher Tod wurde mystisch-symbolisch interpretiert: für*
> *Dichter und Denker wie Alexander Blok, Konstantin Balmont, Wjatscheslaw Iwanow usw.*
> *deutete er eine geheime und verhängnisvolle Grenze an, welche das ganze Land von seiner*
> *Vergangenheit trennte. Skrjabin und sein Mysterium wurden zu den wichtigsten Symbolen*
> *des vorrevolutionären Russlands, zum Inbegriff derjenigen schmerzhaften Situation, welche*
> *Wjatscheslaw Iwanow als ‚die Zeit der Verschiebung aller Achsen' bezeichnete."*[60]

Wjatscheslaw Iwanow, mit dem Skrjabin eine innige künstlerische Freundschaft verband und dessen Dichtungen ihn auch für sein „Mysterium" inspirierten, hat dem Komponisten mehrere inhaltsreiche publizistische Äußerungen gewidmet. Und er war es auch, der dann 1917 in dem Aufsatz „Skrjabin und der Geist der Revolution" diesen in einen ursprünglichen Zusammenhang mit dem Geist der herannahenden großen sozialen Revolution brachte, die Russland, Deutschland und die ganze Welt 1917 erschütterte. Skrjabin selbst hielt sich in politischen Fragen sehr zurück, stand auch der bolschewistischen Ideologie durchaus distanziert gegenüber, wie es sich beispielsweise in seinen streitbaren Auseinandersetzungen mit dem zeitweilig befreundeten marxistischen Ideologen Georgi Plechanow zeigte. Iwanow schrieb nun Folgendes:

> *„Wenn die Seele einer Revolution ein Drang zum Jenseits ist, war Skrjabins Dämon sicher*
> *einer jener Geister mit feurigen Gesichtern, deren Astralsturm vorüberfliegend ewige*
> *Grundlagen niederreißt … Ist es dann verwunderlich, dass das schreckliche Lied des ur-*
> *alten, lieben Chaos, das deutlich in seiner Musik aufklingt, viele Menschen verstört und gar*
> *wahnsinnig macht? … Skrjabin gehörte zu den bewusstesten Künstlern, die völlig die Ver-*
> *antwortung für die Tat ihres Dämons übernehmen. Er kam nicht nur geistig irgend einem*
> *universalen Rutsch zuvor, sondern lehrte, dass sich die Weltentwicklung in katastrophalen*
> *Rhythmen bewegt … Das Schaffen des Mysteriums war Lebensaufgabe Skrjabins: ein*
> *Gegenpol von Goethe, der jegliche Revolution organisch ablehnte, brannte Skrjabin vor*
> *Ungeduld, als er auf Verkündigungen des Endes wartete, hinter welchem ein neuer Anfang*
> *bereits vor seinen inneren Augen tagte …*
>   *Sollte sich die von uns erlebte Revolution wahrhaftig als große russische Revolution, als*
> *eine leidgeprüfte und schmerzhafte Geburt der ‚selbständigen russischen Idee' erweisen,*
> *erkennt der zukünftige Historiker in Skrjabin einen ihrer geistigen Urheber und in ihr*
> *selbst, vielleicht, die ersten Takte des von ihm nicht geschriebenen Mysteriums."*[61]

---

[59] Vgl.: Sigfried Schibli, Alexander Skrjabin und seine Musik. Grenzüberschreitungen eines prometheischen Geistes, S.374 ff., 398

[60] Marina Lobanowa, Mystiker. Magier. Theosoph. Theurg: Alexander Skrjabin und seine Zeit, S. 9.

[61] Wjatscheslaw Iwanow, Skrjabin i duch rewoljuzii, S. 194 ff.; zit. nach: Marina Lobanowa, Mystiker. Magier. Theosoph. Theurg: Alexander Skrjabin und seine Zeit, S. 44 f.

Es war wieder die „*russische Idee*", die Iwanow nun auch für Skrjabin herbeizitierte, eine Idee, die doch schon Generationen russischer Künstler, Literaten und Philosophen, von Bakunin, Glinka und dem „Mächtigen Häuflein" über Dostojewski und Tolstoi bis hin zu den Symbolisten und dem Religionsphilosophen Solowjow („L'Idée russe") bewegt hatte. Es ging, nunmehr auch angesichts des tatsächlichen revolutionären Umschwungs, um die Behauptung von Eigenständigkeit russischer Kunst und Kultur gegenüber zeitweise überdominanten deutschen und westeuropäischen Einflüssen. In dem (oben bereits beschriebenen) Essay Iwanows aus den Jahren 1907/08 mit eben dem Titel „Die russische Idee" war prononciert von „*der inhaltlichen Spannung zwischen unserer russisch-europäischen Kultur und unserem Volkstum*" die Rede. Namentlich Dostojewski, Tolstoi und Solowjow wurden hier als Kronzeugen einer „*russischen Idee*" benannt und Block, Bely und Skrjabin als gegenwärtig repräsentativste Vertreter dieser Geisteshaltung hervorgehoben. Fernab aber noch von jeder Aussicht auf eine tatsächliche Revolution postulierte Iwanow als Zukunftsvision, wie seine Vorbilder, ein religionsästhetisches Ideal, das sich in einer „*unsichtbaren Kirche*" manifestiere.[62] Es war eine von der Romantik auf den Schild erhobene Idee, die wiederum zur Gänze aus der jüngeren Geschichte der deutschen Kunstphilosophie stammte, hatten doch schon Hegel, Novalis, Schlegel oder Hoffmann – Iwanow war mit deren Schriften wohl vertraut – von einer solchen „*unsichtbaren Kirche*", jenseits aller bisherigen und historisch längst degenerierten kirchlichen Institutionalisierungen, als sozialpolitischem und religionsästhetischem Ziel einer neuen Menschlichkeit gehandelt, und hatte letztlich in gleichem Sinne auch Wagner in seinen späten religionsphilosophischen Schriften argumentiert.[63]

Skrjabins große Vision von einem erlösenden „Mysterium" blieb unerfüllte Illusion, ja, musste es bleiben angesichts des Tatbestandes, dass 1917 zwei Revolutionen in seinem Heimatland völlig andere, neue ästhetische und vor allem politische Realitäten schufen. Da war kein Platz mehr für ein „Mysterium". Erinnert sei in diesem Zusammenhang an Äußerungen des marxistischen Theoretikers Georgi Plechanow, der 1905, im Jahr der ersten russischen Revolution, in angeregtem Briefwechsel mit Skrjabin gestanden hatte. Der Komponist hatte sogar zeitweilig die Absicht, seinem „Poème de l'extase" die erste Zeile der „Internationale" – „Wacht auf, Verdammte dieser Erde" – als Motto voranzustellen. Plechanow urteilte dann über Skrjabin: „*Er war ein Sohn seiner Zeit und drückte sie in Tönen aus ... Er destilliert unsere revolutionäre Epoche in der Retorte eines idealistischen Mystikers ...*"[64]

Aber neben und kurz nach Skrjabin gab es doch noch, eher am Rande nun schon, Entwicklungen, die in innerem Kontext zu dessen synästhesierendem Kunstkonzept standen. Da sei einmal der 1875 geborene litauische Komponist und Maler Mikalo-

---

[62] Wjatscheslaw Iwanow, Die russische Idee, S. 3 ff., 16 f.

[63] Vgl.: Eckart Kröplin, Richard Wagner. Musik aus Licht. Synästhesien von der Romantik bis zur Moderne. Eine Dokumentardarstellung: Teil I, S. 125 ff., 193 f.

[64] Zit. nach: Eckart Kröplin, Richard Wagner. Musik aus Licht. Synästhesien von der Romantik bis zur Moderne. Eine Dokumentardarstellung: Teil III/2, S. 1645.

jus Čiurlionis genannt, ein Generationsgenosse der russischen Symbolisten und der Künstler der „Mir iskusstwa"-Bewegung, zu denen er auch seit 1908 bis zu seinem frühen Tod im Jahre 1911 wiederholt engere Verbindung suchte.[65] In Warschau und dann in Leipzig hatte er Musik studiert und geriet dabei auch in engeren Kontakt zur Wagnereuphorie jener Zeit. Meer und Wald, zwei Urphänomene der Natur, waren für ihn sowohl als Musiker wie auch als Maler unendliche Inspirationsquellen, standen bei ihm für ein geradezu mystisches Flair. Und ganz in Wagnerschem Sinne lautete seine synästhetische Maxime: *„Zwischen den Künsten gibt es keine Trennmauern. Die Musik vereinigt in sich Poesie und Malerei und hat ihre eigene Architektur."*[66] Die Kunstwissenschaftlerin Rasa Andriušyte stellte in diesem Zusammenhang fest, *„dass Musik und Malerei als einzelne Kunstzweige und die sie verbindenden Zyklen musikalischer Gemälde für den Kunstmaler Ausdruck seiner philosophischen Welt ausschlaggebend waren"*, und dass der Künstler auf diese Weise Zugang *„zu der Wagnerschen Idee der synthetischen Kunst … von sich selbst und intuitiv gekommen"* sei.[67] Wjatscheslaw Iwanow begrüßte den litauischen Künstler begeistert als ungemein belebende Erscheinung in den Kreisen der Symbolisten, als einen, der, wie es schon als Erbe der deutschen Romantik überliefert war, *„den Schleier der Isis"* vom Geheimnis der Beziehungen der Künste zueinander aufgehoben und auf diesem Wege auch *„das universale Problem des künftigen Mysteriums"* als Zielvorstellung aufgezeigt habe.[68]

Es ist zudem lohnend, auch weitere polnische Musiker in den Kreis der Betrachtung einzubeziehen: neben dem polnisch-litauisch gebürtigen Čiurlionis etwa die älteren Władysław Żeleński und Zygmunt Noskowski sowie dann die zur jungpolnischen Bewegung in der Musik („Młoda Polska") gehörenden Mieczysław Karłowicz und Karol Szymanowski. Diese Komponisten waren sehr wohl polnisch national gesinnt, wirkten aber doch in einem Land, das nach seiner Teilung bzw. endgültigen Auflösung Ende des 18. Jahrhunderts großenteils von Russland nicht nur administrativ, sondern zu guten Teilen auch kulturell beherrscht wurde. Und mehr oder minder stark war ihr kompositorischer Stil auch geprägt von Wagnerschen Einflüssen, sowohl in Bezug auf die Harmonik und den Orchesterklang, als auch auf die Leitmotivtechnik. Das lässt sich nachvollziehen an ihren musikdramatischen und sinfonischen Werken. Die Wirkung, die Wagner auf sie ausübte war teilweise übermächtig.[69] Karłowicz beispielsweise meinte nach dem Besuch einer „Tristan"-Aufführung 1905 in Berlin, dass dies *„das tiefgründigste und schönste Werk dieses*

---

[65] Vgl. ausführlich zu Čiurlionis u. a.: Die Welt als große Sinfonie. Mikalojus Konstantinas Čiurlionis (1875–1911); Eckart Kröplin, Richard Wagner. Musik aus Licht. Synästhesien von der Romantik bis zur Moderne. Eine Dokumentardarstellung: Teil III/2, S. 1653 ff.; Vom Klang der Bilder. Die Musik in der Kunst des 20. Jahrhunderts, S. 342 ff.

[66] Zit. nach: Eckart Kröplin, Richard Wagner. Musik aus Licht. Synästhesien von der Romantik bis zur Moderne. Eine Dokumentardarstellung: Teil III/2, S. 1654.

[67] Ebd., S. 1656.

[68] Ebd., S. 1659, 1661.

[69] Vgl. dazu: Alistair Wightman, Reactions to the Music of Wagner in Poland, in: Luca Sala (Hrsg.), The Legacy of Richard Wagner. Convergences and Dissonances in Aesthetics and Reception, S. 269–287.

genialen Komponisten und gleichzeitig einer der majestätischsten Höhenflüge der menschlichen Seele" sei.[70] Und für Szymanowski – den Komponisten der symbolistischen und teilweise noch von Wagnerscher Klanglichkeit erfüllten Oper „König Roger" (1918/1925) – war in jungen Jahren der „Lohengrin" die große Entdeckung. Fortan galt ihm der deutsche Musiker als wichtiges Vorbild, und, ähnlich wie bei Karłowicz, war auch ihm der „Tristan" und insgesamt Wagner ein absoluter Höhepunkt der Musikgeschichte und darüber hinaus überhaupt der menschheitlichen Kulturgeschichte. Den berühmten „Tristan"-Akkord sah Szymanowski als ein für die musikalische Moderne auslösendes Element, als *„Übergang zur eigentlichen Atonalität"*, wie sie dann von Arnold Schönberg repräsentiert wurde, deren Urheber aber eben Wagner gewesen sei:

> *„Ausgangspunkt der deutschen Musik der jüngeren Zeit ist das gigantische Schaffen von Richard Wagner. Mit dieser Gestalt, umgeben von der Aureole einer unermeßlichen schöpferischen Kraft, verbinden sich viele außermusikalische Momente, die der Tätigkeit des alten Zauberers aus Bayreuth eine besondere und ungemein charakteristische Färbung geben ... Diese Umstände bewirkten, daß das Werk Wagners – eine herrliche, wenn auch verspätete Krönung der musikalischen Romantik – zum Ausgangspunkt der ‚Neuen Kunst‘ wurde."*[71]

Es sei in diesem Zusammenhang zudem auf den Komponisten Ivan Wyschnegradsky und seine Vision eines zu komponierenden und architektonisch auszubildenden „Lichttempels" hingewiesen. Wie Wagner und Skrjabin strebte der 1893 in Petersburg Geborene zu einer allumfassenden Synästhesie der Künste. Er lebte zwar seit 1920 als Emigrant in Frankreich, formierte jedoch seine künstlerische Thematik noch ganz aus dem Gedankengut des russischen Symbolismus, wie er sich vor allem bei Iwanow zeigte. Und, Wagner und Skrjabin ähnlich, sollte diese Vision in eine neue ästhetische Welt führen, getragen von *„der Idee einer neuen Religion"*. Ähnlich Skrjabin entwickelte er, nachdem sich ihm 1918 *„Ultrachromatik, Kommunismus und Futurismus"* als geistige Wegweiser aufgetan hatten, neue Bezugssysteme von Licht, Farbe und Musik und, zumindest imaginär, die Vorstellung von einem zu errichtenden grandiosen Kunsttempel mit großer Kuppel: „Projet de la mosaïque lumineuse de la coupole du temple".[72] Angeregt war Wyschnegradsky also auch von der Welle des europäischen Kunst-Futurismus (in Deutschland etwa mit Ferruccio Busoni, in Italien mit Luigi Russolo oder Carlo Carra), der in Russland mit dem Musiker Michail Matjuschin und seiner experimentellen Oper „Der Sieg über die Sonne" (Petersburg 1913, gemeinsam mit dem Maler Kasimir Malewitsch sowie den Dichtern Alexei Krutschonych und Welimir Chlebnikow) einen sensationellen Auftritt hatte.[73]

---

[70] Ebd., S. 276.

[71] Zit. aus: Ilona Reinhold (Hrsg.), Begegnung mit Karol Szymanowski, S. 245 f.; vgl. auch Eckart Kröplin, Richard Wagner. Musik aus Licht. Synästhesien von der Romantik bis zur Moderne. Eine Dokumentardarstellung: Teil III/1, S. 1382–1395.

[72] Vgl. ausführlicher zu Wyschnegradsky ebd., S. 1647 ff.

[73] Vgl.: Sieg über die Sonne. Aspekte russischer Kunst zu Beginn des 20. Jahrhunderts; Barbara Kienscherf, Das Auge hört mit. Die Idee der Farblichtmusik und ihre Problematik – beispielhaft dargestellt an Werken von Alexander Skrjabin und Arnold Schönberg, S. 77 ff., 144 ff.

Die Omnipräsenz des Phänomens Wagner im Russland des beginnenden 20. Jahrhunderts bestimmte also große Teile des dortigen Musik-, Theater- und Literaturlebens. Erst der Ausbruch des 1. Weltkriegs und die damit natürlich verbundene Verbannung Wagners aus den Theater- und Konzertspielplänen setzte dem ein abruptes Ende. Und so mag es nur als folgerichtig erscheinen, dass eine junge russische Komponistengeneration, wie sie etwa durch Igor Strawinsky (geb. 1882) und dann Sergei Prokofjew (geb. 1891) repräsentiert wurde, sich bewusst der direkten Beeinflussung durch die deutschen Klang- und Ideenwelten Wagners entzog. Für sie war Wagner ein abgeschlossenes Kapitel Musikgeschichte. Strawinsky beispielsweise, Schüler Rimski-Korsakows und somit musikalisch in klassisch-russischer Tradition herangewachsen, entwickelte doch schon früh eine absolut antiromantische Haltung. Nach ausgesprochen expressionistischen Werken wie „Petruschka" (1911) oder „Le Sacre du printemps" (1913), uraufgeführt durch Sergei Djagilews „Ballets Russes" in Paris, rationalisierte er seine Musiksprache in zunehmend klassizistischem Sinn, beispielsweise in seinem Opern-Oratorium „Oedipus Rex" (1927/28). In seinen Studienjahren hatte er allerdings fleißig Wagnersche Partituren studiert und auch Wagner-Aufführungen in Petersburg besucht, in denen u. a. auch sein Vater Fjodor, Bassist am Mariinski Theater, auftrat. 1912 (am 20. August) besuchte er gar auf Einladung von Sergei Djagilew eine „Parsifal"-Aufführung in Bayreuth. Sein Eindruck war, ungeachtet der Musik, niederschmetternd. Wagner war für ihn, den Sucher nach neuen Ausdrucksbereichen, nach einer neuen Ästhetik der Musik, endgültig passé. Hier wurde für ihn der deutsche Komponist – im übertragenen Sinne – zu Grabe getragen. In seinen Erinnerungen (1936) hieß es dazu:

> *„Zunächst kamen mir die ganze Stimmung im Saal, die Aufmachung und der Rahmen unheimlich düster vor. Es war wie ein Krematorium (und zudem noch ein sehr veraltetes) … Ich will hier nicht von der Musik des ‚Parsifal' sprechen, überhaupt nicht von Wagners Musik, dazu liegt sie mir heute zu fern. Was mich an diesem ganzen Unternehmen abstößt, ist der Geist, aus dem es geschaffen ist; ich habe meine Bedenken, wenn man eine Theateraufführung auf die gleiche Ebene stellt mit der heiligen symbolischen Handlung des Gottesdienstes. Denn ist die ganze Bayreuther Aufmachung nicht wirklich eine unbewußte Nachahmung des kirchlichen Ritus? … Es wäre entschieden an der Zeit, mit der unzulänglichen und frevelhaften Auffassung der Kunst als Religion und des Theaters als Tempel ein für allemal aufzuräumen."*[74]

Am schärfsten ging Strawinsky dann gegen Wagner wohl in seinen Vorlesungen über „Musikalische Poetik" (1942) vor. Da erstaunte er, *„daß man noch fünfzig Jahre nach seinem Tod vom Schwall und Getöse"* der Wagnerschen Musik erfasst würde und dass *„der Nimbus des ‚Gesamtkunstwerks' … noch immer lebendig"* sei. Doch meinte er, dass zwar *„die großen Tage des Wagnerismus hinter uns liegen"*, es dabei aber geradezu absurd erscheine, *„plötzlich zu den Albernheiten der Kunst-Religion mit ihrem heroischen Klempnerladen"* zurückzukehren und, wie eben Wagner, *„aus der Musik ein Objekt philosophischer Spekulation zu machen."*[75]

---

[74] Igor Stravinsky, Mein Leben, S. 35 ff.

[75] Igor Stravinsky, Musikalische Poetik, S. 30, 38 f.

Umso erstaunlicher mutet dann aber eine andere Selbsteinschätzung Strawinskys aus seinen späten Lebensjahren an. Im Gespräch habe er einmal *„seine Zugehörigkeit zu der durch die folgenden Namen repräsentierten Tradition bekannt: Bach – Haydn – Mozart – Beethoven – Schubert – Brahms – Wagner – Mahler – Schoenberg"*. Da tauchte also doch auch der Name Wagner auf, und Strawinsky, der Russe, betonte eben, *„daß er sich mit diesem ‚deutschen Stamm‘ verbunden fühle"*.[76] Das war eine bemerkenswerte Wortmeldung zu russisch-deutschem Kulturverhältnis, wie es sich seit über einem Jahrhundert so wechselvoll, auch und gerade am Beispiel Wagner, entwickelt hatte.

Vergleichbares war auch bei Sergei Prokofjew zu beobachten. In seiner Kindheit bereits schloss er erste Bekanntschaft mit Wagnerscher Musik: das „Lied an den Abendstern" aus „Tannhäuser" und dann eine Aufführung der „Walküre" (16.12.1902) im Moskauer Bolschoi Theater. Zu letzterem Werk meinte der 11jährige Musikschüler allerdings drastisch: *„Eine schrecklich langweilige Oper, ohne Themen, ohne Handlung, aber mit großem Lärm."*[77] Diese kindlich naive Beobachtung wich jedoch bald einer grenzenlosen Bewunderung für den deutschen Komponisten. In seinen Petersburger Studienjahren erlebte er den großen Wagner-Boom am Mariinski Theater mit, studierte eifrig Wagnersche Partituren und besuchte Wagneraufführungen, vor allem auch die vom „Ring des Nibelungen". Mit 15 Jahren konnte er seinem Freundes- und Bekanntenkreis bereits sämtlich Leitmotive aus dem „Ring" spielen und erläutern.[78] Später allerdings erzählte er einmal, dass er noch 1906 auf die Frage seines Lehrers, des Komponisten Anatoli Ljadow, welches seine Lieblingskomponisten seien, u. a. Wagner genannt habe, allerdings *„nur aus Snobismus …, ich hatte vernommen, daß das Eindruck mache und über ihn viel in Musikkreisen gesprochen würde, aber weder den ‚Ring‘ noch den ‚Tristan‘ gehört und war aus den ‚Meistersingern‘ nur bis zu einem gewissen Grade klug geworden"*.[79] Doch das änderte sich rasch. Brieflich erklärte er einmal seinem frühen Lehrer, dem Komponisten Reinhold Glière, dass er sich bei der Komposition seiner Oper „Undine" (begonnen 1904, abgebrochen 1907) nun auch an Wagner und seiner Leitmotivtechnik orientiere.[80] Und zu seinem Klavier-Abschlussexamen 1914 am Konservatorium spielte er u. a. mit pianistischer Bravour Franz Liszts Klaviertranskription von Wagners „Tannhäuser"-Ouvertüre. Ein bezeichnendes Detail ist auch, dass Prokofjew beispielsweise im April 1910 seinen Komponistenfreund Nikolai Mjaskowski dringend zu einem gemeinsamen Besuch einer Aufführung der „Götterdämmerung" einlud und dabei hervorhob: *„Das ist eine überwältigende Oper"*.[81] Mjaskowski titulierte Prokofjew in einem Brief vom 9. August 1909 nicht ohne Grund, wenn auch eher spaßeshalber, gar als *„den russischen Wagner"*.[82]

---

[76] Zit. nach: Michail Druskin, Igor Strawinsky, S. 237.

[77] Sergej Prokofjew. Dokumente, Briefe, Erinnerungen, S. 57, 84.

[78] Ebd., S. 323.

[79] Ebd., S. 370.

[80] Vgl.: Israel Nestjew, Prokofjew. Der Künstler und sein Werk, S. 38 und Israel Nestjew, Shisn Sergeja Prokofjewa, S. 47.

[81] S. S. Prokofjew i N. J. Mjaskowski, Perepiska, S. 83.

[82] Ebd., S. 77.

Diese Meinungsäußerung war für den jungen Komponisten aber doch sehr irritierend. Seine frühen Kompositionen sprachen eine gänzlich andere Sprache. Sie gingen bewusst provokant unkonventionelle Wege, sprengten immer wieder die Grenzen der tradierten Tonalität, barsten geradezu vor expressionistischer Explosivität. Und 1916, als er gerade an seiner Oper „Der Spieler" (nach Dostojewski) arbeitete, die dann 1917 von Meyerhold am Mariinski Theater aufgeführt werden sollte (ein Projekt, das allerdings in den Revolutionswirren unterging), schrieb er in einem Zeitungsartikel:

> *„Ich bin der Meinung, daß sich die Größe Wagners unheilvoll auf die Entwicklung der Oper ausgewirkt hat, weshalb die hervorragendsten Musiker ein Absterben der Oper voraussehen, während doch bei Verständnis des Szenischen, genügender Elastizität, Freiheit und Ausdrucksfähigkeit der Deklamation die Oper die großartigste und machtvollste aller darstellenden Künste sein müßte."*[83]

Dennoch sind Prokofjews erste Opernprojekte nicht ganz unbeeinflusst von Wagner. Sowohl in der unvollendeten hochexpressiven „Maddalena" (1911) wie dann im „Spieler" und auch im „Feurigen Engel" (1919–1928) klingt Wagner musikdramaturgisch (leitmotivähnliche Strukturen, Instrumentation, Harmonik, sinfonische Arbeitsweise) noch nach. Das änderte sich allerdings grundlegend mit der „Liebe zu den drei Orangen" (1919), die Prokofjew nach seiner Ausreise 1918 aus dem revolutionären Russland (er kehrte erst in den 30er-Jahren endgültig wieder in die Heimat zurück) für die Chicagoer Oper komponierte, und zwar auf ein Szenarium (nach Gozzi) des befreundeten Meyerhold. Hier dominierten Elemente des „Balagan"-Theaters, epische Strukturierung und ein Prinzip ständiger Verfremdung zwischen Musik und Szene in einer Ästhetik, die am ehesten mit Strawinskys „Geschichte vom Soldaten", Busonis „Arlecchino" oder später Brecht/Weills „Dreigroschenoper" vergleichbar und deutlich vom aufmüpfigen antiromantischen Geist der 20er-Jahre im Nachkriegs-Europa geprägt war. Aber auch den „Spieler" glaubte Prokofjew vom Verdacht der Beeinflussung durch Wagner reinwaschen zu müssen. Als er 1928 mit der Zweitfassung der Partitur befasst war, nachdem Inszenierungen wiederum am Petrograder Operntheater oder dann auch am Moskauer Bolschoi Theater zur Diskussion standen, schrieb er am 3. August ganz empört an Freund Mjaskowski in die Heimat: *„Glaubte man in Moskau wirklich, in dieser Oper den Einfluss Wagners zu erkennen? Der Teufel hol mich, ich hatte genau das nicht im Sinn und hielt in gebotenem Maße Abstand zu diesem Komponisten."*[84]

Wagner war für Prokofjew – wie für Strawinsky – Historie und ästhetisch wie kompositorisch keine direkte Orientierung mehr. Dieserart Beziehung endete für die russische Musik und ihre großen Vertreter mit der vorangegangenen Komponistengeneration. Selbst also ganz andere Wege als Opernkomponist gehend, blieb Prokofjew doch aber bei seiner Bewunderung – wenn nun auch aus gebotener Distanz – für den deutschen Musiker. Noch am Lebensende, im Jahre 1952, hörte er mit großem Interesse im Radio eine Aufführung von Wagners „Meister-

---

[83] Sergej Prokofjew. Dokumente, Briefe. Erinnerungen, S. 192.; vgl. auch: Israel Nestjew, Prokofjew. Der Künstler und sein Werk, S. 120 und Israel Nestjew, Shisn Sergeja Prokofjewa, S. 130.

[84] S. S. Prokofjew i N. J. Mjaskowski, Perepiska, S. 284.

singern" (es war wohl die erste öffentlich Wagner-Aufführung in der Sowjetunion nach dem 2. Weltkrieg). Allerdings war er traurig darüber, dass nicht statt dessen etwa sein Schmerzenskind, die Oper „Krieg und Frieden", der bis dahin in der Sowjetunion kein glückliches Schicksal beschert war, einmal eine würdige Aufführung erfahren hätte. Zum Dirigenten Samossud sagte Prokofjew enttäuscht: *„Da setzt ihr Wagner auf das Programm, wann aber wird ,Krieg und Frieden' gespielt werden?"*[85]

Malerei – „Mir iskusstwa" und „Blauer Reiter"

Der junge Maler und Bühnenbildner, später auch scharfzüngiger Kunstkritiker, Alexander Benois ist ein markantes Beispiel für die Wagner-Infektion in der russischen bildenden Kunst um die Jahrhundertwende. Auch für ihn war 1889 das Gastspiel des Neumannschen „Richard Wagner-Theaters" in Russland ein einzigartiges Erlebnis. Er habe damals *„eine rasende Zeit … der Begeisterung für Wagner"* erlebt:

> *„Diese Begeisterung entstand plötzlich unter Einwirkung der Eindrücke, die ich bei den Vorstellungen im Marien-Theater gewann, welche ich während der Großen Fastenzeit 1889 besuchen konnte … Als der Vorhang zum letzten Mal nach dem Walhall-Brand in der ,Götterdämmerung' gesenkt wurde, wäre ich beinahe in Tränen ausgebrochen, da ich mir bewußt war, daß ich für lange nun diesen all mein Wesen ergreifenden Genüssen entzogen sein werde, denen ich mich während vierer unvergeßlicher Abende meiner ersten Bekanntschaft mit dem ,Ring' hingab."*

Benois' Emphase galt jedoch nur der musikalisch-orchestralen Seite der Aufführungen. Die sängerischen und vor allem darstellerischen Leistungen goutierte er zwar, mokierte sich aber:

> *„Sind sie nicht furchtbar, diese ,Bierfässer' mit angehängten Bärten und gehörnten Helmen? Und sie müssen Siegmund, Hunding, Gunther darstellen! Kann denn dieser Clown mit einem roten Haarwirbel auf dem Kopf für Feuergott Loge angesehen werden? Können diese Damen mit festgezogenen Taillen und herausgestreckten Hüften für Freia, Sieglinde, Brünnhilde, die Rheintöchter angesehen werden?"*

Auch die szenische Realisierung durch das „Richard Wagner-Theater" befand er, obwohl nach Bayreuther Vorbild erstellt, als ungenügend, als *„im Geist des banalen ,akademischen Realismus'"* befangen. Und er meinte dann weitblickend: *„Damals bildete ich mir ein, eine ideale Wagner-Inszenierung zu machen."*[86] (1903 war er dann tatsächlich beim Bühnenbild zur „Götterdämmerung" am Mariinski Theater in künstlerisch reformerischer Absicht tätig.) Benois formulierte hier übrigens einen entscheidenden Einwand, wie er von Wagner selbst schon 1876 beim „Ring" und 1882 beim „Parsifal" erhoben worden war. Es sei nur an einige sehr desillusionierte

---

[85] Vgl.: Israel Nestjew, Prokofjew. Der Künstler und sein Werk, S. 378 und Israel Nestjew, Shisn Sergeja Prokofjewa, S. 576; vgl. auch: Sergej Prokofjew. Dokumente, Briefe, Erinnerungen, S. 370.
[86] Zit. nach: Marina Malkijel, Richard Wagners Werke auf der Bühne des Kaiserlichen Marien-Theaters Sankt Petersburg, S. 16 f.

und auch sehr drastische Äußerungen Wagners erinnert, wie sie Cosima in ihrem Tagebuch festhielt:

> *„Ich möchte alles viel einfacher, primitiver haben."* ... *„Immer tiefere Einsicht in die Unvollkommenheit der Darstellung!! So weit wird die Ausführung vom Werk zurückbleiben, wie das Werk von unsrer Zeit fern ist!"* ... *„Die Kostüme erinnern durchweg an IndianerHäuptlinge und haben neben dem ethnographischen Unsinn noch den Stempel der KleinenTheater-Geschmacklosigkeit!"* ... *„Ach! es graut mir vor allem Kostüm- und SchminkeWesen; ... und nachdem ich das unsichtbare Orchester geschaffen, möchte ich auch das unsichtbare Theater erfinden!"*

„Und", so fügte Wagner spaßhaft hinzu: *„auch das unhörbare Orchester ..."*[87] Dementsprechend notierte auch Wagners Regieassistent von 1876, Richard Fricke, in seinem Tagebuch: *„Er fühlt von Tag zu Tag, ... wie anders sein Werk noch in Scene gesetzt werden kann, er fühlt heraus, was Alles zu verbannen und zu verwerfen ist ... ‚Nächstes Jahr machen wir Alles anders!', sagte er mir unter vier Augen."*[88] Was also Wagner und Benois gleichermaßen Unbehagen bereitete, war die Verhaftung des bühnenbildlichen und kostümlichen Aspektes, die visuelle Dimension des Theaters also, im gegenständlich naturalistischen Geschmack der Zeit. Beider Ahnung vom anders Möglichen blieb zunächst unrealisiert. Im Grunde fanden dieserart Visionen erst am Beginn des neuen Jahrhunderts durch die moderne Kunst allmähliche Realisierung, zunächst durch Vorstellungen des bereits erwähnten Schweizer Theaterreformers Adolphe Appia.[89] Benois beobachtete die Kunstszene der Malerei seiner Zeit sehr aufmerksam und widmete ihr klarsichtige Beschreibungen, beispielsweise in seiner Wertschätzung der Kunstförderer Sergei Djagilew, Sawwa Mamontow und Pawel Tretjakow (Begründer der berühmten Tretjakow-Galerie in Moskau) oder der Künstlerkolonie Abramzewo (in der Nähe Moskaus), wo u. a. die Maler Michail Wrubel, Walentin Serow, Isaak Lewitan, Konstantin Korowin oder Alexander Golowin zeitweilige Heimstatt fanden. Abramzewo war, wie es Benois in seiner 1902 erschienenen „Geschichte der russischen Malerei im 19. Jahrhundert" ausdrückte, ein Ort, wo *„alle die zusammen*[kamen]*, die in ihrer Seele neue Träume hegten".* Und klarsichtig war auch seine Feststellung, als er etwa *„Flaubert, Dostojewskij, Tolstoj, Ibsen, Wagner und Böcklin"* als *„die großen Vorboten der Erneuerung des Geistes"* bezeichnete[90], ja, er fand auch einen interessanten Vergleich, als er einmal Böcklin (den Wagner sich vergeblich als Bühnenbildner für seinen Bayreuther „Ring" gewünscht hatte) als den *„Wagner der Malerei"* nannte.[91]

---

[87] CWT, Bd. I, S. 994, 996 f.; Bd. II, S. 181.

[88] Richard Fricke: Bayreuth vor dreissig Jahren. Erinnerungen an Wahnfried und aus dem Festspielhause, S. 142 f.

[89] Vgl.: Adolphe Appia, Die Musik und die Inscenierung; vgl. weiterhin: Adolphe Appia, Richard Wagner und die Inszenierung.

[90] Zit. nach: Europa, Europa. Das Jahrhundert der Avantgarde in Mittel- und Osteuropa, Bd. 3, S. 18.

[91] Zit. nach: Avril Pyman, A history of Russian Symbolism, S. 99.

Bezeichnend ist in diesem Zusammenhang weiterhin die schon erwähnte Polemik zwischen Benois und Meyerhold anlässlich von dessen „Tristan"-Inszenierung 1909 am Petersburger Mariinski Theater. Meyerholds Bühnenbildner Alexander Scherwarschidse war gemeinsam mit dem Regisseur bei der Suche nach einer in Raum und Zeit charakteristischen Szenerie auf den Gedanken gekommen, die Aufführung im Stil von Buchminiaturen aus dem 13. Jahrhundert, der Entstehungszeit von Gottfried von Straßburgs poetischer Vorlage für die Wagneroper, zu halten. Damit sei, so Meyerhold, eine Inszenierung, *„deren Stil quasi romantisch ist"*, zustande gekommen, die nun eben von Benois als unzeitgemäß, als *„historisch"* kritisiert worden war. Der entscheidende Unterschied, auf den Meyerhold in seiner Entgegnung verwies, war jedoch, daß *„romantisch"* doch nicht pur, sondern nur *„quasi"*, eben als verfremdendes Kunstzitat zu verstehen sei. Und daher seien auch die stilisierend vereinfachenden Grundeinfälle der Bühnenbilder aller drei Akte des Werkes als Historistisches überwindender Symbolismus anzusehen.

Nach 1900 traten als Bühnenbildner in Wagner-Inszenierungen am Mariinski Theater auch namhafte Maler hervor, die der russischen bildenden Kunst in der Jahrhundertwende bedeutende neue Impulse verliehen hatten. So – neben Benois – Alexander Golowin (1905 „Rheingold") und Konstantin Korowin (1911 „Fliegender Holländer"). Bemerkenswert dabei war zudem, dass die drei letztgenannten Künstler eng mit der antiakademischen „Mir iskusstwa"-Bewegung und deren geistigem Vater Sergei Djagilew verbunden waren, einer Kunstbewegung, die für die russische Malerei-, Theater- und Musikszene wichtige und neue ästhetische Orientierungen vermittelte.[92] Gemeinsam mit Alexander Benois und Léon Bakst hatte Djagilew, ein großer Wagner-Verehrer übrigens, 1898 die „Mir iskusstwa" begründet und von 1899 bis 1904 auch deren gleichnamige Programmzeitschrift als Chefredakteur betreut. Überliefert ist sein diesbezüglicher Rundbrief, mit dem er am 20. Mai 1897 u. a. Bakst, Benois, Golowin und Walentin Serow (Sohn des russischen Wagner-Apologeten Alexander Serow) einlud, eine neue Künstlervereinigung zu gründen, um mit neuen und gemeinsamen künstlerischen Aktivitäten zu beweisen, *„daß die russische Kunst existiert, daß sie frisch und originell ist und viel Neues zur Geschichte der Kunst beisteuern kann."*[93] Mit sensationellen Inszenierungen seines „Ballets Russe" machte er zudem in Paris Furore, so mit Uraufführungen von Strawinsky, Debussy und Prokofjew.[94]

Wagnersche Spuren finden sich weiterhin im bildnerischen Werk von Michail Wrubel (Abb. 9.5), Mikolajus Konstantinas Čiurlionis (über dessen Synästhesieverständnis 1914 Wjatscheslaw Iwanow einen aufschlussreichen Artikel publizierte[95]) und Walentin Serow. Ein künstlerisches Schwergewicht der russischen Wagnerrezeption dieser Zeit lag somit auch auf dem Feld der bildenden Kunst und der Theatermalerei – ein auffälliges Charakteristikum, das zur gleichen Zeit weite

---

[92] Vgl. dazu auch: Bernice Glatzer Rosenthal, Wagner and Wagnerian Ideas in Russia, S. 202 ff.

[93] Zit. nach: Europa, Europa. Das Jahrhundert der Avantgarde in Mittel- und Osteuropa, Bd. 3, S. 19.

[94] Vgl. dazu: Bernice Glatzer Rosenthal, Wagner and Wagnerian Ideas in Russia, S. 205 ff.

[95] Vjačeslav Ivanov, Čiurlionis und das Problem der Synthese der Künste, S. 83–85.

Abb. 9.5 „Walkirija". Ölbild von Michail Wrubel. 1899

Kreise in der deutschen und westeuropäischen Malerei gezogen hatte. Erinnert sei
nur an Namen wie Albert Pinkham Ryder, Charles Butler, William T. Maud, Ma-
riano Fortuny i Madrazo, Willy Pogány, Hans Makart, Arnold Böcklin, Hans Thoma,
Max Slevogt, Hermann Hendrich, Ferdinand Leeke und Franz Stassen oder – unter
der zutreffenden Bezeichnung „Peinture Wagneriénne" – die Franzosen Auguste
Renoir, Henri Fantin-Latour, Odilon Redon und Paul Cézanne sowie Adolphe
Appia, Aubrey Beardsley und James Ensor.[96]

Ein großer westeuropäischer Künstler sei in diesem Zusammenhang noch hervorgehoben: Vincent van Gogh. Auch für ihn bedeutete die Musik Wagners ein intensives Erlebnis. Er äußerte einmal über den Bayreuther Meister: *„Welch ein
Künstler. So einer in der Malerei, das wäre fabelhaft. Das wird kommen."* Und ein
anderes Mal hieß es: *„Wie nötig wäre uns dergleichen in der Malerei … So stark
fühlte ich schon damals die Beziehungen zwischen unserer Farbe und der Musik
Wagners."* Es war die intensiv gefühlte Synästhesie zwischen Farbe und Musik, die
van Gogh an Wagner faszinierte. Die *„Orchestration der Farben"* erschiene ihm als
„etwas Ähnliches wie bei der Wagnermusik". Und – das zeichnete van Goghs Verhältnis zu Wagner als etwas Besonderes aus – er illustrierte nicht, wie alle Oben-
genannten, Wagners Musik, sondern er fühlte ein synästhetisches Einverständnis
zwischen ihr und der eigenen malerischen Arbeitsweise, so ähnlich wie dann auch
sein Freund Paul Gauguin, den er mit seiner Wagner-Begeisterung angesteckt hatte.
Gauguin meinte ganz explizit: *„Malerei ist nicht Musik, wird man sagen, aber vielleicht gibt es Analogien. – Seien Sie überzeugt, daß die farbige Malerei in eine mu-*

---

[96] Vgl. dazu: Jordi Mota/Maria Infiesta, Das Werk Richard Wagners im Spiegel der Kunst.

sikalische Phase eintritt. "[97] Und aus einer solchen Sicht war auch der Weg zu den phantastischen und eben musikalisch bewegten Farbenwelten etwa von Čiurlionis, dem malerisch und musikalisch Doppelbegabten, nicht weit. Wagners Synästhesiegedanke hatte um die Jahrhundertwende die Welt der bildenden Kunst erreicht.

So muss es denn nicht verwundern, dass ein weiterer russischer Avantgardekünstler – Wassily Kandinsky – in ähnlicher Weise von einem künstlerischen Urerlebnis sprach. In seinen Erinnerungen, publiziert unter dem Titel „Rückblicke", erzählte er, dass ihm einst in seinen Jugendtagen, es mag im Jahre 1896 gewesen sein, eine „Lohengrin"-Aufführung im Moskauer Bolschoi Theater (es könnte aber auch schon früher und in Petersburg gewesen sein[98]) eine künstlerische Offenbarung beschert habe, während er an einem Bild „Die alte Stadt" arbeitete. Dieser „Rückblick" sei hier ausführlicher zitiert, da er einen wohl einmaligen Vorgang beschreibt:

> *„Auch in diesem Bild habe ich eigentlich nach einer gewissen Stunde gejagt, die immer die schönste Stunde des Moskauer Tages war und bleibt. Die Sonne ist schon niedrig und hat ihre vollste Kraft erreicht, nach der sie den ganzen Tag suchte, zu der sie den ganzen Tag strebte. Nicht lange dauert dieses Bild: noch einige Minuten und das Sonnenlicht wird rötlich vor Anstrengung, immer rötlicher, erst kalt und dann immer wärmer. Die Sonne schmilzt ganz Moskau zu einem Fleck zusammen, der wie eine tolle Tuba das ganze Innere, die ganze Seele in Vibration versetzt. Nein, nicht diese rote Einheitlichkeit ist die schönste Stunde! Das ist nur der Schlußakkord der Symphonie, die jede Farbe zum höchsten Leben bringt, die ganz Moskau wie das fff eines Riesenorchesters klingen läßt und zwingt. Rosa, lila, gelbe, weiße, blaue, pistaziengrüne, flammenrote Häuser, Kirchen – jede ein selbständiges Lied – der rasend grüne Rasen, die tiefer brummenden Bäume, oder der mit tausend Stimmen singende Schnee, oder das Allegretto der kahlen Äste, der rote, steife, schweigsame Ring der Kremlmauer und darüber, alles überragend, wie ein Triumphgeschrei, wie ein sich vergessendes Halleluja der weiße, lange zierlich ernste Strich des Iwan Weliky-Glockenturmes. Und auf seinem hohen, gespannten in ewiger Sehnsucht zum Himmel ausgestreckten Halse der goldene Kopf der Kuppel, die zwischen den goldenen und bunten Sternen der andern Kuppeln die Moskauer Sonne ist. Diese Stunde zu malen, dachte ich mir als das unmöglichste und höchste Glück eines Künstlers …*
>
> *Zu derselben Zeit erlebte ich zwei Ereignisse, die einen Stempel auf mein ganzes Leben drückten und mich damals bis in den Grund erschütterten. Das war die französische impressionistische Ausstellung in Moskau – in erster Linie ,der Heuhaufen' von Claude Monet – und eine Wagneraufführung im Hoftheater – Lohengrin … Lohengrin schien mir aber eine vollkommene Verwirklichung dieses Moskau zu sein. Die Geigen, die tiefen Baßtöne und ganz besonders die Blasinstrumente verkörperten damals für mich die ganze Kraft der Vorabendstunde. Ich sah alle meine Farben im Geiste, sie standen vor meinen Augen. Ich traute mich nicht, den Ausdruck zu gebrauchen, daß Wagner musikalisch ,meine Stunde' gemalt hatte …"*[99]

---

[97] Zit. nach: Eckart Kröplin, Richard Wagner. Musik aus Licht. Synästhesien von der Romantik bis zur Moderne. Eine Dokumentardarstellung: Teil II, S. 1077 f.; vgl. auch: Die Symbolisten und Richard Wagner, S. 67 ff.

[98] Vgl.: Wassily Kandinsky, Die Gesammelten Schriften, Bd. I, S. 152; vgl. auch: Andrea Gottdank, Vorbild Musik. Die Geschichte einer Idee in der Malerei im deutschsprachigen Raum 1780–1915, S. 430 (Anm. 305).

[99] Zit. nach: Wassily Kandinsky, Die Gesammelten Schriften, Bd. I, S. 29 ff.; vgl. auch: Eckart Kröplin, Richard Wagner. Musik aus Licht. Synästhesien von der Romantik bis zur Moderne. Eine Dokumentardarstellung: Teil III/1, S. 1443 ff.; vgl. weiterhin: Andrea Gottdank, Vorbild Musik. Die Geschichte einer Idee in der Malerei im deutschsprachigen Raum 1780–1915, S. 371 ff.

Wagners „Lohengrin"-Musik – zu jener Zeit wohl die populärste Musik des deutschen Künstlers in Russland – also initiierte bei Kandinsky die fantastische Vision einer Kunstwelt in Farbe, Musik und Raum. Es war seine eigentliche Erweckung als Künstler, es war seine „*Stunde*". 1912 dann hatte er den so für ihn vorgezeichneten Weg in die abstrakte Malerei konsequent vollzogen und publizierte seine grundlegende ästhetische Schrift „Über das Geistige in der Kunst", im selben Jahr übrigens wie auch sein Programmbuch „Der Blaue Reiter" zur gleichnamigen, bis heute so berühmten Kunstausstellung in München erschien. Hier und in weiteren schriftlichen Arbeiten entwickelte Kandinsky, des öfteren dabei auf Wagner zurückgreifend, seine Vorstellungen über die Wechselbeziehungen von Malerei und Musik, von Farbe und Klang sowie seine Begründung für gegenstandslose bildnerische Kunst, eben für das Abstrakte in der Malerei, als Hinführung der Kunst zum Wesentlichen. Wenn er da z. B. „*die große Abstraktion*" und „*die große Realistik*" in der neuen Kunst gegenüberstellte, so doch nur, um sie als „*zwei Wege ... zu einem Ziel*", beseelt von einem gleichen „*inneren Klang*", zu begreifen:

> „*So kommen wir zur Folge, daß die reine Abstraktion sich auch der Dinge bedient, die ihr materielles Dasein führen, gerade so wie die reine Realistik. Die größte Verneinung des Gegenständlichen und ihre größte Behauptung bekommen wieder das Zeichen des Gleichnisses. Und dieses Zeichen wird wieder durch das gleiche Ziel in beiden Fällen berechtigt: durch das Verkörpern des inneren Klanges.*"[100]

Und an dieser Stelle sei auch eines weiteren Protagonisten der russischen Avantgarde gedacht. Wladimir Tatlin, ein Maler und Konstruktivist, beschäftigte sich – ohne Auftrag offensichtlich – zwischen 1915 und 1918 mit Bühnenbildentwürfen zum „Fliegenden Holländer", jener Wagneroper, die bis dahin im russischen Wagner-Boom nur eine sehr untergeordnete Rolle gespielt hatte (Abb. 9.6 und 9.7). Möglicherweise wirkten dabei auch persönliche Erfahrungen mit, die Tatlin in jungen Jahren als Matrose auf einem Segelschiff hatte machen können. Die damaligen Erlebnisse spiegelten sich verschiedentlich in Bildern Tatlins wider: Selbstbildnisse als Matrose und Darstellungen von Segelschiffen. Und möglicherweise verglich er sein Seemannsleben tatsächlich mit Wagners abenteuerlicher Seereise über Ost- und Nordsee sowie mit der sturmbewegten Szenerie des „Fliegenden Holländer". Auffällig ist bei seinem Bühnenbildentwurf und den Kostümskizzen die Abstraktion von realistischer Abbildung hin zu einer konstruktivistischen Sicht. Klar konturierte Masten, Segel und Schiffstaue, in strengen Neigungen gegeneinander auf einem in Schrägen und Geraden geborstenen Grund angeordnet, assoziieren – wie in einem unerbittlichen Rhythmus befangen – ein Schiff in heftiger Meeresbewegung. Auch die Kostümzeichnungen waren streng stilisiert.[101] Das hätte – wenn diese Entwürfe zur Bühnenrealität gelangt wären – ein tatsächlich innovativer Ansatz in der russischen Wagnerrezeption sein können. Der Krieg verhinderte das. Tatlins spätere künstlerische Tätigkeit brachte ihn nicht mehr mit Wagner in Berührung. Wohl aber erinnern weitere Bühnenbilder Tatlins aus späteren Jahren stilis-

---

[100] Der Blaue Reiter, hrsg. von Wassily Kandinsky und Franz Marc, S. 147, 162.

[101] Vgl.: Larissa Shadowa (Hrsg.), Tatlin, S. 174f. und Abbildungen 156–163; vgl. auch: Eckart Kröplin, Richard Wagner. Musik aus Licht. Synästhesien von der Romantik bis zur Moderne. Eine Dokumentardarstellung: Teil III/2, S. 1718 f.

Abb. 9.6 „Der fliegende Holländer". Bühnenbildentwurf von Wladimir Tatlin 1915/18

Abb. 9.7 „Der fliegende
Holländer". Bühnenbildentwurf
von Wladimir Tatlin 1915/1918

tisch stark an den „Holländer"-Entwurf. Und Weltberühmtheit erlangte sein Entwurf für ein „Denkmal der III. Internationale" von 1920, ein spiralartig und nach
oben hin sich verjüngendes, bis zu einer gigantischen Höhe von 400 Metern auf-
ragendes, in sich mehrfach drehbares, rein konstruktivistisches Bauwerk aus Stahl
und Glas, das allerdings nie realisiert wurde.[102] Strukturelemente dazu ließen sich
bereits in der „Holländer"-Szenerie erkennen.

---

[102]Vgl.: Der Hang zum Gesamtkunstwerk. Europäische Utopien seit 1800, hrsg. von Harald Szee-
mann, S. 331 ff.; vgl. auch: Larissa Shadowa (Hrsg.), Tatlin, Abbildungen 164–186; vgl. auch:
Rosamund Bartlett, Wagner and Russia, S. 221 ff.; vgl. weiterhin: Eckart Kröplin, Richard Wagner.
Musik aus Licht. Synästhesien von der Romantik bis zur Moderne. Eine Dokumentardarstellung:
Teil III/2, S. 1716 ff.

Andere Künstler der russischen Moderne suchten gleichfalls die Begegnung mit Wagner, jetzt aber deutlich in dem Bestreben, sich von diesem übermächtigen Vorbild zu lösen. Sie wussten um die Sogkraft des russischen Wagnerismus, strebten nun aber umso stärker zu neuer Unabhängigkeit. Sie nannten sich (nach italienischem Vorbild) Futuristen oder wählten – weg von Romantik und Symbolismus – phantasievoll erfundene neue Namen, wie etwa Konstruktivismus, Suprematismus, Rayonismus, für ihre provokant betriebenen avantgardistischen Kunstbestrebungen, verfassten auch teilweise abenteuerlich anmutende Kunstmanifeste. Genannt seien insbesondere die Maler bzw. Musiker und Dichter Kasimir Malewitsch, Michail Matjuschin, Michail Larionow, Georgi Jakulow, Welimir Chlebnikow, Leo Bruni, Arthur Lourié und Wladimir Majakowski. Zwar stand das Werk des deutschen Musikers nicht im Zentrum ihrer künstlerischen Projekte und ästhetischen Überlegungen, wie es ja etwa für Kandinsky durchaus und geradezu exemplarisch zutraf. Doch auch sie waren nicht unbeeindruckt vom großen Wagner-Boom in Russland, ja sie waren geradezu gezeichnet davon, zeigten nun aber eine entschiedene Gegenreaktion. Aus dem Wagnerismus sich zu lösen, war ihnen ein erstrangiges Anliegen. Neue künstlerische Welten wollten sie erstehen lassen aus der bewussten kritischen Abhebung vom romantisch-symbolistischen Geist des noch vor kurzem so triumphalen Wagnerkults. Es war ein kurzweiliges und abwechslungsreiches, aber doch sehr nachhaltig wirkendes Durcheinanderwirbeln aller tradierten ästhetischen und künstlerischen Traditionen und Erfahrungen, das sie in Gang setzten. Es war die radikale Umwertung aller Werte, ein katastrophaler Ausverkauf von für ewig gültig gehaltenen Kulturwerten am Vorabend der ersten großen Weltkatastrophe, am Vorabend des 1. Weltkriegs.

Wie oben schon angedeutet spielte für diese jüngste russische Künstlergeneration der italienische Futurismus – mit Filippo Marinetti, Francesco Pratella, Luigi Russolo, Carlo Carra etwa – eine geradezu fanalartige Rolle, direkt auch noch angeregt durch eine Vortragsreise von Marinetti Anfang 1914 nach Moskau. Und ganz nach dem Vorbild der italienischen Futuristen schrieb man dann auch in Petersburg und Moskau „Manifeste" – programmatisch kurzgefasste Erklärungen der neuen künstlerischen Zielsetzungen. So war beispielsweise in einem von Jakulow und Lourié am 1. Januar 1914 unterzeichneten und wesentlich wohl von Chlebnikow inspirierten Manifest „Wir und der Westen" zu lesen: *„Europa hat in all seinen künstlerischen Bestrebungen ... eine Krisis erreicht, die ihren äußerlichen Ausdruck in der Hinwendung zum Osten findet. Es liegt nicht in der Macht des Westens, den Osten zu begreifen ... "*[103] Da klingt erneut der Ost-West-Konflikt auf und die selbstbewusste These von einem besonderen russischen Weg in der Kunst, von der „russischen Idee", wie sie vor längerer Zeit schon von Dostojewski, Solowjow oder Iwanow beschworen worden war. Und ganz in diesem Sinne hatte bereits 1913 Larionow folgende Position bezogen: *„Der Osten und die Nationalität gegen das westliche Epigonentum ..., die Russifizierung der westlichen Formen. Der Osten in-*

---

[103] Zit. nach: Detlef Gojowy, Arthur Lourié und der russische Futurismus, S. 97.

spiriert den Westen … Unsere Ideen wirken auf den Westen ein … Und das überall – in der Musik, Lyrik, im Theater und in der Malerei."[104]

1916 formulierte Matjuschin dann noch einmal die radikale Abkehr von Wagner. Seine Argumentation war nicht allzu originell, wiederholte sie doch im Grunde nur altbekannte Vorbehalte, wie sie seit jeher schon von der russischen Musik- und Kunstkritik vorgetragen worden waren, jetzt aber wieder herhalten mussten, um ein eigenes und neues Kunstverständnis zu generieren:

> „Und in der Tat wuchern in der Musik der letzten vierzig Jahre sinnliche Saturiertheit und exotische Sentimentalität mit der immensen Macht des Tangs von ‚Saragassoseen' und versuchen, dieses Meer in einen Sumpf zu verwandeln. Wagner ist ein unaufhaltsamer sinnlicher Niagarafall deutschen Sentiments. Das Streben nach dem Höheren, die Suche nach dem Gral wird im Parzifal überlagert vom irdischen, wollüstig vergifteten Fleisch Tannhäusers, der sich aus den Umarmungen der Venus nicht lösen kann. Die ganze Musik des Parzifal wird dominiert von einer vielleicht genialen, doch überaus wuchtigen Sentimentalität. Tristan ist der hemmungslose Traum von der Venus, bis in den Tod.*"[105]

Einen skurrilen, fast geisterhaften Kommentar auf diese Endstation der Wagnerverehrung im alten Russland notierte Arthur Lourié in seinen Erinnerungen an diese Zeit:

> „Aber war es nicht auch phantastisch, in jenen weißen Nächten aus meiner Wohnung an der Fontanka mit anzuhören, wie im leeren Zirkus Ciniselli – ein paar Schritte davon entfernt – die alte Licia Ciniselli, seinerzeit eine berühmte Kunstreiterin, auf ihrem Klavier ‚Isoldes Liebestod' hämmerte?*"[106]

Es war ein Abschied von Wagner, verfremdet in eine schon tote Zirkuswelt versetzt.

---

[104] Zit. nach: Jewgeni Kowtun, Michail Larionow, S. 68.
[105] Zit. nach: Heinrich Klotz (Hrsg.), Matjuschin und die Leningrader Avantgarde, S. 79.
[106] Zit. nach: Detlef Gojowy, Arthur Lourié und der russische Futurismus, S. 141.

Kapitel 10
Wagner unter der roten Fahne – Vorsichtiger Neubeginn und jäher Absturz

Die Revolution und ihre Folgen – Wagner in „Quarantäne"

Das Jahr 1917 mit den beiden Revolutionen vom Februar und vom Oktober bedeutete für Russland einen radikalen Umbruch. Der Weltkrieg war verloren. Das Zarenreich brach zusammen. Und nur ein Jahr später kam auch das Ende für das deutsche und das österreichische Kaiserreich. Ein über Jahrhunderte wirksames System politischer Verhältnisse in Europa – immer wieder schwankend in den gegenseitigen Beziehungen – gab es plötzlich nicht mehr. Europa, Deutschland und Russland vor allem, mussten zu völlig neuen gesellschaftlichen Ordnungen finden. Das hatte auch im kulturellen Bereich und in den Künsten grundsätzliche Folgen – verheerend und fruchtbar zugleich. Alte soziale Realitäten und ästhetische Wertvorstellungen waren gegenstandslos geworden, bedurften grundlegend neuer Gestaltung und inhaltlicher Definition.

In Russland hatten die Bolschewiki putschartig und dann mit harter Hand sich durchsetzend die Macht übernommen. Zaristischen Adelskreisen und saturiertem Großbürgertum war die materielle und geistige Existenzgrundlage genommen. Proletarier, Arbeiter und Bauern, geeint in marxistischer Weltsicht und in zunehmend diktatorischer Weise geführt von den Bolschewiki, bestimmten ein neues gesellschaftliches Sein. Kommunismus war das fest ins Auge gefasste Ziel. Besonders auffällig schlug das auch in den Theater- und Konzertsälen zu Buche. Kalt und frostig war hier allerdings zunächst die Atmosphäre. In den Wintern nach der Revolution und während des Jahre andauernden Bürgerkriegs haperte es allein schon an Heizungsmaterial. Mühselig, aber doch mit großem Engagement wurde der Kulturbetrieb aufrechterhalten. Das Publikum, sehr wohl kultur- und kunsthungrig, musste sich warm anziehen. Und – das war der entscheidende Unterschied – es war ein ganz anderes Publikum. Einfache Menschen strömten nun in die Kunstinstitutionen,

E. Kröplin, *Richard Wagner und Russland*, https://doi.org/10.1007/978-3-662-70404-2_10

in die Theater und Opernhäuser, in die Konzertsäle und in die Museen, während das bisherige adlige und bürgerliche Publikum großenteils in die Emigration nach Westeuropa gegangen war.

Ein kleinerer Teil der bisherigen Eliten in Kunst und Literatur allerdings zeigte sich dem Neuen gegenüber durchaus als aufgeschlossen und suchte, sich produktiv einzubringen. Obwohl zumeist nicht vom Marxismus überzeugt, glaubte man doch, unter den neuen Bedingungen grundlegende Fragen in der kulturellen und künstlerischen Sphäre lösen zu können. Arthur Lourié erinnerte sich später:

> *„Künstler, Wissenschaftler, Musiker und Gelehrte standen den Bolschewiken weniger feindlich gegenüber als der Rest der Bevölkerung. Sie setzten weiterhin ihre Arbeit fort, jeder in seinem speziellen Tätigkeitsbereich. Im Vergleich mit ihren Mitbürgern hatten sie im ersten Jahr der Revolution eine privilegierte Stellung. Die Regierung beschränkte sich auf Politik und war sehr behutsam in ihrem Umgang mit Wissenschaft und Kunst."*[1]

Die *„Regierung"*, das war die Staatsführung unter Lenin und den „Volkskommissaren", verhielt sich zunächst tatsächlich so und war viel mehr beansprucht vom katastrophalen Bürgerkrieg gegen innere („Weißgardisten") und äußere Gegner (Interventionsmächte Frankreich und England). Für Kunst, Kultur und Volksbildung war der Bolschewik und Leninfreund Anatoli Lunatscharski als „Volkskommissar" zuständig – ein Glücksfall, war er doch beileibe kein Dogmatiker und galt zu Recht als geistig befugter Sachwalter in Fragen der Künste und Wissenschaften. Lange Jahre im westeuropäischen Exil lebend, hatte er sich da fundierte Kenntnisse auf literarischem und musikalischen Gebiet aneignen können, nicht nur im Bereich des klassischen Erbes, sondern auch in Bezug auf neueste Kunstentwicklungen in Europa und Russland. Und er verstand es nun, jüngere russische Künstler für die Mitarbeit in seinem „Volkskommissariat" zu gewinnen. Als „Kommissare" arbeiteten so zeitweilig für Lunatscharskis Ministerium Waleri Brjussow (zuständig für Literatur), Arthur Lourié (für Musik), Wsewolod Meyerhold (für Theater) und Wassily Kandinsky (für Malerei und bildende Kunst). Auch Andrei Bely und Alexander Block gehörten zum Kreis derjenigen, die der neuen gesellschaftlichen Situation aufgeschlossen gegenüberstanden, ohne doch ausgewiesene Marxisten zu sein. Zu Letzterem schrieb Lunatscharski ganz bezeichnend:

> *„Aleksandr Blok bemühte sich in einem nach der Revolution geschriebenen Artikel herauszufinden, weshalb die Oktoberrevolution von einem Großteil der russischen Intelligenz nicht als ihr eigenes Anliegen begriffen worden war. Den wichtigsten Grund sah er in der Amusikalität der russischen Intelligenz. Blok behauptete: Wer sich nicht einem inneren musikalischen Leben hinzugeben und den musikalischen Ausdruck des Weltalls und der menschlichen Gesellschaft zu verstehen vermag, der kann auch die Revolution nicht verstehen. ‚Mit dem Verstand ist Rußland nicht zu begreifen' – diese alte Formel hat Blok wieder aufgegriffen und wollte sie auch für die Revolution gelten lassen … Blok war ein leidenschaftlicher Gegner des Rationalismus … Blok haßte auch die Marxisten, weil ihm schien, daß sie das Leben als mathematisches Problem betrachteten. Es kam ihm so vor, als akzeptierten die Marxisten die Revolution zwar, verstünden sie jedoch nicht. Während eines langen Gesprächs bei unserer einzigen Begegnung nach der Revolution … sagte er mir mit einem unangenehmen Lächeln: ‚Ich werde mich bemühen, mit euch zusammenzuarbeiten.*

---

[1] Detlef Gojowy, Arthur Lourié und der russische Futurismus, S. 125.

Um offen zu sein, wenn ihr nur Marxisten wäret, wäre das für mich außerordentlich schwierig, denn vom Marxismus weht es mich kühl an; in euch jedoch, den Bolschewiki, fühle ich unsere Rus, Bakunin oder so. Lenin mag ich sehr, den Marxismus aber nicht.'"[2]

Dieses Beispiel mag genügen, um auf das angespannte Verhältnis der jüngeren Künstlergeneration zur bolschewistischen Revolution und zur marxistischen Ideologie hinzuweisen.

Unter diesen Vorzeichen musste auch die Rolle Richard Wagners in Russland bzw. nun (seit 1922) der Sowjetunion sich als sehr kompliziert erweisen. Darüber ist in zahlreichen Publikationen umfangreiches Material veröffentlicht worden.[3] Ein anschauliches Beispiel für diesen schwierigen Vorgang lieferte Alexander Block mit seinem auf Anregung von Volkskommissar Anatoli Lunatscharski entstandenen Aufsatz „Kunst und Revolution. Im Hinblick auf das Werk Richard Wagners", datiert mit dem 12. März 1918.[4] Er sollte als Einleitung zur Neuveröffentlichung von Wagners gleichnamigem Aufsatz aus dem Jahre 1849 dienen, quasi im Zuge der Vereinnahmung des „revolutionären" Wagner in die Ideologie des neuen marxistischen Systems. Da hieß es zu Beginn bei Block bereits:

> *„Nur eine große und weitweite Revolution, die die jahrhundertelange Lüge der Zivilisation zunichte macht und das Volk auf die Höhe einer künstlerischen Menschheit erhebt, ist fähig, den Menschen die allumfassende freie Kunst wiederzugeben. Richard Wagner appelliert an alle leidenden und von dumpfem Zorn erfüllten Brüder, ihm zu helfen, den Grundstein zu legen für jene neue Organisation der Kunst, die zum Modell der künftigen neuen Gesellschaft werden kann … Wagner ist fortan lebendig und fortan neu. Sobald in der Luft eine Revolution aufklingt, erklingt als Antwort auch die Kunst Wagners."*

Block rekurrierte dabei sowohl auf das Urchristentum (das noch nicht *„entartet zur christlichen Lehre"* war), auf das Marx-Engelssche „Kommunistische Manifest" und auch auf Bakunin. Und er hob hervor, dass es nicht gelungen sei, Wagner in die spätbürgerliche Welt und deren entleertes Kunstverständnis zu integrieren. Im Gegenteil: eine Art von Haßliebe gegenüber Jesus Christus (wie in Wagners Aufsatz „Die Kunst und die Revolution") und gegenüber seiner zum Untergang verurteilten Welt, auch seinem eigenen *„Vaterland"*, habe Wagner davor geschützt:

> *„Warum mißlang es, Wagner auszuhungern? Warum mißlang es, ihn zu vernichten, zu verflachen, ihn sich anzupassen und wie ein verstimmtes, nicht mehr brauchbares Instrument im Archiv der Geschichte abzustellen? … Weil Wagner das rettende Gift der schöpferischen*

---

[2] Zit. nach: ebd., S. 128; vgl. auch: Anatoli Lunatscharski, Die Revolution und die Kunst – Essays. Reden. Notizen, S. 206–226.

[3] Vgl. u. a.: A. Gosenpud, Richard Wagner i russkaja kultura, S. 275 ff.; Rosamund Bartlett, Wagner and Russia, S. 221 ff.; Bernice Glatzer Rosenthal, Wagner and Wagnerian Ideas in Russia, S. 227 ff.; Alex Ross, Die Welt nach Wagner, S. 503 ff.; Pauline Fairclough, Wagner Reception in Stalinist Russia, S. 309 ff.; Ludmila Poljakowa, Wagner und Russland, S. 117 ff.; Eckart Kröplin, Im Wechselspiel von Anziehung und Abstoßung. Der „Ring" in Russland und in der Sowjetunion, S. 62 ff.; Marina Frolova-Walker/Jonathan Walker, Music and Soviet Power 1917–1932, S. 34 ff.

[4] Vgl.: Eckart Kröplin, Richard Wagner. Musik aus Licht. Synästhesien von der Romantik bis zur Moderne. Eine Dokumentardarstellung: Teil III/2, S. 1687 ff.; vgl. auch: Eckart Kröplin, Im Wechselspiel von Anziehung und Abstoßung. Der „Ring" in Russland und in der Sowjetunion, S. 55 f.

Widersprüche in sich trug ... Dieses Gift der Haßliebe ... hat Wagner vor Schande und Verderben bewahrt. Dieses Gift, das er in all seinen Werken verströmt, ist eben jenes ‚Neue‘, dem die Zukunft gehört. "[5]

Und weiterhin war bei Block zu lesen:

„Die Schrift Wagners, der nie ‚Realpolitiker‘, sondern stets Künstler war, wendet sich kühn an das gesamte geistige Proletariat Europas. In der Idee mit Marx verbunden, war es im Leben – das heißt noch fester – mit jenem revolutionären Sturm verbunden, der damals durch Europa fegte ... Das Werk, von dem hier die Rede ist, wie auch eine Reihe anderer Werke, die ‚Kunst und Revolution‘ ergänzen und weiterführen, und schließlich auch das größte Werk Wagners, die gesellschaftliche Tetralogie ‚Der Ring des Nibelungen‘, wurden Ende der vierziger, Anfang der fünfziger Jahre ersonnen und verwirklicht ... Das Proletariat, an dessen künstlerisches Empfinden Wagner appelliert, hörte seinen Appell 1849 nicht ...

Die gesellschaftliche Tragödie ‚Der Ring des Nibelungen‘ wurde Mode. Viele Jahre lang bis zu Beginn des Krieges waren die Theatersäle in den Hauptstädten Rußlands überfüllt mit plappernden Dämchen und gleichgültigen Zivilisten und Offizieren, einschließlich dem höchsten Offizier, Nikolai II. ... Aber auch dieser erneute Hagel von Ohrfeigen traf nicht das Gesicht des großen Künstlers Wagner. Das zweite Mittel, dessen sich der Spießer von jeher bedient – den Künstler zu akzeptieren, zu fressen und zu verdauen (ihn sich ‚anzueignen‘ und ‚anzupassen‘), wenn es nicht gelungen war, ihn auszuhungern –, führte ebenso wenig zu dem gewünschten Erfolg wie das erste. Wagner ist fortan lebendig und fortan neu. "[6]

Der Aufsatz war also gedacht als Einleitung zu einer Neuausgabe von Wagners „Die Kunst und die Revolution" – nun für eine neue, proletarische Leserschaft. Er erschien allerdings gesondert. Eine Einleitung für die Druckausgabe der Wagner-Schrift schrieb dann Lunatscharski selber, nunmehr nahtloser eingefügt in die marxistische Ideologie. Blocks im Grunde romantische und utopisch idealistische Ausführungen passten nicht recht zu den propagandistischen Maßgaben der Sowjetideologie. Das zeigte sich noch einmal deutlich in einem weiteren Aufsatz Blocks aus dem Jahre 1919 „Der Zusammenbruch des Humanismus". Da war u. a. von Wagners Vision eines Kunstwerks der Zukunft als idealer Synästhesie aller Künste sowie von Wagners die *„Epoche überflutenden musikalischen Klängen"* die Rede und alles gipfelte in folgender Feststellung:

„Die Kultur der Zukunft erwuchs nicht aus den vereinzelten Bemühungen der Zivilisation, das Irreparable zu reparieren, den Toten zu kurieren, die Einheit des Humanismus wiederherzustellen, sondern aus den synthetischen Bestrebungen der Revolution, den spannungsgeladenen Rhythmen, den musikalischen Intervallen, den Willensimpulsen, der Ebbe und Flut, erwuchs aus alldem, was Wagner am besten ausgedrückt hat. "[7]

Blocks Begeisterung für die Revolution und auch sein Engagement in Lunatscharskis Volkskommissariat endeten desaströs. Er verstarb 1921 in seiner Heimat-

---

[5] Aleksandr Blok, Sobranije sotschinenij, Bd. 6: Prosa. 1918–1921, S. 22, 24 f.; vgl. auch: Alexander Block, Ausgewählte Werke, Bd. 2: Stücke. Essays. Reden, S. 231, 233 ff.

[6] Aleksandr Blok, Sobranije sotschinenij, Bd. 6: Prosa. 1918–1921, S. 21 ff., vgl. auch: Alexander Block, Ausgewählte Werke, Bd. 2: Stücke. Essays. Reden, S. 230 ff.

[7] Alexander Block, Ausgewählte Werke, Bd. 2: Stücke. Essays. Reden, S. 307, 313; vgl. auch: Alexander Block, Ausgewählte Aufsätze, S. 108 f.

stadt Petrograd (so hieß, die bisherige deutsche Version des Namens tilgend, St. Petersburg seit 1914) in erbärmlichen Lebensverhältnissen. Hunger und Kälte waren wohl die äußeren Gründe seines frühen Todes. Der Komponist Arthur Lourié, ein Freund und Bewunderer Blocks und gemeinsam mit diesem zunächst begeistert von der Revolution und gleichfalls tätig in Lunatscharskis Volkskommissariat, schrieb, wie weiter oben schon zitiert, kurz bevor er dann 1922, ebenso wie Block und andere enttäuscht, in die Emigration ging, auf den Freund einen Nekrolog, in dem er pointiert die Meinung vertrat, mit dem Tod Blocks sei auch die Revolution – bzw. eine von Block und vielen geistigen Zeitgenossen idealisierte Vorstellung davon – zu Ende gegangen.[8]

Auch Blocks „Kommissar"-Kollege in Lunatscharskis Volksbildungskommissariat Wsewolod Meyerhold versuchte auf seine Weise, nach der Revolution für Wagner in der neuen sowjetischen Kunstwelt einen Platz zu finden. Er sah in dem deutschen Komponisten einen *„Beethoven des Theaters"* und beklagte sich öffentlich, dass sein weit fortgeschrittenes Projekt, 1922 den „Rienzi" an seinem „Ersten Theater der RSFSR" (in einer neuen dramaturgischen Fassung und in einer konstruktivistischen Bühnenbildversion von Georgi Jakulow (Abb. 10.1), die dann aber am ehemaligen Simin-Theater zu sehen war) aufzuführen, durch den Beschluss Lunatscharskis, das Theater zu schließen, nicht realisiert werden konnte.[9] (Ähnlich avantgardistisch war übrigens auch Wladimir Stschukos „Rienzi"-Bühnenbild 1923 am Petrograder Staatlichen Operntheater, dem ehemaligen Mariinski Theater). Bei anderer Gelegenheit (zur Inszenierung des Schauspiels „Der Lehrer Bubus"

Abb. 10.1 „Rienzi". Bühnenbildentwurf von Georgi Jakulow 1921

---

[8] Detlef Gojowy, Arthur Lourié und der russische Futurismus, S. 157.
[9] Vgl. dazu: Wsewolod Meyerhold, Schriften – Aufsätze. Briefe. Reden. Gespräche, 2. Bd. S. 42; vgl. weiterhin: Rosamund Bartlett, Wagner and Russia, S. 237 ff.

1925) erläuterte Meyerhold in einem Vortrag, ganz auf die praktische Theaterarbeit ausgerichtet, für wie wichtig er Wagners Rolle allgemein in der Theatergeschichte, nicht nur speziell für die Oper, hielt:

> *„Wagner, der im Orchester eine Reform durchführte und von meinem Standpunkt aus gesehen die Assoziationsfähigkeit der Zuhörer beherrschte, beachtete auch die Arbeit des Schauspielers. Was hat er hier erreicht? Wir können bloß sagen, er ließ sie nicht nur von Arie zu Arie, sondern so leben, wie sie auf der dramatischen Bühne zu leben haben. Vor allem brachte er sie dazu, die Bühnengestalt aufzubauen. Das bedeutet, hier wird der Künstler zum wahren Schauspieler und ist nicht mehr bloß ein kostümierter Sänger. Und hier wird die Arbeit des Opernsängers zu einer ebensolchen Arbeit, wie die am dramatischen Theater … Aber nach Wagner, Kollegen, beginnt in der Opernkunst der heilloseste Wirrwarr. Ich mache also von Wagner direkt den Sprung in unsere Zeit … Ich mache diesen Sprung aus folgenden Gründen. Es gab da einen großartigen Mann namens Skrjabin … Sodann gibt es neben Skrjabin noch einen zweiten, auch einen Russen namens Prokofjew, der eine Oper nach einem Dostojewski-Text verfaßt hat. Sie heißt ‚Der Spieler‘ … Was Prokofjew im ‚Spieler‘ tut – das ist die Fortführung jenes freien Rezitativs, das einen dramatischen Schauspieler fordert … Was tun mit dem Opernfach? … Ich bin tief überzeugt davon, – ein neuer Wagner wird dann erscheinen, vielleicht Prokofjew mit Namen, ich weiß es nicht, der das Operntheater als solches streicht, und eine ganz neue Oper wird entstehen. Sowohl die Musik als auch das Orchester werden den Stellenwert haben, den sie bei Wagner hatten – das heißt, er hat das Orchester nicht darum zum Klingen gebracht, damit es als Begleitelement fungiere, sondern um ein neues Element in die Bühnenkunst hineinzubringen … Auf dem Gebiet des sogenannten synthetischen Theaters … stehen wir vor Veränderungen, die aus zwei Richtungen kommen. Einerseits hat das Operntheater seine eigenen Rebellen, sie werden fortsetzen, was Gluck, Wagner, Skrjabin und Prokofjew taten. Andererseits haben wir in das Sprechtheater stets neue Elemente hineingetragen."*[10]

Und noch einmal, in einem grundsätzlichen Aufsatz „Rekonstruktion des Theaters" (1929/30), kam Meyerhold in seinen Überlegungen demonstrativ auf Wagner zurück, zielgerecht fokussiert auf dessen zentrale ästhetische Kategorie, auf das „Gesamtkunstwerk" als „Kunstwerk der Zukunft":

> *„Die Pläne, die einmal Wagner hatte, um ein eigenständiges Gesamttheater zu schaffen, ein Theater, das nicht nur das Wort, sondern auch die Musik, das Licht, den ‚Zauber‘ der bildenden Kunst und die rhythmischen Bewegungen auf die Bühne holen sollte, erschienen damals utopisch. Heute sehen wir, daß man die Aufführungen gerade so machen muß: Alle Mittel, über die die anderen Künste verfügen, müssen genutzt werden, um in organischer Verschmelzung auf das Publikum zu wirken."*[11]

Das Verhältnis Wagners zum Phänomen einer großen sozialen Revolution hatte der im politischen Exil in der Schweiz lebende marxistische Theoretiker Georgi Plechanow schon vor dem 1. Weltkrieg und der Oktoberrevolution als ein spannungsvoll produktives beschrieben und ihn damit gleichsam in die marxistische Ideologie integriert. Er stand zwar der Fraktion der Bolschewiki unter Lenins Führung in der russischen Sozialdemokratie kritisch gegenüber, vertrat aber entschieden sozialpolitische Ideale, die unbedingt zur sozialistischen Revolution hinführen mussten. Er war zudem ein aufmerksamer Beobachter der russischen und west-

---

[10] Wsewolod Meyerhold, Schriften – Aufsätze. Briefe. Reden. Gespräche, 2. Bd., S. 62 ff., 69.
[11] Ebd., S. 187.

europäischen Kunstszene. Und in seiner umfangreichen Schrift „Die Kunst und das gesellschaftliche Leben" (1912/13) widmete er Wagner einen längeren Abschnitt seiner Darlegungen. Äußerlicher Anlaß war der Vorwurf von Teilen der russischen zeitgenössischen Kunst und Intelligenz, dass die moderne Arbeiterbewegung zum politischen und geistigen *„Spießertum"* neige. Plechanow hielt dagegen und zitierte dabei aus Wagners Schrift „Die Kunst und die Revolution":

> *„Das ist lächerlich. Richard Wagner hat schon längst gezeigt, wie unbegründet der Vorwurf des Spießertums ist, den solche Herrschaften an die Adresse der Freiheitsbewegung der Arbeiterklasse richten. Nach der sehr richtigen Meinung Wagners ist die Freiheitsbewegung der Arbeiterklasse, genau betrachtet, ein Hinstreben nicht zum Spießertum, sondern vom Spießertum weg zum freien Leben, ‚zum künstlerischen Menschentum'. Sie ist ‚der Drang nach würdigem Genusse des Lebens, dessen materiellen Unterhalt der Mensch sich nicht mit dem Aufwande aller seiner Lebenskräfte mühselig mehr verdienen, sondern dessen er sich als Mensch erfreuen soll ... Die ständige Sorge um den Lebensunterhalt hat den Menschen schwach, knechtisch, stumpf und elend gemacht, zu einem Geschöpfe, das nicht lieben und nicht hassen kann, zu einem Bürger, der jeden Augenblick den letzten Rest seines freien Willens hingab, wenn nur diese Sorge ihm erleichtert werden konnte.' Die Freiheitsbewegung des Proletariats führt zur Beseitigung dieser den Menschen erniedrigenden und verderbenden Sorge. Wagner fand, daß nur ihre Beseitigung, nur die Verwirklichung der freiheitlichen Bestrebungen des Proletariats die Worte Jesu wahr werden läßt: Kümmert euch nicht um das, was ihr essen werdet, usw."*

Wenig später konkretisierte Plechanow noch einmal seine Quintessenz aus dem Wagnerschen Vorbild: *„Aufblühen der Kunst, wenn das Wirklichkeit wird, was Wagner vorschwebt – Kunst und Revolution."*[12]

Damit war eine Position markiert, die quasi zum Leitfaden der sowjetischen Wagnerrezeption wurde. Der Fokus war gerichtet auf den Wagner der Revolutionsjahre 1848/1849 und auf dessen darauffolgende Revolutions- und Kunstschriften „Die Kunst und die Revolution" (1849), „Das Kunstwerk der Zukunft" (1849) und „Oper und Drama" (1851). Der Revolutionär Wagner war so scheinbar nahtlos in die proletarisch-marxistische Ideologie einzupassen. Das erleichterte nach der Oktoberrevolution auch den Umgang der sowjetischen Führung mit Wagner und dessen Stellung im Repertoire der Petrograder und Moskauer Opernhäuser. Nach dem praktischen Aufführungsverbot während der Kriegsjahre erschienen Wagnerproduktionen wieder auf der Bühne, allerdings bei weitem nicht mehr so zahlreich wie vor Kriegsbeginn. Und naturgemäß erhob sich auch die Frage, wie umgehen mit dem „späten" Wagner, vor allem mit dem „Tristan", dem „Ring" und dem „Parsifal"?

Lunatscharski ließ es sich nicht nehmen, zur Wagnerfrage in der jungen Sowjetunion ganz entschieden Stellung zu beziehen.[13] Schon 1906 hatte er erste Studien zu Wagner, u. a. auch ein Vorwort zu „Die Kunst und die Revolution", publiziert. Und gut bekannt war ihm die Sicht Plechanows, den er ein anderes Mal gar als

---

[12] G. W. Plechanow, Kunst und Literatur, S. 287 f., 333; vgl. auch: RWS, Bd. 3, S. 32 f.

[13] Vgl. ausführlicher dazu auch: Eckart Kröplin, Im Wechselspiel von Anziehung und Abstoßung. Der „Ring" in Russland und in der Sowjetunion, S. 59 ff.

„Vater des russischen Marxismus" bezeichnete, auf Wagner.[14] 1918 verantwortete
Lunatscharski dann, nun für die breite proletarische Öffentlichkeit, erneut die Publikation von Wagners Schrift „Die Kunst und die Revolution", die er, gleich Plechanow, als den zentralen ideologischen Anknüpfungspunkt für die sozialistische Ideologie ansah. Das Vorwort dazu, das zunächst ja, wie oben schon dargestellt, Alexander Block schreiben sollte, verfasste er wieder selbst.

1928, im Zusammenhang mit dem Gedenken an Franz Schuberts 100. Todestag,
dem er einen einfühlsamen Aufsatz widmete, schrieb Lunatscharski eine längere
Betrachtung über die Romantik als einer großen Kunstepoche des 19. Jahrhunderts.
Und hier formulierte er auch sein Dogma der sowjetischen Sicht auf Wagner. Es war
dezidiert eine janusköpfige Sichtweise, die, merkbar auch von Nietzsche beeinflusst, Wagner einerseits zwar quasi zum revolutionären Kunstgenossen beförderte,
„dessen Romantik zu Beginn progressiv-revolutionär und jungbürgerlich war",
andererseits in ihm aber auch einen *„Pessimisten der aristokratischen Dekadenz"*
sah. Diese Ansicht formulierte er in einem auf knappste Form reduzierten Gedankengang:

> *„Wagner reflektierte im ersten Abschnitt seines Schaffens den gewaltigen Aufschwung der*
> *Revolution von 1848 ... Von dem späten Wagner sprachen wir schon als von einem Roman-*
> *tiker des Verfalls. Es ist bezeichnend, daß er sich dabei an Schopenhauer orientierte ..."*[15]

Zwei Jahre später – in einem Vortrag „Oper und Ballett auf neuen Wegen" am 12.
Mai 1930 im Moskauer Bolschoi Theater – hieß es gar noch schärfer über Wagner:

> *„Die zweite große Phase des romantischen Theaters wurde von einem Musiktitanen be-*
> *stimmt – Wagner. Er war einer der Höhepunkte der Opernentwicklung. In seiner Jugend,*
> *das heißt bis 1849, war Wagner ein leidenschaftlicher Revolutionär ... Nach dieser schreck-*
> *lichen Niederlage [dem Scheitern der 1848er Revolution] entsagte Wagner nicht nur äußer-*
> *lich seinen revolutionären Träumereien ... Er trat nicht nur in den Dienst der herrschenden*
> *Klasse über ... Die Opern Wagners sind deutlich gesellschaftsbezogen. Am Anfang gab es*
> *schwache Schimmer einer revolutionären Oper; dann wurde Wagner Defätist im aller-*
> *schlechtesten Sinne des Wortes, gab die Positionen des Materialismus und Sozialismus, der*
> *Menschlichkeit und der Revolution auf und sank zu einer solchen Stufe des Verfalls herab,*
> *daß ihn Nietzsche Blut und Galle spuckend anklagte: Dieses Genie fiel dem Kreuz zu*
> *Füßen."*[16]

1933 dann, anlässlich des 50. Todestages von Wagner, erschien Lunatscharskis
Essay „Der Weg Richard Wagners". Was in dem „Romantik"-Aufsatz und dem Vortrag zu Oper und Ballett nur thesenartig vorgetragen war, erhielt hier seine ausführliche Argumentationsplattform. Grundlage war wiederum der dort schon prononc-
ciert hervorgehobene Dualismus in Wagners Geisteshaltung und Kunstäußerung.
Der frühe Wagner, der *„im ersten Abschnitt seines Schaffens den gewaltigen Auf-*
schwung der Revolution von 1848" bis hin zum revolutionären „Ring"-Konzept "
reflektiert habe, galt Lunatscharski als annehmbar, im späten Wagner, vom „Tris-

---

[14] Vgl.: Rosamund Bartlett, Wagner and Russia, S. 227 f.; vgl. weiterhin: Anatoli Lunatscharski,
Philosophie – Kunst – Literatur. Ausgewählte Schriften 1904–1933, S. 348.

[15] Anatolij Lunačarskij, Musik und Revolution. Schriften zur Musik, S. 213; vgl. auch: Anatoli Lunatscharski, Das Erbe – Essays. Reden. Notizen, S. 32, 34.

[16] Anatolij Lunačarskij, Musik und Revolution. Schriften zur Musik, S. 229 f.

tan" über den „Ring" bis zum „Parsifal", sah er nur noch einen *„Romantiker des Verfalls"*. Diese Sicht Lunatscharskis sei hier etwas ausführlicher zitiert:

> *„Besonders aufschlußreich für den Wagner der ‚ersten' Periode sind seine theoretischen Arbeiten, insbesondere die Schrift ‚Die Kunst und die Revolution'. Er gelangte nicht von der Revolution zur Kunst, sondern von der Kunst zur Revolution ... In der Folgezeit erdachte er ein großartiges Werk. Er wählte als Material den zentralen Nibelungen-Mythos aus der altgermanischen Literatur ... Wagner plante seine Tetralogie zuerst in der optimistischen Variante."*

Doch unter dem unheilvollen Einfluss Schopenhauers habe Wagner zu einer entgegengesetzten Lösung gefunden – und mit dieser Deutung mißverstand Lunatscharski den Wagnerschen „Ring" gründlich:

> *„Wie sah Wagner die Welt nun? Die Welt ist zum Untergang verurteilt. Das Leben ist ein Trauerzug zu einem finsteren Ende, eine Prozession von Kampf, Tücke, Habsucht und Verbrechen ... Seine Tetralogie verläuft nun nicht mehr vom Winter zum Frühling. Sie endet mit der Verfinsterung der Sonne, mit dem Untergang der Welt. Der freie Mensch vermag nicht zu siegen. Die bösen Mächte triumphieren."*

Es war doch aber im Wagnerschen „Ring" eben nicht der allgemeine Weltuntergang, die alles vernichtende Katastrophe menschheitlichen Daseins dargestellt, sondern ausschließlich das Zusammenbrechen einer überlebten alten Weltordnung und – dagegen gesetzt – ein musikalischer Schluss voller großer Hoffnung auf ein Neues, ein „Erlösungs"-Schluss. So formulierte Lunatscharski einen geistigen Fehlschluss über den Wagner des „Ring" wie dann auch des „Tristan" und des „Parsifal":

> *„Der Revolutionär wurde zum Reaktionär. Der rebellierende Kleinbürger küßte den Pantoffel des Papstes, des Hüters der alten Ordnung ... Wie sollen wir uns Wagner gegenüber verhalten? Sollen wir ihn ablehnen, weil er ein Reaktionär wurde? ... Sollen wir den zweiten Wagner verwerfen und dabei vergessen, welche Macht der musikalischen Faktur, welche Beredsamkeit im Gefühlsausdruck, welche hervorragende Kunst dieses in die Gefangenschaft der Reaktion gefallene Genie schuf? ... Weder das eine noch das andere ... Die sozialistische Aneignung ist eine außerordentlich delikate Angelegenheit. Wehe dem, der die Welt arm macht, indem er Wagner mit dem Rotstift der Zensur durchstreicht. Und wehe dem, der diesen listigen Zauberer, dieses Genie, das einer häßlichen Krankheit zum Opfer fiel, in unser Lager hineinläßt und – wie in Heines bekanntem Gedicht – dem Pesttitanen gestattet, mit seinem Atem die junge proletarische Kultur zu vergiften. Vorsicht! Quarantäne! ... Wir müssen in diesem Sinne ... mit strengem und durchdringendem proletarischen Urteil alles Vergangene und alle Schöpfer jener Kostbarkeiten werten, deren Erben wir sind."*

Das also war Lunatscharskis Rezept: Wagner in *„Quarantäne"*! Dann aber bekräftigte er abschließend, wohl auch seinen sowjetischen Zeitgenossen Mut machen wollend, doch seine Bewunderung für Wagner und sein epochales Werk:

> *„Die Musik Wagners trägt ein ungewöhnlich imposantes Gewand ... Dieser Reichtum, diese Ernsthaftigkeit und – im Sinne der musikalischen Ideen – Intelligenz der Musik sind von Wagner den späteren Zeiten hinterlassen worden. So wurde aus der Vereinigung des Denker-Musikers und des Denker-Dichters und dazu des Dramatikers in Wagner das höchste Vorbild einer Vereinigung von Musik und Literatur. Und gerade das benötigen wir. Das werden wir sehr dringend brauchen. Seine hohe musikalisch-dramatische Kraft weihte Wagner dem Dienst falscher, sogar schädlicher Ideen, wobei diese Kraft vergiftet wurde. Er erniedrigte sie jedoch niemals bis zur Widerspiegelung des Nichtigen, bis zum Trivialen. Ob*

er Liebe darstellte oder ungestümen Haß, Habgier und Herrschsucht oder den freien Flug der Gedanken usw. – er kleidete alles in große Bilder und erhöhte diese bis zur Verallgemeinerung der dargestellten Gefühle. Eine derartige Fähigkeit, Kunst zu erhöhen und das Theater zu echter Bedeutung und künstlerischer Abstraktion emporzuheben – …, diese Fähigkeit benötigen auch wir. Wir besitzen sie nur in geringem Maße, denn es ist unseren Dichtern und Komponisten noch nicht gelungen, die große Oper unserer revolutionären Leidenschaften, unseres Kampfes zu schaffen." [17]

Damit war die sowjetische Wagner-Doktrin zementiert – Anerkennung ja, aber unter weitgehenden ideologischen Vorbehalten. Wagner war nun politisch zweigeteilt in einerseits den frühen „revolutionären" Wagner und andererseits den späten „reaktionären" Wagner. Dieses „andererseits" allerdings war begründet mit letztlich haltlosen Einwänden. Wagner war nie – so der kurzschlüssige Vorwurf Lunatscharskis – *„ein Romantiker des Verfalls"*, er war nie *„in die Gefangenschaft der Reaktion"* gefallen, er *„trat"* nie *„in den Dienst der herrschenden Klasse über"*, weder *„küßte"* er *„den Pantoffel des Papstes"*, noch auch *„fiel"* er *„dem Kreuz zu Füßen"*. Hier entging Lunatscharski nicht einer polemischen Falle Nietzsches. Er übernahm geradezu unbesehen die irreführende Polemik eines ideologischen „Klassenfeindes" (denn als solcher wurde Nietzsche von der marxistischen Kunstwissenschaft ja grundsätzlich gebrandmarkt). Nietzsches Vorwurf, Wagner sei mit dem „Parsifal" zum Katholizismus übergelaufen, war nichts weiter als zwar scharfzüngige, aber doch völlig irreführende Polemik gewesen, der Lunatscharski allzu gutgläubig folgte. Es war ein schwerwiegender Argumentationsfehler dieses ansonsten so geistvollen und kunstverständigen Marxisten, der allerdings fatale Folgen hatte, denn diese Doktrin des zweigeteilten Wagner beherrschte fast ein Jahrhundert lang die Wagner-Rezeption in der marxistischen Kunstgeschichtsschreibung.

Die sowjetische wie auch die DDR-Kunstideologie folgten willig dieser Doktrin, war so doch wenigstens der halbe Wagner annehmbar und der andere halbe zwar „reaktionär", aber eventuell, wenn auch mit größter Vorsicht, zu rezipieren. Sowjetische Musikwissenschaftler wie W. Ferman, Dmitri Gatschew, Roman Gruber[18] (u. a. mit seinem Wagner-Buch von 1934 und dem Wagner-Artikel in der „Großen Sowjet-Enzyklopädie"[19]), später Igor Belsa,[20] Walentina Konen oder Stanislaw Markus[21] traten neben bzw. nach Lunatscharski mit wichtigen und umfangreichen Wagner-Publikationen hervor. Sie vertraten im Wesentlichen die Lunatscharski-Doktrin. Und dieser folgten dann später in der DDR, unter maßgeblichem Einfluss der hier herrschenden ideologischen Prioritäten sowjetischer Kulturpolitik, auch

---

[17] Ebd., S. 248 ff.; vgl. auch: Anatoli Lunatscharski, Das Erbe – Essays. Reden. Notizen, S. 48 ff.

[18] Roman Gruber, Richard Wagner (1883–1933); Roman Gruber, Richard Wagner, in: Große Sowjet-Enzyklopädie.

[19] Vgl.: Steffen Prignitz, Siegfried ist kein Pawel Kortschagin – Die Entstehung des sozialistisch-realistischen Wagnerbildes und seine Implementierung im Nachkriegsdeutschland, Teil 1, S. 258 ff.

[20] Vgl. auch: Igor Boelza (recte: Belsa), Richard Wagner im russischen Musikleben.

[21] Stanislaw A. Markus, Musikästhetik. II. Teil, Die Romantik und der Kampf ästhetischer Richtungen.

Paul Dessau, Hanns Eisler, der Ungar Georg Lukács, Hans Mayer oder Georg Knepler.[22] Erst in der zweiten Hälfte des 20. Jahrhunderts setzte vor allem der Kulturphilosoph Alexei Lossew in der sowjetischen Wagner-Rezeption neue und dialektisch einsichtsvollere Akzente.[23] Davon wird später noch zu berichten sein.

So wie Lunatscharski ein Wagnerverehrer war, war es übrigens auch sein Freund und Genosse Wladimir Uljanow, der sich als Bolschewik den Namen Lenin zugelegt hatte und zum Führer der sozialistischen Revolution in Russland avancierte. Lenin lebte lange Jahre im westeuropäischen Exil, in Deutschland, der Schweiz und England – in München beispielsweise von 1900 bis 1902 (u. a. unter dem Namen Meyer) und besuchte hier gern nicht nur das Hofbräuhaus, sondern auch Wagner-Aufführungen. Seine Frau Nadeshda Krupskaja berichtete einmal, dass er *„Wagner sehr liebte".*[24]

Da mag es nicht verwundern, dass Wagner bereits in den ersten Jahren der Revolution eine machtvolle Präsenz auf großen politischen Demonstrationen erleben konnte. Am 19. Juli 1920 beispielsweise spielte – nach einleitendem Kanonendonner – auf dem Petrograder Marsfeld ein aus 500 Musikern zusammengestelltes Blasorchester auf einer feierlichen Massenveranstaltung (im Rahmen des II. Kongresses der „Kommunistischen Internationale") zu Ehren der Opfer der Revolution den „Trauermarsch" aus der „Götterdämmerung". Anwesend war u. a. auch Lenin, der Führer der Sowjetunion. Und zu dessen Trauerfeier erklang dann im Februar 1924 im Moskauer Bolschoi Theater wiederum der Wagnersche „Trauermarsch". Am 7. November 1927, zur Feier des 10. Jahrestages der Oktoberrevolution, ertönten, um noch ein weiteres markantes Beispiel zu nennen, auf dem traditionsreichen Moskauer Roten Platz die machtvollen Klänge der Wagnerschen „Rienzi"-Ouvertüre. Die Zeitgenossen waren begeistert. In der Presse konnte man beispielsweise zur Petrograder Veranstaltung von 1920 folgende Darstellungen lesen:

> *„Hat denn jemals der geniale Richard Wagner geglaubt, dass seine Musik das weite Feld der Opfer der Revolution überdecken wird? ... Glaubte er jemals, dass seine Musik die erste sein wird, die das Andenken derer ehrt, die zu ehren die Pflicht der ganzen Menschheit ist? Diese Musik scheint für diesen Moment geschaffen."*

> *„Der Trauermarsch für den getöteten Siegfried, der im Augenblick der Kranzniederlegung durch den Kongreß auf die Gräber der gefallenen Revolutionäre erklang, enthüllt mit einer unvergleichlichen Dramatik das Wesen und die Seele der unvergeßlichen Taten der Giganten unserer Zeit ... Unmittelbar und eindringlich erfuhren die Hörer auf dem Marsfeld den großen Atem der Idee, die gigantischen Maße ihrer Ausführung. Der Heldengeist wurde von den ekstatischen Ausbrüchen der angehäuften Energie eines riesigen Orchesters wiedergegeben. Aber man braucht sich nicht zu wundern. Jedem das Seine. Die Tat der Giganten*

---

[22] Vgl. auch: Steffen Prignitz, Siegfried ist kein Pawel Kortschagin – Die Entstehung des sozialistisch-realistischen Wagnerbildes und seine Implementierung im Nachkriegsdeutschland, Teil 1, S. 260–268 und Teil 2, S. 145–170; vgl. auch: Eckart Kröplin, Aufhaltsame Ankunft und ahnungsvoller Abschied. Der „Ring" in der DDR, S. 66 ff., 86 ff.; vgl. auch: Ludmila Poljakowa, Wagner und Russland, S. 120 ff.

[23] A. Lossew, Problema Richarda Wagnera w proschlom i nastojastschem.

[24] Zit. nach: Eckart Kröplin, Richard Wagner. Musik aus Licht. Synästhesien von der Romantik bis zur Moderne. Eine Dokumentardarstellung: Teil III/2, S. 1686.

verlangt nach einer Darstellung im entsprechenden Rahmen. Der Asche der Giganten gebührt ein gigantischer Kranz ..."[25]

Wagner war auf diese Weise unversehens zum sowjetischen Revolutionsmusiker avanciert. Wagnerklänge glorifizierten die neue Zeit. Unerwartet aktuell erschienen so die Worte Wagners zum „Ring", dass er damit *„den menschen der Revolution dann die bedeutung dieser Revolution, nach ihrem edelsten sinne, zu erkennen"* geben wollte.[26]

Wagneraufführungen zwischen den Weltkriegen 1918 bis 1941

Eine solche Wagnerdeutung spiegelte sich jedoch nur teilweise auch auf den hauptstädtischen Bühnen in Petrograd bzw. in Leningrad (nach dem Tod Lenins erhielt die Stadt ihm zu Ehren seinen Namen, bis ihr 1991 ihre ursprüngliche Bezeichnung St. Petersburg wiedergegeben wurde) und in Moskau (ab 1918 wieder Hauptstadt Russlands bzw. der 1922 gegründeten Sowjetunion) wider. Nach dem Krieg, während dem Wagneraufführungen grundsätzlich unterblieben, gab es durchaus Wiederaufführungen der Vorkriegsinszenierungen bzw. auch Neueinstudierungen Wagnerscher Opern. Ihre Anzahl jedoch schrumpfte – im Vergleich zum Boom der Wagneraufführungen vor dem Weltkrieg – auf ein Mittelmaß. Das hing natürlich in erster Linie mit den neuen gesellschaftspolitischen und kunstästhetischen Maximen, wie sie der sozialistische Umsturz mit sich brachte, zusammen, auch mit den doch stark veränderten Erwartungshaltungen eines nun wesentlich nicht mehr aristokratisch und bürgerlich, sondern proletarisch neu geschichteten Publikums zusammen. Der Wagnerrausch einer geistig hochgebildeten und intellektuell sehr abgehobenen Elite musste einem neuen Kulturverständnis breiter Volksmassen weichen, die vornehmlich populäre und leicht verdauliche Kost erwarteten. Im Verhältnis zwischen Kunst und Publikum, zwischen Bühne und Rezipienten war ein Paradigmenwechsel eingetreten, dessen neue Dimensionen erst vorsichtig auszuloten waren.

Das Volkskommissariat Lunatscharskis formulierte entsprechende neue Richtlinien. In einer Mitteilung über die Gründung einer Theaterabteilung, eines „Theatersowjets" im Kommissariat, dessen Leitung dann zeitweilig Meyerhold übernahm, hieß es z. B. am 14. Februar 1918:

„Eine der wichtigsten, schwierigsten, aber auch interessantesten Aufgaben des Sowjets ist der Versuch, ein neues Repertoire ins Leben zu rufen, das dem Geist der Zeit und der Stimmung der Massen entspricht, neue volksnahe Forderungen seiner Darstellung und neue Methoden einer breiten und überarbeiteten künstlerischen Pädagogik zu finden."

---

[25] Vgl. dazu: Ludmila Poljakowa, Wagner und Russland, S. 118 f.; vgl. auch: Eckart Kröplin, Im Wechselspiel von Anziehung und Abstoßung. Der „Ring" in Russland und in der Sowjetunion, S. 62 f.
[26] RWB, Bd. 4, S. 176.

Und wenig später, am 26. Juli 1918 war in einem „Iswestija"-Artikel unter-
strichen worden, dass ein gegenwartsbezogenes Opernrepertoire auf der Grundlage
nationalrussischer Werke von Mussorgski und Rimski-Korsakow und eben auch
Wagners zu entwickeln sei. Weiterhin war dann zu lesen:

> *„Das Staatstheater muß ausgehen von der Idee des Dienstes an den Volksmassen im Be-*
> *reich der Kunst, es muß ein Volks-Auditorium schaffen und ihm eine künstlerische Kost bie-*
> *ten, die seiner Entwicklung und den augenblicklichen Bedürfnissen entspricht. Das ist seine*
> *Hauptaufgabe ... Es muß ein Repertoire geschaffen werden, das dem Auditorium entspricht,*
> *nicht im Sinne einer ‚Anpassung' an den Geschmack, sondern im Sinne einer besonnenen*
> *und psychologisch begründeten künstlerischen Leitungstätigkeit. Eine der wichtigsten Auf-*
> *gaben für das staatliche Operntheater ist ... die ‚Sozialisierung' der hauptsächlichen*
> *künstlerischen Kräfte im Opernbereich. Die berühmten Solisten sollten vor dem Volks-*
> *Auditorium auftreten."*[27]

Zeitweilig galt dafür die Form von „Konzertmeetings", auf denen politische
Führungspersönlichkeiten als Redner, u. a. auch Lenin, auftraten und berühmte
Opernkünstler wie Antonina Neshdanowa oder Fjodor Schaljapin (der bald darauf
jedoch in die Emigration ging) vor allem volkstümliches Liedgut, aber auch populäre Opernausschnitte darboten, als beispielhaft.[28] Und es kam im Opernrepertoire
natürlich auch zu eigentlich ungewollten Einschränkungen, die – um nur ein re-
präsentatives Beispiel zu nennen – etwa von Lunatscharski, dem allmächtigen
Verwalter aller kulturellen Prozesse im neuen Sowjetreich, im Bezug auf Wagner
einmal ganz drastisch kritisiert wurden, als er 1925 in einem Artikel zur 100. Ge-
burtstagsfeier des Bolschoi Theaters sarkastisch schrieb: *„Das akademische Thea-*
ter, das in seinem Repertoire den ‚Ring des Nibelungen', den ‚Tannhäuser' und
‚Die Meistersinger von Nürnberg' nicht aufnimmt, ist komisch."[29] Schon 1923
hatte die Leitung des Petrograder Staatlichen Operntheaters (ehemals Mariinski
Theater) ihr Bedauern ausgesprochen, dass es nicht gelungen sei, anstelle des
eigentlich *„unannehmbaren ‚Lohengrin'"* den *„revolutionären ‚Ring'"* oder die
„volkstümlichen ‚Meistersinger'" ins Repertoire zu nehmen.[30] Und wenig später
monierte Lunatscharski auf einer Leitungssitzung des Moskauer Bolschoi Theaters angesichts der Neuinszenierung des „Lohengrin", dass dies *„in gewisser*
Weise schwül-katholische" Werk *„mit seiner mystischen Neigung"* doch wohl als
Neuinszenierung nur ins Repertoire gekommen sei, um dem berühmten Interpreten der Titelrolle, Leonid Sobinow, die Möglichkeit zu glanzvollem Auftreten
anlässlich seines 25jährigen Bühnenjubiläums am Bolschoi Theater zu geben.[31]
(Bald darauf verkörperte auch ein glanzvoller Nachfolger Sobinows den Wagnerschen Lohengrin – Iwan Koslowski.) Und ein weiteres Leitungsmitglied des Hauses kritisierte, dass in Moskau nur „Lohengrin" auf dem Spielplan stünde, wäh-

---

[27] Zit. nach: Eckart Kröplin, Frühe sowjetische Oper. Schostakowitsch. Prokofjew, S. 79.

[28] Zit. nach ebd., S. 16 f.

[29] Zit. nach: Ludmila Poljakowa, Wagner und Russland, S. 120.

[30] Vgl.: Sowjetski teatr. Dokumenty i materialy 1917–1967/Bd.: Russki sowjetski teatr
1921–1926, S. 73.

[31] Vgl. ebd., S. 94.

rend in Petrograd *„fast der ganze Wagner"* auf der Bühne zu erleben sei.[32] Dagegen trat nun der Bühnenbildner des „Lohengrin", Fjodor Fjodorowski, mit einem engagierten Artikel zur Verteidigung des Werkes gerade auch in der Gegenwart auf.[33] (Für sein Bühnenbild zum 1. Akt des „Lohengrin" erhielt Fjodorowski übrigens 1925 einen Grand Prix bei der „Internationalen Ausstellung Dekorativer Kunst" in Paris; Abb. 10.2.) Eine solche Repertoirepolitik entsprach durchaus nicht durchgehend der Maßgabe des oben zitierten „Iswestija"-Artikels vom 16. Juli 1918, in dem als Grundstock einer populären Repertoirepolitik neben den Opern von Mussorgski und Rimski-Korsakow eben gerade auch die Werke Wagners vorgeschlagen worden waren.

Ein bezeichnendes Beispiel für das Unbehagen der neuen sowjetischen Führung gegenüber dem gängigen Opernrepertoire stellte sich deutlich in einem Vortrag von einem leitenden Vertreter der Theater- und Musiksektion des Lunatscharskischen Volkskommissariats über die Arbeit des Bolschoi Theaters vom Anfang September 1923 dar. Da hieß es in beißender Satire u. a. – und das wies doch auf eine vorläufig unaufhebbare Kalamität in der Repertoirepolitik, einschließlich des Umgangs mit Wagner, hin:

Abb. 10.2 „Lohengrin" am Bolschoi Theater Moskau 1923. Szenenbild (Bühnenbild: Fjodor Fjodorowski)

---

[32] Vgl. ebd., S. 106.
[33] Vgl. ebd., S. 112 f.

„Von zehn Opern aus dem Repertoire der letzten Spielzeiten sind fünf charakteristische Bei-spiele monarchistischer Propaganda, in deren Mittelpunkt die Person eines bezaubernden, weisen, gerechten usw. halbgöttlichen Monarchen steht (‚Schneeflöckchen‘, ‚Zarenbraut‘, ‚Das Märchen vom Zaren Saltan‘, ‚Fürst Igor‘, ‚Lohengrin‘), in zwei Opern (‚Aida‘ und ‚Die Nacht vor Weihnachten‘) wird monarchische Agitation mehr oder weniger episodisch vorgetragen. Die Eigenart der szenischen Darstellung dieser Opern im Bolschoi Theater, erkennbar in gewissem rituellem, ‚katholischem‘ Pomp, verstärkt noch dieses für einen Arbeiter- und Bauernstaat völlig unerträgliche monarchistisch-agitatorische Moment. Mit voller Genugtuung, obwohl nicht ohne Befremden, konstatierte vor zwei Jahren ein seriöser europäischer Beobachter (Wolf, Redakteur des bürgerlich-liberalen ‚Berliner Tageblatts‘), dass im Moskauer Bolschoi Theater alles beim Alten blieb: jeden Abend tritt irgendein Zar auf und die Szene beherrschen Bojaren usw. “[34]

Ein weiteres Beispiel der diskussionsfreudigen und lebhaften Auseinander-setzungen um Wagner sei hier auszugsweise aus der Protokollaufzeichnung einer Sitzung des Repertoirekomitees des Bolschoi Theaters vom 24. April 1928 zitiert. Teilnehmer waren u. a. der Direktor des Hauses Alexander Burdukow, die Dirigen-ten Wjatscheslaw Suk und Nikolai Golowanow, der Komponist Michail Ippolitow-Iwanow, der Regisseur Wladimir Losski, der Musikwissenschaftler Wiktor Belja-jew, der Musiker Nikolai Wyscheslawzew, der Chordirektor Alexander Anissimow, der Sänger Nasari Raiski und der Regisseur Jossif Lapizki. Es ging um den Platz Wagners im Repertoire des Theaters. Da hieß es, in Kürze zusammengefasst, u. a.:

„Suk unterstreicht die Schwierigkeiten der Einstudierung der ‚Meistersinger‘, empfiehlt, ‚Tristan‘ oder ‚Rheingold‘ aufzuführen als Beginn vom „Ring des Nibelungen‘.

Golowanow findet, dass Wagner ins Repertoire gehört, er hält die ideologische Annäherung an ‚Tristan‘ für sehr schwierig. Für die ‚Meistersinger‘ hätte man beste Darsteller, aber nicht für ‚Tristan‘.

Ippolitow-Iwanow meint, die Arbeit am „Ring“ wird vier Jahre dauern.

Burdukow äußert Zweifel, ob der ganze ‚Ring‘ aufgeführt werden solle.

Beljajew konstatiert, dass Wagner in letzter Zeit weniger Aufmerksamkeit beim Publikum hervorrufe, die Aufführungen werden nur von Wagner-Liebhabern besucht, aber nach Möglichkeit sollten die ‚Meistersinger‘ inszeniert werden.

Losski ist wie Suk und Golowanow gegen die Aufführungen der Wagneropern ‚Meistersin-ger‘ und ‚Tristan‘ wegen der Schwierigkeiten bei der Einstudierung der Werke.

Wyscheslawzew glaubt, dass dann nur bleibt, ‚Tristan‘ aufzuführen, da diese Oper in Mos-kau noch nicht gespielt worden ist, aber die Aufführung ausschließlich von musikalischem Interesse ist. Die Hauptpartien können Xenija Dershinskaja und Nikolai Oserow verkörpern.

Burdukow stellt fest, dass es in dieser Saison nicht möglich ist, Wagner zu spielen. Die ‚Meistersinger‘ werden auf nächste Saison verschoben.

Golowanow meint, man darf nicht sagen, dass Wagner nicht nötig ist. Ein Akademisches Theater kann unmöglich Wagner nicht aufführen.

Anissimow unterstreicht, dass das Akademische Theater Wagner nicht ignorieren kann.

Raiski hält dagegen, dass Wagneropern in den nächsten Jahren nicht spielbar sind, weil die knappen finanziellen Mittel des Theaters dafür nicht aufgewendet werden können.

---

[34] Vgl. ebd., S. 69.

Lapizki meint, dass es nicht schwer ist, die ‚Meistersinger' einzustudieren. Dafür sind nur zwei Monate nötig, und das sehr helle, freudige und belebte Finale der Oper entspricht ganz der heutigen Zeit.

Burdukow legt fest, dass die Aufführung der ‚Meistersinger' in der Spielzeit 1929/30 erfolgen soll."[35]

Zur revolutionären Bereicherung des klassischen Opernrepertoires gab es sogar Aktivitäten, ältere populäre Werke in ein neues Gewand zu hüllen, das eindeutige Revolutionsgeschichte suggerieren sollte. Da gab es beispielsweise einen Beschluss der Leitung des Petrograd/Leningrader Staatlichen Operntheaters vom Sommer 1924 zur *„Schaffung von Werken revolutionären Inhalts auf dem Wege der Umtextierung der Opern ‚Die Hugenotten' und ‚Der Prophet' von G. Meyerbeer, ‚Rienzi' von R. Wagner und ‚Dornröschen' von P. I. Tschaikowski".* Die „Hugenotten" sollten in „Die Dekabristen", der „Prophet" in „Die Pariser Kommune", „Rienzi" in „Babeuf" und „Dornröschen" in „Die Sonnenkommune" verwandelt werden.[36] Diese Transformationen waren schon für die folgende Spielzeit als Premieren vorgesehen. Mit ihrer künstlerischen Ausführung war eine spezielle Arbeitsgruppe „Mamont" („Masterskaja monumentalnogo teatra") unter der Leitung des Dramatikers Nikolai Winogradow beauftragt. Bis zur Bühnenreife gelangten diese Projekte allerdings nicht. Nur „Die Dekabristen" kamen bis ins Stadium szenischer Proben. Dafür gelangte am 12. November 1924 am Petrograd/Leningrader Maly Operny Theater eine ebenfalls von Winogradow verfasste Version von Puccinis „Tosca" unter dem Titel „Im Kampf für die Kommune" (gemeint war die Pariser Kommune von 1871) zur Aufführung. Und – ein weiteres Beispiel für eine solche Verfahrensweise – in Odessa (1924) und Baku (1926) erlebte Glinkas „Ein Leben für den Zaren" seine Umwandlung in die Revolutionsoper „Für Hammer und Sichel".[37]

Sehr bald nach der Revolution kam es also in Russland wieder zu ersten Wagneraufführungen. Gleich in den Tagen der Verhandlungen und der Unterzeichnung des Friedensvertrages von Brest-Litowsk (März 1918) zwischen Russland und Deutschland wurde in Petrograd bereits der „Parsifal" vom „Theater des musikalischen Dramas" wieder aufgeführt. Es war wohl die erste Wagnervorstellung in Russland nach dem Krieg und der Oktoberrevolution. Und es war gerade jenes für die marxistische Ideologie und Ästhetik wohl am schwierigsten zu rezipierende Werk des deutschen Komponisten. Kurz darauf folgte auch die Vorkriegsinszenierung der „Meistersinger von Nürnberg".[38] Eine Moskauer Erstaufführung des „Parsifal", sehr energisch von Regisseur Fjodor Komissarshewski am Bolschoi Theater vorangetrieben, erlebte ihre für Ende 1918 geplante Premiere dann allerdings nicht, dafür aber seine kubis-

---

[35] Vgl.: Sowjetski teatr. Dokumenty i materialy 1917–1967/Bd.: Russki sowjetski teatr 1926–1932, S. 111 f.

[36] Vgl.: Sowjetski teatr. Dokumenty i materialy 1917–1967/Bd.: Russiki sowjetski teatr 1921–1926, S. 293 ff.

[37] Vgl.: Eckart Kröplin, Frühe sowjetische Oper. Schostakowitsch. Prokofjew, S. 105 f.; vgl. auch: Eckart Kröplin, Im Wechselspiel von Anziehung und Abstoßung. Der „Ring" in Russland und in der Sowjetunion, S. 66.

[38] Vgl.: Rosamund Bartlett, Wagner and Russia, S. 223.

tisch-futuristische Inszenierung des „Lohengrin" am ehemaligen Simin-Theater in Moskau. Es war die erste Wagner-Neueinstudierung in Russland nach dem Krieg.[39] Und in der Saison 1920/21 wurde, wie schon erwähnt, am Moskauer Konservatorium Wagners „Rienzi" (in der Folge einer nicht zu Ende gebrachten szenischen Realisation am neugegründeten und bald darauf wieder geschlossenen „Ersten Theater der RSFSR"), allerdings nur in einer konzertanten Version, aufgeführt.

Eine zahlenmäßige Überschau über die Repertoires und jeweiligen Aufführungszahlen von Wagneropern an den hauptstädtischen Opernbühnen von 1917 bis 1932/33 vermittelt folgende Darstellung:[40]

Petrograder/Leningrader Staatliches Akademisches Opentheater (das ab 1935 auch den Beinamen Kirow-Oper trug – zu Ehren des 1934 bei einem Attentat ums Leben gekommenen Leningrader Parteiführers Sergei Kirow):

> 1917/18: „Walküre" (3); 1918/19: „Walküre" (4); 1919/20: „Walküre" (7); 1920/21: „Walküre" (8); 1921/22: „Walküre" (3); 1922/23: „Walküre" (3), „Lohengrin" (9), „Siegfried" (2), „Tannhäuser" (5); 1923/24: „Tannhäuser" (7), Neueinstudierung 7.11.1923 „Rienzi" (5); 1924/25: „Siegfried" (nur 1. und 3. Akt; 1), „Lohengrin" (3), „Götterdämmerung" (nur 1. Akt; 1); 1925/26: keine Wagneraufführungen; 1926/27: Neueinstudierung 7.11.1926 „Meistersinger"; 1927/28: „Walküre"; 1928/29 und 1929/30: keine Wagneraufführungen; 1930/31: Neueinstudierung 26.2.1931 „Götterdämmerung"; 1931/32: „Meistersinger"; 1932/33: Neueinstudierung 19.2.1933 „Rheingold"; 1933/34 bis 1939/40: keine Wagneraufführungen; 1940/41: Neueinstudierung 17.6.1941 „Lohengrin" (1).

Außerdem am Leningrader Maly Operny Theater 1931/32 bis 1933/34: Neueinstudierung 4.5.1932 „Meistersinger".

Moskauer Bolschoi Theater:

> 1917/18: keine Wagneraufführungen; 1918/19: „Rheingold" (9), „Tannhäuser" (3), „Walküre" (3); 1919/20: „Walküre" (4); 1920/21 und 1921/22: keine Wagneraufführungen; 1922/23: Neueinstudierung 29.3.1923 „Lohengrin" (12); 1923/24: „Lohengrin" (14); 1924/25: „Lohengrin" (3); 1925/26: „Lohengrin" (10), Neueinstudierung 6.12.1925 „Walküre" (6); 1926/27: „Lohengrin" (3); 1927/28: „Lohengrin" (8); 1928/29: „Lohengrin" (3), Neueinstudierung 25.1.1929 „Meistersinger" (18); 1929/30: „Lohengrin" (12), „Meistersinger" (7); 1930/31: „Lohengrin" (8); 1931/32: „Lohengrin" (5); 1932/33: „Lohengrin" (5); 1933/34: „Lohengrin" (5); 1934/35: keine Wagneraufführungen; 1935/36: „Lohengrin" (5); 1936/37 bis 1939/40: keine Wagneraufführungen; 1940/41: Neueinstudierung 21.11.1940 „Walküre" (6).

Außerdem an der ehemaligen Simin-Oper: 5.9.1918 Neueinstudierung des „Lohengrin" und am 3. April 1923 Neueinstudierung des „Rienzi".

Im gesamten Zeitraum waren es also in Petrograd/Leningrad über 80 Wagneraufführungen (hier fehlen allerdings genaue Zahlen ab 1926), in Moskau sogar ca. 150, also pro Saison im einstelligen, gelegentlich auch zweistelligen Bereich befindlich, dabei jedoch in Petrograd/Leningrad und Moskau auch jeweils 10 bzw. 8 Saisons gänzlich ohne Wagnervorstellungen. Das würde im Durchschnitt dennoch einen

---

[39] Vgl. ebd., S. 225.
[40] Vgl. dazu: Sowjetski teatr. Dokumenty i materialy 1917–1967/Bde.: Russki sowjetski teatr 1917–1921, 1921–1926 und 1926–1932 (1. Teil); vgl. weiterhin: Rosamund Bartlett, Wagner and Russia, S. 311 ff.

guten Mittelwert darstellen, bedeutete aber gegenüber dem Wagner-Boom vor dem 1. Weltkrieg in Russland einen Rückgang um mehr als 50 Prozent. Vor allem ist dieser Rückgang für die 30er-Jahre, für die Zeit der einsetzenden Stalinschen Kulturpolitik zu verzeichnen. Hier war für Wagner eigentlich kein Platz mehr.

Auffällig ist dabei, dass es weder in Moskau noch in Leningrad gelang, wieder einen kompletten „Ring" auf die Bühne zu bringen. Auffällig ist auch, dass zwei Werke, „Walküre" und „Lohengrin", mit über 50 bzw. fast 100 Aufführungen in beiden Städten absoluten Vorrang hatten. Das hing letztlich natürlich auch mit den beiden legendären Hauptdarstellern dieser Opern – Iwan Jerschow als Siegmund in Petrograd und Leonid Sobinow als Lohengrin in Moskau – zusammen. Und auffällig ist außerdem, dass „Tristan", „Parsifal" und „Fliegender Holländer" gänzlich fehlten. Bei Letzterem sind Gründe dafür schwer auszumachen. Doch schon vor 1914 hatte dieses Werk in Russland kein größeres Interesse hervorgerufen. Bei „Tristan" und „Parsifal" lag der Fall anders. Beide Opern gehörten, wie der „Ring" auch, im Gegensatz zum frühen „revolutionären", nunmehr doch zum „reaktionären" Wagner, wie es Lunatscharskis Wagner-Doktrin vorgab.

Diese eindeutig ideologisch begründete Ausgrenzung zementierte in der sowjetischen Wagnerrezeption das Bild eines „geteilten" Wagners, d. h. eines frühen „revolutionären" Wagner und eines „reaktionären" Wagner in „Quarantäne". Die Sowjetideologie hatte sich damit in sehr vereinseitigender Weise die Deutungshoheit über den „revolutionären" Wagner angemaßt. Das war umso leichter, als die konservative Wagner-Hagiografie von Glasenapp über Wolzogen, Chamberlain und anderen ja in stetem Bemühen begriffen war, genau diesen Wesenszug zu eliminieren, d. h. alle Anzeichen von revolutionärer Gesinnung bei Wagner zu ignorieren und dessen Spätwerk auch den ausschließlichen Nimbus von purer Vergeistigung und Religiosiät, von Schopenhauerscher Weltverneinung anzudichten. Dabei wäre es doch nach der Oktoberrevolution ein Leichtes gewesen, gerade den „Ring" als das vollkommene Beispiel eines revolutionären Werkes anzuerkennen. Eine überraschend eindeutige Äußerung Wagners hätte Aufschluss geben können. In einem weiter oben bereits kurz zitierten Brief des Komponisten vom 12. November 1851 hieß es doch ganz dezidiert:

> *„An eine Aufführung kann ich erst nach der Revolution denken: erst die Revolution kann mir die künstler und die Zuhörer zuführen … Am Rheine schlage ich dann ein theater auf, und lade zu einem großen dramatischen feste ein: nach einem jahre vorbereitung führe ich dann im laufe von vier tagen mein ganzes werk auf: mit ihm gebe ich den menschen der Revolution dann die bedeutung dieser Revolution, nach ihrem edelsten sinne, zu erkennen. Dieses publikum wird mich verstehen: das jetzige kann es nicht."*[41]

Allerdings konnte Lunatscharski diesen originalen Brieftext noch nicht kennen. Er war Cosima Wagners Rotstift zum Opfer gefallen. Im Zuge einer politischen Reinigung war in der von ihr redigierten Wagner-Briefausgabe von 1888 nur eine gänzlich entschärfte Version zu lesen. Sie hatte dabei jeglichen Bezug auf das Wort bzw. den Hergang einer „*Revolution*" eliminiert. Da hieß es nur: „*An eine Aufführung kann ich erst unter ganz anderen Umständen denken. Am Rheine schlage ich dann*

---

[41] RWB, Bd. 4, S. 176.

ein Theater auf … " Der originale Wagnertext kam erst 1950 mit der Publikation der Burrell-Briefsammlung an die Öffentlichkeit.[42]

Im Wesentlichen fußten die sowjetischen Wagneraufführungen nach 1918 übrigens noch auf den Vorkriegstraditionen. Und ihr Zustandekommen war ganz gewiss auch den Aktivitäten so berühmter Wagnerinterpreten wie Jerschow und Bosse in Petrograd oder Sobinow und Neshdanowa in Moskau zu danken. Aber sie erhielten auch teilweise ein neues Gesicht. Junge Dirigenten, Regisseure und Bühnenbildner waren da am Werk, die sehr ambitioniert neue künstlerische Entwicklungen des europäischen Musiktheaters oder der avantgardistischen Bühnenbildnerei auf die Opernszene brachten. Zu nennen wären da in erster Linie die Dirigenten Emil Kuper (1918 „Rheingold" und 1919 „Tannhäuser" am Moskauer Bolschoi Theater), Wjatscheslaw Suk (1919 „Walküre" und 1923 „Lohengrin" am Moskauer Bolschoi Theater), Wladimir Dranischnikow (1931 „Götterdämmerung" und 1933 „Rheingold" am Leningrader Staatlichen Operntheater) oder Samuil Samossud (1932 „Meistersinger" am Maly Operny Theater Leningrad), weiterhin die Regisseure Fjodor Komissarshewski (mit den schon erwähnten Regiearbeiten „Parsifal" und „Lohengrin" 1918 in Moskau), Wladimir Losski (1923 „Lohengrin" am Moskauer Bolschoi Theater, 1925 „Walküre" am Moskauer Bolschoi Theater und 1941 „Lohengrin" an der Kirow-Oper in Leningrad), Jossif Lapizki (1929 „Meistersinger" am Moskauer Bolschoi Theater) sowie Sergei Radlow (1933 „Rheingold" am Leningrader Staatlichen Operntheater) und auch die teilweise avantgardistisch bzw. konstruktivistisch arbeitenden Bühnenbildner Wladimir Stschuko (1923 „Rienzi" am Leningrader Staatlichen Operntheater und 1925 eine nicht zur Aufführung gelangte „Rheingold"-Inszenierung; Abb. 10.4), Isaak Rabinowitsch (1931 „Götterdämmerung" und 1933 „Rheingold" am Leningrader Staatlichen Operntheater; Abb. 10.6), Simon Wirsaladse (1941 „Lohengrin" an der Leningrader Kirow-Oper, Wladimir Dmitrijew (1926 „Meistersinger" am Leningrader Staatlichen Operntheater und 1932 „Meistersinger" am Maly Operny Theater in Leningrad) sowie Fjodor Fjodorowski (1923 „Lohengrin" und 1929 „Meistersinger" am Moskauer Bolschoi Theater; Abb. 10.3). Weder in Leningrad noch in Moskau gelang es jedoch, erneut einen kompletten „Ring"-Zyklus zu realisieren.

Angesichts der schwindenden Präsenz Wagners auf den sowjetischen Opernbühnen sei aber auch die engagierte Tätigkeit einer ganz speziellen und im Grunde rein privaten Initiative hervorgehoben. Unter dem Namen „Gesellschaft der Wagnerkunst" hatte sich in Leningrad eine Gruppe von Wagnerkennern und Wagnerfreunden versammelt, unter ihnen der ehemalige Bayreuth-Besucher Konstantin Chmelnizki (dem für das Unternehmen auch Cosima und Siegfried Wagner ihre Unterstützung zusagten) als künstlerischer Leiter, weiterhin der bekannte Übersetzer von Wagners Opernlibretti Viktor Kolomijzew, der renommierte Musikkritiker Wjatscheslaw Karatygin sowie als künstlerische Berater der Sänger Iwan Jerschow und die Pianistin Maria Judina. Ziel waren halbszenische Darstellungen der vier „Ring"-Teile in Kostüm, Bühnenlicht und mit projizierten Diapositiven. Alles aller-

---

[42] Richard Wagner Briefe. Die Sammlung Burrell, S. 783; vgl. auch: Eckart Kröplin, Der „Ring" und die Revolution – Wagner zwischen Kunst und Politik, S. 90 f.

Abb. 10.3 „Die Meistersinger von Nürnberg" am Bolschoi Theater Moskau 1929. Bühnenbildentwurf von Fjodor Fjodorowski

dings ohne Orchester und Chor, nur mit Klavierbegleitung. Und anregen wollte man damit auch die „Ring"-Realisierung auf der Bühne des Staatlichen Operntheaters, das seit Jahren die Wiederaufführung der Tetralogie angekündigt hatte, aber bislang nicht realisieren konnte. Der künstlerische Anspruch war sehr ambitioniert. Man wollte die Aufführungen in *„vollendeter, hochkünstlerischer Form"* darbieten. 1925 gab es dann je drei Aufführungen von „Rheingold" (Abb. 10.5) und „Walküre". Weiter gedieh das Vorhaben allerdings nicht. In den Folgejahren gab es nur noch gelegentlich Teilaufführungen aus diesen beiden Produktionen. 1930 löste sich die Gesellschaft auf – mit einer fast grotesken Schlusspointe: Chmelnizki habe auf die Frage: *„Wie ist Wagner mit der marxistischen Lehre zu vereinbaren?"* ganz naiv und lapidar geantwortet: *„Auf Wagner ist der Marxismus nicht anwendbar."*[43]

Und erinnert sei hier ein weiteres Mal an Wsewolod Meyerholds anhaltende Bestrebungen und Vorschläge, das Wagnersche Theaterkonzept auf seine Tauglichkeit für eine neue sozialistische Theater- und Opernkunst abzuklopfen. Es waren Anregungen, die übrigens auch nach Deutschland hinüberwirkten. So erschien beispielsweise 1930 in einer Berliner Filmzeitung ein aus dem Russischen übersetzter Aufsatz von Meyerhold unter dem Titel „Kinofizierung des Theaters", der programmatisch mit folgendem Gedankengang begann:

> *„Das einst von Wagner vorgeschlagene synthetische Theater, welches nicht nur das Wort, sondern auch die Musik, das Licht, die Zauber der darstellenden Kunst und die Rhythmik in*

---

[43]Vgl.: Eckart Kröplin, Im Wechselspiel von Anziehung und Abstoßung. Der „Ring" in Russland und in der Sowjetunion, S. 67 f.; vgl. auch: Richard Wagner und Rußland, S. 75.

Abb. 10.4 „Rheingold". Bühnenbildentwurf von Wladimir Stschuko 1925

Abb. 10.5 „Rheingold". Illustration von G. Kosjakow für eine Inszenierung am Kammertheater der Leningrader „Gesellschaft der Wagnerkunst" 1925

den Bewegungen der Schauspieler in ein Ganzes vereinigen würde, schien damals als eine Utopie. Heute sind wir jedoch zu der Ansicht gekommen, daß nur auf diese Weise Theater gespielt werden kann."[44]

Eine sehr treffende Charakterisierung von Meyerholds revolutionär-avantgardistischem Theaterkonzept in der Oper lieferte – dabei auch auf dessen Aufsehen erregende Inszenierungen von Glucks „Orpheus und Eurydike" (1911), Strauss' „Elektra" (1913) und Wagners „Tristan" (1909) am Mariinski Theater bezugnehmend – der Musikwissenschaftler Iwan Sollertinski:

„Das Fehlen naturalistischer Unsitten und Intonationen; die Ausscheidung aller Elemente … einer Lebensähnlichkeit, … die Statuarik der Posen; die gemessene rhythmisierte Pantomime an der Grenze des Übergangs zum Tanz; die skulpturhafte, sorgfältig dosierte Gebärde; der Rhythmus, anzutreffen nicht nur in den Bewegungen, sondern auch in der erstarrten Unbeweglichkeit; der Chor ist nicht aufgesplittert nach der Schule der Meininger, nicht individualisiert, frei von aller naturalistischen Nichtigkeit; er ist aufgeteilt in stilisierte, skulpturhafte Gruppen, die nur ganz plötzlich – in großartigem Kontrast – in schnelle, erregte Bewegungen versetzt werden, rhythmisch dabei sogar im Laufen. So die Furien im ‚Orpheus', das Hinauslaufen der Knechte mit Lichtern in ‚Elektra'. Im ‚Tristan' akzentuierte Meyerhold die innere Kraft des Wagnerschen Gestus …"[45]

Das waren Kennzeichnungen, wie sie für das damalige Verständnis von synthetischem Theater charakteristisch waren, später jedoch, unter Stalin, gemäß den Prämissen eines engen Verständnisses von realistischem Realismus dem Verdikt einer formalistischen Ästhetik zum Opfer fielen. Und aufschlussreich in diesem Zusammenhang sind übrigens auch Lunatscharskis Äußerungen, als er in einem Vortrag am 25. September 1925 im Leningrader Staatlichen Operntheater seine Vorstellungen von neuen sowjetischen Opern darlegte:

„Man kann Opern schaffen, die äußerlich alten Opernwerken sehr ähnlich sind, aber in ihrem Libretto und im Charakter ihrer Musik die Gegenwart darstellen. Ich glaube, daß das Operntheater eine Zukunft hat. Opernwerke werden dann entstehen, wenn sie sich stark den Möglichkeiten der Organisierung der hervorragendsten, symbolischen Festtage der neuen, wiedererstehenden Menschheit annähern. Wir werden Werke brauchen, die unaufhörlich von Zehn- und Hunderttausenden Menschen aus dem Volke angesehen werden und in denen dies oder jenes gewaltige emotionale Erlebnis des Volkes sich widerspiegelt … Ein gewisses allegorisches Herangehen an die künstlerische Gestaltung und natürlich die deutlich diesen Inhalt symbolisierende Sprache der Musik und der Choreographie sind hier in hohem Maße angebracht … Ich kenne bereits Komponisten und einzelne Theaterleute, die ganz instinktiv und durchaus in Unkenntnis dieser meiner Gedanken zu solchen Ideen kamen und schon über solche festlichen Aufführungen nachdenken, die nicht etwas Altes sind, sondern ein gewisses symbolisches Ritual, etwas in der Art eines Oratoriums in Kostümen und mit einzelnen szenischen Momenten, in die Chor, Solo, Orchestermusik, Tänze eingebettet sind und die sich darstellen als markante Entwicklung einer großen Idee, eines großen Ereignisses, sei es auch in der Form nicht-realistisch. Aber das ist noch ‚Zukunftsmusik'."[46]

---

[44] Vgl.: Russen in Berlin – Literatur. Malerei. Theater. Film. 1918–1933, S. 533.
[45] Zit. nach: Eckart Kröplin, Frühe sowjetische Oper. Schostakowitsch. Prokofjew, S. 94.
[46] Vgl.: Sowjetski teatr. Dokumenty i materialy 1917–1967/ Bd.: Russki sowjetski teatr 1921–1926, S. 52; vgl. auch: Eckart Kröplin, Frühe sowjetische Oper. Schostakowitsch. Prokofjew, S. 85 f.

Nicht zufällig zog Lunatscharski hier als quasi Kennwort seiner Überlegungen für die neue sowjetische Oper den umstrittenen Wagnerschen Begriff „Zukunftsmusik" heran, wie er seit den bewegten Auseinandersetzungen um Wagner in Russland schon seit langer Zeit geläufig war, und stellte ihn mit dem Wort „nicht-realistisch" auch in einen Zusammenhang mit dem ästhetischen Streit um den Stellenwert realistischer Gestaltungsweisen in der sozialistischen Kunst, nicht ahnend, dass nur zehn Jahre später unter der strengen Zensur der Stalinschen Kulturpolitik gerade eine solche Ansicht als unannehmbar, ja strafbar eingestuft werden sollte. Sein Tod im Jahre 1933 bewahrte ihn vor entsprechenden Konsequenzen. Tragischer war hingegen das Schicksal Meyerholds, des engagierten Wagneranhängers und Verfechters einer Theaterkunst, die eben bewusst auch Wagners synthetischen Gedanken eines „Gesamtkunstwerks" in die sozialistische Kulturästhetik hinüberretten wollte. Er wurde Opfer der Stalinschen Repressionen, starb nach qualvollen Folterungen und der Verurteilung zum Tode (wegen der absurden Beschuldigung, französischer Spion zu sein) am 2. Februar 1940 durch Genickschuss in einem Moskauer Gefängnis der Geheimpolizei.

Am Ende der 20er-Jahre erschienen tatsächlich erste ambitionierte Werke sowjetischer Komponisten auf der Opernbühne, die sehr wohl den Lunatscharskischen Überlegungen entsprachen. Als Sujetvorgaben dienten da Stoffe aus der russischen und internationalen Geschichte von revolutionären Umbrüchen der Gesellschaft – vom Spartakusaufstand, über Bauernrebellionen unter Iwan Bolotnikow, Stepan Rasin und Jemeljan Pugatschow, über den Dekabristen-Aufstand, über die französische Revolution und die Pariser Kommune bis hin selbstverständlich zu den jüngsten revolutionären Ereignisse in Russland. Zwei junge Komponisten, Arseni Gladkowski und J. Prussak traten bereits 1925 mit einem experimentellen Musiktheaterwerk „Für das rote Petrograd" hervor – wohl der ersten „sowjetisch" zu nennenden Oper. Komponisten wie Pjotr Triodin, S. Berschadski, Andrei Pastschenko, Wassili Solotarjow, Waleri Shelobinski oder Alexander Kasjanow folgten dann in der zweiten Hälfte der 20er-Jahre diesen stofflichen Vorgaben mit einer Reihe von Opern, die in ihrer künstlerischen Qualität aber noch sehr bescheiden waren. Anspruchsvollere Partituren legten dann Lew Knipper („Nordwind", 1930), Wladimir Desche-

Abb. 10.6 „Rheingold" am Staatlichen Operntheater Leningrad 1933. Szenenfoto

wow („Eis und Stahl", 1930) oder Alexander Mossolow („Der Staudamm", 1930) vor. Hier verband sich revolutionäres Pathos mit avancierten musikalischen und dramaturgischen Techniken. Eine andere Richtung jedoch, die der „Liedoper", etwa mit Werken von Iwan Dsershinski („Der stille Don", 1935) oder Tichon Chrennikow („Im Sturm", 1939) setzte sich dann dank ihrer in tradierten Konventionen sich beschränkenden und den vereinfachten Normen eines zum Kanon erhobenen „sozialistischen Realismus" unterworfenen Machart in der Folge durch. Da war von den ästhetisch weitgefassten Ansichten etwa Meyerholds oder auch Lunatscharskis nichts mehr zu spüren. Und Meyerholds oben zitierte Hoffnung im Zusammenhang mit Prokofjew, dass *„ein neuer Wagner"* erscheinen würde, erwies sich als gutgläubige Utopie. Am ehesten träfe sie wohl zu auf Prokofjews Schmerzenskind, die Oper „Krieg und Frieden" (1945, nach Tolstoi), oder auf Schostakowitschs Operngroteske „Die Nase" (1930) und seinen großen Opernwurf „Lady Macbeth von Mzensk" (1934), die, allerdings ohne erkennbaren kompositorischen Wagnereinfluss, als in der stalinistischen Kulturpolitik heftig umstrittene, aber letztlich doch herausragende Werke sowjetischer Opernkunst anzusehen sind.

Stalins „Walküre" und Schostakowitsch als „neuer Wagner"

Das Jahr 1932 bedeutete das abrupte Ende einer bis dahin unter Lunatscharski doch noch lebendigen Liberalität gegenüber neuen künstlerischen Entwicklungen, die – auch in der Wagnerrezeption – moderne, zum Teil avantgardistische Tendenzen verfolgten. Am 23. April erließ das Stalinsche ZK der KPdSU einen Beschluss „Über den Umbau der literarisch-künstlerischen Organisationen", nach dem alle bisherigen Künstlergruppierungen, ob nun innovatorischen Zielen oder den Maßgaben des „Proletkults" folgend, aufgelöst wurden, und verfügte die Gründung einheitlicher Künstlerorganisationen für Literatur, Musik, Theater und bildende Kunst. Es war eine „Gleichschaltung" der Künste unter der Maßgabe eines *„sozialistischen Realismus"*, so wie er dann im August 1934, zunächst in den Statuten des neu gegründeten sowjetischen Schriftstellerverbandes, folgendermaßen als Dogma formuliert wurde:

> *„Der sozialistische Realismus als Hauptmethode der sowjetischen künstlerischen Literatur und Literaturkritik fordert vom Künstler wahrheitsgetreue, historisch konkrete Darstellung der Wirklichkeit in ihrer revolutionären Entwicklung. Wahrheitstreue und historische Konkretheit der künstlerischen Darstellung müssen mit den Aufgaben der ideologischen Umformung und Erziehung der Werktätigen im Geiste des Sozialismus abgestimmt werden."*

Eine solche „Gleichschaltung" – fatale Entsprechung übrigens zu ähnlichen und zeitgleichen politischen und kulturellen Vorgängen im faschistischen Hitler-Deutschland – bedeutete in Verbindung mit dem Aufstellen eines ästhetischen und kulturpolitischen Feindbildes in Gestalt des verderblichen, vom Westen her drohenden reaktionären „Formalismus", eine krasse Begrenzung künstlerischer Tätigkeit. Die Kunst war von nun an strenger politästhetischer Normierung unterworfen. Das erste Opfer war im Jahr 1936 Dmitri Schostakowitschs Oper „Lady Macbeth von Mzensk". Ein von Stalin persönlich initiierter Bannfluch des Werkes erschien am 28. Januar 1936 unter dem Titel „Sumbur wmesto musyki" („Chaos statt Musik") als vernichtende Rezension im Zentralorgan der KPdSU „Prawda". Schostakowitsch war davon schwer getroffen, ja, er musste um sein Leben fürchten, so wie es Millionen sowjetischer Bürger in der Folgezeit im Zuge der furchtbaren Stalinschen Repressionen gegenüber vermeintlich feindlichen Kräften erging. Doch er blieb verschont. Das wohl prominenteste Opfer im Kulturbereich war dann aber, wie schon erwähnt, sein Freund und Förderer Wsewolod Meyerhold.

Und wohl als Folge dieses „Realismus"-Diktats und der damit verbundenen kulturpolitischen Restriktionen und „Säuberungen" erschienen nun auch keine Wagneropern mehr im Repertoire der Theater. Der letzte Anlauf 1933 in Leningrad mit dem „Rheingold" erlebte seine Vollendung zum kompletten „Ring" nicht mehr. Und kurzlebig war auch nur noch die Lebensdauer einer „Meistersinger"-Neueinstudierung 1931/32 am Leningrader Maly Operny Theater. Allein am Bolschoi Theater kam es in der Spielzeit 1935/36 dann noch zu einer Neuproduktion von „Lohengrin".

Bis auf zwei Ausnahmen gab es über Jahrzehnte hinweg keine Wagnerinszenierung mehr auf sowjetischen Bühnen. Und diese beiden Ausnahmen hatten zudem noch ein verhängnisvolles Umfeld. Es sei zuerst die zweite Ausnahme kurz erwähnt: eine „Lohengrin"-Neuinszenierung an der Leningrader Kirow-Oper, die dort am 17. Juni 1941 zur Premiere kam. (Daneben gab es im Frühjahr des Jahres noch eine konzertante Aufführung des ersten Aktes der „Walküre" an der Leningrader Philharmonie unter der Leitung ihres Chefdirigenten und Wagnerverehrers Jewgeni Mrawinski.) Der Musikwissenschaftler Iwan Sollertinski, der schon 1940 in der „Leningradskaja Prawda" dazu aufgerufen hatte, wieder Wagneropern aufzuführen, begrüßte noch am 21. Juni in derselben Zeitung die Leningrader Aufführung als *„farbenprächtige Sinfonie".*[47] Sie erlebte jedoch nur ihre Premiere. Am 22. Juni überfiel Hitlerdeutschland die Sowjetunion. Das bedeutete für Jahrzehnte das fast vollständige Aus für Wagner auf den sowjetischen Opernbühnen.

Das erste und weitaus bekanntere Beispiel war aber die Inszenierung der „Walküre", die am 21. November 1940 am Moskauer Bolschoi Theater ihre Premiere hatte. Das politische Umfeld konnte grotesker und fataler nicht sein. Der Hitler-Stalin-Pakt vom August 1939, der doch den Ausbruch des 2. Weltkriegs mit Hitlers Überfall auf Polen erst ermöglichte, hatte im kulturpolitischen Bereich zur Folge, dass die hauptstädtischen Opernbühnen, die Berliner Staatsoper und das Moskauer Bolschoi Theater, als Ausdruck einer doch wahnwitzigen politischen Verbundenheit zwischen beiden Ländern jeweils ein bedeutendes Opernwerk aus dem anderen Land in Szene setzten. Berlin führte Michail Glinkas „Das Leben für den Zaren" (Premiere am 7. Februar 1940) und Moskau eben die „Walküre" auf. Pikant dabei waren allerdings bemerkenswerte Äußerlichkeiten. In Berlin spielte man natürlich nicht die sowjetisierte Version des Glinkaschen Werkes unter dem Titel „Iwan Sus-

---

[47] Vgl.: Rosamund Bartlett, Wagner and Russia, S. 368; vgl. weiterhin: Wagner in St. Petersburg, S. 47.

sanin", sondern die so zarenfreundliche ursprüngliche Textfassung. Und in Moskau verpflichtete man als Regisseur für die „Walküre" den weltberühmten Filmregisseur Sergei Eisenstein (Sohn des Rigaer Jugendstil-Architekten Michail Eisenstein), der bekanntlich deutsch-jüdischer Herkunft war. Ende 1939 erhielt Eisenstein das Angebot zur Inszenierung der „Walküre". Das traf ihn zwar überraschend, doch nicht unvorbereitet. Seit seiner Rigaer Jugendzeit und der dortigen sehr lebendigen Wagnerpflege war er mit den Opern des deutschen Komponisten vertraut, insbesondere mit dessen Streben nach einem „Gesamtkunstwerk". In seinen Memoiren schrieb er dazu u. a.:

> *„‚Die Nibelungen' liebte ich seit meiner Kindheit, später wurden sie mir durch die Filme von Fritz Lang verleidet. Durch Wagner wurde dann einiges korrigiert, aber er brachte mir nicht die Begeisterung für das germanisierte Epos zurück, sondern für die nordische ‚Edda', den Baum Yggdrasil und die ganze wundersame Kosmogonie in den Gestalten des hohen skandinavischen Nordens."*[48]

Er begann sofort mit der intensiven Arbeit am Regiekonzept. Seine Beschäftigung mit Wagners Intentionen schlug sich in zahlreichen Aufzeichnungen und Exzerpten und schließlich in zwei Aufsätzen „Woplostschenije mifa" („Die Inkarnation des Mythos") und „Twortscheskaja wstretscha s Wagnerom" („Schöpferische Begegnung mit Wagner") nieder, die im November 1940 als Einführung in sein Regiekonzept auch in mehreren Moskauer Publikationen erschienen.[49] Ausführlich belegte er da, z. T. mit einschlägigen Originalzitaten, den primär sozialkritischen Grundton der Wagnerschen Nibelungen-Geschichte und ihre Verwurzelung in der Mythologie. Er hatte dabei von Anfang an den gesamten „Ring" im Blick, denn die Inszenierung der „Walküre" sah er nur als den Beginn einer Realisierung des gesamten „Ring" am Bolschoi Theater. Übergreifendes Sinnbild für seine bühnenbildnerische Deutung war ihm die mythologische Weltesche, *„der gewaltige Baum des Lebens, der alte Yggdrasil der Sagen der ‚Edda'".*[50] Die gesamte Optik der Eisensteinschen Inszenierung war im Grunde antirealistisch und höchst stilisiert (Abb. 10.7, 10.8 und 10.9). In der russisch-sowjetischen Theaterästhetik gab es, besonders von Meyerhold akzentuiert, den Begriff der *„Bedingtheit"* (*„Uslownostj"*), der eine bewusste Stilisierung der Darstellungsweise auf dem Theater beschrieb. Doch Meyerholds revolutionäre Ästhetik war inzwischen dem Verdikt durch die enge stalinistische Kulturideologie erlegen und der von Eisenstein verehrte Theaterrevolutionär dem Stalinschen Terror gerade zum Opfer gefallen. Eben erst, im Sommer 1939, war Meyerhold verhaftet und Anfang 1940 hingerichtet worden. (Und

---

[48] Sergej M. Eisenstein, YO. Ich selbst. Memoiren, Bd. 2, S. 758.

[49] Vgl.: Sergei Eisenstein, Die Inkarnation des Mythos; vgl. weiterhin dazu: Sergej M. Eisenstein, Schriften, Bd. 4; Rosamund Bartlett, The Embodiment of Myth. Eizenshtein's Production of „Die Walküre", S. 53–76; Rosamund Bartlett, Wagner and Russia, S. 271–282; A. Gosenpud, Richard Wagner i russkaja kultura, S. 279–284; N. Schpiller, „Die Walküre" in der Inszenierung Sergej Eisensteins, S. 773–780; Oksana Bulgakowa, Sergej Eisenstein – drei Utopien. Architekturentwürfe zur Filmtheorie, S. 149–154 und 272; Eckart Kröplin, Im Wechselspiel von Anziehung und Abstoßung. Der „Ring" in Russland und in der Sowjetunion, S. 68–76.

[50] Sergei Eisenstein, Die Inkarnation des Mythos, S. 89.

Abb. 10.7 „Walküre" am Bolschoi Theater Moskau 1940. Die „Weltesche" als Bühnenbildentwurf. Zeichnung von Sergei Eisenstein

Abb. 10.8 „Walküre" am Bolschoi Theater Moskau 1940. Szenenfoto 1. Akt

Abb. 10.9 „Walküre" am Bolschoi Theater Moskau 1940. Szenenfoto 3. Akt

Eisenstein hatte da, nach der Verhaftung Meyerholds, noch unter erheblichen Risi-
ken geholfen, große Teile von dessen künstlerischem Archiv in Sicherheit zu bringen.) Es galt also jetzt für Eisenstein, die eigentlich auf Meyerhold fußenden Regie-
absichten geschickt so zu formulieren, dass sie der Zensur unverdächtig erscheinen
mussten und geradezu als „realistisch" anzusehen seien. So hieß es dann bei ihm:

„,Die Walküre' mit ihren Intentionen erfordert kein ‚bedingtes', sondern realistisches Theater. Damit nähern wir uns der Idee von einer Aufführung, die in ihrem Wesen realistisch, in der Struktur mythologisch, in ihren verallgemeinerten Formen episch und in der wechselvollen Vielfalt der musikalischen und bildlichen Zeichnung emotional ist."[51]

Das war eine rhetorische Volte, die ganz verklausuliert Eisensteins eigentlich konträre Absicht scheinbar dem herrschenden Dogma des „sozialistischen Realismus" unterordnete. Nun konnte er auf der Bühne mehr oder weniger frei schalten und walten. Ganz bewusst verzichtete er auf eine zeitgenössische, gar zeitkritische Deutung, denn diese hätte den antikapitalistischen Charakter des „Ring", wie er ja eindeutig von Wagner gemeint war und den auch Wagnerverehrer wie Shaw oder Thomas Mann beispielhaft beschrieben hatten, deutlich machen müssen. Das hätte aber unweigerlich auch den diplomatischen Zweck dieser „Walküren"-Unternehmung erheblich beeinträchtigen können.

In Eisensteins Deutung war dann Wotan Vertreter eines *„anarchischen"* Herrschaftssystems. Für Frickas Welt hingegen galt *„ein enger, formaler Standpunkt, der jegliche Bewegung des lebendigen menschlichen Gefühls ablehnt"*. Erst ein dritter Standpunkt, repräsentiert von Brünnhilde, aber bringe Befreiung: *„Ihr einziges Gesetz sind menschliches Gefühl und Humanität."*[52] Versteckt mag man hierin eine antifaschistische (wie aber auch antistalinistische) Denkweise sehen, wie gelegentlich und wohl überinterpretiert in späteren Kommentaren zu Eisensteins Regiekonzept zu lesen war. Im Gegenteil aber: Eisenstein ging mit Brünnhilde gar in die sowjetische Gegenwart – doch nur in Worten: *„Damit nähert sich Brünnhilde eben jener Epoche, die erstmals im Laufe vieler Jahrhunderte die Menschlichkeit zum höchsten Wertmaßstab erhob: in unserer kommunistischen Epoche."*[53] Wichtiger für den Regisseur war aber wohl doch der – vorsichtige – Bezug auf Meyerhold und dessen als beispielhaft angesehene „Tristan"-Inszenierung von 1909, um schließlich sein Vorzugsthema zu proklamieren: es war der auch bei Wagner dominierende *„Gedanke der synthetischen Verschmelzung von Emotion, Musik, Wirklichkeit, Licht und Farbe"*, der ihn – auch als Filmregisseur – immer bewegte, der Gedanke von Synthetik bzw. Synästhesie.[54] Dabei fand er auch eine seine synästhesierende Absicht klar formulierende Definition in dem Begriff *„chromophoner Kontrapunkt"*, als er Folgendes notierte:

„Ich übernahm die Inszenierung der ‚Walküre' am Bolschoi-Theater, wo ich im letzten Bild, dem ‚Feuerzauber', nach Lösungen suchte, die Elemente der Wagnerschen Partitur mit den vielfach wechselnden farbigen Lichteffekten auf der Bühne zu vereinen … Machen Sie das mal: alle Modulationen des ‚Feuerzaubers' im Wechsel und Wechselspiel dunkelroter und hellblauer Soffittenlampen unterzubringen – das einzige, worüber Sie an Ihrem Steuerpult verfügen. Gut, daß Sie sich vorher – beim ‚Abschied Wotans' – am Farbenwechsel von Lichtquadraten schadlos halten können, die so groß sind wie der voll aufgerissene Schlund des Bühnenhintergrunds. Metallisch-bronzefarbig am Anfang. Dann fließend in Silber übergehend. Und während der Umarmung wandelt er sich plötzlich in tiefes lyrisches Blau.

---

[51] Ebd., S. 86.
[52] Ebd., S. 80.
[53] Ebd., S. 81.
[54] Ebd., S. 97.

Die Partitur Wagners ist nicht allzu reich an Nuancen, aber sie flammt im Einklang mit dem Sinn der musikalischen Bewegung auf, sie lodert und gleißt im Licht. Im ,Feuerzauber' läuft das Loge-Thema blau durch den purpurnen Grund des dominierenden Feuerelements. Löst sich in ihm auf. Scheint es zu verschlingen … Wie dem auch sei, die ersten Schritte eines praktischen chromophonen Kontrapunkts – der Vermischung der Tonsphäre mit dem Bereich der Farben – erprobe ich für mich auf den ruhmreichen Brettern des Bolschoi-Theaters … Eine chromophone Verbindung der Ströme von Musik und Licht. "[55]

Zur Verdeutlichung und zur Erhöhung von Plastizität und Bildhaftigkeit bezog Eisenstein zudem *„mimische Chöre"* (die Walküren, das Fricka- und das Hunding-Gefolge), verkörpert von Statisten, und ein System (parallel zu Wagners musikalischer Leitmotivik) *„plastischer Leitmotive"* sowie akustische Experimente ein. Der Walkürenritt beispielsweise *„sollte über ein Lautsprechersystem den ganzen Saal erfassen …"* Das ließ sich jedoch technisch nicht realisieren, denn, wie Eisenstein etwas ironisch vermerkte, *„es gelang hier nicht, die Traditionen des Operntheaters zu überwinden".*[56]

Als Bühnenbildner, der nach Eisenstein eigenwilligen Zeichnungen arbeitete, wurde anstelle des vom Regisseur gewünschten Alexander Tyschler Pjotr Williams beauftragt. Und die musikalische Leitung lag in den Händen von Wassili Nebolsin, der den eigentlich vorgesehenen Chefdirigenten des Hauses Samuil Samossud vertrat. Grund für diese Personalentscheidungen gegen Tyschler und Samossud war eine politisch-diplomatische Rücksichtnahme. Stalin hatte angewiesen, die Inszenierung möglichst „judenfrei" zu halten, wenngleich er den Halbjuden Eisenstein bewusst unterstützte. Tyschler und Samossud, der ansonsten von Stalin sehr geschätzt wurde, waren gleichfalls jüdischer Herkunft.

Die künstlerische Probenarbeit, mit der Eisenstein frühzeitig begann und die sich über das ganze Jahr 1940 hinzog, gestaltete sich zunächst schwierig. Sein Bühnenbildkonzept, das ja in stilisierter Weise auf altnordische Bildhaftigkeit zurückgriff, verlangte in seiner Zerklüftetheit und räumlichen Sperrigkeit von den Darstellern teilweise artistische Beweglichkeit. Das erschien den vorgesehenen und ungemein renommierten Gesangsprotagonisten teilweise als zu schwierig und sie traten von ihren Rollen zurück. Eisenstein stand daher nicht die erste Garde der Bolschoi-Solisten zur Verfügung, dafür aber eine junge Generation engagierter Sänger, darunter Natalja Schpiller als Sieglinde, die später auch interessante Erinnerungen an Eisensteins Arbeit veröffentlichte.[57]

Die Premiere fand ein widerspruchsvolles Echo. Das Moskauer Opernpublikum war sehr interessiert, wenn auch teilweise irritiert von der ungewöhnlichen Szenerie und der nicht traditionellen Inszenierungsweise. Aufgeschlossen zeigte sich auch die Presse. Die großen Tageszeitungen „Prawda" und „Iswestija" sowie die Zeitschrift „Sowjetskoje iskusstwo" brachten ausführliche Rezensionen.[58]

---

[55] Sergej M. Eisenstein, YO. Ich selbst. Memoiren, S. 830 ff.

[56] Sergei Eisenstein, Die Inkarnation des Mythos, S. 98, 101, 103 f.

[57] Vgl.: Oksana Bulgakowa, Sergej Eisenstein – drei Utopien. Architekturentwürfe zur Filmtheorie, S. 149 ff.; vgl. auch: Sergej M. Eisenstein, YO. Ich selbst. Memoiren, Bd. 2, S. 830 ff.; vgl. weiterhin: N. Schpiller, „Die Walküre" in der Inszenierung Sergej Eisensteins.

[58] Vgl.: Rosamund Bartlett, Wagner and Russia, S. 368.

Zur Premiere im Bolschoi Theater waren natürlich Vertreter der sowjetischen Staatsführung wie auch der deutsche Botschafter Friedrich Werner Graf von der Schulenburg, der wesentlich am Zustandekommen des Hitler-Stalin-Paktes mitgewirkt hatte, anwesend, und es kam sogleich zum absehbaren Eklat. Die deutsche Botschaft protestierte energisch im sowjetischen Außenministerium. Man hatte sehr wohl bemerkt, dass Eisensteins Lesart des Wagnerschen Werkes sich bewusst diametral der im faschistischen Deutschland gängigen deutschnationalen bzw. germanophilen Sichtweise und Aufführungsästhetik entgegensetzte. Und man hatte sehr wohl auch den spitzen Pfeil gespürt: ein Halbjude als Regisseur realisierte eine antideutsche, ja antifaschistische Grundkonzeption. „Die Walküre" erlebte nur sechs Aufführungen und wurde dann abgesetzt. Die Inszenierung war so nur ein diplomatischer Spielball in einem globalen Machtspiel gewesen, das wenig später unweigerlich in den Krieg führte.[59]

Ein aufmerksamer Beobachter dieser Vorgänge war auch der Komponist Dmitri Schostakowitsch. Er kannte die Wagnerschen Opern aus den Aufführungen der 20er- und 30er-Jahre in Petrograd und war auch durch seinen Freund, den Musikwissenschaftler Iwan Sollertinski, der Wagner ungemein schätzte, mit der ästhetischen Welt des deutschen Komponisten vertraut. In dem Zusammenhang und auch im Hinblick auf das nach wie vor hohe künstlerische Ansehen, das Wagner in der Sowjetunion genoss, mag es daher nicht erstaunen, dass die Presse Schostakowitsch bei der sensationell erfolgreichen Doppeluraufführung seiner Oper „Lady Macbeth des Mzensker Landkreises" 1934 in Leningrad und Moskau sogar als *„einen neuen Wagner"* titulierte („Krasnaja gaseta", 10. Februar 1934),[60] ähnlich übrigens wie schon wenige Jahre zuvor Meyerhold von Prokofjew als einem *„neuen Wagner"* für die sowjetische Musik gesprochen hatte. In derselben Nummer der „Krasnaja gaseta" hatte Schostakowitsch auch selbst die Begründung für seine Ernennung zum *„neuen Wagner"* gegeben, als er nämlich kundtat, mit der „Lady Macbeth" einen ganzen Zyklus von Opern revolutionären Inhalts schreiben zu wollen:

> *„Ich will einen sowjetischen ,Ring des Nibelungen' schreiben! Das wird eine Operntrilogie über die Frau, in der ,Lady Macbeth' quasi das ,Rheingold' ist. Die Hauptgestalten der nächsten Opern sind Heldinnen der ,Narodnaja Wolja'-Bewegung. Danach – eine Frau unseres Jahrhunderts. Und natürlich beschreibe ich eine sowjetische Heldin, die in sich alle Eigenschaften einer Frau der Gegenwart und der Zukunft trägt … Dieses Thema ist das Leitmotiv meiner täglichen Überlegungen und meines Lebens in den nächsten zehn Jahren."*[61]

Dieses Vorhaben, wenn es denn überhaupt ernst gemeint war, blieb unausgeführt. Die Proklamierung eines solchen „Ring"-Planes war wohl eher ein propagandistischer Schutzschild für die doch so unsowjetische und unrevolutionäre Oper „Lady Macbeth von Mzensk". Es war, vielleicht auch auf Anraten seines klugen Freundes

---

[59] Vgl. näher dazu: Eckart Kröplin, Richard Wagner. Musik aus Licht. Synästhesien von der Romantik bis zur Moderne. Eine Dokumentardarstellung: Teil III/2, S. 1736–1746.

[60] Vgl.: Solomon Wolkow, Stalin und Schostakowitsch. Der Diktator und der Künstler, S. 157, 429.

[61] Zit. nach: Dmitri Schostakowitsch, Partitur „Ledy Makbet Mzenskogo ujesda", in: Nowoje sobranije sotschinenij, Serie IV/Bd. 52/6, S. 322.

Sollertinski, eine bewusst devote Ergebenheitsadresse, es war vorauseilender politischer Gehorsam gegenüber der rigiden Kulturpolitik unter Stalin. Aber die Ankündigung einer *„sowjetischen Heldin"* als Hauptfigur im Schlussteil des geplanten neuen „Ring", einer Nachfolgerin quasi von Wagners Brünnhilde, nützte letztlich doch nichts, denn zwei Jahre später (und Schostakowitsch hatte noch keine Note eines weiteren Werkes für seinen „Ring" komponiert) wurde über seine „Lady Macbeth" das Todesurteil verhängt. Der schon erwähnte, von Stalin inspirierte und das Werk vernichtend kritisierende Artikel „Chaos statt Musik", hatte das sofortige Aufführungsverbot des Werkes zur Folge, und Schostakowitsch galt nun gar als *„Volksfeind".*[62] Er konnte sich aber noch glücklich schätzen, nicht wie bald danach sein Freund und Förderer Meyerhold, den Stalinschen Repressionen gegenüber frei denkenden Künstlern zum Opfer gefallen zu sein.

Im Übrigen bekundete Schostakowisch aber eine recht skeptische Haltung gegenüber Wagner. Dafür mag seine bitter ironische Reaktion auf Eisensteins „Walküre", so wie sie sein Biograf Solomon Wolkow in des Komponisten eigenen Worten kolportierte, ein markantes Beispiel sein. Und dieses Beispiel ist doch so interessant zu lesen, daß es angebracht ist, ausführlich daraus zu zitieren. Es hieß da u. a.:

> *„Die Geschichte der ‚Walküre' ist so schmählich, daß ich sie erzählen will. Der Ribbentrop-Molotow-Pakt war schon in Kraft. Wir hatten nun also die Faschisten zu lieben. Es war eine späte, daher um so leidenschaftlichere Liebe …"*

Schostakowitsch warf dann, bevor er auf die „Walküre" von 1940 zu sprechen kam, einen sarkastischen Rückblick auf die Geschichte der russischen Wagnerrezeption:

> *„Mit Wagner passierten in Rußland die komischsten Sachen. Zuerst prügelten sich seinetwegen die russischen Musiker. Doch bald hörten sie damit auf und lernten viel von ihm … Dann aber – vor dem Ersten Weltkrieg wurde Wagner über Nacht populär. Der Zar, sehen Sie, befahl den ‚Ring des Nibelungen' im Kaiserlichen Marijnskij-Theater aufzuführen. Die gesamte Adelsbürokratie, das Offizierskorps, die ganze Beamtenschaft begeisterte sich für Wagner. Und nun urplötzlich Krieg! Es ist noch dazu der Vetter, der drauflosschlägt. Das ist beleidigend, so beleidigend, daß man heulen möchte. Die Wilden hauen in solchen Fällen ihre hölzernen Götzen. In Rußland haute man statt dessen Wagner. Hochkantig flog er aus dem Repertoire des Marijnskij-Theaters wieder heraus. Nach der Revolution hatte man sich wieder an Wagner erinnert. Denn man brauchte ein Opernrepertoire, das der Epoche entsprach: Zaren und Bojaren können ja nicht mehr auf der Bühne erscheinen … Man nahm an, daß in westlichen Opern der revolutionäre Geist viel weiter entwickelt sei. Sie probierten ‚Wilhelm Tell', ‚Fenella', den ‚Propheten'. Da gerieten sie an Wagners ‚Rienzi'. Meyerhold begann, ‚Rienzi' einzustudieren. Er erzählte mir, aus rein theaterinternen Gründen – das Geld reichte nicht – habe er die Sache nicht zu Ende gebracht. Und das tue ihm immer noch leid. Seine Auffassung des ‚Rienzi' war hochinteressant. Zur Musik hatte er überhaupt keine Beziehung. Die Aufführung des ‚Rienzi' übernahm dann ein anderer Regisseur. Ich mag diese Oper nicht besonders. Sie erscheint mir pompös und aufgeblasen. Ihre Idee ist unselbständig, die Musik mittelmäßig. Nur das Sujet taugt wirklich als revolutionäres Stück."*

---

[62] Vgl.: „Volksfeind Dmitri Schostakowitsch". Dokumentation, S. XVIII; vgl. auch: Solomon Wolkow (Hrsg.), Zeugenaussage. Die Memoiren des Dmitrij Schostakowitsch, 137 f.

Dann beschrieb Schostakowitsch einen entscheidenden Vorbehalt gegenüber dem deutschen Komponisten, fokussierte ihn allerdings auf einen eher äußerlichen Aspekt:

> *„Meine Einschätzung Wagners wechselte verschiedentlich. Er hat geniale Seiten, schrieb viel gute und viel mittelmäßige Musik. Er verstand es aber, seine Ware gut zu verkaufen. Dieser Typ des Komponisten als Reklametrommler ist mir fremd, er hat in der russischen Musik keine Tradition ... Jetzt wird vielleicht klarer, weshalb ich Wagner gegenüber zwiespältige Empfindungen hege. Russische Komponisten haben von Wagner wohl das Orchestrieren gelernt, aber nicht, wie man sich gut verkauft oder erfolgreich intrigiert."*

In den folgenden Ausführungen zum eigentlichen Anlass der „Walküren"-Inszenierung ließ es Schostakowitsch dann auch nicht an bissigen Ausfällen fehlen, die jedoch ganz offensichtlich dem großen Unbehagen gegenüber dem furchtbaren politischen Hintergrund, dem Hitler-Stalin-Pakt, geschuldet waren:

> *„All die Jahre bis zum Krieg wurden Wagner-Opern bei uns aufgeführt, aber irgendwie welk, dürr und schwächlich. Das hatte ideologische Gründe. Man entdeckte in Wagners Werken Idealismus, Mystizismus, reaktionäre Romantik und kleinbürgerlichen Anarchismus, schrieb allerlei Beleidigendes über ihn. Dann änderte sich die Situation wieder ganz plötzlich ... Stalin wollte bloß Hitler noch fester an die Brust drücken mit schmetternder Begleitmusik. Alles sollte sich – wie schon einmal – unter Verwandten abspielen. Wilhelm II. war mit der Zarenfamilie blutsverwandt. Stalin und Hitler waren Geistesverwandte. Wagner erwies sich als der bestgeeignetste Komponist, die russisch-germanische Freundschaft musikalisch zu untermalen. Eisenstein erhielt den Befehl, unverzüglich die ‚Walküre' im Bolschoj-Theater zu inszenieren. Warum ausgerechnet Eisenstein? Der Filmregisseur? Ein berühmter Name mußte her. Wagners Oper mußte mit Aplomb herausgebracht werden, so lautstark wie die Musik selber. Und das wichtigste: der Regisseur durfte kein Jude sein. Eisensteins Vater war sogar Deutscher gewesen, ein getaufter Jude."*

Über die ‚Walküre"-Inszenierung selbst äußerte sich Schostakowitsch seltsamerweise gar nicht. Aber gegen Eisenstein wandte er Folgendes ein:

> *„Warum trat Eisenstein von dem Auftrag nicht zurück, als er begriff, in welch schändliche Sache er hineingezogen wurde? Bei uns sagt man oft von einem Menschen: Er arbeitet nicht aus Angst, sondern aus Gewissensgründen. Nun, ein Gewissen besaß Eisenstein nicht, aber Angst hatte er. Große Angst. Den Auftrag abzulehnen, bedeutete den Kopf zu riskieren. Mir wurde erzählt, er habe sich sehr gequält, habe gräßlich gelitten, sich aber schließlich mit dem Gedanken beruhigt, daß es interessant sei, am Bolschoj zu arbeiten, und daß ‚Die Walküre' trotz allem eine geniale Oper sei."*

Und Schostakowitsch beendete seine „Walküre"-Erzählung dann wieder ganz drastisch:

> *„Wagner ... liebten alle. Denn alle wußten, daß der Führer und Lehrer Wagner liebte. Und dann plötzlich aus heiterem Himmel wieder Krieg! Und wieder flog der – jetzt faschistische – Wagner aus dem Repertoire. Wieder war er in schlechte Gesellschaft geraten. Und alle anderen Professoren und Dozenten, auch unsere führenden und folgenden Musikkritiker begannen, Wagner Mores zu lehren, nach den Methoden, mit denen man minderjährige Kriminelle in den Arbeitserziehungskolonien umerzieht. Wagner hatte die falschen Freunde gehabt, hatte an den falschen Orten verkehrt und hatte falsche Dinge getan. Von Liebe zu Wagner war keine Rede mehr."* [63]

---

[63] Solomon Wolkow (Hrsg.), Zeugenaussage. Die Memoiren des Dmitrij Schostakowitsch, S. 149 ff.

Das war also Schostakowitschs bitterböse Einschätzung der Eisensteinschen „Walküre" und ihrer Einbindung in ein verhängnisvolles weltpolitisches Machtspiel. Seine deutlich erkennbare Distanz gegenüber dem deutschen Komponisten führte sogar dazu, dass er für Wagner einmal gar die Bezeichnung *„Rassist"* heranzog und ihm deshalb absprach, ein *„Genie"* gewesen zu sein, denn *„Genie und Verbrechen sind unvereinbare Dinge"*.[64] So zugespitzt das auch klang, es hinderte Schostakowitsch jedoch nicht, später gelegentlich ganz pointiert direkte musikalische Anleihen bei Wagner aufzunehmen. Und das weniger, wie im obigen Zitat als typisch für etliche russische Musiker angemerkt, in Fragen der *„Orchestrierung"*, sondern eben weil Wagner musikalisch *„geniale Seiten"* hatte. Schostakowitsch zitierte Wagner in einigen seiner Kompositionen direkt, und zwar mit bekannten Leitmotiven, die zu ganz wichtigen Handlungsvorgängen in den Wagnerpartituren musikalische Deutungen geben.[65] Ein erstes Beispiel ist seine 8. Sinfonie aus dem Jahr 1943, die, wie die berühmtere 7. Sinfonie, von den Wirkungen des Krieges auf die Psyche des Musikers kündet. Wolkow machte darauf aufmerksam, dass in deren viertem Satz *„Anklänge an das Leidensmotiv aus dem ‚Parsifal'"* zu hören seien.[66] Dann waren – und hier wurde es ganz persönlich – Wagnerklänge auch im 8. Streichquartett (1960) vernehmbar, das Schostakowitsch quasi als Andenken an sich selbst komponiert und mit zahlreichen Eigenzitaten versehen hatte. Dazu ließ er dann den Trauermarsch aus der „Götterdämmerung" anklingen.[67] Schließlich bezog er Wagner auch in sein letztes sinfonisches Werk ein. Wenn im ersten Satz der 15. Sinfonie (1971) schmetternd frech das Hauptmotiv aus Rossinis „Wilhelm Tell"-Ouvertüre auftrumpft, so taucht dann in vollem Gegensatz dazu im vierten Satz der Sinfonie das Todverkündungsmotiv aus der „Walküre" auf. Dreimal aufeinander folgend gelangt es bis zur originalen Lage und Klangfarbe des Wagnerschen Vorbilds, um dann ganz überraschend in die Anfangstöne a-f-e des „Tristan" (allerdings ohne den eigentlichen „Tristan"-Akkord aufzunehmen) hinüberzugleiten.. Schostakowitsch äußerte dazu gesprächsweise gegenüber dem Freund Isaak Glikman: *„Ich weiß selbst nicht, wozu diese Zitate da sind, aber ich war nicht imstande, diese Zitate nicht zu verwenden, ich war nicht imstande dazu."*[68]

Wenn man bedenkt, dass diese Wagnerzitate auch im Zusammenhang mit den Selbstzitaten (das D-Es-C-H-Motiv und das Gewaltmotiv aus der „Lady Macbeth") verwandt wurden, so wird deutlich, welch zentrale Bedeutung sie doch für den Komponisten hatten. Sie charakterisieren ein Grundmotiv seiner Musik – den Gegensatz von „Tragödie und Satire" (so der Titel eines Schostakowitsch-Aufsatzes schon zu seiner ersten Oper „Die Nase"). Wenn Schostakowitsch damit zu Zeiten,

---

[64] Dmitri Schostakowitsch, Chaos statt Musik? Briefe an einen Freund, S. 12.

[65] Vgl. dazu: Eckart Kröplin, Im Wechselspiel von Anziehung und Abstoßung. Der „Ring" in Russland und in der Sowjetunion, S. 77 ff.; Eckart Kröplin, Richard Wagner. Musik aus Licht. Synästhesien von der Romantik bis zur Moderne. Eine Dokumentardarstellung: Teil III/2, S. 1744 ff.

[66] Solomon Wolkow, Stalin und Schostakowitsch. Der Diktator und der Künstler, S. 282.

[67] Vgl. ebd.: S. 405; vgl. weiterhin: Dmitri Schostakowitsch, Chaos statt Musik? Briefe an einen Freund, S. 173 f.

[68] Ebd.: S. 299.

als Wagner in der Sowjetunion noch verfemt und mit dem Ruch reaktionär-faschistoider Gesinnung behaftet war, gewährte er ihm im eigenen Werk gewissermaßen „Asyl". Und mit Wagner klangen dann auch für den Komponisten selbst Gedanken an den Tod auf, an das Ende seines Künstlerlebens. Tragödie und Satire, ja Groteske, kreuzten sich in Schostakowitschs Musik immer wieder auf seltsamste und doch höchst bemerkenswerte Weise. Die in seinen Kompositionen klingende quälende Vergangenheit und Gegenwart kannte keine Erlösung, verhallte in unaufgehobener Antinomie und als unbeantwortete Frage nach durch Kunst sich mitteilender Humanität.

Alexei Lossew – Bruch mit Lunatscharskis Wagner-Doktrin

Ein Blick auf das Opernrepertoire der Nach-Stalinzeit in der Sowjetunion bestätigt nur, wie distanziert man noch zu Wagner stand. Er galt nach wie vor als „unerwünschte Person". Gelegentlich erst fand das eine oder andere Wagnerwerk wieder den Weg auf die Opernbühnen. Eine Vorreiterrolle spielte da das Rigaer Theater mit seiner alten Wagnertradition. Hier gab es schon seit den 50er-Jahren Neuinszenierungen, so 1956 „Tannhäuser", 1958 „Lohengrin", 1963 „Walküre" und 1970 „Der fliegende Holländer". An der Leningrader Kirow-Oper erschien der „Lohengrin" in den Saisons 1961/62, 1964/65 und 1981/82 und „Der fliegende Holländer" 1957 am dortigen Maly Operny Theater (dirigiert von Kurt Sanderling). Am 14. Mai 1963 kam der „Holländer" auch am Moskauer Bolschoi Theater wieder auf die Bühne (zu Wagners 150. Geburtstag, inszeniert vom Leipziger Operndirektor Joachim Herz). In Moskau gab es dann seit Ende der 60er-Jahre auch gelegentliche Gastspiele westlicher Opernhäuser, so mit den „Meistersingern" und dem „Tannhäuser" (Berliner Staatsoper, 1969 und 1986), dem – erstmals überhaupt in Moskau – „Tristan" (Wiener Staatsoper, 1971), dem „Ring" (Stockholmer Hofoper, 1975), dem „Lohengrin" (Hamburger Staatsoper, 1983) und den „Meistersingern" (Komische Oper Berlin, 1987). Und es folgte am Bolschoi Theater 1979 eine eigene Neuinszenierung des „Rheingold".[69] Erwähnenswert ist weiterhin eine „Lohengrin"-Gesamtaufnahme bereits aus dem Jahre 1949, die dann allerdings als Schallplatte beim Lable „Melodija" erst 1968 auf den Markt kam. Als Dirigent wirkte hier der Wagnerverehrer Samuil Samossud, dem ja das Dirigat der „Walküre" 1940 aus politischen Gründen verwehrt gewesen war. Die Hauptrollen wurden gesungen von dem legendären Iwan Koslowski und der großartigen Jelisaweta Schumskaja.

Seit den 60er-Jahren wandte sich auch die sowjetische Musikwissenschaft wieder häufiger dem Thema Wagner zu. Nennenswert sind da, wie schon erwähnt, vor allem Arbeiten von Alexei Lossew und Stanislaw Markus. Letzterer veröffentlichte

---

[69] Vgl. Aufführungsstatistik bei Rosamund Bartlett, Wagner and Russia, S. 314; vgl. auch: A. Gosenpud, Richard Wagner i russkaja kultura, S. 284 ff.

1968 den zweiten Band seiner „Geschichte der Musikästhetik",[70] worin er eine um-
fassende Überschau über Entwicklungen kunstästhetischer Denkmodelle der
Romantik in Europa, vor allem in Deutschland, gab und dabei Hector Berlioz, Franz
Liszt, Richard Wagner und Arthur Schopenhauer in den Mittelpunkt seiner Betrachtungen stellte. Es war eine bemerkenswerte Arbeit, die sich durch fundierte
Sachkenntnis und differenzierte Analytik auszeichnete. Markus sah – und das war
in der sowjetischen Musikwissenschaft neu – in Wagners geistiger und künstlerischer Entwicklung doch eine Kontinuität, die einen scharfen Bruch zwischen
„Revolutionär" und „Reaktionär", so wie es von Lunatscharski vorgegeben war,
nicht mehr zuließ. Markus maß Wagner ganz betont in der Gesamtheit seiner
Persönlichkeit und seines Werkes größte Bedeutung bei. Und er belegte das mit ausführlichen Untersuchungen vor allem von Wagners Schriften, d. h. er beurteilte den
Komponisten vor allem aus der Sicht seiner kunstästhetischen Äußerungen, kaum
jedoch unter Einbeziehung musikalischer und dramaturgischer Werkanalysen. Das
ist ein gewisses Manko des Buches von Markus. Und in dieser relativen Einschränkung blieb auch Markus' kunstpolitische Einschätzung des Phänomens Wagner in
gewisser Weise unentschieden. Zwar lehnte er die in der sowjetischen Musikwissenschaft bislang vorgegebene grundsätzlich kritische Meinung zum späten Wagner
ab, als er schrieb: „Die Frage, ob Wagner als Mensch und Künstler sich gegen Ende
seines Lebens mit der kapitalistischen Wirklichkeit abgefunden habe, ist unbedingt
zu verneinen." Aber, sogleich folgte dann doch der Umkehrsatz: „Allerdings waren
Wagners gesellschaftlich-politische Anschauungen, so kritischen Charakter sie
auch trugen, im Grunde durch und durch pessimistisch und in vielerlei Hinsicht reaktionär."[71] Das führte Markus in einem späteren Abschnitt seiner Darlegungen,
nunmehr der Philosophie Schopenhauers gewidmet, auf dessen unheilvollen Einfluss auf Wagner zurück, indem er mehr oder weniger unbesehen den sogenannten
„Pessimismus" Schopenhauers als Grund für Wagners „reaktionäre" Anschauungen
angab. Er sprach da, auch über Wagner hinausgehend, ganz explizit vom „reaktionären Einfluß der Schopenhauerschen Philosophie auf die Künstler der bürgerlichen Gesellschaft" bzw. vom „reaktionären Charakter der musikästhetischen Anschauungen Schopenhauers."[72] Man müsse also, so könnte man Markus' Ansichten
zusammenfassen, der Künstlerpersönlichkeit Wagners eine grundsätzlich hoch-
wertige Bedeutung in seinem Gesamtwerk zumessen, aber eben doch unter dem
Vorbehalt einer nach wie vor unübersehbaren Verhaftung des Komponisten in „re-
aktionärer" Geisteshaltung.

Neben Markus ist dann vor allem eine Arbeit hervorzuheben, die nun tatsächlich
einen völligen Umsturz der bisherigen sowjetischen Wagnerrezeption bedeutete.
Abseits vom Umfeld der traditionellen Musikwissenschaft und Musikästhetik, fast
unauffällig, erschien, übrigens im selben Jahr wie die Markus-Musikästhetik, 1968
eine Studie des Philosophen und Kulturwissenschaftlers Alexei Lossew, die sich

---

[70] Stanislaw A. Markus, Musikästhetik. II. Teil. Die Romantik und der Kampf ästhetischer
Richtungen.

[71] Ebd., S. 363.

[72] Ebd., S. 408, 415.

gleichfalls ausführlich mit dem Phänomen Wagner und seiner Rezeption in der russischen und vor allem auch sowjetischen Kulturgeschichte auseinandersetzte.[73]

Lossew hatte wohl ein besonderes Verhältnis zum Thema, war er selbst doch auch ein frühes Opfer Stalinscher Repressionen und lange Jahre nach Nordsibirien verbannt gewesen. In seiner Schrift warf er zunächst einen ausführlichen Blick auf die Wagnerrezeption des 19. Jahrhunderts. Sein Hauptaugenmerk richtete er dabei auf Nietzsches Verhältnis zu Wagner. Eingedenk der Tatsache, dass Wagner in der Sowjetunion (spätestens seit Lunatscharski) mit der Trennung zwischen einem „revolutionären" und einem „reaktionären" Künstler quasi einer Persönlichkeitsspaltung unterworfen war, löste Lossew Wagner zunächst aus der kritischen Umklammerung durch Nietzsche, dem Lunatscharski ja mit seiner Wagnerkritik blindlings gefolgt war. Er ließ eine ganze Phalanx von Wagneranhängern und Wagnergegnern kritisch Revue passieren: nach Nietzsche dann etwa George Bernard Shaw, Romain Rolland und Thomas Mann, weiterhin Tschaikowski, Rimski-Korsakow, Serow, Stassow, Tolstoi und die russischen Symbolisten bis hin schließlich zu Lunatscharski und Gruber, deren Ansichten weiter oben ja bereits ausführlicher erläutert wurden. Lossew suchte nach dem reinen Wagner und stellte dabei die geradlinige Gleichsetzung des Komponisten und seiner frühen Schaffensphase als „revolutionär" in Frage, etwa wenn er die Charakterisierung der Gestalt des Siegfried aus dem „Ring" als *Sozialist"*, wie es beispielsweise in den Wagnerdeutungen von George Bernard Shaw oder Romain Rolland nachzulesen war, als schlichtweg irrig bezeichnete und Siegfried vielmehr als *„anarchischen Individualisten"* ansah, oder wenn er meinte, dass es *„nie irgendwelche revolutionären Helden"* in Wagnerschen Werken gegeben habe, denn viel mehr sei doch deren Schicksal von *„reinem Individualismus"* gezeichnet gewesen.[74] Und in diesem Zusammenhang verteidigte Lossew Wagner auch gegenüber dem im faschistischen Deutschland hochstilisierten Heldenkult um Figuren wie Siegfried oder Wotan.[75] Lossew negierte keinesfalls Wagners tiefe geistige Verstrickung in die revolutionären Ideenwelten seiner Zeit, wohl aber verneinte er deren geradlinige Übertragung auf die Sujets der frühen Wagneropern. Hier müsse viel genauer differenziert werden.

Und dann kam Lossew auf Lunatscharskis Wagnersicht zu sprechen, auch auf die Vorwürfe, Wagner sei *„Nationalist"* oder *„Renegat"* gewesen. Der vermeintliche „Kniefall" (von Nietzsche einst so formuliert) vor dem „Katholizismus" mit dem „Parsifal" sei ein Irrtum, ja, Lossew steigerte sich in der Gegenargumentation sogar zu der These, dass Tristan und Parsifal viel *„näher dem Sozialismus"* seien als der angebliche „Revolutionär" Siegfried bei Lunatscharski oder Gruber. Lossews kritisches Urteil lautete dann scharf konturiert: *„Wagner als Politiker und Revolutionär ist eine nichtige Erscheinung und verdient nicht unsere Aufmerksamkeit, aber Wagner als Künstler ist eine Erscheinung von Weltbedeutung."* Etwas später differenzierte Lossew noch weiter, als er schrieb, man müsse Wagner allein dafür Aner-

---

[73] Alexei Lossew, Problema Richarda Wagnera w proschlom i nastojastschem (Das Problem Richard Wagners in Vergangenheit und Gegenwart).

[74] Vgl. ebd., S. 86, 93.

[75] Vgl. ebd., S. 190.

kennung zollen, *„dass er entschieden ein Leben lebte jenseits der bourgeoisen Ge-sellschaftsordnung, und darin war mehr revolutionäre Haltung als bei manchem Dichter oder Künstler, der revolutionär nur äußerlich im Sujetentwurf erscheint.“*[76]

Im Weiteren legte Lossew auch seine Ansicht dar, dass Wagner primär als Künst-ler gehandelt habe, d. h. dass er – entgegen anderen Meinungen – zuerst seine künst-lerischen Projekte geistig entworfen, ja teilweise schon ausgeführt habe, ehe er dann dementsprechende theoretisierende ästhetische Schriften publizierte. Erst sei bei Wagner der Werkgedanke, dann die theoretische Verallgemeinerung entstan-den.[77] Weiterhin schlussfolgerte Lossew: *„Die Philosophie Wagners ist nicht ir-gendein Denksystem, sondern wahrhafter romantischer Symbolismus.“*[78] Und er be-legte das mit einem Blick auf die romantische Umwelt des jungen Wagner, auf Mo-zart, Beethoven, Hoffmann und Weber und deren starken Einfluss auf die geistige und künstlerische Entwicklung des Komponisten. *„Romantisch“* sei wohl auch des-sen Haltung in der Revolution von 1848/49 gewesen, sein *„revolutionärer Enthusi-asmus, seine grundsätzlich antibourgeoise Haltung und seine unbedingte Hingabe für die Sache einer allgemeinen Erneuerung“.*[79]

Und eben dieser Gedanke der Notwendigkeit einer grundsätzlichen Erneuerung der Gesellschaft sei das vereinheitlichende Grundthema aller Wagnerschen Werke vom „Rienzi“ und „Holländer“ bis zum „Parsifal“. Früher revolutionärer Enthusias-mus und spätere religiös fundierte Erlösungsideen schlössen einander nicht nur nicht aus, sondern stellten eine durchgehende geistige Grundlinie dar. Notwendiges verallgemeinerndes stoffliches Vehikel sei daher für Wagner gerade die altnordische Mythologie mit ihren transrealistischen *„gigantischen Gestalten, titanischen Persönlichkeiten und riesenhafter Ideenwelt“* gewesen. Das war eine weitblickende These, die sich übrigens erst später, am Ende des 20. Jahrhunderts, allmählich in der Wagnerforschung durchsetzte. Der „Ring des Nibelungen“, so Lossew weiter, be-inhalte den *„Untergang einer individualistischen Kultur“* und kennzeichne den Komponisten als einen *„objektiven Idealisten“.*[80] Und wichtig war es für Lossew auch zu betonen, dass der „Ring“ ja nicht das allgemeine Weltende darstelle, denn er zeige zwar den Untergang der alten Götterwelt, eröffne aber zugleich auch den Blick auf eine *„neue, nicht mehr tragische und hoffnungsvolle Welt“.*[81]

So verwundert es also nicht, dass Lossew heftig gegen die Lunatscharski-Doktrin vom geteilten Wagner, dem „Revolutionär“ und dem „Reaktionär“, Stellung bezog. Er kritisierte zwar Lunatscharski, eine geistige Ikone der Sowjetkultur, nicht direkt, ging dafür aber umso heftiger mit Roman Gruber ins Gericht, der nichts Anderes als die Lunatscharski-Doktrin vertreten hatte, und kritisierte dessen Wagnersicht schlicht als *„Vulgarismus“.*[82] Weder im „Tannhäuser“ noch im „Lohengrin“, als

---

[76]Vgl. ebd., S. 118 f., 122.

[77]Vgl. ebd., S. 129.

[78]Vgl. ebd., S. 133.

[79]Vgl. ebd., S. 140.

[80]Vgl. ebd., S. 144 f., 156.

[81]Vgl. ebd., S. 159.

[82]Vgl. ebd., S. 118 ff., 152.

Wagner doch schon mit den Ideen des utopischen Sozialismus vertraut war, sei auch nur eine *„Andeutung auf eine sozialpolitische Revolution"* merkbar, wie sich im Gegenzug aber auch im „Tristan", im „Ring" oder im „Parsifal" keinerlei *„Andeutungen einer sozialpolitischen Reaktion"* ausmachen ließen.[83] Und gegen Ende seiner Darlegungen gab Lossew, bislang doch um verbindliche Formulierungen bemüht, seiner Kritik an der Lunatscharski-Doktrin in scharfen Worten Ausdruck. Er nannte nun die Gegenüberstellung von *„Revolution"* und *„Reaktion"* bei Wagner *„nicht nur dilettantisch, sondern auch völlig hilflos, dumm und unbegründet"*. Die Lunatscharski-Doktrin, die Wagner zwar teilweise in die Sowjetideologie hinübergerettet habe, sei im Grunde nicht nur obsolet, sondern eben aus neuerer Sicht auch völlig unbegründet. Lossews abschließende These lautete: *„Wagner ging nicht von der Revolution zur Reaktion, sondern von der partiellen Ablehnung des bourgeoisen Individualismus hin zu dessen erbarmungsloser Kritik."*[84]

Ganz ähnlich argumentierte Lossew dann auch in einem Aufsatz aus dem Jahre 1978: „Die historische Bedeutung der ästhetischen Anschauungen Richard Wagners". Darin hieß es u. a.:

> *„Die Ästhetik Wagners ist eine Ästhetik des revolutionären Pathos, das der Künstler für sein ganzes Leben behalten hat … Die ästhetischen Bestrebungen sind bei Wagner mit den Mißerfolgen der revolutionären Bewegung der 40er Jahre und den romantischen Vorstellungen von einer anderen, durchaus keiner bürgerlichen, Revolution verbunden, die mit Hilfe der Kunst die Menschheit erneuern und verändern wird."*[85]

Lossews „Ring"-Deutung wies übrigens eine aufschlussreiche Parallele zur oben bereits beschriebenen „Ring"-Deutung von Sergei Eisenstein auf. Auch bei Eisenstein waren Wotan und Siegfried die tragischen Verlierer, während sich allein mit Brünnhilde ein hoffnungsvoller Blick in die Zukunft der menschlichen Gesellschaft eröffnete. Bezeichnend ist, dass Lossew am Schluss seiner Darstellung aus dem Jahre 1968 eben Brünnhilde das letzte Wort gab (Schlussduett des „Siegfried"), mit denen sie die alte Welt verabschiedet:

> *„Oh! Kindischer Held! Oh herrlicher Knabe! … Lachend muß ich dich lieben, lachend will ich erblinden, lachend laß uns verderben, lachend zugrunde gehn! … Fahr hin, Walhalls leuchtende Welt … Leb wohl, prangende Götterpracht! … Götterdämmrung, dunkle herauf! Nacht der Vernichtung, neble herein! … Mir strahlt zur Stunde Siegfrieds Stern … leuchtende Liebe, lachender Tod!"*

Lossews Studie – und diese Dimension macht sie umso interessanter – bedeutete einen radikalen Bruch mit der seit der Oktoberrevolution geltenden Wagnersicht in der Sowjetunion. Sie untergrub damit auch ganz allgemein die als unerschütterlich geltenden Grundfesten einer in der Sowjetunion zum Kanon erhobenen eingleisigen Kulturpolitik. Und das zu Zeiten, als etwa in der DDR gerade erst die Wagnersicht Lunatscharskis in mehreren Aufsatz- und Essaybänden bekannt und dementsprechend als gültig übernommen wurde. Die im Grunde antisowjetische Lossew-Studie

---

[83] Vgl. ebd., S. 192.
[84] Vgl. ebd., S. 192, 194.
[85] Vgl. dazu: Ludmila Poljakowa, Wagner und Rußland, S. 123 ff.

aber blieb bis zum Ende der DDR und auch der UdSSR relativ unbekannt bzw. unbeachtet. Und es ist verwunderlich, dass sie in der Sowjetunion überhaupt erscheinen konnte, andererseits muss es aber auch nicht erstaunen, dass sie über Jahrzehnte hinweg in der Sowjetunion nur eine geringe Reaktion auslöste. Man kannte Lossews Arbeit unter Fachleuten sehr wohl, verhielt sich aber still.

Einzig Poljakowa erwähnte sie und beschrieb sie auch etwas ausführlicher, kennzeichnete aber durchaus nicht die ganze Sprengkraft der Lossewschen Ansichten. Auch war ihr Aufsatz allein für eine in der DDR, in Leipzig, also fern im Ausland, stattfindende Wagner-Konferenz im Jahre 1983 bestimmt. Zwei weitere und weitaus umfangreichere Wagner-Russland-Publikationen von Gosenpud (1990) und Bartlett (1995) erwähnten die Lossew-Studie zwar, bemerkten aber ihren eigentlich umstürzlerischen Charakter nicht oder wollten ihn bewusst nicht hervorheben.[86]

Und dass Lossews Studie bereits 1968 erscheinen konnte, verdankte sie auch wohl nur dem Umstand, dass sie in eine Zeit fiel, wo zu Beginn der Breshnew-Ära doch noch gewisse antistalinistische Äußerungen im Geiste des politischen „Tauwetters" nach der sensationellen Chrustschowschen-Stalinkritik von 1956 möglich waren (wie kurz zuvor auch das Erscheinen von Alexander Solschenizyns antistalinistischer Erzählung „Ein Tag im Leben des Iwan Denissowitsch" im Jahre 1962).

Es ist daher auch nicht übertrieben zu sagen, dass Lossews Wagner-Studie sehr wohl als wichtiger geistiger Vorläufer einer in der Sowjetunion erst zwanzig Jahre später einsetzenden liberalen Politik von „Glasnost" und „Perestroika" unter Michail Gorbatschow anzusehen ist, die ja auch in bemerkenswerter Weise für die Kunst und die Kultur in der Sowjetunion den Beginn eines ideologischen Umbruchs hin zu demokratischen und freiheitlichen Positionen bedeutete.

---

[86] Vgl.: A. Gosenpud, Richard Wagner i russkaja kultura, S. 285; Rosmund Bartlett, Wagner and Russia, S. 292 f.

Kapitel 11
Ein neuer Anfang – Wagner jenseits der Sowjetunion

Über die Lossew-Studie hinaus mag sich nun auch ein Blick auftun auf die Wagner-rezeption im Russland nach dem Zusammenbruch der Sowjetunion. Es gab jetzt keine ideologischen Scheuklappen, keine einengende Doktrin mehr. Wagner konnte wieder ungehindert Einzug auf den russischen Opernbühnen halten. Ein wichtiges Zentrum war dabei das Petersburger Mariinski Theater (Stadt und Theater hatten 1991 bzw. 1992 ihren ursprünglichen Namen zurückerhalten). Hier wirkte seit 1988 Valeri Gergijew als Künstlerischer Leiter und Chefdirigent, ab 1996 auch als Intendant. Zunächst im Zuge von „Glasnost" und „Perestroika" öffnete er das Haus und sein Repertoire allmählich Richtung Westen. Zugleich absolvierte er eine erstaunliche Karriere als international gefragter Konzert- und Operndirigent.

Für sein Petersburger Stammhaus setzte er mit dem Gesamtwerk von Wagner einen andauernden Schwerpunkt. In den 90er-Jahren etablierte er fast alle Wagneropern im Repertoire und erzielte damit auch einen großen Publikumserfolg. Erstmals seit langem erschienen neben „Lohengrin" auch „Parsifal" und „Fliegender Holländer" sowie die übrigen Werke Wagners auf der Bühne des Mariinski Theaters. Seit 2000 kam so ein kompletter „Ring" zustande, den es ja seit fast einem Jahrhundert hier nicht mehr gegeben hatte. Und vielversprechend hatte dieses Unternehmen auch begonnen: der deutsche Regisseur Johannes Schaaf setzte im Jahre 2000 „Rheingold" in Szene. Doch schon mit der „Walküre" ein Jahr später brach dieses Projekt ab. Für Gergijew war das Regiekonzept zu sehr vom Charakter eines *„deutschen Regietheaters"*[1] geprägt, zu sperrig möglicherweise auch für geplante große internationale Gastspielreisen. Der kaukasisch-amerikanische Designer und Bühnenbildner George Tsypin kreierte dann einen Gesamt-„Ring", der im Juli 2003 seine Premiere hatte. Es war eine Aufführung, die offensichtlich auf imposante Schauwirkung und farbenprächtige Buntheit mehr Wert legte als auf eine vertiefte Sinndeutung. Gergijew präsentierte diese „Ring"-Produktion dann auf zahlreichen internationalen Gastspielreisen und setzte sie auch als Schallplattenauf-

---

[1] Sune Manninen im Internet „Online Merker" vom 1.10.2012.

© Der/die Autor(en), exklusiv lizenziert an Springer-Verlag GmbH, DE, ein Teil von Springer Nature 2025
E. Kröplin, *Richard Wagner und Russland*, https://doi.org/10.1007/978-3-662-70404-2_11

nahmen um, in denen u. a. weltbekannte deutsche Sänger wie Nina Stemme, Jonas Kaufmann oder René Pape mitwirkten. Als erstes gab er mit seinem Petersburger „Ring" sogleich im Dezember 2003 und Januar 2004 ein Gastspiel im Festspielhaus von Baden-Baden, das er dort in den folgenden Jahren mehrmals wiederholte.

Auch in Moskau wurde natürlich wieder Wagner gespielt. Im Jubiläumsjahr 2013 gab es am Bolschoi Theater beispielsweise den „Fliegenden Holländer" (inszeniert von Peter Konwitschny) und überhaupt zum ersten Mal in einer eigenen Produktion „Tristan und Isolde", während am traditionsreichen Stanislawski-Nemirowitsch-Dantschenko-Musiktheater der „Tannhäuser" herauskam. Überstrahlt aber wurde alles doch durch die spektakulären Wagner-Unternehmungen Gergijews in Petersburg.

Gergijew war nun gefragter Gast in den großen Musikzentren der Welt und dirigierte u. a. auch an der New Yorker Metropolitan Opera und an der Mailänder Scala. 2019 leitete er dann in Bayreuth eine Neueinstudierung des „Tannhäuser". Damit war er gewissermaßen im Wagner-Olymp angekommen. Und erwähnenswert ist zudem, dass er 2013 eine russisch-deutsche Musikakademie zur Förderung des musikalischen Nachwuchses in beiden Ländern ins Leben rief. Als er sich 2022 allerdings weigerte, gegen den russischen Überfall auf die Ukraine Stellung zu nehmen und vielmehr seine Unterstützung für den Angriffskrieg seines Freundes Putin deutlich machte, erlebte seine internationale Karriere eine abrupte Unterbrechung. Die Stellung als Chefdirigent der Münchner Philharmoniker wurde ihm gekündigt, und auch für viele vertraglich schon vereinbarte Gastspiele in aller Welt erhielt er Absagen. Dafür ernannte ihn Putin 2023 zusätzlich zu seiner wichtigen Petersburger Position auch noch zum Generalintendanten des Moskauer Bolschoi Theaters. Er wurde damit zur dominierenden Person im gegenwärtigen russischen Musikleben.

Nimmt man jetzt also zur Kenntnis, dass Wagners Rolle im postsowjetischen Russland in ganz wesentlichem Maße eben von dem politisch umstrittenen Gergijew bestimmt wird und dass sogar als Gipfel politisch-künstlerischer Perversion Putins Angriffskrieg auch unterstützt wurde von einer Privatarmee, die sich als „Gruppe Wagner" bzw. als „Wagner-Truppe" bezeichnete (da ihr Anführer offenbar ein Wagnerverehrer war), so wird in beklemmender Weise und zum wiederholten Male ein äußerst angespanntes Verhältnis auf dem Felde der Wagnerrezeption zwischen Russland und Deutschland deutlich. Wagner wurde und wird wieder zum missbrauchten Spielball machtpolitischer und genauso kulturpolitischer Interessenkonflikte, zum Spielball entgegengesetzter nationalistischer Interessen. Und Wagner, über den im heutigen Russland Gergijew dank seiner übermächtigen Position im Musik-, Opern- und Theaterleben eine Art Deutungshoheit verfügt, konnte dabei auch jenseits interpretatorischer Innovation zum blanken Spiegel sinnneutraler Showeffekte und artistischer Selbstbeschränkung werden.

Neben Gergijews Einsatz für Wagners Opern auf russischen Bühnen, das so unheilvoll mit dem herrschenden politischen System seiner Heimat verstrickt ist, sei aber auch verwiesen auf weitere künstlerische Aktivitäten, die in jüngerer Zeit die russische und auch russisch-deutsche Wagnerrezeption bereicherten. Zwei Regisseure der jüngeren Generation taten sich da besonders hervor. Beide sind politisch unangepasst, beide beschreiten neue ästhetische Bahnen. Da wäre einmal zu nennen

der Moskauer Regisseur Kirill Serebrennikow, der aus politischen Gründen in seiner Heimatstadt zeitweise unter Hausarrest stand und von hier aus 2021 per Video-
schaltung in Wien eine künstlerisch höchst eindrucksvolle Inszenierung des „Parsifal" realisieren konnte. Dem schloss sich 2023 eine ungewöhnliche „Lohengrin"-
Einstudierung in Paris an. Da taten sich – quasi aus dem Moskauer Untergrund – im
Westen neue Facetten einer kritisch-produktiven Interpretation Wagnerscher Opern
auf. Und da wäre weiter zu benennen der gleichaltrige und ebenfalls aus Moskau
stammende Regisseur Dmitri Tschernjakow, der 2005 an Gergijews Mariinski
Theater „Tristan und Isolde" inszenieren konnte und in der Folge dann auch mit
wohl durchdachten inszenatorischen Lesarten seine Wagnerdeutungen in Deutschland vorstellte: 2016 „Parsifal" und 2018 „Tristan und Isolde" sowie 2022 den kompletten „Ring" an der Berliner Staatsoper (mit Christian Thielemann am Pult) sowie
2021 den „Fliegenden Holländer" bei den Bayreuther Festspielen.

So zeichnen sich doch auch neue und vielversprechende Entwicklungen ge-
meinsamer bzw. sich gegenseitig befruchtender russisch-deutscher-Wagnerrezeption
ab, die ja im Verlauf von eineinhalb Jahrhunderten so manches Auf und Ab erlebt
hatte. Die Werke Wagners waren ein empfindliches Sensorium nationaler Befindlichkeit in Russland, an ihnen kristallisierte sich faszinierte Annäherung und abrupte Abgrenzung heraus. Das begann mit Wagners kritischer Wahrnehmung des
zaristischen Herrschaftssystems, u. a. auch während seiner Kapellmeistertätigkeit in
Riga, setzte sich fort in seinen revolutionären Eskapaden, gemeinsam mit dem russischen Anarchisten Michail Bakunin, im Mai 1849 in Dresden und gipfelte erstmals in seiner großen Konzertreise 1863 nach Petersburg und Moskau. Die allerdings rief auch heftige Auseinandersetzungen hervor, initiiert und äußerst kritisch
geführt einerseits etwa von dem einflussreichen Musikschriftsteller Ulybyschew
sowie auch den Vertretern der „Neuen russischen Schule" (dem „Mächtigen Häuflein") und andererseits von dem Komponisten und Wagnerverehrer Serow oder dem
Dichter und Musikliebhaber Odojewski. Danach kamen allmählich die Wagneropern ins Repertoire der hauptstädtischen Bühnen, ein Umstand, der beispielsweise
den ästhetischen Frontalangriff Leo Tolstois gegen Wagner hervorrief, aber doch
den großen Wagner-Boom seit der Wende vom 19. zum 20. Jahrhundert nicht auf-
halten konnte. Der 1. Weltkrieg brachte verständlicherweise das totale Verbot der
Opern Wagners, während ihm nach der Oktoberrevolution in der jungen Sowjetunion doch wieder erhöhte Aufmerksamkeit gewidmet wurde, bis der 2. Weltkrieg
erneut das gänzliche Aus bedeutete und danach auch nur eine sehr gebremste Aufnahme seiner Opern in der Sowjetunion möglich war. All das ist ein außergewöhn-
liches, historisch weit ausgreifendes Beispiel intensiver und doch auch höchst ge-
spannter kultureller und politischer Beziehungen zweier Nationen, kristallisiert an
der Wirkung einer herausragenden Künstlerpersönlichkeit. Was Wagner selbst,
wenn auch nur kurzzeitig, von der russischen kulturellen und künstlerischen
Öffentlichkeit erfahren konnte, was nach seinem Tode in Russland zu einer un-
geahnten Wagner-Begeisterung aufschäumte und was dann in der Sowjetzeit ge-
maßregelte, fast auf den Nullpunkt zurückgefahrene Distanziertheit zur Folge hatte,
ist doch ungemein aufschlussreich auch für neueste Entwicklungen. In der Gegen-

wart tun sich, wie oben an einigen Beispielen angedeutet, auch für Wagner interessante neue Felder in den deutsch-russischen bzw. russisch-deutschen Kulturbeziehungen auf. Wagner ist – wie früher – ein stets neu aufreizender Bezugspunkt in künstlerischer, ästhetischer und kulturpolitischer Hinsicht.

Anhang

Editoriale Hinweise

Als editorische Besonderheit der vorliegenden Darstellung sei darauf hinweisen, dass im Streben nach lebendiger Anschaulichkeit sowie nach Authentizität und Originalität bewusst zahlreiche Zitate aus Primär- und Sekundärquellen einbezogen wurden. Außerdem ist zu beachten, dass Angaben zu Tagesdaten in persönlichen Äußerungen (etwa Briefen) und zu Terminen von Opern- und Konzertaufführungen sowie bei Publikationen oder anderen Vorgängen, sofern sie Ereignisse in Russland betreffen, grundsätzlich dem damals (bis 1918) gültigen julianischen Kalender folgen, der bekanntlich hinter dem gregorianischen um zwölf bzw. zuletzt dreizehn Tage zurücklag. Bei der Übertragung russischer Namen oder Titel ins Deutsche wurde der traditionellen Transkriptionsweise und nicht den strengen wissenschaftlichen Transliterationsvorgaben gefolgt, da es sachlich nichts verfälscht und vielmehr der flüssigen Lesbarkeit des Textes dienlicher ist. Und es blieb auch bei der allgemein gebräuchlichen Verdeutschung mancher Namen wie Peter (statt Pjotr) Tschaikowski oder Leo (statt Lew) Tolstoi sowie bei dem Verzicht auf die Nennung der jeweiligen Vatersnamen. Gelegentlich tauchen auch, vor allem in der Literaturliste und bei den Zitatennachweisen verschiedene Schreibweisen von Eigennamen auf. Das begründet sich aus den verschieden angewendeten Transkriptionsweisen bei vielen Quellen und war aus Gründen der bibliografen Korrektheit auch so beizubehalten.

Abbildungsnachweise

Abb. 1.1:	Die ersten Kosaken an der Löbtauer Brücke in Dresden 1813. Zeitgenössisches Aquarell. In: „Sächsische Heimatblätter", Bd. 65, Dresden, 2/2019
Abb. 1.2:	Ankunft der fliehenden Polen in Leipzig 1832. Zeitgenössische Darstellung. bpk/ Staatliche Kunstsammlungen Dresden/Andreas Diesend
Abb. 1.3:	Der Hafen von Riga. Zeitgenössischer Stich. In: Robert Bory: Richard Wagner. Sein Leben und sein Werk in Bildern. Frauenfeld und Leipzig 1938
Abb. 1.4:	Das alte Rigaer Stadttheater. Zeitgenössische Fotografie. Nationalarchiv der Richard-Wagner-Stiftung, Bayreuth
Abb. 1.5:	Wagners Wohnhaus in Riga. Zeitgenössische Fotografie. Nationalarchiv der Richard-Wagner-Stiftung, Bayreuth)
Abb. 1.6:	Programmzettel „Großes Vocal= und Instrumental=CONCERT" am 19. März 1838 im Rigaer „Schwarzhäupterhaus". Nationalarchiv der Richard-Wagner Stiftung, Bayreuth
Abb. 2.1:	Richard Wagner. Zeichnung von Ernst Benedikt Kietz um 1850. Nationalarchiv der Richard-Wagner-Stiftung, Bayreuth
Abb. 2.2:	Michail Bakunin. Zeitgenössische anonyme Darstellung. In: Michael Bakunin: Michael Bakunins Beichte aus der Peter-Pauls-Festung an Zar Nikolaus I. Übers. und hrsg. von Kurt Kersten. Berlin 1926
Abb. 2.3:	Dresdner Maiaufstand 1849. Aufständische vor dem Rathaus auf dem Altmarkt. Zeitgenössische Darstellung. In: Bernd Kramer, „Laßt uns die Schwerter ziehen, damit die Kette bricht…". Berlin 1999
Abb. 3.1:	Vauxhall in Pawlowsk. Aquarell 1859. Birgit und Peter Kainz, Wien Museum
Abb. 3.2:	Programmzettel eines Strauß-Konzerts vom 9. September 1858 mit Marsch und Chor aus Wagners „Tannhäuser". Historisches Museum der Stadt Wien
Abb. 3.3:	Alexander Ulybyschew. Zeitgenössische Darstellung. In: Dorothea Redepenning: Geschichte der russischen und der sowjetischen Musik, Bd. 1: Das 19. Jahrhundert. Laaber 1994
Abb. 4.1:	St. Petersburg. Newski Prospekt. Historische Ansicht. © Sunny Celeste/ imageBROKER/mauritius images
Abb. 4.2:	Wagner und Serow unterhalten sich über die „Zukunftsmusik". Karikatur in der Petersburger Satirezeitschrift „Iskra" 1863. In: Rosamund Bartlett: Wagner and Russia. Cambridge 1995
Abb. 4.3:	Wagner galoppiert in die Zukunft. Karikatur in der Petersburger Satirezeitschrift „Iskra" 1863. In: Rosamund Bartlett: Wagner and Russia. Cambridge 1995
Abb. 4.4:	Zweisprachiger Programmzettel zu Wagners zweitem Petersburger Konzert am 26. Februar 1863 in Petersburg. In: Richard Wagner. Sämtliche Briefe, hrsg. von Gertrud Strobel, Werner Wolf u.a., Leipzig/Wiesbaden 1967–2023, Bd. 15
Abb. 4.5:	Das Publikum für Wagners „Zukunftsmusik". Karikatur in der Petersburger Satirezeitschrift „Iskra" 1863. In: Rosamund Bartlett: Wagner and Russia. Cambridge 1995
Abb. 4.6:	Richard Wagner. Fotografie von 1863 in Petersburg. Nationalarchiv der Richard-Wagner-Stiftung, Bayreuth
Abb. 4.7:	Richard Wagner. Kohlezeichnung von Iwan Kramskoi (nach einer Petersburger Wagner-Fotografie von 1863). In: Solveig Weber: Das Bild Richard Wagners, 2. Bd. Mainz 1993
Abb. 4.8:	Der Kreml von Moskau. Historische Ansicht. De Luan/Alamy Stock Photo
Abb. 4.9:	Das Bolschoi Theater in Moskau. Historische Ansicht. Archive Farms Inc/Alamy Stock Photo

Abb. 5.1:	Wagner kommt als Lohengrin mit dem Schwan nach Petersburg. Karikatur in der Petersburger Satirezeitschrift „Iskra" 1868. In: Ernst Kreowski/Eduard Fuchs: Richard Wagner in der Karikatur. Berlin 1907
Abb. 5.2:	Das Mariinski Theater in Petersburg um 1860. Zeitgenössische Darstellung. In: Wagner in St. Petersburg. Ausstellungskatalog. Bayreuth 1993
Abb. 5.3:	„Lohengrin" am Mariinski Theater Petersburg 1868. Szene 1. Akt. Zeitgenössischer Stich. In: Oswald Georg Bauer: Richard Wagner. Die Bühnenwerke von der Uraufführung bis heute. Frankfurt am Main 1982
Abb. 5.4:	Dmitri Orlow als Lohengrin am Mariinski Theater Petersburg 1873. In: Marina Malkijel: Richard Wagners Werke auf der Bühne des Kaiserlichen Marien-Theaters Sankt Petersburg. Bayreuth 1996
Abb. 5.5:	„Lohengrin" am Mariinski Theater Petersburg 1874. Szene 3. Akt. Zeitgenössischer Stich. In: Wagner in St. Petersburg. Ausstellungskatalog. Bayreuth 1993
Abb. 5.6:	„Tannhäuser" am Mariinski Theater Petersburg 1874. Szene 2. Akt. Zeitgenössischer Stich. In: Wagner in St. Petersburg. Ausstellungskatalog. Bayreuth 1993
Abb. 5.7:	Fjodor Nikolski als Tannhäuser am Mariinski Theater Petersburg 1874. In: Marina Malkijel: Richard Wagners Werke auf der Bühne des Kaiserlichen Marien-Theaters Sankt Petersburg. Bayreuth 1996
Abb. 5.8:	Iwan Jerschow als Tannhäuser am Mariinski Theater Petersburg 1899. In: Wagner in St. Petersburg. Ausstellungskatalog. Bayreuth 1996
Abb. 5.9a:	Felia Litwin als Isolde am Mariinski Theater Petersburg 1899. In: Marina Malkijel: Richard Wagners Werke auf der Bühne des Kaiserlichen Marien-Theaters Sankt Petersburg. Bayreuth 1996
Abb. 5.9b:	Felia Litwin als Brünnhilde am Mariinski Theater Petersburg 1900. In: Rosamund Bartlett: Wagner and Russia. Cambridge 1995
Abb. 5.10:	Wladimir Kastorski als Wotan am Mariinski Theater Petersburg 1900. In: Marina Malkijel: Richard Wagners Werke auf der Bühne des Kaiserlichen Marien-Theaters Sankt Petersburg. Bayreuth 1996
Abb. 5.11:	Iwan Jerschow als Siegfried am Mariinski Theater Petersburg 1902. In: Rosamund Bartlett: Wagner and Russia. Cambridge 1995
Abb. 5.12:	„Götterdämmerung" am Mariinski Theater Petersburg 1903. Szene 2. Akt. In: Marina Malkijel: Richard Wagners Werke auf der Bühne des Kaiserlichen Marin-Theaters Sankt Petersburg. Bayreuth 1996
Abb. 5.13:	Titelblatt der „Russischen Musikalischen Zeitung" zu Wagners 100. Geburtstag 1913. In: Rosamund Bartlett: Wagner and Russia. Cambridge 1995
Abb. 9.1:	Iwan Jerschow als Tristan am Mariinski Theater Petersburg 1909. In: Rosamund Bartlett, Wagner and Russia. Cambridge 1995
Abb. 9.2:	„Tristan und Isolde" am Mariinski Theater Petersburg 1909. Bühnenbild 1. Akt. In: Brigitte Held: Richard Wagner. „Tristan und Isolde". Das Werk und seine Inszenierung. Laaber 1994
Abb. 9.3:	„Tristan und Isolde" am Mariinski Theater Petersburg 1909. Bühnenbild 2. Akt. In: Brigitte Held: Richard Wagner. „Tristan und Isolde". Das Werk und seine Inszenierung. Laaber 1994
Abb. 9.4:	„Tristan und Isolde" am Mariinski Theater Petersburg 1909. Bühnenbild 3. Akt. In: Brigitte Held: Richard Wagner. „Tristan und Isolde". Das Werk und seine Inszenierung. Laaber 1994.
Abb. 9.5:	„Walkirija". Ölbild von Michail Wrubel. 1899. In: Rosamund Bartlett: Wagner and Russia. Cambridge 1995
Abb. 9.6:	„Der fliegende Holländer". Bühnenbildentwurf von Wladimir Tatlin 1915/18. Für eine nicht realisierte Inszenierung. In: Larissa Shadowa: Tatlin. Weingarten 1987

Abb. 9.7:	„Der fliegende Holländer". Bühnenbildentwurf von Wladimir Tatlin 1915/1918. Für eine nicht realisierte Inszenierung. In: Rosamund Bartlett: Wagner and Russia. Cambridge 1995
Abb. 10.1:	„Rienzi". Bühnenbildentwurf von Georgi Jakulow 1921. Für eine nicht realisierte Inszenierung am 1. Theater der RSFSR. In: Rosamund Bartlett: Wagner and Russia. Cambridge 1995
Abb. 10.2:	„Lohengrin" am Bolschoi Theater Moskau 1923. Szenenbild (Bühnenbild: Fjodor Fjodorowski). In: Rosamund Bartlett: Wagner and Russia. Cambridge 1995
Abb. 10.3:	„Die Meistersinger von Nürnberg" am Bolschoi Theater Moskau 1929. Bühnenbildentwurf von Fjodor Fjodorowski. In: Rosamund Bartlett: Wagner and Russia. Cambridge 1995
Abb. 10.4:	„Rheingold". Bühnenbildentwurf von Wladimir Stschuko 1925. Für eine nicht realisierte Inszenierung am Staatlichen Operntheater Leningrad. In: Rosamund Bartlett: Wagner and Russia. Cambridge 1995
Abb. 10.5:	„Rheingold". Illustration von G. Kosjakow für eine Inszenierung am Kammertheater der Leningrader „Gesellschaft der Wagnerkunst" 1925. In: Rosamund Bartlett: Wagner and Russia. Cambridge 1995
Abb. 10.6:	„Rheingold" am Staatlichen Operntheater Leningrad 1933. Szenenfoto. In: Marina Malkijel: Richard Wagners Werke auf der Bühne des Kaiserlichen Marien-Theaters Sankt Petersburg. Bayreuth 1996
Abb. 10.7:	„Walküre" am Bolschoi Theater Moskau 1940. Die „Weltesche" als Bühnenbildentwurf. Zeichnung von Sergei Eisenstein. In: Die Nibelungen. Bilder von Liebe, Verrat und Untergang. Ausstellungskatalog München 1987
Abb. 10.8:	„Walküre" am Bolschoi Theater Moskau 1940. Szenenfoto 1. Akt. In: Oswald Georg Bauer: Richard Wagner. Die Bühnenwerke von der Uraufführung bis heute. Frankfurt am Main 1982
Abb. 10.9:	„Walküre" am Bolschoi Theater Moskau 1940. Szenenfoto 3. Akt. In: Oswald Georg Bauer: Richard Wagner. Die Bühnenwerke von der Uraufführung bis heute. Frankfurt am Main 1982

Literatur

Siglen

CWT = Cosima Wagner, Die Tagebücher, 2 Bde., hrsg. von Martin Gregor-Dellin und Dietrich Mack, München/Zürich, 1976 und 1977.
ML = Richard Wagner, Mein Leben, hrsg. von Martin Gregor-Dellin, München, 1976.
RWB = Richard Wagner. Sämtliche Briefe, hrsg. von Gertrud Strobel, Werner Wolf u.a., Bde. 1–27, Leipzig/Wiesbaden, 1967–2023.
RWS = Richard Wagner. Sämtliche Schriften und Dichtungen, Volks-Ausgabe, 6. Aufl., 16 Bde., Leipzig o.J.

Sammelbände u.ä.

Akteure eines Umbruchs. Männer und Frauen der Revolution von 1848/49, FIDES Verlags- und Veranstaltungsgesellschaft, Berlin, 2003.
„Bayreuther Blätter". Monatschrift des Bayreuther Patronatvereines, hrsg. von Hans von Wolzogen, Bayreuth 1878–1938.
Der Blaue Reiter, hrsg. von Wassily Kandinsky und Franz Marc. Dokumentarische Neuausgabe von Klaus Lankheit, R. Piper & Co. Verlag, München, 1965.
Der Hang zum Gesamtkunstwerk. Europäische Utopien seit 1800, hrsg. von Harald Szeemann, 2. Aufl., Aarau und Frankfurt am Main, 1983.
Der Ostseeraum im Blickfeld der deutschen Geschichte, Verlag Böhlau, Köln und Wien, 1970.
Der sächsische König und der Dresdner Maiaufstand. Tagebücher und Aufzeichnungen aus der Revolutionszeit 1848/49, hrsg. von Josef Matzerath, Verlag Böhlau, Köln/Weimar/Wien, 1999.
Deutsche und Deutschland aus russischer Sicht. 19. Jahrhundert: Von der Jahrhundertwende bis zu den Reformen Alexanders II., Wilhelm Fink Verlag, München, 1998.
Deutsche und Deutschland aus russischer Sicht. 19./20. Jahrhundert: Von den Reformen Alexanders II. bis zum Ersten Weltkrieg, Wilhelm Fink Verlag, München, 2006.
Die Nibelungen, Ausstellungskatalog, hrsg. von Wolfgang Storch, Prestel-Verlag, München, 1987.
Die Symbolisten und Richard Wagner, Ausstellungsbuch, hrsg. von Wolfgang Storch, Edition Hentrich, Berlin, 1991.

Die Welt als große Sinfonie. Mikalojus Konstantinas Čiurlionis (1875–1911), hrsg von Rainer Budde, Oktagon-Verlag, Köln, 1998.

Europa, Europa. Das Jahrhundert der Avantgarde in Mittel- und Osteuropa, Ausstellungsbücher, hrsg. von Ryszard Stanislawski/Christoph Brockhaus, 4 Bde., Bonn, 1994.

Internationales Kolloquium 1983 in Leipzig. Richard Wagner – Leben, Werk und Interpretation. Leipziger Beiträge zur Wagner-Forschung 2, Sax-Verlag, Beucha-Markkleeberg, 2010.

Istorija russkoi musyki, Bd. 6: 50-60-e gody XIX weka, Isdatelstwo „Musyka", Moskau, 1989; Bd. 8: 70-80-e gody XIX weka, Teil 2, Moskau 1994.

König Ludwig II. und Richard Wagner. Briefwechsel, 3. Bd., Verlag G. Braun, Karlsruhe 1936.

Leningradskij gosudarstwenny ordena Lenina Teatr Opery i Baleta imeni S. M. Kirowa, Leningrad, 1967.

Meyerhold und Deutschland, hrsg. vom Zentralen Staatlichen A. A. Bachruschin-Theatermueseum, Moskau, 2004.

Musikgeschichte in Mittel- und Osteuropa. Mitteilungen der internationalen Arbeitsgemeinschaft an der Universität Leipzig, Heft 3 und Heft 23, Gudrun Schröder Verlag, Leipzig, 1998 und 2021.

Osteuropa in Tradition und Wandel. Leipziger Jahrbücher, hrsg. von Ernstgert Kalbe u.a., Rosa-Luxemburg-Stiftung Sachsen, Leipzig, 2001.

Richard Wagner. Persönlichkeit, Werk und Wirkung, hrsg. von Helmut Loos, Sax-Verlag, Leipzig-Beucha-Markkleeberg, 2013.

Richard Wagner Briefe. Die Sammlung Burrell, hrsg. von John N. Burk, S. Fischer Verlag, New York/Frankfurt am Main, 1950 und 1953.

Richard Wagner und Rußland, hrsg. von Ella Machrowa und Rüdiger Pohl, Isdatelstwo RGPU im. A. I. Gerzena, Sankt Petersburg, 2001.

Russen in Berlin – Literatur. Malerei. Theater. Film. 1918–1933, hrsg. von Fritz Mierau, Verlag Philipp Reclam jun., Leipzig, 1987.

Russen und Rußland aus deutscher Sicht. 19./20. Jahrhundert: Von der Bismarckzeit bis zum Ersten Weltkrieg, Wilhelm Fink Verlag, München, 2000.

Russische Religionsdenker. Tolstoi, Dostojewski, Solowjew, Berdjajew, hrsg. von Wolfgang Dietrich, Chr. Kaiser/Gütersloher Verlagshaus, Gütersloh, 1994.

Russkij Gejne – Der russische Heine. Russlands Blick auf Heinrich Heine, hrsg. von Bernd Kortländer u.a., Heinrich Heine-Institut, Düsseldorf, 2011.

Sieg über die Sonne. Aspekte russischer Kunst zu Beginn des 20. Jahrhunderts, Buch zur Ausstellung der Akademie der Künste Berlin und der Berliner Festwochen, Verlag Frölich & Kaufmann GmbH, Berlin, 1983.

Sowjetski teatr. Dokumenty i materialy 1917–1967/Russki sowjetski teatr 1917–1921, hrsg. von A. S. Jufit, Isdatelstwo „Iskusstwo", Leningrad, 1968.

Sowjetski teatr. Dokumenty i materialy 1917–1967/ Russki sowjetski teatr 1921–1926, hrsg. von A. S. Jufit, Isdatelstwo „Iskusstwo", Leningrad, 1975.

Sowjetski teatr. Dokumenty i materialy 1917–1967/ Russki sowjetski teatr 1926–1932 (1. Teil), hrsg. von A. S. Jufit, Isdatelstwo „Iskusstwo", Leningrad, 1982.

„Volksfeind Dmitri Schostakowitsch". Eine Dokumentation der öffentlichen Angriffe gegen den Komponisten in der ehemaligen Sowjetunion, hrsg. von Ernst Kuhn, Verlag Ernst Kuhn, Berlin, 1997.

Vom Klang der Bilder. Musik in der Kunst des 20. Jahrhunderts, hrsg. von Karin von Maur, Ausstellungskatalog, Prestel-Verlag, München, 1985.

Wagner in Russia, Poland and the Czech Lands. Musical, Literary and Cultural Perspectives, hrsg. von Stephen Muir und Anastasia Beline-Johnson, Ashgate Publishing, Farnham/England und Burlington/USA, 2013.

Wagner in St. Petersburg, Ausstellungskatalog, Bayreuth, 1993.

Wagnerism in European Culture and Politics, hrsg. von David C. Large und William Weber, Cornell University Press, Ithaca-London, 1984.

„wagnerspectrum", Schriftenreihe, hrsg. von Udo Bermbach, Dieter Borchmeyer u.a., Verlag Königshausen & Neumann, Würzburg, 2005ff.

Quellen und Forschungsliteratur

Appia, Adolphe: Die Musik und die Inscenierung, Verlag Bruckmann, München, 1899.

Appia, Adolphe: Richard Wagner und die Inszenierung, in: Dietrich Mack (Hrsg.), Richard Wagner. Das Betroffensein der Nachwelt. Beiträge zur Wirkungsgeschichte.

Assafjew, Boris: Die Musik in Rußland (Von 1800 bis zur Oktoberrevolution 1917). Entwicklungen – Wertungen – Übersichten, Verlag Ernst Kuhn, Berlin, 1998.

Bakunin, Michael: Michael Bakunins sozialpolitischer Briefwechsel mit Alexander Iw. Herzen und Ogarjow, Verlag Cotta, Stuttgart, 1895.

Bakunin, Michael: Michael Bakunins Beichte aus der Peter-Pauls-Festung an Zar Nikolaus I., hrsg. von Kurt Kersten, Deutsche Verlagsgesellschaft für Politik und Geschichte, Berlin, 1926.

Bakunin, Michail: „Ich, Michail Bakunin, der von der Vorsehung Auserkorene …". Philosophische Briefe, Karin Kramer Verlag, Berlin, 1993.

Balakirew, M. A.: Perepiska s N. G. Rubinsteinom i s M. P. Beljajewym, Gosudarstwennoje musykalnoje isdatelstwo, Moskau, 1956.

Balakirew, Mili: Issledowanija i stati, Gosudarstwennoje musykalnoje isdatelstwo, Leningrad, 1961.

Barth, Herbert/Mack, Dietrich/Voss, Egon: Richard Wagner. Leben und Werk in Bildern und Dokumenten, Verlag Schott/Mainz und Piper/München, 1982.

Bartlett, Rosamund: Ivanov and Wagner, in: Vjačeslav Ivanov. Russischer Dichter – europäischer Kulturphilosoph, S. 67–83.

Bartlett, Rosamund: The Embodiment of Myth. Eizenshtein's Production of „Die Walküre", in: Zs. „The Slavonic and East European Review", 1/1992, London.

Bartlett, Rosamund: Wagner and Russia, Cambridge University Press, Cambridge, 1995.

Bauer, Oswald Georg: Richard Wagner. Die Bühnenwerke von der Uraufführung bis heute, Propyläen Verlag, Frankfurt am Main u.a., 1982.

Belina-Johnson, Anastasia: ‚One can learn a lot from Wagner, including how not to write operas': Sergey Taneyev and his Road to Wagner, in: Wagner in Russia, Poland and the Czech Lands. Musical, Literary and Cultural Perspectives.

Belsa, Igor: Richard Wagner im russischen Musikleben, in: Zs. „Die neue Gesellschaft". Populärwissenschaftliche und kulturpolitische Monatszeitschrift der Gesellschaft für Deutschsowjetische Freundschaft, Hefte 11 und 12/1951, Berlin, S. 865–870 und 976–978.

Bely, Andrei: Natschalo weka, Isdatelstwo „Chudoshestwennaja literatura", Moskau, 1990.

Bely, Andrei: Meshdu dwuch rewoljuzij, Isdatelstwo „Chudoshestwennaja literatura", Moskau, 1990.

Bely, Andrei: Simfonii, Isdatelstwo „Chudoshestwennaja literatura", Leningrad, 1991.

Bely, Andrei: Sobranije sotschinenij. Wospominanija o Bloke, Isdatelstwo „Respublika", Moskau 1995.

Bely, Andrei: Duscha samososnajustschaja, Verlag „Kanon+" OI „Reabilitazija", Moskau, 1999.

Belyj, Andrej: Arabeski, Wilhelm Fink Verlag, München, 1969 (Nachdruck der Ausgabe Moskau 1911).

Belyj, Andrej: Ich, ein Symbolist. Eine Selbstbiographie, Insel Verlag, Frankfurt am Main, 1987.

Belyj, Andrej: Symbolismus. Anthroposophie. Ein Weg. Texte – Bilder – Daten, Rudolf Steiner Verlag, Dornach, 1997.

Berdjajew, Nikolai: Die russische Idee. Grundprobleme des russischen Denkens im 19. Jahrhundert und zu Beginn des 20. Jahrhunderts, 2. Aufl., Verlag Academia, Baden-Baden, 2015.

Bermbach, Udo: Der anthroposophe Wagner. Rudolf Steiner über Richard Wagner, Verlag Königshausen & Neumann, Würzburg, 2021.

Blok, Aleksandr: Sobranije sotschinenij, 8 Bde., Gosudarstwennoje isdatelstwo „Chudoshestwennoi literatury", Moskau-Leningrad, 1960–1963. Bd. 1; Stichotworenija 1897–1904 (1960), Bd. 6: Prosa 1918–1921 (1962), Bd. 7: Awtobiografija 1915. Dnewniki 1901–1921 (1963).

Block, Alexander: Ausgewählte Aufsätze, Suhrkamp Verlag, Frankfurt am Main, 1964.

Blok, Aleksandr: Pisma k shene, Isdatelstwo „Nauka", Moskau, 1978.

Block, Alexander: Ausgewählte Werke, 3 Bde., hrsg. von Fritz Mieraus, Verlag Volks und Welt, Berlin, 1978, Bd. 1: Gedichte. Poeme, Bd. 2: Stücke. Essays. Reden, Bd. 3: Briefe. Tagebücher.

Blok, Aleksandr: Biblioteka A. A. Bloka, Isdatelstwo BAN, Leningrad, 1984.

Blok, Aleksandr: Polnoje sobranije stichotworenij, 8 Bde., Bd. 1: 1897–1902, Verlag „Progress-Plejada", Moskau, 2009.

Bobéth, Marek: Borodin und seine Oper „Fürst Igor". Geschichte – Analyse – Konsequenzen, Musikverlag Emil Katzbichler, München-Salzburg, 1982.

Bobéth, Marek: Petr Il'ič Čajkovskij und Hans von Bülow, in: Čajkovskij-Studien, Bd. 3, 1998.

Boelza, Igor: s. Belsa, Igor.

Bontadina, Nadja: Alexander Herzen und die Schweiz. Das Verhältnis des russischen Publizisten und Aristokraten zur einzigen Republik im Europa seiner Zeit, Verlag Peter Lang, Bern u.a., 1999.

Born, Stephan: Erinnerungen eines Achtundvierzigers, Verlag Georg Heinrich Meyer, Leipzig, 1898.

Börner-Sandrini, Marie: Erinnerungen einer alten Dresdnerin, Verlag der Kgl. S. Hofbuchhandlung von Hermann Burbach/Warnatz & Lehmann, Dresden, 1879.

Borodin, Alexander: Sein Leben. Seine Musik. Seine Schriften, Verlag Ernst Kuhn, Berlin, 1992.

Bory, Robert: Richard Wagner. Sein Leben und sein Werk in Bildern, Verlag Huber &Co. A.-G., Frauenfeld und Leipzig, 1938.

Braudo, Eugen: Richard Wagner unter russischer polizeilicher Aufsicht. Aus den Akten der russischen Geheimpolizei, in: Zs. „Die Musik", Berlin, XVI/10, Juli 1924.

Brecht, Bertolt: Schriften zum Theater, hrsg. von Werner Hecht, 7 Bde., Aufbau-Verlag, Berlin und Weimar, 1964.

Broer, Werner: Malwida von Meysenbug (1816–1903). Eine „aristokratische Demokratin", in: Akteure eines Umbruchs. Männer und Frauen der Revolution von 1848/49.

Brusatti, Otto: Johann Strauss, Verlag Styria, Graz, 1999.

Bulgakowa, Oksana: Sergej Eisenstein – drei Utopien. Architekturentwürfe zur Filmtheorie, PotemkinPress, Berlin, 1996.

Čajkovskij-Studien, hrsg. von Ljudmilla Korabelnikova, Thomas Kohlhase u.a., Verlag Schott, Mainz,1995–2014, 15 Bde.

Čajkovskij, Petr I./fon Mekk, Nadežda F.: Briefwechsel 1876–1890, Bd. I: 1876–1878, Verlag Schott, Mainz, 2020.

Crosten, William L.: French Grand Opera, an Art and a Business, King's Crown Press, New York, 1948.

Cui, C. A.: Isbrannyje stati, Gosudarstwennoje musykalnoje isdatelstwo, Leningrad, 1952.

Custine, Astolphe de: „La Russie en 1839", Verlag d'Amyot, Paris, 4 Bde., 1843 (dt. Übersetzung: Verlag Berger, Leipzig, 1843)

Dargomyshski, A. S.: Isbrannyje pisma, Isdatelstwo „Musgis", Moskau, 1952.

Deathridge, John/Geck, Martin/Voss, Egon: Wagner. Werk-Verzeichnis (WWV), Verlag Schott, Mainz u.a., 1986.

Devrient, Eduard: Aus seinen Tagebüchern, Bd. 1: Berlin-Dresden. 1836–1852, hrsg. von Rolf Kabel, Verlag Böhlau, Weimar, 1964.

Dinger, Hugo: Richard Wagners geistige Entwickelung, Verlag von E. W. Fritzsch, Leipzig, 1892.

Dorn, Heinrich: Aus meinem Leben. Musikalische Skizzen, B. Behr's Buchhandlung, Berlin, 1870.

Dorn, Heinrich: Ergebnisse aus Erlebnissen. Fuenfte Folge der Erinnerungen von Heinrich Dorn, Verlag Liebel, Berlin, 1877.

Dostojewskaja, Anna: Die Lebenserinnerungen der Gattin Dostojewskis, Verlag Piper, München, 1925.

Dostojewski, F. M.: Polnoje sobranije sotschinenij, Isdatelstwo „Nauka", 30 Bde., Leningrad, 1972–1990.

Dostojewski, Fjodor M.: Tagebuch eines Schriftstellers. Notierte Gedanken, Verlag Piper, München/Zürich, 1999.

Dostojewski, Fjodor/Dostojewskaja, Anna: Briefwechsel 1866–1880, Verlag Rütten & Loening, Berlin, 1982.

F. M. Dostojewski: Letopis shisni i twortschestwa F. M. Dostojewskogo, Isdatelstwo „Akademi-tscheski Projekt", 3 Bde., Sankt-Peterburg, 1993–1995

Druskin, Michail: Igor Strawinsky, Verlag Philipp Reclam jun., Leipzig, 1976.

Dumesnil, Alfred: La Foi nouvelle cherchée dans l'art, de Rembrandt à Beethoven, Edition Comon, Paris, 1850.

Durylin, Sergei: Wagner i Rossija, Verlag „Musaget", Moskau, 1913.

Ebert, Christa: Symbolismus in Rußland. Zur Romanprosa Sologubs, Remisows, Belys., Akademie-Verlag, Berlin, 1988.

Eisenstein, Sergei: Die Inkarnation des Mythos, in: Über Kunst und Künstler, Rogner & Bernhard GmbH & Co. Verlags KG, München, 1977.

Eisenstein, Sergei: The Embodiment of a Myth, in: Sergei Eisenstein, Film Essays and a Lecture, Princeton University Press, Princeton, 1982.

Eisenstein, Sergej: Über die Weltesche, in: Die Nibelungen, Ausstellungskatalog, hrsg. von Wolfgang Storch, S. 23ff.

Eisenstein, Sergej M.: Schriften, hrsg. von Hans Joachim Schlegel, 4 Bde., Verlag Carl Hanser, München, 1973–1984.

Eisenstein, Sergej M.: YO. Ich selbst. Memoiren, Bd. 2, Henschel Verlag, Berlin, 1998.

Eisler, Hanns: Gesammelte Werke, Serie III, Bd. I: Musik und Politik. Schriften 1924–1948, VEB Deutscher Verlag für Musik, Leipzig, 1973.

Fairclough, Pauline: Wagner Reception in Stalinist Russia, in: Luca Sala (Hrsg.), The Legacy of Richard Wagner.

Fischer, K.-D.: Turgenev und Richard Wagner, in: „Zeitschrift für Slawistik" Nr. 31/Heft 2, Akademie-Verlag, Berlin 1986.

Fricke, Richard: Bayreuth vor dreissig Jahren. Erinnerungen an Wahnfried und aus dem Festspiel-hause, Verlag Richard Bertling, Dresden 1906.

Frolova-Walker, Marina/Walker, Jonathan: Music and Soviet Power 1917–1932, The Boydell Press, Woodbridge, 2012.

Frumkis, Tatjana: Der „strenge deutsche Kontrapunkt" und die „Neue russische musikalische Schule". Zur Geschichte eines Streits, in: Deutsche und Deutschland aus russischer Sicht. 19./20. Jahrhundert: Von den Reformen Alexanders II. bis zum Ersten Weltkrieg.

Fürmane, Lolita: Über die Aufführungen einiger Werke Wagners in Riga: Inszenierungspraxis und Kulturkontexte, in: Richard Wagner. Persönlichkeit, Werk und Wirkung.

Garleff, Michael: Deutschbalten zwischen den Kulturen, in: Russen und Rußland aus deutscher Sicht. 19.20. Jahrhundert: Von der Bismarckzeit bis zum Ersten Weltkrieg.

Geck, Martin: Die Bildnisse Richard Wagners, Prestel-Verlag, München 1970.

Geck, Martin: Wagner in Russland. Meyerhold, Eisenstein und Bulgakow begegnen dem Gesamt-kunstwerk, in: Zs. "lettre international". Europäische Kulturzeitung, Heft 99, Lettre international Verlagsges. mbH, Berlin, 2012, S. 97–101.

Geck, Martin (Hrsg.): „ … und über allem schwebt Richard". Minna Wagner und Cäcilie Avenarius. Zwei Schwägerinnen im Briefwechsel, Georg Olms Verlag, Hildesheim u.a., 2021.

Gercen, A. I.: Sotschinenija, Gosudarstwennoje isdatelstwo chudoshestwennoj literatury, 9 Bde., Moskau: Bd. 5 (1956): Byloje i dumy (Teile 4–5); Bd. 7 (1958): Stati 1853–1863.

Gercen, A. I.: Sobranije sotschinenij, Isdatelstwo akademii nauk SSSR, 30 Bde., Moskau 1954–1965.

Gerschenson, M. und Iwanow, W.: Briefwechsel zwischen zwei Zimmerwinkeln, als: Schriften zur Humanität II. Band, Siegel-Verlag Otto Müller, Frankfurt am Main, 1946.

Glasenapp, Carl Friedrich: Das Leben Richard Wagners, 6 Bde., Verlag Breitkopf & Härtel, 5. Aufl., Leipzig, 1923.

Glikman, Isaak D.: Meyerhold i musykalny teatr, Verlag „Sowjetski kompositor", Leningrad, 1989.

Gobineau, Joseph Arthur Graf von: Essai sur l'inégalité des races humaines, 4 Bde., Librairie de Firmin Didot Fréres, Paris, 1853–1855.

Gojowy, Detlef: Arthur Lourié und der russische Futurismus, Laaber-Verlag, Laaber, 1993.

Gorischek, Thussy: Russische National-Komponisten, Bd. II (19./20. Jahrhundert). Revolution & Emigration, Verlag Studio Edition, Graz, 2007.

Gosenpud, A.: Russki operny teatr XIX weka. 1873–1889, Isdatelstwo „Musyka", Leningrad 1973.

Gosenpud, A.: Russkij operny teatr meshdu dwuch rewoljuzij, Isdatelstwo „Musyka", Leningrad 1975.

Gosenpud, A.: Iwan Jerschow. Shisn i szenitscheskaja dejatelnostj. Issledowanije, Isdatelstwo „Sowjetski kompositor", Leningrad, 1980.

Gosenpud, A.: Richard Wagner i russkaja kultura. Issledowanije, Isdatelstwo „Sowjetski kompositor", Leningrad, 1990.

Gosenpud, Abram Akimowitsch: „Die Legende von der unsichtbaren Stadt Kitesch" von Nikolai Rimskij-Korsakov und „Parsifal" von Richard Wagner, in: Musikgeschichte in Mittel- und Osteuropa, Heft 3 (1998).

Gottdank, Andrea: Vorbild Musik. Die Geschichte einer Idee in der Malerei im deutschsprachigen Raum 1780–1915, Deutscher Kunstverlag München/Berlin, 2004.

Grawitz, Madeleine: Bakunin. Ein Leben für die Freiheit, Edition Nautilus Verlag Lutz Schulenberg, Hamburg, 1999.

Gregor-Dellin, Martin: Richard Wagner. Sein Leben. Sein Werk. Sein Jahrhundert, Verlag R. Piper & Co., München/Zürich, 1980.

Gregor-Dellin, Martin: Richard Wagner. Eine Biographie in Bildern, Verlag R. Piper & Co., München/Zürich, 1982.

Gurevich, Vladimir: (Fast) der volle Wagner. Das Schaffen Richard Wagners auf der Bühne des modernen Mariinskij-Theaters in Sankt Petersburg und seine Rezeption, in: Richard Wagner. Persönlichkeit, Werk und Wirkung.

Gutman, Robert: Richard Wagner. Der Mensch, sein Werk, seine Zeit, Wilhelm Heyne Verlag, 4. Aufl., München, 1970.

Haldey, Olga: Mamontov's Privat Opera. The Search for Modernism in Russian Theatre, Indiana University Press, Bloomington, 2010.

Hansen-Löve, Aage A.: Der russische Symbolismus, 3 Bde., Verlag der Österreichischen Akademie der Wissenschaften, Wien, 1989 (Bd. I), 1998 (Bd. II), 2014 (Bd. III).

Hanslick, Eduard: Aus meinem Leben, Allgemeiner Verein für Deutsche Litteratur, Berlin, 1894.

Haxthausen, August Franz von: Studien über die inneren Zustände, das Volksleben und insbesondere die ländlichen Einrichtungen Russlands, Verlag Hahn, Hannover, 1847–1852.

Heine, Heinrich: Sämtliche Schriften, hrsg. von Klaus Briegleb, 6 Bde., Deutscher Taschenbuch Verlag, München, 2005.

Heldt, Brigitte: Richard Wagner. „Tristan und Isolde". Das Werk und seine Inszenierung, Verlag Laaber, Laaber 1994.

Herrmann, Dagmar: Aleksandr Herzens Probleme mit den Deutschen, in: Deutsche und Deutschland aus russischer Sicht. 19. Jahrhundert: Von der Jahrhundertwende bis zu den Reformen Alexanders II.

Herrmann, Dagmar: Die neue europäische Ordnung – eine Vision Fëdor Dostojevskijs, in: Deutsche und Deutschland aus russischer Sicht. 19./20 Jahrhundert: Von den Reformen Alexanders II. bis zum Ersten Weltkrieg.

Herzen, Alexander: Mein Leben. Memoiren und Reflexionen 1847–1852 (Teil II), Aufbau-Verlag, Berlin, 1963.

Herzen, Alexander: Mein Leben. Memoiren und Reflexionen 1852–1868 (Teil III), Aufbau-Verlag, Berlin, 1962.

Hexelschneider, Erhard: Kulturelle Begegnungen zwischen Sachsen und Russland 1790–1849, Verlag Böhlau, Köln, 2000.

Hexelschneider, Erhard: Michail Bakunin in Sachsen, in: Osteuropa in Tradition und Wandel. Leipziger Jahrbücher, hrsg. von Ernstgert Kalbe u.a.

Hexelschneider, Erhard: Michail Bakunin (1814–1876). Ein russischer Revolutionär im Dresdner Maiaufstand, in: Akteure eines Umbruchs. Männer und Frauen der Revolution von 1848/49.

Hexelschneider, Erhard: Sachsen unter russischem Generalgouvernement 1813/14, in: „Sächsische Heimatblätter", Bd. 65, Dresden, 2/2019.

Heyne, Jörg: Zur Autorschaft eines Wagner zuerkannten Aufsatzes, in: Zs. „Musik und Gesellschaft", Berlin, 2/1983.

Hofmann, Winfried (Hrsg.): Der neue Büchmann – Geflügelte Worte: Der klassische Zitatenschatz, Verlag Bassermann, München, 2001.

Hoffmann, Ernst Theodor Amadeus: Gesammelte Werke, hrsg. von Hans-Joachim Kruse, 9 Bde., Berlin und Weimar, 1976–1988.

Iwanow, Wiatscheslaw: Die russische Idee, Verlag von J. C. B. Mohr (Paul Siebeck), Tübingen, 1930.

Iwanow, Wjatscheslaw I.: Prosratschnostj (Durchsichtigkeit), Moskau 1904, Nachdruck: Wilhelm Fink-Verlag, München, 1967.

Ivanov, Vjačeslav: Ivanov. Russischer Dichter – europäischer Kulturphilosoph. Beiträge des IV. Internationalen Vjačeslav-Ivanov-Symposiums. Heidelberg, 4.-10. September 1989, hrsg. von Wilfried Potthoff, Universitätsverlag C. Winter, Heidelberg, 1993.

Iwanow, Wjatscheslaw: Dionis i pradionisijstwo, Isdatelstwo „Aleleija", Sankt Petersburg, 1994.

Iwanow, Wjatscheslaw: Lik i litschiny Rossii. Estetika i literaturnaja teorija, Isdatelstwo „Ikusstwo", Moskau, 1995.

Ivanov, Vjačeslav: Čiurlionis und das Problem der Synthese der Künste, in: Europa, Europa. Das Jahrhundert der Avantgarde in Mittel- und Osteuropa, Bd. 3, S. 83–85.

Ivanov, Vjačeslav: Dichtung und Briefwechsel aus dem deutschsprachigen Nachlass, hrsg. von Michael Wachtel, Liber Verlag, Mainz, 1995.

Iwanow, Wjatscheslaw: Wagner i dionisowo dejstwo, in: Wjatscheslaw Iwanow, Lik i litschiny Rossii. Estetika i literaturnaja teorija.

Iwanow, Wjatscheslaw, Wagner und die Dionysien, in: Wolfgang Storch (Hrsg.), Der Raum Bayreuth. Ein Auftrag aus der Zukunft.

Iwanow, Wjatscheslaw: Skrjabin i duch rewoljuzii, in: Wjatscheslaw Iwanow, Lik i litschiny Rossii. Estetika i literaturnaja teorija.

Iwanow, Wjatscheslaw und Sinowjewa-Annibal, Lidija: Perepiska. 1894–1903, 2 Bde., Nowoje literaturnoje obosrenije, Moskau, 2009.

Jahn, Otto: W. A. Mozart, 4 Bde., Verlag Breitkopf & Härtel, Leipzig, 1856–1859.

Jeschke, Karin/Ulbricht, Gunda: Mai – 1849. Tagungsband, Verlag Goldenbogen, Dresden, 2000.

Josephson, Nors S.: Beethoven, Schumann und Wagner. Stilistische Einflüsse deutscher Musik auf Mussorgskis Schaffen, in: Musicologica Olomucensia (Palacký Universität), Olmütz, Dezember 2013, Nr. 18.

Kandinsky, Wassily: Über das Geistige in der Kunst, 3. Aufl., Verlag R. Piper & Co. München, 1912.

Kandinsky, Wassily: Die Gesammelten Schriften, hrsg. von Hans K. Roethel und Jelena Hahl-Koch, Verlag Benteli, Bern, 1980.

Kapp, Julius: Richard Wagner: Sein Leben, sein Werk, seine Welt in 260 Bildern, Max Hesses Verlag, Berlin, 1933.

Kaschkin, N. D.: Otscherk istorii russkoi musyki, Verlag L. Jurgenson, Moskau, 1908, Reprint: Moskau, 2012.

Kastner, Emerich: Die dramatischen Werke Richard Wagners. Chronologisches Verzeichnis der ersten Aufführungen, Verlag Breitkopf & Härtel, Leipzig, 2. Aufl., 1899.

Kienscherf, Barbara: Das Auge hört mit. Die Idee der Farblichtmusik und ihre Problematik – beispielhaft dargestellt an Werken von Alexander Skrjabin und Arnold Schönberg, Verlag Peter Lang, Frankfurt am Main u.a., 1996.

Kirchmeyer, Helmut: Situationsgeschichte der Musikkritik und des musikalischen Pressewesens in Deutschland, IV. Teil, 3. Bd., Gustav Bosse Verlag, Regensburg, 1968.

Klotz, Heinrich (Hrsg.): Matjuschin und die Leningrader Avantgarde, Ausstellungsbuch, Oktogon Verlag, Stuttgart/München, 1991.

Kluge, Rolf-Dieter: Westeuropa und Rußland im Weltbild Aleksandr Bloks, Verlag Otto Sagner, München, 1967.

Knepler, Georg: Musikgeschichte des 19. Jahrhunderts, Bd. 1: Frankreich. England, Henschelverlag, Berlin, 1961.

Kobilinsky (Ellis), L.: Der Tempel des heiligen Grales als Dichtung und Wahrheit, in: „Bayreuther Blätter", 1932, S. 21–28.

Kohlhase, Thomas: Čajkovskijs Wagner-Rezeption – Daten und Texte, in: Čajkovskij-Studien, Bd. 3, 1998.

Kowtun, Jewgeni: Michail Larionow, Parkstone Verlag, Bournemouth, 1998.

Kramer, Bernd: „Laßt uns die Schwerter ziehen, damit die Kette bricht …". Michael Bakunin, Richard Wagner und andere während der Dresdner Mai-Revolution 1849, Karin Kramer Verlag, Berlin, 1999.

Krause, Carl: Der Aufruhr in Dresden am 3., 4., 5., 6., 7., 8. und 9. Mai 1849, Verlag von Adler und Dietze, Dresden, 1849.

Kreowski, Ernst/Fuchs, Eduard: Richard Wagner in der Karikatur, B. Behr's Verlag, Berlin, 1907.

Krjukow, A.: Turgenev i musyka. Musykalnyje stranizy shisni i twortschestwa pisatelja, Gosudarstwennoje musikalnoje isdatelstwo, Leningrad, 1963.

Kröplin, Eckart: Frühe sowjetische Oper. Schostakowitsch. Prokojfew, Henschelverlag Kunst und Gesellschaft, Berlin, 1985.

Kröplin, Eckart: Aufhaltsame Ankunft und ahnungsvoller Abschied. Der „Ring" in der DDR, in: „wagnerspectrum", Heft 1/2006.

Kröplin, Eckart: Im Wechselspiel von Anziehung und Abstoßung. Der „Ring" in Russland und in der Sowjetunion, in: „wagnerspectrum", Heft 2/2006.

Kröplin, Eckart: Richard Wagner. Musik aus Licht. Synästhesien von der Romantik bis zur Moderne. Eine Dokumentardarstellung, Verlag Königshausen & Neumann, 3 Teile in 4 Bdn., Würzburg, 2011.

Kröplin, Eckart: Richard Wagner und der Kommunismus. Studie zu einem verdrängten Thema, Verlag Königshausen & Neumann, Würzburg, 2013.

Kröplin, Eckart: Richard Wagner-Chronik, Verlag J. B. Metzler, Stuttgart, 2016.

Kröplin, Eckart: Der „Ring" und die Revolution – Wagner zwischen Kunst und Politik, in: „wagnerspektrum", Heft 2/2021.

Laroche, Hermann: Peter Tschaikowsky. Aufsätze und Erinnerungen, Verlag Ernst Kuhn, Berlin, 1993.

Lawrow, A. W.: U istokow twortschestwa Andreja Belogo, in: Andrei Bely, Simfonii.

Lenz, Wilhelm von: Beethoven et ses trois styles, 2 Bde., Petersburg, 1852.

Linke, Norbert: Johann Strauß (Sohn) mit Selbstzeugnissen und Bilddokumenten, Rowohlt Taschenbuch Verlag, Reinbek bei Hamburg, 1982.

Liszt, Franz: Gesammelte Schriften, Bd. 5, Verlag Breitkopf & Härtel, Leipzig, 1882.

Liszt, Franz: Franz Liszts Briefe, hrsg. von La Mara, Verlag Breitkopf & Härtel, Leipzig, 1893.

Lobanowa, Marina: Mystiker. Magier. Theosoph. Theurg: Alexander Skrjabin und seine Zeit, von Bockel Verlag, Hamburg, 2004.

Lobe, Johann Christian: Musikalische Briefe. Von einem Wohlbekannten, 2. Theil, Verlag Baumgärtner, Leipzig, 1852.

Lomtev, Denis: Deutsche Musiker in Russland. Zur Geschichte der Entstehung der russischen Konservatorien, Verlag Studio, Sinzig, 2002.

Loos, Helmut: Richard Wagner im Baltikum: Kompositorisches Schaffen und die Rezeptionsgeschichte, in: Musikgeschichte in Mittel- und Osteuropa. Mitteilungen der internationalen Arbeitsgemeinschaft an der Universität Leipzig.

Lossew, A.: Problema Richarda Wagnera w proschlom i nastojastschem, in: Zs. „Voprosy estetiki", Moskau, 8/1968, S. 67–196.

Lunatscharski, Anatoli: Das Erbe – Essays. Reden. Notizen, Verlag der Kunst, Dresden, 1965.

Lunatscharski, Anatoli: Die Revolution und die Kunst – Essays. Reden. Notizen, Verlag der Kunst, Dresden, 2. Aufl., 1974.

Lunačarskij, Anatolij: Musik und Revolution. Schriften zur Musik, Verlag Philipp Reclam jun., Leipzig, 1985.

Luntascharski, Anatoli: Philosophie – Kunst – Literatur. Ausgewählte Schriften 1904–1933, Verlag der Kunst, Dresden, 1986.

Mack, Dietrich (Hrsg.): Richard Wagner. Das Betroffensein der Nachwelt. Beiträge zur Wirkungsgeschichte, Wissenschaftliche Buchgesellschaft, Darmstadt, 1984.

Malkijel, Marina: Richard Wagners Werke auf der Bühne des Kaiserlichen Marien-Theaters Sankt Petersburg, Publikation der Deutschen Richard-Wagner-Gesellschaft, Bayreuth, 1996.

Marchenkov, Vladimir: Prophecy of a Revolution: Aleksey Losev on Wagner's Aesthetic Outlook, in: Wagner in Russia, Poland and the Czech Lands. Musical, Literary and Cultural Perspectives, S. 71–91.

Markus, Stanislaw A.: Musikästhetik. II. Teil. Die Romantik und der Kampf ästhetischer Richtungen, VEB Deutscher Verlag für Musik, Leipzig, 1977.

Marx, Karl/Engels, Friedrich: Gesamtausgabe, MEGA, Dietz-Verlag, Berlin 1956–1967, Bd. 34.

Meißner, Alfred: Ich traf auch Heine in Paris. Unter Künstlern und Revolutionären in den Metropolen Europas, hrsg. von Rolf Weber, Buchverlag „Der Morgen", Berlin, 1973.

Meyerhold, Wsewolod E.: Schriften – Aufsätze. Briefe, Reden. Gespräche, 1. Bd.: 1891–1917, 2. Bd.: 1917–1939, Henschelverlag Kunst und Gesellschaft, Berlin. 1979.

Meysenbug, Malwida von: Memoiren einer Idealistin, 3 Bde. (in einem), Verlag Schuster & Loeffler, Berlin und Leipzig, o. J. (1876)

Mierau, Fritz: Drei Anmerkungen zu Wagner in Rußland, in: Die Nibelungen, Ausstellungskatalog, hrsg. von Wolfgang Storch, S. 74f.

Mitchell, Rebecca: How Russian was Wagner? Russian Campaigns to Defend or Destroy the German Composer during the Great War (1914–1918), in: Wagner in Russia, Poland and the Czech Lands. Musical, Literary and Cultural Perspectives, S. 49–69.

Morrison, Simon: Russian Opera and the Symbolist Movement, University of California Press, Berkeley u.a., 2002.

Mota, Jordi/Infiesta, Maria: Das Werk Richard Wagner im Spiegel der Kunst, Grabert-Verlag, Tübingen, 1995.

Mühlbach, Marc: Russische Musikgeschichte im Überblick. Ein Handbuch, Verlag Ernst Kuhn, Berlin, 1994.

Muir, Stephen: ‚The end of opera itself': Rimsky-Korsakov and Wagner, in: Wagner in Russia, Poland and the Czech Lands. Musical, Literary and Cultural Perspectives, S. 23–48.

Müller, Christian: St. Petersburg, ein Beitrag zur Geschichte unserer Zeit, in Briefen aus den Jahren 1810, 1811 und 1812, Verlag Florian Kupferberg, Mainz, 1813.

Müller, Georg Hermann: Richard Wagner in der Mai-Revolution 1849, Oscar Laube Verlag, Dresden, 1919.

Murašov, Jurij: Im Zeichen des Dionysos. Zur Mythopoetik in der russischen Moderne am Beispiel von Vjačeslav Ivanov, Wilhelm Fink Verlag, München, 1999.

Musiol, Karol: Wagner und Polen, Mühl'scher Universitätsverlag, Bayreuth, 1980.

Mussorgski, M. P.: Pisma, Isdatelstwo „Musyka", Moskau, 1981.

Mussorgski, Modest: Briefe, Verlag Philipp Reclam jun., Leipzig, 1984.

Neef, Sigrid: Die Russischen Fünf: Balakirew – Borodin – Cui – Mussorgski – Rimski-Korsakow. Monographien – Dokumente – Briefe – Programme – Werke, Verlag Ernst Kuhn, Berlin, 1992.

Nestjew, Israel: Prokofjew. Der Künstler und sein Werk, Henschelverlag, Berlin, 1962

Nestjew, Israel: Shisn Sergeja Prokofjewa, 2. Aufl., Wsesojusnoje isdatelstwo „Sowjetski kompositor", Moskau, 1973.

Neumann, Angelo: Erinnerungen an Richard Wagner, Verlag L. Staackmann, Leipzig, 1907.

Odojewski, Wladimir: Russische Nächte, Verlag Rütten & Loening, Berlin, 1987.

Olkhovsky, Yuri: Vladimir Stasov and Russian National Culture, Umi Research Press, Michigan, 1983.

Pachl, Peter P.: Siegfried Wagner. Genie im Schatten, Verlag Nymphenburger, München, 1988.

Pappel, Kristel: Wagner – ein bekannter Fremder. Wagner-Rezeption in Estland, in: Richard Wagner. Persönlichkeit, Werk und Wirkung.

Plechanow, G. W.: Kunst und Literatur, Dietz Verlag, Berlin, 1955.

Poljakowa, Ludmila: Wagner und Russland, in: Internationales Kolloquium 1983 in Leipzig. Richard Wagner – Leben, Werk und Interpretation, Leipziger Beiträge zur Wagner-Forschung 2.

Prignitz, Steffen: Siegfried ist kein Pawel Kortschagin – Die Entstehung des sozialistisch-realistischen Wagnerbildes und seine Implementierung im Nachkriegsdeutschland, in: „wagnerspectrum" 2/2022 (Teil 1) und 2/2023 (Teil 2).

Prokofjew, Sergej: Dokumente, Briefe, Erinnerungen, hrsg. von S. I. Schlifstein, Deutscher Verlag für Musik, Leipzig, 1965.

Prokofjew, S. S. i Mjaskowski, N. J.: Perepiska, Wsesojusnoje isdatelstwo „Sowjetski kompositor", Moskau, 1977.

Pyman, Avril: A History of Russian Symbolism, Cambridge University Press, Cambridge, 1994.

Rauch, Georg von: Die nationale Frage in den russischen Ostseeprovinzen im 19. Jahrhundert, in: Der Ostseeraum im Blickfeld der deutschen Geschichte.

Redepenning, Dorothea: Geschichte der russischen und der sowjetischen Musik, 2 Bde., Verlag Laaber, Laaber, 1994 und 2008, Bd. 1: Das 19. Jahrhundert, Bd. 2 (2 Teilbde.): Das 20. Jahrhundert.

Redepenning, Dorothea (Hrsg.): Ivan Turgenev und die europäische Musikkultur, Universitätsverlag Winter, Heidelberg, 2020.

Reinhold, Ilona (Hrsg.): Begegnung mit Karol Szymanowski, Verlag Philipp Reclam jun., Leipzig, 1982.

Riesemann, Oskar: Monographien zur russischen Musik, 1. Bd., Drei Masken Verlag, München 1923.

Rimski-Korsakow, Nikolai: Chronik meines musikalischen Lebens, Verlag Philipp Reclam jun., Leipzig, 1968.

Rimski-Korsakow, Nikolai: Kleinere musiktheoretische Schriften und Fragmente, hrsg. von Ernst Kuhn, Verlag Ernst Kuhn, Berlin, 2004.

Ritter Rüdiger: Ambivalenzen im Deutschlandbild Pëtr Čajkovskijs, in: Deutsche und Deutschland aus russischer Sicht. 19./20. Jahrhundert: Von den Reformen Alexanders II. bis zum Ersten Weltkrieg.

Ritter, Rüdiger: Musikalische Rußlandbilder, in: Russen und Rußland aus deutscher Sicht. 19./20. Jahrhundert. Von der Bismarckzeit bis zum Ersten Weltkrieg.

Röckel, August: Zu lebenslänglich begnadigt. Sachsens Erhebung und das Zuchthaus zu Waldheim (1865), Buchverlag „Der Morgen", Berlin, 1963.

Rosenthal, Bernice Glatzer: Wagner and Wagnerian Ideas in Russia, in: Wagnerism in European Culture and Politics.

Ross, Alex: Die Welt nach Wagner. Ein deutscher Künstler und sein Einfluss auf die Moderne, Rowohlt Verlag, Hamburg, 2020.

Ross, Alex: Der Ring der Macht. Die Revolution und Russland, in: Alex Ross, Die Welt nach Wagner.

Rubinstein, A. G.: Die Musik und ihre Meister. Eine Unterredung, Verlag Bartholf Senff, Leipzig, 1891.

Rubinstein, A. G.: Literaturnoje nasledije, Bd. 1: Stati, knigi, dokladnyje sapiski, retschi, Isdatelstwo „Musyka", Moskau, 1983.

Ruge, Arnold: Zwei Jahre in Paris. Studien und Erinnerungen, Erster Theil, Verlag von Wilhelm Jurany, Leipzig, 1846.

Ruge, Arnold/Marx, Karl: Deutsch-Französische Jahrbücher, Verlag Philipp Reclam jun., Leipzig, 1981.

Sabanejew, Prometheus von Skrjabin, in: Der Blaue Reiter, hrsg. von Wassily Kandinsky und Franz Marc.

Sabanejew, Leonid: Erinnerungen an Alexander Skrjabin, Verlag Ernst Kuhn, Berlin, 2005.

Sabanejew, Leonid: Alexander Skrjabin. Werk und Gedankenwelt, Verlag Ernst Kuhn, Berlin, 2006.

Sala, Luca (Hrsg.): The Legacy of Richard Wagner. Convergences and Dissonances in Aesthetics and Reception, Verlag Brepols, Turnhout, 2012.

Saponov, Mikhail: Paul von Joukovsky und andere. Neues über den letzten russischen Freund Richard Wagners, in: Richard Wagner. Persönlichkeit, Werk und Wirkung.

Scheidt, Karl: Die Hintermänner der Sozialdemokratie. Von einem Eingeweihten, 2. Aufl., H. Conitzer's Verlag, Berlin, 1890.

Schestow, Leo: Tolstoi und Nietzsche. Die Idee des Guten in ihren Lehren, Verlag Matthes & Seitz, München, 1994.

Schibli, Sigfried: Alexander Skrjabin und seine Musik. Grenzüberschreitungen eines prometheischen Geistes, R. Piper & Co. Verlag, München/Zürich, 1983.

Schiemann, Theodor (Hrsg.): Konstantin Kawelins und Iwan Turgenjews sozialpolitischer Briefwechsel mit Alexander Herzen, Verlag Cotta, Stuttgart, 1894 und Europäischer Literaturverlag, Berlin, 2011.

Schladebach, Julius: Dresdens Barrikaden-Kampf. Thatsächliche Darstellung der Ereignisse vom 3. bis 9. Mai 1849, Verlag H. H. Grimm & Comp., Dresden, 1849.

Schmitt, Angelika: Hermetischer Symbolismus: Andrej Belyjs „Istorija stanovlenija samososnajuščej duši", in: Trierer Studien zur Slavistik, hrsg. von Alexander Bierich u. a., Bd. 4, Verlag Peter Lang, Berlin u. a., 2018.

Schneider, Martin: Ein russischer Faust und ein russischer Hoffmann – Vladimir Odoevskij, in: Deutsche und Deutschland aus russischer Sicht. 19. Jahrhundert: Von der Jahrhundertwende bis zu den Reformen Alexanders II.

Schneidereit, Otto: Johann Strauss und die Stadt an der schönen blauen Donau, Musikverlag VEB Lied der Zeit, Berlin, 1975.

Schostakowitsch, Dmitri: Chaos statt Musik? Briefe an einen Freund, hrsg. von Isaak Glikman, Argon Verlag, Berlin, 1995.

Schostakowitsch, Dmitri: Nowoje sobranije sotschinenij, Serie IV: Sotschinenija dlja musykalnogo teatra, Bd. 52/6: „Ledi Makbet Mzenskogo ujesda". Partitur, Isdatelstwo „DSCH", Moskau, 2007.

Schpiller, N.: „Die Walküre" in der Inszenierung Sergej Eisensteins, in: Zs. „Kunst und Literatur". Sowjetwissenschaft. Zeitschrift zur Verbreitung sowjetischer Erfahrungen, Heft 7/1980, Berlin, S. 773–780.

Schubert, Volker: Sachsen als Generalgouvernement der Russen und Preußen (1813–1815), in: Dresden in der Napoleonzeit, „Dresdner Hefte", hrsg. vom Dresdner Geschichtsverein, 12. Jahrgang, Heft 37, Dresden, 1994.

Schumann, Robert: „Genoveva", Studienpartitur, Verlag Höflich, München, 2003.

Schwarz, Boris: Musik und Musikleben in der Sowjetunion. 1917 bis zur Gegenwart, 3 Bde/6 Teile, Heinrichshofen's Verlag, Wilhelmshaven, 1982.

Serow, Alexander: Aufsätze zur Musikgeschichte, Aufbau-Verlag, Berlin, 1955.

Serow, A. N.: Isbrannyje stati, Bd. 2, Gosudarstwennoje musykalnoje isdatelstwo, Moskau, 1957.

Serow, A. N.: Stati o musyke, Isdatelstwo „Musyka", Moskau, 1984ff., Bd. 2A: 1854–1856 (1985); Bd. 3: 1857–1858 (1987); Bd. 4: 1859–1860 (1988); Bd. 5: 1860–1862 (1989); Bd. 6: 1863–1866 (1990).

Shadowa, Larissa (Hrsg.): Tatlin, Kunstverlag Weingarten, Weingarten, 1987.

Sinkovicz, Wilhelm/Knaus, Herwig: Johann Strauß, Verlag Holzhausen, Wien, 1999.

Skrjabin, Alexander: Briefe. Mit zeitgenössischen Dokumenten und einem Essay von Michail Druskin, Verlag Philipp Reclam jun., Leipzig, 1988.

Solostjuk, Tatjana: Die Tradition der Übersetzung der Opernlibretti von Richard Wagner in Rußland an der Wende zum 20. Jahrhundert (Zum Problem des „russischen Wagner"), in: Richard Wagner und Rußland.

Solowjow, Wladimir: L'Idée russe, Verlag Perrin et Cie, Paris, 1888.

Solowjow, Wladimir: La Russie et l'Eglise universelle, Verlag A. Savine, Paris, 1889.

Ssabanejew, Leonid: Geschichte der russischen Musik, hrsg. von Oskar von Riesemann, Verlag Breitkopf & Härtel, Leipzig, 1926.

Stassow, W. W.: Isbrannyje sotschinenija, 3 Bde., Gosudarstwennoje isdatelstwo „Iskusstwo", Moskau, 1952.

Stassow, Wladimir: Dwadzatj pjatj let russkogo iskusstwa, in: Stassow, Wladimir: Isbrannyje sotschinenija, Bd. 2.

Stassow, Wladimir: Meine Freunde Alexander Borodin und Modest Mussorgski. Die Biographien, hrsg. von Ernst Kuhn, Verlag Ernst Kuhn, Berlin, 1993.

Steiner, Rudolf: „Der Ring des Nibelungen" im Lichte der Geisteswissenschaft, in: Die Nibelungen, Ausstellungskatalog, hrsg. von Wolfgang Storch, S. 70ff.

Storch, Wolfgang (Hrsg.): Der Raum Bayreuth. Ein Auftrag aus der Zukunft, Suhrkamp Verlag Frankfurt am Main, 2002.

Strawinsky, Igor: Musikalische Poetik, Verlag B. Schott's Söhne, Mainz, 1949 und 1957.

Stravinsky, Igor: Mein Leben, Paul List Verlag, München, 1958.

Tolstoi, L. N.: Polnoje sobranije sotschinenij, Gosudartswennoje isdatelstwo „Chudoshestwennaja literatura", 90 Bde., Moskau 1935–1958.

Tolstoi, L. N.: Sobranije sotschinenij, Isdatelstwo „Chudoshestwennaja literatura", 22 Bde., Moskau, 1978–1985.

Tolstoi, L. N.: Perepiska s russkimi pisateljami, Gosudartswennoje isdatelstwo „Chudoshestwennaja literatura", Bd. I, Moskau, 1987.

Tolstoi, Lew Nikolajewitsch: Über Literatur und Kunst, Verlag Philipp Reclam jun., Leipzig, 1980.

Tolstoi, Leo N.: Was ist Kunst?, Verlag Diederichs, München, 1993.

Tolstoi, Lev: Anna Karenina, dtv Verlagsanstalt, München, 2021.

Tolstoi, Leo: Die Kreutzersonate und andere Erzählungen, Verlag Rütten & Loening, Berlin, 1961.

Torgāns, Jānis: Das Riga Richard Wagners, in: Musikgeschichte in Mittel- und Osteuropa. Mitteilungen der internationalen Arbeitsgemeinschaft an der Universität Leipzig.

Tschaikowski, Peter: „Schwanensee"-Suite, Studienpartitur, Verlag Eulenburg, London, o. J.

Tschaikowski, P. I.: Musykalno-krititscheskije stati, Gosudarstwennoje musykalnoje isdatelstwo, Moskau, 1953.

Tschaikowski, Peter I.: Erinnerungen und Musikkritiken, Verlag Philipp Reclam jun., Leipzig, 1961.

Tschaikowski, Peter: Die Tagebücher, Verlag Ernst Kuhn, Berlin, 1992.

Tschaikowsky, Modest: Das Leben Peter Iljitsch Tschaikowskys, in: Čajkovskij-Studien, Bde. 13/I und II (2011).

Tschaikowsky, Modest: Aufzeichnungen der Erinnerungen Laroches an Tschaikowskys Konservatoriumszeit (1897), in: Hermann Laroche, Peter Tschaikowsky. Aufsätze und Erinnerungen.

Tschöpl, Carin: Vjačeslav Ivanov. Dichtung und Dichtungstheorie, Verlag Otto Sagner, München, 1968.

Turgenev, I. S.: Polnoje sobranije sotschinenij i pisem/Pisma, Isdatelstwo akademii nauka, 13 Bde., Moskau, 1961–1968.

Turgenjew, Iwan: Gesammelte Werke, Bd. 1, Aufbau-Verlag, Berlin, 1952.

Turgenjew, Iwan: Briefe an Ludwig Pietsch, Aufbau-Verlag, Berlin und Weimar, 1968.

Turgenjew, Iwan: Literaturkritische und publizistische Schriften, Aufbau-Verlag, Berlin und Weimar, 1979.

Ulibischeff, Alexander: Nouvelle biographie de Mozart, suivie d'un aperçu sur l'histoire générale de la musique et de l'analyse des principales oeuvres de Mozart, 3 Bde., Moskau, 1843; Mozarts Leben nebst einer Übersicht der allgemeinen Geschichte der Musik und einer Analyse der Hauptwerke Mozarts, deutsche Übersetzung von A. Schraishuon, 3 Bde., Verlag Becker, Stuttgart, 1847.

Ulibischeff, Alexander: Beethoven, ses critiques et ses glossateurs, Leipzig, 1857; Beethoven, seine Kritiker und seine Ausleger, deutsche Übersetzung von Ludwig Bischoff, Verlag F. A. Brockhaus, Leipzig, 1859.

Verkelyte-Fedaravičiene, Birnte (Hrsg.): Mikalojus Konstantinas Čiurlionis. Gemälde. Entwürfe. Gedanken, Verlag Fodio, Vilnius, 1997.

Véron, Louis: Mémoires d'un bourgeois de Paris, Bd. 3, Verlag Gabriel de Gonet, Paris, 1854.

Wagner, Richard: „Lohengrin", Studienpartitur, Verlag Breitkopf & Härtel, Leipzig, 1934.

Wagner, Richard: „Tristan und Isolde", Klavierauszug, Verlag Schott, Mainz.

Wagner, Richard: Autobiographische Skizze (1843), in: RWB, Bd. 1, Leipzig 1967.

Weber, Solveig: Das Bild Richard Wagners. Ikonographische Bestandsaufnahme eines Künstlerkults, 2 Bde., Verlag B. Schott's Söhne, Mainz 1993.

Westernhagen, Curt von: Richard Wagners Dresdner Bibliothek 1842–1849, Verlag F. A. Brockhaus, Wiesbaden, 1966.

Wightman, Alistair: Reactions to the Music of Wagner in Poland, in: Luca Sala (Hrsg.), The Legacy of Richard Wagner.

Wille, Eliza: Erinnerungen an Richard Wagner, Verlag R. Oldenbourg, München-Berlin-Zürich, 1935.

Wolkow, Nikolai: Meierhold, 2 Bde., Verlag „Akademija", Moskau-Leningrad, 1929.

Wolkow, Solomon (Hrsg.): Zeugenaussage. Die Memoiren des Dmitrij Schostakowitsch, Albrecht Knaus Verlag, Hamburg 1979.

Wolkow, Solomon: Stalin und Schostakowitsch. Der Diktator und der Künstler, Propyläen Verlag, Berlin, 2004.

Wolzogen, Hans von: Urgermanische Spuren. Mythen und Mären, in: „Bayreuther Blätter", Bayreuth, 1887, 1889 und 1890.

Ziegengeist, Gerhard (Hrsg.): I. S. Turgenev und Deutschland. Materialien und Untersuchungen, Bd. I, Akademie-Verlag, Berlin, 1965.

Personenregister

© Der/die Herausgeber bzw. der/die Autor(en), exklusiv lizenziert an Springer-Verlag GmbH, DE, ein Teil von Springer Nature 2025
E. Kröplin, *Richard Wagner und Russland*,
https://doi.org/10.1007/978-3-662-70404-2

351

GPSR Compliance

The European Union's (EU) General Product Safety Regulation (GPSR) is a set of rules that requires consumer products to be safe and our obligations to ensure this.

If you have any concerns about our products, you can contact us on ProductSafety@springernature.com

In case Publisher is established outside the EU, the EU authorized representative is:

Springer Nature Customer Service Center GmbH
Europaplatz 3
69115 Heidelberg, Germany

Batch number: 09599829

Printed by Printforce, the Netherlands